国家出版基金项目
NATIONAL PUBLICATION FOUNDATION

國家出版基金項目

教育部哲學社會科學研究重大課題攻關項目

「十一五」國家重點圖書出版規劃項目・重大工程出版規劃
國家社會科學基金重大項目
北京大學「九八五工程」重點項目

儒藏

精華編二五四册

集部

儒藏

精華編

北京大學《儒藏》編纂與研究中心

#《儒藏》精華編第二五四册

首席總編纂　季羡林

項目首席專家　湯一介

總　編　纂　湯一介　龐　樸　孫欽善　安平秋（按年齡排序）

本册主編　董　平

《儒藏》精華編凡例

一、中國傳統文化以儒家思想爲中心。《儒藏》爲儒家經典和反映儒家思想、體現儒家經世做人原則的典籍的叢編。收書時限自先秦至清代結束。

二、《儒藏》精華編爲《儒藏》的一部分，選收《儒藏》中的精要書籍。

三、《儒藏》精華編所收書籍，包括傳世文獻和出土文獻。傳世文獻按《四庫全書總目》經史子集四部分類法分類，大類、小類基本參照《中國叢書綜録》和《中國古籍善本書目》，於個別處略作調整。凡單書已收入入選的個人叢書或全集者，僅存目録，並注明互見。出土文獻單列爲一個部類，原件以古文字書寫者一律收其釋文文本。韓國、日本、越南儒學者用漢文寫作的儒學著作，編爲海外文獻部類。

四、所收書籍的篇目卷次，一仍底本原貌，不選編，不改編，保持原書的完整性和獨立性。

五、對入選書籍進行簡要校勘。以對校爲主，確定内容完足、精確率高的版本爲底本，精選有校勘價值的版本爲校本。出校堅持少而精，以校正誤爲主，酌校異同。校記力求規範、精煉。

六、根據現行標點符號用法，結合古籍標點通例，進行規範化標點。專名號除書名號用角號（《》）外，其他一律省略。

七、對較長的篇章，根據文字内容，適當劃分段落。正文原已分段者，不作改動。千字以内的短文一般不分段。

八、各書卷端由整理者撰寫《校點説明》，簡要介紹作者生平、該書成書背景、主要内容及影響，以及整理時所確定的底本、校本（舉全稱後括注簡稱）及其他有關情況。重複出現的作者，其生平事蹟按出現順序前詳後略。

九、本書用繁體漢字豎排，小注一律排爲單行。

#《儒藏》精華編第二五四册

集部

王文成公全書

〔明〕王守仁 撰
吴光 錢明 董平 姚延福 校點

目録

二五四册

王文成公全書卷之八……二七五

王文成公全書卷之十一……三六五

王文成公全書卷之十二……四〇六

王文成公全書卷之十三……………四四二

王文成公全書卷之十四……………四七七

王文成公全書卷之十五……………五〇九

王文成公全書卷之十八……六三八

二五五册

王文成公全書卷之二十……七三〇

王文成公全書卷之二十一……八〇一

王文成公全書卷之二十四……八七七

王文成公全書卷之二十五……八九九

王文成公全書卷之三十……………………一〇四八

王文成公全書卷之三十一……一〇九七

校點説明

王守仁，字伯安，自號陽明子、陽明山人，世稱陽明先生，明成化八年九月卅日（一四七二年十月卅一日）生於浙江餘姚，嘉靖七年十一月廿九日（一五二九年一月九日）卒於江西南安，次年十一月葬於浙江山陰洪溪鄉（今屬紹興縣蘭亭鄉）。弘治己未（一四九九）登進士，官至南京兵部尚書，封新建伯。卒後三十八年，即明隆慶元年（一五六七），追贈新建侯，謚「文成」。

王陽明是中國歷史上傑出的哲學家、政治家、軍事家、教育家、思想家。他一生文治武功俱稱於世，對傳承與發展儒學的貢獻尤爲卓著。其學遠承孟子，近繼陸象山，而形成爲風靡明代中後期並與程朱理學分庭抗禮的陽明心學，或曰陽明良知學、王學。其學説影響，不僅及於我國明清兩代以至近現代，而且傳播於日本、朝鮮等東亞國家，成爲東方文化的一個重要組成部分。

王陽明的講學語録和詩文著作，在其生前已由其門人整理、彙編和刊行，如徐愛、薛侃、南大吉輯刊的《傳習録》，錢德洪、鄒守益彙刊的《陽明文録》等，先後刊行於正德、嘉靖年間，但都是選編、節録。陽明歿後，門人錢德洪、鄒守益、歐陽德、王畿等人廣泛搜輯陽明遺稿，在嘉靖年間陸續編刊了《陽明先生文録》（包括正録、別録、外集三種）二十四卷、《文録續編》六卷並《陽明先生年譜》七卷。陽明嗣子王正億則編輯了《陽明先生家乘》三卷（後改編爲《世德紀》及《世德紀附録》各一卷）。至隆慶六年，御史謝廷傑巡按浙江，乃彙集錢德洪等編訂的《傳習録》、《文録》、《別録》、《外集》、《續編》、《世德紀》以及陽明門人、友人、朝廷官員撰寫的《論年譜書》、奏疏、祭文、行狀、墓誌銘等，整合爲《王文成公全書》三十八卷，分六類，即語録三卷、文録五卷、别録十卷、外集七卷、續編六卷、附録七卷，附録又分《年譜》三卷、《年譜附録》二卷、《世德紀》一卷、《世德紀附録》一卷，刊行於世。是即隆慶六年謝廷傑刻本。以後刊印的各種全書、全集三十八卷本，都依據該刻本翻刻或排印。

自隆慶本行世以來，題名《王文成公全書》或《陽明全書》、《王陽明全集》的三十八卷木刻本、鉛印本約計二十餘種，各種選本、節要本、單行本則有數十種之多。舉其重要者有：

一、清乾隆間編《四庫全書》所收《王文成全書》，係據浙江巡撫採進本（即隆慶刻本）謄録，但删除了原本卷首之誥命、序説諸篇。現有臺灣故宫博物院藏文淵閣寫本、浙江圖書館藏文瀾閣鈔本等。

二、民國十三年上海中華圖書館鉛印《王陽明全集》新式標點本，分六册。

三、民國二十三年上海商務印書館據《萬有文庫》本排印的《國學基本叢書》所收《王文成公全書》本，分上、下二册。

四、民國二十五年（一九三六）上海中華書局據隆慶刻本排印的《四部備要》之《王文成公全書》三十八卷本。

五、一九七八年臺灣古新書局出版吕何均據隆慶本重編之《王陽明全集》鉛印本，一册，三十九卷。之所以較通行本增一卷，是由於重編者將原本卷三十一下《山東鄉試録》另立一卷。其内容與原本相同。

六、一九八六年日本東京明德出版社版安岡正篤監修，岡田武彦、福田殖、難波正男等譯註的《王陽明全集》中日文對照本，十册。除增日譯文、譯註之外，其内容與三十八卷本相同。

七、一九九二年上海古籍出版社初版、二〇〇一年修訂再版的吴光、錢明、董平、姚延福編校《王陽明全集》四十一卷標點本。此本對舊刊三十八卷本的編次作了調整，並增補了王陽明散佚詩、文二十八篇，增補附録三十八篇。

八、二〇一〇年浙江古籍出版社出版吴光、錢明、董平、姚延福編校，錢明增補的《王陽明全集》（新編本）六册五十四卷標點本，此書卷一至三十八（第一至四册）采自舊刊本，卷三十九至五十四（第五、六册）係新增補的舊本未刊陽明散佚詩、文、語録以及後人有關王陽明生平著作的祭文、傳記、序跋、題辭之類，由錢明編校、吴光覆校。

此外，還有衆多選本，如《陽明先生全録》、《陽明先生文録》、《陽明先生文粹》、《王文成公文選》、《陽明先生道學鈔》、《陽明先生集要》等，兹不詳舉。

現就本書點校情況説明如下：

一、本書以北京大學圖書館藏明隆慶六年謝廷傑刻《王文成公全書》三十八卷本爲底本，以《四庫全書》文淵閣本（簡稱四庫本）、《四部備要》本（簡稱備要本）爲校本，個别卷次參校康熙十二年俞嶙重編《王陽明先生全集》本，原本誤漏或與諸本有異者，酌出校勘記。書名沿用隆慶刻本。

二、原本目録與内文篇題多有不符者，如缺録《山東鄉試録》之目，今除個别詩題及奏疏長題略作簡化外，均依内文篇名定題。

三、本書編目及校點、統稿工作，由吴光負責。各卷校點分工如下：吴光校點卷首，卷一至三；董平校點卷四至十一，卷十九至二十五；姚延福校點（段麗麗覆校）卷十二至十八，卷三十七至三十八；錢明校點卷二十六至三十六。

限於校點者的知識水準，書中疏誤在所不免，敬祈讀者批評指正。

校點者　吴　光

卷首

王文成公全書序

《王文成公全書》三十八卷，其首三卷爲《語録》，公存時徐子曰仁輯；次二十八卷爲《文録》，爲《別録》，爲《外集》，爲《續編》，皆公薨後錢子洪甫輯；最後七卷爲《年譜》，爲《世德紀》，則近時洪甫與汝中王子輯而附焉者也。

隆慶壬申，侍御新建謝君奉命按浙，首修公祠，置田以供歲祀。已而閲公文，見所謂録若集各自爲書，懼夫四方之學者或弗克盡讀也，遂彙而壽諸梓，名曰《全書》，屬階序。

階聞之，道無隱顯，無小大。隱也者，其精微之藴於心者也，體也；顯也者，其光華之著於外者也，用也；小也者，其用之散而爲川流者也；大也者，其體之斂而爲敦化者也。譬之天然不已之妙，默運於於穆之中，而日月星辰之麗，四時之行，百物之生，燦然呈露而不可掩，是道之全也。古昔聖人具是道於心而以時出之，或爲文章，或爲勳業。至其所謂文者，或施之朝廷，或用之邦國，或形諸家庭，或見諸師弟子之問答，與其日用應酬之常，雖製以事殊，語因人異，然莫非道之用也。故在言道者必該體用之全，斯謂之善言；在學道者亦必得體用之全，斯謂之善學。嘗觀《論語》述孔子心法之傳，曰「一貫」。既已一言盡之，而其紀孔子之文，則自告時君，告列國之卿大夫，告諸弟子，告避世之徒，以及對陽貨、詢廐人，答問饋之使，無一弗録，將使學者由顯與小以得其隱與大焉，是善言道者之準也，而其爲學固亦可以見矣。唯文成公奮起聖遠之後，慨世之言致知者求知於見聞，而不可與酬酢、不可與佑神，於是取《孟子》所謂「良知」合諸《大學》，以爲「致良知」之説。其大要以謂人心虚靈莫不有知，唯不以私欲蔽塞其虚靈者，則不假外索，而於天下之事自無所感而不通，無所措而不當。蓋誠意、正心、修身、齊家、治國、平天下必先致知之本旨，而千變萬化，一以貫之之道也。故嘗語門人云：「良知之外更無知，致知之外更無學。」於時曰仁最稱高第弟子，其録《傳習》，公微言精義率已具其中。乃若公他所爲文，則是所謂製殊語異莫非道之用者，彙而梓之，豈唯公之書於是乎全，固讀焉者所由以睹道之全也。謝君之爲此，其嘉惠後學不已至歟？雖然，謝君所望於後學非徒讀其書已也。凡讀書者以身踐之，則書與我爲一；以言視之，則判然二耳。《論語》之爲書，世未嘗有不讀，然而一貫之唯，自曾子以後無聞焉。豈以言視之之過乎？自公「致良知」之説興，士之獲聞者衆矣，其果能自致其良知，卓然踐之以身否也？夫能踐之以身，則於公所垂訓，誦其一言而已足，參諸《傳習録》而已繁；否則雖盡讀公之書，無益也。階不敏，願相與戒之。

謝君名廷傑，字宗聖。其爲政崇節義，育人才，立保甲，厚風俗，動以公爲師：蓋非徒讀公書者也。

賜進士及第、特進光禄大夫、柱國、少師兼太子太師、吏部尚書、建極殿大學士、知制誥、知經筵事、國史總裁致仕後學華亭徐階序。

誥命❶

奉天承運，皇帝制曰：竭忠盡瘁，固人臣職分之常；崇德報功，實國家激勸之典。矧通侯班爵，崇亞上公，而節惠易名，榮逾華衮。事必待乎論定，恩豈容以久虚！爾故原任新建伯、南京兵部尚書兼都察院左都御史王守仁，維嶽降靈，自天佑命。爰從弱冠，屹爲宇宙人豪；甫拜省郎，獨奮乾坤正論。身瀕危而志愈壯，道處困而造彌深。紹堯孔之心傳，微言式闡；倡周程之道術，來學攸宗。藴蓄既宏，猷爲丕著；遺艱投大，隨試皆宜；戡亂解紛，無施弗效。閩、粤之箐巢盡掃，而擒縱如神；東南之黎庶舉安，而文武足憲。爰及逆藩稱亂，尤資仗鉞淵謀。旋凱奏功，速于吴、楚之三月；出奇決勝，邁彼淮、蔡之中霄。是嘉社稷之偉勳，申盟帶礪之異數。既復撫夷兩廣，旋致格苗七旬。謗起功高，賞移罰重。爰遵遺詔，兼采公評，續相國之生封，時而旌伐；追曲江之殁恤，庶以酬勞。兹特贈爲「新建侯」，謚「文成」，錫之誥命。於戲！鍾鼎勒銘，嗣美東征之烈；券綸昭錫，世登南國之功。永爲一代之宗臣，實耀千年之史册。冥靈不昧，寵命其承！隆慶二年十月十七日。

❶ 此題原無，今補。

舊序

傳習録序

門人徐愛撰

門人有私録陽明先生之言者。先生聞之，謂之曰：「聖賢教人如醫用藥，皆因病立方，酌其虚實温涼陰陽内外而時時加減之，要在去病，初無定説。若拘執一方，鮮不殺人矣。今某與諸君不過各就偏弊箴切砥礪，但能改化，則吾言以爲贅疣，若遂守爲成訓，他日誤己誤人，某之罪過可復追贖乎？」愛既備録先生之教，同門之友有以是相規者。愛因謂之曰：「如子之言，即又拘執一方，復失先生之意矣。孔子謂子貢，嘗曰『予欲無言』，他日則曰『吾與回言終日』，又何言之不一邪？蓋子貢專求聖人於言語之間，故孔子以無言警之，使之實體諸心，以求自得；顔子於孔子之言默識心通，無不在己，故與之言終日，若決江河而之海也。故孔子於子貢之無言不爲少，於顔子之終日言不爲多，各當其可而已。今備録先生之語，固非先生之所欲，使吾儕常在先生之門，亦何事於此，惟或有時而去側，同門之友又皆離群索居。當是之時，儀刑既遠而規切無聞，如愛之駑劣，非得先生之言時時對越警發之，其不摧墮靡廢者幾希矣。吾儕於先生之言，苟徒入耳出口，不體諸身，則愛之録此，實先生之罪人矣；使能得之言意之表，而誠諸踐履之實，則斯録也，固先生終日言之之心也，可少乎哉？」録成，因復識此於首篇以告同志。門人徐愛序。

陽明先生文録序

門人鄒守益

錢子德洪刻先師《文録》於姑蘇，自述其哀次之意：以純於講學明道者爲《正録》，曰明其志也；以詩賦及酬應者爲《外集》，曰盡其全也；以奏疏及文移爲《別録》，曰究其施也。於是先師之言燦然聚矣。以守益與聞緒言之教也，寓簡使序之。守益拜手而言曰：

知言誠未易哉！ 昔者孔夫子之在春秋也，從遊者三千，速肖者七十矣，而猶有莫我知之歎，歎夫以言語求之而眩其真也。夫子既没，門弟子欲以所事夫子者事有子，夷考其取於有子，亦曰「甚矣，其言之似夫子也」，則下學上達之功，其著且察者鮮矣。推尊之詞，要亦足以及之。賢於堯、舜，堯、舜未易賢也。走獸之於麟，飛鳥之於鳳，雖勉而企之，其道無繇，不幾於絶德乎？ 禮樂之等，最爲近之。然猶自聞見而求，終不若秋陽、江漢，直悟本體，爲簡易而切實也。蓋在聖門，惟不遷怒不貳過之顔，語之而不惰；其次則忠恕之曾，足以任重而道遠。故再傳而以祖述憲章，譬諸天地四時；三傳而以仕止久速之時比諸大成，比諸巧力，宛然江漢、秋陽家法也。秦、漢以來，專以訓詁，雜以佛、老，侈以詞章，而皜皜肫肫之學淆雜偏陂而莫或救之。逮於濂、洛，始粹然克續其傳。論聖之可學，則以一者無欲爲要；答定性之功，則以大公順應學天地聖人之常。嗟乎！ 是豈嘗試而懸斷之者乎？ 其後剖析愈精，考擬愈繁，著述愈富，而支離愈甚，間有覺其非而欲挽焉，則又未能盡追窠臼而洗濯之。至我陽明先生慨然深探其統，歷艱履險，磨瑕去垢，獨揭良知，力拯群迷，犯天下之謗而不自恤也。有志之士，稍稍如夢而覺，溯濂、洛以達洙、泗，非先師之功乎？以益之不類，再見於虔，再別於南昌，三至於會稽，竊窺先師之道愈簡易愈廣大，愈切實愈高明，望望然而莫知其所止也。當時有稱先師者曰：「古之名世，或以文章，或以政事，或以氣節，或以勳烈，而公克兼之。獨除却講學一節，即全人矣。」先師笑曰：「某願從事講學一節，盡除却四者，亦無愧全人。」又有訾訕之者。先師曰：「古之狂者，嘐嘐聖人而行不掩，世所謂敗闕也，而聖門以列中行之次。忠信廉潔，刺之無可刺，世所謂完全也，而聖門以爲德之賊。某願爲狂以進取，不願爲愿以媚世。」嗚呼！今之不知公者，果疑其爲狂乎？其知公者，果能盡除四者而信其爲全人乎？良知之明，烝民所同，本自皜皜，本自肫肫，常寂常感，常神常化，常虚常直，常大公，常順應，患在自私用智之欲，所障始有所尚，始有所倚；不倚不尚，本體呈露，宣之爲文章，措之爲政事，犯顏敢諫爲氣節，誅亂討賊爲勳烈：是四者皆一之流行也。學出於一，則以言求心矣；學出於二，則以言求言矣。守益力病於二之而未瘳也，故反覆以質於吾黨。吾黨欲求知言之要，其惟自致其良知乎！嘉靖丙申春三月。

陽明先生文録序

門人錢德洪撰

古之立教有三：有意教，有政教，有言教。太上之世，民涵真性，嗜欲未涉，聖人者特相示以意已矣，若伏羲陳奇偶以指象是也。而民遂各以意會，不逆於心，群物以遊，熙如也：是之謂意教。中古之民，風氣漸開，示之以意，若病不足矣，聖人者出，則爲之經制立法，使之自厚其生，自利其用，自正其德，而民亦相忘於政化之中，各足其願，日入於善，而不知誰之所使：是以政教之也。自後聖王不作，皇度不張，民失所趨，俗非其習，而聖人之意日湮以晦，懷世道者憂之，而處非其任，則嘵嘵以空言覺天下：是故始有以言教也。

噫！立教而至於以言則難矣！昔者孔子之在春秋也，其所與世諄諄者皆性所同也。然於習俗所趨無徵焉，乃闃起而異之曰：「是將奪吾之所習，而蹶吾之所趨也。」或有非笑而詆呰之者。三千之徒，其庶幾能自拔於流俗，不與衆非笑詆呰之者乎？然而天下之大也，其能自拔於俗，不與衆非笑詆呰者，僅三千人焉，豈非空言動衆，終不若躬見於政事之爲易也？夫三千之中稱好學者，顏氏之外又無多聞焉。豈速肖之士知自拔於俗矣，尚未能盡脱乎俗習耶？一洗俗習之陋，直超自性之真，而盡得聖人千古不盡之意者，豈顏氏之所獨耶？然而三千之徒，其於夫子之言也，猶面授也。秦火而後，掇拾於漢儒者多似是而失真矣。後之儒者復以己見臆説，盡取其言而支離決裂之。噫！誠面授也，尚未免於俗習焉，並取其言而亂之，則後之懷世道者，復將何恃以自植於世耶？

吾師陽明先生蚤有志於聖人之道，求之俗習而無取也，求之世儒之學而無得也，乃一洗俗習之陋、世儒之説，而自證以吾之心焉，殫思力踐，竭精瘁志，卒乃豁然有見於良知，而千古聖人不盡之意復得以大明於世。噫！亦難矣！世之聞吾先生之言者，其皆肯自拔於流俗，不與衆非笑詆訾之乎？其皆肯一洗俗習之陋、世儒之説，而獨證以吾之心乎？夫非笑詆訾，在孔子猶不免焉，於當世乎奚病？特病其未之或聞焉耳。如其有聞也，則知先生之所言者非先生之言也，吾之心也。吾心之知不以太上而古，不以當世而今，不待示而得，不依政而行，俗習所不能湮，異説所不能淆：特在乎有超世特立之志，自證而自得之耳！有超世特立之志者而一觸其知，真如去目之塵沙以還光也，拔耳之木楔以還聰也，解支體之束縛以自舒也，去污穢而就高明，撤蔽障而合大同，以復中古之政，超太上之意，亦已矣，又奚以俗習之陋、世儒之説爲哉？

先生之言，世之信從者日衆矣！特其文字之行於世者，或雜夫少年未定之論。愚懼後之亂先生之學者，即自先生之言始也，乃取其少年未定之論，盡删而去之；詳披締閲，參酌衆見，得至一之言五卷焉。其餘或發之題詠，或見之政事者，則釐爲《外集》、《别録》；復以日月前後順而次之，庶幾知道者讀之，其知有所取乎？雖然，是録先生之言也，特入珍藏之扃鑰也。珍藏不守，乃屑屑焉扃鑰之是競，豈非舍其所重而自任其所輕耶？兹不能無愧於是録之成云爾！

重刻陽明先生文録後語

門人王畿撰

道必待言而傳，夫子嘗以無言爲警矣。言者，所由以入於道之詮，凡待言而傳者，皆下學也。學者之於言也，猶之暗者之於燭，跛者之於杖也，有觸發之義焉，有培栽之義焉，而其機則存乎心悟。不得於心而泥於言，非善於學者也。我陽明先生倡明聖學，以良知之説覺天下，天下靡然從之：是雖入道之玄詮，亦下學事，載諸録者詳矣。吾黨之從事於師説也，其未得之，果能有所觸發否乎？其得之也，果能有所栽培否乎？其得而玩之也，果能有所印正否乎？得也者，非得之於言，得之於心也；契之於心，忘乎言者也，猶之燭之資乎明，杖之輔乎行，其機則存乎目與足，非外物所得而與也。若夫玩而忘之，從容默識無所待而自中乎道，斯則無言之旨，上達之機，固吾梅林公重刻是録，相與嘉惠而申警之意也。不然，則聖學亡而先師之意荒矣。吾黨勗諸！

陽明先生文録續編序

後學徐階撰

餘姚錢子洪甫既刻《陽明先生文録》以傳，又求諸四方，得先生所著《大學或問》、《五經臆説》、序、記、書、疏等若干卷，題曰《文録續編》，而屬嘉興守六安徐侯以正刻之。刻成，侯謀於洪甫及王子汝中，遣郡博張編、海寧諸生董啓予問序於階。階曰：

先生之文，非淺薄所敢序也。雖然，階嘗從洪甫、汝中竊聞先生之學矣。夫學，非獨倡始難也，其傳而不失其宗，蓋亦不易焉。自孔子没，《大學》格致之旨晦。其在俗儒，率外心以求知，終其身汩溺於見聞記誦；而高明之士，又率慕徑約，貴自然，淪入於二氏而不自覺。先生崛起千載之後，毅然以謂致知者致吾心之良知也。吾心之良知，不待慮而知，不待學而能，是乃天命之性，吾心靈昭明覺之本體也。惟不自欺其良知，斯知致而意可誠矣。格者，正也，正其不正以歸於正也。物者，事也。事各歸於正，而吾良知之所知始無虧缺障蔽，得以極其致矣。舉知而歸諸良，舉致知而歸諸正物，蓋先生之學不汨於俗，亦不入於空如此。於時聞者幸知口耳之可耻，然其辟之或激於太過，幸有見夫心體之當求，然其擬之或涉於太輕：於是超頓之説興，至舉踐履之實，積累之功，盡詆以爲不足務。脱於俗，顧轉而趨於空，則先生之學有不待夫傳之既久，乃始失其宗者，玆豈非學先生者之所憂乎？洪甫輯爲是編，其志固將以救之。其自序曰：「言近而旨遠，此吾師中行之證也。」又曰：「吾師之教平易切實，而聖智神化之機，固已躍然，不必更爲別説。」洪甫之於師傳，其闡明翼衛，視先生之於孔氏，有功等矣。夫三代以前，學與政合而出於一，虞廷之命官，與其所陳之《謨》，皆「精一執中」之運用也。故曰三代之治本於道，三代之道本於心。而後世論學，既指夫俗與空者當之，其論政又指夫期會簿書當之，謬迷日甚而未已也。徐侯方從事於政，獨能聚諸生以講先生之學，汲汲焉刻是編以詔之，其異於世之爲者歟？使凡領郡者皆徐侯其人，先生之學明而洪甫之憂可釋也。階生晚，不及登先生之門。然昔孟子自謂於孔子爲私淑，至其自任閑先王之道以承孔子，則雖見目爲好辯而不辭。故輒以侯請，僭爲之序。嗚呼！觀者其尚亮階之志也夫！

刻文録叙説

德洪曰：嘉靖丁亥四月，時鄒謙之謫廣德，以所録先生文稿請刻。先生止之曰：「不可。吾黨學問幸得頭腦，須鞭辟近裏，務求實得，一切繁文靡好。傳之恐眩人耳目，不録可也。」謙之復請不已。先生乃取近稿三之一，標揭年月，命德洪編次，復遺書曰：「所録以年月爲次，不復分別體類者，蓋專以講學明道爲事，不在文辭體製間也。」明日，德洪掇拾所遺復請刻。先生曰：「此愛惜文辭之心也。昔者孔子删述六經，若以文辭爲心，如唐、虞、三代，自《典》、《謨》而下，豈止數篇？正惟一以明道爲志，故所述可以垂教萬世。吾黨志在明道，復以愛惜文字爲心，便不可入堯、舜之道矣。」德洪復請不已。乃許數篇，次爲《附録》，以遺謙之，今之廣德板是也。

先生讀《文録》，謂學者曰：「此編以年月爲次，使後世學者，知吾所學前後進詣不同。」又曰：「某此意思賴諸賢信而不疑，須口口相傳，廣布同志，庶幾不墜。若筆之於書，乃是異日事，必不得已，然後爲此耳。」又曰：「講學須得與人人面授，然後得其所疑，時其淺深而語之。纔涉紙筆，便十不能盡一二。」戊子年冬，先生時在兩廣，謝病歸，將下庾嶺。德洪與王汝中聞之，乃自錢塘趨迎。至龍游聞訃，遂趨廣信，訃告同門，約每越三年遣人裒録遺言。明日又進貴溪，扶喪還玉山。至草萍驛，戒記書篋，故諸稿幸免散逸。自後同門各以所録見遺，既七年，壬辰，德洪居吴，始較定篇類。復爲《購遺文》一疏，遣安成王生自閩、粵由洪都入嶺表，抵蒼梧，取道荆、湘，還自金陵，又獲所未備；然後謀諸提學侍御聞人邦正，入梓以行。《文録》之有《外集》、《别録》，遵《附録》例也。

先生之學凡三變，其爲教也亦三變：少之時，馳騁於辭章；已而出入二氏；繼乃居夷處困，豁然有得於聖賢之旨：是三變而至道也。居貴陽時，首與學者爲「知行合一」之説；自滁陽後，多教學者静坐；江右以來，始單提「致良知」三字，直指本體，令學者言下有悟：是教亦三變也。讀《文録》者當自知之。先生嘗曰：「吾始居龍場，鄉民言語不通，所可與言者乃中土亡命之流耳；與之言知行之説，莫不忻忻有入。久之，并夷人亦翕然相向。及出與士夫言，則紛紛同異，反多扞格不入，何也？意見先入也。」德洪自辛巳冬始見先生於姚，再見於越，於先生教若恍恍可即，然未得入頭處。同門先輩有指以静坐者，遂覓光相僧房，閉門凝神净慮，倏見此心真體，如出蔀屋而覩天日，始知平時一切作用，皆非天則自然，習心浮思，炯炯自照，毫髮不容住著。喜馳以告。先生曰：「吾昔居滁時，見學者徒爲口耳同異之辯，無益於得，且教之静坐。一時學者亦若有悟，但久之漸有喜静厭動流入枯槁之病。故邇來只指破致良知工夫。學者真見得良知本體昭明洞徹，是是非非莫非天則，不論有事無事，精察克治，俱歸一路，方是格致實功，不落却一邊。故較來無出『致良知』話頭無病，何也？良知原無間動静也。」德洪既自喜學得所入，又承點破病痛，退自省究，漸覺得力。「良知」之説發於正德辛巳年。蓋先生再罹寧藩之變，張、許之難，而學又一番證透，故

《正録》書凡三卷，第二卷斷自辛巳者，志始也。「格致」之辯莫詳於《答顧華玉》一書，而「拔本塞源」之論，寫出千古同體萬物之旨，與末世俗習相沿之弊，百世以俟，讀之當爲一快。

先生嘗曰：「吾『良知』二字，自龍場已後，便已不出此意，只是點此二字不出，於學者言，費却多少辭説。今幸見出此意，一語之下，洞見全體，真是痛快，不覺手舞足蹈。學者聞之，亦省却多少尋討功夫。學問頭腦，至此已是説得十分下落，但恐學者不肯直下承當耳。」又曰：「某於『良知』之説，從百死千難中得來，非是容易見得到此。此本是學者究竟話頭，可惜此理淪埋已久，學者苦於聞見障蔽，無入頭處，不得已與人一口説盡。但恐學者得之容易，只把作一種光景玩弄，孤負此知耳！」

甲申年，先生居越。中秋月白如洗，乃燕集群弟子於天泉橋上。時在侍者百十人。酒半行，先生命歌詩。諸弟子比音而作，翕然如協金石。少間，能琴者理絲，善簫者吹竹，或投壺聚筭，或鼓棹而歌，遠近相答。先生顧而樂之，遂即席賦詩，有曰「鏗然舍瑟春風裏，點也雖狂得我情」之句。既而曰：「昔孔門求中行之士不可得，苟求其次，其惟狂者乎？狂者志存古人，一切聲利紛華之染，無所累其衷，真有鳳皇翔於千仞氣象。得是人而裁之，使之克念日就平易切實，則去道不遠矣！予自鴻臚以前，學者用功尚多拘局；自吾揭示良知頭腦，漸覺見得此意者多可與裁矣。」

先生自辛巳年初歸越，明年居考喪，德洪輩侍者蹤跡尚寥落。既後，四方來者日衆，癸未已後，環先生之室而居，如天妃、光相、能仁諸僧舍，每一室常合食者數十人，夜無卧所，更番就席，歌聲徹昏旦。南鎮、禹穴、陽明洞諸山遠近古刹，徙足所到，無非同志游寓之地。先生每臨席，諸生前後左右環坐而聽，常不下數百人；送往迎來，月無虚日，至有在侍更歲，不能遍記其姓字者。諸生每聽講出門，未嘗不踴躍稱快，以昧入者以明出，以疑入者以悟出，以憂憤愊憶入者以融釋脱落出，嗚呼休哉！不圖講學之至於斯也。嘗聞之同門，南都以前，從遊者雖衆，未有如在越之盛者。雖講學日久，孚信漸博，要亦先生之學益進，感召之機亦自不同也。今觀《文録》前後論議，大略亦可想見。

先生嘗語學者曰：「作文字亦無妨工夫。如『詩言志』，只看爾意向如何，意得處自不能不發之於言，但不必在詞語上馳騁，言不可以僞爲。且如不見道之人，一片粗鄙心，安能説出和平話？總然都做得，後一兩句露出病痛，便覺破此文原非充養得來。若養得此心中和，則其言自别。」

門人有欲汲汲立言者。先生聞之歎曰：「此弊溺人，其來非一日矣。不求自信而急於人知，正所謂以己昏昏，使人昭昭也。耻其名之無聞於世，而不知知道者視之，反自貽笑耳。宋之儒者，其制行磊犖，本足以取信於人，故其言雖未盡，人亦崇信之，非專以空言動人也。但一言之誤，至於誤人無窮，不可勝救，亦豈非汲汲於立言者之過耶？」

或問：「先生所答示門人書稿，删取歸併，作數篇訓語以示將來，如何？」先生曰：「有此意。但今學問自覺所進未止，且終日應酬無暇。他日結廬山中，得如諸賢有筆力者，聚會一處商議，將聖人至緊要之語發揮作一書，然後取零碎文字都燒了，免致累人。」德洪事先生，在越七年，自歸省外，無日不侍左右。有所省豁，每得於語默作止之間。或聞時訕議，有動於衷，則益自奮勵以自植，有疑義即進見請質。故樂於面炙，一切文辭，俱不收録。每見文稿出示，比之侍坐時精神鼓舞，歉然常見不足。以是知古人「書不盡言，言不盡意」非欺我也。不幸先生既没，謦欬無聞，儀刑日遠，每思印證，茫無可即。然後取遺稿次第讀之，凡所欲言而不能者，先生皆爲我先發之矣。雖其言之不能盡意，引而不發，躍如也。由是自滁以後文字，雖片紙隻字不敢遺棄。四海之遠，百世之下，有同此懷者乎？苟取《正録》，順其日月以讀之，不以言求，而惟以神會，必有沛然江河之決，莫之能禦者矣！

《别録》成，同門有病其太繁者。德洪曰：「若以文字之心觀之，其所取不過數篇。若以先生之學見諸行事之實，則雖瑣屑細務，皆精神心術所寓，經時贊化以成天下之事業。千百年來儒者有用之學，於此亦可見其梗概，又何病其太繁乎？」

昔門人有讀《安邊八策》者。先生曰：「是疏所陳亦有可用。但當時學問未透，中心激忿抗厲之氣。若此氣未除，欲與天下共事，恐於事未必有濟。」

陳惟濬曰：「昔武宗南巡，先生在虔，奸賊在君側，間有以疑謗危先生者，聲息日至，諸司文帖，絡繹不絶，請先生即下洪，勿處用兵之地，以堅奸人之疑。先生聞之，泰然不動。門人乘間言之，先生姑應之曰：『吾將往矣。』一日，惟浚亦以問。先生曰：

『吾在省時，權豎如許勢焰疑謗，禍在目前，吾亦帖然處之。此何足憂？吾已解兵謝事乞去，只與朋友講學論道，教童生習禮歌詩，烏足爲疑！縱有禍患，亦畏避不得。雷要打，便隨他打來，何故憂懼？吾所以不輕動，亦有深慮焉爾！』又一人使一友亦告急。先生曰：『此人惜哉不知學，公輩曷不與之講學乎？』是友亦釋然，謂人曰：『明翁真有「赤舄几几」氣象。』愚謂《別録》所載，不過先生政事之跡耳。其遭時危謗，禍患莫測，先生處之泰然，不動聲色，而又能出危去險，坐收成功。其致知格物之學至是，豈意見擬議所能及！」是皆《別録》所未及詳者。洪感惟浚之言，故表出之，以爲讀《別録》者相發。

《復聞人邦正書》，裒刊《文録》，諸同門聚議不同久矣。有曰：「先生之道無精粗，隨所發言，莫非至教，故集文不必擇其可否，概以年月體類爲次，使觀者隨其所取而獲焉！」此久庵諸公之言也。又以「先生言雖無間於精粗，而終身命意，惟以提揭人心爲要，故凡不切講學明道者，不録可也」。此東廓諸公之言也。二説相持，罔知裁定。去年廣回舟中，反覆思惟，不肖鄙意竊若有附於東廓子者。夫傳言者不貴乎盡其博，而貴乎得其意。得其意，雖一言之約，足以入道；不得其意，而徒示其博，則泛濫失真，匪徒無益，是眩之也。且文別體類，非古也，其後世侈詞章之心乎？當今天下士方馳騖於辭章，先生少年亦嘗没溺於是矣，卒乃自悔，惕然有志於身心之學；學未歸一，出入於二氏者又幾年矣，卒乃自悔，省然獨得於聖賢之旨；反覆世故，更歷險阻，百煉千磨，斑瑕盡去，而輝光焕發，超然有悟於良知之説。自辛巳年已後，而先生教益歸於約矣。故凡在門墻者，不煩辭説而指見本體，真如日月之麗天，大地山河，萬象森列，陰崖鬼魅，皆化而爲精光；斷溪曲徑，皆坦而爲大道。雖至愚不肖，一觸此體真知，皆可爲堯、舜，考三王，建天地，質鬼神，俟百世，斷斷乎知其不可易也！有所不行者，特患不加致之之功耳。今傳言者不揭其獨得之旨，而尚吝情於悔前之遺，未透之説，而混焉以誇博，是愛其毛而不屬其裏也，不既多乎？既又思之：凡物之珍賞於時者，久而不廢，況文章乎？先生之文，既以傳誦於時，欲不盡録不可得也。自今尚能次其月日，善讀者猶可以驗其悔悟之漸。後恐迷其歲月，而概以文字取之混入焉，則並今日之意失之矣。久庵之慮，殆或以是與？不得已，乃兩是而俱存之。故以文之純於講學明道者裒爲《正録》，餘則别爲《外集》，而總題曰《文録》。疏奏批駁之文，則又厘爲一書，名曰《别録》。夫始之以《正録》，明其志也；繼之以《外集》，盡其博也；終之以《别録》，究其施也：而文稽其類以從時也。識道者讀之，庶幾知所取乎？此又不肖者之意也。問難辯詰，莫詳於書，故《正録》首書，次記，次序，次説，而以雜著終焉。諷詠規切，莫善於詩賦，故《外集》首賦，次詩，次記，次序，次説，次雜著，而傳誌終焉。《别録》則卷以事類，篇以題别，先奏疏而後公移。刻既成，懼讀者之病於未察也，敢敬述以求正。乙未年正月。

編輯文録姓氏：

門人餘姚徐愛、錢德洪、孫應奎、嚴中

揭陽薛侃

山陰王畿

渭南南大吉
安成鄒守益
臨川陳九川
泰和歐陽德
南昌唐堯臣
校閲文録姓氏：
後學吉水羅洪先
滁陽胡松
新昌吕光洵
秀水沈啓原
彙集全書姓氏：
提督學校巡按直隸監察御史、豫章謝廷傑
督刻全書姓氏：
應天府推官太平周恪
上元縣知縣莆田林大黼
江寧縣知縣長陽李爵

王文成公像贊❶

孰肖夫子之形？孰傳夫子之神？形有涯而有盡，神無方而無垠。孰亡孰存？孰疏孰親？萬物皆備於我而自足，千聖不離於心而可馴。反身而觀，見夫炯然者不容以毁，是謂本來面目，庶幾不失夫子之真！門人王畿百拜贊。

舜江濬祥，禹穴炳靈。良知一振，群寐咸醒。接温聽厲，尚及典刑。任爲己任，勿謂丹青。門人鄒守益百拜贊。

昔侍師顔，相承以心。師既逝矣，相證以言。惟日究乎精微，見師造之淵泉。未酬師志，何以假年？懼惟日之不足，庶相屬乎後賢。門人錢德洪百拜贊。

思白孩童，即聞至教。言詞動履，並皆心妙。學問由成，中和體效。功業所就，仁義肯要。千聖一心，良知孔竅。俯仰古今，至誠合道。姪子正思百拜贊。

翁貌不凡，翁性不羈。掀天揭地，電掣風馳。謀猷所立，固非人之所可及，而淵源所自，直擬上溯于孔尼。真當朝柱石，後世表儀。山河同誓，日月增輝。不肖垂髫，撫恤提携。耿耿不昧，猶憶英威。姪子正愚百拜贊。

❶ 本題原無，今補。

王文成公全書卷之一

語録一

傳習録上

先生於《大學》「格物」諸説，悉以舊本爲正，蓋先儒所謂誤本者也。愛始聞而駭，既而疑，已而殫精竭思，參互錯綜以質於先生，然後知先生之説，若水之寒，若火之熱，斷斷乎百世以俟聖人而不惑者也。先生明睿天授，然和樂坦易，不事邊幅。人見其少時豪邁不羈，又嘗泛濫於詞章，出入二氏之學，驟聞是説，皆目以爲立異好奇，漫不省究。不知先生居夷三載，處困養静，精一之功固已超入聖域，粹然大中至正之歸矣。愛朝夕炙門下，但見先生之道，即之若易而仰之愈高，見之若粗而探之愈精，就之若近而造之愈益無窮，十餘年來竟未能窺其藩籬。世之君子，或與先生僅交一面，或猶未聞其謦欬，或先懷忽易憤激之心，而遽欲於立談之間、傳聞之説，臆斷懸度，如之何其可得也？從游之士聞先生之教，往往得一而遺二，見其牝牡驪黄而棄其所謂千里者。故愛備録平日之所聞，私以示夫同志，相與考而正之，庶無負先生之教云。門人徐愛書。

愛問：「『在親民』，朱子謂當作『新

民』，後章『作新民』之文似亦有據；先生以爲宜從舊本作『親民』，亦有所據否？」先生曰：「『作新民』之『新』是自新之民，與『在新民』之『新』不同，此豈足爲據？『作』字却與『親』字相對，然非『親』字義。下面『治國、平天下』處，皆於『新』字無發明，如云『君子賢其賢而親其親，小人樂其樂而利其利』，『如保赤子』，『民之所好好之，民之所惡惡之，此之謂民之父母』之類，皆是『親』字意。『親民』猶孟子『親親仁民』之謂，親之即仁之也。百姓不親，舜使契爲司徒，敬敷五教，所以親之也。《堯典》『克明峻德』便是『明明德』。『以親九族』至『平章』、『協和』，便是『親民』，便是『明明德於天下』。又如孔子言『修己以安百姓』，『修己』便是『明明德』，『安百姓』便是『親民』。說『親民』便是兼教養意。說『新民』便覺偏了。」

愛問：「『知止而後有定』，朱子以爲『事事物物皆有定理』，似與先生之說相戾。」先生曰：「於事事物物上求至善，却是義外也。至善是心之本體，只是『明明德』到至精至一處便是。然亦未嘗離却事物，本註所謂『盡夫天理之極，而無一毫人欲之私』者得之。」

愛問：「至善只求諸心，恐於天下事理有不能盡。」先生曰：「心即理也。天下又有心外之事、心外之理乎？」愛曰：「如事父之孝，事君之忠，交友之信，治民之仁，其間有許多理在，恐亦不可不察。」先生嘆曰：「此說之蔽久矣，豈一語所能悟？今姑就所問者言之：且如事父，不成去父上求個孝的理？事君，不成去君上求個忠的理？交友治民，不成去友上、民上求個信與仁的理？都只在此心。心即理也。此心無私欲之蔽，即是天理，不須外面添一分。以此純乎天理之心，發之事父便是孝，發之事君便是忠，發之交友治民便是信與仁。只在此心去人欲、存天理上用功便是。」愛曰：「聞先生如此説，愛已覺有省悟處。但舊説纏於胸中，尚有未脱然者。如事父一事，其間温清定省之類，有許多節目，不亦須講求否？」先生曰：「如何不講求？只是有個頭腦，只是就此心去人欲、存天理上講求。就如講求冬温，也只是要盡此心之孝，恐怕有一毫人欲間雜；講求夏清，也只是要盡此心之孝，恐怕有一毫人欲間雜：只是講求得此心。此心若無人欲，純是天理，是個誠於孝親的心，冬時自然思量父母的寒，便自要去求個温的道理；夏時自然思量父母的熱，便自要去求個清的道理。這都是那誠孝的心發出來的條件。却是須有這誠孝的心，然後有這條件發出來。譬之樹木，這誠孝的心便是根，許多條件便是枝葉，須先有根，然後有枝葉，不是先尋了枝葉，然後去種根。《禮記》言：『孝子之有深愛者，必有和氣；有和氣者，必有愉色；有愉色者，必有婉容。』須是有個深愛做根，便自然如此。」

鄭朝朔問：「至善亦須有從事物上求者？」先生曰：「至善只是此心純乎天理之極便是。更於事物上怎生求？且試説幾件看。」朝朔曰：「且如事親，如何而爲温清之節，如何而爲奉養之宜，須求個是當，方是至善。所以有學問思辯之功。」先生曰：「若只是温清之節、奉養之宜，可一日二日講之而盡，用得甚學問思辯？惟於温清時，也只要此心純乎天理之極；奉養時，也只要此心純乎天理之極。此則非有學問思辯之功，將不免於毫釐千里之謬，所以雖在聖人，猶加『精一』之訓。若只是那些儀節求得是當，便謂至善，即如今扮戲子，扮得許多温凊奉養的儀節是當，亦可謂之至善矣。」愛於是日又有省。

愛因未會先生「知行合一」之訓，與宗賢、惟賢往復辯論未能決，以問於先生。先生曰：「試舉看。」愛曰：「如今人儘有知得父當孝、兄當弟者，却不能孝、不能弟，便是知與行分明是兩件。」先生曰：「此已被私欲隔斷，不是知行的本體了。未有知而不行者。知而不行，只是未知。聖賢教人知行，正是要復那本體，不是着你只恁的便罷。故《大學》指個真知行與人看，説『如好好色，如惡惡臭』。見好色屬知，好好色屬行，只見那好色時已自好了，不是見了後又立個心去好。聞惡臭屬知，惡惡臭屬行，只聞那惡臭時已自惡了，不是聞了後别立個心去惡。如鼻塞人雖見惡臭在前，鼻中不曾聞得，便亦不甚惡，亦只是不曾知臭。就如稱某人知孝、某人知弟，必是其人已曾行孝行弟，方可稱他知孝知弟，不成只是曉得説些孝弟的話，便可稱爲知孝弟？又如知痛，必已自痛了方知痛；知寒，必已自寒了；知饑，必已自饑了：知行如何分得開？此便是知行的本體，不曾有私意隔斷的。聖人教人，必要是如此，方可謂之知。不然，只是不曾知。此却是何等緊切着實的工夫！如今苦苦定要説知行做兩個，是甚麽意？某要説做一個是甚麽意？若不知立言宗旨，只管説一個兩個，亦有甚用？」愛曰：「古人説知行做兩個，亦是要人見個分曉，一行做知的功夫，一行做行的功夫，即功夫始有下落。」先生曰：「此却失了古人宗旨也。某嘗說知是行的主意，行是知的功夫；知是行之始，行是知之成。若會得時，只說一個知，已自有行在；只說一個行，已自有知在。古人所以既說一個知又說一個行者，只爲世間有一種人，懵懵懂懂的任意去做，全不解思惟省察，也只是個冥行妄作，所以必說個知，方纔行得是。又有一種人，茫茫蕩蕩懸空去思索，全不肯着實躬行，也只是個揣摸影響，所以必說一個行，方纔知得真。此是古人不得已補偏救弊的說話，若見得這個意時，即一言而足，今人却就將知行分作兩件去做，以爲必先知了然後能行。我如今且去講習討論做知的工夫，待知得真了方去做行的工夫，故遂終身不行，亦遂終身不知。此不是小病痛，其來已非一日矣。某今說個知行合一，正是對病的藥。又不是某鑿空杜撰，知行本體原是如此。今若知得宗旨時，即說兩個亦不妨，亦只是一個。若不會宗旨，便說一個，亦濟得甚事？只是閑說話。」

愛問：「昨聞先生『止至善』之教，已覺功夫有用力處。但與朱子『格物』之訓，思之終不能合。」先生曰：「格物是止至善之功，既知至善，即知格物矣。」愛曰：「昨以先生之教推之格物之説，似亦見得大略。但朱子之訓，其於《書》之『精一』，《論語》之『博約』，《孟子》之『盡心知性』，皆有所證據，以是未能釋然。」先生曰：「子夏篤信聖人，曾子反求諸己。篤信固亦是，然不如反求之切。今既不得於心，安可狃於舊聞，不求是當？就如朱子，亦尊信程子，至其不得於心處，亦何嘗苟從？『精一』、『博約』、『盡心』，本自與吾說吻合，但未之思耳。朱子格物之訓，未免牽合附會，非其本旨。精是一之功，博是約之功。曰仁既明知行合一之説，此可一言而喻。盡心、知性、知天，是生知安行事；存心、養性、事天，是學知利行事；『夭壽不貳，修身以俟』，是困知勉行事。朱子錯訓『格物』，只爲倒看了此意，以『盡心知性』爲『物格知至』，要初學便去做生知安行事，如何做得？」

愛問：「『盡心知性』，何以爲『生知安行』？」先生曰：「性是心之體，天是性之原，盡心即是盡性。惟天下至誠爲能盡其性，知天地之化育。存心者，心有未盡也。知天，如知州、知縣之知，是自己分上事，己與天爲一；事天，如子之事父，臣之事君，須是恭敬奉承，然後能無失，尚與天爲二，此便是聖賢之别。至於夭壽不貳其心，乃是教學者一心爲善，不可以窮通夭壽之故，便把爲善的心變動了，只去修身以俟命。見得窮通壽夭有個命在，我亦不必以此動心。『事天』雖與天爲二，已自見得個天在面前；『俟命』便是未曾見面，在此等候相似：此便是初學立心之始，有個困勉的意在。今却倒做了，所以使學者無下手處。」

愛曰：「昨聞先生之教，亦影影見得功夫須是如此。今聞此説，益無可疑。愛昨曉思『格物』的『物』字即是『事』字，皆從心上説。」先生曰：「然。身之主宰便是心，心之所發便是意，意之本體便是知，意之所在便是物。如意在於事親，即事親便是一物；意在於事君，即事君便是一物；意在於仁民愛物，即仁民愛物便是一物；意在於視聽言動，即視聽言動便是一物。所以某説無心外之理，無心外之物。《中庸》言『不誠無物』，《大學》『明明德』之功，只是個誠意。誠意之功，只是個格物。」

先生又曰：「『格物』如《孟子》『大人格君心』之『格』，是去其心之不正，以全其本體之正。但意念所在，即要去其不正以全其正，即無時無處不是存天理，即是窮理。天理即是『明德』，窮理即是『明明德』。」

又曰：「知是心之本體。心自然會知：見父自然知孝，見兄自然知弟，見孺子入井自然知惻隱，此便是良知，不假外求。若良知之發，更無私意障礙，即所謂『充其惻隱之心，而仁不可勝用矣』。然在常人不能無私意障礙，所以須用致知格物之功，勝私復理，即心之良知更無障礙，得以充塞流行，便是致其知。知致則意誠。」

愛問：「先生以『博文』爲『約禮』功夫，深思之未能得，略請開示。」先生曰：「『禮』字即是『理』字。理之發見可見者謂之文，文之隱微不可見者謂之理：只是一物。『約禮』只是要此心純是一個天理。要此心純是天理，須就理之發見處用功。如發見於事親時，就在事親上學存此天理；發見於事君時，就在事君上學存此天理；發見於處富貴貧賤時，就在處富貴貧賤上學存此天理；發見於處患難、夷狄時，就在處患難、夷狄上學存此天理；至於作止語默，無處不然，隨他發見處，即就那上面學個存天理。這便是博學之於文，便是約禮的功夫。『博文』即是『惟精』，『約禮』即是『惟一』。」

愛問：「『道心常爲一身之主，而人心每聽命』。以先生『精一』之訓推之，此語似有弊。」先生曰：「然。心一也，未雜於人謂之道心，雜以人僞謂之人心。人心之得其正者即道心，道心之失其正者即人心：初非有二心也。程子謂『人心即人欲，道心即天理』，語若分析而意實得之。今曰『道心爲主,而人心聽命』,是二心也。天理、人欲不並立,安有天理爲主,人欲又從而聽命者?」

愛問文中子、韓退之。先生曰:「退之,文人之雄耳。文中子,賢儒也。後人徒以文詞之故,推尊退之,其實退之去文中子遠甚。」愛問:「何以有擬經之失?」先生曰:「擬經恐未可盡非。且說後世儒者著述之意,與擬經如何?」愛曰:「世儒著述,近名之意不無,然期以明道;擬經純若爲名。」先生曰:「著述以明道,亦何所效法?」曰:「孔子刪述六經,以明道也。」先生曰:「然則擬經獨非效法孔子乎?」愛曰:「著述,即於道有所發明。擬經,似徒擬其迹,恐於道無補。」先生曰:「子以明道者使其反樸還淳而見諸行事之實乎?抑將美其言辭而徒以譊譊於世也?天下之大亂,由虛文勝而實行衰也。使道明於天下,則六經不必述。刪述六經,孔子不得已也。自伏羲畫卦,至於文王、周公,其間言《易》如《連山》、《歸藏》之屬,紛紛籍籍,不知其幾,《易》道大亂。孔子以天下好文之風日盛,知其說之將無紀極,於是取文王、周公之說而贊之,以爲惟此爲得其宗。於是紛紛之說盡廢,而天下之言《易》者始一。《書》、《詩》、《禮》、《樂》、《春秋》皆然。《書》自《典》、《謨》以後,《詩》自二南以降,如九丘、八索,一切淫哇逸蕩之詞,蓋不知其幾千百篇;《禮》、《樂》之名物度數,至是亦不可勝窮。孔子皆刪削而述正之,然後其說始廢。如《書》、《詩》、《禮》、《樂》中,孔子何嘗加一語?今之《禮記》諸說,皆後儒附會而成,已非孔子之舊。至於《春秋》,雖稱孔子作之,其實皆魯史舊文。所謂『筆』者,筆其舊；所謂『削』者，削其繁：是有減無增。孔子述六經，懼繁文之亂天下，惟簡之而不得，使天下務去其文以求其實，非以文教之也。春秋以後，繁文益盛，天下益亂。始皇焚書得罪，是出於私意，又不合焚六經。若當時志在明道，其諸反經叛理之説，悉取而焚之，亦正暗合删述之意。自秦、漢以降，文又日盛，若欲盡去之，斷不能去；只宜取法孔子，録其近是者而表章之，則其諸怪悖之説，亦宜漸漸自廢。不知文中子當時擬經之意如何？某切深有取於其事，以爲聖人復起，不能易也。天下所以不治，只因文盛實衰，人出己見，新奇相高，以眩俗取譽，徒以亂天下之聰明，塗天下之耳目，使天下靡然争務修飾文詞，以求知於世，而不復知有敦本尚實、反樸還淳之行，是皆著述者有以啓之。」愛曰：「著述亦有不可缺者，如《春秋》一經，若無《左傳》，恐亦難曉。」先生曰：「《春秋》必待傳而後明，是歇後謎語矣。聖人何苦爲此艱深隱晦之詞？《左傳》多是魯史舊文，若《春秋》須此而後明，孔子何必削之？」愛曰：「伊川亦云：『傳是案，經是斷。』如書弑某君、伐某國，若不明其事，恐亦難斷。」先生曰：「伊川此言，恐亦是相沿世儒之説，未得聖人作經之意。如書『弑君』，即弑君便是罪，何必更問其弑君之詳？征伐當自天子出，書『伐國』，即伐國便是罪，何必更問其伐國之詳？聖人述六經，只是要正人心，只是要存天理、去人欲，於存天理、去人欲之事，則嘗言之；或因人請問，各隨分量而説，亦不肯多道，恐人專求之言語，故曰『予欲無言』。若是一切縱人欲、滅天理的事，又安肯詳以示人？是長亂導奸也。故孟子云：『仲尼之門，無道桓、文之事者，是以後世無傳焉。』此便是孔門家法。世儒只講得一個伯者的學問，所以要知得許多陰謀詭計，純是一片功利的心，與聖人作經的意思正相反，如何思量得通？」因嘆曰：「此非達天德者，未易與言此也！」又曰：「孔子云：『吾猶及史之闕文也。』孟子云：『盡信《書》不如無《書》，吾於《武成》取二三策而已。』孔子刪《書》，於唐、虞、夏四五百年間，不過數篇，豈更無一事？而所述止此，聖人之意可知矣。聖人只是要刪去繁文，後儒却只要添上。」愛曰：「聖人作經，只是要去人欲、存天理。如五伯以下事，聖人不欲詳以示人，則誠然矣。至如堯、舜以前事，如何略不少見？」先生曰：「羲、黄之世，其事闊疏，傳之者鮮矣。此亦可以想見。其時全是淳龐樸素，略無文采的氣象。此便是太古之治，非後世可及。」愛曰：「如《三墳》之類，亦有傳者，孔子何以刪之？」先生曰：「縱有傳者，亦於世變漸非所宜。風氣益開，文采日勝，至於周末，雖欲變以夏、商之俗，已不可挽，況唐、虞乎？又況羲、黄之世乎？然其治不同，其道則一。孔子於堯、舜則祖述之，於文、武則憲章之。文、武之法，即是堯、舜之道。但因時致治，其設施政令已自不同。即夏、商事業，施之於周，已有不合，故周公思兼三王，其有不合，仰而思之，夜以繼日，況太古之治，豈復能行？斯固聖人之所可略也。」又曰：「專事無爲，不能如三王之因時致治，而必欲行以太古之俗，即是佛、老的學術。因時致治，不能如三王之一本於道，而以功利之心行之，即是伯者以下事業。後世儒者許多講來講去，只是講得個伯術。」

又曰：「唐、虞以上之治，後世不可復也，略之可也；三代以下之治，後世不可法也，削之可也；惟三代之治可行。然而世之論三代者，不明其本，而徒事其末，則亦不可復矣！」

愛曰：「先儒論六經，以《春秋》爲史。史專記事，恐與五經事體終或稍異。」先生曰：「以事言謂之史，以道言謂之經。事即道，道即事。《春秋》亦經，五經亦史。《易》是包犧氏之史，《書》是堯、舜以下史，《禮》、《樂》是三代史。其事同，其道同，安有所謂異？」

又曰：「五經亦只是史。史以明善惡，示訓戒。善可爲訓者，特存其迹以示法；惡可爲戒者，存其戒而削其事以杜奸。」愛曰：「存其迹以示法，亦是存天理之本然；削其事以杜奸，亦是遏人欲於將萌否？」先生曰：「聖人作經，固無非是此意，然又不必泥着文句。」愛又問：「惡可爲戒者，存其戒而削其事以杜奸，何獨於《詩》而不刪鄭、衛？先儒謂『惡者可以懲創人之逸志』，然否？」先生曰：「《詩》非孔門之舊本矣。孔子云：『放鄭聲，鄭聲淫。』又曰：『惡鄭聲之亂雅樂也。鄭、衛之音，亡國之音也。』此是孔門家法。孔子所定三百篇，皆所謂雅樂，皆可奏之郊廟，奏之鄉黨，皆所以宣暢和平，涵泳德性，移風易俗，安得有此？是長淫導奸矣。此必秦火之後，世儒附會，以足三百篇之數。蓋淫泆之詞，世俗多所喜傳，如今閭巷皆然。『惡者可以懲創人之逸志』，是求其説而不得，從而爲之辭。」

愛因舊説汩没，始聞先生之教，實是駭愕不定，無入頭處。其後聞之既久，漸知反身實踐，然後始信先生之學爲孔門嫡傳，舍是皆傍蹊小徑、斷港絶河矣！如說格物是誠意的工夫，明善是誠身的工夫，窮理是盡性的工夫，道問學是尊德性的工夫，博文是約禮的工夫，惟精是惟一的工夫：諸如此類，始皆落落難合，其後思之既久，不覺手舞足蹈。

右曰仁所録

陸澄問：「主一之功，如讀書則一心在讀書上，接客則一心在接客上，可以爲主一乎？」先生曰：「好色則一心在好色上，好貨則一心在好貨上，可以爲主一乎？是所謂逐物，非主一也。主一是專主一個天理。」

問立志。先生曰：「只念念要存天理，即是立志。能不忘乎此，久則自然心中凝聚，猶道家所謂結聖胎也。此天理之念常存，馴至於美大聖神，亦只從此一念存養擴充去耳。」

「日間工夫，覺紛擾則静坐，覺懶看書則且看書，是亦因病而藥。」

「處朋友，務相下則得益，相上則損。」

孟源有自是好名之病，先生屢責之。一日警責方已，一友自陳日來工夫請正。源從傍曰：「此方是尋着源舊時家當。」先生曰：「爾病又發。」源色變，議擬欲有所辨。先生曰：「爾病又發。」因喻之曰：「此是汝一生大病根。譬如方丈地内，種此一大樹，雨露之滋，土脈之力，只滋養得這個大根；四傍縱要種些嘉穀，上面被此樹葉遮覆，下面被此樹根盤結，如何生長得成？須用伐去此樹，纖根勿留，方可種植嘉種。不然，任汝耕耘培壅，只是滋養得此根。」

問：「後世著述之多，恐亦有亂正學。」先生曰：「人心天理渾然，聖賢筆之書，如寫真傳神，不過示人以形狀大略，使之因此而討求其真耳；其精神意氣，言笑動止，固有所不能傳也。後世著述，是又將聖人所畫，摹仿謄寫，而妄自分析加增，以逞其技，其失真愈遠矣。」

問：「聖人應變不窮，莫亦是預先講求否？」先生曰：「如何講求得許多？聖人之心如明鏡，只是一個明，則隨感而應，無物不照，未有已往之形尚在，未照之形先具者。若後世所講，却是如此，是以與聖人之學大背。周公制禮作樂以文天下，皆聖人所能爲，堯、舜何不盡爲之而待於周公？孔子删述六經以詔萬世，亦聖人所能爲，周公何不先爲之而有待於孔子？是知聖人遇此時，方有此事。只怕鏡不明，不怕物來不能照。講求事變，亦是照時事，然學者却須先有個明的工夫。學者惟患此心之未能明，不患事變之不能盡。」曰：「然則所謂『冲漠無朕，而萬象森然已具』者，其言如何？」曰：「是説本自好，只不善看，亦便有病痛。」

「義理無定在，無窮盡。吾與子言，不可以少有所得而遂謂止此也。再言之十年、二十年、五十年未有止也。」他日又曰：「聖如堯、舜，然堯、舜之上，善無盡；惡如桀、紂，然桀、紂之下，惡無盡。使桀、紂未死，惡寧止此乎？使善有盡時，文王何以『望道而未之見』？」

問：「静時亦覺意思好，才遇事便不同，如何？」先生曰：「是徒知静養而不用克己工夫也。如此，臨事便要傾倒。人須在事上磨，方立得住，方能『静亦定，動亦定』。」

問上達工夫。先生曰：「後儒教人，纔涉精微，便謂上達未當學，且説下學。是分下學、上達爲二也。夫目可得見，耳可得聞，口可得言，心可得思者，皆下學也；目不可得見，耳不可得聞，口不可得言，心不可得思者，上達也。如木之栽培灌溉，是下學也；至於日夜之所息，條達暢茂，乃是上達。人安能預其力哉？故凡可用功、可告語者，皆下學，上達只在下學裏。凡聖人所說，雖極精微，俱是下學。學者只從下學裏用功，自然上達去，不必別尋個上達的工夫。」

「持志如心痛。一心在痛上，豈有工夫說閑話、管閑事。」

問：「『惟精惟一』是如何用功？」先生曰：「『惟一』是『惟精』主意，『惟精』是『惟一』功夫，非『惟精』之外復有『惟一』也。『精』字從『米』，姑以米譬之：要得此米純然潔白，便是『惟一』意；然非加舂簸篩揀『惟精』之功，則不能純然潔白也。舂簸篩揀是『惟精』之功，然亦不過要此米到純然潔白而已。博學、審問、慎思、明辨、篤行者，皆所以爲『惟精』而求『惟一』也。他如『博文』者，即『約禮』之功；『格物致知』者，即『誠意』之功；『道問學』即『尊德性』之功；『明善』即『誠身』之功：無二說也。」

「知者行之始，行者知之成：聖學只一個功夫，知行不可分作兩事。」

「漆雕開曰：『吾斯之未能信。』夫子說之。子路使子羔爲費宰。子曰：『賊夫人之子。』曾點言志，夫子許之。聖人之意可見矣。」

問：「寧静存心時，可爲未發之中否？」先生曰：「今人存心，只定得氣。當其寧静時，亦只是氣寧静，不可以爲未發之中。」曰：「未便是中，莫亦是求中功夫？」

曰：「只要去人欲、存天理，方是功夫。靜時念念去人欲、存天理，動時念念去人欲、存天理，不管寧静不寧静。若靠那寧静，不惟漸有喜静厭動之弊，中間許多病痛，只是潛伏在，終不能絶去，遇事依舊滋長。以循理爲主，何嘗不寧静；以寧静爲主，未必能循理。」

問：「孔門言志，由、求任政事，公西赤任禮樂，多少實用。及曾晳説來，却似耍的事，聖人却許他，是意何如？」曰：「三子是有意必，有意必便偏着一邊，能此未必能彼。曾點這意思却無意必，便是『素其位而行，不願乎其外』、『素夷狄行乎夷狄，素患難行乎患難，無入而不自得』矣。三子所謂『汝器也』，曾點便有不器意。然三子之才，各卓然成章，非若世之空言無實者，故夫子亦皆許之。」

問：「知識不長進，如何？」先生曰：「爲學須有本原，須從本原上用力，漸漸盈科而進。仙家説嬰兒，亦善譬。嬰兒在母腹時，只是純氣，有何知識？出胎後方始能啼，既而後能笑，又既而後能識認其父母兄弟，又既而後能立、能行、能持、能負，卒乃天下之事無不可能：皆是精氣日足，則筋力日强，聰明日開，不是出胎日便講求推尋得來。故須有個本原。聖人到位天地，育萬物，也只從喜怒哀樂未發之中上養來。後儒不明格物之説，見聖人無不知、無不能，便欲於初下手時講求得盡，豈有此理！」又曰：「立志用功，如種樹然。方其根芽，猶未有幹；及其有幹，尚未有枝；枝而後葉，葉而後花實。初種根時，只管栽培灌溉，勿作枝想，勿作葉想，勿作花想，勿作實想。懸想何益！但不忘栽培之功，怕没有枝葉花實？」

問：「看書不能明，如何？」先生曰：「此只是在文義上穿求，故不明。如此，又不如爲舊時學問，他到看得多，解得去。只是他爲學雖極解得明曉，亦終身無得，須於心體上用功。凡明不得，行不去，須反在自心上體當即可通。蓋四書、五經不過説這心體，這心體即所謂道，心體明即是道明，更無二。此是爲學頭腦處。」

「虛靈不昧，衆理具而萬事出。心外無理，心外無事。」

或問：「晦庵先生曰：『人之所以爲學者，心與理而已。』此語如何？」曰：「心即性，性即理，下一『與』字，恐未免爲二。此在學者善觀之。」

或曰：「人皆有是心。心即理，何以有爲善，有爲不善？」先生曰：「惡人之心，失其本體。」

問：「『析之有以極其精而不亂，然後合之有以盡其大而無餘』，此言如何？」先生曰：「恐亦未盡。此理豈容分析，又何須湊合得？聖人説『精一』自是盡。」

「省察是有事時存養，存養是無事時省察。」

澄嘗問象山在人情事變上做工夫之説。先生曰：「除了人情事變，則無事矣。喜怒哀樂非人情乎？自視聽言動，以至富貴、貧賤、患難、死生，皆事變也。事變亦只在人情裏。其要只在致中和，致中和只在謹獨。」

澄問：「仁、義、禮、智之名，因已發而有？」曰：「然。」他日，澄曰：「惻隱、羞惡、辭讓、是非，是性之表德邪？」曰：「仁、義、禮、智也是表德。性一而已：自其形體也謂之天，主宰也謂之帝，流行也謂之命，賦於人也謂之性，主於身也謂之心。心之發也，遇父便謂之孝，遇君便謂之忠，自此以往，名至於無窮，只一性而已。猶人一而已：對父謂之子，對子謂之父，自此以往，至於無窮，只一人而已。人只要在性上用功，看得一性字分明，即萬理燦然。」

一日，論爲學工夫。先生曰：「教人爲學，不可執一偏。初學時心猿意馬，拴縛不定，其所思慮多是人欲一邊，故且教之靜坐，息思慮。久之，俟其心意稍定，只懸空靜守，如槁木死灰，亦無用，須教他省察克治。省察克治之功，則無時而可間，如去盜賊，須有個掃除廓清之意。無事時，將好色、好貨、好名等私欲逐一追究搜尋出來，定要拔去病根，永不復起，方始爲快。常如貓之捕鼠，一眼看着，一耳聽着，才有一念萌動，即與克去，斬釘截鐵，不可姑容與他方便，不可窩藏，不可放他出路，方是真實用功，方能掃除廓清。到得無私可克，自有端拱時在。雖曰『何思何慮』，非初學時事。初學必須思省察克治，即是思誠，只思一個天理，到得天理純全，便是『何思何慮』矣。」

澄問：「有人夜怕鬼者，奈何？」先生曰：「只是平日不能集義，而心有所慊，故怕。若素行合於神明，何怕之有？」子莘曰：「正直之鬼不須怕；恐邪鬼不管人善惡，故未免怕。」先生曰：「豈有邪鬼能迷正人乎？只此一怕，即是心邪，故有迷之者，非鬼迷也，心自迷耳。如人好色，即是色鬼迷；好貨，即是貨鬼迷；怒所不當怒，是怒鬼迷；懼所不當懼，是懼鬼迷也。」

「定者，心之本體，天理也。動靜，所遇之時也。」

澄問《學》、《庸》同異。先生曰：「子思括《大學》一書之義，爲《中庸》首章。」

問：「孔子正名，先儒說『上告天子，下告方伯，廢輒立郢』。此意如何？」先生曰：「恐難如此。豈有一人致敬盡禮待我而爲政，我就先去廢他？豈人情天理？孔子既肯與輒爲政，必已是他能傾心委國而聽。聖人盛德至誠，必已感化衛輒，使知無父之不可以爲人，必將痛哭奔走，往迎其父。父子之愛，本於天性，輒能悔痛真切如此，蒯聵豈不感動底豫？蒯聵既還，輒乃致國請戮。聵已見化於子，又有夫子至誠調和其間，當亦決不肯受，仍以命輒。羣臣百姓又必欲得輒爲君。輒乃自暴其罪惡，請於天子，告於方伯諸侯，而必欲致國於父。聵與羣臣百姓亦皆表輒悔悟仁孝之美，請於天子，告於方伯諸侯，必欲得輒而爲之君。於是集命於輒，使之復君衛國。輒不得已，乃如後世上皇故事，率羣臣百姓尊聵爲太公，備物致養，而始退復其位焉。則君君、臣臣、父父、子子，名正言順，一舉而可爲政於天下矣！孔子正名，或是如此。」

澄在鴻臚寺倉居，忽家信至，言兒病危，澄心甚憂悶不能堪。先生曰：「此時正宜用功。若此時放過，閑時講學何用？人正要在此等時磨鍊。父之愛子，自是至情，然天理亦自有個中和處，過即是私意。人於此處多認做天理當憂，則一向憂苦，不知已是『有所憂患，不得其正』。大抵七情所感，多只是過，少不及者。才過便非心之本體，必須調停適中始得。就如父母之喪，人子豈不欲一哭便死，方快於心？然却曰『毀不滅性』，非聖人强制之也，天理本體自有分限，不可過也。人但要識得心體，自然增減分毫不得。」

「不可謂未發之中常人俱有。蓋體用一源，有是體即有是用，有未發之中，即有發而皆中節之和。今人未能有發而皆中節之和，須知是他未發之中亦未能全得。」

「《易》之辭，是『初九，潛龍勿用』六字；《易》之象，是初畫；《易》之變，是值其畫；《易》之占，是用其辭。」

「夜氣，是就常人說。學者能用功，則日間有事無事，皆是此氣翕聚發生處。聖人則不消說夜氣。」

澄問「操存舍亡」章。曰：「『出入無時，莫知其鄉。』此雖就常人心說，學者亦須是知得心之本體亦元是如此，則操存功夫，始沒病痛。不可便謂出爲亡，入爲存。若論本體，元是無出入的。若論出入，則其思慮運用是出。然主宰常昭昭在此，何出之有？既無所出，何入之有？程子所謂腔子，亦只是天理而已。雖終日應酬而不出天理，即是在腔子裏。若出天理，斯謂之放，斯謂之亡。」又曰：「出入亦只是動靜，動靜無端，豈有鄉邪？」

王嘉秀問：「佛以出離生死誘人入道，仙以長生久視誘人入道，其心亦不是要人做不好，究其極至，亦是見得聖人上一截，然非入道正路。如今仕者有由科，有由貢，有由傳奉，一般做到大官，畢竟非入仕正路，君子不由也。仙、佛到極處，與儒者略同，但有了上一截，遺了下一截，終不似聖人之全；然其上一截同者，不可誣也。後世儒者，又只得聖人下一截，分裂失真，流而爲記誦詞章，功利訓詁，亦卒不免爲異端。是四家者終身勞苦，於身心無分毫益。

視彼仙、佛之徒，清心寡欲，超然於世累之外者，反若有所不及矣。今學者不必先排仙、佛，且當篤志爲聖人之學。聖人之學明，則仙、佛自泯。不然，則此之所學，恐彼或有不屑，而反欲其俯就，不亦難乎？鄙見如此，先生以爲何如？」先生曰：「所論大略亦是。但謂上一截、下一截，亦是人見偏了如此。若論聖人大中至正之道，徹上徹下，只是一貫，更有甚上一截、下一截？『一陰一陽之謂道』，但仁者見之便謂之仁，智者見之便謂之智，百姓又日用而不知，故君子之道鮮矣。仁、智豈可不謂之道？但見得偏了，便有弊病。」

「蓍固是《易》，龜亦是《易》。」

問：「孔子謂武王未盡善，恐亦有不滿意？」先生曰：「在武王自合如此。」曰：「使文王未没，畢竟如何？」曰：「文王在時，天下三分已有其二。若到武王伐商之時，文王若在，或者不致興兵，必然這一分亦來歸了。文王只善處紂，使不得縱惡而已。」

問：「孟子言『執中無權猶執一』。」先生曰：「中只有天理，只是易。隨時變易，如何執得？須是因時制宜，難預先定一個規矩在。如後世儒者要將道理一一説得無罅漏，立定個格式，此正是執一。」

唐詡問：「立志是常存個善念，要爲善去惡否？」曰：「善念存時，即是天理。此念即善，更思何善？此念非惡，更去何惡？此念如樹之根芽，立志者長立此善念而已。『從心所欲不踰矩』，只是志到熟處。」

「精神、道德、言動，大率收斂爲主，發散是不得已。天、地、人、物皆然。」

問：「文中子是如何人？」先生曰：「文

中子庶幾具體而微，惜其蚤死！」問：「如何却有續經之非？」曰：「續經亦未可盡非。」請問。良久曰：「更覺良工心獨苦。」

「許魯齋謂儒者以治生爲先之説，亦誤人。」

問仙家元氣、元神、元精。先生曰：「只是一件：流行爲氣，凝聚爲精，妙用爲神。」

「喜怒哀樂本體自是中和的。才自家着些意思，便過不及，便是私。」

問「哭則不歌」。先生曰：「聖人心體自然如此。」

「克己須要掃除廓清、一毫不存方是。有一毫在，則衆惡相引而來。」

問《律吕新書》。先生曰：「學者當務爲急，算得此數熟，亦恐未有用，必須心中先具禮樂之本方可。且如其書説多用管以候氣，然至冬至那一刻時，管灰之飛或有先後，須臾之間，焉知那管正值冬至之刻？須自心中先曉得冬至之刻始得。此便有不通處。學者須先從禮樂本原上用功。」

曰仁云：「心猶鏡也。聖人心如明鏡，常人心如昏鏡。近世格物之説，如以鏡照物，照上用功，不知鏡尚昏在，何能照？先生之格物，如磨鏡而使之明，磨上用功，明了後亦未嘗廢照。」

問道之精粗。先生曰：「道無精粗，人之所見有精粗。如這一間房，人初進來，只見一個大規模如此；處久，便柱壁之類一一看明白；再久，如柱上有些文藻，細細都看得出來。然只是一間房。」

先生曰：「諸公近見時，少疑問，何也？人不用功，莫不自以爲已知爲學，只循而行之是矣。殊不知私欲日生，如地上塵，一日不掃，便又有一層。着實用功，便見道無終窮，愈探愈深，必使精白無一毫不徹方可。」

問：「知至然後可以言誠意。今天理人欲，知之未盡，如何用得克己工夫？」先生曰：「人若真實切己用功不已，則於此心天理之精微日見一日，私欲之細微亦日見一日。若不用克己工夫，終日只是說話而已，天理終不自見，私欲亦終不自見。如人走路一般，走得一段，方認得一段；走到歧路處，有疑便問，問了又走，方漸能到得欲到之處。今人於已知之天理不肯存，已知之人欲不肯去，且只管愁不能盡知，只管閑講，何益之有？且待克得自己無私可克，方愁不能盡知亦未遲在。」

問：「道一而已，古人論道往往不同，求之亦有要乎？」先生曰：「道無方體，不可執着。却拘滯於文義上求道，遠矣。如今人只說天，其實何嘗見天？謂日月風雷即天，不可；謂人物草木不是天，亦不可。道即是天，若識得時，何莫而非道？人但各以其一隅之見認定，以爲道止如此，所以不同。若解向裏尋求，見得自己心體，即無時無處不是此道。亘古亘今，無終無始，更有甚同異？心即道，道即天，知心則知道、知天。」又曰：「諸君要實見此道，須從自己心上體認，不假外求始得。」

問：「名物度數，亦須先講求否？」先生曰：「人只要成就自家心體，則用在其中。如養得心體，果有未發之中，自然有發而中節之和，自然無施不可。苟無是心，雖預先講得世上許多名物度數，與己原不相干，只是裝綴，臨時自行不去。亦不是將名物度數全然不理，只要知所先後，則近道。」

又曰：「人要隨才成就，才是其所能爲。如夔之樂，稷之種，是他資性合下便如此。成就之者，亦只是要他心體純乎天理。其運用處，皆從天理上發來，然後謂之才。到得純乎天理處，亦能不器。使夔、稷易藝而爲，當亦能之。」又曰：「如『素富貴行乎富貴，素患難行乎患難』，皆是不器：此惟養得心體正者能之。」

「與其爲數頃無源之塘水，不若爲數尺有源之井水，生意不窮。」時先生在塘邊坐，傍有井，故以之喻學云。

問：「世道日降，太古時氣象如何復見得？」先生曰：「一日便是一元。人平旦時起坐，未與物接，此心清明景象，便如在伏羲時遊一般。」

問：「心要逐物，如何則可？」先生曰：「人君端拱清穆，六卿分職，天下乃治。心統五官，亦要如此。今眼要視時，心便逐在色上；耳要聽時，心便逐在聲上。如人君要選官時，便自去坐在吏部；要調軍時，便自去坐在兵部。如此，豈惟失却君體，六卿亦皆不得其職。」

「善念發而知之，而充之；惡念發而知之，而遏之。知與充與遏者，志也，天聰明也。聖人只有此，學者當存此。」

澄曰：「好色、好利、好名等心，固是私欲。如閑思雜慮，如何亦謂之私欲？」先生曰：「畢竟從好色、好利、好名等根上起，自尋其根便見。如汝心中決知是無有做劫盜的思慮，何也？以汝元無是心也。汝若於貨色名利等心，一切皆如不做劫盜之心一般，都消滅了，光光只是心之本體，看有甚閑思慮？此便是寂然不動，便是未發之中，便是廓然大公。自然感而遂通，自然發而中節，自然物來順應。」

問「志至氣次」。先生曰：「『志之所至，氣亦至焉』之謂，非極至次貳之謂。『持其志』則養氣在其中，『無暴其氣』則亦持其志矣。孟子救告子之偏，故如此夾持說。」

問：「先儒曰：『聖人之道，必降而自卑；賢人之言，則引而自高。』如何？」先生曰：「不然。如此却乃僞也。聖人如天，無往而非天，三光之上天也，九地之下亦天也，天何嘗有降而自卑？此所謂『大而化之』也。賢人如山岳，守其高而已。然百仞者不能引而爲千仞，千仞者不能引而爲萬仞。是賢人未嘗引而自高也，引而自高則僞矣。」

問：「伊川謂『不當於喜怒哀樂未發之前求中』，延平却教學者看未發之前氣象，何如？」先生曰：「皆是也。伊川恐人於未發前討個中，把中做一物看，如吾向所謂認氣定時做中，故令只於涵養省察上用功。延平恐人未便有下手處，故令人時時刻刻求未發前氣象，使人正目而視惟此，傾耳而聽惟此，即是『戒慎不睹，恐懼不聞』的工夫。皆古人不得已誘人之言也。」

澄問：「喜怒哀樂之中和，其全體常人固不能有。如一件小事當喜怒者，平時無有喜怒之心，至其臨時亦能中節，亦可謂之中和乎？」先生曰：「在一時一事，固亦可謂之中和，然未可謂之大本、達道。人性皆善，中和是人人原有的，豈可謂無？但常人之心既有所昏蔽，則其本體雖亦時時發見，終是暫明暫滅，非其全體大用矣。無所不中，然後謂之大本；無所不和，然後謂之達道。惟天下之至誠，然後能立天下之大本。」曰：「澄於中字之義尚未明。」曰：

「此須自心體認出來，非言語所能喻。中只是天理。」曰：「何者爲天理？」曰：「去得人欲，便識天理。」曰：「天理何以謂之中？」曰：「無所偏倚。」曰：「無所偏倚是何等氣象？」曰：「如明鏡然，全體瑩徹，略無纖塵染着。」曰：「偏倚是有所染着。如着在好色、好利、好名等項上，方見得偏倚；若未發時，美色名利皆未相着，何以便知其有所偏倚？」曰：「雖未相着，然平日好色、好利、好名之心，原未嘗無；既未嘗無，即謂之有；既謂之有，則亦不可謂無偏倚。譬之病瘧之人，雖有時不發，而病根原不曾除，則亦不得謂之無病之人矣。須是平日好色、好利、好名等項一應私心，掃除蕩滌，無復纖毫留滯，而此心全體廓然，純是天理，方可謂之喜怒哀樂未發之中，方是天下之大本。」

問：「『顏子没而聖學亡』，此語不能無疑。」先生曰：「見聖道之全者惟顏子。觀『喟然一嘆』可見，其謂『夫子循循然善誘人，博我以文，約我以禮』，是見破後如此説。博文約禮，如何是善誘人？學者須思之。道之全體，聖人亦難以語人，須是學者自修自悟。顏子『雖欲從之，末由也已』，即文王『望道未見』意。望道未見乃是真見。顏子没，而聖學之正派遂不盡傳矣。」

問：「身之主爲心，心之靈明是知，知之發動是意，意之所着爲物，是如此否？」先生曰：「亦是。」

「只存得此心常見在，便是學。過去未來事，思之何益？徒放心耳！」

「言語無序，亦足以見心之不存。」

尚謙問：「孟子之『不動心』，與告子異？」先生曰：「告子是硬把捉着此心，要他不動；孟子却是集義到自然不動。」又曰：「心之本體原自不動。心之本體即是性，性即是理，性元不動，理元不動。集義是復其心之本體。」

「萬象森然時，亦冲漠無朕；冲漠無朕，即萬象森然。冲漠無朕者一之父，萬象森然者精之母。一中有精，精中有一。」

「心外無物。如吾心發一念孝親，即孝親便是物。」

先生曰：「今爲吾所謂格物之學者，尚多流於口耳。況爲口耳之學者，能反於此乎？天理人欲，其精微必時時用力省察克治，方日漸有見。如今一説話之間，雖只講天理，不知心中倏忽之間已有多少私欲。蓋有竊發而不知者，雖用力察之，尚不易見，況徒口講而可得盡知乎？今只管講天理來頓放着不循，講人欲來頓放着不去，豈格物致知之學？後世之學，其極至，只做得個義襲而取的工夫。」

問「格物」。先生曰：「格者，正也。正其不正，以歸於正也。」

問：「知止者，知至善只在吾心，元不在外也，而後志定？」曰：「然。」

問：「格物於動處用功否？」先生曰：「格物無間動静，静亦物也。孟子謂『必有事焉』，是動静皆有事。」

「工夫難處，全在格物致知上，此即誠意之事。意既誠，大段心亦自正，身亦自修。但正心修身工夫，亦各有用力處，修身是已發邊，正心是未發邊。心正則中，身修則和。」

「自『格物致知』至『平天下』，只是一個『明明德』。雖親民，亦明德事也。明德是此心之德，即是仁。仁者以天地萬物爲一體，使有一物失所，便是吾仁有未盡處。」

「只說『明明德』而不說『親民』，便似老、佛。」

「至善者性也，性元無一毫之惡，故曰至善。止之，是復其本然而已。」

問：「知至善即吾性，吾性具吾心，吾心乃至善所止之地，則不爲向時之紛然外求，而志定矣。定則不擾擾而静，静而不妄動則安，安則一心一意只在此處，千思萬想，務求必得此至善，是能慮而得矣。如此説是否？」先生曰：「大略亦是。」

問：「程子云：『仁者以天地萬物爲一體。』何墨氏兼愛反不得謂之仁？」先生曰：「此亦甚難言，須是諸君自體認出來始得。仁是造化生生不息之理，雖瀰漫周遍，無處不是，然其流行發生，亦只有個漸，所以生生不息。如冬至一陽生，必自一陽生，而後漸漸至於六陽，若無一陽之生，豈有六陽？陰亦然。惟其漸，所以便有個發端處；惟其有個發端處，所以生；惟其生，所以不息。譬之木，其始抽芽，便是木之生意發端處；抽芽然後發幹，發幹然後生枝生葉，然後是生生不息。若無芽，何以有幹有枝葉？能抽芽，必是下面有個根在。有根方生，無根便死。無根何從抽芽？父子兄弟之愛，便是人心生意發端處，如木之抽芽。自此而仁民，而愛物，便是發幹生枝生葉。墨氏兼愛無差等，將自家父子兄弟與途人一般看，便自没了發端處；不抽芽便知得他無根，便不是生生不息，安得謂之仁？孝弟爲仁之本，却是仁理從裏面發生出來。」

問：「延平云：『當理而無私心。』『當理』與『無私心』如何分別？」先生曰：「心即理也，『無私心』即是『當理』，未當理便是私心。若析心與理言之，恐亦未善。」又問：「釋氏於世間一切情欲之私都不染着，似無私心。但外棄人倫，却似未當理。」曰：「亦只是一統事，都只是成就他一個私己的心。」

侃問：「持志如心痛，一心在痛上，安有工夫説閑語，管閑事？」先生曰：「初學工夫，如此用亦好；但要使知『出入無時，莫知其鄉』。心之神明，原是如此工夫，方有着落。若只死死守着，恐於工夫上又發病。」

侃問：「專涵養而不務講求，將認欲作理，則如之何？」先生曰：「人須是知學。講求亦只是涵養，不講求只是涵養之志不切。」曰：「何謂知學？」曰：「且道爲何而學？學個甚？」曰：「嘗聞先生教，學是學存天理。心之本體即是天理，體認天理只要自心地無私意。」曰：「如此則只須克去私意便是，又愁甚理欲不明？」曰：「正恐這些私意認不真。」曰：「總是志未切。志切，目視耳聽皆在此，安有認不真的道理？是非之心，人皆有之，不假外求。講求亦只是體當自心所見，不成去心外别有個見。」

先生問在坐之友：「比來工夫何似？」一友舉虛明意思。先生曰：「此是説光景。」一友叙今昔異同。先生曰：「此是説效驗。」二友惘然，請是。先生曰：「吾輩今日用功，只是要爲善之心真切。此心真切，見善即遷，有過即改，方是真切工夫。如此則人欲日消，天理日明。若只管求光景，説效驗，却是助長外馳病痛，不是工夫。」

朋友觀書，多有摘議晦庵者。先生曰：「是有心求異即不是。吾説與晦庵時有不同者，爲入門下手處有毫釐千里之分，不得不辯。然吾之心與晦庵之心未嘗異也。若其餘文義解得明當處，如何動得一字？」

希淵問：「聖人可學而至，然伯夷、伊尹於孔子才力終不同，其同謂之聖者安在？」先生曰：「聖人之所以爲聖，只是其心純乎天理，而無人欲之雜。猶精金之所以爲精，但以其成色足而無銅鉛之雜也。人到純乎天理方是聖，金到足色方是精。然聖人之才力亦有大小不同，猶金之分兩有輕重。堯、舜猶萬鎰，文王、孔子猶九千鎰，禹、湯、武王猶七八千鎰，伯夷、伊尹猶四五千鎰。才力不同而純乎天理則同，皆可謂之聖人。猶分兩雖不同，而足色則同，皆可謂之精金。以五千鎰者而入於萬鎰之中，其足色同也；以夷、尹而厠之堯、孔之間，其純乎天理同也。蓋所以爲精金者，在足色而不在分兩；所以爲聖者，在純乎天理而不在才力也。故雖凡人而肯爲學，使此心純乎天理，則亦可爲聖人；猶一兩之金比之萬鎰，分兩雖懸絶，而其到足色處可以無愧。故曰『人皆可以爲堯舜』者以此。學者學聖人，不過是去人欲而存天理耳，猶鍊金而求其足色。金之成色所争不多，則煅鍊之工省而功易成，成色愈下則煅鍊愈難。人之氣質清濁粹駁，有中人以上，中人以下，其於道有生知安行，學知利行，其下者必須人一己百，人十己千，及其成功則一。後世不知作聖之本是純乎天理，却專去知識才能上求聖人。以爲聖人無所不知，無所不能，我須是將聖人許多知識才能逐一理會始得。故不務去天理上着工夫，徒弊精竭力，從册子上鑽研，名物上考索，形迹上比擬，知識愈廣而人欲愈滋，才力愈多而天理愈蔽。正如見人有萬鎰精金，不務煅鍊成色，求無愧於彼之精純，而乃妄希分兩，務同彼之萬鎰，錫、鉛、銅、鐵雜然而投，分兩愈增而成色愈下，既其梢末，無復有金矣。」時曰仁在傍，曰：「先生此喻足以破世儒支離之惑，大有功於後學。」先生又曰：「吾輩用功只求日減，不求日增。減得一分人欲，便是復得一分天理。何等輕快脱灑！何等簡易！」

士德問曰：「格物之説，如先生所教，明白簡易，人人見得。文公聰明絶世，於此反有未審，何也？」先生曰：「文公精神氣魄大，是他早年合下便要繼往開來，故一向只就考索著述上用功。若先切己自修，自然不暇及此。到得德盛後，果憂道之不明。如孔子退修六籍，删繁就簡，開示來學，亦大段不費甚考索。文公早歲便著許多書，晚年方悔是倒做了。」士德曰：「晚年之悔，如謂『向來定本之悟』，又謂『雖讀得書，何益於吾事』，又謂『此與守書籍，泥言語，全無交涉』，是他到此方悔從前用功之錯，方去切己自修矣。」曰：「然。此是文公不可及處。他力量大，一悔便轉，可惜不久即去世，平日許多錯處皆不及改正。」

侃去花間草，因曰：「天地間何善難培，惡難去？」先生曰：「未培未去耳。」少間，曰：「此等看善惡，皆從軀殼起念，便會錯。」侃未達。曰：「天地生意，花草一般，何曾有善惡之分？子欲觀花，則以花爲善，以草爲惡；如欲用草時，復以草爲善矣。此等善惡，皆由汝心好惡所生，故知是錯。」曰：「然則無善無惡乎？」曰：「無善無惡者理之静，有善有惡者氣之動。不動於氣，即無善無惡，是謂至善。」曰：「佛氏亦無善無惡，何以异？」曰：「佛氏着在無善無惡上，便一切都不管，不可以治天下。聖人無善無惡，只是『無有作好，無有作惡』，不動於氣。然遵王之道，會其有極，便自一循天理，便有個裁成輔相。」曰：「草既非惡，即草不宜去矣。」曰：「如此却是佛、老意見。草若有礙，何妨汝去？」曰：「如此又是作好作惡。」曰：「不作好惡，非是全無好惡，却是無知覺的人。謂之不作者，只是好惡一循於理，不去又着一分意思。如此，即是不曾好惡一般。」曰：「去草如何是一循於理，不着意思？」曰：「草有妨礙，理亦宜去，去之而已。偶未即去，亦不累心。若着了一分意思，即心體便有貽累，便有許多動氣處。」曰：「然則善惡全不在物？」曰：「只在汝心。循理便是善，動氣便是惡。」曰：「畢竟物無善惡。」曰：「在心如此，在物亦然。世儒惟不知此，舍心逐物，將格物之學錯看了，終日馳求於外，只做得個義襲而取，終身行不著，習不察。」曰：「『如好好色，如惡惡臭』，則如何？」曰：「此正是一循於理。是天理合如此，本無私意作好作惡。」曰：「『如好好色，如惡惡臭』，安得非意？」曰：「却是誠意，不是私意。誠意只是循天理。雖是循天理，亦着不得一分意，故有所忿懥好樂則不得其正，須是廓然大公，方是心之本體。知此即知未發之中。」伯生曰：「先生云：『草有妨礙，理亦宜去。』緣何又是軀殼起念？」曰：「此須汝心自體當。汝要去草，是甚麼心？周茂叔窗前草不除，是甚麼心？」

先生謂學者曰：「爲學須得個頭腦工夫，方有着落。縱未能無間，如舟之有舵，一提便醒。不然，雖從事於學，只做個義襲而取，只是行不著，習不察，非大本達道也。」又曰：「見得時，横説竪説皆是。若於此處通，彼處不通，只是未見得。」

或問爲學以親故，不免業舉之累。先生曰：「以親之故而業舉，爲累於學，則治田以養其親者亦有累於學乎？先正云：『惟患奪志。』但恐爲學之志不真切耳。」

崇一問：「尋常意思多忙，有事固忙，無事亦忙，何也？」先生曰：「天地氣機，元無一息之停。然有個主宰，故不先不後，不急不緩，雖千變萬化，而主宰常定，人得此而生。若主宰定時，與天運一般不息，雖酬酢萬變，常是從容自在，所謂『天君泰然，百體從令』。若無主宰，便只是這氣奔放，如何不忙？」

先生曰：「爲學大病在好名。」侃曰：「從前歲自謂此病已輕，比來精察，乃知全未。豈必務外爲人？只聞譽而喜，聞毁而悶，即是此病發來。」曰：「最是。名與實對，務實之心重一分，則務名之心輕一分；全是務實之心，即全無務名之心；若務實之心如饑之求食，渴之求飲，安得更有工夫好名？」又曰：「『疾没世而名不稱』，『稱』字去聲讀，亦『聲聞過情，君子耻之』之意。實不稱名，生猶可補，没則無及矣。『四十五十而無聞』，是不聞道，非無聲聞也。孔子云：『是聞也，非達也。』安肯以此望人？」

侃多悔。先生曰：「悔悟是去病之藥，然以改之爲貴。若留滯於中，則又因藥發病。」

德章曰：「聞先生以精金喻聖，以分兩喻聖人之分量，以鍛鍊喻學者之工夫，最爲深切。惟謂堯、舜爲萬鎰，孔子爲九千鎰，疑未安。」先生曰：「此又是軀殼上起念，故替聖人争分兩。若不從軀殼上起念，即堯、舜萬鎰不爲多，孔子九千鎰不爲少；堯、舜萬鎰只是孔子的，孔子九千鎰只是堯、舜的，原無彼我，所以謂之聖。只論精一，不論多寡。只要此心純乎天理處同，便同謂之聖。若是力量氣魄，如何盡同得！後儒只在分兩上較量，所以流入功利。若除去了比較分兩的心，各人儘着自己力量精神，只在此心純天理上用功，即人人自有，個個圓成，便能大以成大，小以成小，不假外慕，無不具足。此便是實實落落明善誠身的事。後儒不明聖學，不知就自己心地良知良能上體認擴充，却去求知其所不知，求能其所不能，一味只是希高慕大；不知自己是桀、紂心地，動輒要做堯、舜事業，如何做得？終年碌碌，至於老死，竟不知成就了個甚麽，可哀也已！」

侃問：「先儒以心之静爲體，心之動爲用，如何？」先生曰：「心不可以動静爲體用。動静，時也。即體而言，用在體；即用而言，體在用：是謂體用一源。若説静可以見其體，動可以見其用，却不妨。」

問：「上智下愚如何不可移？」先生曰：「不是不可移，只是不肯移。」

問「子夏門人問交」章。先生曰：「子夏是言小子之交，子張是言成人之交。若善用之，亦俱是。」

子仁問：「『學而時習之，不亦説乎』，先儒以學爲效先覺之所爲，如何？」先生曰：「學是學去人欲，存天理。從事於去人欲，存天理，則自正諸先覺、考諸古訓，自下許多問辨、思索、存省、克治工夫，然不過欲去此心之人欲，存吾心之天理耳。若曰效先覺之所爲，則只説得學中一件事，亦似專求諸外了。『時習』者，『坐如尸』，非專習坐也，坐時習此心也；『立如齋』，非專習立也，立時習此心也。『説』是『理義之説我心』之『説』，人心本自説理義，如目本説色，耳本説聲，惟爲人欲所蔽所累，始有不説。今人欲日去，則理義日洽浹，安得不説？」

國英問：「曾子『三省』雖切，恐是未聞『一貫』時工夫。」先生曰：「『一貫』是夫子見曾子未得用功之要，故告之。學者果能忠恕上用功，豈不是『一貫』？一如樹之根本，貫如樹之枝葉，未種根，何枝葉之可得？體用一源，體未立，用安從生？謂『曾子於其用處，蓋已隨事精察而力行之，但未知其體之一』。此恐未盡。」

黄誠甫問「汝與回也孰愈」章。先生曰：「子貢多學而識，在聞見上用功；顔子在心地上用功：故聖人問以啓之。而子貢所對又只在知見上，故聖人嘆惜之，非許之也。」

「顔子不遷怒，不貳過，亦是有未發之中始能。」

「種樹者必培其根，種德者必養其心。欲樹之長，必於始生時删其繁枝；欲德之盛，必於始學時去夫外好。如外好詩文，則精神日漸漏泄在詩文上去；凡百外好皆然。」又曰：「我此論學是無中生有的工夫，諸公須要信得及，只是立志。學者一念爲善之志，如樹之種，但勿助勿忘，只管培植將去，自然日夜滋長，生氣日完，枝葉日茂。樹初生時，便抽繁枝，亦須刊落，然後根幹能大。初學時亦然，故立志貴專一。」

因論先生之門，某人在涵養上用功，某

人在識見上用功。先生曰：「專涵養者，日見其不足；專識見者，日見其有餘。日不足者，日有餘矣；日有餘者，日不足矣。」

梁日孚問：「居敬窮理是兩事，先生以爲一事，何如？」先生曰：「天地間只有此一事，安有兩事？若論萬殊，禮儀三百，威儀三千，又何止兩？公且道居敬是如何？窮理是如何？」曰：「居敬是存養工夫，窮理是窮事物之理。」曰：「存養個甚？」曰：「是存養此心之天理。」曰：「如此亦只是窮理矣。」曰：「且道如何窮事物之理？」曰：「如事親，便要窮孝之理；事君，便要窮忠之理。」曰：「忠與孝之理，在君親身上？在自己心上？若在自己心上，亦只是窮此心之理矣。且道如何是敬？」曰：「只是主一。」「如何是主一？」曰：「如讀書，便一心在讀書上；接事，便一心在接事上。」曰：「如此則飲酒，便一心在飲酒上；好色，便一心在好色上。却是逐物，成甚居敬功夫？」日孚請問。曰：「一者天理，主一是一心在天理上。若只知主一，不知一即是理，有事時便是逐物，無事時便是着空。惟其有事無事，一心皆在天理上用功，所以居敬亦即是窮理。就窮理專一處說，便謂之居敬；就居敬精密處說，便謂之窮理。却不是居敬了，別有個心窮理；窮理時，別有個心居敬：名雖不同，功夫只是一事。就如《易》言『敬以直内，義以方外』，敬即是無事時義，義即是有事時敬，兩句合說一件。如孔子言『修己以敬』，即不須言義，孟子言『集義』即不須言敬，會得時，横說竪說工夫總是一般。若泥文逐句，不識本領，即支離決裂，工夫都無下落。」問：「窮理何以即是盡性？」曰：「心之體性也，性即理也。窮仁之理，真要仁極仁，窮義之理，真要義極義：仁義只是吾性，故窮理即是盡性。如孟子説『充其惻隱之心，至仁不可勝用』，這便是窮理工夫。」日孚曰：「先儒謂『一草一木亦皆有理，不可不察』，如何？」先生曰：「夫我則不暇，公且先去理會自己性情，須能盡人之性，然後能盡物之性。」日孚悚然有悟。

惟乾問：「知如何是心之本體？」先生曰：「知是理之靈處。就其主宰處説，便謂之心；就其稟賦處説，便謂之性。孩提之童，無不知愛其親，無不知敬其兄，只是這個靈能不爲私欲遮隔，充拓得盡，便完完是他本體，便與天地合德。自聖人以下，不能無蔽，故須格物以致其知。」

守衡問：「《大學》工夫只是誠意，誠意工夫只是格物。修、齊、治、平，只誠意盡矣。又有正心之功，『有所忿懥、好樂則不得其正』，何也？」先生曰：「此要自思得之，知此則知未發之中矣。」守衡再三請。曰：「爲學工夫有淺深。初時若不着實用意去好善惡惡，如何能爲善去惡？這着實用意便是誠意。然不知心之本體原無一物，一向着意去好善惡惡，便又多了這分意思，便不是廓然大公。《書》所謂『無有作好作惡』，方是本體。所以説『有所忿懥、好樂則不得其正』。正心只是誠意工夫裏面體當自家心體，常要鑑空衡平，這便是未發之中。」

正之問：「『戒懼是己所不知時工夫，慎獨是己所獨知時工夫』，此説如何？」先生曰：「只是一個工夫，無事時固是獨知，有事時亦是獨知。人若不知於此獨知之地用力，只在人所共知處用功，便是作僞，便是『見君子而後厭然』。此獨知處便是誠的萌芽，此處不論善念惡念，更無虚假，一是百是，一錯百錯，正是王霸、義利、誠僞、善惡界頭。於此一立立定，便是端本澄源，便是立誠。古人許多誠身的工夫，精神命脈全體只在此處。真是莫見莫顯，無時無處，無終無始，只是此個工夫。今若又分戒懼爲己所不知，即工夫便支離，亦有間斷。既戒懼即是知，己若不知，是誰戒懼？如此見解，便要流入斷滅禪定。」曰：「不論善念惡念，更無虚假，則獨知之地更無無念時邪？」曰：「戒懼亦是念。戒懼之念，無時可息。若戒懼之心稍有不存，不是昏聵，便已流入惡念。自朝至暮，自少至老，若要無念，即是己不知，此除是昏睡，除是槁木死灰。」

志道問：「荀子云『養心莫善於誠』，先儒非之，何也？」先生曰：「此亦未可便以爲非。誠字有以工夫説者：誠是心之本體，求復其本體，便是思誠的工夫。明道説『以誠敬存之』，亦是此意。《大學》『欲正其心，先誠其意』。荀子之言固多病，然不可一例吹毛求疵。大凡看人言語，若先有個意見，便有過當處。『爲富不仁』之言，孟子有取於陽虎。此便見聖賢大公之心。」

蕭惠問：「己私難克，奈何？」先生曰：「將汝己私來，替汝克。」先生曰：「人須有爲己之心，方能克己；能克己，方能成己。」蕭惠曰：「惠亦頗有爲己之心，不知緣何不能克己？」先生曰：「且説汝有爲己之心是如何？」惠良久曰：「惠亦一心要做好人，便自謂頗有爲己之心。今思之，看來亦只是爲得個軀殼的己，不曾爲個真己。」先生曰：「真己何曾離着軀殼？恐汝連那軀殼的己也不曾爲。且道汝所謂軀殼的己，豈不是耳目口鼻四肢？」惠曰：「正是。爲此，目便要色，耳便要聲，口便要味，四肢便要逸樂，所以不能克。」先生曰：「『美色令人目盲，美聲令人耳聾，美味令人口爽，馳騁田獵令人發狂』，這都是害汝耳目口鼻四肢的，豈得是爲汝耳目口鼻四肢？若爲着耳目口鼻四肢時，便須思量耳如何聽，目如何視，口如何言，四肢如何動。必須非禮勿視聽言動，方才成得個耳目口鼻四肢，這個才是爲着耳目口鼻四肢。汝今終日向外馳求，爲名爲利，這都是爲着軀殼外面的物事。汝若爲着耳目口鼻四肢，要非禮勿視聽言動時，豈是汝之耳目口鼻四肢自能勿視聽言動？須由汝心。這視聽言動皆是汝心：汝心之視，發竅於目；汝心之聽，發竅於耳；汝心之言，發竅於口；汝心之動，發竅於四肢。若無汝心，便無耳目口鼻。所謂汝心，亦不專是那一團血肉。若是那一團血肉，如今已死的人，那一團血肉還在，緣何不能視聽言動？所謂汝心，却是那能視聽言動的，這個便是性，便是天理。有這個性，才能生這性之生理，便謂之仁。這性之生理，發在目便會視，發在耳便會聽，發在口便會言，發在四肢便會動，都只是那天理發生，以其主宰一身，故謂之心。這心之本體，原只是個天理，原無非禮，這個便是汝之真己。這個真己，是軀殼的主宰。若無真己，便無軀殼，真是有之即生，無之即死。汝若真爲那個軀殼的己，必須用着這個真己，便須常常保守着這個真己的本體，戒慎不睹，恐懼不聞，惟恐虧損了他一些，才有一毫非禮萌動，便如刀割，如針刺，忍耐不過，必須去了刀，拔了針，這才是有爲己之心，方能克己。汝今正是認賊作子，緣何却說有爲己之心，不能克己？」

有一學者病目，戚戚甚憂。先生曰：「爾乃貴目賤心。」

蕭惠好仙、釋。先生警之曰：「吾亦自幼篤志二氏，自謂既有所得，謂儒者爲不足學。其後居夷三載，見得聖人之學若是其簡易廣大，始自嘆悔錯用了三十年氣力。大抵二氏之學，其妙與聖人只有毫釐之間。汝今所學，乃其土苴，輒自信自好若此，真鴟鴞竊腐鼠耳！」惠請問二氏之妙。先生曰：「向汝說聖人之學簡易廣大，汝却不問我悟的，只問我悔的！」惠慚謝，請問聖人之學。先生曰：「汝今只是了人事問，待汝辦個真要求爲聖人的心來與汝說。」惠再三請。先生曰：「已與汝一句道盡，汝尚自不會。」

劉觀時問：「『未發之中』是如何？」先生曰：「汝但戒慎不睹，恐懼不聞，養得此心純是天理，便自然見。」觀時請略示氣象。先生曰：「啞子吃苦瓜，與你說不得。你要知此苦，還須你自吃。」時曰仁在傍，曰：「如此才是真知即是行矣。」一時在座諸友皆有省。

蕭惠問死生之道。先生曰：「知晝夜即知死生。」問晝夜之道。曰：「知晝則知夜。」曰：「晝亦有所不知乎？」先生曰：「汝能知晝？懵懵而興，蠢蠢而食，行不著，習不察，終日昏昏，只是夢晝。惟息有養，瞬有存，此心惺惺明明，天理無一息間斷，才是能知晝。這便是天德，便是通乎晝夜之道而知，更有甚麼死生？」

馬子莘問：「修道之教，舊說謂『聖人品節，吾性之固有，以爲法於天下，若禮樂刑政之屬』，此意如何？」先生曰：「道即性即命，本是完完全全，增減不得，不假修飾的，何須要聖人品節？却是不完全的物件。禮樂刑政是治天下之法，固亦可謂之教，但不是子思本旨。若如先儒之説，下面由教入道的，緣何舍了聖人禮樂刑政之教，别説出一段戒慎恐懼工夫？却是聖人之教爲虚設矣。」子莘請問。先生曰：「子思性、道、教，皆從本原上説。天命於人，則命便謂之性；率性而行，則性便謂之道；修道而學，則道便謂之教。率性是誠者事，所謂『自誠明，謂之性』也。修道是誠之者事，所謂『自明誠，謂之教』也。聖人率性而行，即是道。聖人以下，未能率性於道，未免有過不及，故須修道。修道則賢知者不得而過，愚不肖者不得而不及，都要循着這個道，則道便是個教。此『教』字與『天道至教，風雨霜露無非教也』之『教』同。『修道』字與『修道以仁』同。人能修道，然後能不違於道，以復其性之本體，則亦是聖人率性之道矣。下面『戒慎恐懼』便是修道的工夫，『中和』便是復其性之本體，如《易》所謂『窮理盡性，以至於命』，中和位育便是盡性至命。」

黄誠甫問：「先儒以孔子告顔淵爲邦之問，是立萬世常行之道，如何？」先生曰：「顔子具體聖人，其於爲邦的大本大原都已完備。夫子平日知之已深，到此都不必言，只就制度文爲上説。此等處亦不可忽略，須要是如此方盡善。又不可因自己本領是當了，便於防範上疏闊，須是要『放鄭聲，遠佞人』。蓋顔子是個克己向裏、德上用心的人，孔子恐其外面末節或有疏略，故就他不足處幫補説。若在他人，須告以『爲政在人，取人以身，修身以道，修道以仁』、『達道』、『九經』及『誠身』許多工夫，方始做得。這個方是萬世常行之道。不然，只去行了夏時，乘了殷輅，服了周冕，作了韶舞，天下便治得。後人但見顔子是孔門第一人，又問個『爲邦』，便把做天大事看了。」

蔡希淵問：「文公《大學》新本，先格致而後誠意工夫，似與首章次第相合。若如先生從舊本之説，即誠意反在格致之前，於此尚未釋然。」先生曰：「《大學》工夫即是明明德，明明德只是個誠意，誠意的工夫只是格物致知。若以誠意爲主，去用格物致知的工夫，即工夫始有下落，即爲善去惡無非是誠意的事。如新本先去窮格事物之理，即茫茫蕩蕩，都無着落處，須用添個敬字方纔牽扯得向身心上來，然終是没根源。若須用添個敬字，緣何孔門倒將一個最緊要的字落了，直待千餘年後要人來補出？正謂以誠意爲主，即不須添敬字，所以提出個誠意來説，正是學問的大頭腦處。於此不察，真所謂毫釐之差，千里之謬。大抵《中庸》工夫只是誠身，誠身之極便是至誠；《大學》工夫只是誠意，誠意之極便是至善。工夫總是一般。今説這裏補個敬字，那裏補個誠字，未免畫蛇添足。」

王文成公全書卷之二

語録二

傳習録中

德洪曰：「昔南元善刻《傳習録》於越，凡二册。下册摘録先師手書，凡八篇。其《答徐成之》二書，吾師自謂：『天下是朱非陸，論定既久，一旦反之爲難。二書姑爲調停兩可之説，使人自思得之。』故元善録爲下册之首者，意亦以是歟！今朱、陸之辨明於天下久矣。洪刻先師《文録》，置二書於《外集》者，示未全也，故今不復録。其餘指『知行之本體』，莫詳於《答人論學》與答周道通、陸清伯、歐陽崇一四書；而謂『格物爲學者用力日可見之地』，莫詳於《答羅整庵》一書。平生冒天下之非詆推陷，萬死一生，遑遑然不忘講學，惟恐吾人不聞斯道，流於功利機智，以日墮於夷狄禽獸而不覺；其一體同物之心，譊譊終身，至於斃而後已，此孔、孟以來聖賢苦心，雖門人子弟未足以慰其情也。是情也，莫詳於《答聶文蔚》之第一書。此皆仍元善所録之舊。而揭『必有事焉』即『致良知』功夫，明白簡切，使人言下即得入手，此又莫詳於《答文蔚》之第二書，故增録之。元善當時洶洶，乃能以身明斯道，卒至遭奸被斥，油油然惟以此生得聞斯學爲慶，而絶無有纖芥憤鬱不平之氣。斯録之刻，人見其有功於同志甚大，而不知其處時之甚艱也。今所去取裁之，時義則然，非忍有所加損於其間也。」

答顧東橋書

來書云：「近時學者務外遺內，博而寡要，故先生特倡『誠意』一義，針砭膏肓，誠大惠也。」

吾子洞見時弊如此矣，亦將何以救之乎？然則鄙人之心，吾子固已一句道盡，復何言哉！復何言哉！若「誠意」之說，自是聖門教人用功第一義。但近世學者乃作第二義看，故稍與提掇緊要出來，非鄙人所能特倡也。

來書云：「但恐立說太高，用功太捷，後生師傳，影響謬誤，未免墜於佛氏明心見性、定慧頓悟之機，無怪聞者見疑。」

區區格、致、誠、正之說，是就學者本心日用事爲間，體究踐履，實地用功，是多少次第、多少積累在，正與空虛頓悟之說相反。聞者本無求爲聖人之志，又未嘗講究其詳，遂以見疑，亦無足怪。若吾子之高明，自當一語之下便瞭然矣！乃亦謂「立說太高，用功太捷」，何邪？

來書云：「所喻知行并進，不宜分別前後，即《中庸》尊德性而道問學之功交養互發、內外本末一以貫之之道。然工夫次第不能無先後之差，如知食乃食，知湯乃飲，知衣乃服，知路乃行，未有不見是物，先有是事。此亦毫釐倏忽之間，非謂截然有等，今日知之而明日乃行也。」

既云「交養互發、内外本末一以貫之」，則知行并進之説無復可疑矣。又云「工夫次第不能無先後之差」，無乃自相矛盾已乎？「知食乃食」等説，此尤明白易見，但吾子爲近聞障蔽，自不察耳。夫人必有欲食之心然後知食。欲食之心即是意，即是行之始矣。食味之美惡必待入口而後知，豈有不待入口而已先知食味之美惡者邪？必有欲行之心，然後知路。欲行之心即是意，即是行之始矣。路岐之險夷必待身親履歷而後知，豈有不待身親履歷而已先知路岐之險夷者邪？「知湯乃飲」，「知衣乃服」，以此例之，皆無可疑。若如吾子之喻，是乃所謂不見是物而先有是事者矣。吾子又謂「此亦毫釐倏忽之間，非謂截然有等，今日知之而明日乃行也」，是亦察之尚有未精。然就如吾子之説，則知行之爲合一并進，亦自斷無可疑矣。

來書云：「真知即所以爲行，不行不足謂之知，此爲學者吃緊立教，俾務躬行則可。若真謂行即是知，恐其專求本心，遂遺物理，必有闇而不達之處。抑豈聖門知行并進之成法哉？」

知之真切篤實處即是行，行之明覺精察處即是知，知行工夫本不可離。只爲後世學者分作兩截用功，失却知行本體，故有合一并進之説。「真知即所以爲行，不行不足謂之知」，即如來書所云「知食乃食」等説可見，前已略言之矣。此雖吃緊救弊而發，然知行之體本來如是，非以己意抑揚其間，姑爲是説以苟一時之效者也。「專求本心，遂遺物理」，此蓋失其本心者也。夫物理不外於吾心，外吾心而求物理，無物理矣；遺物理而求吾心，吾心又何物邪？心之體，性也，性即理也。故有孝親之心，即有孝之理，無孝親之心，即無孝之理矣。有忠君之心，即有忠之理，無忠君之心，即無忠之理矣。理豈外於吾心邪？晦庵謂：「人之所以爲學者，心與理而已。心雖主乎一身，而實管乎天下之理，理雖散在萬事，而實不外乎一人之心。」是其一分一合之間，而未免已啓學者心理爲二之弊。此後世所以有「專求本心，遂遺物理」之患，正由不知心即理耳。夫外心以求物理，是以有闇而不達之處，此告子「義外」之説，孟子所以謂之不知義也。心一而已，以其全體惻怛而言謂之仁，以其得宜而言謂之義，以其條理而言謂之理；不可外心以求仁，不可外心以求義，獨可外心以求理乎？外心以求理，此知行之所以二也。求理於吾心，此聖門知行合一之教，吾子又何疑乎？

來書云：「所釋《大學》古本，謂『致其本體之知』，此固孟子盡心之旨。朱子亦以虚靈知覺爲此心之量。然盡心由於知性，致知在於格物。」

「盡心由於知性，致知在於格物」，此語然矣。然而推本吾子之意，則其所以爲是語者，尚有未明也。朱子以「盡心、知性、知天」爲物格、知致，以「存心、養性、事天」爲誠意、正心、修身，以「殀壽不貳、修身以俟」爲知至仁盡，聖人之事。若鄙人之見，則與朱子正相反矣。夫「盡心、知性、知天」者，生知安行，聖人之事也；「存心、養性、事天」者，學知利行，賢人之事也；「殀壽不貳、修身以俟」者，困知勉行，學者之事也。

豈可專以盡心、知性爲知，存心、養性爲行乎？吾子驟聞此言，必又以爲大駭矣。然其間實無可疑者，一爲吾子言之：夫心之體，性也；性之原，天也。能盡其心，是能盡其性矣。《中庸》云：「惟天下至誠爲能盡其性。」又云：「知天地之化育，質諸鬼神而無疑，知天也。」此惟聖人而後能然，故曰「此生知安行，聖人之事也」。存其心者，未能盡其心者也，故須加存之之功。必存之既久，不待於存而自無不存，然後可以進而言盡。蓋「知天」之「知」，如「知州」、「知縣」之「知」，知州則一州之事皆己事也，知縣則一縣之事皆己事也，是與天爲一者也；「事天」則如子之事父，臣之事君，猶與天爲二也。天之所以命於我者，心也，性也，吾但存之而不敢失，養之而不敢害，如「父母全而生之，子全而歸之」者也。故曰「此學知利行，賢人之事也」。至於「夭壽不貳」，則與存其心者又有間矣。存其心者雖未能盡其心，固已一心於爲善，時有不存，則存之而已。今使之「夭壽不貳」，是猶以夭壽貳其心者也。猶以夭壽貳其心，是其爲善之心猶未能一也，存之尚有所未可，而何盡之可云乎？今且使之不以夭壽貳其爲善之心，若曰死生夭壽皆有定命，吾但一心於爲善，修吾之身，以俟天命而已，是其平日尚未知有天命也。「事天」雖與天爲二，然已真知天命之所在，但惟恭敬奉承之而已耳。若俟之云者，則尚未能真知天命之所在，猶有所俟者也，故曰「所以立命」。「立」者，創立之立，如立德、立言、立功、立名之類。凡言「立」者，皆是昔未嘗有而今始建立之謂，孔子所謂「不知命，無以爲君子」者也，故曰「此困知勉行，學者之事也」。今以盡心、知性、知天爲格物致知，使初學之士尚未能不貳其心者，而遽責之以聖人生知安行之事，如捕風捉影，茫然莫知所措其心，幾何而不至於「率天下而路」也！今世致知格物之弊，亦居然可見矣。吾子所謂「務外遺内，博而寡要」者，無乃亦是過歟？此學問最緊要處，於此而差，將無往而不差矣！此鄙人之所以冒天下之非笑，忘其身之陷於罪戮，呶呶其言，其不容已者也。

來書云：「聞語學者乃謂『即物窮理之説，亦是玩物喪志』，又取其『厭繁就約』、『涵養本原』數説標示學者，指爲『晚年定論』，此亦恐非。」

朱子所謂「格物」云者，在即物而窮其理也。即物窮理，是就事事物物上求其所謂定理者也，是以吾心而求理於事事物物之中，析心與理而爲二矣。夫求理於事事物物者，如求孝之理於其親之謂也。求孝之理於其親，則孝之理其果在於吾之心邪？抑果在於親之身邪？假而果在於親之身，則親没之後，吾心遂無孝之理歟？見孺子之入井，必有惻隱之理，是惻隱之理果在於孺子之身歟？抑在於吾心之良知歟？其或不可以從之於井歟？其或可以手而援之歟？是皆所謂理也，是果在於孺子之身歟？抑果出於吾心之良知歟？以是例之，萬事萬物之理，莫不皆然。是可以知析心與理爲二之非矣。夫析心與理而爲二，此告子「義外」之説，孟子之所深闢也。「務外遺内，博而寡要」，吾子既已知之矣。是果何謂而然哉？謂之玩物喪志，尚猶以爲不可歟？若鄙人所謂致知格物者，致吾心之良知於事事物物也。吾心之良知，即所謂天理也。致吾心良知之天理於事事物物，則事事物物皆得其理矣。致吾心之良知者，致知也。事事物物皆得其理者，格物也。是合心與理而爲一者也。合心與理而爲一，則凡區區前之所云，與朱子晚年之論，皆可以不言而喻矣！

來書云：「人之心體本無不明，而氣拘物蔽鮮有不昏，非學問思辨以明天下之理，則善惡之機，真妄之辨，不能自覺；任情恣意，其害有不可勝言者矣。」

此段大略似是而非，蓋承沿舊説之弊，不可以不辨也。夫學問思辨行，皆所以爲學，未有學而不行者也。如言學孝，則必服勞奉養，躬行孝道，然後謂之學，豈徒懸空口耳講説，而遂可以謂之學孝乎？學射則必張弓挾矢，引滿中的；學書則必伸紙執筆，操觚染翰；盡天下之學無有不行而可以言學者，則學之始固已即是行矣。篤者，敦實篤厚之意，已行矣，而敦篤其行，不息其功之謂爾。蓋學之不能以無疑，則有問，問即學也，即行也；又不能無疑，則有思，思即學也，即行也；又不能無疑，則有辨，辨即學也，即行也；辨既明矣，思既慎矣，問既審矣，學既能矣，又從而不息其功焉，斯之謂篤行，非謂學、問、思、辨之後而始措之於行也。是故以求能其事而言謂之學，以求解其惑而言謂之問，以求通其説而言謂之思，以求精其察而言謂之辨，以求履其實而言謂之行。蓋析其功而言則有五，合其事而言則一而已。此區區心理合一之體，知行并進之功，所以異於後世之説者，正在於是。今吾子特舉學、問、思、辨以窮天下之理，而不及篤行，是專以學、問、思、辨爲知，而謂窮理爲無行也已。天下豈有不行而學者邪？豈有不行而遂可謂之窮理者邪？明道云：「只窮理，便盡性至命。」故必仁極仁，而後謂之能窮仁之理；義極義，而後謂之能窮義之理。仁極仁則盡仁之性矣，義極義則盡義之性矣。學至於窮理至矣，而尚未措之於行，天下寧有是邪？是故知不行之不可以爲學，則知不行之不可以爲窮理矣；知不行之不可以爲窮理，則知知行之合一并進而不可以分爲兩節事矣。夫萬事萬物之理不外於吾心，而必曰窮天下之理，是殆以吾心之良知爲未足，而必外求於天下之廣以裨補增益之，是猶析心與理而爲二也。夫學、問、思、辨、篤行之功，雖其困勉至於人一己百，而擴充之極，至於盡性知天，亦不過致吾心之良知而已。良知之外，豈復有加於毫末乎？今必曰窮天下之理，而不知反求諸其心，則凡所謂善惡之機，真妄之辨者，舍吾心之良知，亦將何所致其體察乎？吾子所謂「氣拘物蔽」者，拘此蔽此而已。今欲去此之蔽，不知致力於此，而欲以外求，是猶目之不明者，不務服藥調理以治其目，而徒倀倀然求明於其外，明豈可以自外而得哉？任情恣意之害，亦以不能精察天理於此心之良知而已。此誠毫釐千里之謬者，不容於不辨，吾子毋謂其論之太刻也。

來書云：「教人以致知明德，而戒其即物窮理，誠使昏闇之士深居端坐，不聞教告，遂能至於知致而德明乎？縱令静而有覺，稍悟本性，則亦定慧無用之見，果能知古今，達事變，而致用於天下國家之實否乎？其曰『知者意之體，物者意之用，格物如格君心之非之格』，語雖超悟獨得，不踵陳見，抑恐於道未相吻合。」

區區論致知格物，正所以窮理，未嘗戒人窮理，使之深居端坐而一無所事也。若謂即物窮理，如前所云「務外而遺内」者，則有所不可耳。昏闇之士，果能隨事隨物精察此心之天理，以致其本然之良知，則雖愚必明，雖柔必强，大本立而達道行，九經之屬可一以貫之而無遺矣。尚何患其無致用之實乎？彼頑空虚静之徒，正惟不能隨事隨物精察此心之天理，以致其本然之良知，而遺棄倫理，寂滅虚無以爲常，是以要之不可以治家國天下。孰謂聖人窮理盡性之學而亦有是弊哉？心者身之主也，而心之虚靈明覺，即所謂本然之良知也。其虚靈明覺之良知，應感而動者謂之意；有知而後有意，無知則無意矣。知非意之體乎？意之所用，必有其物，物即事也。如意用於事親，即事親爲一物；意用於治民，即治民爲一物；意用於讀書，即讀書爲一物；意用於聽訟，即聽訟爲一物：凡意之所用無有無物者，有是意即有是物，無是意即無是物矣。物非意之用乎？「格」字之義，有以「至」字訓者，如「格於文祖」、「有苗來格」，是以「至」訓者也。然「格於文祖」，必純孝誠敬，幽明之間，無一不得其理，而後謂之格；有苗之頑，實以文德誕敷而後格，則亦兼有「正」字之義在其間，未可專以「至」字盡之也。如「格其非心」、「大臣格君心之非」之類，是則一皆「正其不正以歸於正」之義，而不可以「至」字爲訓矣。且《大學》「格物」之訓，又安知其不以「正」字爲訓，而必以「至」字爲義乎？如以「至」字爲義者，必曰「窮至事物之理」，而後其説始通。是其用功之要全在一「窮」字，用力之地全在一

「理」字也。若上去一「窮」、下去一「理」字，而直曰「致知在至物」，其可通乎？夫「窮理盡性」，聖人之成訓，見於《繫辭》者也。苟「格物」之説而果即「窮理」之義，則聖人何不直曰「致知在窮理」，而必爲此轉折不完之語，以啓後世之弊邪？蓋《大學》「格物」之説，自與《繫辭》窮理大旨雖同，而微有分辨。窮理者，兼格、致、誠、正而爲功也。故言窮理，則格、致、誠、正之功皆在其中；言格物，則必兼舉致知、誠意、正心，而後其功始備而密。今偏舉格物而遂謂之窮理，此所以專以窮理屬知，而謂格物未常有行，非惟不得「格物」之旨，并「窮理」之義而失之矣。此後世之學所以析知行爲先後兩截，日以支離決裂，而聖學益以殘晦者，其端實始於此。吾子蓋亦未免承沿積習見，則以爲於道未相吻合，不爲過矣。

來書云：「謂致知之功，將如何爲温清、如何爲奉養即是誠意，非别有所謂格物，此亦恐非。」

此乃吾子自以己意揣度鄙見而爲是説，非鄙人之所以告吾子者矣。若果如吾子之言，寧復有可通乎？蓋鄙人之見，則謂意欲温清，意欲奉養者，所謂意也，而未可謂之誠意。必實行其温清奉養之意，務求自慊而無自欺，然後謂之誠意。知如何而爲温清之節，知如何而爲奉養之宜者，所謂知也，而未可謂之致知。必致其知如何爲温清之節者之知，而實以之温清，致其知如何爲奉養之宜者之知，而實以之奉養，然後謂之致知。温清之事，奉養之事，所謂物也，而未可謂之格物。必其於温清之事也，一如其良知之所知當如何爲温清之節者而爲之，無一毫之不盡；於奉養之事也，一如其良知之所知當如何爲奉養之宜者而爲之，無一毫之不盡，然後謂之格物。温凊之物格，然後知温凊之良知始致；奉養之物格，然後知奉養之良知始致，故曰「物格而後知至」。致其知温凊之良知，而後温凊之意始誠，致其知奉養之良知，而後奉養之意始誠，故曰「知至而後意誠」。此區區誠意、致知、格物之説蓋如此。吾子更熟思之，將亦無可疑者矣。

來書云：「道之大端易於明白，所謂『良知良能，愚夫愚婦可與及者』。至於節目時變之詳，毫釐千里之謬，必待學而後知。今語孝於温凊定省，孰不知之？至於舜之不告而娶，武之不葬而興師，養志養口，小杖大杖，割股廬墓等事，處常處變，過與不及之間，必須討論是非，以爲制事之本，然後心體無蔽，臨事無失。」

「道之大端易於明白」，此語誠然。顧後之學者，忽其易於明白者而弗由，而求其難於明白者以爲學，此其所以「道在邇而求諸遠，事在易而求諸難」也。孟子云：「夫道若大路然，豈難知哉？人病不由耳！」良知良能，愚夫愚婦與聖人同。但惟聖人能致其良知，而愚夫愚婦不能致，此聖愚之所由分也。「節目時變」，聖人夫豈不知？但不專以此爲學。而其所謂學者，正惟致其良知，以精察此心之天理，而與後世之學不同耳。吾子未暇良知之致，而汲汲焉顧是之憂，此正求其難於明白者以爲學之弊也。夫良知之於節目時變，猶規矩尺度之於方圓長短也。節目時變之不可預定，猶方圓長短之不可勝窮也。故規矩誠立，則不可欺以方圓，而天下之方圓不可勝用矣;尺度誠陳,則不可欺以長短,而天下之長短不可勝用矣;良知誠致,則不可欺以節目時變,而天下之節目時變不可勝應矣。毫釐千里之謬,不於吾心良知一念之微而察之,亦將何所用其學乎?是不以規矩而欲定天下之方圓,不以尺度而欲盡天下之長短。吾見其乖張謬戾,日勞而無成也已。吾子謂「語孝於温凊定省,孰不知之」,然而能致其知者鮮矣。若謂粗知温凊定省之儀節,而遂謂之能致其知,則凡知君之當仁者皆可謂之能致其仁之知,知臣之當忠者皆可謂之能致其忠之知,則天下孰非致知者邪?以是而言,可以知致知之必在於行,而不行之不可以爲致知也明矣。知行合一之體,不益較然矣乎?夫舜之不告而娶,豈舜之前已有不告而娶者爲之準則,故舜得以考之何典,問諸何人而爲此邪?抑亦求諸其心一念之良知,權輕重之宜,不得已而爲此邪?武之不葬而興師,豈武之前已有不葬而興師者爲之準則,故武得以考之何典,問諸何人而爲此邪?抑亦求諸其心一念之良知,權輕重之宜,不得已而爲此邪?使舜之心而非誠於爲無後,武之心而非誠於爲救民,則其不告而娶與不葬而興師,乃不孝不忠之大者。而後之人不務致其良知,以精察義理於此心感應酬酢之間,顧欲懸空討論此等變常之事,執之以爲制事之本,以求臨事之無失,其亦遠矣!其餘數端,皆可類推,則古人致知之學,從可知矣。

來書云:「謂《大學》格物之説專求本心,猶可牽合;至於六經、四書所載『多聞多見』、『前言往行』、『好古敏求』、『博學審問』、『温故知新』、『博學詳説』、『好問好察』，是皆明白求於事爲之際，資於論説之間者，用功節目固不容紊矣。」

格物之義，前已詳悉；牽合之疑，想已不俟復解矣。至於「多聞多見」，乃孔子因子張之務外好高，徒欲以多聞多見爲學，而不能求諸其心，以闕疑殆，此其言行所以不免於尤悔，而所謂見聞者，適以資其務外好高而已。蓋所以救子張多聞多見之病，而非以是教之爲學也。夫子嘗曰：「蓋有不知而作之者，我無是也。」是猶孟子「是非之心，人皆有之」之義也。此言正所以明德性之良知，非由於聞見耳。若曰「多聞擇其善者而從之，多見而識之」，則是專求諸見聞之末，而已落在第二義矣，故曰「知之次也」。夫以見聞之知爲次，則所謂知之上者果安所指乎？是可以窺聖門致知用力之地矣。夫子謂子貢曰：「賜也，汝以予爲多學而識之者歟？非也，予一以貫之。」使誠在於「多學而識」，則夫子胡乃謬爲是説以欺子貢者邪？「一以貫之」，非致其良知而何？《易》曰：「君子多識前言往行，以畜其德。」夫以畜其德爲心，則凡多識前言往行者，孰非畜德之事？此正知行合一之功矣。「好古敏求」者，好古人之學而敏求此心之理耳。心即理也。學者，學此心也；求者，求此心也。孟子云：「學問之道無他，求其放心而已矣。」非若後世廣記博誦古人之言詞以爲好古，而汲汲然惟以求功名利達之具於其外者也。「博學審問」，前言已盡。「温故知新」，朱子亦以温故屬之尊德性矣。德性豈可以外求哉？惟夫知新必由於温故，而温故乃所以知新，則亦可以驗知行之非兩節矣。博學而詳説之者，將以反説約也，若無「反約」之云，則「博學詳説」者果何事邪？舜之「好問好察」，惟以用中而致其精一於道心耳。道心者，良知之謂也。君子之學，何嘗離去事爲而廢論説？但其從事於事爲論説者，要皆知行合一之功，正所以致其本心之良知；而非若世之徒事口耳談説以爲知者，分知行爲兩事，而果有節目先後之可言也。

來書云：「楊、墨之爲仁義，鄉愿之辭忠信，堯、舜、子之之禪讓，湯、武、楚項之放伐，周公、莽、操之攝輔，謾無印證，又焉適從？且於古今事變，禮樂名物，未嘗考識，使國家欲興明堂，建辟雍，制曆律，草封禪，又將何所致其用乎？故《論語》曰『生而知之』者，義理耳。若夫禮樂名物，古今事變，亦必待學而後有以驗其行事之實。此則可謂定論矣。」

所喻楊、墨，鄉愿，堯、舜、子之，湯、武、楚項，周公、莽、操之辨，與前舜、武之論，大略可以類推。古今事變之疑，前於良知之説，已有規矩尺度之喻，當亦無俟多贅矣。至於明堂、辟雍諸事，似尚未容於無言者。然其説甚長，姑就吾子之言而取正焉，則吾子之惑將亦可以少釋矣。夫明堂、辟雍之制，始見於《吕氏》之《月令》、漢儒之訓疏，六經、四書之中未嘗詳及也。豈吕氏、漢儒之知，乃賢於三代之賢聖乎？齊宣之時，明堂尚有未毁，則幽、厲之世，周之明堂皆無恙也。堯、舜茅茨土階，明堂之制未必備，而不害其爲治；幽、厲之明堂，固猶文、武、成、康之舊，而無救於其亂。何邪？豈能以不忍人之心而行不忍人之政，則雖茅茨土階，固亦明堂也，以幽、厲之心而行幽、厲之政，則雖明堂，亦暴政所自出之地邪？武帝肇講於漢，而武后盛作於唐，其治亂何如邪？天子之學曰辟雍，諸侯之學曰泮宫，皆象地形而爲之名耳。然三代之學，其要皆所以明人倫，非以辟不辟、泮不泮爲重輕也。孔子云：「人而不仁，如禮何？人而不仁，如樂何？」制禮作樂，必具中和之德，聲爲律而身爲度者，然後可以語此。若夫器數之末，樂工之事，祝史之守，故曾子曰：「君子所貴乎道者三，籩豆之事，則有司存也。」「堯命羲、和，欽若昊天，曆象日月星辰」，其重在於「敬授人時」也。舜「在璿璣玉衡」，其重在於「以齊七政」也。是皆汲汲然以仁民之心，而行其養民之政，治曆明時之本，固在於此也。羲、和曆數之學，皋、契未必能之也，禹、稷未必能之也；「堯、舜之知而不徧物」，雖堯、舜亦未必能之也。然至於今，循羲、和之法而世修之，雖曲知小慧之人、星術淺陋之士，亦能推步占候而無所忒，則是後世曲知小慧之人，反賢於禹、稷、堯、舜者邪？封禪之説，尤爲不經，是乃後世佞人諛士，所以求媚於其上，倡爲誇侈，以蕩君心，而靡國費。蓋欺天罔人，無恥之大者，君子之所不道，司馬相如之所以見譏於天下後世也。吾子乃以是爲儒者所宜學，殆亦未之思邪？夫聖人之所以爲聖者，以其生而知之也。而釋《論語》者曰：「生而知之者，義理耳。若夫禮樂名物，古今事變，亦必待學而後有以驗其行事之實。」夫禮樂名物之類，果有關於作聖之功也，而聖人亦必待學而後能知焉，則是聖人亦不可以謂之生知矣！謂聖人爲生知者，專指義理而言，而不以禮樂名物之類，則是禮樂名物之類無關於作聖之功矣。聖人之所以謂之生知者，專指義理而不以禮樂名物之類，則是學而知之者，亦惟當學知此義理而已，困而知之者，亦惟當困知此義理而已。今學者之學聖人，於聖人之所能知者，未能學而知之，而顧汲汲焉求知聖人之所不能知者以爲學，無乃失其所以希聖之方歟？凡此皆就吾子之所惑者，而稍爲之分釋，未及乎拔本塞源之論也。

夫拔本塞源之論不明於天下，則天下之學聖人者將日繁日難，斯人淪於禽獸夷狄，而猶自以爲聖人之學；吾之説雖或暫明於一時，終將凍解於西而冰堅於東，霧釋於前而雲滃於後，呶呶焉危困以死，而卒無救於天下之分毫也已！夫聖人之心，以天地萬物爲一體，其視天下之人，無外内遠近，凡有血氣，皆其昆弟赤子之親，莫不欲安全而教養之，以遂其萬物一體之念。天下之人心，其始亦非有異於聖人也，特其間於有我之私，隔於物欲之蔽，大者以小，通者以塞，人各有心，至有視其父子兄弟如仇讎者。聖人有憂之，是以推其天地萬物一體之仁以教天下，使之皆有以克其私，去其蔽，以復其心體之同然。其教之大端，則堯、舜、禹之相授受，所謂「道心惟微，惟精惟一，允執厥中」。而其節目則舜之命契，所謂「父子有親，君臣有義，夫婦有别，長幼有序，朋友有信」五者而已。唐、虞、三代之世，教者惟以此爲教，而學者惟以此爲學。當是之時，人無異見，家無異習，安此者謂之聖，勉此者謂之賢，而背此者雖其啓明如朱，亦謂之不肖。下至閭井、田野、農、工、商、賈之賤，莫不皆有是學，而惟以成其德行爲務。何者？無有聞見之雜，記誦之煩，辭章之靡濫，功利之馳逐，而但使之孝其親，弟其長，信其朋友，以復其心體之同然。是蓋性分之所固有，而非有假於外者，則人亦孰不能之乎？學校之中，惟以成德爲事，而才能之異或有長於禮樂，長於政教，長於水土播植者，則就其成德，而因使益精其能於學校之中。迨夫舉德而任，則使之終身居其職而不易。用之者惟知同心一德，以共安天下之民，視才之稱否，而不以崇卑爲輕重，勞逸爲美惡；效用者亦惟知同心一德，以共安天下之民，苟當其能，則終身處於煩劇而不以爲勞，安於卑瑣而不以爲賤。當是之時，天下之人熙熙皥皥，皆相視如一家之親。其才質之下者，則安其農、工、商、賈之分，各勤其業以相生相養，而無有乎希高慕外之心。其才能之異若皋、夔、稷、契者，則出而各效其能，若一家之務，或營其衣食，或通其有無，或備其器用，集謀并力，以求遂其仰事俯育之願，惟恐當其事者之或怠而重己之累也。故稷勤其稼，而不恥其不知教，視契之善教，即己之善教也；夔司其樂，而不恥於不明禮，視夷之通禮，即己之通禮也。蓋其心學純明，而有以全其萬物一體之仁，故其精神流貫，志氣通達，而無有乎人己之分，物我之間。譬之一人之身，目視、耳聽、手持、足行，以濟一身之用。目不恥其無聰，而耳之所涉，目必營焉；足不恥其無執，而手之所探，足必前焉；蓋其元氣充周，血脈條暢，是以癢疴呼吸，感觸神應，有不言而喻之妙。此聖人之學所以至易至簡，易知易從，學易能而才易成者，正以大端惟在復心體之同然，而知識技能非所與論也。

三代之衰，王道熄而霸術焻；孔、孟既没，聖學晦而邪説横。教者不復以此爲教，而學者不復以此爲學。霸者之徒，竊取先王之近似者，假之於外，以内濟其私己之欲，天下靡然而宗之，聖人之道遂以蕪塞，相仿相效，日求所以富强之説，傾詐之謀，攻伐之計，一切欺天罔人，苟一時之得，以獵取聲利之術，若管、商、蘇、張之屬者，至不可名數。既其久也，鬥争刼奪，不勝其禍，斯人淪於禽獸夷狄，而霸術亦有所不能行矣。世之儒者，慨然悲傷，蒐獵先聖王之典章法制，而掇拾修補於煨燼之餘；蓋其爲心，良亦欲以挽回先王之道。聖學既遠，霸術之傳積漬已深，雖在賢知，皆不免於習染，其所以講明修飾，以求宣暢光復於世者，僅足以增霸者之藩籬，而聖學之門墻遂不復可覩。於是乎有訓詁之學，而傳之以爲名；有記誦之學，而言之以爲博；有詞章之學，而侈之以爲麗。若是者紛紛籍籍，羣起角立於天下，又不知其幾家，萬徑千蹊，莫知所適。世之學者，如入百戲之場，讙謔跳踉，騁奇鬥巧，獻笑争妍者，四面而競出，前瞻後盼，應接不遑，而耳目眩瞀，精神恍惑，日夜遨游淹息其間，如病狂喪心之人，莫自知其家業之所歸。時君世主亦皆昏迷顛倒於其説，而終身從事於無用之虚文，莫自知其所謂。間有覺其空疏謬妄，支離牽滯，而卓然自奮，欲以見諸行事之實者，極其所抵，亦不過爲富强功利五霸之事業而止。聖人之學日遠日晦，而功利之習愈趨愈下。其間雖嘗瞽惑於佛、老，而佛、老之説卒亦未能有以勝其功利之心；雖又嘗折衷於羣儒，而羣儒之論終亦未能有以破其功利之見。蓋至於今，功利之毒淪浹於人之心髓而習以成性也幾千年矣，相矜以知，相軋以勢，相争以利，相高以技能，相取以聲譽。其出而仕也，理錢穀者則欲兼夫兵刑，典禮樂者又欲與於銓軸，處郡縣則思藩臬之高，居臺諫則望宰執之要。故不能其事，則不得以兼其官；不通其說，則不可以要其譽；記誦之廣，適以長其傲也；❶知識之多，適以行其惡也；聞見之博，適以肆其辨也；辭章之富，適以飾其僞也。是以皋、夔、稷、契所不能兼之事，而今之初學小生皆欲通其說，究其術。其稱名借號，未嘗不曰「吾欲以共成天下之務」，而其誠心實意之所在，以爲不如是則無以濟其私而滿其欲也。嗚呼！以若是之積染，以若是之心志，而又講之以若是之學術，宜其聞吾聖人之教，而視之以爲贅疣枘鑿，則其以良知爲未足，而謂聖人之學爲無所用，亦其勢有所必至矣！嗚呼！士生斯世，而尚何以求聖人之學乎！尚何以論聖人之學乎！士生斯世而欲以爲學者，不亦勞苦而繁難乎？不亦拘滯而險艱乎？嗚呼，可悲也已！所幸天理之在人心，終有所不可泯，而良知之明，萬古一日，則其聞吾拔本塞源之論，必有惻然而悲，戚然而痛，憤然而起，沛然若決江河而有所不可禦者矣！非夫豪傑之士，無所待而興起者，吾誰與望乎？

啓問道通書

吴、曾兩生至，備道道通懇切爲道之意，殊慰相念！若道通，真可謂篤信好學者矣。憂病中會不能與兩生細論，然兩生亦自有志向肯用功者，每見輒覺有進，在區

❶「傲」，原作「教」，今據四庫本改。

區誠不能無負於兩生之遠來，在兩生則亦庶幾無負其遠來之意矣。臨别以此册致道通意，請書數語，荒憒無可言者，輒以道通來書中所問數節，略下轉語奉酬。草草殊不詳細，兩生當亦自能口悉也。

來書云：「日用工夫只是立志。近來於先生誨言時時體驗，愈益明白。然於朋友不能一時相離。若得朋友講習，則此志纔精健闊大，纔有生意。若三五日不得朋友相講，便覺微弱，遇事便會困，亦時會忘。乃今無朋友相講之日，還只静坐，或看書，或游衍經行，凡寓目措身，悉取以培養此志，頗覺意思和適。然終不如朋友講聚，精神流動，生意更多也。離羣索居之人，當更有何法以處之？」

此段足驗道通日用工夫所得，工夫大略亦只是如此用，只要無間斷，到得純熟後，意思又自不同矣。大抵吾人爲學緊要大頭腦，只是立志，所謂困忘之病，亦只是志欠真切。今好色之人未嘗病於困忘，只是一真切耳。自家痛癢，自家須會知得，自家須會搔摩得，既自知得痛癢，自家須不能不搔摩得。佛家謂之「方便法門」，須是自家調停斟酌，他人總難與力，亦更無别法可設也。

來書云：「上蔡嘗問：『天下何思何慮？』伊川云：『有此理，只是發得太早。』在學者工夫，固是『必有事焉而勿忘』，然亦須識得『何思何慮』底氣象，一并看爲是。若不識得這氣象，便有『正』與『助長』之病。若認得『何思何慮』而忘『必有事焉』工夫，恐又墮於無也。須是不滯於有，不墮於無。然乎否也？」

所論亦相去不遠矣，只是契悟未盡。上蔡之問與伊川之答，亦只是上蔡、伊川之意，與孔子《繫辭》原旨稍有不同。《繫》言「何思何慮」，是言所思所慮只是一個天理，更無別思別慮耳，非謂無思無慮也。故曰「同歸而殊途，一致而百慮，天下何思何慮」。云「殊途」，云「百慮」，則豈謂無思無慮邪？心之本體即是天理，天理只是一個，更有何可思慮得？天理原自寂然不動，原自感而遂通，學者用功雖千思萬慮，只是要復他本來體用而已，不是以私意去安排思索出來；故明道云：「君子之學莫若廓然而大公，物來而順應。」若以私意去安排思索，便是用智自私矣。「何思何慮」正是工夫，在聖人分上便是自然的，在學者分上便是勉然的。伊川却是把作效驗看了，所以有「發得太早」之說。既而云「却好用功」，則已自覺其前言之有未盡矣。濂溪主靜之論，亦是此意。今道通之言雖已不爲無見，然亦未免尚有兩事也。

來書云：「凡學者纔曉得做工夫，便要識認得聖人氣象。蓋認得聖人氣象，把做準的，乃就實地做工夫去，纔不會差，纔是作聖工夫。未知是否？」

先認聖人氣象，昔人嘗有是言矣，然亦欠有頭腦。聖人氣象自是聖人的，我從何處識認？若不就自己良知上真切體認，如以無星之稱而權輕重，未開之鏡而照妍媸，真所謂以小人之腹而度君子之心矣。聖人氣象何由認得？自己良知原與聖人一般，若體認得自己良知明白，即聖人氣象不在聖人而在我矣。程子嘗云：「覷著堯學他行事，無他許多聰明睿智，安能如彼之動容周旋中禮？」又云：「心通於道，然後能辨是非。」今且説通於道在何處？聰明睿智從何處出來？

來書云：「事上磨煉，一日之内不管有事無事，只一意培養本原。若遇事來感，或自己有感，心上既有覺，安可謂無事？但因事凝心一會，大段覺得事理當如此，只如無事處之，盡吾心而已。然乃有處得善與未善，何也？又或事來得多，須要次第與處，每因才力不足，輒爲所困，雖極力扶起，而精神已覺衰弱。遇此未免要十分退省，寧不了事，不可不加培養。如何？」

所説工夫，就道通分上也只是如此用，然未免有出入在。凡人爲學，終身只爲這一事，自少至老，自朝至暮，不論有事無事，只是做得這一件，所謂「必有事焉」者也。若説「寧不了事，不可不加培養」，却是尚爲兩事也。「必有事焉而勿忘勿助」，事物之來，但盡吾心之良知以應之，所謂「忠恕違道不遠」矣。凡處得有善有未善，及有困頓失次之患者，皆是牽於毁譽得喪，不能實致其良知耳。若能實致其良知，然後見得平日所謂善者未必是善，所謂未善者却恐正是牽於毁譽得喪，自賊其良知者也。

來書云：「致知之説，春間再承誨益，已頗知用力，覺得比舊尤爲簡易。但鄙心則謂與初學言之，還須帶格物意思，使之知下手處。本來致知格物一并下，但在初學，未知下手用功，還説與格物，方曉得致知。」云云。

格物是致知工夫，知得致知，便已知得格物。若是未知格物，則是致知工夫亦未嘗知也。近有一書與友人論此頗悉，今往一通，細觀之當自見矣。

來書云：「今之爲朱、陸之辨者尚未已，每對朋友言正學不明已久，且不須枉費心力爲朱、陸争是非；只依先生『立志』二字點化人，若其人果能辨得此志來，決意要知此學，已是大段明白了。朱、陸雖不辨，彼自能覺得。又嘗見朋友中見有人議先生之言者，輒爲動氣。昔在朱、陸二先生所以遺後世紛紛之議者，亦見二先生工夫有未純熟，分明亦有動氣之病，若明道則無此矣。觀其與吴涉禮論介甫之學，云：『爲我盡達諸介甫，不有益於他，必有益於我也。』氣象何等從容！嘗見先生與人書中亦引此言，願朋友皆如此。如何？」

此節議論得極是極是，願道通遍以告於同志，各自且論自己是非，莫論朱、陸是非也。以言語謗人，其謗淺，若自己不能身體實踐，而徒入耳出口，呶呶度日，是以身謗也，其謗深矣。凡今天下之論議我者，苟能取以爲善，皆是砥礪切磋我也，則在我無非警惕修省進德之地矣。昔人謂：「攻吾之短者是吾師。」師又可惡乎？

來書云：「有引程子『人生而静以上不容説，才説性，便已不是性』，何故不容説？何故不是性？晦庵答云：『不容説者，未有性之可言；不是性者，已不能無氣質之雜矣。』二先生之言皆未能曉，每看書至此，輒爲一惑，請問。」

「生之謂性」，「生」字即是「氣」字，猶言氣即是性也。氣即是性，「人生而静以上不容説」，才説氣即是性，即已落在一邊，不是性之本原矣。孟子性善，是從本原上說。然性善之端須在氣上始見得，若無氣亦無可見矣。惻隱、羞惡、辭讓、是非即是氣，程子謂：「論性不論氣，不備；論氣不論性，不明。」亦是爲學者各認一邊，只得如此說。若見得自性明白時，氣即是性，性即是氣，原無性氣之可分也。

答陸原静書

來書云：「下手工夫，覺此心無時寧静。妄心固動也，照心亦動也；心既恒動，則無刻暫停也。」

是有意於求寧静，是以愈不寧静耳。夫妄心則動也，照心非動也；恒照則恒動恒静，天地之所以恒久而不已也。照心固照也，妄心亦照也；其爲物不貳，則其生物不息，有刻暫停則息矣，非至誠無息之學矣。

來書云「良知亦有起處」云云。

此或聽之未審。良知者，心之本體，即前所謂恒照者也。心之本體，無起無不起，雖妄念之發，而良知未嘗不在，但人不知存，則有時而或放耳；雖昏塞之極，而良知未嘗不明，但人不知察，則有時而或蔽耳。雖有時而或放，其體實未嘗不在也，存之而已耳；雖有時而或蔽，其體實未嘗不明也，察之而已耳。若謂良知亦有起處，則是有時而不在也，非其本體之謂矣。

來書云：「前日『精一』之論，即作聖之功否？」

「精一」之「精」以理言，「精神」之「精」以氣言。理者氣之條理，氣者理之運用；無條理則不能運用，無運用則亦無以見其所謂條理者矣。精則精，精則明，精則一，精則神，精則誠；一則精，一則明，一則神，一則誠：原非有二事也。後世儒者之説與養生之説各滯於一偏，是以不相爲用。前日「精一」之論，雖爲原静愛養精神而發，然而作聖之功實亦不外是矣。

來書云：「元神、元氣、元精，必各有寄藏發生之處，又有真陰之精、真陽之氣。」云云。

夫良知，一也。以其妙用而言謂之神，以其流行而言謂之氣，以其凝聚而言謂之精，安可以形象方所求哉？真陰之精，即真陽之氣之母；真陽之氣，即真陰之精之父；陰根陽，陽根陰，亦非有二也。苟吾良知之説明，即凡若此類皆可以不言而喻。不然，則如來書所云「三關」、「七返」、「九還」之屬，尚有無窮可疑者也。

又

來書云：「良知，心之本體，即所謂性善也，未發之中也，寂然不動之體也，廓然大公也。何常人皆不能而必待於學邪？中也，寂也，公也，既以屬心之體，則良知是矣。今驗之於心，知無不良，而中、寂、大公實未有也。豈良知復超然於體用之外乎？」

性無不善，故知無不良，良知即是未發之中，即是廓然大公，寂然不動之本體，人人之所同具者也。但不能不昏蔽於物欲，故須學以去其昏蔽，然於良知之本體，初不能有加損於毫末也。知無不良，而中、寂、大公未能全者，是昏蔽之未盡去，而存之未純耳。體即良知之體，用即良知之用，寧復有超然於體用之外者乎？

來書云：「周子曰『主靜』，程子曰『動亦定，靜亦定』，先生曰『定者，心之本體』，是靜定也，決非不覩不聞、無思無爲之謂，必常知、常存、常主於理之謂也。夫常知、常存、常主於理，明是動也，已發也，何以謂之靜？何以謂之本體？豈是靜定也，又有以貫乎心之動靜者邪？」

理無動者也。「常知、常存、常主於理」，即「不覩不聞、無思無爲」之謂也。「不覩不聞、無思無爲」，非槁木死灰之謂也。覩、聞、思、爲一於理，而未嘗有所覩、聞、思、爲，即是動而未嘗動也。所謂「動亦定，靜亦定」，體用一原者也。

來書云：「此心未發之體，其在已發之前乎？其在已發之中而爲之主乎？其無前後內外而渾然之體者乎？今謂心之動靜者，其主有事無事而言乎？其主寂然感通而言乎？其主循理從欲而言乎？若以循理爲靜，從欲爲動，則於所謂『動中有靜，靜中有動，動極而靜，靜極而動』者，不可通矣。若以有事而感通爲動，無事而寂然爲靜，則於所謂『動而無動，靜而無靜』者，不可通矣。若謂未發在已發之先，靜而生動，是至誠有息也，聖人有復也，又不可矣。若謂未發在已發之中，則不知未發已發俱當主靜乎？抑未發爲靜而已發爲動乎？抑未發已發俱無動無靜乎？俱有動有靜乎？幸教。」

「未發之中」即良知也，無前後內外而渾然一體者也。有事無事，可以言動靜，而良知無分於有事無事也。「寂然感通」，可以言動静，而良知無分於寂然感通也。動静者，所遇之時，心之本體固無分於動静也。理無動者也，動即爲欲，循理則雖酬酢萬變而未嘗動也；從欲則雖槁心一念而未嘗静也。動中有静，静中有動，又何疑乎？有事而感通，固可以言動，然而寂然者未嘗有增也。無事而寂然，固可以言静，然而感通者未嘗有減也。動而無動，静而無静，又何疑乎？無前後内外而渾然一體，則至誠有息之疑，不待解矣。未發在已發之中，而已發之中未嘗别有未發者在；已發在未發之中，而未發之中未嘗别有已發者存；是未嘗無動静，而不可以動静分者也。凡觀古人言語，在以意逆志而得其大旨，若必拘滯於文義，則「靡有孑遺」者，是周果無遺民也。周子「静極而動」之説，苟不善觀，亦未免有病。蓋其意從「太極動而生陽，静而生陰」説來。太極生生之理，妙用無息，而常體不易。太極之生生，即陰陽之生生。就其生生之中，指其妙用無息者而謂之動，謂之陽之生，非謂動而後生陽也。就其生生之中，指其常體不易者而謂之静，謂之陰之生，非謂静而後生陰也。若果静而後生陰，動而後生陽，則是陰陽動静截然各自爲一物矣。陰陽一氣也，一氣屈伸而爲陰陽；動静一理也，一理隱顯而爲動静。春夏可以爲陽爲動，而未嘗無陰與静也；秋冬可以爲陰爲静，而未嘗無陽與動也。春夏此不息，秋冬此不息，皆可謂之陽、謂之動也；春夏此常體，秋冬此常體，皆可謂之陰、謂之静也。自元、會、運、世、歲、月、日、時，以至刻、杪、忽、微，莫不皆然，所謂動静無端，陰陽無始，在知道者默而識之，非可以言語窮也。若只牽文泥句，比擬仿像，則所謂心從法華轉，非是轉法華矣。

來書云：「嘗試於心，喜、怒、憂、懼之感發也，雖動氣之極，而吾心良知一覺，即罔然消阻，或遏於初，或制於中，或悔於後。然則良知常若居優閑無事之地而爲之主，於喜、怒、憂、懼若不與焉者，何歟？」

知此則知未發之中、寂然不動之體，而有發而中節之和，感而遂通之妙矣。然謂「良知常若居於優閑無事之地」，語尚有病。蓋良知雖不滯於喜、怒、憂、懼，而喜、怒、憂、懼亦不外於良知也。

來書云：「夫子昨以良知爲照心。竊謂：良知，心之本體也；照心，人所用功，乃戒慎恐懼之心也，猶思也。而遂以戒慎恐懼爲良知，何歟？」

能戒慎恐懼者，是良知也。

來書云：「先生又曰『照心非動也』，豈以其循理而謂之静歟？『妄心亦照也』，豈以其良知未嘗不在於其中，未嘗不明於其中，而視聽言動之不過則者皆天理歟？且既曰妄心，則在妄心可謂之照，而在照心則謂之妄矣。妄與息何異？今假妄之照以續至誠之無息，竊所未明，幸再啓蒙。」

「照心非動」者，以其發於本體明覺之自然，而未嘗有所動也。有所動即妄矣。「妄心亦照」者，以其本體明覺之自然者，未嘗不在於其中，但有所動耳。無所動即照矣。無妄無照，非以妄爲照，以照爲妄也。照心爲照，妄心爲妄，是猶有妄有照也。有妄有照則猶貳也，貳則息矣。無妄無照則不貳，不貳則不息矣。

來書云：「養生以清心寡欲爲要。夫清心寡欲，作聖之功畢矣。然欲寡則心自清，清心非舍棄人事而獨居求静之謂也。蓋欲使此心純乎天理，而無一毫人欲之私耳。今欲爲此之功，而隨人欲生而克之，則病根常在，未免滅於東而生於西。若欲刊剥洗蕩於衆欲未萌之先，則又無所用其力，徒使此心之不清。且欲未萌而搜剔以求去之，是猶引犬上堂而逐之也，愈不可矣。」

必欲此心純乎天理，而無一毫人欲之私，此作聖之功也。必欲此心純乎天理，而無一毫人欲之私，非防於未萌之先，而克於方萌之際不能也。防於未萌之先，而克於方萌之際，此正《中庸》戒慎恐懼、《大學》致知格物之功，舍此之外，無别功矣。夫謂「滅於東而生於西」、「引犬上堂而逐之」者，是自私自利、將迎意必之爲累，而非克治洗蕩之爲患也。今曰「養生以清心寡欲爲要」，只「養生」二字，便是自私自利、將迎意必之根。有此病根潛伏於中，宜其有「滅於東而生於西」、「引犬上堂而逐之」之患也。

來書云：「佛氏『於不思善不思惡時認本來面目』，與吾儒隨物而格之功不同。吾若於不思善不思惡時用致知之功，則已涉於思善矣。欲善惡不思，而心之良知清静自在，惟有寐而方醒之時耳。斯正孟子夜氣之説。但於斯光景不能久，倏忽之際，思慮已生。不知用功久者，其常寐初醒而思未起之時否乎？今澄欲求寧静，愈不寧静，欲念無生，則念愈生，如之何而能使此心前念易滅，後念不生，良知獨顯，而與造物者游乎？」

「不思善不思惡時認本來面目」，此佛氏爲未識本來面目者設此方便。「本來面目」即吾聖門所謂「良知」。今既認得良知明白，即已不消如此説矣。「隨物而格」是致知之功，即佛氏之「常惺惺」，亦是常存他本來面目耳。體段工夫，大略相似。但佛氏有個自私自利之心，所以便有不同耳。今欲「善惡不思，而心之良知清静自在」，此便有自私自利、將迎意必之心，所以有「不思善、不思惡時用致知之功，則已涉於思善」之患。孟子説夜氣，亦只是爲失其良心之人指出個良心萌動處，使他從此培養將去。今已知得良知明白，常用致知之功，即已不消説夜氣；却是得兔後不知守兔，而仍去守株，兔將復失之矣。欲求寧静，欲念無生，此正是自私自利、將迎意必之病，是以念愈生而愈不寧静。良知只是一個良知，而善惡自辨，更有何善何惡可思？良知之體本自寧静，今却又添一個求寧静；本自生生，今却又添一個欲無生；非獨聖門致知之功不如此，雖佛氏之學亦未如此將迎意必也。只是一念良知，徹頭徹尾，無始無終，即是前念不滅，後念不生。今却欲前念易滅，而後念不生，是佛氏所謂斷滅種性，入於槁木死灰之謂矣。

來書云：「佛氏又有『常提念頭』之説，其猶孟子所謂『必有事』，夫子所謂『致良知』之説乎？其即『常惺惺，常記得，常知得，常存得』者乎？於此念頭提在之時，而事至物來，應之必有其道。但恐此念頭提起時少，放下時多，則工夫間斷耳。且念頭放失，多因私欲客氣之動而始，忽然驚醒而後提。

其放而未提之間，心之昏雜多不自覺。今欲日精日明，常提不放，以何道乎？ 只此常提不放，即全功乎？ 抑於常提不放之中，更宜加省克之功乎？ 雖曰常提不放，而不加戒懼克治之功，恐私欲不去；若加戒懼克治之功焉，又爲思善之事，而於本來面目又未達一間也。如之何則可？」

「戒懼克治」，即是「常提不放」之功，即是「必有事焉」，豈有兩事邪？ 此節所問，前一段已自說得分曉；末後却是自生迷惑，說得支離，及有「本來面目，未達一間」之疑，都是自私自利將迎意必之爲病。去此病，自無此疑矣。

來書云：「『質美者明得盡，渣滓便渾化』，如何謂明得盡？ 如何而能便渾化？」

良知本來自明。氣質不美者，渣滓多，障蔽厚，不易開明。質美者渣滓原少，無多障蔽，略加致知之功，此良知便自瑩徹，些少渣滓如湯中浮雪，如何能作障蔽？ 此本不甚難曉，原靜所以致疑於此，想是因一明字不明白，亦是稍有欲速之心。向曾面論明善之義，明則誠矣，非若後儒所謂明善之淺也。

來書云：「聰明睿知果質乎？ 仁義禮智果性乎？ 喜怒哀樂果情乎？ 私欲客氣果一物乎？ 二物乎？ 古之英才若子房、仲舒、叔度、孔明、文仲、韓、范諸公，德業表著，皆良知中所發也，而不得謂之聞道者，果何在乎？ 苟曰此特生質之美耳，則生知安行者，不愈於學知困勉者乎？ 愚意竊云，謂諸公見道偏則可，謂全無聞，則恐後儒崇尚記誦訓詁之過也。然乎？否乎？」

性一而已，仁、義、禮、智，性之性也；聰、明、睿、知，性之質也；喜、怒、哀、樂，性之情也；私欲、客氣，性之蔽也。質有清濁，故情有過不及，而蔽有淺深也。私欲、客氣，一病兩痛，非二物也。張、黄、諸葛及韓、范諸公，皆天質之美，自多暗合道妙，雖未可盡謂之知學，盡謂之聞道，然亦自其有學、違道不遠者也。使其聞學知道，即伊、傅、周、召矣。若文中子則又不可謂之不知學者，其書雖多出於其徒，亦多有未是處，然其大略則亦居然可見，但今相去遼遠，無有的然憑證，不可懸斷其所至矣。夫良知即是道，良知之在人心，不但聖賢，雖常人亦無不如此。若無有物欲牽蔽，但循着良知發用流行將去，即無不是道。但在常人多爲物欲牽蔽，不能循得良知。如數公者，天質既自清明，自少物欲爲之牽蔽，則其良知之發用流行處，自然是多，自然違道不遠。學者學循此良知而已，謂之知學，只是知得專在學循良知。數公雖未知專在良知上用功，而或泛濫於多岐，疑迷於影響，是以或離或合而未純。若知得時，便是聖人矣。後儒嘗以數子者尚皆是氣質用事，未免於行不著，習不察，此亦未爲過論。但後儒之所謂著、察者，亦是狃於聞見之狹，蔽於沿習之非，而依擬倣象於影響形迹之間，尚非聖門之所謂著、察者也；則亦安得以己之昏昏，而求人之昭昭也乎？所謂生知安行，知行二字亦是就用功上説；若是知行本體，即是良知良能，雖在困勉之人，亦皆可謂之生知安行矣。知行二字更宜精察。

來書云："昔周茂叔每令伯淳尋仲尼、顏子樂處。敢問是樂也，與七情之樂，同乎？否乎？若同，則常人之一遂所欲，皆能樂矣，何必聖賢？若別有真樂，則聖賢之遇大憂、大怒、大驚、大懼之事，此樂亦在否乎？且君子之心常存戒懼，是蓋終身之憂也，惡得樂？澄平生多悶，未嘗見真樂之趣，今切願尋之。"

樂是心之本體，雖不同於七情之樂，而亦不外於七情之樂。雖則聖賢别有真樂，而亦常人之所同有。但常人有之而不自知，反自求許多憂苦，自加迷棄。雖在憂苦迷棄之中，而此樂又未嘗不存。但一念開明，反身而誠，則即此而在矣。每與原静論，無非此意。而原静尚有"何道可得"之問，是猶未免於騎驢覓驢之蔽也。

來書云："《大學》以『心有好樂、忿懥、憂患、恐懼』爲『不得其正』，而程子亦謂『聖人情順萬事而無情』。所謂有者，《傳習録》中以病瘧譬之，極精切矣。若程子之言，則是聖人之情不生於心而生於物也，何謂耶？且事感而情應，則是是非非可以就格。事或未感時，謂之有則未形也，謂之無則病根在，有無之間，何以致吾知乎？學務無情，累雖輕，而出儒入佛矣，可乎？"

聖人致知之功至誠無息，其良知之體皦如明鏡，略無纖翳。妍媸之來，隨物見形，而明鏡曾無留染，所謂"情順萬事而無情"也。"無所住而生其心"，佛氏曾有是言，未爲非也。明鏡之應物，妍者妍，媸者媸，一照而皆真，即是生其心處。妍者妍，媸者媸，一過而不留，即是無所住處。病瘧之喻，既已見其精切，則此節所問可以釋然。病瘧之人，瘧雖未發，而病根自在，則亦安可以其瘧之未發而遂忘其服藥調理之功乎？若必待瘧發而後服藥調理，則既晚矣。致知之功無間於有事無事，而豈論於病之已發、未發邪？大抵原静所疑，前後雖若不一，然皆起於自私自利、將迎意必之爲祟。此根一去，則前後所疑自將冰消霧釋，有不待於問辨者矣。

《答原静書》出，讀者皆喜。澄善問，師善答，皆得聞所未聞。師曰：「原静所問，只是知解上轉，不得已與之逐節分疏。若信得良知，只在良知上用功，雖千經萬典，無不吻合，異端曲學，一勘盡破矣，何必如此節節分解？佛家有『撲人逐塊』之喻，見塊撲人則得人矣，見塊逐塊，於塊奚得哉？」在座諸友聞之，惕然皆有惺悟。❶此學貴反求，非知解可入也。

答歐陽崇一

崇一來書云：「師云：『德性之良知，非由於聞見，若曰多聞擇其善者而從之，多見而識之，則是專求之見聞之末，而已落在第二義。』竊意良知雖不由見聞而有，然學者之知未嘗不由見聞而發；滯於見聞固非，而見聞亦良知之用也。今曰『落在第二義』，恐爲專以見聞爲學者而言。若致其良知而求之見聞，似亦知行合一之功矣。

❶「之惕然皆有惺悟」，原作「知暢然笥有惺惺悟」，四庫本作「知暢然似有惺惺悟」，今據備要本改。

如何？」

良知不由見聞而有，而見聞莫非良知之用，故良知不滯於見聞，而亦不離於見聞。孔子云：「吾有知乎哉？無知也。」良知之外，別無知矣。故致良知是學問大頭腦，是聖人教人第一義。今云專求之見聞之末，則是失却頭腦，而已落在第二義矣。近時同志中蓋已莫不知有致良知之説，然其功夫尚多鶻突者，正是欠此一問。大抵學問功夫只要主意頭腦是當，若主意頭腦專以致良知爲事，則凡多聞多見，莫非致良知之功。蓋日用之間，見聞酬酢，雖千頭萬緒，莫非良知之發用流行，除却見聞酬酢，亦無良知可致矣。故只是一事。若曰致其良知而求之見聞，則語意之間未免爲二，此與專求之見聞之末者雖稍不同，其爲未得精一之旨，則一而已。「多聞，擇其善者而從之，多見而識之」，既云「擇」，又云「識」，其良知亦未嘗不行於其間，但其用意乃專在多聞多見上去擇識，則已失却頭腦矣。崇一於此等處見得當已分曉，今日之問，正爲發明此學，於同志中極有益。但語意未瑩，則毫釐千里，亦不容不精察之也。

來書云：「師云：『《繫》言何思何慮，是言所思所慮只是天理，更無別思別慮耳，非謂無思無慮也。心之本體即是天理，有何可思慮得？學者用功，雖千思萬慮，只是要復他本體，不是以私意去安排思索出來。若安排思索，便是自私用智矣。學者之蔽，大率非沈空守寂，則安排思索。』德辛壬之歲著前一病，近又著後一病。但思索亦是良知發用，其與私意安排者何所取別？恐認賊作子，惑而不知也。」

「思曰睿，睿作聖。」「心之官則思，思則得之。」思其可少乎？沈空守寂與安排思索，正是自私用智，其爲喪失良知，一也。良知是天理之昭明靈覺處，故良知即是天理。思是良知之發用。若是良知發用之思，則所思莫非天理矣。良知發用之思，自然明白簡易，良知亦自能知得。若是私意安排之思，自是紛紜勞擾，良知亦自會分別得。蓋思之是非邪正，良知無有不自知者。所以認賊作子，正爲致知之學不明，不知在良知上體認之耳。

來書又云：「師云：『爲學終身只是一事，不論有事無事，只是這一件。若説寧不了事，不可不加培養，却是分爲兩事也。』竊意覺精力衰弱，不足以終事者，良知也。寧不了事，且加休養，致知也。如何却爲兩事？若事變之來，有事勢不容不了，而精力雖衰，稍鼓舞亦能支持，則持志以帥氣可矣。然言動終無氣力，畢事則困憊已甚，不幾於暴其氣已乎？此其輕重緩急，良知固未嘗不知，然或迫於事勢，安能顧精力？或困於精力，安能顧事勢？如之何則可？」

「寧不了事，不可不加培養」之意，且與初學如此説，亦不爲無益。但作兩事看了，便有病痛。在孟子言「必有事焉」，則君子之學終身只是集義一事。義者宜也。心得其宜之謂義。能致良知，則心得其宜矣，故集義亦只是致良知。君子之酬酢萬變，當行則行，當止則止，當生則生，當死則死，斟酌調停，無非是致其良知，以求自慊而已。故「君子素其位而行」，「思不出其位」，凡謀其力之所不及而强其知之所不能者，皆不得爲致良知；而凡「勞其筋骨，餓其體膚，空乏其身，行拂亂其所爲，動心忍性以增益其所不能」者，皆所以致其良知也。若云「寧不了事，不可不加培養」者，亦是先有功利之心，較計成敗利鈍而愛憎取舍於其間，是以將了事自作一事，而培養又別作一事，此便有是内非外之意，便是自私用智，便是義外，便有「不得於心，勿求於氣」之病，便不是致良知以求自慊之功矣。所云「鼓舞支持，畢事則困憊已甚」，又云「迫於事勢，困於精力」，皆是把作兩事做了，所以有此。凡學問之功，一則誠，二則僞，凡此皆是致良知之意欠誠一真切之故。《大學》言：「誠其意者，如惡惡臭，如好好色，此之謂自慊。」曾見有惡惡臭、好好色而須鼓舞支持者乎？曾見畢事則困憊已甚者乎？曾有迫於事勢、困於精力者乎？此可以知其受病之所從來矣。

來書又有云：「人情機詐百出，御之以不疑，往往爲所欺；覺則自入於逆臆。夫逆詐即詐也，臆不信即非信也，爲人欺又非覺也。不逆不臆而常先覺，其惟良知瑩徹乎？然而出入毫忽之間，背覺合詐者多矣。」

「不逆不臆而先覺」，此孔子因當時人專以逆詐臆不信爲心，而自陷於詐與不信，又有不逆不臆者，然不知致良知之功，而往往又爲人所欺詐，故有是言。非教人以是存心而專欲先覺人之詐與不信也。以是存心，即是後世猜忌險薄者之事，而只此一念，已不可與入堯、舜之道矣。不逆不臆而爲人所欺者，尚亦不失爲善，但不如能致其良知而自然先覺者之尤爲賢耳。崇一謂其惟良知瑩徹者，蓋已得其旨矣。然亦穎悟所及，恐未實際也。蓋良知之在人心，亘萬古，塞宇宙，而無不同。「不慮而知」，「恒易以知險」，「不學而能」，「恒簡以知阻」，「先天而天不違」，「天且不違，而況於人乎？況於鬼神乎？」夫謂「背覺合詐」者，是雖不逆人，而或未能無自欺也；雖不臆人，而或未能果自信也。是或常有求先覺之心，而未能常自覺也。常有求先覺之心，即已流於逆、臆，而足以自蔽其良知矣。此「背覺合詐」之所以未免也。君子學以爲己，未嘗虞人之欺己也，恒不自欺其良知而已；未嘗虞人之不信己也，恒自信其良知而已；未嘗求先覺人之詐與不信也，恒務自覺其良知而已。是故不欺則良知無所僞而誠，誠則明矣；自信則良知無所惑而明，明則誠矣。明誠相生，是故良知常覺常照。常覺常照，則如明鏡之懸，而物之來者自不能遁其妍媸矣。何者？不欺而誠則無所容其欺，苟有欺焉，而覺矣；自信而明則無所容其不信，苟不信焉，而覺矣。是謂易以知險，簡以知阻，子思所謂「至誠如神，可以前知」者也。然子思謂「如神」，謂「可以前知」，猶二而言之。是蓋推言思誠者之功效，是猶爲不能先覺者説也。若就至誠而言，則至誠之妙用即謂之神，不必言「如神」，「至誠則無知而無不知，不必言「可以前知」矣。

答羅整庵少宰書

某頓首啓：昨承教及《大學》，發舟匆匆，未能奉答。曉來江行稍暇，復取手教而讀之。恐至贛後人事復紛沓，先具其略以請。

來教云：「見道固難，而體道尤難。道誠未易明，而學誠不可不講。恐未可安於所見而遂以爲極則也。」幸甚幸甚！何以得聞斯言乎？其敢自以爲極則而安之乎？正思就天下之有道以講明之耳。而數年以來，聞其説而非笑之者有矣，詬訾之者有矣，置之不足較量辨議之者有矣，其肯遂以教我乎？其肯遂以教我，而反覆曉諭，惻然惟恐不及救正之乎？然則天下之愛我者，固莫有如執事之心深且至矣！感激當何如哉！

夫「德之不修，學之不講」，孔子以爲憂。而世之學者稍能傳習訓詁，即皆自以爲知學，不復有所謂講學之求，可悲矣！夫道必體而後見，非已見道而後加體道之功也；道必學而後明，非外講學而復有所謂明道之事也。然世之講學者有二：有講之以身心者，有講之以口耳者。講之以口耳，揣摸測度，求之影響者也；講之以身心，行著習察，實有諸己者也，知此則知孔門之學矣。

來教謂某「《大學》古本之復，以人之爲學但當求之於内，而程、朱格物之説不免求之於外，遂去朱子之分章而削其所補之傳」。非敢然也。學豈有内外乎？《大學》古本乃孔門相傳舊本耳。朱子疑其有所脱誤，而改正補緝之。在某則謂其本無脱誤，悉從其舊而已矣。失在於過信孔子則有之，非故去朱子之分章而削其傳也。夫學貴得之心，求之於心而非也，雖其言之出於孔子，不敢以爲是也，而況其未及孔子者乎？求之於心而是也，雖其言之出於庸常，不敢以爲非也，而況其出於孔子者乎？且舊本之傳數千載矣，今讀其文詞，既明白而可通；論其工夫，又易簡而可入。亦何所按據而斷其此段之必在於彼，彼段之必在於此，與此之如何而缺，彼之如何而補，而遂改正補緝之，無乃重於背朱而輕於叛孔已乎？

來教謂：「如必以學不資於外求，但當反觀内省以爲務，則『正心誠意』四字亦何不盡之有？何必於入門之際，便困以格物一段工夫也？」誠然誠然。若語其要，則「修身」二字亦足矣，何必又言「正心」？「正心」二字亦足矣，何必又言「誠意」？「誠意」二字亦足矣，何必又言「致知」，又言「格物」？惟其工夫之詳密，而要之只是一事，此所以爲精一之學，此正不可不思者也。夫理無内外，性無内外，故學無内外；講習討論，未嘗非内也；反觀内省，未嘗遺外也。夫謂學必資於外求，是以己性爲有外也，是義外也，用智者也；謂反觀内省爲求之於内，是以己性爲有内也，是有我也，自私者也：是皆不知性之無内外也。故曰：「精義入神，以致用也；利用安身，以崇德也。性之德也，合内外之道也。」此可以知格物之學矣。格物者，《大學》之實下手處，徹首徹尾，自始學至聖人，只此工夫而已。非但入門之際有此一段也。夫正心、誠意、致知、格物，皆所以修身，而格物者，其所用力，日可見之地。故格物者，格其心之物也，格其意之物也，格其知之物也；正心者，正其物之心也；誠意者，誠其物之意也；致知者，致其物之知也：此豈有内外彼此之分哉？理一而已。以其理之凝聚而言，則謂之性；以其凝聚之主宰而言，則謂之心；以其主宰之發動而言，則謂之意；以其發動之明覺而言，則謂之知；以其明覺之感應而言，則謂之物。故就物而言謂之格，就知而言謂之致，就意而言謂之誠，就心而言謂之正。正者，正此也；誠者，誠此也；致者，致此也；格者，格此也。皆所謂窮理以盡性也。天下無性外之理，無性外之物。學之不明，皆由世之儒者認理爲外，認物爲外，而不知義外之説，孟子蓋嘗闢之，乃至襲陷其内而不覺，豈非亦有似是而難明者歟？不可以不察也。

凡執事所以致疑於格物之説者，必謂其是内而非外也；必謂其專事於反觀内省之爲，而遺棄其講習討論之功也；必謂其一意於綱領本原之約，而脱略於支條節目之詳也；必謂其沉溺於枯槁虚寂之偏，而不盡於物理人事之變也。審如是，豈但獲罪於聖門，獲罪於朱子，是邪説誣民，叛道亂正，人得而誅之也，而況於執事之正直哉？審如是，世之稍明訓詁，聞先哲之緒論者，皆知其非也，而況執事之高明哉？凡某之所謂格物，其於朱子「九條」之説，皆包羅統括於其中；但爲之有要，作用不同，正所謂毫釐之差耳。然毫釐之差而千里之謬實起於此，不可不辨。

孟子闢楊、墨，至於「無父、無君」。二子亦當時之賢者，使與孟子并世而生，未必不以之爲賢。墨子「兼愛」，行仁而過耳；楊子「爲我」，行義而過耳。此其爲説，亦豈滅理亂常之甚而足以眩天下哉？而其流之弊，孟子至比於禽獸夷狄，所謂「以學術殺天下後世」也。今世學術之弊，其謂之學仁而過者乎？謂之學義而過者乎？抑謂之學不仁不義而過者乎？吾不知其於洪水猛獸何如也！孟子云：「予豈好辨哉？予不得已也！」楊、墨之道塞天下，孟子之時，天下之尊信楊、墨，當不下於今日之崇尚朱説，而孟子獨以一人呶呶於其間，噫，可哀矣！ 韓氏云：「佛、老之害甚於楊、墨。韓愈之賢不及孟子，孟子不能救之於未壞之先，而韓愈乃欲全之於已壞之後，其亦不量其力，且見其身之危，莫之救以死也！」嗚呼！ 若某者其尤不量其力，果見其身之危，莫之救以死也矣！ 夫衆方嘻嘻之中，而獨出涕嗟若，舉世恬然以趨，而獨疾首蹙額以爲憂，此其非病狂喪心，殆必誠有大苦者隱於其中，而非天下之至仁，其孰能察之？ 其爲《朱子晚年定論》，蓋亦不得已而然。中間年歲早晚，誠有所未考，雖不必盡出於晚年，固多出於晚年者矣。 然大意在委曲調停以明此學爲重，平生於朱子之説如神明蓍龜，一旦與之背馳，心誠有所未忍，故不得已而爲此。「知我者，謂我心憂；不知我者，謂我何求」，蓋不忍牴牾朱子者，其本心也；不得已而與之牴牾者，道固如是，不直則道不見也。執事所謂決與朱子異者，僕敢自欺其心哉？ 夫道，天下之公道也；學，天下之公學也。非朱子可得而私也，非孔子可得而私也。天下之公也，公言之而已矣。故言之而是，雖異於己，乃益於己也；言之而非，雖同於己，適損於己也。益於己者，己必喜之；損於己者，己必惡之。然則某今日之論，雖或於朱子異，未必非其所喜也。君子之過，如日月之食，其更也，人皆仰之，而小人之過也必文。某雖不肖，固不敢以小人之心事朱子也。

執事所以教，反覆數百言，皆以未悉鄙人格物之説。若鄙説一明，則此數百言皆可以不待辨説而釋然無滯。故今不敢縷縷以滋瑣屑之瀆。然鄙説非面陳口析，斷亦未能了了於紙筆間也。嗟乎！執事所以開導啓迪於我者，可謂懇切詳到矣！人之愛我，寧有如執事者乎？僕雖甚愚下，寧不知所感刻佩服？然而不敢遽舍其中心之誠而姑以聽受云者，正不敢有負於深愛，亦思有以報之耳。秋盡東還，必求一面，以卒所請，千萬終教！

答聶文蔚

春間遠勞迂途，枉顧問證，惓惓此情，何可當也！已期二三同志，更處静地，扳留旬日，少效其鄙見，以求切劘之益；而公期俗絆，勢有不能，別去極怏怏，如有所失。忽承箋惠，反覆千餘言，讀之無甚浣慰。中間推許太過，蓋亦獎掖之盛心，而規礪真切，思欲納之於賢聖之域；又託諸崇一以致其勤勤懇懇之懷，此非深交篤愛，何以及是！知感知愧，且懼其無以堪之也。雖然，僕亦何敢不自鞭勉，而徒以感愧辭讓爲乎哉？其謂「思、孟、周、程無意相遭於千載之下，與其盡信於天下，不若真信於一人。道固自在，學亦自在，天下信之不爲多，一人信之不爲少」者，斯固君子「不見是而無悶」之心，豈世之譾譾屑屑者知足以及之乎？乃僕之情則有大不得已者存乎其間，而非以計人之信與不信也。

夫人者，天地之心，天地萬物本吾一體者也。生民之困苦荼毒，孰非疾痛之切於吾身者乎？不知吾身之疾痛，無是非之心者也。是非之心，不慮而知，不學而能，所謂良知也。良知之在人心，無間於聖愚，天下古今之所同也。世之君子惟務致其良知，則自能公是非，同好惡，視人猶己，視國猶家，而以天地萬物爲一體，求天下無治，不可得矣。古之人所以能見善不啻若己出，見惡不啻若己入，視民之饑溺猶己之饑溺，而一夫不獲，若己推而納諸溝中者，非故爲是而以蘄天下之信己也，務致其良知，求自慊而已矣。堯、舜、三王之聖，言而民莫不信者，致其良知而言之也；行而民莫不説者，致其良知而行之也。是以其民熙熙皞皞，殺之不怨，利之不庸，施及蠻貊，而凡有血氣者莫不尊親，爲其良知之同也。嗚呼！聖人之治天下，何其簡且易哉！

後世良知之學不明，天下之人用其私智以相比軋，是以人各有心，而偏瑣僻陋之見，狡僞陰邪之術，至於不可勝説；外假仁義之名，而内以行其自私自利之實，詭辭以阿俗，矯行以干譽，揜人之善而襲以爲己長，訐人之私而竊以爲己直，忿以相勝而猶謂之徇義，險以相傾而猶謂之疾惡，妒賢忌能而猶自以爲公是非，恣情縱欲而猶自以爲同好惡，相陵相賊，自其一家骨肉之親，已不能無爾我勝負之意，彼此藩籬之形，而況於天下之大，民物之衆，又何能一體而視之？則無怪於紛紛籍籍，而禍亂相尋於無窮矣！

僕誠賴天之靈，偶有見於良知之學，以爲必由此而後天下可得而治。是以每念斯民之陷溺，則爲之戚然痛心，忘其身之不肖，而思以此救之，亦不自知其量者。天下之人見其若是，遂相與非笑而詆斥之，以爲是病狂喪心之人耳。嗚呼！是奚足恤哉？吾方疾痛之切體，而暇計人之非笑乎！人固有見其父子兄弟之墜溺於深淵者，呼號匍匐，裸跣顛頓，扳懸崖壁而下拯之。士之見者方相與揖讓談笑於其傍，以爲是棄其禮貌衣冠而呼號顛頓若此，是病狂喪心者也。故夫揖讓談笑於溺人之傍而不知救，此惟行路之人，無親戚骨肉之情者能之，然已謂之無惻隱之心，非人矣。若夫在父子兄弟之愛者，則固未有不痛心疾首，狂奔盡氣，匍匐而拯之。彼將陷溺之禍有不顧，而況於病狂喪心之譏乎？而又況於蘄人之信與不信乎？

嗚呼！今之人雖謂僕爲病狂喪心之人，亦無不可矣。天下之人心皆吾之心也，天下之人猶有病狂者矣，吾安得而非病狂乎？猶有喪心者矣，吾安得而非喪心乎？

昔者孔子之在當時，有議其爲諂者，有譏其爲佞者，有毀其未賢，詆其爲不知禮，而侮之以爲東家丘者，有嫉而沮之者，有惡而欲殺之者；晨門、荷蕢之徒，皆當時之賢士，且曰：「是知其不可而爲之者歟？」「鄙哉！硜硜乎！莫己知也，斯已而已矣。」雖子路在升堂之列，尚不能無疑於其所見，不悅於其所欲往，而且以之爲迂，則當時之不信夫子者，豈特十之二三而已乎？然而夫子汲汲遑遑，若求亡子於道路，而不暇於煖席者，寧以蘄人之知我信我而已哉？蓋其天地萬物一體之仁，疾痛迫切，雖欲已之而自有所不容已。故其言曰：「吾非斯人之徒與而誰與！」「欲潔其身而亂大倫。」「果哉，末之難矣！」嗚呼！此非誠以天地萬物爲一體者，孰能以知夫子之心乎？若其「遁世無悶」，「樂天知命」者，則固無入而不自得，道并行而不相悖也。

僕之不肖，何敢以夫子之道爲己任？顧其心亦已稍知疾痛之在身，是以傍徨四顧，將求其有助於我者，相與講去其病耳。

今誠得豪傑同志之士扶持匡翼，共明良知之學於天下，使天下之人皆知自致其良知，以相安相養，去其自私自利之蔽，一洗讒妒勝忿之習，以濟於大同，則僕之狂病，固將脱然以愈，而終免於喪心之患矣，豈不快哉！

嗟乎！今誠欲求豪傑同志之士於天下，非如吾文蔚者而誰望之乎？如吾文蔚之才與志，誠足以援天下之溺者；今又既知其具之在我而無假於外求矣，循是而充，若決河注海，孰得而御哉？文蔚所謂「一人信之不爲少」，其又能遜以委之何人乎？

會稽素號山水之區，深林長谷，信步皆是，寒暑晦明，無時不宜，安居飽食，塵囂無擾，良朋四集，道義日新，優哉游哉，天地之間寧復有樂於是者！孔子云：「不怨天，不尤人，下學而上達。」僕與一二同志，方將請事斯語，奚暇外慕？獨其切膚之痛，乃有未能恝然者，輒復云云爾。

咳疾暑毒，書札絶懶。盛使遠來，遲留經月，臨歧執筆，又不覺累紙。蓋於相知之深，雖已縷縷至此，殊覺有所未能盡也。

二

得書見近來所學之驟進，喜慰不可言。諦視數過，其間雖亦有一二未瑩徹處，却是致良知之功尚未純熟。到純熟時，自無此矣。譬之驅車，既已由於康莊大道之中，或時橫斜迂曲者，乃馬性未調，銜勒不齊之故，然已只在康莊大道中，決不賺入傍蹊曲徑矣。近時海内同志，到此地位者曾未多見，喜慰不可言，斯道之幸也！

賤軀舊有咳嗽畏熱之病，近入炎方，輒

復大作。主上聖明洞察，責付甚重，不敢遽辭。地方軍務冗沓，皆興疾從事。今却幸已平定，已具本乞回養病。得在林下稍就清凉，或可瘳耳。人還，伏枕草草，不盡傾企。外惟濬一簡，幸達致之！

來書所詢，草草奉復一二：

近歲來山中講學者往往多説「勿忘勿助」工夫甚難，問之則云：「才著意便是助，才不著意便是忘，所以甚難。」區區因問之云：「忘是忘個甚麽？助是助個甚麽？」其人默然無對。始請問。區區因與説我此間講學，却只説個「必有事焉」，不説「勿忘勿助」。「必有事焉」者，只是時時去「集義」。若時時去用「必有事」的工夫，而或有時間斷，此便是忘了，即須「勿忘」。時時去用「必有事」的工夫，而或有時欲速求效，此便是助了，即須「勿助」。其工夫全在「必有事焉」上用，「勿忘勿助」只就其間提撕警覺而已。若是工夫原不間斷，即不須更説「勿忘」；原不欲速求效，即不須更説「勿助」。此其工夫何等明白簡易！何等灑脱自在！今却不去「必有事」上用工，而乃懸空守著一個「勿忘勿助」，此正如燒鍋煮飯，鍋内不曾漬水下米，而乃專去添柴放火，不知畢竟煮出個甚麽物來。吾恐火候未及調停，而鍋已先破裂矣。近日一種專在「勿忘勿助」上用工者，其病正是如此。終日懸空去做個「勿忘」，又懸空去做個「勿助」，漭漭蕩蕩，全無實落下手處；究竟工夫只做得個沉空守寂，學成一個癡騃漢，才遇些子事來，即便牽滯紛擾，不復能經綸宰制。此皆有志之士，而乃使之勞苦纏縛，擔閣一生，皆由學術誤人之故，甚可憫矣！

夫「必有事焉」，只是「集義」。「集義」

只是「致良知」。說「集義」則一時未見頭腦，說「致良知」即當下便有實地步可用功。故區區專說致良知，隨時就事上致其良知，便是「格物」；著實去致良知，便是「誠意」；著實致其良知而無一毫意必固我，便是「正心」。著實致良知，則自無忘之病；無一毫意必固我，則自無助之病：故說格、致、誠、正則不必更說個忘助。孟子說忘助，亦就告子得病處立方。告子强制其心，是助的病痛，故孟子專說助長之害。告子助長，亦是他以義爲外，不知就自心上「集義」，在「必有事焉」上用功，是以如此。若時時刻刻就自心上「集義」，則良知之體洞然明白，自然是是非非纖毫莫遁，又焉有「不得於言，勿求於心，不得於心，勿求於氣」之弊乎？孟子「集義」、「養氣」之說，固大有功於後學，然亦是因病立方，說得大段，不若《大學》格、致、誠、正之功，尤極精一簡易，爲徹上徹下，萬世無弊者也。

聖賢論學，多是隨時就事，雖言若人殊，而要其工夫頭腦若合符節。緣天地之間，原只有此性，只有此理，只有此良知，只有此一件事耳。故凡就古人論學處說工夫，更不必攙和兼搭而說，自然無不吻合貫通者。才須攙和兼搭而說，即是自己工夫未明徹也。近時有謂「集義」之功，必須兼搭個致良知而後備者，則是「集義」之功尚未了徹也。「集義」之功尚未了徹，適足以爲致良知之累而已矣。謂致良知之功必須兼搭一個「勿忘勿助」而後明者，則是致良知之功尚未了徹也。致良知之功尚未了徹，適足以爲「勿忘勿助」之累而已矣。若此者，皆是就文義上解釋牽附，以求混融湊泊，而不曾就自己實工夫上體驗，是以論之愈精，而去之愈遠。文蔚之論，其於大本達道既已沛然無疑，至於「致知」、「窮理」及「忘助」等說，時亦有攙和兼搭處，却是區區所謂康莊大道之中，或時横斜迂曲者。到得工夫熟後，自將釋然矣。

文蔚謂「致知之說，求之事親從兄之間，便覺有所持循」者，此段最見近來真切篤實之功。但以此自爲不妨，自有得力處；以此遂爲定說教人，却未免又有因藥發病之患，亦不可不一講也。蓋良知只是一個天理自然明覺發見處，只是一個真誠惻怛，便是他本體。故致此良知之真誠惻怛以事親便是孝，致此良知之真誠惻怛以從兄便是弟，致此良知之真誠惻怛以事君便是忠。只是一個良知，一個真誠惻怛。若是從兄的良知不能致其真誠惻怛，即是事親的良知不能致其真誠惻怛矣，事君的良知不能致其真誠惻怛，即是從兄的良知不能致其真誠惻怛矣。故致得事君的良知，便是致却從兄的良知；致得從兄的良知，便是致却事親的良知。不是事君的良知不能致，却須又從事親的良知上去擴充將來，如此又是脱却本原，着在支節上求了。良知只是一個，隨他發見流行處，當下具足，更無去來，不須假借。然其發見流行處，却自有輕重厚薄，毫髮不容增減者，所謂天然自有之中也。雖則輕重厚薄毫髮不容增減，而原又只是一個；雖則只是一個，而其間輕重厚薄又毫髮不容增減，若可得增減，若須假借，即已非其真誠惻怛之本體矣。此良知之妙用，所以無方體，無窮盡，「語大天下莫能載，語小天下莫能破」者也。

孟氏「堯、舜之道，孝弟而已」者，是就人之良知發見得最真切篤厚、不容蔽昧處提省人，使人於事君處友仁民愛物，與凡動靜語默間，皆只是致他那一念事親從兄真誠惻怛的良知，即自然無不是道。蓋天下之事雖千變萬化，至於不可窮詰，而但惟致此事親從兄、一念真誠惻怛之良知以應之，則更無有遺缺滲漏者，正謂其只有此一個良知故也。事親從兄一念良知之外更無有良知可致得者，故曰：「堯、舜之道，孝弟而已矣。」此所以爲「惟精惟一」之學，放之四海而皆準、施諸後世而無朝夕者也。

文蔚云：「欲於事親從兄之間，而求所謂良知之學。」就自己用工得力處如此説，亦無不可；若曰致其良知之真誠惻怛，以求盡夫事親從兄之道焉，亦無不可也。明道云：「行仁自孝弟始，孝弟是仁之一事，謂之行仁之本則可，謂是仁之本則不可。」其説是矣。

「億」、「逆」、「先覺」之説，文蔚謂「誠則旁行曲防，皆良知之用」，甚善甚善！間有攙搭處，則前已言之矣。惟濬之言亦未爲不是，在文蔚須有取於惟濬之言而後盡，在惟濬又須有取於文蔚之言而後明；不然，則亦未免各有倚著之病也。「舜察邇言而詢芻蕘」，非是以邇言當察、芻蕘當詢而後如此。乃良知之發見流行，光明圓瑩，更無罣礙遮隔處，此所以謂之大知；才有執著意必，其知便小矣。講學中自有去取分辨，然就心地上著實用工夫，却須如此方是。

「盡心」三節，區區曾有生知、學知、困知之説，頗已明白，無可疑者。蓋盡心、知性、知天者，不必説存心、養性、事天，不必説「夭壽不貳，修身以俟」，而「存心養性」與「修身以俟」之功已在其中矣。「存心、養性、事天」者，雖未到得盡心知天的地位，然已是在那裏做個求到盡心知天的工夫，更不必説「夭壽不貳、修身以俟」，而「夭壽不貳、修身以俟」之功已在其中矣。譬之行路，盡心知天者，如年力壯健之人，既能奔走往來於數千百里之間者也；存心事天者，如童稚之年，使之學習步趨於庭除之間者也；「夭壽不貳、修身以俟」者，如襁褓之孩，方使之扶墻傍壁而漸學起立移步者也。既已能奔走往來於數千里之間者，則不必更使之於庭除之間而學步趨，而步趨於庭除之間自無弗能矣；既已能步趨於庭除之間，則不必更使之扶墻傍壁而學起立移步，而起立移步自無弗能矣。然學起立移步，便是學步趨庭除之始；學步趨庭除，便是學奔走往來於數千里之基，固非有二事。但其工夫之難易，則相去懸絶矣。心也，性也，天也，一也。故及其知之成功則一；然而三者人品力量自有階級，不可躐等而能也。細觀文蔚之論，其意似恐盡心知天者廢却存心修身之功，而反爲盡心知天之病。是蓋爲聖人憂工夫之或間斷，而不知爲自己憂工夫之未真切也。吾儕用功，却須專心致志在「夭壽不貳、修身以俟」上做，只此便是做盡心知天功夫之始。正如學起立移步，便是學奔走千里之始。吾方自慮其不能起立移步，而豈遽慮其不能奔走千里，又況爲奔走千里者而慮其或遺忘於起立移步之習哉？

文蔚識見，本自超絶邁往，而所論云然者，亦是未能脱去舊時解説文義之習。是爲此三段書分疏比合，以求融會貫通，而自添許多意見纏繞，反使用功不專一也。近時懸空去做「勿忘勿助」者，其意見正有此病，最能擔誤人，不可不滌除耳。

所謂「尊德性而道問學」一節，至當歸

一，更無可疑。此便是文蔚曾著實用功，然後能爲此言。此本不是險僻難見的道理，人或意見不同者，還是良知尚有纖翳潛伏。若除去此纖翳，即自無不洞然矣。

已作書後，移卧簷間，偶遇無事，遂復答此。文蔚之學既已得其大者，此等處久當釋然自解，本不必屑屑如此分疏。但承相愛之厚，千里差人遠及，諄諄下問，而竟虚來意，又自不能已於言也。然直戇煩縷已甚，恃在信愛，當不爲罪。惟濬處及謙之、崇一處，各得轉録一通，寄視之，尤承一體之好也。

右南大吉録

訓蒙大意示教讀劉伯頌等

古之教者，教以人倫。後世記誦詞章之習起，而先王之教亡。今教童子，惟當以孝、弟、忠、信、禮、義、廉、耻爲專務。其栽培涵養之方，則宜誘之歌詩以發其志意，導之習禮以肅其威儀，諷之讀書以開其知覺。今人往往以歌詩習禮爲不切時務，此皆末俗庸鄙之見，烏足以知古人立教之意哉！大抵童子之情，樂嬉游而憚拘檢，如草木之始萌芽，舒暢之則條達，摧撓之則衰痿。今教童子，必使其趨向鼓舞，中心喜悦，則其進自不能已。譬之時雨春風，霑被卉木，莫不萌動發越，自然日長月化；若冰霜剥落，則生意蕭索，日就枯槁矣。故凡誘之歌詩者，非但發其志意而已，亦以泄其跳號呼嘯於咏歌，宣其幽抑結滯於音節也；導之習禮者，非但肅其威儀而已，亦所以周旋揖讓而動蕩其血脈，拜起屈伸而固束其筋骸也；諷之讀書者，非但開其知覺而已，亦所以沉潛反復而存其心，抑揚諷誦以宣其志也。凡此皆所以順導其志意，調理其性情，潛消其鄙吝，默化其粗頑，日使之漸於禮義而不苦其難，入於中和而不知其故。是蓋先王立教之微意也。

若近世之訓蒙稚者，日惟督以句讀課仿，責其檢束，而不知導之以禮；求其聰明，而不知養之以善；鞭撻繩縛，若待拘囚。彼視學舍如囹獄而不肯入，視師長如寇仇而不欲見，窺避掩覆以遂其嬉游，設詐飾詭以肆其頑鄙，偷薄庸劣，日趨下流。是蓋驅之於惡而求其爲善也，何可得乎？

凡吾所以教，其意實在於此。恐時俗不察，視以爲迂，且吾亦將去，故特叮嚀以告。爾諸教讀，其務體吾意，永以爲訓；毋輒因時俗之言，改廢其繩墨，庶成「蒙以養正」之功矣。念之念之！

教約

每日清晨，諸生參揖畢，教讀以次。遍詢諸生：在家所以愛親敬長之心，得無懈忽，未能真切否？温清定省之儀，得無虧缺，未能實踐否？往來街衢，步趨禮節，得無放蕩，未能謹飭否？一應言行心術，得無欺妄非僻，未能忠信篤敬否？諸童子務要各以實對，有則改之，無則加勉。教讀復隨時就事，曲加誨諭開發。然後各退就席肄業。

凡歌詩，須要整容定氣，清朗其聲音，均審其節調；毋躁而急，毋蕩而囂，毋餒而懾。久則精神宣暢，心氣和平矣。每學，量童生多寡，分爲四班。每日輪一班歌詩；其餘皆就席，斂容肅聽。每五日則總四班遞歌於本學。每朔望，集各學會歌於書院。

凡習禮，須要澄心肅慮，審其儀節，度其容止；毋忽而惰，毋沮而怍，毋徑而野；從容而不失之迂緩，修謹而不失之拘局。久則體貌習熟，德性堅定矣。童生班次，皆如歌詩。每間一日，則輪一班習禮。其餘皆就席，斂容肅觀。習禮之日，免其課仿。每十日則總四班遞習於本學。每朔望，則集各學會習於書院。

凡授書不在徒多，但貴精熟。量其資稟，能二百字者，止可授以一百字。常使精神力量有餘，則無厭苦之患，而有自得之美。諷誦之際，務令專心一志，口誦心惟，字字句句，紬繹反覆，抑揚其音節，寬虛其心意。久則義禮浹洽，聰明日開矣。

每日工夫，先考德，次背書誦書，次習禮，或作課仿，次復誦書講書，次歌詩。凡習禮歌詩之類，皆所以常存童子之心，使其樂習不倦，而無暇及於邪僻。教者知此，則知所施矣。雖然，此其大略也；神而明之，則存乎其人。

王文成公全書卷之三

語　録　三

傳 習 録 下（附朱子晚年定論）

正德乙亥，九川初見先生於龍江，先生與甘泉先生論格物之説，甘泉持舊説。先生曰：「是求之於外了。」甘泉曰：「若以格物理爲外，是自小其心也。」九川甚喜舊説之是。先生又論《盡心》一章，九川一聞，却遂無疑。後家居，復以格物遺質，先生答云：「但能實地用功，久當自釋。」山間乃自録《大學》舊本讀之，覺朱子格物之説非是；然亦疑先生以意之所在爲物，物字未明。己卯歸自京師，再見先生於洪都。先生兵務倥傯，乘隙講授，首問：「近年用功何如？」九川曰：「近年體驗得『明明德』功夫只是『誠意』。自『明明德於天下』，步步推入根源，到『誠意』上再去不得，如何以前又有格致工夫？後又體驗，覺得意之誠僞，必先知覺乃可，以顏子『有不善未嘗不知，知之未嘗復行』爲證，豁然若無疑；却又多了格物功夫。又思來，吾心之靈，何有不知意之善惡？只是物欲蔽了，須格去物欲，始能如顏子未嘗不知耳。又自疑功夫顛倒，與『誠意』不成片段。後問希顏。希顏曰：『先生謂格物致知是誠意功夫，極好。』九川曰：『如何是誠意功夫？』希顏令再思體看，九川終不悟，請問。」先生曰：

「惜哉！此可一言而悟！惟濬所舉顔子事便是了，只要知身、心、意、知、物是一件。」九川疑曰：「物在外，如何與身、心、意、知是一件？」先生曰：「耳、目、口、鼻、四肢，身也，非心安能視、聽、言、動？心欲視、聽、言、動，無耳、目、口、鼻、四肢亦不能，故無心則無身，無身則無心。但指其充塞處言之謂之身，指其主宰處言之謂之心，指心之發動處謂之意，指意之靈明處謂之知，指意之涉着處謂之物：只是一件。意未有懸空的，必着事物，故欲誠意則隨意所在某事而格之，去其人欲而歸於天理，則良知之在此事者無蔽而得致矣。此便是誠意的功夫。」九川乃釋然，破數年之疑。又問：「甘泉近亦信用《大學》古本，謂格物猶言造道。又謂窮理如窮其巢穴之窮，以身至之也。故格物亦只是隨處體認天理，似與先生之説漸同。」先生曰：「甘泉用功，所以轉得來。當時與説『親民』字不須改，他亦不信，今論『格物』亦近，但不須換『物』字作『理』字，只還他一『物』字便是。」後有人問九川曰：「今何不疑『物』字？」曰：「《中庸》曰『不誠無物』，程子曰『物來順應』，又如『物各付物』、『胸中無物』之類，皆古人常用字也。」他日先生亦云然。

九川問：「近年因厭泛濫之學，每要靜坐，求屏息念慮，非惟不能，愈覺擾擾，如何？」先生曰：「念如何可息？只是要正。」曰：「當自有無念時否？」先生曰：「實無無念時。」曰：「如此却如何言靜？」曰：「靜未嘗不動，動未嘗不靜。戒謹恐懼即是念，何分動靜？」曰：「周子何以言『定之以中正仁義而主靜』？」曰：「無欲故靜，是『靜亦定，動亦定』的『定』字，主其本體也。

戒懼之念是活潑潑地，此是天機不息處，所謂『維天之命，於穆不已』，一息便是死。非本體之念，即是私念。」

又問：「用功收心時，有聲色在前，如常聞見，恐不是專一。」曰：「如何欲不聞見？除是槁木死灰，耳聾目盲則可。只是雖聞見而不流去便是。」曰：「昔有人靜坐，其子隔壁讀書，不知其勤惰，程子稱其甚敬。何如？」曰：「伊川恐亦是譏他。」

又問：「靜坐用功，頗覺此心收斂，遇事又斷了。旋起個念頭，去事上省察。事過又尋舊功，還覺有内外，打不作一片。」先生曰：「此格物之説未透。心何嘗有内外？即如惟濬，今在此講論，又豈有一心在内照管？這聽講説時專敬，即是那靜坐時心，功夫一貫，何須更起念頭？人須在事上磨鍊做功夫乃有益，若只好靜，遇事便亂，終無長進。那靜時功夫亦差，似收斂而實放溺也。」後在洪都，復與于中、國裳論内外之説。渠皆云：「物自有内外，但要内外并着功夫，不可有間耳。」以質先生。曰：「功夫不離本體，本體原無内外。只爲後來做功夫的分了内外，失其本體了。如今正要講明功夫不要有内外，乃是本體功夫。」是日俱有省。

又問：「陸子之學何如？」先生曰：「濂溪、明道之後，還是象山，只還粗些。」九川曰：「看他論學，篇篇説出骨髓，句句似鍼膏肓，却不見他粗。」先生曰：「然他心上用過功夫，與揣摹依仿，求之文義，自不同。但細看有粗處，用功久當見之。」

庚辰往虔州，再見先生，問：「近來功夫雖若稍知頭腦，然難尋個穩當快樂處。」先生曰：「爾却去心上尋個天理，此正所謂理障。此間有個訣竅。」曰：「請問如何？」曰：「只是致知。」曰：「如何致？」曰：「爾那一點良知，是爾自家底準則。爾意念着處，他是便知是，非便知非，更瞞他一些不得。爾只不要欺他，實實落落依着他做去，善便存，惡便去。他這裏何等穩當快樂。此便是格物的真訣，致知的實功。若不靠着這些真機，如何去格物？我亦近年體貼出來如此分明，初猶疑只依他恐有不足，精細看無些小欠闕。」

在虔，與于中、謙之同侍。先生曰：「人胸中各有個聖人，只自信不及，都自埋倒了。」因顧于中曰：「爾胸中原是聖人。」于中起不敢當。先生曰：「此是爾自家有的，如何要推？」于中又曰：「不敢。」先生曰：「衆人皆有之，況在于中？却何故謙起來？謙亦不得。」于中乃笑受。又論：「良知在人，隨你如何，不能泯滅，雖盜賊亦自知不當爲盜，喚他作賊，他還忸怩。」于中曰：「只是物欲遮蔽，良心在内，自不會失；如雲自蔽日，日何嘗失了！」先生曰：「于中如此聰明，他人見不及此。」

先生曰：「這些子看得透徹，隨他千言萬語，是非誠僞，到前便明。合得的便是，合不得的便非。如佛家説心印相似，真是個試金石、指南針。」

先生曰：「人若知這良知訣竅，隨他多少邪思枉念，這裏一覺，都自消融。真個是靈丹一粒，點鐵成金。」

崇一曰：「先生致知之旨，發盡精蘊，看來這裏再去不得。」先生曰：「何言之易也！再用功半年看如何？又用功一年看如何？功夫愈久，愈覺不同，此難口説。」

先生問九川：「於『致知』之説體驗如

何？」九川曰：「自覺不同。往時操持常不得個恰好處，此乃是恰好處。」先生曰：「可知是體來與聽講不同。我初與講時，知爾只是忽易，未有滋味。只這個要妙，再體到深處，日見不同，是無窮盡的。」又曰：「此『致知』二字，真是個千古聖傳之秘，見到這裏，百世以俟聖人而不惑！」

九川問曰：「伊川説到『體用一原，顯微無間』處，門人已説是泄天機。先生致知之説，莫亦泄天機太甚否？」先生曰：「聖人已指以示人，只爲後人揜匿，我發明耳，何故説泄？此是人人自有的，覺來甚不打緊一般。然與不用實功人説，亦甚輕忽，可惜彼此無益。與實用功而不得其要者提撕之，甚沛然得力。」

又曰：「知來本無知，覺來本無覺，然不知則遂淪埋。」

先生曰：「大凡朋友，須箴規指摘處少，誘掖獎勸意多，方是。」後又戒九川云：「與朋友論學，須委曲謙下，寬以居之。」

九川卧病虔州。先生云：「病物亦難格，覺得如何？」對曰：「功夫甚難。」先生曰：「常快活便是功夫。」

九川問：「自省念慮，或涉邪妄，或預料理天下事，思到極處，井井有味，便繾綣難屏。覺得早則易，覺遲則難，用力克治，愈覺扞格。惟稍遷念他事，則隨兩忘。如此廓清，亦似無害。」先生曰：「何須如此！只要在良知上着功夫。」九川曰：「正謂那一時不知。」先生曰：「我這裏自有功夫，何緣得他來？只爲爾功夫斷了，便蔽其知。既斷了，則繼續舊功便是，何必如此？」九川曰：「直是難鏖，雖知丟他不去。」先生曰：「須是勇。用功久，自有勇。故曰『是集義所生者』，勝得容易，便是大賢。」

九川問：「此功夫却於心上體驗明白，只解書不通。」先生曰：「只要解心。心明白，書自然融會。若心上不通，只要書上文義通，却自生意見。」

有一屬官，因久聽講先生之學，曰：「此學甚好。只是簿書訟獄繁難，不得爲學。」先生聞之曰：「我何嘗教爾離了簿書訟獄，懸空去講學？爾既有官司之事，便從官司的事上爲學，纔是真格物。如問一詞訟，不可因其應對無狀，起個怒心；不可因他言語圓轉，生個喜心；不可惡其囑託，加意治之；不可因其請求，屈意從之；不可因自己事務煩冗，隨意苟且斷之；不可因旁人譖毀羅織，隨人意思處之：這許多意思皆私，只爾自知，須精細省察克治，惟恐此心有一毫偏倚，枉人是非，這便是格物致知。簿書訟獄之間，無非實學。若離了事物爲學，却是著空。」

虔州將歸，有詩別先生云：「良知何事繫多聞，妙合當時已種根，好惡從之爲聖學，將迎無處是乾元。」先生曰：「若未來講此學，不知説『好惡從之』從個甚麽？」敷英在座，曰：「誠然。嘗讀先生《大學古本序》，不知所説何事。及來聽講許時，乃稍知大意。」

于中、國裳輩同侍食。先生曰：「凡飲食只是要養我身，食了要消化；若徒蓄積在肚裏，便成痞了，如何長得肌膚？後世學者博聞多識，留滯胸中，皆傷食之病也。」

先生曰：「聖人亦是學知，衆人亦是生知。」問曰：「何如？」曰：「這良知人人皆有，聖人只是保全，無些障蔽，兢兢業業，亹亹翼翼，自然不息，便也是學；只是生的分數多，所以謂之『生知安行』。衆人自孩提之童，莫不完具此知，只是障蔽多，然本體之知自難泯息，雖問學克治也只憑他；只是學的分數多，所以謂之『學知利行』。」

黄以方問：「先生格致之説，隨時格物以致其知，則知是一節之知，非全體之知也。何以到得『溥博如天，淵泉如淵』地位？」先生曰：「人心是天淵。心之本體，無所不該，原是一個天，只爲私欲障礙，則天之本體失了。心之理無窮盡，原是一個淵，只爲私欲窒塞，則淵之本體失了。如今念念致良知，將此障礙窒塞一齊去盡，則本體已復，便是天淵了。」乃指天以示之曰：「比如面前見天，是昭昭之天；四外見天，也只是昭昭之天。只爲許多房子墻壁遮蔽，便不見天之全體，若撤去房子墻壁，總是一個天矣。不可道眼前天是昭昭之天，外面又不是昭昭之天也。於此便見一節之知即全體之知，全體之知即一節之知：總是一個本體。」

先生曰：「聖賢非無功業氣節，但其循着這天理，則便是道，不可以事功氣節名矣。」

「『發憤忘食』是聖人之志，如此真無有已時；『樂以忘憂』是聖人之道，如此真無有戚時。恐不必云得不得也。」

先生曰：「我輩致知，只是各隨分限所及。今日良知見在如此，只隨今日所知擴充到底；明日良知又有開悟，便從明日所知擴充到底。如此方是精一功夫。與人論學，亦須隨人分限所及。如樹有這些萌芽，只把這些水去灌溉。萌芽再長，便又加水。自拱把以至合抱，灌溉之功皆是隨其分限所及。若些小萌芽，有一桶水在，盡要傾上，便浸壞他了。」

問「知行合一」。先生曰：「此須識我立言宗旨。今人學問，只因知行分作兩件，故有一念發動，雖是不善，然却未曾行，便不去禁止。我今説個『知行合一』，正要人曉得一念發動處，便即是行了。發動處有不善，就將這不善的念克倒了。須要徹根徹底，不使那一念不善潛伏在胸中。此是我立言宗旨。」

「聖人無所不知，只是知個天理；無所不能，只是能個天理。聖人本體明白，故事事知個天理所在，便去盡個天理。不是本體明後，却於天下事物都便知得，便做得來也。天下事物，如名物度數、草木鳥獸之類，不勝其煩。聖人須是本體明了，亦何緣能盡知得？但不必知的，聖人自不消求知；其所當知的，聖人自能問人，如『子入太廟，每事問』之類。先儒謂『雖知亦問，敬謹之至』，此説不可通。聖人於禮樂名物，不必盡知。然他知得一個天理，便自有許多節文度數出來。不知能問，亦即是天理節文所在。」

問：「先生嘗謂『善惡只是一物』。善惡兩端，如冰炭相反，如何謂只一物？」先生曰：「至善者，心之本體。本體上才過當些子，便是惡了。不是有一個善，却又有一個惡來相對也。故善惡只是一物。」直因聞先生之説，則知程子所謂「善固性也，惡亦不可不謂之性」，又曰「善惡皆天理。謂之惡者本非惡，但於本性上過與不及之間耳」，其説皆無可疑。

先生嘗謂：「人但得好善如好好色，惡惡如惡惡臭，便是聖人。」直初時聞之，覺甚易，後體驗得來，此個功夫著實是難。如一念雖知好善惡惡，然不知不覺，又夾雜去了。才有夾雜，便不是好善如好好色、惡惡如惡惡臭的心。善能實實的好，是無念不善矣；惡能實實的惡，是無念及惡矣：如何不是聖人？故聖人之學，只是一誠而已。」

問：「『修道』說言：『率性之謂道』，屬聖人分上事；『修道之謂教』，屬賢人分上事。」先生曰：「衆人亦率性也。但率性在聖人分上較多，故『率性之謂道』屬聖人事。聖人亦修道也，但修道在賢人分上多，故『修道之謂教』屬賢人事。」又曰：「《中庸》一書，大抵皆是說修道的事。故後面凡說君子，說顔淵，說子路，皆是能修道的；說小人，說賢知愚不肖，說庶民，皆是不能修道的；其他言舜、文、周公、仲尼至誠至聖之類，則又聖人之自能修道者也。」

問：「儒者到三更時分，掃蕩胸中思慮，空空靜靜，與釋氏之靜只一般，兩下皆不用，此時何所分別？」先生曰：「動靜只是一個。那三更時分，空空靜靜的，只是存天理，即是如今應事接物的心。如今應事接物的心，亦是循此天理，便是那三更時分空空靜靜的心。故動靜只是一個，分別不得。知得動靜合一，釋氏毫釐差處亦自莫掩矣。」

門人在座，有動止甚矜持者。先生曰：「人若矜持太過，終是有弊。」曰：「矜持太過，如何有弊？」曰：「人只有許多精神，若專在容貌上用功，則於中心照管不及者多矣。」有太直率者。先生曰：「如今講此學，却外面全不檢束，又分心與事爲二矣。」

門人作文送友行，問先生曰：「作文字不免費思，作了後又一二日，常記在懷。」曰：「文字思索亦無害。但作了常記在懷，則爲文所累，心中有一物矣，此則未可也。」又作詩送人。先生看詩畢，謂曰：「凡作文字要隨我分限所及。若説得太過了，亦非修辭立誠矣。」

「文公格物之説，只是少頭腦，如所謂『察之於念慮之微』，此一句不該與『求之文字之中』，『驗之於事爲之著』，『索之講論之際』混作一例看，是無輕重也。」

問「有所忿懥」一條。先生曰：「忿懥幾件，人心怎能無得？只是不可『有所』耳！凡人忿懥著了一分意思，便怒得過當，非廓然大公之體了。故『有所忿懥』，便不得其正也。如今於凡忿懥等件，只是個物來順應，不要着一分意思，便心體廓然大公，得其本體之正了。且如出外見人相鬥，其不是的，我心亦怒。然雖怒，却此心廓然，不曾動些子氣。如今怒人，亦得如此，方纔是正。」

先生嘗言：「佛氏不著相，其實著了相。吾儒著相，其實不著相。」請問。曰：「佛怕父子累，却逃了父子；怕君臣累，却逃了君臣；怕夫婦累，却逃了夫婦：都是爲個君臣、父子、夫婦著了相，便須逃避。如吾儒有個父子，還他以仁；有個君臣，還他以義；有個夫婦，還他以別：何曾著父子、君臣、夫婦的相？」

黄勉叔問：「心無惡念時，此心空空蕩蕩的，不知亦須存個善念否？」先生曰：「既去惡念，便是善念，便復心之本體矣。譬如日光，被雲來遮蔽，雲去，光已復矣。若惡念既去，又要存個善念，即是日光之中添燃一燈。」

問：「近來用功，亦頗覺妄念不生。但腔子裏黑窣窣的，不知如何打得光明。」先生曰：「初下手用功，如何腔子裏便得光明？譬如奔流濁水，纔貯在缸裏，初然雖定，也只是昏濁的。須俟澄定既久，自然渣滓盡去，復得清來。汝只要在良知上用功。良知存久，黑窣窣自能光明矣。今便要責效，却是助長，不成工夫。」

先生曰：「吾教人致良知，在格物上用功，却是有根本的學問。日長進一日，愈久愈覺精明。世儒教人事事物物上去尋討，却是無根本的學問。方其壯時，雖暫能外面修飾，不見有過，老則精神衰邁，終須放倒。譬如無根之樹，移栽水邊，雖暫時鮮好，終久要憔悴。」

問「志於道」一章。先生曰：「只『志道』一句，便含下面數句功夫，自住不得。譬如做此屋，『志於道』是念念要去擇地鳩材，經營成個區宅。『據德』却是經畫已成，有可據矣。『依仁』却是常常住在區宅内，更不離去。『游藝』却是加些畫采，美此區宅。藝者，義也，理之所宜者也，如誦詩、讀書、彈琴、習射之類，皆所以調習此心，使之熟於道也。苟不『志道』而『游藝』，却如無狀小子；不先去置造區宅，只管要去買畫挂做門面，不知將挂在何處？」

問：「讀書所以調攝此心，不可缺的。但讀之之時，一種科目意思牽引而來，不知何以免此？」先生曰：「只要良知真切，雖做舉業，不爲心累；總有累亦易覺，克之而已。且如讀書時，良知知得强記之心不是，即克去之；有欲速之心不是，即克去之；有誇多鬥靡之心不是，即克去之。如此，亦只是終日與聖賢印對，是個純乎天理之心。任他讀書，亦只是調攝此心而已，何累之有？」曰：「雖蒙開示，奈資質庸下，實難免累。竊聞窮通有命，上智之人恐不屑此。不肖爲聲利牽纏，甘心爲此，徒自苦耳。欲屏棄之，又制於親，不能舍去，奈何？」先生曰：「此事歸辭於親者多矣，其實只是無志。志立得時，良知千事萬爲只是一事，讀書作文安能累人？人自累於得失耳！」因嘆曰：「此學不明，不知此處擔閣了幾多英雄漢！」

問：「『生之謂性』，告子亦説得是，孟子如何非之？」先生曰：「固是性，但告子認得一邊去了，不曉得頭腦，若曉得頭腦，如此説亦是。孟子亦曰『形色天性也』，這也是指氣説。」又曰：「凡人信口説，任意行，皆説『此是依我心性出來，此是所謂生之謂性』，然却要有過差。若曉得頭腦，依吾良知上説出來，行將去，便自是停當。然良知亦只是這口説，這身行，豈能外得氣，别有個去行去説？故曰：『論性不論氣，不備；論氣不論性，不明。』氣亦性也，性亦氣也，但須認得頭腦是當。」

又曰：「諸君功夫最不可助長。上智絶少，學者無超入聖人之理。一起一伏，一進一退，自是功夫節次。不可以我前日用得功夫了，今却不濟，便要矯强，做出一個没破綻的模樣，這便是助長，連前些子功夫都壞了。此非小過，譬如行路的人，遭一蹶跌，起來便走，不要欺人做那不曾跌倒的樣子出來。諸君只要常常懷個『遁世無悶，不見是而無悶』之心，依此良知，忍耐做去，不管人非笑，不管人毁謗，不管人榮辱，任他功夫有進有退，我只是這致良知的主宰不息，久久自然有得力處，一切外事亦自能不動。」又曰：「人若著實用功，隨人毁謗，隨人欺慢，處處得益，處處是進德之資。若不用功，只是魔也，終被累倒。」

先生一日出游禹穴，顧田間禾曰：「能幾何時，又如此長了。」范兆期在傍曰：「此只是有根。學問能自植根，亦不患無長。」先生曰：「人孰無根？良知即是天植靈根，自生生不息；但著了私累，把此根戕賊蔽塞，不得發生耳。」

一友常易動氣責人，先生警之曰：「學須反己。若徒責人，只見得人不是，不見自己非。若能反己，方見自己有許多未盡處，奚暇責人？舜能化得象的傲，其機括只是不見象的不是。若舜只要正他的奸惡，就見得象的不是矣。象是傲人，必不肯相下，如何感化得他？」是友感悔，曰：「你今後只不要去論人之是非，凡當責辯人時，就把做一件大己私克去，方可。」

先生曰：「凡朋友問難，縱有淺近粗疏，或露才揚己，皆是病發。當因其病而藥之可也；不可便懷鄙薄之心，非君子與人爲善之心矣。」

問：「《易》，朱子主卜筮，程傳主理，何如？」先生曰：「卜筮是理，理亦是卜筮。天下之理孰有大於卜筮者乎？只爲後世將卜筮專主在占卦上看了，所以看得卜筮似小藝。不知今之師友問答，博學、審問、慎思、明辨、篤行之類，皆是卜筮，卜筮者，不過求決狐疑，神明吾心而已。《易》是問諸天，人有疑自信不及，故以《易》問天；謂人心尚有所涉，惟天不容僞耳。」

黄勉之問：「『無適也，無莫也，義之與比』，事事要如此否？」先生曰：「固是事事要如此，須是識得個頭腦乃可。義即是良知，曉得良知是個頭腦，方無執著。且如受人饋送，也有今日當受的，他日不當受的；

也有今日不當受的，他日當受的。你若執著了今日當受的，便一切受去，執著了今日不當受的，便一切不受去，便是適、莫，便不是良知的本體，如何喚得做義？」

問：「『思無邪』一言，如何便蓋得三百篇之義？」先生曰：「豈特三百篇？六經只此一言，便可該貫，以至窮古今天下聖賢的話，『思無邪』一言也可該貫。此外更有何說？此是一了百當的功夫。」

問「道心」、「人心」。先生曰：「『率性之謂道』便是『道心』。但着些人的意思在，便是『人心』。『道心』本是無聲無臭，故曰『微』。依著『人心』行去，便有許多不安穩處，故曰『惟危』。」

問：「『中人以下，不可以語上。』愚的人，與之語上尚且不進，況不與之語，可乎？」先生曰：「不是聖人終不與語。聖人的心，憂不得人人都做聖人。只是人的資質不同，施教不可躐等。中人以下的人，便與他説性説命，他也不省得，也須慢慢琢磨他起來。」

一友問：「讀書不記得如何？」先生曰：「只要曉得，如何要記得？要曉得已是落第二義了，只要明得自家本體。若徒要記得，便不曉得；若徒要曉得，便明不得自家的本體。」

問：「『逝者如斯』，是説自家心性活潑潑地否？」先生曰：「然。須要時時用致良知的功夫，方纔活潑潑地，方纔與他川水一般。若須臾間斷，便與天地不相似。此是學問極至處，聖人也只如此。」

問「志士仁人」章。先生曰：「只爲世上人都把生身命子看得來太重，不問當死不當死，定要宛轉委曲保全，以此把天理却丟去了。忍心害理，何者不爲？若違了天理，便與禽獸無異，便偷生在世上百千年，也不過做了千百年的禽獸。學者要於此等處看得明白。比干、龍逢只爲他看得分明，所以能成就得他的仁。」

問：「叔孫武叔毀仲尼，大聖人如何猶不免於毀謗？」先生曰：「毀謗自外來的，雖聖人如何免得？人只貴於自修，若自己實實落落是個聖賢，縱然人都毀他，也說他不著。却若浮雲揜日，如何損得日的光明？若自己是個象恭色莊、不堅不介的，縱然没一個人說他，他的惡慝終須一日發露。所以孟子說：『有求全之毀，有不虞之譽。』毀譽在外的，安能避得？只要自修何如爾！」

劉君亮要在山中静坐。先生曰：「汝若以厭外物之心去求之静，是反養成一個驕惰之氣了。汝若不厭外物，復於静處涵養，却好。」

王汝中、省曾侍坐。先生握扇命曰：「你們用扇。」省曾起對曰：「不敢。」先生曰：「聖人之學，不是這等綑縛苦楚的，不是裝做道學的模樣。」汝中曰：「觀『仲尼與曾點言志』一章略見。」先生曰：「然。以此章觀之，聖人何等寬洪包含氣象！且爲師者問志於羣弟子，三子皆整頓以對。至於曾點，飄飄然不看那三子在眼，自去鼓起瑟來，何等狂態。及至言志，又不對師之問目，都是狂言。設在伊川，或斥罵起來了。聖人乃復稱許他，何等氣象！聖人教人，不是個束縛他通做一般：只如狂者便從狂處成就他，狷者便從狷處成就他。人之才氣如何同得？」

先生語陸元静曰：「元静少年亦要解

五經，志亦好博。但聖人教人，只怕人不簡易，他説的皆是簡易之規。以今人好博之心觀之，却似聖人教人差了。」

先生曰：「孔子無不知而作，顔子有不善，未嘗不知：此是聖學真血脈路。」

何廷仁、黄正之、李侯璧、汝中、德洪侍坐，先生顧而言曰：「汝輩學問不得長進，只是未立志。」侯璧起而對曰：「珙亦願立志。」先生曰：「難説不立，未是必爲聖人之志耳。」對曰：「願立必爲聖人之志。」先生曰：「你真有聖人之志，良知上更無不盡。良知上留得些子别念挂帶，便非必爲聖人之志矣。」洪初聞時，心若未服，聽説到此，不覺悚汗。

先生曰：「良知是造化的精靈。這些精靈，生天生地，成鬼成帝，皆從此出，真是與物無對。人若復得他完完全全，無少虧欠，自不覺手舞足蹈，不知天地間更有何樂可代。」

一友静坐有見，馳問先生。答曰：「吾昔居滁時，見諸生多務知解，口耳异同，無益於得，姑教之静坐。一時窺見光景，頗收近效。久之，漸有喜静厭動，流入枯槁之病，或務爲玄解妙覺，動人聽聞，故邇來只説致良知。良知明白，隨你去静處體悟也好，隨你去事上磨鍊也好，良知本體原是無動無静的，此便是學問頭腦。我這個話頭，自滁州到今，亦較過幾番，只是致良知三字無病。醫經折肱，方能察人病理。」

一友問：「功夫欲得此知時時接續，一切應感處反覺照管不及。若去事上周旋，又覺不見了。如何則可？」先生曰：「此只認良知未真，尚有内外之間。我這裏功夫，不由人急心，認得良知頭腦是當，去朴實用功，自會透徹。到此便是内外兩忘，又何心事不合一？」

又曰：「功夫不是透得這個真機，如何得他充實光輝？若能透得時，不由你聰明知解接得來。須胸中渣滓渾化，不使有毫髮沾帶始得。」

先生曰：「『天命之謂性』，命即是性。『率性之謂道』，性即是道。『修道之謂教』，道即是教。」問：「如何道即是教？」曰：「道即是良知。良知原是完完全全，是的還他是，非的還他非，是非只依着他，更無有不是處。這良知還是你的明師。」

問：「『不睹不聞』是説本體，『戒慎恐懼』是説功夫否？」先生曰：「此處須信得本體原是『不睹不聞』的，亦原是『戒慎恐懼』的。『戒慎恐懼』不曾在『不睹不聞』上加得些子。見得真時，便謂『戒慎恐懼』是本體，『不睹不聞』是功夫亦得。」

問：「通乎晝夜之道而知。」先生曰：「良知原是知晝知夜的。」又問：「人睡熟時，良知亦不知了。」曰：「不知何以一叫便應？」曰：「良知常知，如何有睡熟時？」曰：「向晦宴息，此亦造化常理。夜來天地混沌，形色俱泯，人亦耳目無所睹聞，衆竅俱翕，此即良知收斂凝一時。天地既開，庶物露生，人亦耳目有所睹聞，衆竅俱闢，此即良知妙用發生時。可見人心與天地一體，故『上下與天地同流』。今人不會宴息，夜來不是昏睡，即是妄思魘寐。」曰：「睡時功夫如何用？」先生曰：「知晝即知夜矣。日間良知是順應無滯的，夜間良知即是收斂凝一的，有夢即先兆。」

又曰：「良知在夜氣發的方是本體，以其無物欲之雜也。學者要使事物紛擾之時，常如夜氣一般，就是『通乎晝夜之道而知』。」

先生曰：「仙家説到虚，聖人豈能虚上加得一毫實？佛氏説到無，聖人豈能無上加得一毫有？但仙家説虚，從養生上來；佛氏説無，從出離生死苦海上來：却於本體上加却這些子意思在，便不是他虚無的本色了，便於本體有障礙。聖人只是還他良知的本色，更不着些子意在。良知之虚，便是天之太虚；良知之無，便是太虚之無形。日、月、風、雷、山、川、民、物，凡有貌象形色，皆在太虚無形中發用流行，未嘗作得天的障礙。聖人只是順其良知之發用，天地萬物，俱在我良知的發用流行中，何嘗又有一物超於良知之外，能作得障礙？」

或問：「釋氏亦務養心，然要之不可以治天下，何也？」先生曰：「吾儒養心，未嘗離却事物，只順其天則自然，就是功夫。釋氏却要盡絶事物，把心看做幻相，漸入虚寂去了，與世間若無些子交涉，所以不可治天下。」

或問異端。先生曰：「與愚夫愚婦同的，是謂同德。與愚夫愚婦異的，是謂異端。」

先生曰：「孟子不動心，與告子不動心，所異只在毫釐間。告子只在不動心上著功，孟子便直從此心原不動處分曉。心之本體原是不動的，只爲所行有不合義，便動了。孟子不論心之動與不動，只是集義，所行無不是義，此心自然無可動處。若告子只要此心不動，便是把捉此心，將他生生不息之根反阻撓了。此非徒無益，而又害之。孟子集義工夫，自是養得充滿，并無餒歉；自是縱横自在，活潑潑地：此便是浩然之氣。」

又曰：「告子病源從『性無善無不善』上見來。性無善無不善，雖如此說，亦無大差。但告子執定看了，便有個無善無不善的性在內；有善有惡又在物感上看，便有個物在外：却做兩邊看了，便會差。無善無不善，性原是如此，悟得及時，只此一句便盡了，更無有內外之間。告子見一個性在內，見一個物在外，便見他於性有未透徹處。」

朱本思問：「人有虛靈，方有良知。若草、木、瓦、石之類，亦有良知否？」先生曰：「人的良知，就是草、木、瓦、石的良知。若草、木、瓦、石無人的良知，不可以爲草、木、瓦、石矣。豈惟草、木、瓦、石爲然，天地無人的良知，亦不可爲天地矣。蓋天地萬物與人原是一體，其發竅之最精處，是人心一點靈明。風、雨、露、雷、日、月、星、辰，禽、獸、草、木、山、川、土、石，與人原只一體。故五穀禽獸之類，皆可以養人；藥石之類，皆可以療疾：只爲同此一氣，故能相通耳。」

先生游南鎮，一友指巖中花樹問曰：「天下無心外之物，如此花樹，在深山中自開自落，於我心亦何相關？」先生曰：「你未看此花時，此花與汝心同歸於寂。你來看此花時，則此花顏色一時明白起來。便知此花不在你的心外。」

問：「大人與物同體，如何《大學》又說個厚薄？」先生曰：「惟是道理，自有厚薄。比如身是一體，把手足捍頭目，豈是偏要薄手足，其道理合如此。禽獸與草木同是愛的，把草木去養禽獸，心又忍得？人與禽獸同是愛的，宰禽獸以養親與供祭祀、燕賓客，心又忍得？至親與路人同是愛的，如簞食豆羹，得則生，不得則死，不能兩全，寧救至親，不救路人，心又忍得？這是道理合該如此。及至吾身與至親，更不得分別彼此厚薄。蓋以仁民愛物，皆從此出；此處可忍，更無所不忍矣。《大學》所謂厚薄，是良知上自然的條理，不可逾越，此便謂之義；順這個條理，便謂之禮；知此條理，便謂之智；終始是這條理，便謂之信。」

又曰：「目無體，以萬物之色爲體；耳無體，以萬物之聲爲體；鼻無體，以萬物之臭爲體；口無體，以萬物之味爲體；心無體，以天地萬物感應之是非爲體。」

問「夭壽不貳」。先生曰：「學問功夫，於一切聲利嗜好俱能脱落殆盡，尚有一種生死念頭毫髮挂帶，便於全體有未融釋處。人於生死念頭，本從生身命根上帶來，故不易去。若於此處見得破，透得過，此心全體方是流行無礙，方是盡性至命之學。」

一友問：「欲於静坐時，將好名、好色、好貨等根逐一搜尋，掃除廓清，恐是剜肉做瘡否？」先生正色曰：「這是我醫人的方子，真是去得人病根。更有大本事人過了十數年，亦還用得着。你如不用，且放起，不要作壞我的方子。」是友愧謝。少間曰：「此量非你事，必吾門稍知意思者爲此説以誤汝。」在坐者皆悚然。

一友問功夫不切。先生曰：「學問功夫，我已曾一句道盡，如何今日轉説轉遠，都不着根？」對曰：「致良知蓋聞教矣，然亦須講明。」先生曰：「既知致良知，又何可講明？良知本是明白，實落用功便是。不肯用功，只在語言上轉説轉糊塗。」曰：「正求講明致之之功。」先生曰：「此亦須你自家求，我亦無別法可道。昔有禪師，人來問法，只把麈尾提起。一日，其徒將麈尾藏過，試他如何設法。禪師尋麈尾不見，又只空手提起。我這個良知就是設法的麈尾，舍了這個，有何可提得？」少間，又一友請問功夫切要。先生旁顧曰：「我麈尾安在？」一時在坐者皆躍然。

或問「至誠」、「前知」。先生曰：「誠是實理，只是一個良知。實理之妙用流行就是神，其萌動處就是幾，誠、神、幾曰聖人。聖人不貴前知。禍福之來，雖聖人有所不免。聖人只是知幾，遇變而通耳。良知無前後，只知得見在的幾，便是一了百了。若有個前知的心，就是私心，就有趨避利害的意。邵子必於前知，終是利害心未盡處。」

先生曰：「無知無不知，本體原是如此。譬如日未嘗有心照物，而自無物不照。無照無不照，原是日的本體。良知本無知，今却要有知；本無不知，今却疑有不知，只是信不及耳！」

先生曰：「『惟天下至聖，爲能聰明睿智』，舊看何等玄妙，今看來原是人人自有的。耳原是聰，目原是明，心思原是睿智，聖人只是一能之爾。能處正是良知，衆人不能，只是個不致知，何等明白簡易！」

問：「孔子所謂『遠慮』，周公『夜以繼日』，與『將迎』不同。何如？」先生曰：「『遠慮』不是茫茫蕩蕩去思慮，只是要存這天理。天理在人心，亘古亘今，無有終始；天理即是良知，千思萬慮，只是要致良知。良知愈思愈精明，若不精思，漫然隨事應去，良知便粗了。若只着在事上茫茫蕩蕩去思教做『遠慮』，便不免有毀譽、得喪、人欲攙入其中，就是『將迎』了。周公終夜以思，只是『戒慎不睹、恐懼不聞』的功夫，見得時，其氣象與『將迎』自別。」

問：「『一日克己復禮，天下歸仁』，朱子作效驗説，如何？」先生曰：「聖賢只是爲己之學，重功夫不重效驗。仁者以萬物爲體，不能一體，只是己私未忘。全得仁體，則天下皆歸於吾仁，就是『八荒皆在我闥』意，『天下皆與其仁』亦在其中。如『在邦無怨，在家無怨』，亦只是自家不怨，如『不怨天，不尤人』之意。然家邦無怨，於我亦在其中，但所重不在此。」

問：「孟子『巧力聖智』之説，朱子云：『三子力有餘而巧不足。』何如？」先生曰：「三子固有力，亦有巧，巧力實非兩事。巧亦只在用力處，力而不巧，亦是徒力。三子譬如射：一能步箭，一能馬箭，一能遠箭；他射得到，俱謂之力，中處俱可謂之巧。但步不能馬，馬不能遠，各有所長，便是才力分限有不同處；孔子則三者皆長。然孔子之和，只到得柳下惠而極；清，只到得伯夷而極；任，只到得伊尹而極。何曾加得些子？若謂『三子力有餘而巧不足』，則其力反過孔子了。巧力只是發明聖知之義，若識得聖知本體是何物，便自然了。」

先生曰：「『先天而天弗違』，天即良知也；『後天而奉天時』，良知即天也。」

「良知只是個是非之心，是非只是個好惡，只好惡就盡了是非，只是非就盡了萬事萬變。」又曰：「是非兩字，是個大規矩，巧處則存乎其人。」

「聖人之知如青天之日，賢人如浮雲天日，愚人如陰霾天日，雖有昏明不同，其能辨黑白則一。雖昏黑夜裏，亦影影見得黑白，就是日之餘光未盡處；困學功夫，亦只從這點明處精察去耳！」

問：「知譬日，欲譬雲，雲雖能蔽日，亦是天之一氣合有的，欲亦莫非人心合有否？」先生曰：「喜、怒、哀、懼、愛、惡、欲，謂之七情。七者俱是人心合有的，但要認得良知明白。比如日光，亦不可指着方所；一隙通明，皆是日光所在；雖雲霧四塞，太虛中色象可辨，亦是日光不滅處，不可以雲能蔽日，教天不要生雲。七情順其自然之流行，皆是良知之用，不可分別善惡，但不可有所着；七情有着，俱謂之欲，俱爲良知之蔽；然纔有着時，良知亦自會覺，覺即蔽去，復其體矣！此處能勘得破，方是簡易透徹功夫。」

問：「聖人生知安行是自然的，如何有甚功夫？」先生曰：「知行二字即是功夫，但有淺深難易之殊耳。良知原是精精明明的，如欲孝親，生知安行的只是依此良知，實落盡孝而已；學知利行者只是時時省覺，務要依此良知盡孝而已；至於困知勉行者，蔽錮已深，雖要依此良知去孝，又爲私欲所阻，是以不能，必須加人一己百、人十己千之功，方能依此良知以盡其孝。聖人雖是生知安行，然其心不敢自是，肯做困知勉行的功夫。困知勉行的，却要思量做生知安行的事，怎生成得？」

問：「樂是心之本體，不知遇大故於哀哭時，此樂還在否？」先生曰：「須是大哭一番了方樂，不哭便不樂矣。雖哭，此心安處即是樂也，本體未嘗有動。」

問：「良知一而已：文王作彖，周公繫爻，孔子贊《易》，何以各自看理不同？」先生曰：「聖人何能拘得死格？大要出於良知同，便各爲說何害？且如一園竹，只要同此枝節，便是大同。若拘定枝枝節節，都要高下大小一樣，便非造化妙手矣。汝輩只要去培養良知。良知同，更不妨有異處。汝輩若不肯用功，連筍也不曾抽得，何處去論枝節？」

鄉人有父子訟獄，請訴於先生，侍者欲阻之。先生聽之，言不終辭，其父子相抱慟哭而去。柴鳴治入問曰：「先生何言，致伊感悔之速？」先生曰：「我言舜是世間大不孝的子，瞽瞍是世間大慈的父。」鳴治愕然請問。先生曰：「舜常自以爲大不孝，所以能孝。瞽瞍常自以爲大慈，所以不能慈。瞽瞍只記得舜是我提孩長的，今何不曾豫悦我，不知自心已爲後妻所移了，尚謂自家能慈，所以愈不能慈。舜只思父提孩我時如何愛我，今日不愛，只是我不能盡孝，日思所以不能盡孝處，所以愈能孝。及至瞽瞍底豫時，又不過復得此心原慈的本體。所以後世稱舜是個古今大孝的子，瞽瞍亦做成個慈父。」

先生曰：「孔子有鄙夫來問，未嘗先有知識以應之，其心只空空而已；但叩他自知的是非兩端，與之一剖決，鄙夫之心便已瞭然。鄙夫自知的是非，便是他本來天則，雖聖人聰明，如何可與增減得一毫？他只不能自信，夫子與之一剖決，便已竭盡無餘了。若夫子與鄙夫言時，留得些子知識在，便是不能竭他的良知，道體即有二了。」

先生曰：「『烝烝乂，不格姦』，本註説象已進進於義，不至大爲姦惡。舜徵庸後，象猶日以殺舜爲事，何大姦惡如之！舜只是自進於乂，以乂薰烝，不去正他姦惡。凡文過揜慝，此是惡人常態，若要指摘他是非，反去激他惡性。舜初時致得象要殺己，亦是要象好的心太急，此就是舜之過處。經過來，乃知功夫只在自己，不去責人，所以致得『克諧』，此是舜『動心忍性，增益不能』處。古人言語，俱是自家經歷過來，所以説得親切；遺之後世，曲當人情。若非自家經過，如何得他許多苦心處？」

先生曰：「古樂不作久矣。今之戲子，尚與古樂意思相近。」未達，請問。先生曰：「《韶》之九成，便是舜的一本戲子。《武》之九變，便是武王的一本戲子。聖人一生實事，俱播在樂中。所以有德者聞之，便知他盡善盡美與盡美未盡善處。若後世作樂，只是做些詞調，於民俗風化絶無關涉，何以化民善俗？今要民俗反朴還淳，取今之戲子，將妖淫詞調俱去了，只取忠臣孝子故事，使愚俗百姓人人易曉，無意中感激他良知起來，却於風化有益。然後古樂漸次可復矣。」曰：「洪要求元聲不可得，恐於古樂亦難復。」先生曰：「你説元聲在何處求？」對曰：「古人制管候氣，恐是求元聲之法。」先生曰：「若要去葭灰黍粒中求元聲，却如水底撈月，如何可得？元聲只在你心上求。」曰：「心如何求？」先生曰：「古人爲治，先養得人心和平，然後作樂。比如在此歌詩，你的心氣和平，聽者自然悦懌興起。只此便是元聲之始。《書》云『詩言志』，志便是樂的本。『歌永言』，歌便是作樂的本。『聲依永，律和聲』，律只要和聲，和聲便是制律的本。何嘗求之於外？」曰：「古人制候氣法，是意何取？」先生曰：「古人具中和之體以作樂。我的中和，原與天地之氣相應；候天地之氣，協鳳凰之音，不過去驗我的氣果和否。此是成律已後事，非必待此以成律也。今要候灰管，先須定至日。然至日子時，恐又不準，又何處取得準來？」

先生曰：「學問也要點化，但不如自家解化者，自一了百當。不然，亦點化許多不得。」

「孔子氣魄極大，凡帝王事業，無不一一理會，也只從那心上來。譬如大樹有多少枝葉，也只是根本上用得培養功夫，故自然能如此，非是從枝葉上用功做得根本也。學者學孔子，不在心上用功，汲汲然去學那氣魄，却倒做了。」

「人有過，多於過上用功，就是補甑，其流必歸於文過。」

「今人於喫飯時，雖無一事在前，其心常役役不寧，只緣此心忙慣了，所以收攝不住。」

「琴、瑟、簡編，學者不可無；蓋有業以居之，心就不放。」

先生嘆曰：「世間知學的人，只有這些病痛打不破，就不是善與人同。」崇一曰：「這病痛只是個好高不能忘己爾。」

問：「良知原是中和的，如何却有過不及？」先生曰：「知得過不及處，就是中和。」

「『所惡於上』，是良知；『毋以使下』，即是致知。」

先生曰：「蘇秦、張儀之智，也是聖人之資。後世事業文章，許多豪傑名家，只是學得儀、秦故智。儀、秦學術善揣摸人情，無一些不中人肯綮，故其説不能窮。儀、秦亦是窺見得良知妙用處，但用之於不善爾。」

或問「未發已發」。先生曰：「只緣後儒將未發已發分説了，只得劈頭説個無未發已發，使人自思得之。若説有個已發未發，聽者依舊落在後儒見解。若真見得無未發已發，説個有未發已發，原不妨，原有個未發已發在。」問曰：「未發未嘗不和，已發未嘗不中；譬如鐘聲，未扣不可謂無，既扣不可謂有，畢竟有個扣與不扣，何如？」先生曰：「未扣時原是驚天動地，既扣時也只是寂天寞地。」

問：「古人論性，各有異同，何者乃爲定論？」先生曰：「性無定體，論亦無定體，有自本體上説者，有自發用上説者，有自源頭上説者，有自流弊處説者。總而言之，只是一個性，但所見有淺深爾。若執定一邊，便不是了。性之本體原是無善無惡的，發用上也原是可以爲善，可以爲不善的，其流弊也原是一定善一定惡的。譬如眼，有喜時的眼，有怒時的眼，直視就是看的眼，微視就是覷的眼。總而言之，只是這個眼。若見得怒時眼，就説未嘗有喜的眼，見得看時眼，就説未嘗有覷的眼，皆是執定，就知是錯。孟子説性，直從源頭上説來，亦是説個大概如此。荀子性惡之説，是從流弊上説來，也未可盡説他不是，只是見得未精耳。衆人則失了心之本體。」問：「孟子從源頭上説性，要人用功在源頭上明徹；荀子從流弊説性，功夫只在末流上救正，便費力了。」先生曰：「然。」

先生曰：「用功到精處，愈着不得言語，説理愈難。若着意在精微上，全體功夫反蔽泥了。」

「楊慈湖不爲無見，又着在無聲無臭上見了。」

人一日間，古今世界都經過一番，只是人不見耳。夜氣清明時，無視無聽，無思無作，淡然平懷，就是羲皇世界。平旦時，神清氣朗，雍雍穆穆，就是堯、舜世界。日中以前，禮儀交會，氣象秩然，就是三代世界。日中以後，神氣漸昏，往來雜擾，就是春秋、戰國世界。漸漸昏夜，萬物寢息，景象寂寥，就是人消物盡世界。學者信得良知過，不爲氣所亂，便常做個羲皇已上人。」

薛尚謙、鄒謙之、馬子莘、王汝止侍坐，因嘆先生自征寧藩已來，天下謗議益衆，請各言其故。有言先生功業勢位日隆，天下忌之者日衆；有言先生之學日明，故爲宋儒争是非者亦日博；有言先生自南都以後，同志信從者日衆，而四方排阻者日益力。先生曰：「諸君之言，信皆有之，但吾一段自知處，諸君俱未道及耳。」諸友請問。先生曰：「我在南都已前，尚有些子鄉愿的意思在。我今信得這良知真是真非，信手行去，更不着些覆藏。我今纔做得個狂者的胸次，使天下之人都説我行不掩言也罷。」尚謙出，曰：「信得此過，方是聖人的真血脈。」

先生鍛鍊人處，一言之下，感人最深。一日，王汝止出游歸，先生問曰：「游何見？」對曰：「見滿街人都是聖人。」先生曰：「你看滿街人是聖人，滿街人到看你是聖人在。」又一日，董蘿石出游而歸，見先生曰：「今日見一異事。」先生曰：「何異？」對曰：「見滿街人都是聖人。」先生曰：「此亦常事耳，何足爲異？」蓋汝止圭角未融，蘿石恍見有悟，故問同答異，皆反其言而進之。洪與黄正之、張叔謙、汝中丙戌會試歸，爲先生道途中講學，有信有不信。先生曰：「你們拿一個聖人去與人講學，人見聖人來，都怕走了，如何講得行！須做得個愚夫愚婦，方可與人講學。」洪又言：「今日要見人品高下最易。」先生曰：「何以見之？」對曰：「先生譬如泰山在前，有不知仰者，須是無目人。」先生曰：「泰山不如平地大，平地有何可見？」先生一言剪裁，剖破終年爲外好高之病，在座者莫不悚懼。

癸未春，鄒謙之來越問學，居數日，先生送別於浮峰。是夕，與希淵諸友移舟宿延壽寺，秉燭夜坐。先生慨悵不已，曰：「江濤煙柳，故人倏在百里外矣！」一友問曰：「先生何念謙之之深也？」先生曰：「曾子所謂『以能問於不能，以多問於寡；有若無，實若虛；犯而不較』，若謙之者，良近之矣！」

丁亥年九月，先生起復征思、田。將命行時，德洪與汝中論學。汝中舉先生教言曰：「無善無惡是心之體，有善有惡是意之動，知善知惡是良知，爲善去惡是格物。」德洪曰：「此意如何？」汝中曰：「此恐未是究竟話頭。若説心體是無善無惡，意亦是無善無惡的意，知亦是無善無惡的知，物是無善無惡的物矣。若説意有善惡，畢竟心體還有善惡在。」德洪曰：「心體是天命之性，原是無善無惡的。但人有習心，意念上見有善惡在，格、致、誠、正、修，此正是復那性體功夫。若原無善惡，功夫亦不消説矣。」是夕侍坐天泉橋，各舉請正。先生曰：「我今將行，正要你們來講破此意。二君之見正好相資爲用，不可各執一邊。我這裏接人原有此二種：利根之人，直從本源上悟入。人心本體原是明瑩無滯的，原是個未發之中。利根之人一悟本體，即是功夫，人己內外，一齊俱透了。其次不免有習心在，本體受蔽，故且教在意念上實落爲善去惡。

功夫熟後，渣滓去得盡時，本體亦明盡了。汝中之見，是我這裏接利根人的；德洪之見，是我這裏爲其次立法的。二君相取爲用，則中人上下皆可引入於道。若各執一邊，眼前便有失人，便於道體各有未盡。」既而曰：「已後與朋友講學，切不可失了我的宗旨：無善無惡是心之體，有善有惡是意之動，知善知惡的是良知，爲善去惡是格物。只依我這話頭隨人指點，自没病痛。此原是徹上徹下功夫。利根之人，世亦難遇，本體功夫，一悟盡透，此顔子、明道所不敢承當，豈可輕易望人！人有習心，不教他在良知上實用爲善去惡功夫，只去懸空想個本體，一切事爲俱不着實，不過養成一個虚寂。此個病痛不是小小，不可不早説破。」是日德洪、汝中俱有省。

先生初歸越時，朋友踪迹尚寥落，既後，四方來游者日進。癸未年已後，環先生而居者比屋，如天妃、光相諸刹，每當一室，常合食者數十人；夜無卧處，更相就席；歌聲徹昏旦。南鎮、禹穴、陽明洞諸山，遠近寺刹，徙足所到，無非同志游寓所在。先生每臨講座，前後左右環坐而聽者，常不下數百人，送往迎來，月無虚日；至有在侍更歲，不能遍記其姓名者。每臨別，先生常嘆曰：「君等雖別，不出在天地間，苟同此志，吾亦可以忘形似矣！」諸生每聽講出門，未嘗不跳躍稱快。嘗聞之同門先輩曰：「南都以前，朋友從游者雖衆，未有如在越之盛者。此雖講學日久，孚信漸博，要亦先生之學日進，感召之機申變無方，亦自有不同也。」

此後黄以方録

黄以方問：「『博學於文』，爲隨事學存此天理；然則謂『行有餘力，則以學文』，其説似不相合。」先生曰：「《詩》、《書》、六藝皆是天理之發見，文字都包在其中。考之《詩》、《書》、六藝，皆所以學存此天理也。不特發見於事爲者方爲文耳。『餘力學文』，亦只『博學於文』中事。」或問「學而不思」二句。曰：「此亦有爲而言，其實思即學也。學有所疑，便須思之。『思而不學』者，蓋有此等人只懸空去思，要想出一個道理，却不在身心上實用其力，以學存此天理。思與學作兩事做，故有『罔』與『殆』之病。其實思只是思其所學，原非兩事也。」

先生曰：「先儒解格物爲格天下之物，天下之物如何格得？且謂一草一木亦皆有理，今如何去格？縱格得草木來，如何反來誠得自家意？我解『格』作『正』字義，『物』作『事』字義。《大學》之所謂身，即耳、目、口、鼻、四肢是也。欲修身，便是要目非禮勿視，耳非禮勿聽，口非禮勿言，四肢非禮勿動。要修這個身，身上如何用得工夫？心者身之主宰，目雖視而所以視者心也，耳雖聽而所以聽者心也，口與四肢雖言動而所以言動者心也。故欲修身在於體當自家心體，常令廓然大公，無有些子不正處。主宰一正，則發竅於目，自無非禮之視；發竅於耳，自無非禮之聽；發竅於口與四肢，自無非禮之言動：此便是修身在正其心。然至善者，心之本體也。心之本體，那有不善？如今要正心，本體上何處用得功？必就心之發動處纔可著力也。心之發動不能無不善，故須就此處着力，便是在誠意。如一念發在好善上，便實實落落去好善；一念發在惡惡上，便實實落落去惡惡。意之所發，既無不誠，則其本體如何有不正的？故欲正其心在誠意。工夫到誠意，始有着落處。然誠意之本，又在于致知也。所謂『人雖不知，而己所獨知』者，此正是吾心良知處。然知得善，却不依這個良知便做去，知得不善，却不依這個良知便不去做，則這個良知便遮蔽了，是不能致知也。吾心良知既不能擴充到底，則善雖知好，不能着實好了；惡雖知惡，不能着實惡了，如何得意誠？故致知者，意誠之本也。然亦不是懸空的致知，致知在實事上格。如意在於爲善，便就這件事上去爲；意在於去惡，便就這件事上去不爲。去惡固是格不正以歸於正，爲善則不善正了，❶亦是格不正以歸於正也。如此，則吾心良知無私欲蔽了，得以致其極，而意之所發，好善去惡，無有不誠矣！誠意功夫，實下手處在格物也。若如此格物，人人便做得，『人皆可以爲堯、舜』，正在此也。」

先生曰：「衆人只説格物要依晦翁，何曾把他的説去用？我着實曾用來。初年與錢友同論做聖賢要格天下之物，如今安得這等大的力量？因指亭前竹子，令去格看。錢子早夜去窮格竹子的道理，竭其心思，至於三日，便致勞神成疾。當初説他這是精力不足，某因自去窮格。早夜不得其理，到七日，亦以勞思致疾。遂相與嘆聖賢是做不得的，無他大力量去格物了。及在夷中三年，頗見得此意思，乃知天下之物本無可格者。其格物之功，只在身心上做，決然以聖人爲人人可到，便自有擔當了。這

❶「正」，四庫本作「格」。

裏意思，却要說與諸公知道。」

門人有言邵端峰論童子不能格物，只教以灑掃應對之說。先生曰：「灑掃應對就是一件物，童子良知只到此，便教去灑掃應對，就是致他這一點良知了。又如童子知畏先生長者，此亦是他良知處。故雖嬉戲中見了先生長者，便去作揖恭敬，是他能格物以致敬師長之良知了。童子自有童子的格物致知。」又曰：「我這裏言格物，自童子以至聖人，皆是此等工夫。但聖人格物，便更熟得些子，不消費力。如此格物，雖賣柴人亦是做得，雖公卿大夫以至天子，皆是如此做。」

或疑知行不合一，以「知之匪艱」二句爲問。先生曰：「良知自知，原是容易的。只是不能致那良知，便是『知之匪艱，行之惟艱』。」

門人問曰：「知行如何得合一？且如《中庸》，言『博學之』，又說個『篤行之』，分明知行是兩件。」先生曰：「博學只是事事學存此天理，篤行只是學之不已之意。」又問：「《易》『學以聚之』，又言『仁以行之』，此是如何？」先生曰：「也是如此。事事去學存此天理，則此心更無放失時，故曰『學以聚之』，然常常學存此天理，更無私欲間斷，此即是此心不息處，故曰『仁以行之』。」又問：「孔子言『知及之，仁不能守之』，知行却是兩個了。」先生曰：「說『及之』已是行了，但不能常常行，已爲私欲間斷，便是『仁不能守之』。」又問：「心即理之說，程子云『在物爲理』，如何謂心即理？」先生曰：「在物爲理，『在』字上當添一『心』字，此心在物則爲理。如此心在事父則爲孝，在事君則爲忠之類。」先生因謂之曰：「諸君要識得我立言宗旨。我如今説個心即理是如何，只爲世人分心與理爲二，故便有許多病痛。如五伯攘夷狄，尊周室，都是一個私心，便不當理。人却説他做得當理，只心有未純，往往悦慕其所爲，要來外面做得好看，却與心全不相干。分心與理爲二，其流至於伯道之僞而不自知。故我説個心即理，要使知心理是一個，便來心上做工夫，不去襲取於義，❶便是王道之真。此我立言宗旨。」又問：「聖賢言語許多，如何却要打做一個？」曰：「我不是要打做一個，如曰：『夫道，一而已矣。』又曰：『其爲物不二，則其生物不測。』天地聖人皆是一個，如何二得？」

「心不是一塊血肉，凡知覺處便是心，如耳目之知視聽，手足之知痛癢，此知覺便是心也。」

以方問曰：「先生之説『格物』，凡《中庸》之『慎獨』及『集義』、『博約』等説，皆爲『格物』之事。」先生曰：「非也。『格物』即『慎獨』，即『戒懼』。至於『集義』、『博約』，工夫只一般，不是以那數件都做『格物』底事。」

以方問「尊德性」一條。先生曰：「『道問學』即所以『尊德性』也。晦翁言『子静以尊德性誨人，某教人豈不是道問學處多了些子？』是分尊德性、道問學作兩件。且如今講習討論，下許多工夫，無非只是存此心，不失其德性而已。豈有尊德性只空空去尊，更不去問學？問學只是空空去問學，更與德性無關涉？如此，則不知今之所以講習討論者，更學何事！」問「致廣大」

❶「取」，原作「義」，據四庫本改。

二句。曰：「『盡精微』即所以『致廣大』也。『道中庸』即所以『極高明』也。蓋心之本體自是廣大底，人不能『盡精微』，則便爲私欲所蔽，有不勝其小者矣。故能細微曲折，無所不盡，則私意不足以蔽之，自無許多障礙遮隔處，如何廣大不致？」又問：「精微還是念慮之精微，是事理之精微？」曰：「念慮之精微即事理之精微也。」

先生曰：「今之論性者紛紛异同，皆是說性，非見性也。見性者無異同之可言矣。」

問：「聲、色、貨、利，恐良知亦不能無。」先生曰：「固然。但初學用功，却須掃除蕩滌，勿使留積，則適然來遇，始不爲累，自然順而應之。良知只在聲、色、貨、利上用功，能致得良知精精明明，毫髮無蔽，則聲、色、貨、利之交，無非天則流行矣。」

先生曰：「吾與諸公講致知格物，日日是此，講一二十年俱是如此。諸君聽吾言，實去用功，見吾講一番，自覺長進一番。否則，只作一場話說，雖聽之亦何用？」

先生曰：「人之本體常常是寂然不動的，常常是感而遂通的。未應不是先，已應不是後。」

一友舉「佛家以手指顯出，問曰：『衆曾見否？』衆曰：『見之。』復以手指入袖，問曰：『衆還見否？』衆曰：『不見。』佛說還未見性」。此義未明。先生曰：「手指有見有不見，爾之見性常在。人之心神只在有睹有聞上馳騖，不在不睹不聞上着實用功。蓋不睹不聞是良知本體，戒慎恐懼是致良知的功夫。學者時時刻刻常睹其所不睹，常聞其所不聞，工夫方有個實落處。久久成熟後，則不須着力，不待防檢，而真性自不息矣。豈以在外者之聞見爲累哉？」

問：「先儒謂『鳶飛魚躍，與必有事焉同一活潑潑地』。」先生曰：「亦是。天地間活潑潑地，無非此理，便是吾良知的流行不息，致良知便是『必有事』的工夫。此理非惟不可離，實亦不得而離也。無往而非道，無往而非工夫。」

先生曰：「諸公在此，務要立個必爲聖人之心，時時刻刻，須是一棒一條痕，一摑一掌血，方能聽吾説話句句得力。若茫茫蕩蕩度日，譬如一塊死肉，打也不知得痛癢，恐終不濟事。回家只尋得舊時伎倆而已，豈不惜哉！」

問：「近來妄念也覺少，亦覺不曾着想定要如何用功，不知此是工夫否？」先生曰：「汝且去着實用功，便多這些着想也不妨，久久自會妥帖。若纔下得些功，便説效驗，何足爲恃？」

一友自嘆：「私意萌時，分明自心知得，只是不能使他即去。」先生曰：「你萌時這一知處，便是你的命根。當下即去消磨，便是立命工夫。」

「夫子説『性相近』，即孟子説『性善』，不可專在氣質上説。若説氣質，如剛與柔對，如何相近得？惟性善則同耳。人生初時，善原是同的。但剛的習於善則爲剛善，習於惡則爲剛惡；柔的習於善則爲柔善，習於惡則爲柔惡，便日相遠了。」

先生嘗語學者曰：「心體上着不得一念留滯，就如眼着不得些子塵沙。些子能得幾多？滿眼便昏天黑地了。」又曰：「這一念不但是私念，便好的念頭，亦着不得些子。如眼中放些金玉屑，眼亦開不得了。」

問：「人心與物同體，如吾身原是血氣

流通的，所以謂之同體。若於人便異體了，禽獸草木益遠矣，而何謂之同體？」先生曰：「你只在感應之幾上看，豈但禽獸草木，雖天地也與我同體的，鬼神也與我同體的。」請問。先生曰：「你看這個天地中間，甚麼是天地的心？」對曰：「嘗聞人是天地的心。」曰：「人又甚麼教做心？」對曰：「只是一個靈明。」「可知充天塞地中間，只有這個靈明，人只爲形體自間隔了。我的靈明，便是天地鬼神的主宰。天没有我的靈明，誰去仰他高？地没有我的靈明，誰去俯他深？鬼神没有我的靈明，誰去辯他吉凶災祥？天地鬼神萬物離却我的靈明，便没有天地鬼神萬物了。我的靈明離却天地鬼神萬物，亦没有我的靈明。如此，便是一氣流通的，如何與他間隔得？」又問：「天地鬼神萬物，千古見在，何没了我的靈明，便俱無了？」曰：「今看死的人，他這些精靈游散了，他的天地萬物尚在何處？」

先生起行征思、田，德洪與汝中追送嚴灘，汝中舉佛家實相幻相之説。先生曰：「有心俱是實，無心俱是幻；無心俱是實，有心俱是幻。」汝中曰：「有心俱是實，無心俱是幻，是本體上説功夫。無心俱是實，有心俱是幻，是功夫上説本體。」先生然其言。洪於是時尚未了達，數年用功，始信本體功夫合一。但先生是時因問偶談，若吾儒指點人處，不必借此立言耳！

嘗見先生送二三耆宿出門，退坐於中軒，若有憂色。德洪趨進請問。先生曰：「頃與諸老論及此學，真員鑿方枘。此道坦如道路，世儒往往自加荒塞，終身陷荆棘之場而不悔，吾不知其何説也！」德洪退，謂朋友曰：「先生誨人，不擇衰朽，仁人憫物之心也。」

先生曰：「人生大病，只是一傲字。爲子而傲必不孝，爲臣而傲必不忠，爲父而傲必不慈，爲友而傲必不信：故象與丹朱俱不肖，亦只一傲字，便結果了此生。諸君常要體此人心本是天然之理，精精明明，無纖介染着，只是一無我而已；胸中切不可有，有即傲也。古先聖人許多好處，也只是無我而已，無我自能謙。謙者衆善之基，傲者衆惡之魁。」

又曰：「此道至簡至易的，亦至精至微的。孔子曰：『其如示諸掌乎！』且人於掌，何日不見？及至問他掌中多少文理，却便不知。即如我『良知』二字，一講便明，誰不知得？若欲的見良知，却誰能見得？」問曰：「此知恐是無方體的，最難捉摸。」先生曰：「良知即是《易》，『其爲道也屢遷，變動不居，周流六虛，上下無常，剛柔相易，不可爲典要，惟變所適』。此知如何捉摸得？見得透時便是聖人。」

問：「孔子曰：『回也非助我者也。』是聖人果以相助望門弟子否？」先生曰：「亦是實話。此道本無窮盡，問難愈多，則精微愈顯。聖人之言，本自周遍，但有問難的人胸中窒礙，聖人被他一難，發揮得愈加精神。若顏子聞一知十，胸中了然，如何得問難？故聖人亦寂然不動，無所發揮，故曰『非助』。」

鄒謙之嘗語德洪曰：「舒國裳曾持一張紙，請先生寫『拱把之桐梓』一章。先生懸筆爲書，到『至於身而不知所以養之者』，顧而笑曰：『國裳讀書中過狀元來，豈誠不知身之所以當養？還須誦此以求警？』一時在侍諸友皆惕然。」

嘉靖戊子冬，德洪與王汝中奔師喪，至廣信，訃告同門，約三年收録遺言。繼後同門各以所記見遺。洪擇其切於問正者，合所私録，得若干條。居吴時，將與《文録》並刻矣，適以憂去，未遂。當是時也，四方講學日衆，師門宗旨既明，若無事於贅刻者，故不復營念。去年，同門曾子才漢得洪手抄，復傍爲采輯，名曰《遺言》，以刻行於荆。洪讀之，覺當時采録未精，乃爲删其重復，削去蕪蔓，存其三之一，名曰《傳習續録》，復刻於寧國之水西精舍。今年夏，洪來游蘄，沈君思畏曰：「師門之教久行于四方，而獨未及於蘄。蘄之士得讀《遺言》，若親炙夫子之教；指見良知，若重睹日月之光。惟恐傳習之不博，而未以重復之爲繁也。請裒其所逸者增刻之，若何？」洪曰：「然師門致知格物之旨，開示來學；學者躬修默悟，不敢以知解承，而惟以實體得，故吾師終日言是，而不憚其煩；學者終日聽是，而不厭其數；蓋指示專一則體悟日精，幾迎於言前，神發於言外，感遇之誠也。今吾師之殁未及三紀，而格言微旨漸覺淪晦，豈非吾黨身踐之不力，多言有以病之耶？學者之趨不一，師門之教不宣也。」乃復取逸稿，采其語之不背者，得一卷；其餘影響不真，與《文録》既載者，皆削之，并易中卷爲問答語，以付黄梅尹張君增刻之。庶幾讀者不以知解承，而惟以實體得，則無疑於是録矣！嘉靖丙辰夏四月，門人錢德洪拜書於蘄之崇正書院。

附録朱子晚年定論

《定論》首刻於南、贛。朱子病目

静久，忽悟聖學之淵微，乃大悔中年註述誤己誤人，遍告同志。師閲之，喜己學與晦翁同，手録一卷，門人刻行之。自是爲朱子論異同者寡矣。師曰：「無意中得此一助！」隆慶壬申，虬峰謝君廷傑刻師《全書》，命刻《定論》附《語録》後，見師之學與朱子無相謬戾，則千古正學同一源矣。并師首叙與袁慶麟跋凡若干條。洪僭引其説。

朱子晚年定論

陽明子序曰：洙、泗之傳，至孟氏而息；千五百餘年，濂溪、明道始復追尋其緒；自後辨析日詳，然亦日就支離決裂，旋復湮晦。吾嘗深求其故，大抵皆世儒之多言有以亂之。守仁早歲業舉，溺志詞章之習，既乃稍知從事正學，而苦於衆説之紛擾疲薾，茫無可入，因求諸老、釋，欣然有會於心，以爲聖人之學在此矣！然於孔子之教間相出入，而措之日用，往往缺漏無歸，依違往返，且信且疑。其後謫官龍場，居夷處困，動心忍性之餘，恍若有悟，體念探求，再更寒暑，證諸五經、四子，沛然若決江河而放諸海也。然後嘆聖人之道坦如大路，而世之儒者妄開竇逕，蹈荊棘，墮坑塹，究其爲説，反出二氏之下。宜乎世之高明之士厭此而趨彼也！此豈二氏之罪哉！間嘗以語同志，而聞者競相非議，目以爲立異好奇；雖每痛反深抑，務自搜剔斑瑕，而愈益精明的確，洞然無復可疑；獨于朱子之説有相牴牾，恒疚於心，切疑朱子之賢，而豈其於此尚有未察？及官留都，復取朱子之書而檢求之，然後知其晚歲固已大悟舊説之非，痛悔極艾，至以爲自誑誑人之罪，不可勝贖。世之所傳《集註》、《或問》之類，乃其中年未定之説，自咎以爲舊本之誤，思改正而未及，而其諸《語類》之屬，又其門人挾勝心以附己見，固於朱子平日之説猶有大相繆戾者，而世之學者局於見聞，不過持循講習於此。其於悟後之論，概乎其未有聞，則亦何怪乎予言之不信、而朱子之心無以自暴於後世也乎？

予既自幸其説之不繆於朱子，又喜朱子之先得我心之同然，且慨夫世之學者徒守朱子中年未定之説，而不復知求其晚歲既悟之論，競相呶呶，以亂正學，不自知其已入於異端；輒採録而裒集之，私以示夫同志，庶幾無疑於吾説，而聖學之明可冀矣！

正德乙亥冬十一月朔，後學餘姚王守仁序。

答黄直卿書

爲學直是先要立本。文義却可且與説出正意，令其寬心玩味；未可便令考校同異，研究纖密，恐其意思促迫，難得長進。將來見得大意，略舉一二節目漸次理會，蓋未晚也。此是向來定本之誤。今幸見得，却煩勇革。不可苟避譏笑，却誤人也。

答吕子約

日用工夫，比復何如？文字雖不可廢，然涵養本原而察於天理人欲之判，此是日用動静之間，不可頃刻間斷底事。若於此處見得分明，自然不到得流入世俗功利權謀裏去矣。熹亦近日方實見得向日支離之病，雖與彼中證候不同，然忘己逐物，貪外虛内之失，則一而已。程子説「不得以天下萬物撓己，己立後自能了得天下萬物」，今自家一個身心不知安頓去處，而談王説伯，將經世事業別作一個伎倆商量講究，不亦誤乎！相去遠，不得面論，書問終説不盡，臨風嘆息而已。

答何叔京

前此僭易拜禀博觀之敝，誠不自揆。乃蒙見是，何幸如此！然觀來諭，似有未能遽舍之意，何邪？此理甚明，何疑之有？若使道可以多聞博觀而得，則世之知道者爲不少矣。熹近日因事方有少省發處，如「鳶飛魚躍」，明道以爲與「必有事焉勿正」之意同者，乃今曉然無疑。日用之間，觀此流行之體，初無間斷處，有下功夫處。乃知日前自誑誑人之罪，蓋不可勝贖也。此與守書册、泥言語全無交涉，幸於日用間察之。知此則知仁矣。

答潘叔昌

示喻「天上無不識字底神仙」，此論甚中一偏之弊。然亦恐只學得識字，却不曾學得上天，即不如且學上天耳。上得天了，却旋學上天人，亦不妨也。中年以後，氣血精神能有幾何？不是記故事時節。熹以目昏，不敢着力讀書。閑中静坐，收斂身心，頗覺得力。間起看書，聊復遮眼，遇有會心處，時一喟然耳！

答潘叔度

熹衰病，今歲幸不至劇，但精力益衰，目力全短，看文字不得；冥目静坐，却得收拾放心，覺得日前外面走作不少，頗恨盲廢之不早也。看書鮮識之喻，誠然。然嚴霜大凍之中，豈無些小風和日暖意思？要是多者勝耳！

與呂子約

孟子言「學問之道，惟在求其放心」，而程子亦言「心要在腔子裏」。今一向耽着文字，令此心全體都奔在册子上，更不知有己，便是個無知覺不識痛癢之人，雖讀得書，亦何益於吾事邪？

與周叔謹

應之甚恨未得相見，其爲學規模次第如何？近來吕、陸門人互相排斥，此由各徇所見之偏，而不能公天下之心以觀天下之理，甚覺不滿人意。應之蓋嘗學於兩家，未知其於此看得果如何？因話扣之，因書諭及爲幸也。熹近日亦覺向來説話有大支離處，反身以求，正坐自己用功亦未切耳。因此減去文字工夫，覺得閒中氣象甚適。每勸學者且亦看《孟子》「道性善」、「求放心」兩章，着實體察收拾爲要；其餘文字，且大概諷誦涵養，未須大段着力考索也。

答陸象山

熹衰病日侵，去年災患亦不少，比來病軀方似略可支吾。然精神耗減，日甚一日，恐終非能久於世者。所幸邇來日用工夫頗覺有力，無復向來支離之病。甚恨未得從容面論。未知異時相見，尚復有異同否耳？

答符復仲

聞向道之意甚勤。向所喻義利之間，誠有難擇者；但意所疑以爲近利者，即便舍去可也。向後見得親切，却看舊事，又有見未盡舍未盡者，不解有過當也。見陸丈回書，其言明當，且就此持守，自見功效；不須多疑多問，却轉迷惑也。

答吕子約

日用工夫，不敢以老病而自懈。覺得此心操存舍亡，只在反掌之間。向來誠是太涉支離。蓋無本以自立，則事事皆病耳。又聞講授亦頗勤勞，此恐或有未便。今日正要清源正本，以察事變之幾微，豈可一向汩溺於故紙堆中，使精神昏弊，失後忘前，而可以謂之學乎？

與吴茂實

近來自覺向時工夫，止是講論文義，以爲積集義理，久當自有得力處，却於日用工夫全少檢點。諸朋友往往亦只如此做工夫，所以多不得力。今方深省而痛懲之，亦欲與諸同志勉焉。幸老兄遍以告之也。

答張敬夫

熹窮居如昨，無足言者。自遠去師友之益，兀兀度日。讀書反己，固不無警省處，終是旁無彊輔，因循汩没，尋復失之。近日一種向外走作，心悦之而不能自已者，皆準止酒例戒而絶之，似覺省事。此前輩所謂「下士晚聞道，聊以拙自修」者，若充擴不已，補復前非，庶其有日。舊讀《中庸》「慎獨」、《大學》「誠意」、「毋自欺」處，常苦求之太過，措詞煩猥；近日乃覺其非，此正是最切近處，最分明處。乃舍之而談空於冥漠之間，其亦誤矣。方竊以此意痛自檢勒，懍然度日，惟恐有怠而失之也。至於文字之間，亦覺向來病痛不少。蓋平日解經最爲守章句者，然亦多是推衍文義，自做一片文字；非惟屋下架屋，説得意味淡薄，且是使人看者，將註與經作兩項工夫做了，下梢看得支離，至於本旨全不相照。以此方知漢儒可謂善説經者，不過只説訓詁，使人以此訓詁玩索經文。訓詁經文不相離異，只做一道看了，直是意味深長也。

答吕伯恭

道間與季通講論，因悟向來涵養工夫全少，而講説又多彊探必取、尋流逐末之弊；推類以求，衆病非一，而其源皆在此，恍然自失，似有頓進之功。若保此不懈，庶有望於將來。然非如近日諸賢所謂頓悟之機也。向來所聞誨諭諸説之未契者，今日細思，脗合無疑。大抵前日之病，皆是氣質躁妄之偏，不曾涵養克治、任意直前之弊耳。

答周純仁

閒中無事，固宜謹出，然想亦不能一併讀得許多。似此專人來往勞費，亦是未能省事隨寓而安之病。又如多服燥熱藥，亦使人血氣偏勝，不得和平，不但非所以衛生，亦非所以養心。竊恐更須深自思省，收拾身心，漸令向裏，令寧靜閒退之意勝，而飛揚燥擾之氣消，則治心養氣、處世接物自然安穩，一時長進，無復前日内外之患矣。

答竇文卿

爲學之要，只在着實操存，密切體認，自己身心上理會。切忌輕自表襮，引惹外人辯論，枉費酬應，分却向裏工夫。

答吕子約

聞欲與二友俱來而復不果，深以爲恨。年來覺得日前爲學不得要領，自做身主不起，反爲文字奪却精神，不是小病。每一念之，惕然自懼，且爲朋友憂之。而每得子約書，輒復恍然，尤不知所以爲賢者謀也。且如臨事遲回，瞻前顧後，只此亦可見得心術影子。當時若得相聚一番，彼此極論，庶幾或有剖決之助。今又失此機會，極令人悵恨也！訓導後生，若說得是，當極有可自警省處，不會減人氣力。若只如此支離，漫無統紀，則雖不教後生，亦只見得展轉迷惑，無出頭處也。

答林擇之

熹哀苦之餘，無他外誘，日用之間，痛自斂飭，乃知敬字之功親切要妙乃如此。而前日不知於此用力，徒以口耳浪費光陰，人欲橫流，天理幾滅。今而思之，怛然震悚，蓋不知所以措其躬也。

又

此中見有朋友數人講學，其間亦難得樸實頭負荷得者。因思日前講論，只是口說，不曾實體於身，故在己在人，都不得力。今方欲與朋友說日用之間，常切點檢氣習偏處、意欲萌處，與平日所講相似與不相似，就此痛着工夫，庶幾有益。陸子壽兄弟，近日議論，却肯向講學上理會。其門人有相訪者，氣象皆好。但其間亦有舊病。此間學者却是與渠相反，初謂只如此講學，漸涵自能入德。不謂末流之弊只成說話，至於人倫日用最切近處，亦都不得毫毛氣力。此不可不深懲而痛警也！

答梁文叔

近看孟子見人即道性善，稱堯、舜，此是第一義。若於此看得透，信得及，直下便是聖賢，便無一毫人欲之私做得病痛。若信不及，孟子又說個第二節工夫，又只引成覵、顔淵、公明儀三段説話，教人如此發憤勇猛向前，日用之間，不得存留一毫人欲之私在這裏，此外更無別法。若於此有個奮迅興起處，方有田地可下功夫。不然，即是畫脂鏤冰，無真實得力處也。近日見得如此，自覺頗得力，與前日不同，故此奉報。

答潘叔恭

學問根本，在日用間持敬集義工夫，直是要得念念省察。讀書求義，乃其間之一事耳。舊來雖知此意，然於緩急之間，終是不覺有倒置處，誤人不少。今方自悔耳！

答林充之

充之近讀何書？恐更當於日用之間爲仁之本者，深加省察，而去其有害於此者爲佳。不然，誦説雖精，而不踐其實，君子蓋深耻之。此固充之平日所講聞也。

答何叔景

李先生教人，大抵令於静中體認大本未發時氣象分明，即處事應物，自然中節。此乃龜山門下相傳指訣。然當時親炙之時，貪聽講論，又方竊好章句訓詁之習，不得盡心於此；至今若存若亡，無一的實見處，辜負教育之意。每一念此，未嘗不愧汗沾衣也。

又

熹近來尤覺昏憒無進步處。蓋緣日前

偷墮苟簡，無深探力行之志，凡所論說，皆出入口耳之餘，以故全不得力。今方覺悟，欲勇革舊習，而血氣已衰，心志亦不復彊，不知終能有所濟否？

又

向來妄論「持敬」之說，亦不自記其云何。但因其良心發見之微，猛省提撕，使心不昧，則是做工夫底本領。本領既立，自然下學而上達矣。若不察良心發見處，即渺渺茫茫，恐無下手處也。中間一書論「必有事焉」之說，却儘有病，殊不蒙辨詰，何邪？所喻多識前言往行，固君子之所急。熹向來所見亦是如此。近因反求未得個安穩處，却始知此未免支離，如所謂因諸公以求程氏，因程氏以求聖人，是隔幾重公案，曷若默會諸心，以立其本，而其言之得失，自不能逃吾之鑒邪？欽夫之學所以超脱自在，見得分明，不爲言句所桎梏，只爲合下入處親切。今日説話雖未能絶無滲漏，終是本領。是當非吾輩所及，但詳觀所論，自可見矣。

答林擇之

所論顔、孟不同處，極善極善！正要見此曲折，始無窒礙耳。比來想亦只如此用功。熹近只就此處見得向來未見底意思，乃知「存久自明，何待窮索」之語，是真實不誑語。今未能久，已有此驗，況真能久邪？但當益加勉勵，不敢少弛其勞耳！

答楊子直

學者墮在語言，心實無得，固爲大病；然於語言中，罕見有究竟得徹頭徹尾者。蓋資質已是不及古人，而工夫又草草，所以終身於此，若存若亡，未有卓然可恃之實。近因病後，不敢極力讀書，閒中却覺有進步處。大抵孟子所論「求其放心」，是要訣爾！

與田侍郎子真

吾輩今日事事做不得，只有向裏存心窮理，外人無交涉。然亦不免違條礙貫，看來無着力處，只有更攢近裏面，安身立命爾。不審比日何所用心？因書及之，深所欲聞也。

答陳才卿

詳來示，知日用工夫精進如此，尤以爲喜。若知此心此理端的在我，則參前倚衡，自有不容捨者，亦不待求而得，不待操而存矣。格物致知，亦是因其所已知者推之，以及其所未知，只是一本，原無兩樣工夫也。

與劉子澄

「居官無修業之益」，若以俗學言之，誠是如此；若論聖門所謂德業者，却初不在日用之外，只押文字，便是進德修業地頭，不必編綴異聞，乃爲修業也。近覺向來爲學，實有向外浮泛之弊；不惟自誤，而誤人亦不少。方别尋得一頭緒，似差簡約端的，始知文字言語之外，真别有用心處，恨未得面論也。浙中後來事體，大段支離乖僻，恐不止似正似邪而已，極令人難説，只得惶恐，痛自警省！恐未可專執舊説以爲取舍也。

與林擇之

熹近覺向來乖繆處不可縷數，方惕然思所以自新者，而日用之間，悔吝潛積，又已甚多。朝夕惴懼，不知所以爲計。若擇之能一來輔此不逮，幸甚！然講學之功，比舊却覺稍有寸進。以此知初學得些静中功夫，亦爲助不小。

答呂子約

示喻日用工夫如此，甚善！然亦且要見一大頭腦分明，便於操舍之間有用力處；如實有一物，把住放行在自家手裏，不是謾説求其放心，實却茫茫無把捉處也。

子約復書云：「某蓋嘗深體之，此個大頭腦本非外面物事，是我元初本有底。其曰『人生而静』，其曰『喜怒哀樂之未發』，其曰『寂然不動』，人汩汩地過了日月，不曾存息，不曾實見此體段，如何會有用力處？程子謂『這個義理，仁者又看做仁了，智者又看做智了，百姓日用而不知，此所以君子之道鮮』。此個亦不少，亦不剩，只是人看他不見，不大段信得此話。及其言於勿忘勿助長間認取者，認乎此也。認得此，則一動一静皆不昧矣！惻隱羞惡辭讓是非，四端之著也，操存久則發見多；忿懥憂患好樂恐懼，不得其正也，放舍甚則日滋長。記得南軒先生謂『驗厥操舍，乃知出入』，乃是見得主腦，於操舍間有用力處之實話。蓋苟知主腦不放下，雖是未能常常操存，然語默應酬間歷歷能自省驗，雖其實有一物在我手裏，然可欲者是我底物，不可放失；不可欲者非是我物，不可留藏：雖謂之實有一物在我手裏，亦可也。若是謾説，既無歸宿，亦無依據，縱使彊把捉得住，亦止是襲取，夫豈是我元有底邪？愚見如此，敢望指教。」朱子答書云：「此段大概，甚正當親切。」

答吴德夫

承喻仁字之説，足見用力之深。熹意不欲如此坐談，但直以孔子、程子所示求仁之方，擇其一二切於吾身者，篤志而力行之，於動静語默間，勿令間斷，則久久自當知味矣。去人欲，存天理，且據所見去之存之。工夫既深，則所謂似天理而實人欲者次第可見。今大體未正，而便察及細微，恐有「放飯流歠而問無齒決」之譏也。如何如何？

答或人

「中和」二字，皆道之體用。舊聞李先生論此最詳，後來所見不同，遂不復致思。

今乃知其爲人深切，然恨己不能盡記其曲折矣。如云「人固有無所喜怒哀樂之時，然謂之未發則不可，言無主也」，又如「先言慎獨，然後及中和」，此亦嘗言之。但當時既不領略，後來又不深思，遂成蹉過，孤負此翁耳！

答劉子澄

日前爲學，緩於反己，追思凡多百可悔者。所論註文字，亦坐此病，多無着實處。回首茫然，計非歲月工夫所能救治，以此愈不自快。前時猶得敬夫、伯恭時惠規益，得以自警省。二友云亡，耳中絕不聞此等語。今乃深有望於吾子澄。自此惠書，痛加鐫誨，乃君子愛人之意也。

朱子之後，如真西山、許魯齋、吴草廬亦皆有見於此，而草廬見之尤真，悔之尤切。今不能備録，取草廬一説附於後。

臨川吴氏曰：「天之所以生人，人之所以爲人，以此德性也。然自聖傳不嗣，士學靡宗，漢、唐千餘年間，董、韓二子依稀數語近之，而原本竟昧昧也。逮夫周、程、張、邵興，始能上通孟氏而爲一。程氏四傳而至朱，文義之精密，又孟氏以來所未有者。其學徒往往滯於此而溺其心。夫既以世儒記誦詞章爲俗學矣，而其爲學亦未離乎言語文字之末。此則嘉定以後朱門末學之敝，而未有能救之者也。夫所貴乎聖人之學，以能全天之所以與我者爾。天之與我，德性是也，是爲仁義禮智之根株，是爲形質血氣之主宰。舍此而他求，所學何學哉？ 假而行如司馬文正公，才如諸葛忠武侯，亦不免爲習不著，行不察，亦不過爲資器之超於人，而謂有得於聖學則未也。 況止於訓詁之精，講説之密，如北溪之陳，雙峰之饒，則與彼記誦詞章之俗學，相去何能以寸哉？ 聖學大明于宋代，而踵其後者如此，可嘆已！ 澄也鑽研於文義，毫分縷析，每以陳爲未精，饒爲未密也。 墮此科臼中垂四十年，而始覺其非。 自今以往，一日之内子而亥，一月之内朔而晦，一歲之内春而冬，常見吾德性之昭昭，如天之運轉，如日月之往來，不使有須臾之間斷，則於尊之之道殆庶幾乎？ 於此有未能，則問於人，學於己，而必欲其至。 若其用力之方，非言之可喻，亦味於《中庸》首章、《訂頑》終篇而自悟可也。」

《朱子晚年定論》，我陽明先生在留都時所採集者也。 揭陽薛君尚謙舊録一本，同志見之，至有不及抄寫，袖之而去者。 衆皆憚於翻録，乃謀而壽諸梓。 謂「子以齒，當志一言」。 惟朱子一生勤苦，以惠來學，凡一言一字，皆所當守；而獨表章是、尊崇乎此者，蓋以爲朱子之定見也。 今學者不求諸此，而猶踵其所悔，是蹈舛也，豈善學朱子者哉？ 麟無似，從事於朱子之訓餘三十年，非不專且篤，而竟亦未有居安資深之地，則猶以爲知之未詳，而覽之未博也。 戊寅夏，持所著論若干卷來見先生。 聞其言，如日中天，睹之即見；如五穀之藝地，種之即生；不假外求，而真切簡易，恍然有悟。退求其故而不合，則又不免遲疑於其間。及讀是編，始釋然，盡投其所業，假館而受學，蓋三月而若將有聞焉。然後知嚮之所學，乃朱子中年未定之論，是故三十年而無獲。今賴天之靈，始克從事於其所謂定見者，故能三月而若將有聞也。非吾先生，幾乎已矣！敢以告夫同志，使無若麟之晚而後悔也。若夫直求本原於言語之外，真有以驗其必然而無疑者，則存乎其人之自力，是編特爲之指迷耳。

正德戊寅六月望，門人雩都袁慶麟謹識。

王文成公全書卷之四

文録一　書一 始正德己巳至庚辰

與辰中諸生 己巳

謫居兩年，無可與語者。歸途乃得諸友，何幸何幸！方以爲喜，又遽爾别去，極怏怏也。絶學之餘，求道者少；一齊衆楚，最易摇奪。自非豪傑，鮮有卓然不變者。諸友宜相砥礪夾持，務期有成。近世士夫亦有稍知求道者，皆因實德未成而先揭標榜，以來世俗之謗，是以往往隳墮無立，反爲斯道之梗。諸友宜以是爲鑒，刊落聲華，務於切己處着實用力。

前在寺中所云静坐事，非欲坐禪入定。蓋因吾輩平日爲事物紛拏，未知爲己，欲以此補小學收放心一段功夫耳。明道云：「纔學便須知有着力處，既學便須知有得力處。」諸友宜於此處着力，方有進步，異時始有得力處也。「學要鞭辟近裏着己」、「君子之道闇然而日章」、「爲名與爲利，雖清濁不同，然其利心則一」、「謙受益」、「不求異於人，而求同於理」，此數語宜書之壁間，常目在之。舉業不患妨功，惟患奪志。只如前日所約，循循爲之，亦自兩無相礙。所謂知得洒掃應對，便是精義入神也。

答徐成之 辛未

汝華相見於逆旅，聞成之啓居甚悉，然無因一面，徒增悒怏。吾鄉學者幾人，求其篤信好學如吾成之者誰歟？求其喜聞過，忠告善道如吾成之者誰歟？過而莫吾告也，學而莫吾與也，非吾成之之思而誰思歟？嗟吾成之，幸自愛重！

自人之失其所好，仁之難成也久矣。向吾成之在鄉黨中，刻厲自立，衆皆非笑，以爲迂腐，成之不爲少變。僕時雖稍知愛敬，不從衆非笑，然尚未知成之之難得如此也。今知成之之難得，則又不獲朝夕相與，豈非大可憾歟！修己、治人，本無二道。政事雖劇，亦皆學問之地，諒吾成之隨在有得。然何從一聞至論，以洗凡近之見乎？愛莫爲助。近爲成之思進學之功，微覺過苦。先儒所謂「志道懇切，固是誠意，然急迫求之，則反爲私己」，不可不察也。日用間何莫非天理流行，但此心常存而不放，則義理自熟。孟子所謂「勿忘勿助，深造自得」者矣。學問之功何可緩，但恐着意把持振作，縱復有得，居之恐不能安耳。成之之學，想亦正不如此。以僕所見，微覺其有近似者，是以不敢不盡。亦以成之平日之樂聞，且欲以是求教也。

答黃宗賢應原忠 辛未

昨晚言似太多，然遇二君亦不得不多耳。其間以造詣未熟，言之未瑩則有之，然却自是吾儕一段的實工夫。思之未合，請勿輕放過，當有豁然處也。聖人之心，纖翳自無所容，自不消磨刮。若常人之心，如斑垢駁雜之鏡，須痛加刮磨一番，盡去其駁蝕，然後纖塵即見，纔拂便去，亦自不消費力。到此已是識得仁體矣。若駁雜未去，其間固自有一點明處，塵埃之落，固亦見得，亦纔拂便去。至於堆積於駁蝕之上，終弗之能見也。此學利困勉之所由異，幸弗以爲煩難而疑之也。凡人情好易而惡難，其間亦自有私意氣習纏蔽在，識破後，自然不見其難矣。古之人至有出萬死而樂爲之者，亦見得耳。向時未見得向裏面意思，此工夫自無可講處。今已見此一層，却恐好易惡難，便流入禪釋去也。昨論儒釋之異，明道所謂「敬以直内則有之，義以方外則未」，畢竟連敬以直内亦不是者，已説到八九分矣。

答汪石潭内翰 辛未

承批教。連日瘡甚，不能書，未暇請益。來教云：「昨日所論乃是一大疑難。」又云：「此事關係頗大，不敢不言。」僕意亦以爲然，是以不能遽已。夫喜怒哀樂，情也。既曰不可謂未發矣，喜怒哀樂之未發，則是指其本體而言，性也。斯言自子思，非程子而始有。執事既不以爲然，則當自子思《中庸》始矣。喜怒哀樂之與思與知覺，皆心之所發。心統性情。性，心體也；情，心用也。程子云：「心，一也。有指體而言者，寂然不動是也；有指用而言者，感而遂通是也。」斯言既無以加矣，執事姑求之體用之説。夫體用一源也，知體之所以爲用，則知用之所以爲體者矣。雖然，體微而難知也，用顯而易見也。執事之云不亦宜乎？夫謂「自朝至暮，未嘗有寂然不動之時」者，是見其用而不得其所謂體也。君子之於學也，因用以求其體。凡程子所謂「既思即是已發，既有知覺，即是動」者，皆爲求中於喜怒哀樂未發之時者言也，非謂其無未發者也。朱子於未發之説，其始亦嘗疑之，今其集中所與南軒論難辯析者，蓋往復數十而後決，其説則今之《中庸註疏》是也，其於此亦非苟矣。獨其所謂「自戒懼而約之，以至於至静之中；自謹獨而精之，以至於應物之處」者，亦若過於剖析。而後之讀者遂以分爲兩節，而疑其別有寂然不動、静而存養之時，不知常存戒慎恐懼之心，則其工夫未始有一息之間，非必自其不睹不聞而存養也。吾兄且於動處加工，勿使間斷。動無不和，即静無不中。而所謂寂然不動之體，當自知之矣。未至而揣度之，終不免於對塔説相輪耳。然朱子但有知覺者在，而未有知覺之説，則亦未瑩。吾兄疑之，蓋亦有見。但其所以疑之者，則有因噎廢食之過，不可以不審也。君子之論，苟有以異於古，姑毋以爲決然，宜且循其説而究之，極其説而果有不達也，然後從而斷之，是以其辯之也明，而析之也當。蓋在我者，有以得其情也。今學如吾兄，聰明超特如吾兄，深潛縝密如吾兄，而猶有未悉如此，何邪？吾兄之心，非若世之立異自高者，要在求其是而已，故敢言之無諱。有所未盡，不惜教論；不有益於兄，必有益於我也。

寄諸用明 辛未

得書，足知邇來學力之長，甚喜！君

子惟患學業之不修，科第遲速，所不論也。況吾平日所望於賢弟，固有大於此者，不識亦嘗有意於此否耶？便中時報知之。

階、陽諸姪，聞去歲皆出投試，非不喜其年少有志，然私心切不以爲然。不幸遂至於得志，豈不誤却此生耶？凡後生美質，須令晦養厚積。天道不翕聚，則不能發散，況人乎？花之千葉者無實，爲其華美太發露耳。諸賢姪不以吾言爲迂，便當有進步處矣。

書來勸吾仕，吾亦非潔身者，所以汲汲於是，非獨以時當斂晦，亦以吾學未成。歲月不待，再過數年，精神益弊，雖欲勉進而有所不能，則將終於無成。皆吾所以勢有不容已也。但老祖而下，意皆不悦，今亦豈能決然行之？徒付之浩嘆而已！

答王虎谷 辛未

承示「別後看得一『性』字親切」。孟子云：「盡其心者，知其性也；知其性，則知天矣。」此吾道之幸也，喜慰何可言！「弘毅」之説極是。但云「既不可以棄去，又不可以減輕；既不可以住歇，又不可以不至」，則是猶有不得已之意也。不得已之意與自有不能已者，尚隔一層。程子云：「知之而至，則循理爲樂，不循理爲不樂。」自有不能已者，循理爲樂者也。非真能知性者未易及此。知性則知仁矣。仁，人心也。心體本自弘毅，不弘者蔽之也，不毅者累之也。故燭理明則私欲自不能蔽累。私欲不能蔽累，則自無不弘毅矣。弘，非有所擴而大之也；毅，非有所作而强之也。蓋本分之内，不加毫末焉。曾子「弘毅」之説，爲學者言，故曰「不可以不弘毅」，此曾子窮理之本，真見仁體而後有是言。學者徒知不可不弘毅，不知窮理，而惟擴而大之以爲弘，作而强之以爲毅，是亦出於一時意氣之私，其去仁道尚遠也。此寔公私義利之辯，因執事之誨而并以請正。

與黄宗賢 辛未

所喻皆近思切問，足知爲功之密也，甚慰！夫加諸我者，我所不欲也，無加諸人；我所欲也，出乎其心之所欲，皆自然而然，非有所强，勿施於人，則勉而後能。此仁恕之别也。然恕，求仁之方，正吾儕之所有事也。子路之勇，而夫子未許其仁者，好勇而無所取裁，所勇未必皆出天理之公也。事君而不避其難，仁者不過如是。然而不知食輒之禄爲非義，則勇非其所宜，勇不得爲仁矣。然勇爲仁之資，正吾儕之所尚欠也。鄙見如此，明者以爲何如？未盡，望便示。

二 壬申

使至，知近來有如許忙，想亦因是大有得力處也。僕到家，即欲與曰仁成鴈蕩之約，宗族親友相牽絆，時刻弗能自由。五月終，決意往；值烈暑，阻者益衆且堅，復不果。時與曰仁稍尋傍近諸小山，其東南林壑最勝絶處，與數友相期，候宗賢一至即往。又月餘，曰仁憑限過甚，乃翁督促，勢不可復待，乃從上虞入四明，觀白水，尋龍溪之源；登杖錫，至於雪竇；上千丈巖以望天姥、華頂，若可睹焉。欲遂從奉化取道至赤城，適彼中多旱，山田盡龜裂，道傍人家徬徨望雨，意慘然不樂，遂自寧波買舟還餘姚。往返亦半月餘，相從諸友亦微有所得，然無大發明。其最所歉然，宗賢不同茲行耳！歸又半月，曰仁行去，使來時已十餘日。思往時在京，每恨不得還故山，往返當益易，乃今益難。自後精神意氣當日不逮前，不知回視今日，又何如也！念之可嘆可懼！留居之説，竟成虛約。親友以曰仁既往，催促日至，滁陽之行，難更遲遲，亦不能出是月。聞彼中山水頗佳勝，事亦閒散，宗賢有惜陰之念，明春之期，亦既後矣。此間同往者，後輩中亦三四人，習氣已深，雖有美質，亦消化漸盡。此事正如淘沙，會有見金時，但目下未可必得耳。

三 癸酉

滁陽之行，相從者亦二三子，兼復山水清遠，勝事閑曠，誠有足樂者。故人不忘久要，果能乘興一來耶？

得應元忠書，誠如其言，亦大可喜。牽制文義，自宋儒已然，不獨今時。學者遂求脱然洗滌，恐亦甚難，但得漸能疑辯，當亦終有覺悟矣。自歸越後，時時默念年來交遊，益覺人才難得，如元忠者，豈易得哉！

京師諸友，邇來略無消息。每因己私難克，輒爲諸友憂慮一番。誠得相聚一堂，早晚當有多少砥礪切磋之益！然此在各人，非可願望得。

四 癸酉

春初，姜翁自天台來，得書，聞山間況味，懸企之極。且承結亭相待，既感深誼，復媿其未有以副也。甘泉丁乃堂夫人憂，近有書來索銘，不久且還增城。道途邈絶，草亭席虚，相聚尚未有日。僕雖相去伊邇，而家累所牽，遲遲未決，所舉遂成北山之移文矣。應原忠久不得音問，想數會聚，聞亦北上，果然否？此間往來極多，交道則實寥落。敦夫雖住近，不甚講學；純甫近改北驗封，且行；曰仁又公差未還；宗賢之思，靡日不切！又得草堂報，益使人神魂飛越，若不能一日留此也，如何如何！去冬解册吏到，承欲與原忠來訪，此誠千里命駕矣，喜慰之極！日切瞻望，然又自度鄙劣，不足以承此。曰仁入夏當道越中來此，其時得與共載，何樂如之！

五 癸酉

書來，及純甫事，懇懇不一而足，足知朋友忠愛之至。世衰俗降，友朋中雖平日最所愛敬者，亦多改頭换面，持兩端之説，以希俗取容，意思殊爲衰颯可憫。若吾兄真可謂信道之篤而執德之弘矣，何幸何幸！僕在留都，與純甫住密邇，或一月一見，或間月不一見，輒有所規切，皆發於誠愛懇惻，中心未嘗懷纖毫較計。純甫或有所疎外，此心直可質諸鬼神。其後純甫轉官北上，始覺其有恝然者。尋亦痛自悔責，以爲吾人相與，豈宜有如此芥蔕，却是墮入世間較計坑陷中，亦成何等胸次！當下冰消霧釋矣。其後人言屢屢而至，至有爲我憤辭厲色者。僕皆惟以前意處之，實是未忍一日而忘純甫。蓋平日相愛之極，情之所鍾，自如此也。旬月間復有相知自北京來，備傳純甫所論。僕竊疑有浮薄之徒，幸吾黨間隙，鼓弄交構，增飾其間，未必盡出於純甫之口。僕非矯爲此説，實是故人情厚，不忍以此相疑耳。僕平日之厚純甫，本非私厚，縱純甫今日薄我，當亦非私薄。然則僕未嘗厚純甫，純甫未嘗薄僕也，亦何所容心於其間哉！往往見世俗朋友易生嫌隙，以爲彼蓋苟合於外，而非有性分之契，是以如此。私竊嘆間，自謂吾黨數人，縱使散處敵國仇家，當亦斷不至是。不謂今日亦有此等議論，此亦惟宜自反自責而已。孟子云：「愛人不親反其仁，行有不得者，皆反求諸己。」自非履涉親切，應未識斯言味永而意懇也。

僕近時與朋友論學，惟説「立誠」二字。殺人須就咽喉上着刀，吾人爲學，當從心髓入微處用力，自然篤實光輝。雖私欲之萌，真是洪爐點雪，天下之大本立矣。若就標末粧綴比擬，凡平日所謂學問思辯者，適足以爲長傲遂非之資，自以爲進於高明光大，而不知陷於狼戾險嫉，亦誠可哀也已！以近事觀之，益見得吾儕往時所論，自是向裏。此蓋聖學的傳，惜乎淪落堙埋已久，往時見得，猶自恍惚。僕近來無所進，只於此處看較分曉，直是痛快，無復可疑。但與吾兄別久，無告語處耳。原忠數聚論否？近嘗得渠一書，所見迥然與舊不同，殊慰殊慰！今亦寄一簡，不能詳細，見時望并出此。歸計尚未遂，旬月後且圖再舉。會期未定，臨楮耿耿。

六 丙子

宅老數承遠來，重以嘉貺，相念之厚，媿何以堪！令兄又辱書惠，禮恭而意篤，意家庭旦夕之論，必於此學有相發明者，是以波及於僕。喜幸之餘，媿何以堪！別後工夫，無因一扣，如書中所云，大略知之。「用力習熟，然後居山」之説，昔人嘗有此，然亦須得其源。吾輩通患，正如池面浮萍，隨開隨蔽。未論江海，但在活水，浮萍即不能蔽。何者？活水有源，池水無源；有源者由己，無源者從物。故凡不息者有源，作輟者皆無源故耳。

七 戊寅

得書，見相念之厚，所引一詩尤懇惻至情，讀之既感且媿，幾欲涕下。人生動多牽滯，反不若他流外道之脱然也，奈何奈何！近收甘泉書，頗同此憾。士風日偷，素所目爲善類者，亦皆雷同附和，以學爲諱。吾人尚栖栖未即逃避，真處堂之燕雀耳。原忠聞且北上，恐亦非其本心。仕途如爛泥坑，勿入其中，鮮易復出。吾人便是失脚樣子，不可不鑒也。承欲枉顧，幸甚幸甚！好事多阻，恐亦未易如願，努力圖之！籠中病翼，或能附冥鴻之末而歸，未可知也。

與王純甫 壬申

別後，有人自武城來，云純甫始到家，尊翁頗不喜，歸計尚多牴牾。始聞而惋然，已而復大喜。久之，又有人自南都來者，云「純甫已涖任，上下多不相能」。始聞而惋然，已而復大喜。吾之惋然者，世俗之私情；所爲大喜者，純甫當自知之。吾安能小不忍於純甫，不使動心忍性，以大其所就乎？譬之金之在冶，經烈焰，受鉗鎚，當此之時，爲金者甚苦，然自他人視之，方喜金之益精煉，而惟恐火力錘煅之不至。既其出冶，金亦自喜其挫折煅煉之有成矣。某平日亦每有傲視行輩、輕忽世故之心，後雖稍知懲創，亦惟支持抵塞於外而已。及謫貴州三年，百難備嘗，然後能有所見，始信孟氏「生於憂患」之言非欺我也。嘗以爲「君子素其位而行，不願乎其外。素富貴，行乎富貴；素貧賤，行乎貧賤；素患難，行乎患難，故無入而不自得」。後之君子，亦當素其位而學，不願乎其外。素富貴，學處乎富貴；素貧賤患難，學處乎貧賤患難，則亦可以無入而不自得。向嘗爲純甫言之，純甫深以爲然，不審邇來用力却如何耳。近日相與講學者，宗賢之外，亦復數人，每相聚輒嘆純甫之高明。今復遭時磨勵若此，其進益不可量，純甫勉之！

汪景顔近亦出宰大名，臨行請益，某告以變化氣質。居常無所見，惟當利害，經變故，遭屈辱，平時憤怒者到此能不憤怒，憂惶失措者到此能不憂惶失措，始是能有得力處，亦便是用力處。天下事雖萬變，吾所以應之，不出乎喜怒哀樂四者。此爲學之要，而爲政亦在其中矣。景顏聞之，躍然如有所得也。甘泉近有書來，已卜居蕭山之湘湖，去陽明洞方數十里耳。書屋亦將落成，聞之喜極。誠得良友相聚會，共進此道，人間更復有何樂！區區在外之榮辱得喪，又足掛之齒牙間哉？

二 癸酉

純甫所問，辭則謙下，而語意之間，實自以爲是矣。夫既自以爲是，則非求益之心矣。吾初不欲答，恐答之亦無所入也。故前書因發其端，以俟明春渡江而悉。既而思之，人生聚散無常，純甫之自是，蓋其心尚有所惑而然，亦非自知其非而又故爲自是以要我者，吾何可以遂已？故復備舉其說，以告純甫。

來書云：「學以明善誠身，固也。但不知何者謂善？善原從何處得來？今在何處？其明之之功當何如？入頭當何如？與誠身有先後次第否？誠是誠箇甚的？此等處細微曲折，儘欲扣求啓發，而因獻所疑，以自附於助我者。」反覆此語，則純甫近來得力處在此，其受病處亦在此矣。純甫平日徒知存心之說，而未嘗實加克治之功，故未能動静合一，而遇事輒有紛擾之患。今乃能推究若此，必以漸悟往日之墮空虛矣。故曰純甫近來用功得力處在此。然已失之支離外馳而不覺矣。夫心主於身，性具於心，善原於性，孟子之言性善是也。善即吾之性，無形體可指，無方所可定，夫豈自爲一物，可從何處得來者乎？故曰受病處亦在此。純甫之意，蓋未察夫聖門之實學，而尚狃於後世之訓詁，以爲事事物物各有至善，必須從事事物物求箇至善，而後謂之明善，故有「原從何處得來，今在何處」之語。純甫之心，殆亦疑我之或墮於空虛也，故假是説以發我之蔽。吾亦非不知感純甫此意，其實不然也。夫在物爲理，處物爲義，在性爲善，因所指而異其名，實皆吾之心也。心外無物，心外無事，心外無理，心外無義，心外無善。吾心之處事物，純乎理而無人僞之雜，謂之善，非在事物有定所之可求也。處物爲義，是吾心之得其宜也，義非在外可襲而取也。格者，格此也；致者，致此也。必曰事事物物上求箇至善，是離而二之也。伊川所云「纔用彼即曉此」，是猶謂之二。性無彼此，理無彼此，善無彼此也。純甫所謂：「明之之功當何如？入頭處當何如？與誠身有先後次第否？誠是誠箇甚的？」且純甫之意，必以明善自有明善之功，誠身又有誠身之功也。若區區之意，則以明善爲誠身之功也。夫誠者，無妄之謂。誠身之誠，則欲其無妄之謂。誠之之功，則明善是也。故博學者，學此也；審問者，問此也；慎思者，思此也；明辯者，辯此也；篤行者，行此也。皆所以明善而爲誠之之功也。故誠身有道，明善者，誠身之道也；不明乎善，不誠乎身矣。非明善之外別有所謂誠身之功也。誠身之始，身猶未誠也，故謂之明善；明善之極，則身誠矣。若謂自有明善之功，又有誠身之功，是離而二之也，難乎免於毫釐千里之謬矣。其間欲爲純甫言者尚多，純筆未能詳悉。尚有未合，不妨往復。

三 甲戌

得曰仁書，知純甫近來用工甚力，可喜可喜！學以明善誠身，只兀兀守此昏昧雜擾之心，却是坐禪入定，非所謂「必有事焉」者矣。聖門寧有是哉？但其毫釐之差，千里之謬，非實地用功，則亦未易辯別。後世之學，瑣屑支離，正所謂採摘汲引，其間亦寧無小補？然終非積本求原之學。句句是，字字合，然而終不可入堯舜之道也。

四 甲戌

屢得汪叔憲書，又兩得純甫書，備悉相念之厚，感媿多矣！近丈見與曰仁書，貶損益至，三復赧然。夫趨向同而論學或異，不害其爲同也；論學同而趨向或異，不害其爲異也。不能積誠反躬而徒騰口説，此僕往年之罪，純甫何尤乎？因便布此區區，臨楮傾念無已。

寄希淵 壬申

所遇如此，希淵歸計良是，但稍傷急迫。若再遲二三月，托疾而行，彼此形迹泯然，既不激怒於人，亦不失己之介矣。聖賢處末世，待人應物，有時而委曲，其道未嘗不直也。若已爲君子而使人爲小人，亦非仁人忠恕惻怛之心。希淵必以區區此説爲太周旋，然道理實如此也。區區叨厚禄，有地方之責，欲脱身潛逃固難。若希淵所處，自宜進退綽然，今亦牽制若此，乃知古人掛冠解綬，其時亦不易値也。

二 壬申

向得林蘇州書，知希顔在蘇州，其時守忠在山陰矣。近張山陰來，知希顔已還山陰矣，而守忠又有金華之出。往歲希顔居鄉而守忠客祁，今兹復爾，二友之每每相違，豈亦有數存焉邪！爲仁由己，固非他人所能與。而相觀砥礪之益，則友誠不可一日無者。外是子雍、明德輩相去數十里，決不能朝夕繼見，希顔無亦有獨立無與之嘆歟？曩評半圭，誠然誠然。方今山林枯槁之士，要亦未可多得，去之奔走聲利之場者則遠矣。人品不齊，聖賢亦因材成就。孔門之教，言人人殊，後世儒者始有歸一之論，然而成德達材者鮮，又何居乎？希顔試於此思之，定以爲何如也？

三 癸酉

希顔煢然在疚，道遠無因一慰。聞友朋中多言希顔孝心純篤，哀傷過節，其素知希顔者，宜爲終身之慕，毋徒毁傷爲也！

守忠來，承手札喻及出處，此見希顔愛我之深，他人無此也。然此義亦惟希顔有之，他人無此也。牽於世故，未能即日引決，爲愧爲怍，然亦終須如希顔所示耳。患難憂苦，莫非實學。今雖倚廬，意思亦須有進。向見季明德書，觀其意向甚正，但未及與之細講耳。「學問之道無他，求其放心而已」，蓋一言而足。至其功夫節目，則愈講而愈無窮者。孔子猶曰「學之不講，是吾憂也」，今世無志於學者無足言，幸有一二篤志之士，又爲無師友之講明，認氣作理，冥悍自信，終身勤苦而卒無所得，斯誠可哀矣。

讀《禮》之餘，與明德相論否？幸以其所造者示知。某無大知識，亦非好爲人言者。顧今之時，人心陷溺已久，得一善人，惟恐其無成。期與諸君共明此學，固不以自任爲嫌而避之。譬之婚姻，聊爲諸君之媒妁而已。鄉里後進中有可言者，即與接引，此本分内事，勿謂不暇也。

樓居已完否？糊口之出非得已，然其間亦有説。聞朋友中多欲希顏高尚不出，就中亦須權其輕重。使親老饘粥稍可繼，則不必言高尚，自不宜出。不然，却恐正其私心，不可不察也。

四 己卯

正月初二得家信，祖母於去冬十月皆棄，痛割之極！縻於職守，無由歸遁。今復懇疏，若終不可得，將遂爲徑往之圖矣。

近得鄭子冲書，聞與當事者頗相牴牾。希淵德性謙厚和平，其於世間榮辱炎涼之故，視之何異飄風浮靄，豈得尚有芥蔕於其中耶？即而詢之，果然出於意料之外，非賢者之所自取也。雖然，有人於此，其待我以横逆，則君子必自反曰：「我必無禮。」自反而有禮，又自反曰：「我必不忠。」希淵克己之功日精日切，其肯遂自以爲忠乎？往年區區謫官貴州，横逆之加，無月無有。迄今思之，最是動心忍性砥礪切磋之地。當時亦止搪塞排遣，竟成空過，甚可惜也。

聞教下士甚有興起者，莆故文獻之區，其士人素多根器。今得希淵爲之師，真如時雨化之而已，吾道幸甚！近有責委，不得已，不久且入閩。苟求了事，或能乘便至莆一間語，不盡不盡。

與戴子良 癸酉

汝成相見於滁，知吾兄之質，温然純粹者也。今茲乃得其爲志，蓋將從事於聖人之學，不安於善人而已也，何幸何幸！有志者事竟成，吾兄勉之！學之不明，已非一日，皆由有志者少。好德，民之秉彝，可謂盡無其人乎？然不能勝其私欲，竟淪陷於習俗，則亦無志而已。故朋友之間，有志者甚可喜，然志之難立而易墜也，則亦深可懼也。吾兄以爲何如？宗賢已南還，相見且未有日。京師友朋如貴同年陳佑卿、顧惟賢，其他如汪汝成、梁仲用、王舜卿、蘇夫秀，皆嘗相見。從事於此者，其餘尚三四人，吾見與諸友當自識之。❶自古有志之士，未有不求助於師友。匆匆別來，所欲爲吾兄言者百未及一。沿途歆嘆雅意，誠切怏怏。相會未卜，惟勇往直前，以遂成此志是望。

與胡伯忠 癸酉

某往在京，雖極歆慕，彼此以事未及從容一叙，别去以爲憾。期異時相遇，決當盡意劇談一番耳。昨未出京師，即已預期彭城之會，謂所未決於心，在茲行矣。及相見，又復匆匆而别，别又復以爲恨。不知執事之心亦何如也？

君子與小人居，決無苟同之理，不幸勢窮理極而爲彼所中傷，則安之而已。處之

❶ 見，疑爲「兄」之誤。

未盡於道，或過於疾惡，或傷於憤激，無益於事，而致彼之怨恨讐毒，則皆君子之過也。昔人有言：「事之無害於義者，從俗可也。」君子豈輕於從俗，獨不以異俗爲心耳。與惡人居，「如以朝衣朝冠坐於塗炭者」，伯夷之清也。「雖袒裼裸裎於我側，彼焉能浼我哉？」柳下惠之和也。君子以變化氣質爲學，則惠之和，似亦執事之所宜從者。不以三公易其介，彼固未嘗無伯夷之清也。「德輶如毛，民鮮克舉之。我儀圖之，惟仲山甫舉之。愛莫助之」，僕於執事之謂矣。正人難得，正學難明，流俗難變，直道難容。臨筆悯然，如有所失，言不盡意，惟心亮。

與黄誠甫 癸酉

立志之説，已近煩瀆，然爲知己言，竟亦不能舍是也。志於道德者，功名不足以累其心；志於功名者，富貴不足以累其心。但近世所謂道德，功名而已；所謂功名，富貴而已。「仁人者，正其誼不謀其利，明其道不計其功。」一有謀計之心，則雖正誼明道，亦功利耳。諸友既索居，曰仁又將遠别，會中須時相警發，庶不就弛靡。誠甫之足，自當一日千里，任重道遠，吾非誠甫誰望邪！臨别數語，彼此闇然；終能不忘，乃爲深愛。

二 丁丑

區區正月十八日始抵贛，即兵事紛紛。二月往征漳寇，四月班師。中間曾無一日之暇，故音問缺然。然雖擾擾中，意念所在，未嘗不在諸友也。養病之舉，恐已蹔停，此亦順親之心，未爲不是。不得以此日縈於懷，無益於事，徒使爲善之念不專。何處非道，何處非學，豈必山林中耶？希顏、尚謙、清伯登第，聞之喜而不寐。近嘗寄書云：「非爲今日諸君喜，爲陽明山中異日得良伴喜也。」吾於誠甫之未歸亦然。

答天宇書 甲戌

書來，見平日爲學用功之概，深用喜慰！今之時，能稍有志聖賢之學，已不可多見；況又果能實用其力者，是豈易得哉！辱推擬過當，誠有所不敢居；然求善自輔，則鄙心實亦未嘗不切切也。今乃又得吾天宇，其爲喜幸可勝言哉！厚意之及，良不敢虛；然又自嘆愛莫爲助，聊就來諭商確一二。

天宇自謂「有志而不能篤」，不知所謂志者果何如？其不能篤者又誰也？謂「聖賢之學能靜，可以制動」，不知若何而能靜？靜與動有二心乎？謂「臨政行事之際，把捉摸擬，强之使歸於道，固亦卒有所未能，然造次顛沛必於是」者，不知如何其爲功？謂「開卷有得，接賢人君子便自觸發」，不知所觸發者何物？又「賴二事而後觸發」，則二事之外所作何務？當是之時，所謂志者果何在也？凡此數語，非天宇實用其力不能有。然亦足以見講學之未明，故尚有此耳。或思之有得，不厭寄示。

二 甲戌

承書惠，感感。中間問學之意，懇切有加於舊，足知進於斯道也。喜幸何如！但其間猶有未盡區區之意者。既承不鄙，何敢不竭？然望詳察，庶於斯道有所發明耳。

來書云：「誠身以格物，乍讀不能無疑，既而細詢之希顏，始悉其說。」

區區未嘗有「誠身格物」之説，豈出於希顏邪？鄙意但謂君子之學，以誠意爲主。格物致知者，誠意之功也。猶饑者以求飽爲事，飲食者，求飽之事也。希顏頗悉鄙意，不應有此。或恐一時言之未瑩耳。幸更細講之。

又云：「《大學》一書，古人爲學次第。朱先生謂『窮理之極而後意誠』，其與所謂『居敬窮理』、『非存心無以致知』者，固相爲矛盾矣。蓋居敬存心之説補於傳文，而聖經所指，直謂其窮理而後心正。初學之士，執經而不考傳，其流之弊，安得不至於支離邪！」

《大學》次第，但言物格而后知至，知至而后意誠。若「窮理之極而後意誠」，此則朱先生之説如此。其間亦自無大相矛盾，但於《大學》本旨，却恐未盡合耳。「非存心無以致知」，此語不獨於《大學》未盡，就於《中庸》「尊德性而道問學」之旨，亦或有未盡。然此等處言之甚長，非面悉不可。後之學者，附會於補傳而不深考於經旨，牽制於文義而不體認於身心，是以往往失之支離而卒無所得，恐非執經而不考傳之過也。

又云：「不由窮理而遽加誠身之功，恐誠非所誠，適足以爲僞而已矣。」

此言甚善。但不知誠身之功又何如作用耳，幸體認之！

又言：「譬之行道者，如大都爲所歸宿之地，猶所謂至善也。行道者不辭險阻，艱難決意向前，猶存心也。如使斯人不識大都所在而泛焉欲往，其不南走越而北走吴，幾希矣。」

此譬大略皆是，但以不辭險阻艱難，決意向前，別爲存心，未免牽合之苦，而不得其要耳。夫不辭險阻艱難，決意向前，此正是誠意之意，審如是，則其所以問道途，具資斧，戒舟車，皆有不容已者。不然，又安在其爲決意向前，而亦安所前乎？夫不識大都所在而泛焉欲往，則亦欲往而已，未嘗真往也。惟其欲往而未嘗真往，是以道途之不問，資斧之不具，舟車之不戒。若決意向前，則真往矣。真往者能如是乎？此最工夫切要者，以天宇之高明篤實而反求之，自當不言而喻矣。

又云：「格物之説，昔人以扞去外物爲言矣。扞去外物則此心存矣。心存，則所以致知者，皆是爲己。」

如此説，却是「扞去外物」爲一事，「致知」又爲一事。「扞去外物」之説，亦未爲甚害，然止捍禦於其外，則亦未有拔去病根之意，非所謂「克己求仁」之功矣。區區格物之説亦不如此。《大學》之所謂「誠意」，即《中庸》之所謂「誠身」也。《大學》之所謂「格物致知」，即《中庸》之所謂「明善」也。博學、審問、慎思、明辯、篤行，皆所謂明善而爲誠身之功也，非明善之外別有所謂誠身之功也。格物致知之外，又豈別有所謂誠意之功乎？《書》之所謂「精一」，《語》之所謂「博文約禮」，《中庸》之所謂「尊德性而道問學」皆若此而已。是乃學問用功之要，所謂毫釐之差，千里之謬者也。

心之精微，口莫能述，亦豈筆端所能盡已！喜榮擢北上有期矣，倘能迂道江濱，謀一夕之話，庶幾能有所發明。冗遽中，不悉。

寄李道夫 乙亥

此學不講久矣，鄙人之見，自謂於此頗有發明。而聞者往往詆以爲異，獨執事傾心相信，確然不疑，其爲喜慰，何啻空谷之足音！

別後時聞士夫傳説，近又徐曰仁自西江還，益得備聞執事任道之勇、執德之堅，令人起躍奮迅。「士不可以不弘毅，任重而道遠」，誠得弘毅如執事者二三人，自足以爲天下倡。彼依阿僂儞之徒雖多，亦奚以爲哉？幸甚幸甚！

比聞列郡之始，即欲以此學爲教。仁者之心，自然若此，僕誠甚爲執事喜，然又甚爲執事憂也。學絶道喪，俗之陷溺，如人在大海波濤中，且須援之登岸，然後可授之衣而與之食。若以衣食投之波濤中，是適重其溺，彼將不以爲德而反以爲尤矣。故凡居今之時，且須隨機導引，因事啓沃，寬心平氣以薰陶之，俟其感發興起，而後開之以其説，是故爲力易而收效溥。不然，將有扞格不勝之患，而且爲君子愛人之累。不知尊意以爲何如耶？

病疏已再上，尚未得報。果遂此圖，舟過嘉禾，面話有日。

與陸元靜 丙子

書來，知貴恙已平復，甚喜！書中勤勤問學，惟恐失墜，足知進脩之志不怠，又甚喜！異時發揮斯道，使來者有所興起，非吾子誰望乎？所問《大學》、《中庸》註，向嘗略具草稿，自以所養未純，未免務外欲速之病，尋已焚毁。近雖覺稍進，意亦未敢便以爲至，姑俟異日山中與諸賢商量共成之，故皆未有書。其意旨大略，則固平日已爲清伯言之矣。因是益加體認研究，當自有見；汲汲求此，恐猶未免舊日之病也。

「博學」之説，向已詳論。今猶牽制若此，何邪？此亦恐是志不堅定，爲世習所撓之故。使在我果無功利之心，雖錢穀兵甲，搬柴運水，何往而非實學？何事而非天理，況子、史、詩、文之類乎？使在我尚存功利之心，則雖日談道德仁義，亦只是功利之事，況子、史、詩、文之類乎？「一切屏絶」之説，是猶泥於舊習，平日用功未有得力處，故云爾。請一洗俗見，還復初志，更思平日飲食養身之喻，種樹栽培灌溉之喻，自當釋然融解矣。「物有本末，事有終始，知所先後，則近道矣。」吾子之言，是猶未是終始本末之一致也，是不循本末終始天然之序，而欲以私意速成之也。

二 戊寅

尚謙至，聞元静志堅信篤，喜慰莫踰！人在仕途，如馬行淖田中，縱復馳逸，足起足陷，其在駑下，坐見淪没耳。乃今得還故鄉，此亦譬之小歇田塍。若自此急尋平路，可以直去康莊，馳騁萬里。不知到家工夫却如何也。自曰仁没後，吾道益孤，致望元静者亦不淺。子夏，聖門高弟，曾子數其失，則曰：「吾過矣！吾離群而索居，亦已久矣！」夫離群索居之在昔賢，已不能無過，況吾儕乎？以元静之英敏，自應未即摧墮。山間切磋砥礪，還復幾人？深造自得，便間亦可寫寄否？

尚謙至此，日有所進。自去年十二月到今已八踰月，尚未肯歸視其室。非其志有所專，宜不能聲音笑貌及此也。區區兩疏辭乞，尚未得報。決意兩不允則三，三不允則五則六，必得而後已。若再一舉輒須三月，二舉則又六七月矣。計吾舟東抵吴越，元静之旆當已北指幽、冀。會晤未期，如之何則可！

與希顔台仲明德尚謙原静丁丑

聞諸友皆登第，喜不自勝。非爲諸友今日喜，爲野夫異日山中得良伴喜也。入仕之始，意況未免摇動。如絮在風中，若非粘泥貼網，恐自張主未得。不知諸友却何如？想平時工夫，亦須有得力處耳。野夫失脚落渡船，未知何時得到彼岸。且南贛事極多掣肘，緣地連四省，各有撫鎮，乃今亦不過因仍度日。自古未有事權不一而能有成者。告病之興雖動，恐成虚文，未敢輕舉，欲俟地方稍靖。今又得諸友在，吾終有望矣。曰仁春來頗病，聞之極憂念。昨書來，欲與二三友去田雩上，因寄一詩。今録去，聊同此懷也。

與楊仕德薛尚謙❶丁丑

即日已抵龍南，明日入巢，四路兵皆已如期並進，賊有必破之勢。某向在横水，嘗寄書仕德云：「破山中賊易，破心中賊難。」

❶ 謙，原作「誠」，據内文改。

區區翦除鼠竊，何足爲異？若諸賢掃蕩心腹之寇，以收廓清平定之功，此誠大丈夫不世之偉績。數日來諒已得必勝之策，捷奏有期矣。何喜如之！

日孚美質，誠可與共學，此時計已發舟。倘未行，出此同致意。廨中事以累尚謙，想不厭煩瑣。小兒正憲，猶望時賜督責。

寄聞人邦英邦正 戊寅

昆季敏而好學，吾家兩弟得以朝夕親資磨勵，聞之甚喜。得書，備見向往之誠，尤極浣慰。家貧親老，豈可不求祿仕？求祿仕而不工舉業，却是不盡人事而徒責天命，無是理矣。但能立志堅定，隨事盡道，不以得失動念，則雖勉習舉業，亦自無妨聖賢之學。若是原無求爲聖賢之志，雖不業舉，日談道德，亦只成就得務外好高之病而已。此昔人所以有「不患妨功，惟患奪志」之説也。夫謂之奪志，則已有志可奪；若尚未有可奪之志，却又不可以不深思疑省而早圖之。每念賢弟資質之美，未嘗不切拳拳。夫美質難得而易壞，至道難聞而易失，盛年難遇而易過，習俗難革而易流。昆玉勉之！

二 戊寅

得書，見昆季用志之不凡，此固區區所深望者，何幸何幸！世俗之見，豈足與論？君子惟求其是而已。「仕非爲貧也，而有時乎爲貧」，古之人皆用之，吾何爲獨不然？然謂舉業與聖人之學相戾者，非也。程子云：「心苟不忘，則雖應接俗事，莫非實學，無非道也。」而況於舉業乎？謂舉業與聖人之學不相戾者，亦非也。程子云：「心苟忘之，則雖終身由之，只是俗事。」而況於舉業乎？忘與不忘之間，不能以髮，要在深思默識所指謂不忘者果何事耶？知此則知學矣。賢弟精之熟之，不使有毫釐之差、千里之謬，可也。

三 庚辰

書來，意思甚懇切，足慰遠懷。持此不懈，即吾立志之説矣。「源泉混混，不舍晝夜。盈科而後進，放乎四海。有本者如是。」立志者，其本也。有有志而無成者矣，未有無志而能有成者也。賢弟勉之！色養之暇，怡怡切切，可想而知。交脩罔怠，庶吾望之不孤矣。地方稍平，退休有日，預想山間講習之樂，不覺先已欣然。

與薛尚謙 戊寅

沿途意思如何？得無亦有走作否？數年切磋，只得立志辯義利。若於此未有得力處，却是平日所講盡成虚語，平日所見皆非實得，不可以不猛省也！經一蹶者長一智，今日之失，未必不爲後日之得，但已落第二義。須從第一義上着力，一真一切真。若這些子既是，更無討不是處矣。

此間朋友聚集漸衆，比舊頗覺興起。尚謙既去，仕德又往，歐陽崇一病歸，獨惟乾留此，精神亦不足。諸友中未有倚靠得者，苦於接濟乏人耳。

乞休本至今未回，未免坐待。尚謙更

如何？

靜養幾月，若進步欠力，更來火坑中乘凉

二

得書，知日孚停舟鬱孤，遲遲未發，此誠出於意望之外。日孚好學如此，豪傑之士必有聞風而起者矣。何喜如之！何喜如之！

昨見太和報效人，知歐、王二生者至，不識曾與一言否？歐生有一書，可謂有志。中間述子晦語頗失真，恐亦子晦一時言之未瑩爾。大抵工夫須實落做去，始能有見，料想臆度，未有不自誤誤人者矣。

此間賊巢乃與廣東山後諸賊相連，餘黨往往有從遁者，若非斬絶根株，意恐日後必相聯而起，重爲兩省之患。故須更遲遲旬日，與之剪除。兵難遥度，不可預料，大抵如此。

小兒勞諸公勤勤開誨，多感多感！昔人謂教小兒有四益，驗之果何如耶？正之聞已到，何因復歸？區區久頓於外，徒勞諸友往返，念之極切懸懸。今後但有至者，須諸君爲我盡意吐露，縱彼不久留，亦無負其來可也。

三

日來因兵事紛擾，賤軀怯弱，以此益見得工夫有得力處。只是從前大段未曾實落用力，虚度虚説過了。自今當與諸君努力鞭策，誓死進步，庶亦收之桑榆耳。

日孚停館鬱孤，恐風氣太高，數日之留則可，倘更稍久，終恐早晚寒煖欠適，區區初擬日下即回，因從前征勦，徹兵太速，致遺今日之患。故且示以久屯之形，正恐後之罪今，亦猶今之罪昔耳。但從征官屬已萌歸心，更相倡和，已有不必久屯之説。天下事不能盡如人意，大抵皆坐此輩，可歎可歎！

聞仕德失調，意思何如？大抵心病愈則身病亦自易去。縱血氣衰弱，未便即除，亦自不能爲心患也。

小兒勞開教，駑駘之質，無復望其千里，但得帖然於皁櫪之間，斯已矣。門户勤早晚，得無亦厭瑣屑否？不一。

寄諸弟 戊寅

屢得弟輩書，皆有悔悟奮發之意，喜慰無盡！但不知弟輩果出於誠心乎？亦謾爲之説云爾。

本心之明，皎如白日，無有有過而不自知者，但患不能改耳。一念改過，當時即得本心。人孰無過？改之爲貴。蘧伯玉，大賢也，惟曰「欲寡其過而未能」。成湯、孔子，大聖也，亦惟曰「改過不吝，可以無大過」而已。人皆曰人非堯舜，安能無過？此亦相沿之説，未足以知堯舜之心。若堯舜之心而自以爲無過，即非所以爲聖人矣。其相授受之言曰：「人心惟危，道心惟微，惟精惟一，允執厥中。」彼其自以爲人心之惟危也，則其心亦與人同耳。危即過也，惟其兢兢業業，嘗加「精一」之功，是以能「允執厥中」而免於過。古之聖賢時時自見己過而改之，是以能無過，非其心果與人異也。「戒慎不睹，恐懼不聞」者，時時自見己過之功。吾近來實見此學有用力處，但爲平日習染深痼，克治欠勇，故切切預爲弟輩言之。毋使亦如吾之習染既深，而後克治之難也。

人方少時，精神意氣既足鼓舞，而身家之累尚未切心，故用力頗易。迨其漸長，世累日深，而精神意氣亦日漸以減，然能汲汲奮志於學，則猶尚可有爲。至於四十五十，即如下山之日，漸以微滅，不復可挽矣。故孔子云：「四十五十而無聞焉，斯亦不足畏也已。」又曰：「及其老也，血氣既衰，戒之在得。」吾亦近來實見此病，故亦切切預爲弟輩言之。宜及時勉力，毋使過時而徒悔也。

與安之 己卯

聞安之肯向學，不勝欣願！得奮勵如此，庶不負彼此相愛之情也。留都時偶因饒舌，遂致多口，攻之者環四面。取朱子晚年悔悟之説，集爲《定論》，聊藉以解紛耳。門人輩近刻之雩都，初聞甚不喜；然士夫見之，乃往往遂有開發者，無意中得此一助，亦頗省頰舌之勞。近年篁墩諸公嘗有《道一》等編，見者先懷黨同伐異之念，故卒不能有入，反激而怒。今但取朱子所自言者表章之，不加一辭，雖有褊心，將無所施其怒矣。尊意以爲何如耶？聊往數册，有志向者一出指示之。所須文字，非不欲承命，荒疎既久，無下筆處耳。貧漢作事大難，富人豈知之！

答甘泉 己卯

旬日前，楊仕德人來，領手教及《答子

莘書》，具悉造詣用功之詳。喜躍何可言！蓋自是而吾黨之學歸一矣。此某之幸！後學之幸也！

來簡勤勤訓責僕以久無請益，此吾兄愛僕之厚，僕之罪也。此心同，此理同，苟知用力於此，雖百慮殊途，同歸一致。不然，雖字字而證，句句而求，其始也毫釐，其末也千里。老兄造詣之深，涵養之久，僕何敢望？至其向往直前，以求必得乎此之志，則有不約而契、不求而合者。其間所見，時或不能無小異，然吾兄既不屑屑於僕，而僕亦不以汲汲於兄者，正以志向既同，如兩人同適京都，雖所由之途間有迂直，知其異日之歸終同耳。向在龍江舟次，亦嘗進其《大學》舊本及格物諸説，兄時未以爲然，而僕亦遂置不復强聒者，知兄之不久自當釋然於此也。乃今果獲所願，喜躍何可言！崑崙之源，有時而伏流，終必達於海也。僕窶人也，雖獲夜光之璧，人將不信，必且以謂其爲妄爲僞。金璧入於猗頓之室，自此至寶得以昭明於天下，僅亦免於遺璧之罪矣。雖然，是喻猶二也。夜光之璧，外求而得也；此則於吾所固有，無待於外也，偶遺忘之耳；未嘗遺忘也，偶蒙翳之耳。

叔賢所進超卓，海内諸友實罕其儔。同處西樵，又資麗澤，所造可量乎！僕年未半百，而衰疾已如六七十翁，日夜思歸陽明，爲夕死之圖，疏三上而未遂。欲棄印長往，以從大夫之後，恐形迹大駭；必俟允報，則須冬盡春初乃可遂也。一一世事，如狂風驟雨中落葉，倏忽之間，寧復可定所耶！兩承楚人之誨，此非骨肉，念不及此，感刻！祖母益耄，思一見，老父亦書來促歸，於是情思愈惡。所幸吾兄道明德立，宗盟有人，用此可以自慰。其諸所欲請，仕德能有述。有所未當，便間不惜指示。

二 庚辰

得正月書，知大事已畢，當亦稍慰純孝之思矣。近承避地髮履塜下，進德脩業，善類幸甚。傳聞貴邑盜勢方張，果爾，則遠去家室，獨留曠寂之野，恐亦未可長也。某告病未遂，今且蹙告歸省，去住亦未可必。悠悠塵世，畢竟作何税駕？當亦時時念及，幸以教之！

叔賢志節遠出流俗。渭先雖未久處，一見知爲忠信之士。乃聞不時一相見，何耶？英賢之生，何幸同時共地，又可虚度光陰，容易失却此大機會，是使後人而復惜後人也！二君曾各寄一書，托宋以道轉致，相見幸問之。

答方叔賢 己卯

近得手教及與甘泉往復兩書，快讀一過，洒然如熱者之濯清風，何子之見超卓而速也！真可謂一日千里矣。《大學》舊本之復，功尤不小，幸甚幸甚！其論象山處，舉孟子「放心」數條，而甘泉以爲未足，復舉「東西南北海有聖人出，此心此理同」，及「宇宙内事皆己分内事」數語。甘泉所舉，誠得其大，然吾獨愛西樵子之近而切也。見其大者，則其功不得不近而切，然非實加切近之功，則所謂大者，亦虚見而已耳。自孟子道性善，心性之原，世儒往往能言，然其學卒入於支離外索而不自覺者，正以其功之未切耳。此吾所以獨有喜於西樵之言，固今時對証之藥也。古人之學，切實爲己，不徒事於講説。書札往來，終不若面語之能盡，且易使人溺情於文辭，崇浮氣而長勝心。求其説之無病，而不知其心病之已多矣。此近世之通患，賢知者不免焉，不可以不察也。

楊仕德去，草草復此，諸所欲言，仕德能悉。

與陳國英 庚辰

別久矣，雖彼此音問闊疎，而消息動静時時及聞。國英天資篤厚，加以静養日久，其所造當必大異於疇昔，惜無因一面叩之耳。凡人之學，不日進者必日退。譬諸草木，生意日滋，則日益暢茂；苟生意日息，則亦日就衰落矣。國英之於此學，且十餘年矣，其日益暢茂者乎？其日就衰落者乎？君子之學，非有同志之友日相規切，則亦易以悠悠度日，而無有乎激勵警發之益。山中友朋，亦有以此學日相講求者乎？孔子云：「德之不脩，學之不講，是吾憂也。」而況於吾儕乎哉？

復唐虞佐 庚辰

承示詩二韻五章，語益工，興寄益無盡，深歎多才，但不欲以是爲有道者稱頌耳。「撤講慎擇」之喻，愛我良多，深知感怍。但區區之心，亦自有不容已者。聖賢之道，坦若大路，夫婦之愚，可以與知。而後之論者，忽近求遠，舍易圖難，遂使老師宿儒皆不敢輕議。故在今時，非獨其庸下者自分以爲不可爲，雖高者特達，皆以此學爲長物，視之爲虚談贅説，亦許時矣。當此之時，苟有一念相尋於此，真所謂「空谷足音，見似人者喜矣」。況其章縫而來者，寧不忻忻然以接之乎？然要其間，亦豈無濫竽假道之弊！但在我不可以此意逆之，亦將於此以求其真者耳。正如淘金於沙，非不知沙之汰而去者且十九，然亦未能即舍沙而別以淘金爲也。孔子云：「與其進也，不與其退也，唯何甚。」孟子云：「君子之設科也，來者不拒，往者不追。」苟以是心至，斯受之而已矣。蓋「不憤不啓」者，君子施教之方；「有教無類」，則其本心焉耳。多病之軀，重爲知己憂，惓惓惠喻及此，感愛何有窮已。然區區之心，亦不敢不爲知己一傾倒也。行且會面，悉所未盡。

王文成公全書卷之五

文録二　書始正德辛巳至嘉靖乙酉

與鄒謙之辛巳

別後德聞日至，雖不相面，嘉慰殊深。近來此意見得益親切，國裳亦已篤信，得謙之更一來，愈當沛然矣。適吴守欲以府志奉瀆，同事者于中、國裳、汝信、惟濬，遂令開館於白鹿。醉翁之意蓋有在，不專以此煩勞也。區區歸遯有日，聖天子新政英明，如謙之亦宜束裝北上，此會宜急圖之，不當徐徐而來也。蔡希淵近已主白鹿，諸同志須僕已到山，却來相講，尤妙。此時却匆匆不能盡意也，幸以語之！

二乙酉

鄉人自廣德來，時常得聞動履，兼悉政教之善，殊慰傾想。遠使弔賻，尤感憂念之深。所喻「猝臨盤錯，蓋非獨以別利器，正以精吾格致之功耳」，又能以怠荒自懼，其進可知矣。近時四方來遊之士頗衆，其間雖甚魯鈍，但以良知之説略加點掇，無不即有開悟，以是益信得此二字真吾聖門正法眼藏。謙之近來所見，不審又如何矣？南元善益信此學，日覺有進，其見諸施設，亦大非其舊。便間更相獎掖之，固朋友切磋之心也。方治葬事，使還，草草疏謝不盡。

與夏敦夫 辛巳

不相見者幾時，每念吾兄忠信篤厚之資，學得其要，斷能一日千里。惜無因亟會，親睹其所謂歷塊過都者以爲快耳。

昔夫子謂子貢曰：「賜也，汝以予爲多學而識之者與？」對曰：「然。非與？」子曰：「非也。予一以貫之。」然則聖人之學，乃不有要乎！彼釋氏之外人倫，遺物理，而墮於空寂者，固不得謂之明其心矣；若世儒之外務講求考索，而不知本諸其心者，其亦可以謂窮理乎？此區區之心，深欲就正於有道者。因便輒及之，幸有以教我也。

區區兩年來血氣亦漸衰，無復用世之志。近始奉勅北上，將遂便道歸省老親，爲終養之圖矣。冗次不盡所懷。

與朱守忠 辛巳

乍別忽旬餘。沿途人事擾擾，每得稍暇，或遇景感觸，輒復興懷。齎詔官來，承手札，知警省不懈，幸甚幸甚！此意不忘，即是時時相見，雖別非別矣。道之不明，皆由吾輩明之於口而不明之於身，是以徒騰頰舌，未能不言而信。要在立誠而已。向日謙虛之説，其病端亦起於不誠。使能如好好色，如惡惡臭，亦安有不謙不虛時邪？虞佐相愛之情甚厚，别後益見其真切，所恨愛莫爲助。但願渠實落做箇聖賢，以此爲報而已。相見時以此意規之。謙之當已不可留，國裳亦時時相見否？學問之益，莫大於朋友切磋，聚會不厭頻數也。明日當發玉山，到家漸可計日，但與守忠相去益遠，臨紙悵然！

與席元山 辛巳

向承教札及《鳴冤録》，讀之見别後學力所到，卓然斯道之任，庶幾乎天下非之而不顧，非獨與世之附和雷同從人非笑者相去萬萬而已。喜幸何極！中間乃有須面論者，但恨無因一會。近聞内臺之擢，決知必從鉛山取道，而僕亦有歸省之便，庶得停舟途次，爲信宿之談，使人候於分水，乃未有前驅之報。駐信城者五日，悵怏而去。天之不假緣也，可如何哉！

大抵此學之不明，皆由吾人入耳出口，未嘗誠諸其身。譬之談飲説食，何由得見醉飽之實乎？僕自近年來，始實見得此學真有百世以俟聖人而不惑者。朋友之中，亦漸有三數輩篤信不回。其疑信相半，顧瞻不定者，多以舊説沈痼，且有得失毁譽之虞，未能專心致志以聽，亦坐相處不久，或交臂而别，無從與之細説耳。象山之學簡易直截，孟子之後一人。其學問思辯、致知格物之説，雖亦未免沿襲之累，然其大本大原，斷非餘子所及也。執事素能深信其學，此亦不可不察。正如求精金者必務煆煉足色，勿使有纖毫之雜，然後可無虧損變動。蓋是非之懸絶，所争毫釐耳。

用熙近聞已赴京，知公故舊之情極厚，倘猶未出，亦勸之學問而已。存心養性之外，無别學也。相見時亦望遂以此言致之。

答甘泉 辛巳

世傑來，承示《學庸測》，喜幸喜幸！

中間極有發明處，但於鄙見尚大同小異耳。「隨處體認天理」是真實不誑語，鄙説初亦如是，及根究老兄命意發端處，却似有毫釐未協，然亦終當殊途同歸也。脩齊治平，總是格物，但欲如此節節分疏，亦覺説話太多。且語意務爲簡古，比之本文反更深晦，讀者愈難尋求，此中不無亦有心病？莫若明白淺易其詞，略指路徑，使人自思得之，更覺意味深長也。高明以爲何如？致知之説，鄙見恐不可易，亦望老兄更一致意，便間示知之。此是聖學傳心之要，於此既明，其餘皆洞然矣。意到懇切處，不得不直，幸不罪其僭妄也！

叔賢《大學》、《洪範》之説，其用力已深，一時恐難轉移，此須面論，始有可辯正耳，會間先一及之。去冬有方叟者過此，傳示高文，其人習於神仙之説，謂之志於聖賢之學，恐非其本心。人便，草草不盡。

答倫彦式 辛巳

往歲仙舟過贛，承不自滿足，執禮謙而下問懇，古所謂「敏而好學」，於吾彦式見之。別後連冗，不及以時奉問，極切馳想！近令弟過省，復承惠教，志道之篤，趨向之正，勤惓有加，淺薄何以當此？悚息悚息！

諭及「學無静根，感物易動，處事多悔」，即是三言，尤見近時用工之實。僕罔所知識，何足以辱賢者之問！大抵三言者，病亦相因。惟學而別求静根，故感物而懼其易動；感物而懼其易動，是故處事而多悔也。心，無動静者也。其静也者，以言其體也；其動也者，以言其用也。故君子之學，無間於動静。其静也，常覺而未嘗無也，故常應；其動也，常定而未嘗有也，故常寂。常應常寂，動静皆有事焉，是之謂集義。集義故能無祇悔，所謂動亦定，静亦定者也。心一而已。静，其體也，而復求静根焉，是撓其體也；動，其用也，而懼其易動焉，是廢其用也。故求静之心即動也，惡動之心非静也，是之謂動亦動，静亦動，將迎起伏，相尋於無窮矣。故循理之謂静，從欲之謂動。欲也者，非必聲色貨利外誘也，有心之私皆欲也。故循理焉，雖酬酢萬變，皆静也。濂溪所謂「主静」，無欲之謂也，是謂集義者也。從欲焉，雖心齋坐忘，亦動也。告子之强制，正助之謂也，是外義者也。雖然，僕蓋從事於此而未之能焉，聊爲賢者陳其所見云爾。以爲何如？便間示知之。

與唐虞佐侍御 辛巳

相與兩年，情日益厚，意日益真，此皆彼此所心喻，不以言謝者。别後又承雄文追送，稱許過情，末又重以傅説之事，所擬益非其倫，感怍何既！雖然，故人之賜也，敢不拜受！果如是，非獨進以有爲，將退而隱於巖穴之下，要亦不失其爲賢也已，敢不拜賜！昔人有言：「投我以木桃，報之以瓊瑶。」今投我以瓊瑶矣，我又何以報之？報之以其所賜，可乎？

説之言曰：「學於古訓乃有獲。」夫謂學於古訓者，非謂其通於文辭，講説於口耳之間，義襲而取諸其外也。獲也者，得之於心之謂，非外鑠也。必如古訓，而學其所學焉，誠諸其身，所謂「默而成之」，「不言而信」，乃爲有得也。夫謂遜志務時敏者，非謂其飾情卑禮於其外，汲汲於事功聲譽之間也。其遜志也，如地之下而無所不承也，如海之虛而無所不納也；其時敏也，一於天德，戒懼於不睹不聞，如太和之運而不息也。夫然後百世以俟聖人而不惑，❶溥博淵泉而時出之，言而民莫不信，行而民莫不悦，施及蠻貊，而道德流於無窮，斯固説之所以爲説也。以是爲報，虞佐其能以却我乎？孟氏云：「責難之謂恭。」吾其敢以後世文章之士期虞佐乎？顔氏云：「舜，何人也？予，何人也？」虞佐其能不以説自期乎？人還，燈下草草爲謝。相去益遠，臨楮怏悒！

答方叔賢 辛巳

承示《大學原》，知用心於此深密矣。道一而已，論其大本大原，則六經、四書無不可推之而同者，又不特《洪範》之於《大學》而已。此意亦僕平日於朋友中所常言者。譬之草木，其同者，生意也；其花實之疏密，枝葉之高下，亦欲盡比而同之，吾恐化工不如是之雕刻也。今吾兄方自喜以爲獨見新得，鋭意主張是説，雖素蒙信愛如鄙人者，一時論説，當亦未能遽入。且願吾兄以所見者實體諸身，必將有疑；果無疑，必將有得；果無得，又必有見，然後鄙説可得而進也。學之不明，幾百年矣！近幸同志

❶「後」，原無，據上海圖書館藏該書信手稿補。

如甘泉、如吾兄者，相與切磋講求，頗有端緒，而吾兄忽復牽滯文義若此，吾又將誰望乎？君子論學，固惟是之從，非以必同爲貴。至於入門下手處，則有不容於不辯者，所謂毫釐之差，千里之謬矣。致知格物，甘泉之説與僕尚微有異，然不害其爲大同。若吾兄之説，似又與甘泉異矣。相去遠，恐辭不足以達意，故言語直冒，不復有所遜讓。近與甘泉書亦道此，當不以爲罪也。

二 癸未

此學蓁蕪，今幸吾儕復知講求於此，固宜急急遑遑，并心同志，務求其實，以身明道學。雖所入之途稍異，要其所志而同，斯可矣。不肖之謬劣已無足論，若叔賢之於甘泉，亦乃牽制於文義，紛爭於辯説，益重世人之惑，以啓呶呶者之口，斯誠不能無憾焉！憂病中不能數奉問，偶有所聞。因謙之去，輒附此，言無倫次。渭先相見，望併出此。

與楊仕鳴 辛巳

差人來，知令兄已於去冬安厝，墓有宿草矣，無由一哭，傷哉！所委誌銘，既病且冗，須朋友中相知深者一爲之，始能有發耳。

喻及「日用講求功夫，只是各依自家良知所及，自去其障，擴充以盡其本體，不可遷就氣習以趨時好」。幸甚幸甚！果如是，方是致知格物，方是明善誠身。果如是，德安得而不日新！業安得而不富有！謂「每日自檢，未有終日渾成片段」者，亦只是致知工夫間斷。夫仁，亦在乎熟之而已。又云：「以此磨勘先輩文字同異，工夫不合，常生疑慮。」又何爲其然哉？區區所論致知二字，乃是孔門正法眼藏，於此見得真的，直是建諸天地而不悖，質諸鬼神而無疑，考諸三王而不謬，百世以俟聖人而不惑！知此者，方謂之知道；得此者，方謂之有德。異此而學，即謂之異端；離此而說，即謂之邪說；迷此而行，即謂之冥行。雖千魔萬怪，眩瞀變幻於前，自當觸之而碎，迎之而解，如太陽一出，而鬼魅魍魎自無所逃其形矣。尚何疑慮之有，而何異同之足惑乎！所謂「此學如立在空中，四面皆無倚靠，萬事不容染着，色色信他本來，不容一毫增減。若涉些安排，着些意思，便不是合一功夫」，雖言句時有未瑩，亦是仕鳴見得處，足可喜矣。但須切實用力，始不落空。若只如此說，未免亦是議擬倣象，已後只做得一箇弄精魄的漢，雖與近世格物者症候稍有不同，其爲病痛，一而已矣。詩文之習，儒者雖亦不廢，孔子所謂「有德者必有言」也。若着意安排組織，未有不起於勝心者，先輩號爲有志斯道，而亦復如是，亦只是習心未除耳。仕鳴既知致知之說，此等處自當一勘而破，瞞他些子不得也。

二 癸未

別後極想念。向得尚謙書，知仕鳴功夫日有所進，殊慰所期。大抵吾黨既知學問頭腦，已不慮無下手處，只恐客氣爲患，不肯實致其良知耳。後進中如柯生輩，亦頗有力量可進，只是客氣爲害亦不小。行時嘗與痛說一番，不知近來果能克去否？

書至，來相見，出此共勉之。前輩之於後進，無不欲其入於善，則其規切砥勵之間，亦容有直情過當者，却恐後學未易承當得起。既不我德，反以我爲仇者，有矣，往往無益而有損。故莫若且就其力量之所可及者誘掖獎勸之。往時亦嘗與仕鳴論及此，想能不忘也。

三 癸未

前者是備録區區之語，或未盡區區之心，此册乃直述仕鳴所得，反不失區區之見，可見學貴乎自得也。古人謂「得意忘言」，學苟自得，何以言爲乎？若欲有所記札以爲日後印證之資，則直以己意之所得者書之而已，不必一一拘其言辭，反有所不達也。中間詞語，時有未瑩，病中不暇細爲點檢。

與陸元静 辛巳

齎奏人回，得佳稿及手札，殊慰。聞以多病之故，將從事於養生，區區往年蓋嘗弊力於此矣，後乃知其不必如是，始復一意於聖賢之學。大抵養德養身，只是一事。元静所云「真我」者，果能戒謹不睹，恐懼不聞，而專志於是，則神住氣住精住，而仙家所謂長生久視之説，亦在其中矣。神仙之學與聖人異，然其造端托始，亦惟欲引人於道，《悟真篇》後序中所謂「黄老悲其貪着，乃以神仙之術漸次導之」者。元静試取而觀之，其微旨亦自可識。自堯、舜、禹、湯、文、武，至於周公、孔子，其仁民愛物之心，蓋無所不至，苟有可以長生不死者，亦何惜以示人？如老子、彭籛之徒，乃其禀賦有若此者，非可以學而至。後世如白玉蟾、丘長春之屬，皆是彼學中所稱述以爲祖師者，其得壽皆不過五六十，則所謂長生之說，當必有所指矣。元静氣弱多病，但遺棄聲名，清心寡慾，一意聖賢，如前所謂「真我」之說。不宜輕信異道，徒自惑亂聰明，弊精勞神，廢靡歲月。久而不返，將遂爲病狂喪心之人不難矣。昔人謂「三折肱爲良醫」，區區非良醫，蓋嘗三折肱者。元静其慎聽毋忽！

區區省親本，聞部中已准覆，但得旨即當長遯山澤。不久朝廷且大賫，則元静推封亦有日。果能訪我於陽明之麓，當能爲元静決此大疑也。

二 壬午

某不孝不忠，延禍先人，酷罰未敷，致兹多口，亦其宜然。乃勞賢者觸冒忌諱，爲之辯雪，雅承道誼之愛，深切懇至，甚非不肖孤之所敢望也。「無辯止謗」，嘗聞昔人之教矣，況今何止於是！四方英傑以講學異同之故，議論方興，吾儕可勝辯乎？惟當反求諸己，苟其言而是歟，吾斯尚有所未信歟，則當務求其是，不得輒是己而非人也。使其言而非歟，吾斯既已自信歟，則當益致其踐履之實，以務求於自謙，所謂「默而成之」，「不言而信」者也。然則今日之多口，孰非吾儕動心忍性、砥礪切磋之地乎！且彼議論之興，非必有所私怨於我，彼其爲說，亦將自以爲衛夫道也。況其說本自出於先儒之緒論，固各有所憑據，而吾儕之言驟異於昔，反若鑿空杜撰者。乃不知聖人之學本來如是，而流傳失真，先儒之論所以日益支離，則亦由後學沿習乖謬積漸所致。

彼既先横不信之念，莫肯虚心講究，加以吾儕議論之間或爲勝心浮氣所乘，未免過爲矯激，則固宜其非笑而駭惑矣。此吾儕之責，未可專以罪彼爲也。

嗟乎！吾儕今日之講學，將求異其説於人邪？亦求同其學於人邪？將求以善而勝人邪？亦求以善而養人邪？知行合一之學，吾儕但口説耳，何嘗知行合一邪？推尋所自，則如不肖者爲罪尤重。蓋在平時，徒以口舌講解，而未嘗體諸其身，❶名浮於實，行不掩言；己未嘗實致其知，而謂昔人致知之説未有盡。如貧子之説金，乃未免從人乞食。諸君病於相信相愛之過，好而不知其惡，遂乃共成今日紛紛之議，皆不肖之罪也。雖然，昔之君子，蓋有舉世非之而不顧，千百世非之而不顧者，亦求其是而已矣。豈以一時毁譽而動其心邪！惟其在我者有未盡，則亦安可遂以人言爲盡非？伊川、晦庵之在當時，尚不免於詆毁斥逐，況在吾輩行有所未至，則夫人之詆毁斥逐，正其宜耳。凡今争辯學術之士，亦必有志於學者也，未可以其異己而遂有所踈外。是非之心，人皆有之，彼其但蔽於積習，故於吾説卒未易解。就如諸君初聞鄙説時，其間寧無非笑詆毁之者？久而釋然以悟，甚至反有激爲過當之論者矣。又安知今日相詆之力，不爲異時相信之深者乎！

衰絰哀苦中，非論學時，而道之興廢，乃有不容於泯默者，不覺叨叨至此。言無倫次，幸亮其心也！

致知之説，向與惟濬及崇一諸友極論

❶「未」，原作「嘗」，據四庫本改。

於江西，近日楊仕鳴來過，亦嘗一及，頗爲詳悉。今原忠、宗賢二君復往，諸君更相與細心體究一番，當無餘藴矣。《孟子》云：「是非之心，知也。」「是非之心，人皆有之」，即所謂良知也。孰無是良知乎？但不能致之耳。《易》謂「知至，至之」，知至者，知也；至之者，致知也。此知行之所以一也。近世格物致知之説，只一知字尚未有下落，若致字工夫，全不曾道著矣。此知行之所以二也。

答舒國用 癸未

來書足見爲學篤切之志。學患不知要，知要矣，患無篤切之志。國用既知其要，又能立志篤切如此，其進也孰禦！中間所疑一二節，皆工夫未熟，而欲速助長之爲病耳。以國用之所志向而去其欲速助長之心，循循日進，自當有至。前所疑一二節，自將涣然冰釋矣，何俟於予言？譬之飲食，其味之美惡，食者當自知之，非人之能以其美惡告之也。雖然，國用所疑一二節者，近時同志中往往皆有之，然吾未嘗以告也，今且姑爲國用一言之。

夫謂「敬畏之增，不能不爲灑落之累」，又謂「敬畏爲有心，如何可以無心而出於自然，不疑其所行」，凡此皆吾所謂欲速助長之爲病也。夫君子之所謂敬畏者，非有所恐懼憂患之謂也，乃戒慎不睹，恐懼不聞之謂耳。君子之所謂灑落者，非曠蕩放逸，縱情肆意之謂也，乃其心體不累於欲，無入而不自得之謂耳。夫心之本體，即天理也。天理之昭明靈覺，所謂良知也。君子之戒慎恐懼，惟恐其昭明靈覺者或有所昏昧放逸，流於非僻邪妄而失其本體之正耳。戒愼恐懼之功無時或間，則天理常存，而其昭明靈覺之本體，無所虧蔽，無所牽擾，無所恐懼憂患，無所好樂忿懥，無所意必固我，無所歉餒愧怍。和融瑩徹，充塞流行，動容周旋而中禮，從心所欲而不踰，斯乃所謂真灑落矣。是灑落生於天理之常存，天理常存生於戒愼恐懼之無間。孰謂「敬畏之增，乃反爲灑落之累」耶？惟夫不知灑落爲吾心之體，敬畏爲灑落之功，歧爲二物而分用其心，是以互相牴牾，動多拂戾而流於欲速助長。是國用之所謂「敬畏」者，乃《大學》之「恐懼憂患」，非《中庸》「戒愼恐懼」之謂矣。程子常言：「人言無心，只可言無私心，不可言無心。」戒愼不睹，恐懼不聞，是心不可無也。有所恐懼，有所憂患，是私心不可有也。堯舜之兢兢業業，文王之小心翼翼，皆敬畏之謂也，皆出乎其心體之自然也。出乎心體，非有所爲而爲之者，自然之謂也。敬畏之功無間於動静，是所謂「敬以直内，義以方外」也。敬義立而天道達，則不疑其所行矣。

所寄詐説，大意亦好。以此自勵可矣，不必以責人也。君子不蘄人之信也，自信而已；不蘄人之知也，自知而已。因先塋未畢功，人事紛沓，來使立候，凍筆潦草無次。

與劉元道 癸未

來喻：「欲入坐窮山，絶世故，屏思慮，養吾靈明。必自驗至於通晝夜而不息，然後以無情應世故。」且云：「於静求之，似爲徑直，但勿流於空寂而已。」觀此足見任道之剛毅，立志之不凡。且前後所論，皆不爲無見者矣。可喜可喜！夫良醫之治病，隨其疾之虚實、强弱、寒熱、内外，而斟酌加減。調理補泄之要，在去病而已。初無一定之方，不問證候之如何，而必使人人服之也。君子養心之學，亦何以異於是！元道自量其受病之深淺，氣血之强弱，自可如其所云者而斟酌爲之，亦自無傷。且專欲絶世故，屏思慮，偏於虚静，則恐既已養成空寂之性，雖欲勿流於空寂，不可得矣。大抵治病雖無一定之方，而以去病爲主，則是一定之法。若但知隨病用藥，而不知因藥發病，其失一而已矣。間中且將明道《定性書》熟味，意況當又不同。憂病不能一一，信筆草草無次。

答路賓陽 癸未

憂病中，遠使惠問，哀感何已！守忠之訃，方爾痛心，而復□□不起，慘割如何可言！死者已矣，生者益孑立寡助。不及今奮發砥礪，坐待澌盡燈滅，固將抱恨無窮。自來山間，朋友遠近至者百餘人，因此頗有警發，見得此學益的確簡易，真是考諸三王而不謬，百世以俟聖人而不惑者。惜無因復與賓陽一面語耳。郡務雖繁，然民人社稷，莫非實學。以賓陽才質之美，行之以忠信，堅其必爲聖人之志，勿爲時議所摇，近名所動，吾見其德日進而業日廣矣。荒憒不能多及，心亮！

與黄勉之甲申

屢承書惠，兼示述作，足知才識之邁，向道懇切之難得也。何幸何幸！然未由一面，鄙心之所欲效者，尚爾鬱而未申，有負盛情多矣！

君子學以爲己，成己成物，雖本一事，而先後之序有不容紊。孟子云：「學問之道無他，求其放心而已矣。」誦習經史，本亦學問之事，不可廢者。而忘本逐末，明道尚有「玩物喪志」之戒，若立言垂訓，尤非學者所宜汲汲矣。所示《格物説》、《修道註》，誠荷不鄙之盛，切深慚悚，然非淺劣之所敢望於足下者也。且其爲説，亦於鄙見微有未盡。何時合并，當悉其義，願且勿以示人。孔子云：「五十以學《易》，可以無大過矣。」充足下之才志，當一日千里，何所不可到？而不勝駿逸之氣，急於馳驟奔放，抵突若此，將恐自蹶其足，非任重致遠之道也。古本之釋，不得已也。然不敢多爲辭説，正恐葛藤纏繞，則枝榦反爲蒙翳耳。短序亦嘗三易稿，石刻其最後者。今各往一本，亦足以知初年之見，未可據以爲定也。

二甲申

勉之别去後，家人病益狼狽，賤軀亦咳逆泄瀉相仍，曾無間日，人事紛沓未論也。用是《大學》古本曾無下筆處，有辜勤勤之意，然此亦自可徐徐圖之。但古本白文之在吾心者，未能時時發明，却有可憂耳。來問數條，實亦無暇作答，締觀簡末懇懇之誠，又自不容已於言也。

來書云：「以良知之教涵泳之，覺其徹動徹静，徹晝徹夜，徹古徹今，徹生徹死，無非此物。不假纖毫思索，不得纖毫助長，亭亭當當，靈靈明明，觸而應，感而通，無所不照，無所不覺，無所不達，千聖同途，萬賢合轍。無他如神，此即爲神；無他希天，此即爲天；無他順帝，此即爲帝。本無不中，本無不公。終日酬酢，不見其有動；終日閑居，不見其有静。真乾坤之靈體，吾人之妙用也。竊又以爲《中庸》誠者之明，即此良知爲明；誠之者之戒慎恐懼，即此良知爲戒慎恐懼。當與惻隱羞惡一般，俱是良知條件。知戒慎恐懼，知惻隱，知羞惡，通是良知，亦即是明。」云云。

此節論得已甚分曉。知此，則知致知之外無餘功矣。知此，則知所謂建諸天地而不悖，質諸鬼神而無疑，百世以俟聖人而不惑者，非虚語矣。誠明戒懼，效驗功夫，本非兩義。既知徹動徹静，徹死徹生，無非此物，則誠明戒懼與惻隱羞惡，又安得别有一物爲之歟？

來書云：「陰陽之氣，訢合和暢而生萬物。物之有生，皆得此和暢之氣。故人之生理，本自和暢，本無不樂。觀之鳶飛魚躍，鳥鳴獸舞，草木欣欣向榮，皆同此樂。但爲客氣物欲攪此和暢之氣，始有間斷不樂。孔子曰『學而時習之』，便立箇無間斷功夫，悦則樂之萌矣。朋來則學成，而吾性本體之樂復矣。故曰『不亦樂乎』。在人雖不我知，吾無一毫愠怒以間斷吾性之樂，聖人恐學者樂之有息也，故又言此。所謂『不愠』『不尤』，與夫『樂在其中』、『不改其樂』，皆是樂無間斷否？」云云。

樂是心之本體。仁人之心，以天地萬物爲一體，訢合和暢，原無間隔。來書謂「人之生理，本自和暢，本無不樂，但爲客氣物欲攪此和暢之氣，始有間斷不樂」是也。時習者，求復此心之本體也。悅則本體漸復矣。朋來則本體之訢合和暢，充周無間。本體之訢合和暢，本來如是，初未嘗有所增也。就使無朋來而天下莫我知焉，亦未嘗有所減也。來書云「無間斷」意思亦是。聖人亦只是至誠無息而已，其工夫只是時習。時習之要，只是謹獨。謹獨即是致良知。良知即是樂之本體。此節論得大意亦皆是，但不宜便有所執着。

來書云：「韓昌黎『博愛之謂仁』一句，看來大段不錯，不知宋儒何故非之？以爲愛自是情，仁自是性，豈可以愛爲仁？愚意則曰：性即未發之情，情即已發之性，仁即未發之愛，愛即已發之仁。如何喚愛作仁不得？言愛則仁在其中矣。孟子曰：『惻隱之心，仁也。』周子曰：『愛曰仁。』昌黎此言，與孟、周之旨無甚差別，不可以其文人而忽之也。」云云。

博愛之説，本與周子之旨無大相遠。樊遲問仁，子曰：「愛人。」愛字何嘗不可謂之仁歟？昔儒看古人言語，亦多有因人重輕之病，正是此等處耳。然愛之本體固可謂之仁，但亦有愛得是與不是者，須愛得是方是愛之本體，方可謂之仁。若只知博愛而不論是與不是，亦便有差處。吾嘗謂博字不若公字爲盡。大抵訓釋字義，亦只是得其大概，若其精微奧蘊，在人思而自得，非言語所能喻。後人多有泥文著相，專在字眼上穿求，却是心從法華轉也。

來書云：「《大學》云：『如好好色，如惡惡臭。』所謂惡之云者，凡見惡臭，無處不惡，固無妨礙。至於好色，無處不好，則將凡美色之經於目也，亦盡好之乎？《大學》之訓，當是借流俗好惡之常情，以喻聖賢好善惡惡之誠耳。抑將好色亦爲聖賢之所同，好經於目，雖知其姣，而思則無邪，未嘗少累其心體否乎？《詩》云『有女如雲』，未嘗不知其姣也。其姣也，『匪我思存』，言匪我見存，則思無邪而不累其心體矣。如見軒冕金玉，亦知其爲軒冕金玉也，但無歆羨希覬之心，則可矣。如此看，不知通否？」云云。

人於尋常好惡，或亦有不真切處，惟是好好色，惡惡臭，則皆是發於真心，自求快足，曾無纖假者。《大學》是就人人好惡真切易見處，指示人以好善惡惡之誠當如是耳，亦只是形容一誠字。今若又於好色字上生如許意見，却未免有執指爲月之病。昔人多有爲一字一句所牽蔽，遂致錯解聖經者，正是此症候耳，不可不察也。中間云「無處不惡，固無妨礙」，亦便有受病處。更詳之。

來書云：「有人因薛文清『過思亦是暴氣』之説，乃欲截然不思者。竊以孔子曰『吾嘗終日不食，終夜不寢以思』，亦將謂孔子過而暴其氣乎？以愚推之，惟思而外於良知，乃謂之過。若念在良知上體認，即如孔子終日終夜以思，亦不爲過。不外良知，即是何思何慮，尚何過哉！」云云。

「過思亦是暴氣」，此語説得亦是。若遂欲截然不思，却是因噎而廢食者也。來書謂「思而外於良知，乃謂之過。若念念在良知上體認，即終日終夜以思，亦不爲過。不外良知，即是何思何慮」，此語甚得鄙意。孔子所謂「吾嘗終日不食，終夜不寢以思，無益，不如學也」者，聖人未必然，乃是指出徒思而不學之病以誨人耳。若徒思而不學，安得不謂之過思與！

答劉内重 乙酉

書來警發良多，知感知感！腹疾，不欲作答，但内重爲學工夫尚有可商量者，不可以虛來意之辱，輒復書此耳。

程子云：「所見所期，不可不遠且大。然而爲之亦須量力有漸，志大心勞，力小任重，恐終敗事。」夫學者既立有必爲聖人之志，只消就自己良知明覺處朴實頭致了去，自然循循日有所至，原無許多門面搯數也。外面是非毁譽，亦好資之以爲警切砥礪之地，却不得以此稍動其心，便將流於心勞日拙而不自知矣。内重强剛篤實，自是任道之器，然於此等處，向須與謙之從容一商量，又當有見也。眼前路逕須放開闊，才好容人來往，若太拘窄，恐自己亦無展足之地矣。聖人之行，初不遠於人情。魯人獵較，孔子亦獵較。鄉人儺，朝服而立於阼階。難言之互鄉，亦與進其童子。在當時固不能無惑之者矣。子見南子，子路且有不悦。夫子到此如何更與子路説得是非？只好矢之而已。何也？若要説見南子是，得多少氣力來説？且若依着子路認箇不是，則子路終身不識聖人之心，此學終將不明矣。此等苦心處，惟顔子便能識得，故曰「於吾言無所不悦」。此正是大頭腦處，區區舉似内重，亦欲内重謙虛其心，宏大其量，去人我之見，絶意必之私，則此大頭腦處，自將卓爾有見，當有「雖欲從之，末由也已」之嘆矣！大抵奇特斬絶之行，多後世希高慕大者之所喜，聖賢不以是爲貴也。故索隱行怪，則後世有述焉，依乎中庸，固有遯世不見知者矣。學絶道喪之餘，苟有以講學來者，所謂空谷之足音，得似人者可矣。必如内重所云，則今之可講學者，止可如内重輩二三人而止矣。然如内重者，亦不能時時來講也，則法堂前草深一丈矣。内重有進道之資，而微失之於隘。吾固不敢避飾非自是之嫌，而叨叨至此。内重宜悉此意，弗徒求之言語之間可也。

與王公弼 乙酉

前王汝止家人去，因在妻喪中，草草未能作書。人來，遠承問惠，得聞動履，殊慰殊慰！書中所云「斯道廣大，無處欠缺，動静窮達，無往非學。自到任以來，錢穀獄訟，事上接下，皆不敢放過。但反觀於獨，猶未是夭壽不二根基，毁譽得喪之間未能脱然」，足知用功之密。只此自知之明，便是良知。致此良知以求自慊，便是致知矣。殊慰殊慰！師伊、師顔兄弟，久居於此。黄正之來此亦已兩月餘。何廷仁到亦數日。朋友聚此，頗覺有益。惟齊不得力而歸。此友性氣殊别，變化甚難，殊爲可憂爾。閒及之。

答董澐蘿石 乙酉

問：「某賦性平直守分，每遇能言之士，則以己之遲鈍爲慚，恐是根器弱甚。」

此皆未免有外重內輕之患。若平日能集義，則浩然之氣至大至公，充塞天地，自然富貴不能淫，貧賤不能移，威武不能屈，自然能知人之言，而凡詖淫邪遁之詞，皆無所施於前矣。況肯自以爲慚乎？集義只是致良知。心得其宜爲義，致良知則心得其宜矣。

問：「某因親弟糧役，與之謀，敗，致累多人。因思皆不老實之過也。如何？」

謂之老實，須是實致其良知始得，不然却恐所謂老實者，正是老實不好也。昔人亦有爲手足之情受汙辱者，然不致知，此等事於良知亦自有不安。

問：「某因海寧縣丞盧珂居官廉甚而極貧，饑寒餓死，遂走拜之，贈以詩、襪，歸而胸次帖帖然，自以爲得也。只此自以爲得也，恐亦不宜。」

知得自以爲得之非宜，只此便是良知矣。民之秉彝也，故好是懿德。又多着一分意思不得。多着一分意思，便是私矣。

問：「某見人有善行，每好録之，時以展閲。常見二醫，一姓韓一姓郭者，以利相讓，亦必録之。」

録善人以自勉，此亦多聞多見而識，乃是致良知之功。此等人只是欠學問，恐不能到頭如此。吾輩中亦未易得也。

與黃宗賢 癸未

南行想亦從心所欲，職守閒靜，益得專志於學，聞之殊慰！賤軀入夏來，山中感暑痢，歸卧兩月餘，變成痰咳。今雖稍平，然咳尚未已也。四方朋友來去無定，中間不無切磋砥礪之益，但真有力量能擔荷得，亦自少見。大抵近世學者，只是無有必爲聖人之志。近與尚謙、子莘、誠甫講孟子「鄉原狂狷」一章，頗覺有所省發，相見時試更一論如何？聞接引同志孜孜不怠，甚善甚善！但論議之際，必須謙虛簡明爲佳。若自處過任而詞意重復，却恐無益有損。在高明斷無此，因見舊時友朋往往不免斯病，謾一言之。

寄薛尚謙 癸未

承喻：「自咎罪疾，只緣輕傲二字累倒。」足知用力懇切。但知得輕傲處，便是良知；致此良知，除却輕傲，便是格物。致知二字，是千古聖學之秘，向在虔時終日論此，同志中尚多有未徹。近於《古本序》中改數語，頗發此意，然見者往往亦不能察。今寄一紙，幸熟味！此是孔門正法眼藏，從前儒者多不曾悟到，故其說卒入於支離。仕鳴過虔，常與細說，不審閒中曾論及否？諭及甘泉論仕德處，殆一時意有所向而云，益亦未見其止之嘆耳。仕德之學，未敢便以爲至，即其信道之篤，臨死不貳，眼前曾有幾人？所云「心心相持，如髲如鉗」，正恐同輩中亦甚！聞之喜而不寐也。海崖爲誰氏？便中寄知之。

王文成公全書卷之六

文録三　書三始嘉靖丙戌至戊子

寄鄒謙之丙戌

比遭家多難，工夫極費力，因見得良知兩字比舊愈加親切。真所謂大本達道，舍此更無學問可講矣。「隨處體認天理」之説，大約未嘗不是，只要根究下落，即未免捕風捉影，縱令鞭辟向裹，亦與聖門致良知之功尚隔一塵。若復失之毫釐，便有千里之謬矣。四方同志之至此者，但以此意提掇之，無不即有省發，只是著實能透徹者甚亦不易得也。世間無志之人，既已見驅於聲利詞章之習，間有知得自己性分當求者，又被一種似是而非之學兜絆羈縻，終身不得出頭。緣人未有真爲聖人之志，未免挾有見小欲速之私，則此種學問，極足支吾眼前得過。是以雖在豪傑之士，而任重道遠，志稍不力，即且安頓其中者多矣。謙之之學，既以得其大原，近想涉歷彌久，則功夫當益精明矣。無因接席一論，以資切劘，傾企如何！范祠之建，實亦有裨風教。僕於大字，本非所長，況已久不作，所須祠扁，必大筆自揮之，乃佳也。使還，值歲冗，不欲盡言。

二丙戌

承示《諭俗禮要》，大抵一宗文公《家禮》而簡約之，切近人情，甚善甚善！ 非吾謙之誠有意於化民成俗，未肯汲汲爲此也！ 古禮之存於世者，老師宿儒當年不能窮其説，世之人苦其煩且難，遂皆廢置而不行。 故今之爲人上而欲導民於禮者，非詳且備之爲難，惟簡切明白而使人易行之爲貴耳。 中間如四代位次及祔祭之類，固區區向時欲稍改以從俗者，今皆斟酌爲之，於人情甚協。

蓋天下古今之人，其情一而已矣。 先王制禮，皆因人情而爲之節文，是以行之萬世而皆準。 其或反之吾心而有所未安者，非其傳記之訛闕，則必古今風氣習俗之異宜者矣。 此雖先王未之有，亦可以義起，三王之所以不相襲禮也。 若徒拘泥於古，不得於心，而冥行焉，是乃非禮之禮，行不著而習不察者矣。 後世心學不講，人失其情，難乎與之言禮！ 然良知之在人心，則萬古如一日。 苟順吾心之良知以致之，則所謂不知足而爲屨，我知其不爲蕢矣。 非天子不議禮制度，今之爲此，非以議禮爲也，徒以末世廢禮之極，聊爲之兆以興起之。 故特爲此簡易之説，欲使之易知易從焉耳。 冠、婚、喪、祭之外，附以鄉約，其於民俗亦甚有補。 至於射禮，似宜別爲一書，以教學者，而非所以求諭於俗。 今以附於其間，却恐民間以非所常行，視爲不切，又見其説之難曉，遂并其冠、婚、喪、祭之易曉者而棄之也。 文公《家禮》所以不及於射，或亦此意也歟？ 幸更裁之！

令先公墓表決不負約，但向在紛冗憂病

中，近復咳患盛作，更求假以日月耳。施、濮兩生知解甚利，但已經爐鞲，則煅煉爲易，自此益淬礪之，吾見其成之速也。書院新成，欲爲諸生擇師，此誠盛德之事。但劉伯光以家事捉歸，魏師伊乃兄適有官務，倉卒往視，何廷仁近亦歸省，惟黄正之尚留彼。意以登壇説法，非吾謙之身自任之不可。須事定後，却與二三同志造訪，因而連留旬月，相與砥礪開發，效匡翼之勞，亦所不辭也。祠堂位次祔祭之義，往年曾與徐曰仁備論。曰仁嘗記其略，今使録一通奉覽，以備採擇。

或問：「文公《家禮》高、曾、祖、禰之位皆西上，以次而東。於心切有未安。」陽明子曰：「古者廟門皆南向，主皆東向。合祭之時，昭之遷主列於北牖，穆之遷主列於南牖，皆統於太祖東向之尊。是故西上，以次而東。今祠堂之制既異於古，而又無太祖東向之統，則西上之説誠有所未安。」曰：「然則今當何如？」曰：「禮以時爲大。若事死如事生，則宜以高祖南向，而曾、祖、禰東西分列，席皆稍降而弗正對，似於人心爲安。曾見浦江鄭氏之祭，四代考妣，皆異席。高考妣南向，曾、祖、禰考皆西向，妣皆東向，各依世次，稍退半席。其於男女之列，尊卑之等，兩得其宜。今吾家亦如此行。但恐民間廳事多淺隘，而器物亦有所不備，則不能以通行耳。」又問：「無後者之祔於己之子姪，固可下列矣。若在祖宗之行，宜何如祔？」陽明子曰：「古者大夫三廟，不及其高矣；適士二廟，不及其曾矣。今民間得祀高、曾，蓋亦體順人情之至，例以古制，則既爲僭，況在其行之無後者乎！古者士大夫無子，則爲之置後，無後者鮮矣。後世人情偷薄，始有棄貧賤而不問者。古所爲無後，皆殤子之類耳。《祭法》：『王下祭殤五：適子、適孫、適曾孫、適玄孫、適來孫。諸侯下祭三，大夫二，適士及庶人祭子而止。』則無後之祔，皆子孫屬也。今民間既得假四代之祀，以義起之，雖及弟姪可矣。往年湖湘一士人家，有曾伯祖與堂叔祖皆賢而無後者，欲爲立嗣，則族衆不可；欲弗祀，則思其賢，有所不忍也。以問於某，某曰：不祀二三十年矣，而追爲之嗣，勢有所不行矣。若在士大夫家，自可依古族屬之義，於春、秋二社之次，特設一祭，凡族之無後而親者，各以昭穆之次配祔之，於義亦可也。」

三 丙戌

教札時及，足慰離索。兼示《論語》講章，明白痛快，足以發朱註之所未及。諸生聽之，當有油然而興者矣。後世人心陷溺，禍亂相尋，皆由此學不明之故。只將此學字頭腦處指掇得透徹，使人洞然知得是自己生身立命之原，不假外求，如木之有根，暢茂條達，自有所不容已，則所謂悅樂不慍者，皆不待言而喻。書院記文，整嚴精確，迥爾不群，皆是直寫胸中實見，一洗近儒影響雕飾之習，不徒作矣。

某近來却見得良知兩字日益真切簡易。❶ 朝夕與朋輩講習，只是發揮此兩字不

❶「某」，原作「其」，據四庫本改。

出。緣此兩字，人人所自有，故雖至愚下品，一提便省覺。若致其極，雖聖人天地不能無憾，故説此兩字，窮劫不能盡。世儒尚有致疑於此，謂未足以盡道者，只是未嘗實見得耳。近有鄉大夫請某講學者云：「除却良知，還有甚麽説得？」某答云：「除却良知，還有甚麽説得！」不審邇來謙之於此兩字，見得比舊又如何矣？無因一面扣之，以快傾渴。正之去，當能略盡鄙懷，不能一一。

後世大患，全是士夫以虛文相誑，略不知有誠心實意。流積成風，雖有忠信之質，亦且迷溺其間，不自知覺。是故以之爲子則非孝，以之爲臣則非忠。流毒扇禍，生民之亂，尚未知所抵極。今欲救之，惟有返朴還淳是對症之劑。故吾儕今日用工，務在鞭辟近裏，删削繁文始得。然鞭辟近裏，删削繁文，亦非草率可能，必須講明致良知之學。每以言於同志，不識謙之亦以爲何如也？講學之後，望時及之。

四 丙戌

正之歸，備談政教之善，勤勤懇懇，開誘來學，毅然以斯道爲己任，其爲喜幸如何可言！前書「虛文相誑」之説，獨以嘅夫後儒之没溺詞章，雕鏤文字以希世盜名，雖賢知有所不免，而其流毒之深，非得根器力量如吾謙之者，莫能挽而回之也！而謙之顧猶歉然，欲以猛省寡過，此正吾謙之之所以爲不可及也。欣嘆欣嘆！

學絶道喪之餘，苟有興起向慕於是學者，皆可以爲同志，不必銖稱寸度而求其盡合於此，以之待人可也。若在我之所以爲造端立命者，則不容有毫髮之或爽矣。道一而已，仁者見之謂之仁，知者見之謂之知。釋氏之所以爲釋，老氏之所以爲老，百姓日用而不知，皆是道也，寧有二乎？今古學術之誠僞邪正，何啻碔砆美玉！然有眩惑終身而不能辯者，正以此道之無二，而其變動不拘，充塞無間，縱横顛倒，皆可推之而通。世之儒者，各就其一偏之見，而又飾之以比擬倣像之功，文之以章句假借之訓，其爲習熟既足以自信，而條目又足以自安，此其所以誑己誑人，終身没溺而不悟焉耳！然其毫釐之差，而乃致千里之謬。非誠有求爲聖人之志而從事於惟精惟一之學者，莫能得其受病之源而發其神奸之所由伏也。若某之不肖，蓋亦嘗陷溺於其間者幾年，倀倀然既自以爲是矣。賴天之靈，偶有悟於良知之學，然後悔其向之所爲者，固包藏禍機，作僞於外，而心勞日拙者也。十餘年來，雖痛自洗剔創艾，而病根深痼，萌蘖時生。所幸良知在我，操得其要，譬猶舟之得舵，雖驚風巨浪顛沛不無，尚猶得免於傾覆者也。夫舊習之溺人，雖已覺悔悟，而其克治之功，尚且其難若此，又況溺而不悟，日益以深者，亦將何所抵極乎！以謙之精神力量，又以有覺於良知，自當如江河之注海，沛然無復能有爲之障碍者矣！默成深造之餘，必有日新之得，可以警發昏惰者，便間不惜欵欵示及之。

五 丙戌

張、陳二生來，適歸餘姚祭掃，遂不及相見，殊負深情也。隨事體認天理，即戒慎恐懼功夫，以爲尚隔一塵，爲世之所謂事事物物皆有定理而求之於外者言之耳。若致良知之功明，則此語亦自無害，不然即猶未免於毫釐千里也。來喻以爲恐主於事者，蓋已深燭其弊矣。寄示甘泉《尊經閣記》，甚善甚善！其間大意亦與區區稽山書院之作相同。稽山之作，向嘗以寄甘泉，自謂於此學頗有分毫發明。今甘泉乃謂「今之謂聰明知覺，不必外求諸經者，不必呼而能覺」之類，則似急於立言，而未暇細察鄙人之意矣。後世學術之不明，非爲後人聰明識見之不及古人，大抵多由勝心爲患，不能取善相下。明知其説之已是矣，而又務爲一説以高之，是以其説愈多而惑人愈甚。凡今學術之不明，使後學無所適從，徒以致人之多言者，皆吾黨自相求勝之罪也。今良知之説，已將學問頭腦説得十分下落，只是各去勝心，務在共明此學，隨人分限，以此循循善誘之，自當各有所至。若只要自立門户，外假衛道之名，而内行求勝之實，不顧正學之因此而益荒，人心之因此而愈惑，黨同伐異，覆短争長，而惟以成其自私自利之謀，仁者之心有所不忍也！甘泉之意，未必由此，因事感觸，輒漫及之。蓋今時講學者，大抵多犯此症，在鄙人亦或有所未免，然不敢不痛自克治也。如何如何？

答友人 丙戌

君子之學，務求在己而已。毁譽榮辱之來，非獨不以動其心，且資之以爲切磋砥礪之地。故君子無入而不自得，正以其無入而非學也。若夫聞譽而喜，聞毁而戚，則將惶惶於外，惟日之不足矣，其何以爲君子！

往年駕在留都，左右交讒某於武廟。當時禍且不測，僚屬咸危懼，謂群疑若此，宜圖所以自解者。某曰：「君子不求天下之信己也，自信而已。吾方求以自信之不暇，而暇求人之信己乎？」某於執事爲世交，執事之心，某素能信之，而顧以相訊若此，豈亦猶有未能自信也乎？雖然，執事之心，又焉有所不自信者！至於洪範之外，❶意料所不及，若校人之於子産者，亦安能保其必無。則執事之懇懇以詢於僕，固君子之嚴於自治，宜如此也。昔楚人有宿於其友之家者，其僕竊友人之履以歸，楚人不知也。適使其僕市履於肆，僕私其直而以竊履進，楚人不知也。他日，友人來過，見其履在楚人之足，大駭曰：「吾固疑之，果然竊吾履。」遂與之絶。逾年而事暴，友人踵楚人之門，而悔謝曰：「吾不能知子，而繆以疑子，吾之罪也。請爲友如初。」今執事之見疑於人，其有其無，某皆不得而知。縱或有之，亦何傷於執事之自信乎？不俟逾年，吾見有踵執事之門而悔謝者矣。執事其益自信無怠，固將無入而非學，亦無入而不自得也矣！

答友人問 丙戌

問：「自來儒先皆以學問思辯屬知，而以篤行屬行，分明是兩截事。今先生獨謂知行合一，不能無疑。」

曰：此事吾已言之屢屢。凡謂之行者，只是著實去做這件事。若著實做學問

❶「洪」，備要本作「防」。

思辯的工夫，則學問思辯亦便是行矣。學是學做這件事，問是問做這件事，思辯是思辯做這件事，則行亦便是學問思辯矣。若謂學問思辯之，然後去行，却如何懸空先去學問思辯得？行時又如何去得箇學問思辯的事？行之明覺精察處，便是知；知之真切篤實處，便是行。若行而不能精察明覺，便是冥行，便是「學而不思則罔」，所以必須説箇知；知而不能真切篤實，便是妄想，便是「思而不學則殆」，所以必須説箇行；元來只是一箇工夫。凡古人説知行，皆是就一箇工夫上補偏救弊説，不似今人截然分作兩件事做。某今説知行合一，雖亦是就今時補偏救弊説，然知行體段亦本來如是。吾契但著實就身心上體履，當下便自知得。今却只從言語文義上窺測，所以牽制支離，轉説轉糊塗，正是不能知行合一之弊耳。

「象山論學與晦庵大有同異，先生嘗稱象山『於學問頭腦處見得直截分明』。今觀象山之論，却有謂學有講明，有踐履，及以致知格物爲講明之事，乃與晦庵之説無異，而與先生知行合一之説，反有不同。何也？」

曰：君子之學，豈有心於同異？惟其是而已。吾於象山之學有同者，非是苟同；其異者，自不掩其爲異也。吾於晦庵之論有異者，非是求異；其同者，自不害其爲同也。假使伯夷、柳下惠與孔、孟同處一堂之上，就其所見之偏全，其議論斷亦不能皆合，然要之不害其同爲聖賢也。若後世論學之士，則全是黨同伐異，私心浮氣所使，將聖賢事業作一場兒戲看了也。

又問：「知行合一之説，是先生論學最要

緊處。今既與象山之説異矣，敢問其所以同。」

曰：知行原是兩箇字説一箇工夫，這一箇工夫須有此兩箇字，方説得完全無弊病。若頭腦處見得分明，見得原是一箇頭腦，則雖把知行分作兩箇説，畢竟將來做那一箇工夫，則始或未便融會，終所謂百慮而一致矣。若頭腦見得不分明，原看做兩箇了，則雖把知行合作一箇説，亦恐終未有湊泊處，況又分作兩截去做，則是從頭至尾更没討下落處也。

又問：「致良知之説，真是百世以俟聖人而不惑者。象山已於頭腦上見得分明，如何於此尚有不同？」

曰：致知格物，自來儒者皆相沿如此説，故象山亦遂相沿得來，不復致疑耳。然此畢竟亦是象山見得未精一處，不可掩也。

又曰：知之真切篤實處，便是行；行之明覺精察處，便是知。若知時，其心不能真切篤實，則其知便不能明覺精察，不是知之時只要明覺精察，更不要真切篤實也。行之時，其心不能明覺精察，則其行便不能真切篤實，不是行之時只要真切篤實，更不要明覺精察也。知天地之化育，心體原是如此。乾知大始，心體亦原是如此。

答南元善丙戌

別去忽踰三月，居嘗思念，輒與諸生私相慨嘆。計歸程之所及，此時當到家久矣。太夫人康强，貴眷無恙。渭南風景，當與柴桑無異，而元善之識見興趣，則又有出於元亮之上者矣。近得中途寄來書，讀之恍然如接顔色。勤勤懇懇，惟以得聞道爲喜，急問學爲事，恐卒不得爲聖人爲憂，亹亹千數百言，略無一字及於得喪榮辱之間，此非真有朝聞夕死之志者，未易以涉斯境也。浣慰何如！諸生遞觀傳誦，相與嘆仰歆服，因而興起者多矣。

世之高抗通脱之士，捐富貴，輕利害，棄爵禄，決然長往而不顧者，亦皆有之。彼其或從好於外道詭異之説，投情於詩酒山水技藝之樂，又或奮發於意氣，感激於憤悱，牽溺於嗜好，有待於物以相勝，是以去彼取此而後能。及其所之既倦，意衡心鬱，情隨事移，則憂愁悲苦隨之而作。果能捐富貴，輕利害，棄爵禄，快然終身，無入而不自得已乎？夫惟有道之士，真有以見其良知之昭明靈覺，圓融洞徹，廓然與太虚而同體。太虚之中，何物不有？而無一物能爲太虚之障礙。蓋吾良知之體，本自聰明睿知，本自寬裕温柔，本自發强剛毅，本自齋莊中正、文理密察，本自溥博淵泉而時出之，本無富貴之可慕，本無貧賤之可憂，本無得喪之可欣戚、愛憎之可取舍。蓋吾之耳而非良知，則不能以聽矣，又何有於聰？目而非良知，則不能以視矣，又何有於明？心而非良知，則不能以思與覺矣，又何有於睿知？然則又何有於寬裕温柔乎？又何有於發强剛毅乎？又何有於齋莊中正、文理密察乎？又何有於溥博淵泉而時出之乎？故凡慕富貴，憂貧賤，欣戚得喪，愛憎取舍之類，皆足以蔽吾聰明睿知之體，而窒吾淵泉時出之用。若此者，如明目之中而翳之以塵沙，聰耳之中而塞之以木楔也。其疾痛鬱逆，將必速去之爲快，而何能忍於時刻乎？故凡有道之士，其於慕富貴，憂貧賤，欣戚得喪而取舍愛憎也，若洗目中之塵而拔耳中之楔。其於富貴、貧賤、得喪、愛憎之相值，若飄風浮靄之往來變化於太虛，而太虛之體，固常廓然其無礙也。元善今日之所造，其殆庶幾於是矣乎！是豈有待於物以相勝而去彼取此、激昂於一時之意氣者所能强而聲音笑貌以爲之乎？元善自愛！元善自愛！

關中自古多豪傑，其忠信沈毅之質，明達英偉之器，四方之士，吾見亦多矣，未有如關中之盛者也。然自橫渠之後，此學不講，或亦與四方無異矣。自此關中之士有所振發興起，進其文藝於道德之歸，變其氣節爲聖賢之學，將必自吾元善昆季始也。今日之歸，謂天爲無意乎？謂天爲無意乎？

元貞以病，不及別簡，蓋心同道同而學同，吾所以告之亦不能有他說也。亮之亮之！

二 丙戌

五月初得蘇州書，後月，適遇王驛丞去，草草曾附短啓。其時私計行旆，到家必已久矣。是月三日，余門子回復，領手教，始知六月尚留汴城。世途之險澁難料，每每若此也。賤軀入夏咳作，兼以毒暑大旱，舟楫無所往，日與二三子講息池傍小閣中。每及賢昆玉，則喟然興嘆而已！郡中今歲之旱，比往年尤甚。河渠曾蒙開浚者，百姓皆得資灌溉之利，相與嘖嘖追頌功德，然已控籲無及矣。彼奸妬憸人號稱士類者，乃獨讒疾排搆無所不至，曾細民之不若，亦獨何哉！亦獨何哉！色養之暇，塤篪協奏，切磋講習，當日益深造矣。里中英俊相從論學者幾人？學絶道喪且幾百年，居今之時，而苟知趨向於是，正所謂空谷之足音，皆今之豪傑矣。便中示知之。

竊嘗喜晦翁涵育薰陶之説，以爲今時朋友相與必有此意，而後彼此交益。近來一二同志與人講學，乃有規礪太刻，遂相憤戾而去者，大抵皆不免於以善服人之病耳。楚國寶又爾憂去，子京諸友亦不能亟相會，一齊衆楚。「道之不明也，我知之矣。」雖然，「風雨如晦，鷄鳴不已」，「至誠而不動者，未之有也」。非賢昆玉，疇足以語於斯乎！其餘世情，真若浮虚之變態，亮非元善之所屑聞者也，遂不一一及。

答季明德丙戌

書惠遠及，以咳恙未平，憂念備至，感媿良深！食姜太多，非東南所宜，誠然。此亦不過蹔時劫劑耳。近有一友爲易「貝母丸」服之，頗亦有效，乃終不若來喻「用養生之法拔去病根」者，爲得本源之論。然此又不但治病爲然，學問之功亦當如是矣。

承示：「立志益堅，謂聖人必可以學而至。兢兢焉，常磨鍊於事爲朋友之間，而厭煩之心比前差少。」喜幸殊極！又謂：「聖人之學，不能無積累之漸。」意亦切實。中間以堯、舜、文王、孔、老諸説，發明「志學」一章之意，足知近來進脩不懈。居有司之煩而能精思力究若此，非朋輩所及。然此在吾明德自以此意奮起其精神，砥切其志意，則可矣；必欲如此節節分疏引證，以爲聖人進道一定之階級，又連掇數聖人紙上之陳迹，而入之以此一欵條例之中，如以堯之試鯀爲未能不惑，子夏之「啓予」爲未能耳順之類，則是尚有比擬牽滯之累。以此論聖人之亦必由學而至，則雖有所發明，然其階級懸難，反覺高遠深奧，而未見其爲人皆可學。乃不如末後一節，謂：「至其極而矩之不踰，亦不過自此志之不已所積。而『不踰』之上，亦必有學可進，聖人豈絶然與人異哉！」又云：「善者，聖之體也。害此善者，人欲而已。人欲，吾之所本無。去其本無之人欲，則善在我而聖體全。聖無有餘，我無不足，此以知聖人之必可學也。然非有求爲聖人之志，則亦不能以有成。」只如此論，自是親切簡易。以此開喻來學，足以興起之矣。若如前説，未免使柔怯者畏縮而不敢當，高明者希高而外逐，不能無弊也。聖賢垂訓，固有書不盡言、言不盡意者。凡看經書，要在致吾之良知，取其有益於學而已。則千經萬典，顛倒縱橫，皆爲我之所用。一涉拘執比擬，則反爲所縛。雖或特見妙詣，開發之益一時不無，而意必之見流注潛伏，蓋有反爲良知之障蔽而不自知覺者矣。其云「善者聖之體」，意固已好，善即良知，言良知則使人尤爲易曉。故區區近有「心之良知是謂聖」之説。其間又云：「人之爲學，求盡乎天而已。」此明德之意，本欲合天人而爲一，而未免反離而二之也。人者，天地萬物之心也；心者，天地萬物之主也。心即天，言心則天地萬物皆舉之矣，而又親切簡易。故不若言「人之爲學，求盡乎心而已」。

知行之答，大段切實明白，詞氣亦平和，有足啓發人者。惟賢一書，識見甚進，間有語疵，則前所謂「意必之見流注潛伏」者之爲病。今既照破，久當自融釋矣。

以「效」訓「學」之説，凡字義之難通者，

則以一字之相類而易曉者釋之。若今學字之義，本自明白，不必訓釋。今遂以效訓學，以學訓效，皆無不可，不必有所拘執。但效字終不若學字之混成耳。率性而行，則性謂之道；脩道而學，則道謂之教。謂脩道之爲教，可也；謂脩道之爲學，亦可也。自其道之示人無隱者而言，則道謂之教；自其功夫之脩習無違者而言，則道謂之學。教也，學也，皆道也，非人之所能爲也。知此，則又何訓釋之有！所須《學記》，因病未能着筆，俟後便爲之。

與王公弼 丙戌

來書比舊所見益進，可喜可喜！中間謂「棄置富貴與輕於方父兄之命，只是一事」。當棄富貴即棄富貴，只是致良知；當從父兄之命即從父兄之命，亦只是致良知。其間權量輕重，稍有私意於良知，便自不安。凡認賊作子者，緣不知在良知上用功，是以有此。若只在良知上體認，所謂「雖不中，不遠矣」。

二 丁亥

老年得子，實出望外。承相知愛念，勤惓若此，又重之以厚儀，感媿何可當也！兩廣之役，積衰久病之餘，何能堪此！已具本辭免，但未知遂能得允否耳。

來書「提醒良知」之説，甚善甚善！所云「困勉之功」，亦只是提醒工夫未能純熟，須加人一己百之力，然後能無間斷，非是提醒之外，別有一段困勉之事也。

與歐陽崇一 丙戌

正之諸友下第歸，備談在京相與之詳，近雖仕途紛擾中，而功力略無退轉，甚難甚難！得來書，自咎真切，論學數條，卓有定見，非獨無退轉，且大有所進矣。文蔚所疑，良不爲過。孟子謂「有諸己之謂信」，今吾未能有諸己，是未能自信也，宜乎文蔚之未能信我矣。乃勞崇一逐一爲我解嘲，然又不敢盡謂崇一解嘲之言爲口給。但在區區，則亦未能一一盡如崇一之所解者，爲不能無愧耳！固不敢不勉力也！

寄陸原靜 丙戌

原靜雖在憂苦中，其學問功夫所謂「顛沛必於是」者，不言可知矣，奚必論説講究而後可以爲學乎？南元善曾將原靜後來論學數條刊入《後録》中，初心甚不欲渠如此，近日朋輩見之，却因此多有省悟。始知古人相與辯論窮詰，亦不獨要自己明白，直欲共明此學於天下耳。蓋此數條，同志中肯用功者，亦時有疑及之，然非原靜，則亦莫肯如此披豁吐露；就欲如此披豁吐露，亦不能如此曲折詳盡。故此原靜一問，其有益於同志，良不淺淺也。自後但有可相啓發者，不惜時寄及之，幸甚幸甚！

近得施聘之書，意向卓然出於流輩。往年嘗竊異其人，今果與俗不同也。閒中曾相往復否？大事今冬能舉得，便可無他絆繫，如聘之者，不妨時時一會。窮居獨處，無朋友相砥切，最是一大患也。❶貴鄉有韋友名商臣者，聞其用工篤實，尤爲難得，亦曾一相講否？

答甘泉 丙戌

音問雖踈，道德之聲無日不聞於耳，所以啓瞶消鄙者多矣。向承狂生之諭，初聞極駭，彼雖愚悖之甚，不應遽至於爾。既而細詢其故，良亦有因。近復來此，始得其實。蓋此生素有老佛之溺，爲朋輩所攻激，遂高自矜大，以誇愚泄憤。蓋亦不過怪誕妖妄，如近世方士呼雷斬蛟之説之類，而聞者不察，又從而增飾之耳。近已與之痛絶，而此生深自悔責，若無所措其躬。賴其資性頗可，或自此遂能改創，未可知也。學絶道喪之餘，苟以是心至，斯受之矣。忠信明敏之資，絶不可得。如生者，良亦千百中之一二，而又復不免於陷溺若此，可如何哉！可如何哉！龔生來訪，自言素沐教極深，其資性甚純謹，惜無可以進之者。今復遠求陶鑄，自此當見其有成也。

答魏師説 丁亥

師伊至，備聞日新之功，兼得來書，志意懇切，喜慰無盡！所云「任情任意，認作良知，及作意爲之，不依本來良知，而自謂良知者，既已察識其病矣」。意與良知當分別明白。凡應物起念處，皆謂之意。意則有是有非，能知得意之是與非者，則謂之良

❶「一大」，原作「大一」，據明崇禎六年刻本《吴興藝文補》卷三十二乙正。

知。依得良知，即無有不是矣。所疑拘於體面，格於事勢等患，皆是致良知之心未能誠切專一。若能誠切專一，自無此也。凡作事不能謀始與有輕忽苟且之弊者，亦皆致知之心未能誠一，亦是見得良知未透徹。若見得透徹，即體面事勢中，莫非良知之妙用。除却體面事勢之外，亦別無良知矣。豈得又爲體面所局，事勢所格？即已動於私意，非復良知之本然矣。今時同志中，雖皆知得良知無所不在，一涉酬應，便又將人情物理與良知看作兩事，此誠不可以不察也。

與馬子莘 丁亥

連得所寄書，誠慰傾渴！締觀來書，其字畫文彩皆有加於疇昔，根本盛而枝葉茂，理固宜然。然草木之花，千葉者無實，其花繁者，其實鮮矣。邇來子莘之志，得無微有所溺乎？是亦不可以不省也！良知之説，往時亦嘗備講，不審邇來能益瑩徹否？明道云：「吾學雖有所受，然天理二字，却是自家體認出來。」良知即是天理。體認者，實有諸己之謂耳，非若世之想像講説者之爲也。近時同志，莫不知以良知爲説，然亦未見有能實體認之者，是以尚未免於疑惑。蓋有謂良知不足以盡天下之理，而必假於窮索以增益之者。又以爲徒致良知未必能合於天理，須以良知講求其所謂天理者，而執之以爲一定之則，然後可以率由而無弊。是其爲説，非實加體認之功而真有以見夫良知者，則亦莫能辯其言之似是而非也。莆中故多賢，國英及志道二三同志之外，相與切磋砥礪者，亦復幾人？良知之外，更無知；致知之外，更無學。外良知以求知者，邪妄之知矣；外致知以爲學者，異端之學矣。道喪千載，良知之學久爲贅疣，今之友朋知以此事日相講求者，殆空谷之足音歟！想念雖切，無因面會一罄此懷，臨書惘惘！不盡。

與毛古庵憲副 丁亥

亟承書惠，既荷不遺，中間歉然下問之意，尤足以仰見賢者進脩之功勤勤不懈，喜幸何可言也！無因促膝一陳鄙見，以求是正，可勝瞻馳！

凡鄙人所謂致良知之説，與今之所謂體認天理之説，本亦無大相遠，但微有直截迂曲之差耳。譬之種植，致良知者，是培其根本之生意而達之枝葉者也；體認天理者，是茂其枝葉之生意而求以復之根本者也。然培其根本之生意，固自有以達之枝葉矣；欲茂其枝葉之生意，亦安能舍根本而别有生意可以茂之枝葉之間者乎？吾兄忠信近道之資既自出於儕輩之上，近見胡正人，備談吾兄平日工夫又皆篤實懇切，非若世之狥名遠迹而徒以支離於其外者。只如此用力不已，自當循循有至，所謂殊途而同歸者也。亦奚必改途易業，而别求所謂爲學之方乎！惟吾兄益就平日用工得力處進步不息，譬之適京都者，始在偏州僻壤，未免經歷於傍蹊曲逕之中，苟志往不懈，未有不達於通衢大路者也。病軀咳作，不能多及，寄去鄙録，末後論學一書，亦頗發明鄙見，暇中幸示及之！

與黄宗賢 丁亥

人在仕途，比之退處山林時，其工夫之難十倍，非得良友時時警發砥礪，則其平日之所志向，鮮有不潛移默奪，弛然日就於頽靡者。近與誠甫言，在京師相與者少，二君必須預先相約定，彼此但見微有動氣處，即須提起致良知話頭，互相規切。凡人言語正到快意時，便截然能忍默得；意氣正到發揚時，便翕然能收斂得；憤怒嗜欲正到騰沸時，便廓然能消化得，此非天下之大勇者不能也。然見得良知親切時，其工夫又自不難。緣此數病，良知之所本無，只因良知昏昧蔽塞而後有。若良知一提醒時，即如白日一出，而魍魎自消矣。《中庸》謂「知耻近乎勇」，所謂知耻，只是耻其不能致得自己良知耳。今人多以言語不能屈服得人爲耻，意氣不能陵軋得人爲耻，憤怒嗜欲不能直意任情得爲耻，殊不知此數病者，皆是蔽塞自己良知之事，正君子之所宜深耻者。今乃反以不能蔽塞自己良知爲耻，正是耻非其所當耻，而不知耻其所當耻也。可不大哀乎！諸君皆平日所知厚者，區區之心，愛莫爲助，只願諸君都做箇古之大臣。古之所謂大臣者，更不稱他有甚知謀才略，只是一箇斷斷無他技、休休如有容而已。諸君知謀才略，自是超然出於衆人之上，所未能自信者，只是未能致得自己良知，未全得斷斷休休體段耳。今天下事勢，如沉痾積痿，所望以起死回生者，實有在於諸君子。若自己病痛未能除得，何以能療得天下之病！此區區一念之誠，所以不能不爲諸君一竭盡者也。諸君每相見時，幸默以此意相規切之，須是克去己私，真能以天地萬物爲一體，實康濟得天下，挽回三代之治，方是不負如此聖明之君，方能報得如此知遇，不枉了因此一大事來出世一遭也。病卧山林，只好傜藥餌苟延喘息。但於諸君出處，亦有痛痒相關者，不覺縷縷至此。幸亮此情也！

答以乘憲副丁亥

此學不明於世，久矣。而舊聞舊習障蔽纏繞，一旦驟聞吾説，未有不非詆疑議者。然此心之良知，昭然不昧，萬古一日。但肯平心易氣，而以吾説反之於心，亦未有不洞然明白者。然不能即此奮志進步，勇脱窠臼，而猶依違觀望於其間，則舊聞舊習又從而牽滯蔽塞之矣。此近時同志中往往皆有是病，不識以乘别後，意思却如何耳。昔有十家之村，皆荒其百畝，而日惟轉糴於市，取其贏餘以贍朝夕者。鄰村之農勸之曰：「爾朝夕轉糴，勞費無期，曷若三年耕則餘一年之食，數年耕可積而富矣。」其二人聽之，舍糴而田。八家之人競相非沮遏，室人老幼亦交徧歸讁曰：「我朝不糴，則無以爲饔；暮不糴，則無以爲餐。朝夕不保，安能待秋而食乎？」其一人力田不顧，卒成富家；其一人不得已，復棄田而糴，竟貧餒終身焉。今天下之人，方皆轉糴於市，忽有舍糴而田者，寧能免於非讁乎！要在深信弗疑，力田而不顧，乃克有成耳。兩承書來，皆有邁往直進相信不疑之志，殊爲浣慰！人還附知，少致切劘之誠，當不以爲迂也。

與戚秀夫丁亥

德洪諸友時時談及盛德深情，追憶留都之會，恍若夢寐中矣。盛使遠辱，兼以書儀，感怍何既！此道之在人心，皎如白日，雖陰晴晦明千態萬狀，而白日之光未嘗增減變動。足下以邁特之資而能篤志問學，勤勤若是，其於此道真如掃雲霧而覩白日耳。奚假於區區之爲問乎？

病廢既久，偶承兩廣之命，方具辭疏。使還，正當紛沓，草草不盡鄙懷。

與陳惟濬 丁亥

江西之會極草草，尚意得同舟旬日，從容一談，不謂既入省城，人事紛沓，及登舟時，惟濬已行矣。沿途甚怏怏。抵梧後，❶即赴南寧，日不暇給，亦欲遣人相期來此，早晚略暇時可閑話。而此中風土絕異，炎瘴尤不可當，家人輩到此，無不病者。區區咳患亦因熱大作，痰痢腫毒交攻。度惟濬斷亦不可以居此，又復已之。

近得聶文蔚書，知已入漳。患難困苦之餘，所以動心忍性，增益其所不能者，宜必日有所進。養之以福，正在此時，不得空放過也。

聖賢論學，無不可用之工，只是致良知三字，尤簡易明白，有實下手處，更無走失。近時同志亦已無不知有致良知之說，然能於此實用工者絕少，皆緣見得良知未真，又將致字看太易了，是以多未有得力處。雖比往時支離之說稍有頭緒，然亦只是五十步百步之間耳。就中亦有肯精心體究者，不覺又轉入舊時窠臼中，反爲文義所牽滯，工夫不得洒脱精一，此君子之道所以鮮也。此事必須得師友時時相講習切劘，自然意

❶「梧」，原作「悟」，據康熙十二年俞嶙重編《王陽明先生全集》卷三改。

思日新。

自出山來，不覺便是一年。山中同志結廬相待者，尚數十人，時有書來，儘令人感動。而地方重務，勢難輕脱，病軀又日狼狽若此，不知天意竟如何也！文蔚書中所論，迥然大進，真有一日千里之勢，可喜可喜！頗有所詢，病中草草答大略。見時可取視之，亦有所發也。

寄安福諸同志丁亥

諸友始爲惜陰之會，當時惟恐只成虛語。邇來乃聞遠近豪傑聞風而至者以百數，此可以見良知之同然，而斯道大明之幾，於此亦可以卜之矣。喜慰可勝言耶！

得虞卿及諸同志寄來書，所見比舊又加親切，足驗工夫之進，可喜可喜！只如此用工去，當不能有他岐之惑矣。明道有云：「寧學聖人而不至，不以一善而成名。」此爲有志聖人而未能真得聖人之學者，則可如此説。若今日所講良知之説，乃真是聖學之的傳，但從此學聖人，却無有不至者。惟恐吾儕尚有一善成名之意，未肯專心致志於此耳。在會諸同志，雖未及一一面見，固已神交於千里之外。相見時幸出此共勉之。

王子茂寄問數條，亦皆明切。中間所疑，在子茂亦是更須誠切用功。到融化時，并其所疑亦皆釋然沛然，不復有相阻礙，然後爲真得也。凡工夫只是要簡易真切。愈真切，愈簡易；愈簡易，愈真切。病咳中不能多及，亦不能一一備列姓字，幸以意亮之而已！

與錢德洪王汝中丁亥

家事賴廷豹糾正，而德洪、汝中又相與薰陶切劘於其間，吾可以無内顧矣。紹興書院中同志，不審近來意向如何？德洪、汝中既任其責，當能振作接引，有所興起。會講之約但得不廢，其間縱有一二懈弛，亦可因此夾持，不致遂有傾倒。餘姚又得應元諸友作興鼓舞，想益日異而月不同。老夫雖出山林，亦每以自慰。諸賢皆一日千里之足，豈俟區區有所警策？聊亦以此示鞭影耳。即日已抵肇慶，去梧不三四日可到。方入冗場，未能多及，千萬心亮！紹興書院及餘姚各會同志諸賢，不能一一列名字，幸亮！

二戊子

地方事幸遂平息，相見漸可期矣。近來不審同志叙會如何？得無法堂前今已草深一丈否？想卧龍之會，雖不能大有所益，亦不宜遂遂荒落。且存餼羊，後或興起亦未可知。餘姚得應元諸友相與倡率，爲益不小。近有人自家鄉來，聞龍山之講至今不廢，亦殊可喜。書到，望爲寄聲，益相與勉之。九、十弟與正憲輩，不審早晚能來親近否？或彼自絶，望且誘掖接引之，諒與人爲善之心，當不俟多喋也。魏廷豹決能不負所托，兒輩或不能率教，亦望相與夾持之。人行匆匆，百不一及。諸同志不能盡列姓字，均致此意。

三 戊子

德洪、汝中書來，見近日工夫之有進，足爲喜慰！而餘姚、紹興諸同志，又能相聚會講切，奮發興起，日勤不懈。吾道之昌，真有火然泉達之機矣。喜幸當何如哉！喜幸當何如哉！此間地方悉已平靖，只因二三大賊巢，爲兩省盜賊之根株淵藪，積爲民患者，心亦不忍不爲一除翦，又復遲留二三月。今亦了事矣，旬月間便當就歸途也。守儉、守文二弟，近承夾持啓迪，想亦漸有所進。正憲尤極懶惰，若不痛加針砭，其病未易能去。父子兄弟之間，情既迫切，責善反難，其任乃在師友之間。想平日骨肉道義之愛，當不俟於多囑也。書院規制，近聞頗加脩葺，是亦可喜。寄去銀二十兩，稍助工費。墻垣之未堅完及一應合整備者，酌量爲之。餘情面話不久。

答何廷仁 戊子

區區病勢日狼狽，自至廣城，又增水瀉，日夜數行不得止，今遂兩足不能坐立。須稍定，即踰嶺而東矣。諸友皆不必相候。果有山陰之興，即須早鼓錢塘之舵，得與德洪、汝中輩一會聚，彼此當必有益。區區養病本去已三月，旬日後必得旨，亦遂發舟而東。縱未能遂歸田之願，亦必得一還陽明，與諸友一面而別，且後會又有可期也。千萬勿復遲疑，徒耽誤日月。揔及隨舟而行，沿途官吏送迎請謁，斷亦不能有須臾之暇，宜悉此意。書至，即撥冗。德洪、汝中輩亦可促之早爲北上之圖。伏枕潦草。

王文成公全書卷之七

文録四　序　記　説

别三子序 丁卯

自程、朱諸大儒没，而師友之道遂亡。六經分裂於訓詁，支離蕪蔓於辭章業舉之習，聖學幾於息矣。有志之士思起而興之，然卒徘徊嗟咨，逡巡而不振；因弛然自廢者，亦志之弗立，弗講於師友之道也。夫一人爲之，二人從而翼之，已而翼之者益衆焉，雖有難爲之事，其弗成者鮮矣。一人爲之，二人從而危之，已而危之者益衆焉，雖有易成之功，其克濟者亦鮮矣。故凡有志之士，必求助於師友。無師友之助者，志之弗立弗求者也。自予始知學，即求師於天下，而莫予誨也；求友於天下，而與予者寡矣；又求同志之士，二三子之外，邈乎其寥寥也。殆予之志有未立邪？蓋自近年而又得蔡希顔、朱守中於山陰之白洋，得徐曰仁於餘姚之馬堰。曰仁，予妹婿也。希顔之深潛，守中之明敏，曰仁之温恭，皆予所不逮。三子者，徒以一日之長視予以先輩，予亦居之而弗辭。非能有加也，姑欲假三子者而爲之證，遂忘其非有也。而三子者，亦姑欲假予而存師友之餼羊，不謂其不可也。當是之時，其相與也，亦渺乎難哉！予有歸隱之圖，方將與三子就雲霞，依泉石，追濂、洛之遺風，求孔、顔之真趣，灑然而樂，超然而遊，忽焉而忘吾之老也。

今年三子者爲有司所選，一舉而盡之。何予得之之難，而有司者襲取之之易也！予未暇以得舉爲三子喜，而先以失助爲予憾；三子亦無喜於其得舉，而方且戚於其去予也。漆雕開有言：「吾斯之未能信。」斯三子之心歟？曾點志於詠歌浴沂，而夫子喟然與之，斯予與三子之冥然而契，不言而得之者歟？三子行矣，遂使舉進士，任職就列，吾知其能也，然而非所欲也。使遂不進而歸，詠歌優游有日，吾知其樂也，然而未可必也。天將降大任於是人，必先違其所樂而投之於其所不欲，所以衡心拂慮，而增其所不能。是玉之成也，其在茲行歟！三子則焉往而非學矣，而予終寡於同志之助也！三子行矣。「沉潛剛克，高明柔克」，非箕子之言乎？温恭亦沉潛也，三子識之，焉往而非學矣。苟三子之學成，雖不吾邇，其爲同志之助也，不多乎哉！

增城湛原明宦於京師，吾之同道友也，三子往見焉，猶吾見也已。

贈林以吉歸省序 辛未

陽明子曰，求聖人之學而弗成者，殆以志之弗立歟！天下之人，志輪而輪焉，志裘而裘焉，志巫醫而巫醫焉，志其事而弗成者，吾未之見也。輪、裘、巫醫遍天下，求聖人之學者，間數百年而弗一二見，爲其事之難歟？亦其志之難歟？弗志其事而能有成者，吾亦未之見也。

林以吉將求聖人之事，過予而論學。予曰：「子盍論子之志乎？志定矣，而後學可得而論。子閩也，將閩是求；而予言子以越之道路，弗之聽也。予越也，將越是求；而子言予以閩之道路，弗之聽也。夫久溺於流俗，而驟語以求聖人之事，其始也必將有自餒而不敢當；已而舊習牽焉，又必有自眩而不能決；已而外議奪焉，又必有自沮而或以懈。夫餒而求有以勝之，眩而求有以信之，沮而求有以進之，吾見立志之難能也已。志立而學半，四子之言，聖人之學備矣。苟志立而於是乎求焉，其切磋講明之益，以吉自取之，尚其有窮也哉？見素先生，子諸父也，子歸而以予言正之，且以爲何如？」

送宗伯喬白巖序 辛未

大宗伯白巖喬先生將之南都，過陽明子而論學。陽明子曰：「學貴專。」先生曰：「然。予少而好奕，食忘味，寢忘寐，目無改觀，耳無改聽。蓋一年而詘鄉之人，三年而國中莫有予當者。學貴專哉！」陽明子曰：「學貴精。」先生曰：「然。予長而好文詞，字字而求焉，句句而鳩焉，研衆史，覈百氏。蓋始而希迹於宋、唐，終焉浸入於漢、魏。學貴精哉！」陽明子曰：「學貴正。」先生曰：「然。予中年而好聖賢之道。奕吾悔焉，文詞吾媿焉，吾無所容心矣。子以爲奚若？」陽明子曰：「可哉！學奕則謂之學，學文詞則謂之學，學道則謂之學，然而其歸遠也。道，大路也。外是，荆棘之蹊，鮮克達矣。是故專於道，斯謂之專；精於道，斯謂之精。專於奕而不專於道，其專溺也；精於文詞而不精於道，其精僻也。夫道，廣矣大矣，文詞技能於是乎出，而以文詞技能爲者，去道遠矣。是故非專則不能以精，非精則不能以明，非明則不能以誠。故曰『惟精惟一』。精，精也；專，一也。精則明矣，明則誠矣。是故明，精之爲也；誠，一之基也。一，天下之大本也；精，天下之大用也。知天地之化育，而況於文詞技能之末乎？」先生曰：「然哉！予將終身焉，而悔其晚也。」陽明子曰：「豈易哉？公卿之不講學也，久矣。昔者衛武公年九十而猶詔於國人曰：『毋以老耄而棄予。』先生之年，半於武公，而功可倍之也。先生其不媿於武公哉？某也敢忘國士之交警！」

贈王堯卿序 辛未

終南王堯卿爲諫官三月，以病致其事而去，交遊之贈言者以十數，而猶乞言於予。甚哉，吾黨之多言也！夫言日茂而行益荒，吾欲無言也久矣。自學術之不明，世之君子以名爲實。凡今之所謂務乎其實，皆其務乎其名者也，可無察乎！堯卿之行，人皆以爲高矣；才，人皆以爲美矣；學，人皆以爲博矣。是可以無察乎！自喜於一節者，不足與進於全德之地；求免於鄉人者，不可以語於聖賢之途。氣浮者，其志不確；心麄者，其造不深；外誇者，其中日陋。已矣，吾惡夫言之多也！虎谷有君子，類無言者。堯卿過焉，其以予言質之。

別張常甫序 辛未

太史張常甫將歸省，告別於司封王某曰：「期之別也，何以贈我乎？」某曰：「處九月矣，未嘗有言焉，期之別，又多乎哉？」常甫曰：「斯邦期之過也。雖然，必有以贈我。」某曰：「工文詞，多論説，廣探極覽以爲博也，可以爲學乎？」常甫曰：「知之。」「辯名物，考度數，釋經正史以爲密也，可以爲學乎？」常甫曰：「知之。」「整容色，脩辭氣，言必信，動必果，談説仁義以爲行也，可以爲學乎？」常甫曰：「知之。」曰：「去是三者而恬淡其心，專一其氣，廓然而虚，湛然而定以爲静也，可以爲學乎？」常甫默然良久，曰：「亦知之。」某曰：「然，知之。古之君子惟有所不知也，而後能知之；後之君子惟無所不知，是以容有不知也。夫道有本而學有要。是非之辯，精矣；義利之間，微矣。斯吾未之能信焉，曷亦姑無以爲知之也，而姑疑之、而姑思之乎？」常甫曰：「唯吾姑無以爲知之，而姑疑之、而姑思之，期而見，吾有以復於子！」

別湛甘泉序 壬申

顔子没，而聖人之學亡；曾子唯，一貫之旨傳之孟軻終；又二千餘年，而周、程續。自是而後，言益詳，道益晦；析理益精，學益支離。無本而事於外者，益繁以難。蓋孟氏患楊、墨，周、程之際，釋老大行。今世學者，皆知宗孔孟，賤楊墨，擯釋老，聖人之道若大明於世。然吾從而求之，聖人不得而見之矣！其能有若墨氏之兼愛者乎？其能有若楊氏之爲我者乎？其能有若老氏之清净自守、釋氏之究心性命者乎？吾何以楊、墨、老、釋之思哉？彼於聖人之道異，然猶有自得也。而世之學者，章繪句琢以誇俗，詭心色取，相飾以僞，謂聖人之道勞苦無功，非復人之所可爲，而徒取辯於言詞之間。古之人有終身不能究者，今吾皆能言其略，自以爲若是亦足矣，而聖人之學遂廢。則今之所大患者，豈非記誦詞章之習！而弊之所從來，無亦言之太詳、析之太精者之過歟！夫楊、墨、老、釋，學仁義，求性命，不得其道而偏焉，固非若今之學者以仁義爲不可學，性命之爲無益也。居今之時而有學仁義，求性命，外記誦辭章而不爲者，雖其陷於楊、墨、老、釋之偏，吾猶且以爲賢，彼其心猶求以自得也。夫求以自得，而後可與之言學聖人之道。某幼不問學，陷溺於邪僻者二十年，而始究心於老、釋。賴天之靈，因有所覺，始乃沿周、程之説求之，而若有得焉。顧一二同志之外，莫予翼也，岌岌乎仆而後興。晚得友於甘泉湛子，而後吾之志益堅，毅然若不可遏，則予之資於甘泉多矣。甘泉之學，務求自得者也。世未之能知其知者，且疑其爲禪。誠禪也，吾猶未得而見，而況其所志卓爾若此。則如甘泉者，非聖人之徒歟！多言又烏足病也！夫多言不足以病甘泉，與甘泉之不爲多言病也，吾信之。吾與甘泉友，意之所在，不言而會；論之所及，不約而同；期於斯道，斃而後已者。今日之别，吾容無言。夫惟聖人之學難明而易惑，習俗之降愈下而益不可回，任重道遠，雖已無俟於言，顧復於吾心，若有不容已也。則甘泉亦豈以予言爲綴乎？

别方叔賢序 辛未

予與叔賢處二年，見叔賢之學凡三變：始而尚辭，再變而講説，又再變而慨然有志聖人之道。方其辭章之尚，於予若冰炭焉；講説矣，則違合者半；及其有志聖人之道，而沛然於予同趣。將遂去之西樵山中，以成其志，叔賢亦可謂善變矣。聖人之學，以無我爲本，而勇以成之。予始與叔賢爲僚，叔賢以郎中故，事位吾上。及其學之每變，而禮予日恭，卒乃自稱門生而待予以先覺。此非脱去世俗之見，超然於無我者，不能也。雖横渠子之勇撤臯比，亦何以加於此！獨愧予之非其人，而何以當之！夫以叔賢之善變，而進之以無我之勇，其於聖人之道也何有。斯道也，絶響於世餘三百年矣。叔賢之美有若是，是以樂爲吾黨道之。

别王純甫序 辛未

王純甫之掌教應天也，陽明子既勉之以孟氏之言，純甫謂「未盡也」，請益曰：「道未之嘗學，而以教爲職，鰥官其罪矣。敢問教何以哉？」陽明子曰：「其學乎！盡吾之所以學者而教行焉耳。」曰：「學何以哉？」曰：「其教乎！盡吾之所以教者而學成焉耳。古之君子，有諸己而後求諸人也。」曰：「剛柔淳漓之異質矣，而盡之我教，其可一乎？」曰：「不一，所以一之也。天之於物也，巨微脩短之殊位，而生成之，一也。惟技也亦然，弓冶不相爲能，而其足於用，亦一也。匠斲也，陶埴也，圬墁也，其足以成室，亦一也。是故立法而考之，技也。各詣其巧矣，而同足於用。因人而施之，教也。各成其材矣，而同歸於善。仲尼之答仁孝也，孟氏之論貨色也，可以觀教矣。」曰：「然則教無定法乎？昔之辯者則何嚴也？」曰：「無定矣。而以之必天下，則弓焉而冶廢，匠焉而陶坏廢。聖人不欲人人而聖之乎？然而質人人殊。故辯之嚴者，曲之致也。是故或失則隘，或失則支，或失則流矣。是故因人而施者，定法矣；同歸於善者，定法矣。因人而施，質異也；同歸於善，性同也。夫教，以復其性而已。由堯、舜而來未之有改，而謂無定乎？」

別黄宗賢歸天台序 壬申

君子之學，以明其心。其心本無昧也，而欲爲之蔽，習爲之害。故去蔽與害而明復，匪自外得也。心猶水也，污入之而流濁；猶鑑也，垢積之而光昧。孔子告顔淵「克己復禮爲仁」，孟軻氏謂「萬物皆備於我」、「反身而誠」。夫已克而誠，固無待乎其外也。世儒既叛孔、孟之説，昧於《大學》「格致」之訓，而徒務博乎其外，以求益乎其内，皆入污以求清，積垢以求明者也，弗可得已。守仁幼不知學，陷溺於邪僻者二十年。疾疢之餘，求諸孔子、子思、孟軻之言，而恍若有見，其非守仁之能也。宗賢於我，自爲童子，即知棄去舉業，勵志聖賢之學。循世儒之説而窮之，愈勤而益難，非宗賢之罪也。學之難易失得也有原，吾嘗爲宗賢言之。宗賢於吾言，猶渴而飲，無弗入也，每見其溢於面。今既豁然，吾黨之良，莫有及者。謝病去，不忍予别而需予言。夫言之而莫予聽，倡之而莫予和，自今失吾助矣！吾則忍於宗賢之别而容無言乎？宗賢歸矣，爲我結廬天台、鴈蕩之間，吾將老焉。終不使宗賢之獨往也！

贈周瑩歸省序 乙亥

永康周瑩德純嘗學於應子元忠，既乃復見陽明子而請益。陽明子曰：「子從應子之所來乎？」曰：「然。」「應子則何以教子？」曰：「無他言也，惟日誨之以希聖希賢之學，毋溺於流俗。且曰：『斯吾所嘗就正於陽明子者也。子而不吾信，則盍親往焉？』瑩是以不遠千里而來謁。」曰：「子之來也，猶有所未信乎？」曰：「信之。」曰：「信之而又來，何也？」曰：「未得其方也。」陽明子曰：「子既得其方矣。無所事於吾。」周生悚然有間，曰：「先生以應子之故，望卒賜之教。」陽明子曰：「子既得之矣。無所事於吾。」周生悚然而起，茫然有間，曰：「瑩愚，不得其方。先生毋乃以瑩爲戲，望卒賜之教！」❶陽明子曰：「子之自永康而來也，程幾何？」曰：「千里而遥。」曰：「遠矣。從舟乎？」曰：「從舟，而又登陸也。」曰：「勞矣。當兹六月，亦暑乎？」曰：「途之暑特甚也。」曰：「難矣。具資糧、從童僕乎？」曰：「中途而僕病，乃舍貸而行。」曰：「兹益難矣。」曰：「子之來既遠且勞，其難若此也，何不遂返而必來乎？將亦無有强子者乎？」曰：「瑩至於夫子之門，勞苦艱難，誠樂之。寧以是而遂返，又俟乎人之强之也乎？」曰：「斯吾之所謂子之既得其方也。子之志，欲至於吾門也，則遂至於吾門，無假於人。子而志於聖賢之學，有不至於聖賢者乎？而假於人乎？

❶ 「望」，原作「瑩」，據康熙十二年俞嶙重編《王陽明先生全集》卷五改。

子之舍舟從陸，捐僕貸糧，冒毒暑而來也，則又安所從受之方也？」生躍然起拜曰：「兹乃命之方也已！抑瑩由於其方而迷於其説，必俟夫子之言而後躍如也，則何居？」陽明子曰：「子未覩乎爇石以求灰者乎？火力具足矣，乃得水而遂化。子歸，就應子而足其火力焉，吾將儲擔石之水以俟子之再見。」

贈林典卿歸省序 乙亥

林典卿與其弟遊於大學，且歸，辭於陽明子曰：「元叙嘗聞立誠於夫子矣。今兹歸，敢請益。」陽明子曰：「立誠。」典卿曰：「學固此乎？天地之大也，而星辰麗焉，日月明焉，四時行焉，引類而言之，不可窮也。人物之富也，而草木蕃焉，禽獸群焉，中國夷狄分焉，引類而言之，不可盡也。夫古之學者，殫智慮，弊精力，而莫究其緒焉；靡晝夜，極年歲，而莫竟其説焉；析蠶絲，擢牛尾，而莫既其奥焉。而曰立誠，立誠盡之矣乎？」陽明子曰：「立誠盡之矣。夫誠，實理也。其在天地，則其麗焉者，則其明焉者，則其行焉者，則其引類而言之不可窮焉者，皆誠也；其在人物，則其蕃焉者，則其群焉者，則其分焉者，則其引類而言之不可盡焉者，皆誠也。是故殫智慮，弊精力，而莫究其緒也；靡晝夜，極年歲，而莫竟其説也；析蠶絲，擢牛尾，而莫既其奥也。夫誠，一而已矣，故不可復有所益。益之是爲二也，二則僞，故誠不可益。不可益，故至誠無息。」典卿起拜曰：「吾今乃知夫子之教若是其要也！請終身事之，不敢復有所疑。」陽明子曰：「子歸，有黄宗賢氏者、應元忠氏者，方與講學於天台、鴈蕩之間，倘遇焉，其遂以吾言諗之。」

贈陸清伯歸省序 乙亥

陸清伯澄歸歸安，與其友二三子論繹所學贈處焉。二三子或曰：「清伯之學日進矣。始吾見清伯，其氣揚揚然若浮雲，其言滔滔然若流波。今而日默默爾，日慊慊爾，日雍雍爾，日休休爾，有大逕庭焉。以是知其進也。」或曰：「清伯始見夫子，一月一至，既而旬一至，又既而五六日三四日而一至，又既而遷居於夫子之傍，後乃請於夫子，掃庾下之室而旦暮侍焉。夫德莫淑於尊賢，學莫遄於親師。故趨權門者日進於勢，遊市肆者日進於利。清伯於夫子之道，日加親附焉。吾未遑其他，即是可以知其學之進也矣。」清伯曰：「有是哉？澄則以爲日退也。澄聞夫子之教而茫然，已而歆然，忽耿然而疑，已而大疑焉，又閃然大駭，乃忽闖然若有覩也。當是時，則亦幾有所益矣。自是且數月，蓋悠焉游焉，業不加脩焉，反而求焉，倀倀然，頹頹然，昏蔽擴而愈進，私累息而愈興，衆妄攻而愈固，如上灘之舟，屢失屢下，力挽而不能前，以爲日退也。」明日又辭於陽明子，二三子偕焉，各言其所以。陽明子曰：「其然乎！其然乎！謂己爲日退者，進脩之勵，善日進矣。謂人爲日進者，與人爲善者，其善亦日進矣。雖然，謂己爲日退也，而意阻焉，能無日退乎？謂人爲日進也，而氣歉焉，亦能無日退乎？斯又進退之機，吉凶之所由分也，可無慎乎！」

贈周以善歸省序 乙亥

江山周以善究心格物致知之學有年矣，苦其難而不能有所進也。聞陽明子之說而異之，意其或有見也，就而問之。聞其說，戚然若有所省。歸，求其故而不合，則遲疑旬日。又往聞其說，則又戚然若有所省。歸，求其故而不合，則又遲疑者旬日。如是往復數月，求之既無所獲，去之又弗能也，乃往告之以其故。陽明子曰：「子未聞昔人之論弈乎？『弈之爲數，小數也，不專心致志，則亦不可以得也。』今子入而聞吾之說，出而有鴻鵠之思焉，亦何怪乎勤而弗獲矣？」於是退而齋潔，而以弟子之禮請。陽明子與之坐。蓋默然良久，乃告之以立誠之說，聳然若仆而興也。明日，又言之加密焉，證之以《大學》；明日，又言之加密焉，證之以《論》、《孟》；明日，又言之加密焉，證之以《中庸》。乃躍然喜，避席而言曰：「積今而後無疑於夫子之言，而後知聖賢之教若是其深切簡易也，而後知所以格物致知以誠吾之身。吾喜焉，吾悔焉，十年之攻，徒以斃精神而亂吾之心術也，悲夫！積將以夫子之言告同志，俾及時從事於此，無若積之底於悔也。庶以報夫子之德，而無負於夫子之教！」居月餘，告歸。陽明子叙其言以遺之，使無忘於得之之難也。

贈郭善甫歸省序 乙亥

郭子自黃來學，踰年而告歸，曰：「慶聞夫子立志之說，亦既知所從事矣。今茲將遠去，敢請一言以爲夙夜勖。」陽明子曰：「君子之於學也，猶農夫之於田也，既善其嘉種矣，又深耕易耨，去其蝥莠，時其灌溉，早作而夜思，皇皇惟嘉種之是憂也，而後可望於有秋。夫志猶種也，學問思辯而篤行之，是耕耨灌溉以求於有秋也。志之弗端，是荑稗也。志端矣，而功之弗繼，是五穀之弗熟，弗如荑稗也。吾嘗見子之求嘉種矣，然猶懼其或荑稗也，見子之勤耕耨矣，然猶懼其荑稗之弗如也。夫農，春種而秋成，時也。由志學而至於立，自春而徂夏也，由立而至於不惑，去夏而秋矣。已過其時，猶種之未定，不亦大可懼乎？過時之學，非人一己百，未之敢望，而猶或作輟焉，不亦大可哀乎？從吾游者衆矣，雖開說之多，未有出於立志者。故吾於子之行，卒不能舍是而別有所說。子亦可以無疑於用力之方矣。」

贈鄭德夫歸省序 乙亥

西安鄭德夫將學於陽明子，聞士大夫之議者以爲禪學也，復已之。則與江山周以善者，姑就陽明子之門人而考其說，若非禪者也。則又姑與就陽明子，親聽其說焉。蓋旬有九日，而後釋然於陽明子之學非禪也，始具弟子之禮師事之。問於陽明子曰：「釋與儒孰異乎？」陽明子曰：「子無求其異同於儒、釋，求其是者而學焉可矣。」曰：「是與非孰辨乎？」曰：「子無求其是非於講說，求諸心而安焉者是矣。」曰：「心又何以能定是非乎？」曰：「無是非之心，非人也。口之於甘苦也，與易牙同；目之於妍媸也，與離婁同；心之於是非也，與聖人同。其有昧焉者，其心之於道，不能如口之於味、目之於色之誠切也，然後私得而蔽之。子務立其誠而已。子惟慮夫心之於道，不能如口之於味、目之於色之誠切也，而何慮夫甘苦妍媸之無辯也乎？」曰：「然則五經之所載、四書之所傳，其皆無所用乎？」曰：「孰爲而無所用乎？是甘苦妍媸之所在也。使無誠心以求之，是談味論色而已也，又孰從而得甘苦妍媸之真乎？」既而告歸，請陽明子爲書其說，遂書之。

紫陽書院集序 乙亥

豫章熊侯世芳之守徽也，既敷政其境內，乃大新紫陽書院以明朱子之學，萃七校之秀而躬教之。於是校士程曾氏採摭書院之興廢爲集，而弁以白鹿之規，明政教也。來請予言，以諗多士。

夫爲學之方，白鹿之規盡矣；警勸之道，熊侯之意勤矣；興廢之故，程生之集備矣。又奚以予言爲乎？然予聞之：德有本而學有要，不於其本而泛焉以從事，高之而虛無，卑之而支離，終亦流蕩失宗，勞而無得矣。是故君子之學，惟求得其心。雖至於位天地，育萬物，未有出於吾心之外也。孟氏所謂「學問之道無他，求其放心而已矣」者，一言以蔽之。故博學者，學此者也；審問者，問此者也；慎思者，思此者也；明辯者，辯此者也；篤行者，行此者也。心外無事，心外無理，故心外無學。是故於父子盡吾心之仁，於君臣盡吾心之義；言吾心之忠信，行吾心之篤敬；懲心忿，窒心欲，遷心善，改心過；處事接物，無所往而非求盡吾心以自慊也。譬之植焉，心其根也，學也者，其培擁之者也，灌溉之者也，扶植而删鋤之者也，無非有事於根焉耳矣。朱子白鹿之規，首之以五教之目，次之以爲學之方，又次之以處事接物之要，若各爲一事而不相蒙者。斯殆朱子平日之意，所謂「隨事精察而力行之，庶幾一旦貫通之妙也」歟？然而世之學者，往往遂失之支離瑣屑，色莊外馳，而流入於口耳聲利之習。豈朱子之教使然哉？故吾因諸士之請，而特原其本以相勖。庶幾乎操存講習之有要，亦所以發明朱子未盡之意也。

朱子晚年定論序 戊寅

洙泗之傳，至孟子而息。千五百餘年，濂溪、明道始復追尋其緒。自後辯析日詳，然亦日就支離決裂，旋復湮晦。吾嘗深求其故，大抵皆世儒之多言有以亂之。守仁蚤歲業舉，溺志辭章之習，既乃稍知從事正學，而苦於衆説之紛撓疲爾，❶茫無可入，因求諸老、釋，欣然有會於心，以爲聖人之學在此矣。然於孔子之教間相出入，而措之日用，往往闕漏無歸。依違往返，且信且疑。其後謫官龍場，居夷處困，動心忍性之餘，恍若有悟。體驗探求，再更寒暑，證諸六經四子，沛然若決江河而放之海也。然後嘆聖人之道坦如大路，而世之儒者妄開竇徑，蹈荊棘，墮坑塹，究其爲説，反出二氏之下。宜乎世之高明之士厭此而趨彼也！此豈二氏之罪哉？間嘗以此語同志，而聞者競相非議，自以爲立異好奇，雖每痛反深抑，務自搜剔斑瑕，而愈益精明的確，洞然

❶「爾」，康熙十二年俞嶙重編《王陽明先生全集》本作「薾」。

無復可疑，獨於朱子之說有相牴牾，恒疚於心。切疑朱子之賢，而豈其於此尚有未察？及官留都，復取朱子之書而檢求之，然後知其晚歲固已大悟舊說之非，痛悔極艾，至以爲自誑誑人之罪不可勝贖。世之所傳《集註》、《或問》之類，乃其中年未定之說，自咎以爲舊本之誤，思改正而未及。而其諸《語類》之屬，又其門人挾勝心以附己見，固於朱子平日之說猶有大相繆戾者。而世之學者局於見聞，不過持循講習於此，其於悟後之論，概乎其未有聞。則亦何怪乎予言之不信，而朱子之心無以自暴於後世也乎？予既自幸其說之不繆於朱子，又喜朱子之先得我心之同然，且慨夫世之學者徒守朱子中年未定之說，而不復知求其晚歲既悟之論，競相呶呶以亂正學，不自知其已入於異端，輒採録而裒集之，私以示夫同志。庶幾無疑於吾說，而聖學之明可冀矣。

别梁日孚序 戊寅

聖人之道若大路，雖有跛躄，行而不已，未有不至。而世之君子顧以爲聖人之異於人，若彼其甚遠也，其爲功亦必若彼其甚難也，而淺易若此，豈其可及乎！則從而求之艱深恍惚，溺於支離，騖於虚高，率以爲聖人之道必不可至，而甘於其質之所便，日以淪於污下。有從而求之者，競相嗤訕，曰狂誕不自量者也。嗚呼！其弊也亦豈一朝一夕之故哉！孟子云：「徐行後長者謂之弟，疾行先長者謂之不弟。」夫徐行者，豈人所不能哉？所不爲也。世之人不知咎其不爲，而歸咎於其不能，其亦不思而已矣。

進士梁日孚携家謁選於京，過贛，停舟見予。始與之語，移時而别。明日又來，與之語，日昃而别。又明日又來，日入而未忍去。又明日，則假館而請受業焉。同舟之人强之北者開譬百端，日孚皆笑而不應。莫不囂且異。其最親愛者曰：「子有萬里之行，戒僮僕，聚資斧，具舟楫，又挈其家室，經營閱歲而始就道。行未數百里而中止，此不有大苦，必有大樂者乎？子亦可以語我乎？」日孚笑曰：「吾今則有大苦，亦誠有大樂者，然未易以語子也。子見病狂喪心者乎？方其昏逸瞶亂，赴湯火，蹈荆棘，莫不恬然自信，以爲是也。比遇良醫，沃之以清冷之漿，而投之以神明之劑，始甦然以醒。告之以其向之所爲，又始駭然以苦；示之以其所從歸之途，又始欣然以喜，且恨遇斯人之晚也。彼病狂不復者反從而哂嗐之，以爲是變其常。今吾與子之事，亦何以異於此矣！」居無何，予以軍旅之役出，而遠日孚者且兩月，謂日孚既去矣。及旋，而日孚居然以待！既以委其資斧於逆旅，歸其家室於故鄉，泊然而樂，若將終身焉。扣其學，日有所明而月有所異矣。然後益嘆聖人之學，非夫自暴自棄，未有不可由之而至。而日孚出於流俗，殆孟子所謂「豪傑之士」者矣。復留餘三月，其母使人來謂曰：「姑北行，以畢吾願，然後從爾所好。」知日孚者亦交以是勸。日孚請曰：「焯焉能一日而去夫子！將復赴湯火，蹈荆棘矣！」予曰：「其然哉？子以聖人之道爲有方體乎？爲可拘之以時，限之以地乎？世未有既醒之人而復赴湯火，蹈荆棘者。子務醒其心，毋徒湯火荆棘之爲懼！」曰孚良久曰：「焯近之矣。聖人之道，求之於心，故不滯於事；出之以理，故不泥於物；根之以性，故不拘以時；動之以神，故不限以地。苟知此矣，焉往而非學也！奚必恒於夫子之門乎？焯請暫辭而北，疑而復求正。」予莞爾而笑曰：「近之矣！近之矣！」

大學古本序 戊寅

《大學》之要，誠意而已矣。誠意之功，格物而已矣。誠意之極，止至善而已矣。止至善之則，致知而已矣。正心，復其體也；脩身，著其用也。以言乎己，謂之明德；以言乎人，謂之親民；以言乎天地之間，則備矣。是故至善也者，心之本體也。動而後有不善，而本體之知，未嘗不知也。意者，其動也。物者，其事也。致其本體之知，而動無不善。然非即其事而格之，則亦無以致其知。故致知者，誠意之本也。格物者，致知之實也。物格則知致意誠，而有以復其本體，是之謂止至善。聖人懼人之求之於外也，而反覆其辭。舊本析而聖人之意亡矣。是故不務於誠意而徒以格物者，謂之支；不事於格物而徒以誠意者，謂之虛；不本於致知而徒以格物誠意者，謂之妄。支與虛與妄，其於至善也遠矣。合之以敬而益綴，補之以傳而益離。吾懼學之日遠於至善也，去分章而復舊本，傍爲之什，以引其義。庶幾復見聖人之心，而求之者有其要。噫！乃若致知，則存乎心悟，致知焉盡矣。

禮記纂言序 庚辰

禮也者，理也；理也者，性也；性也者，命也。「維天之命，於穆不已」，而其在於人也謂之性，其粲然而條理也謂之禮，其純然而粹善也謂之仁，其截然而裁制也謂之義，其昭然而明覺也謂之知，其渾然於其性也，則理一而已矣。故仁也者，禮之體也；義也者，禮之宜也；知也者，禮之通也。經禮三百，曲禮三千，無一而非仁也，無一而非性也。天叙天秩，聖人何心焉？蓋無一而非命也。故克己復禮則謂之仁，窮理則盡性以至於命，盡性則動容周旋中禮矣。後之言禮者，吾惑焉。紛紜器數之争，而牽制刑名之末；窮年矻矻，弊精於祝吏之糟粕，而忘其所謂「經綸天下之大經，立天下之大本」者。「禮云禮云，玉帛云乎！」而人之不仁也，其如禮何哉？故老莊之徒，外禮以言性，而謂禮爲道德之衰，仁義之失，既已墮於空虚漭蕩。而世儒之説，復外性以求禮，遂謂禮止於器數制度之間，而議擬倣像於影響形迹，以爲天下之禮盡在是矣。故凡先王之禮，煙蒙灰散而卒以煨燼於天下，要亦未可專委罪於秦火者。僭不自度，嘗欲取《禮記》之所載，揭其大經大本而疏其條理節目，庶幾器道本末之一致。又懼其德之弗任，而時亦有所未及也。間嘗爲之説曰：「禮之於節文也，猶規矩之於方圓也。非方圓無以見規矩之用，非節文則亦無從而睹所謂禮矣。然方圓者，規矩之所出，而不可遂以方圓爲規矩。故執規矩以爲方圓，則方圓不可勝用。舍規矩以爲方圓，而遂以方圓爲之規矩，則規矩之用息矣。故規矩者，無一定之方圓；而方圓者，有一定之規矩。此學禮之要，盛德者之所以動容周旋而中也。」

宋儒朱仲晦氏慨《禮經》之蕪亂，嘗欲考正而刪定之，以《儀禮》爲之經，《禮記》爲之傳，而其志竟亦弗就。其後吴幼清氏因而爲《纂言》，亦不數數於朱說，而於先後輕重之間，固已多所發明。二子之見，其規條指畫則既出於漢儒矣，其所謂「觀其會通，以行其典禮之原」，則尚恨吾生之晚，而未及與聞之也。雖然，後聖而有作，則無所容言矣；後聖而未有作也，則如《纂言》者，固學禮者之箕裘筌蹄，而可以少之乎？婣友胡汝登忠信而好禮，其爲寧國也，將以是而施之，刻《纂言》以敷其說，而屬序於予。予將進汝登之道而推之於其本也，故爲序之若此云。

象山文集序 庚辰

聖人之學，心學也。堯、舜、禹之相授受曰：「人心惟危，道心惟微，惟精惟一，允執厥中。」此心學之源也。中也者，道心之謂也；道心精一之謂仁，所謂中也。孔孟之學，惟務求仁，蓋精一之傳也。而當時之弊，固已有外求之者，故子貢致疑於多學而識，而以博施濟衆爲仁。夫子告之以一貫，而教以能近取譬，蓋使之求諸其心也。迨於孟氏之時，墨氏之言仁至於摩頂放踵，而告子之徒又有「仁內義外」之說，心學大壞。孟子闢義外之說，而曰：「仁，人心也。學問之道無他，求其放心而已矣。」又曰：「仁義禮智，非由外鑠我也，我固有之，弗思耳矣。」蓋王道息而伯術行，功利之徒外假天理之近似以濟其私，而以欺於人，曰：天理固如是。不知既無其心矣，而尚何有所謂天理者乎？自是而後，析心與理而爲二，而精一之學亡。世儒之支離，外索於刑名器數之末，以求明其所謂物理者，而不知吾心即物理，初無假於外也。佛、老之空虛，遺棄其人倫事物之常，以求明其所謂吾心者，而不知物理即吾心，不可得而遺也。至宋周、程二子，始復追尋孔、顔之宗，而有「無極而太極」、「定之以仁義中正而主静」之説，「動亦定，静亦定，無内外，無將迎」之論，庶幾精一之旨矣。自是而後，有象山陸氏，雖其純粹和平若不逮於二子，而簡易直截，真有以接孟子之傳。其議論開闔，時有異者，乃其氣質意見之殊，而要其學之必求諸心，則一而已。故吾嘗斷以陸氏之學，孟氏之學也。而世之議者，以其嘗與晦翁之有同異，而遂詆以爲禪。夫禪之説，棄人倫，遺物理，而要其歸極，不可以爲天下國家。苟陸氏之學而果若是也，乃所以爲禪也。今禪之説與陸氏之説，其書具存，學者苟取而觀之，其是非同異，當有不待於辯説者。而顧一倡群和，勦説雷同，如矮人之觀場，莫知悲笑之所自，豈非貴耳賤目，不得於言而勿求諸心者之過歟！夫是非同異，每起於人持勝心、便舊習而是己見。故勝心舊習之爲患，賢者不免焉。

撫守李茂元氏將重刊象山之文集，而請一言爲之序。予何所容言哉？惟讀先生之文者，務求諸心而無以舊習己見先焉，則糠粃精鑿之美惡，入口而知之矣。

觀德亭記戊寅

君子之於射也，内志正，外體直，持弓矢審固，而後可以言中。故古者射以觀德。德也者，得之於其心也。君子之學，求以得之於其心，故君子之於射，以存其心也。是故懆於其心者其動妄，蕩於其心者其視浮，歉於其心者其氣餒，忽於其心者其貌惰，傲於其心者其色矜。五者，心之不存也。不存也者，不學也。君子之學於射，以存其心也。是故心端則體正，心敬則容肅，心平則氣舒，心專則視審，心通故時而理，心純故讓而恪，心宏故勝而不張、負而不弛。七者備而君子之德成。君子無所不用其學也，於射見之矣。故曰：「爲人君者，以爲君鵠；爲人臣者，以爲臣鵠；爲人父者，以爲父鵠；爲人子者，以爲子鵠。」射也者，射己之鵠也，鵠也者，心也，各射己之心也，各得其心而已。故曰：可以觀德矣。作《觀德亭記》。

重脩文山祠記戊寅

宋丞相文山文公之祠，舊在廬陵之富田。今螺川之有祠，實肇於我孝皇之朝，然亦因廢爲新，多缺陋而未稱。正德戊寅，縣令邵德容始恢其議於郡守伍文定，相與白諸巡撫、巡按、守巡諸司，皆以是爲風化之所係也，争措財鳩工，圖拓而新之。協守令之力，不再踰月而工萃。圮者完，隘者闢，遺者舉，巍然焕然，不獨廟貌之改觀。而吉之人士奔走瞻嘆，翕然益起其忠孝之心，則是舉之有益於名教也誠大矣！使來請記。

嗚呼！公之忠，天下之達忠也。結椎異類，猶知敬慕，而況其鄉之人乎！逆旅經行，猶存尸祝，而況其鄉之士乎！凡有職守，皆知尊尚，而況其土之官乎！然而鄉人之慕之也，三有司之崇尚之也。文公之没，今且三百年矣，吉士之以氣節行義，後先炳燿，謂非聞公之風而興，不可也。然忠義之降，激而爲氣節；氣節之弊，流而爲客氣。其上焉者，無所爲而爲，固公所謂成仁取義者矣。其次有所爲矣，然猶其氣之近於正者也。迨其弊也，遂有憑其憤戾粗鄙之氣，以行其娼嫉褊鶩之私。士流於矯拂，民入於健訟；人欲熾而天理滅，而猶自視以爲氣節。若是者容有之乎？則於公之道，非所謂操戈入室者歟？吾故備而論之，以勖夫兹鄉之後進，使之去其偏以歸於全，克其私以反於正，不媿於公而已矣。

今巡撫暨諸有司之表勵崇飾，固將以行其好德之心，振揚風教，《詩》所謂「民之秉彝，好是懿德」者也。人亦孰無是心？苟能充之，公之忠義在我矣，而又何羡乎！然而時之表勵崇飾，有好其實而崇之者，有慕其名而崇之者，有假其迹而崇之者。忠義有諸己，思以喻諸人，因而表其祠宇，樹之風聲，是好其實者也。知其美而未能誠諸身，姑以脩其祠宇，彰其事迹，是慕其名者也。飾之祠宇而壞之於其身，矯之文具而敗之於其行，奸以掩其外，而襲以阱其中，是假其迹者也。若是者容有之乎？則於公之道，非所謂毁瓦畫墁者歟？吾故備而論之，以勖夫後之官兹土者，使無徒慕其名而務求其實，毋徒脩公之祠而務脩公之行，不媿於公而已矣。

某嘗令兹邑，睹公祠之圮陋而未能恢，

既有媿於諸有司；慨其風聲氣習之或弊，而未能講去其偏，復有媿於諸人士。樂玆舉之有成也，推其愧心之言而爲之記。

從吾道人記 乙酉

海寧董蘿石者，年六十有八矣，以能詩聞江湖間。與其鄉之業詩者十數輩爲詩社，旦夕操紙吟嗚，相與求句字之工，至廢寢食，遺生業。時俗共非笑之，不顧，以爲是天下之至樂矣。嘉靖甲申春，蘿石來游會稽，聞陽明子方與其徒講學山中，以杖肩其瓢笠詩卷來訪。入門，長揖上坐。陽明子異其氣貌，且年老矣，禮敬之。又詢知其爲董蘿石也，與之語連日夜。蘿石辭彌謙，禮彌下，不覺其席之彌側也。退，謂陽明子之徒何生秦曰：「吾見世之儒者支離瑣屑，脩飾邊幅，爲偶人之狀，其下者貪饕爭奪於富貴利欲之場，而嘗不屑其所爲，以爲世豈真有所謂聖賢之學乎？直假道於是以求濟其私耳。故遂篤志於詩，而放浪於山水。今吾聞夫子良知之説，而忽若大寐之得醒，然後知吾向之所爲，日夜弊精勞力者，其與世之營營利祿之徒，特清濁之分，而其間不能以寸也。幸哉！吾非至於夫子之門，則幾於虛此生矣。吾將北面夫子而終身焉，得無既老而有所不可乎？」秦起拜賀曰：「先生之年則老矣，先生之志何壯哉！」入以請於陽明子。陽明子喟然嘆曰：「有是哉？吾未或見此翁也！雖然，齒長於我矣。師友一也，苟吾言之見信，奚必北面而後爲禮乎？」蘿石聞之，曰：「夫子殆以予誠之未積歟？」辭歸兩月，棄其瓢笠，持一縑而來。謂秦曰：「此吾老妻之所織也。

吾之誠積，若茲縷矣。夫子其許我乎？」秦入以請。陽明子曰：「有是哉？吾未或見此翁也！今之後生晚進，苟知執筆爲文辭，稍記習訓詁，則已侈然自大，不復知有從師學問之事。見有或從師問學者，則鬨然共非笑，指斥若怪物。翁以能詩訓後進，從之遊者遍於江湖，蓋居然先輩矣。一旦聞予言，而棄去其數十年之成業如敝屣，遂求北面而屈禮焉，豈獨今之時而未見若人，將古之記傳所載，亦未多數也。夫君子之學，求以變化其氣質焉爾。氣質之難變者，以客氣之爲患，而不能以屈下於人，遂至自是自欺，飾非長敖，卒歸於兇頑鄙倍。故凡世之爲子而不能孝，爲弟而不能敬，爲臣而不能忠者，其始皆起於不能屈下，而客氣之爲患耳。苟惟理是從，而不難於屈下，則客氣消而天理行。非天下之大勇，不足以與於此！則如蘿石，固吾之師也，而吾豈足以師蘿石乎？」蘿石曰：「甚哉！夫子之拒我也。吾不能以俟請矣。」入而强納拜焉。陽明子固辭不獲，則許之以師友之間。❶與之探禹穴，登爐峰，陟秦望，尋蘭亭之遺迹，徜徉於雲門、若耶、鑑湖、剡曲。蘿石日有所聞，益充然有得，欣然樂而忘歸也。其鄉黨之子弟親友與其平日之爲社者，或笑而非，或爲詩而招之返，且曰：「翁老矣，何乃自苦若是耶？」蘿石笑曰：「吾方幸逃於苦海，方知憫若之自苦也，顧以吾爲苦耶？吾方揚鬐於渤澥，而振羽於雲霄之上，安能復投網罟而入樊籠乎？去矣，吾將從吾之所好！」遂自號曰「從吾道人」。

❶「許」，原作「計」，據康熙十二年俞嶙重編《王陽明先生全集》卷六改。

陽明子聞之，嘆曰：「卓哉蘿石！『血氣既衰，戒之在得』矣，孰能挺特奮發，而復若少年英鋭者之爲乎？真可謂之能『從吾所好』矣。世之人從其名之好也，而競以相高；從其利之好也，而貪以相取；從其心意耳目之好也，而詐以相欺：亦皆自以爲從吾所好矣，而豈知吾之所謂真吾者乎！夫吾之所謂真吾者，良知之謂也。父而慈焉，子而孝焉，吾良知所好也；不慈不孝焉，斯惡之矣。言而忠信焉，行而篤敬焉，吾良知所好也；不忠信焉，不篤敬焉，斯惡之矣。故夫名利物欲之好，私吾之好也，天下之所惡也；良知之好，真吾之好也，天下之所同好也。是故從私吾之好，則天下之人皆惡之矣，將心勞日拙而憂苦終身，是之謂物之役。從真吾之好，則天下之人皆好之矣，將家、國、天下，無所處而不當；富貴、貧賤、患難、夷狄，無入而不自得；斯之謂能從吾之所好也矣。夫子嘗曰：『吾十有五而志於學』，是從吾之始也。『七十而從心所欲不踰矩』，則從吾而化矣。蘿石踰耳順而始知從吾之學，毋自以爲既晚也。充蘿石之勇，其進於化也何有哉？嗚呼！世之營營於物欲者，聞蘿石之風，亦可以知所適從也乎！」

親民堂記 乙酉

南子元善之治越也，過陽明子而問政焉。陽明子曰：「政在親民。」曰：「親民何以乎？」曰：「在明明德。」曰：「明明德何以乎？」曰：「在親民。」曰：「明德、親民，一乎？」曰：「一也。明德者，天命之性，靈昭不昧，而萬理之所從出也。人之於其父也，而莫不知孝焉；於其兄也，而莫不知弟焉；於凡事物之感，莫不有自然之明焉；是其靈昭之在人心，亘萬古而無不同，無或昧者也，是故謂之明德。其或蔽焉，物欲也。明之者，去其物欲之蔽，以全其本體之明焉耳，非能有以增益之也。」曰：「何以在親民乎？」曰：「德不可以徒明也。人之欲明其孝之德也，則必親於其父，而後孝之德明矣；欲明其弟之德也，則必親於其兄，而後弟之德明矣。君臣也，夫婦也，朋友也，皆然也。故明明德必在於親民，而親民乃所以明其明德也。故曰一也。」曰：「親民以明其明德，脩身焉可矣，而何家、國、天下之有乎？」曰：「人者，天地之心也；民者，對己之稱也；曰民焉，則三才之道舉矣。是故親吾之父以及人之父，而天下之父子莫不親矣；親吾之兄以及人之兄，而天下之兄弟莫不親矣。君臣也，夫婦也，朋友也，推而至於鳥獸草木也，而皆有以親之，無非求盡吾心焉以自明其明德也。是之謂明明德於天下，是之謂家齊國治而天下平。」曰：「然則烏在其爲止至善者乎？」「昔之人固有欲明其明德矣，然或失之虛罔空寂，而無有乎家國天下之施者，是不知明明德之在於親民，而二氏之流是矣；固有欲親其民者矣，然或失之知謀權術，而無有乎仁愛惻怛之誠者，是不知親民之所以明其明德，而五伯功利之徒是矣。是皆不知止於至善之過也。是故至善也者，明德親民之極則也。天命之性，粹然至善。其靈昭不昧者，皆其至善之發見，是皆明德之本體，而所謂良知者也。至善之發見，是而是焉，非而非焉，固吾心天然自有之則，而不容有所擬議加損於其間也。有所擬議加損於其間，則是私意小智，而非至善之謂矣。人惟不知至善之在吾心，而用其私智以求之於外，是以昧其是非之則，至於横騖決裂，人欲肆而天理亡，明德親民之學大亂於天下。故止至善之於明德親民也，猶之規矩之於方圓也，尺度之於長短也，權衡之於輕重也。方圓而不止於規矩，爽其度矣；長短而不止於尺度，乖其制矣；輕重而不止於權衡，失其準矣；明德親民而不止於至善，亡其則矣。夫是之謂大人之學。大人者，以天地萬物爲一體也。夫然後能以天地萬物爲一體」。元善喟然而嘆曰：「甚哉！大人之學若是其易簡也。吾乃今知天地萬物之一體矣！吾乃今知天下之爲一家、中國之爲一人矣！『一夫不被其澤，若己推而内諸溝中』，伊尹其先得我心之同然乎！」於是名其涖政之堂曰「親民」，而曰：「吾以親民爲職者也，吾務親吾之民以求明吾之明德也夫！」爰書其言于壁而爲之記。

萬松書院記 乙酉

萬松書院在浙省南門外，當湖山之間。弘治初，參政周君近仁因廢寺之趾而改爲之，廟貌規制略如學宫，延孔氏之裔以奉祀事。近年以來，有司相繼緝理，地益以勝，然亦止爲遊觀之所，而講誦之道未備也。嘉靖乙酉，侍御潘君景哲奉命來巡，憲度丕肅，文風聿新。既簡鄉闈，收一省之賢而上之南宫矣，又以遺才之不能盡取爲憾，思有以大成之。乃增脩書院，益廣樓居齋舍爲三十六楹；具其器用，置贍田若干頃。揭白鹿之規，掄彦選俊，肆習其間，以倡列郡之士，而以屬之提學僉事萬君汝信。汝信曰：「是固潮之責也。」藩臬諸君咸贊厥成，使知事嚴綱董其役，知府陳力、推官陳篪輩相協經理。閱月踰旬，工訖事舉，乃來請言以紀其事。

惟我皇明，自國都至於郡邑，咸建廟學，群士之秀，專官列職而教育之。其於學校之制，可謂詳且備矣。而名區勝地，往往復有書院之設，何哉？所以匡翼夫學校之不逮也。夫三代之學，皆所以明人倫，今之學宮皆以「明倫」名堂，則其所以立學者，固未嘗非三代意也。然自科舉之業盛，士皆馳騖於記誦辭章，而功利得喪分惑其心，於是師之所教，弟子之所學者，遂不復知有明倫之意矣。懷世道之憂者思挽而復之，卒亦未知所措其力。譬之兵事，當玩弛偷惰之餘，則必選將閱伍，更其號令旌旗，懸非格之賞以倡敢勇，然後士氣可得而振也。今書院之設，固亦此類也歟？士之來集於此者，其必相與思之曰：「既進我於學校矣，而復優我於是，何爲乎？寧獨以精吾之舉業而已乎？便吾之進取而已乎？則學校之中，未嘗不可以精吾之業。而進取之心，自吾所汲汲，非有待於人之從而趨之也。是必有進於是者矣。是固期我以古聖賢之學也。」古聖賢之學，明倫而已。堯、舜之相授受曰：「人心惟危，道心惟微，惟精惟一，允執厥中。」斯明倫之學矣。道心也者，率性之謂也，人心則僞矣。不雜於人僞，率是道心而發之於用也，以言其情，則爲喜怒哀樂；以言其事，則爲中節之和，爲三千三百經曲之禮；以言其倫，則爲父子之親，君臣之義，夫婦之別，長幼之序，朋友之信，而三才之道盡此矣。舜使契爲司徒以教天下者，教之以此也。是固天下古今聖愚之所同具，其或昧焉者，物欲蔽之。非其中之所有不備，而假求之於外者也。是固所謂不慮而知，其良知也；不學而能，其良能也。孩提之童，無不知愛其親者也。孔子之聖，則曰「所求乎子以事父，未能也」。是明倫之學，孩提之童亦無不能，而及其至也，雖聖人有所不能盡也。人倫明於上，小民親於下，家齊國治而天下平矣。是故明倫之外無學矣。外此而學者，謂之異端；非此而論者，謂之邪説；假此而行者，謂之伯術；飾此而言者，謂之文辭；背此而馳者，謂之功利之徒，亂世之政。雖今之舉業，必自此而精之，而謂不愧於敷奏明試；雖今之仕進，必由此而施之，而後無忝於行義達道。斯固國家建學之初意，諸君緝書院以興多士之盛心也，故爲多士誦之。

稽山書院尊經閣記乙酉

經，常道也。其在於天謂之命，其賦於人謂之性，其主於身謂之心。心也，性也，命也，一也。通人物，達四海，塞天地，亘古今，無有乎弗具，無有乎弗同，無有乎或變者也。是常道也，其應乎感也，則爲惻隱，爲羞惡，爲辭讓，爲是非；其見於事也，則爲父子之親，爲君臣之義，爲夫婦之别，爲長幼之序，爲朋友之信。是惻隱也，羞惡也，辭讓也，是非也；是親也，義也，序也，别也，信也：一也。皆所謂心也，性也，命也。通人物，達四海，塞天地，亘古今，無有乎弗具，無有乎弗同，無有乎或變者也，是常道也。是常道也，以言其陰陽消息之行焉，則謂之《易》；以言其紀綱政事之施焉，則謂之《書》；以言其歌詠性情之發焉，則謂之《詩》；以言其條理節文之著焉，則謂之《禮》；以言其欣喜和平之生焉，則謂之《樂》；以言其誠僞邪正之辯焉，則謂之《春秋》。是陰陽消息之行也，以至於誠僞邪正之辯也，一也。皆所謂心也，性也，命也。通人物，達四海，塞天地，亘古今，無有乎弗具，無有乎弗同，無有乎或變者也，夫是之謂六經。六經者非他，吾心之常道也。故《易》也者，志吾心之陰陽消息者也；《書》也者，志吾心之紀綱政事者也；《詩》也者，志吾心之歌詠性情者也；《禮》也者，志吾心之條理節文者也；《樂》也者，志吾心之欣喜和平者也；《春秋》也者，志吾心之誠僞邪正者也。君子之於六經也，求之吾心之陰陽消息而時行焉，所以尊《易》也；求之吾心之紀綱政事而時施焉，所以尊《書》也；求之吾心之歌詠性情而時發焉，所以尊《詩》也；求之吾心之條理節文而時著焉，所以尊《禮》也；求之吾心之欣喜和平而時生焉，所以尊《樂》也；求之吾心之誠僞邪正而時辨焉，所以尊《春秋》也。

蓋昔者聖人之扶人極，憂後世，而述六經也，猶之富家者之父祖慮其產業庫藏之積，其子孫者或至於遺忘散失，卒困窮而無以自全也，而記籍其家之所有以貽之，使之世守其產業庫藏之積而享用焉，以免於困窮之患。故六經者，吾心之記籍也，而六經之實，則具於吾心，猶之產業庫藏之實積，種種色色，具存於其家。其記籍者，特名狀數目而已。而世之學者，不知求六經之實於吾心，而徒考索於影響之間，牽制於文義之末，硜硜然以爲是六經矣。是猶富家之子孫不務守視享用其產業庫藏之實積，日遺忘散失，至於窶人丐夫，而猶囂囂然指其記籍曰「斯吾產業庫藏之積也」，何以異於是！嗚呼！六經之學，其不明於世，非一朝一夕之故矣。尚功利，崇邪說，是謂亂經；習訓詁，傳記誦，没溺於淺聞小見以塗天下之耳目，是謂侮經；侈淫辭，競詭辯，飾奸心，盗行逐世，壟斷而猶自以爲通經，是謂賊經。若是者，是并其所謂記籍者而割裂棄毀之矣，寧復知所以爲尊經也乎！

越城舊有稽山書院，在卧龍西岡，荒廢久矣。郡守渭南南君大吉既敷政於民，則慨然悼末學之支離，將進之以聖賢之道。於是使山陰令吴君瀛拓書院而一新之，又爲尊經之閣於其後。曰：「經正，則庶民興；庶民興，斯無邪慝矣。」閣成，請予一言以諗多士。予既不獲辭，則爲記之若是。嗚呼！世之學者得吾說而求諸其心焉，其亦庶乎知所以爲尊經也矣。

重脩山陰縣學記 乙酉

山陰之學，歲久彌敝。教諭汪君瀚輩以謀於縣尹顧君鐸而一新之，請所以詔士之言於予。時予方在疚，辭未有以告也。已而顧君入爲秋官郎，洛陽吴君瀛來代，復增其所未備而申前之請。昔予官留都，因京兆之請記其學，而嘗有說矣。其大意以爲朝廷之所以養士者不專於舉業，而實望之以聖賢之學。今殿廡堂舍拓而輯之，餼廪條教具而察之者，是有司之脩學也。求天下之廣居安宅者而脩諸其身焉，此爲師、爲弟子者之脩學也。其時聞者皆惕然有省，然於凡所以爲學之說，則猶未之及詳。

今請爲吾越之士一言之。

夫聖人之學，心學也。學以求盡其心而已。堯、舜、禹之相授受曰：「人心惟危，道心惟微，惟精惟一，允執厥中。」道心者，率性之謂，而未雜於人，無聲無臭，至微而顯，誠之源也。人心，則雜於人而危矣，僞之端矣。見孺子之入井而惻隱，率性之道也；從而內交於其父母焉，要譽於鄉黨焉，則人心矣。飢而食，渴而飲，率性之道也；從而極滋味之美焉，恣口腹之饕焉，則人心矣。惟一者，一於道心也。惟精者，慮道心之不一，而或二之以人心也。道無不中，一於道心而不息，是謂「允執厥中」矣。一於道心，則存之無不中，而發之無不和。是故率是道心而發之於父子也無不親，發之於君臣也無不義，發之於夫婦、長幼、朋友也無不別、無不序、無不信，是謂中節之和，天下之達道也。放四海而皆準，亘古今而不窮，天下之人同此心，同此性，同此達道也。舜使契爲司徒而教以人倫，教之以此達道也。當是之時，人皆君子而比屋可封，蓋教者惟以是爲教，而學者惟以是爲學也。聖人既沒，心學晦而人僞行，功利、訓詁、記誦、辭章之徒紛沓而起，支離決裂，歲盛月新，相沿相襲，各是其非，人心日熾而不復知有道心之微。間有覺其紕繆而略知反本求源者，則又鬨然指爲禪學而羣訾之。嗚呼！心學何由而復明乎！夫禪之學與聖人之學，皆求盡其心也，亦相去毫釐耳。聖人之求盡其心也，以天地萬物爲一體也。吾之父子親矣，而天下有未親者焉，吾心未盡也；吾之君臣義矣，而天下有未義者焉，吾心未盡也；吾之夫婦別矣，長幼序矣，朋友信矣，而天下有未別、未序、未信者焉，吾心未盡也。吾之一家飽暖逸樂矣，而天下有未飽暖逸樂者焉，其能以親乎？義乎？別、序、信乎？吾心未盡也，故於是有紀綱政事之設焉，有禮樂教化之施焉，凡以裁成輔相、成己成物，而求盡吾心焉耳。心盡而家以齊，國以治，天下以平。故聖人之學不出乎盡心。禪之學非不以心爲説，然其意以爲是達道也者，固吾之心也，吾惟不昧吾心於其中則亦已矣，而亦豈必屑屑於其外，其外有未當也，則亦豈必屑屑於其中。斯亦其所謂盡心者矣，而不知已陷於自私自利之偏。是以外人倫，遺事物，以之獨善或能之，而要之不可以治家國天下。蓋聖人之學，無人己，無内外，一天地萬物以爲心。而禪之學，起於自私自利，而未免於内外之分。斯其所以爲異也。今之爲心性之學者，而果外人倫，遺事物，則誠所謂禪矣；使其未嘗外人倫，遺事物，而專以存心養性爲事，則固聖門精一之學也，而可謂之禪乎哉！世之學者，承沿其舉業詞章之習以荒穢戕伐其心，既與聖人盡心之學相背而馳，日騖日遠，莫知其所抵極矣。有以心性之説而招之來歸者，則顧駭以爲禪，而反仇讐視之，不亦大可哀乎！夫不自知其爲非而以非人者，是舊習之爲蔽，而未可遽以爲罪也。有知其非者矣，藐然視人之非而不以告人者，自私者也。既告之矣，既知之矣，而猶冥然不以自反者，自棄者也。吾越多豪傑之士，其特然無所待而興者，爲不少矣，而亦容有蔽於舊習者乎？故吾因諸君之請而特爲一言之。嗚呼！吾豈特爲吾越之士一言之而已乎？

梁仲用默齋説 辛未

仲用識高而氣豪，既舉進士，鋭然有志天下之務。一旦責其志曰：「於呼！予乃太早。烏有己之弗治而能治人者！」於是專心爲己之學，深思其氣質之偏，而病其言之易也，以「默」名庵，過予而請其方。予亦天下之多言人也，豈足以知默之道！然予嘗自驗之，氣浮則多言，志輕則多言。氣浮者耀於外，志輕者放其中。予請誦古之訓而仲用自取之。

夫默有四僞。疑而不知問，蔽而不知辨，冥然以自罔，謂之默之愚；以不言餂人者，謂之默之狡；慮人之覘其長短也，掩覆以爲默，謂之默之誣；深爲之情，厚爲之貌，淵毒阱狠，自託於默以售其奸者，謂之默之賊。夫是之謂四僞。又有八誠焉。孔子曰：「君子耻其言而過其行。」古者言之不出，耻躬之不逮也。」故誠知耻，而後知默。又曰：「君子欲訥於言而敏於行。」夫誠敏於行，而後欲默矣。仁者言也訒，非以爲默而默存焉。又曰「默而識之」，是故必有所識也，終日不違如愚者也。「默而成之」，是故必有所成也，退而省其私，亦足以發者也。故善默者莫如顔子。「闇然而日章」，默之積也。「不言而信」，而默之道成矣。「天何言哉？四時行焉，萬物生焉。」而默之道至矣。非聖人其孰能與於此哉！夫是之謂八誠。仲用盍亦知所以自取之？

示弟立志説 乙亥

予弟守文來學，告之以立志。守文因

請次第其語，使得時時觀省，且請淺近其辭，則易於通曉也。因書以與之。

夫學，莫先於立志。志之不立，猶不種其根而徒事培擁灌溉，勞苦無成矣。世之所以因循苟且，隨俗習非，而卒歸於汚下者，凡以志之弗立也。故程子曰：「有求爲聖人之志，然後可與共學。」人苟誠有求爲聖人之志，則必思聖人之所以爲聖人者安在？非以其心之純乎天理而無人欲之私歟？聖人之所以爲聖人，惟以其心之純乎天理而無人欲，則我之欲爲聖人，亦惟在於此心之純乎天理而無人欲耳。欲此心之純乎天理而無人欲，則必去人欲而存天理。務去人欲而存天理，則必求所以去人欲而存天理之方。求所以去人欲而存天理之方，則必正諸先覺，考諸古訓，而凡所謂學問之功者，然後可得而講，而亦有所不容已矣。

夫所謂正諸先覺者，既以其人爲先覺而師之矣，則當專心致志，惟先覺之爲聽。言有不合，不得棄置，必從而思之；思之不得，又從而辨之，務求了釋，不敢輒生疑惑。故《記》曰：「師嚴，然後道尊；道尊，然後民知敬學。」苟無尊崇篤信之心，則必有輕忽慢易之意。言之而聽之不審，猶不聽也；聽之而思之不慎，猶不思也。是則雖曰師之，猶不師也。

夫所謂考諸古訓者，聖賢垂訓，莫非教人去人欲而存天理之方，若五經、四書是已。吾惟欲去吾之人欲，存吾之天理，而不得其方，是以求之於此，則其展卷之際，真如饑者之於食，求飽而已；病者之於藥，求愈而已；暗者之於燈，求照而已；跛者之於杖，求行而已。曾有徒事記誦講説，以資口耳之弊哉！

夫立志亦不易矣。孔子，聖人也，猶曰：「吾十有五而志于學。」「三十而立。」立者，志立也。雖至於「不踰矩」，亦志之不踰矩也。志豈可易而視哉！夫志，氣之帥也，人之命也，木之根也，水之源也。源不濬則流息，根不植則木枯，命不續則人死，志不立則氣昏。是以君子之學，無時無處而不以立志爲事。正目而視之，無他見也；傾耳而聽之，無他聞也。如猫捕鼠，如鷄覆卵，精神心思凝聚融結，而不復知有其他，然後此志常立，神氣精明，義理昭著。一有私欲，即便知覺，自然容住不得矣。故凡一毫私欲之萌，只責此志不立，即私欲便退聽；一毫客氣之動，只責此志不立，即客氣便消除。或怠心生，責此志，即不怠；忽心生，責此志，即不忽；懆心生，責此志，即不懆；妬心生，責此志，即不妬；忿心生，責此志，即不忿；貪心生，責此志，即不貪；傲心生，責此志，即不傲；吝心生，責此志，即不吝。蓋無一息而非立志責志之時，無一事而非立志責志之地。故責志之功，其於去人欲，有如烈火之燎毛，太陽一出，而魍魎潛消也。

自古聖賢因時立教，雖若不同，其用功大指無或少異。《書》謂「惟精惟一」，《易》謂「敬以直内，義以方外」，孔子謂「格致誠正，博文約禮」，曾子謂「忠恕」，子思謂「尊德性而道問學」，孟子謂「集義養氣，求其放心」，雖若人自爲説，有不可强同者，而求其要領歸宿，合若符契。何者？夫道一而已。道同則心同，心同則學同。其卒不同者，皆邪説也。後世大患，尤在無志。故今以立志爲説，中間字字句句，莫非立志。蓋終身問學之功，只是立得志而已。若以是説而合精一，則字字句句皆精一之功；以是説而合敬義，則字字句句皆敬義之功。其諸「格致」、「博約」、「忠恕」等説，無不脗合。但能實心體之，然後信予言之非妄也。

約齋説甲戌

滁陽劉生韶既學於陽明子，乃自悔其平日所嘗致力者泛濫而無功，瑣雜而不得其要也。思得夫簡易可久之道而固守之，乃以「約齋」自號，求所以爲約之説於予。予曰：「子欲其約，乃所以爲煩也。其惟循理乎！理一而已，人欲則有萬其殊。是故一則約，萬則煩矣。雖然，理亦萬殊也，何以求其一乎？理雖萬殊而皆具於吾心，心固一也，吾惟求諸吾心而已。求諸心而皆出乎天理之公焉，斯其行之簡易，所以爲約也已。彼其膠於人欲之私，則利害相攻，毁譽相制，得失相形，榮辱相纏，是非相傾，顧瞻牽滯，紛紜舛戾，吾見其煩且難也。然而世之知約者鮮矣。孟子曰：『學問之道無他，求其放心而已。』其知所以爲約之道歟！吾子勉之！吾言則亦以煩。」

見齋説乙亥

辰陽劉觀時學於潘子，既有見矣，復學於陽明子。嘗自言曰：「吾名觀時，觀必有所見，而吾猶懵懵無睹也。」扁其居曰「見齋」以自勵。問於陽明子曰：「道有可見乎？」曰：「有，有而未嘗有也。」曰：「然則無可見乎？」曰：「無，無而未嘗無也。」曰：「然則何以爲見乎？」曰：「見而未嘗見也。」觀時曰：「弟子之惑滋甚矣。夫子則明言之以教我乎？」陽明子曰：「道不可言也，强爲之言而益晦；道無可見也，妄爲之見而益遠。夫有而未嘗有，是真有也；無而未嘗無，是真無也；見而未嘗見，是真見也。子未觀於天乎？謂天爲無可見，則蒼蒼耳，昭昭耳，日月之代明，四時之錯行，未嘗無也。謂天爲可見，則即之而無所，指之而無定，執之而無得，未嘗有也。夫天，道也；道，天也。風可捉也，影可拾也，道可見也。」曰：「然則吾終無所見乎？古之人則亦終無所見乎？」曰：「神無方而道無體，仁者見之謂之仁，知者見之謂之知。是有方體者也，見之而未盡者也。顏子則『如有所立卓爾』。夫謂之『如』，則非有也；謂之『有』，則非無也。是故雖欲從之，末由也已。故夫顏氏之子爲庶幾也。文王望道而未之見，斯真見也已。」曰：「然則吾何所用心乎？」曰：「淪於無者，無所用其心者也，蕩而無歸；滯於有者，用其心於無用者也，勞而無功。夫有無之間，見與不見之妙，非可以言求也。而子顧切切焉，吾又從而强言其不可見，是以瞽導瞽也。夫言飲者不可以爲醉，見食者不可以爲飽，子求其醉飽，則盍飲食之？子求其見也，其惟人之所不見乎？夫亦戒慎乎其所不覩也已，斯真覩也已，斯求見之道也已。」

矯亭説 乙亥

君子之行，順乎理而已，無所事乎矯。然有氣質之偏焉。偏於柔者矯之以剛，然或失則傲；偏於慈者矯之以毅，然或失則刻；偏於奢者矯之以儉，然或失則陋。凡矯而無節則過，過則復爲偏。故君子之論學也，不曰「矯」而曰「克」。克以勝其私，私勝而理復，無過不及矣。矯猶未免於意必也，意必亦私也。故克己則矯不必言，矯者未必能盡於克己之道也。雖然，矯而當其可，亦克己之道矣。行其克己之實，而矯以名焉，何傷乎！古之君子也，其取名也廉；後之君子，實未至而名先之，故不曰「克」而曰「矯」，亦矯世之意也。

方君時舉以「矯」名亭，請予爲之說。

謹齋說

君子之學，心學也。心，性也；性，天也。聖人之心純乎天理，故無事於學。下是，則心有不存而汩其性，喪其天矣，故必學以存其心。學以存其心者，何求哉？求諸其心而已矣。求諸其心何爲哉？謹守其心而已矣。博學也，審問也，慎思也，明辯也，篤行也，皆謹守其心之功也。謹守其心者，無聲之中而常若聞焉，無形之中而常若睹焉。故傾耳而聽之，惟恐其或繆也；注目而視之，惟恐其或逸也。是故至微而顯，至隱而見，善惡之萌而纖毫莫遁，由其能謹也。謹則存，存則明，明則其察之也精，其存之也一。昧焉而弗知，過焉而弗覺，弗之謹也已。故謹守其心，於其善之萌焉，若食之充飽也；若抱赤子而履春冰，惟恐其或陷也；若捧萬金之璧而臨千仞之崖，惟恐其或墜也。其不善之萌焉，若鴆毒之投於羹也，若虎蛇橫集而思所以避之也，若盜賊之侵陵而思所以勝之也。古之君子所以凝至道而成盛德，未有不由於斯者。雖堯、舜、文王之聖，然且兢兢業業，而況於學者乎！後之言學者，舍心而外求，是以支離決裂，愈難而愈遠，吾甚悲焉！

吾友侍御楊景瑞以「謹」名其齋，其知所以爲學之要矣。景瑞嘗遊白沙陳先生之門，歸而求之，自以爲有見。又二十年而忽若有得，然後知其向之所見猶未也。一旦告病而歸，將從事焉，必底於成而後出。君之篤志若此，其進於道也孰禦乎！君遣其子思元從予學，亦將別予以歸，因論君之所以名齋之義以告思元，而遂以爲君贈。

夜氣說乙亥

天澤每過，輒與之論夜氣之訓，津津既有所興起。至是告歸，請益。復謂之曰：「夜氣之息，由於旦晝所養，苟梏亡之反復，則亦不足以存矣。今夫師友之相聚於茲也，切磋於道義而砥礪乎德業，漸而入焉，反而媿焉，雖有非僻之萌，其所滋也亦已罕矣。迨其離群索居，情可得肆而莫之警也，欲可得縱而莫之泥也，物交引焉，志交喪焉，雖有理義之萌，其所滋也亦罕矣。故曰：『苟得其養，無物不長；苟失其養，無物不消。』夫人亦孰無理義之心乎？然而不得其養者多矣，是以若是其寥寥也。天澤勉之！」

脩道說戊寅

率性之謂道，誠者也；脩道之謂教，誠之者也。故曰：「自誠明，謂之性；自明誠，謂之教。」《中庸》爲誠之者而作，脩道之事也。道也者，性也，不可須臾離也。而過焉，不及焉，離也。是故君子有脩道之功。

戒慎乎其所不睹，恐懼乎其所不聞，微之顯，誠之不可掩也。脩道之功若是其無間，誠之也。夫然後喜怒哀樂之未發謂之中，發而皆中節謂之和，道脩而性復矣。致中和，則大本立而達道行，知天地之化育矣。非至誠盡性，其孰能與於此哉！是脩道之極功也。而世之言脩道者，離矣，故特著其說。

自得齋說 甲申

孟子云：「君子深造之以道，欲其自得之也。自得之則居之安，居之安則資之深，資之深則取之左右逢其原。故君子欲其自得之也。」夫率性之謂道，道，吾性也；性，吾生也，而何事於外求？世之學者，業辭章，習訓詁，工技藝，探賾而索隱，弊精極力，勤苦終身，非無所謂深造之者。然亦辭章而已耳，訓詁而已耳，技藝而已耳。非所以深造於道也，則亦外物而已耳，寧有所謂自得逢原者哉！古之君子，戒慎不睹，恐懼不聞，致其良知而不敢須臾或離者，斯所以深造乎是矣。是以大本立而達道行，天地以位，萬物以育，於左右逢原乎何有？

黃勉之省曾氏，以「自得」名齋，蓋有志於道者。請學於予而蘄爲之說。予不能有出於孟氏之言也，爲之書孟氏之言。嘉靖甲申六月朔。

博約說 乙酉

南元真之學於陽明子也，聞致知之說而怳若有見矣。既而疑於博約先後之訓，復來請曰：「致良知以格物，格物以致其良知也，則既聞教矣。敢問先博我以文，而後約我以禮也，則先儒之説，得無亦有所不同歟？」陽明子曰：

理，一而已矣；心，一而已矣。故聖人無二教，而學者無二學。博文以約禮，格物以致其良知，一也。故先後之説，後儒支繆之見也。夫禮也者，天理也。天命之性具于吾心，其渾然全體之中，而條理節目，森然畢具，是故謂之天理。天理之條理謂之禮。是禮也，其發見於外，則有五常百行，酬酢變化，語默動静，升降周旋，隆殺厚薄之屬；宣之於言而成章，措之於爲而成行，書之於册而成訓，炳然蔚然，其條理節目之繁，至於不可窮詰，是皆所謂文也。是文也者，禮之見於外者也；禮也者，文之存於中者也。文，顯而可見之禮也；禮，微而難見之文也。是所謂體用一源，而顯微無間者也。是故君子之學也，於酬酢變化、語默動静之間而求盡其條理節目焉，非他也，求盡吾心之天理焉耳矣；於升降周旋、隆殺厚薄之間而求盡其條理節目焉，非他也，求盡吾心之天理焉耳矣。求盡其條理節目焉者，博文也；求盡吾心之天理焉者，約禮也。文，散於事而萬殊者也，故曰博；禮，根于心而一本者也，故曰約。博文而非約之以禮，則其文爲虚文，而後世功利辭章之學矣；約禮而非博學於文，則其禮爲虚禮，而佛老空寂之學矣。是故約禮必在於博文，而博文乃所以約禮。二之而分先後焉者，是聖學之不明，而功利異端之説亂之也。

昔者顔子之始學於夫子也，蓋亦未知道之無方體形像也，而以爲有方體形像也；未知道之無窮盡止極也，而以爲有窮盡止極也。是猶後儒之見事事物物皆有定理者也，是以求之仰鑽瞻忽之間，而莫得其所謂。及聞夫子博約之訓，既竭吾才以求之，然後知天下之事雖千變萬化，而皆不出於此心之一理；然後知殊途而同歸，百慮而一致；然後知斯道之本無方體形像，而不可以方體形像求之也；本無窮盡止極，而不可以窮盡止極求之也。故曰：「雖欲從之，末由也已。」蓋顏子至是而始有真實之見矣。博文以約禮，格物以致其良知也，亦寧有二學乎哉？

惜陰說 丙戌

同志之在安成者，間月爲會五日，謂之「惜陰」，其志篤矣。然五日之外，孰非惜陰時乎？離羣而索居，志不能無少懈，故五日之會，所以相稽切焉耳。

嗚呼！天道之運，無一息之或停；吾心良知之運，亦無一息之或停。良知即天道，謂之「亦」，則猶二之矣。知良知之運無一息之或停者，則知惜陰矣；知惜陰者，則知致其良知矣。「子在川上曰：逝者如斯夫！不舍晝夜。」此其所以學如不及，至於發憤忘食也。堯、舜兢兢業業，成湯日新又新，文王純亦不已，周公坐以待旦，惜陰之功，寧獨大禹爲然？子思曰：「戒慎乎其所不睹，恐懼乎其所不聞，知微之顯，可以入德矣。」或曰：鷄鳴而起，孳孳爲利。凶人爲不善，亦惟日不足，然則小人亦可謂之惜陰乎？

王文成公全書卷之八

文録五　雜著

書汪汝成格物卷癸酉

予於汝成「格物致知」之説、「博文約禮」之説、「博學篤行」之説、「一貫忠恕」之説，蓋不獨一論再論，五六論、數十論不止矣。汝成於吾言，始而駭以拂，既而疑焉，又既而大疑焉，又既而稍釋焉，而稍喜焉，而又疑焉。最後與予遊於玉泉，蓋論之連日夜，而始快然以釋，油然以喜，冥然以契。不知予言之非汝成也，不知汝成之言非予言也？於戲！若汝成，可謂不苟同於予，亦非苟異於予者矣。

卷首汝成之請，蓋其時尚有疑於予，今既釋然，予可以無言也已。叙其所以而歸之。

書石川卷甲戌

先儒之學，得有淺深，則其爲言亦不能無同異。學者惟當反之於心，不必苟求其同，亦不必故求其異，要在於是而已。今學者於先儒之説苟有未合，不妨致思。思之而終有不同，固亦未爲甚害，但不當因此而遂加非毁，則其爲罪大矣。同志中往往似有此病，故特及之。程先生云：「賢且學他是處，未須論他不是處。」此言最可以自警。

見賢思齊焉，見不賢而內自省，則不至於責人已甚，而自治嚴矣。

議論好勝，亦是今時學者大病。今學者於道，如管中窺天，少有所見，即自足自是，傲然居之不疑。與人言論，不待其辭之終，而已先懷輕忽非笑之意，訑訑之聲音顔色，拒人於千里之外。不知有道者從傍視之，方爲之竦息汗顔，❶若無所容。而彼悍然不顧，略無省覺，斯亦可哀也已！近時同輩中往往亦有是病者，相見時可出此以警勵之。

某之於道，雖亦略有所見，未敢盡以爲是也；其於後儒之説，雖亦時有異同，未敢盡以爲非也。朋友之來問者，皆相愛者也，何敢以不盡吾所見！正期體之於心，務期真有所見其孰是孰非而身發明之，庶有益於斯道也。若徒入耳出口，互相標立門户，以爲能學，則非某之初心，其所以見罪之者至矣。近聞同志中亦有類此者，切須戒勉，乃爲無負！孔子云：「默而識之，學而不厭。」斯乃深望於同志者也。

與傅生鳳 甲戌

祁生傅鳳，志在養親而苦於貧。徐曰仁之爲祁也，憫其志，嘗育而教之。及曰仁去祁，生乃來京師謁予，遂從予而南。聞予言，若有省，將從事於學。然痛其親之貧且老，其繼母弟又聾而愚，無所資以爲養，乃記誦訓詁，學文辭，冀以是干升斗之禄。日夜不息，遂以是得危疾，幾不可救。同門之士百計寬譬之，不能已，乃以質於予。予

❶ 「竦」，原作「踈」，今據四庫本改。

曰：「嘻！若生者亦誠可憐者也。生之志誠出於孝親，然已陷於不孝而不之覺矣。若生者，亦誠可憐者也！」生聞之悚然，來問曰：「家貧親老，而不爲禄仕，得爲孝乎？」予曰：「不得爲孝矣。欲求禄仕而至於成疾，以殞其軀，得爲孝乎？」生曰：「不得爲孝矣。」「殞其軀而欲讀書學文以求禄仕，禄仕可得乎？」生曰：「不可得禄仕矣。」曰：「然則爾何以能免於不孝？」於是泫然泣下，甚悔，且曰：「鳳何如而可以免於不孝？」予曰：「保爾精，毋絶爾生；正爾情，毋辱爾親；盡爾職，毋以得失爲爾惕；安爾命，毋以外物戕爾性。斯可以免矣。」其父聞其疾危，來視，遂欲携之同歸。予憐鳳之志而不能成也，哀鳳之貧而不能賑也，憫鳳之去而不能留也。臨别，書此遺之。

書王天宇卷甲戌

徐曰仁數爲予言天宇之爲人，予既知之矣。今年春，始與相見於姑蘇，話通宵，益信曰仁之言。天宇誠忠信者也，才敏而沉潛者也。於是乎慨然有志於聖賢之學，非豪傑之士能然哉？出兹卷，請予言。予不敢虚，則爲誦古人之言曰：聖，誠而已矣。君子之學以誠身。格物致知者，立誠之功也。譬之植焉，誠，其根也；格致，其培壅而灌溉之者也。後之言格致者，或異於是矣。不以植根而徒培壅焉、灌溉焉，弊精勞力而不知其終何所成矣。是故聞日博而心日外，識益廣而僞益增，涉獵考究之愈詳而所以緣飾其奸者愈深以甚。是其爲弊，亦既可覩矣，顧猶泥其説而莫之察也，獨何歟？今之君子，或疑予言之爲禪矣，或疑予言之求異矣，然吾不敢苟避其説，而内以誣於己，外以誣於人也。非吾天宇之高明，其孰與信之！

書王嘉秀請益卷甲戌

仁者以天地萬物爲一體，莫非己也，故曰：「己欲立而立人，己欲達而達人。」古之人所以能見人之善若己有之，見人之不善則惻然若己推而納諸溝中者，亦仁而已矣。今見善而妬其勝己，見不善而疾視輕蔑不復比數者，無乃自陷於不仁之甚而弗之覺者邪？夫可欲之謂善，人之秉彝，好是懿德，故凡見惡於人者，必其在己有未善也。瑞鳳祥麟，人争快覩；虎狼蛇蝎，見者持挺刃而向之矣。夫虎狼蛇蝎，未必有害人之心，而見之必惡，爲其有虎狼蛇蝎之形也。今之見惡於人者，雖其自取未必盡惡，無亦在外者猶有惡之形歟？此不可以不自省也。

君子之學，爲己之學也。爲己故必克己，克己則無己。無己者，無我也。世之學者，執其自私自利之心，而自任以爲爲己，漭焉入於隳墮斷滅之中，而自任以爲無我者，吾見亦多矣。嗚呼！自以爲有志聖人之學，乃墮於末世佛、老邪僻之見而弗覺，亦可哀也夫！「有一言而可以終身行之者，其恕乎」，「强恕而行，求仁莫近焉」，「恕」之一言，最學者所喫緊。其在吾子，則猶對病之良藥，宜時時勤服之也。「見賢思齊焉，見不賢而内自省」，夫能見不賢而内自省，則躬自厚而薄責於人矣，此遠怨之道也。

書孟源卷 乙亥

聖賢之學，坦如大路，但知所從入，苟循循而進，各隨分量，皆有所至。後學厭常喜異，往往時入斷蹊曲徑，用力愈勞，去道愈遠。向在滁陽論學，亦懲末俗卑污，未免專就高明一路開導引接。蓋矯枉救偏，以拯時弊，不得不然，若終迷陋習者，已無所責。其間亦多興起感發之士，一時趨向，皆有可喜。近來又復漸流空虛，爲脱落新奇之論，使人聞之，甚爲足憂。雖其人品高下，若與終迷陋習者亦微有間，然究其歸極，相去能幾何哉！

孟源伯生復來金陵請益，察其意向，不爲無進，而説談之弊，亦或未免，故因其歸而告之以此。遂使歸告同志，務相勉於平實簡易之道，庶無負相期云耳。

書楊思元卷 乙亥

楊生思元自廣來學，既而告歸曰：「夫子之教，思元既略聞之。懼不克任，請所以砭其疾者而書諸紳。」予曰：「子强明者也，警敏者也。强明者病於矜高，是故亢而不能下；警敏者病於淺陋，是故浮而不能實。砭子之疾，其謙默乎！謙則虚，虚則無不容，是故受而不溢，德斯聚矣；默則慎，慎則無不密，是故積而愈堅，誠斯立矣。彼少得而自盈者，不知謙者也；少見而自衒者，不知默者也。自盈者吾必惡之，自衒者吾必耻之。而人有不我惡者乎？有不吾耻者乎？故君子之觀人而必自省也。其謙默乎！」

書玄默卷 乙亥

玄默志於道矣，而猶有詩文之好，何耶？弈，小技也，不專心致志則不得，况君子之求道，而可分情於他好乎？孔子曰：「詞達而已矣。」蓋世之爲詞章者，莫不以是藉其口，亦獨不曰「有德者必有言，有言者不必有德」乎？德，猶根也；言，猶枝葉也。根之不植，而徒以枝葉爲者，吾未見其能生也。予别玄默久，友朋得玄默所爲詩者，見其辭藻日益以進。其在玄默，固所爲根盛而枝葉茂者耶？

玄默過留都，示予以斯卷，書此而遺之。玄默尚有以告我矣。

書顧維賢卷 辛巳

維賢以予將遠去，持此卷求書警戒之辭。只此「警戒」二字，便是予所最丁寧者。今時朋友大患不能立志，是以因循懈弛，散漫度日。若立志，則警戒之意當自有不容已。故警戒者，立志之輔。能警戒，則學問思辯之功、切磋琢磨之益，將日新又新，沛然莫之能禦矣。程先生云：「學者爲氣所勝，習所奪，只好責志。」又云：「凡爲詩文亦喪志。」又言：「且省外事，但明乎善，惟盡誠心，其文章雖不中，不遠矣。所守不約，泛濫無功。」學問之道，四書中備矣。後儒之論，未免互有得失。其得者不能出於四書之外，失者遂有毫釐千里之謬，故莫如專求之四書。四書之言簡實，苟以忠信進德之心求之，亦自明白易見。與不善人居，如入鮑魚之肆，久而不覺其臭，則與之俱化。孔子大聖，尚賴「三益」之資，致「三損」之戒。吾儕從事於學，顧隨俗同汙，不思輔仁之友，欲求致道，恐無是理矣。非笑詆毁，聖賢所不免。伊川有涪州之行，孔子尚微服過宋，今日風俗益偷，人心日以淪溺，苟欲自立，違俗拂衆，指摘非笑紛然而起，勢所必至，亦多由所養未深，高自標榜所致。學者便不當自立門户，以招謗速毁；亦不當故避非毁，同流合污。維賢温雅，朋友中最爲難得，似非微失之弱，恐詆笑之來，不能無動；纔爲所動，❶即依阿隱忍，久將淪胥以溺。每到此，便須反身痛自切責爲己之志未能堅定，亦便志氣激昂奮發。但知明己之善，立己之誠，以求快足乎己，豈暇顧人非笑指摘？故學者只須責自家爲己之志未能堅定，志苟堅定，則非笑詆毁不足動摇，反皆爲砥礪切磋之地矣。今時人多言人之非毁亦當顧恤，此皆隨俗習非之久，相沿其説，莫知以爲非。不知裡許盡是私意，爲害不小，不可以不察也。

壁帖 壬午

守仁鄙劣，無所知識，且在憂病奄奄中，故凡四方同志之辱臨者，皆不敢相見。或不得已而相見，亦不敢有所論説，各請歸而求諸孔孟之訓可矣。夫孔孟之訓，昭如日月。凡支離決裂，似是而非者，皆異説也。有志於聖人之學者，外孔孟之訓而他求，是舍日月之明而希光於螢爝之微也，不

❶「纔」，原作「讒」，今據四庫本改。

亦繆乎！有負遠來之情，聊此以謝。荒迷不次。

書王一爲卷癸未

王生一爲自惠負笈來學，居數月，皆隨衆參謁，默然未嘗有所請。視其色，津津若有所喜然。一日，衆皆退，乃獨復入堂下而請曰：「致知之訓，千聖不傳之秘也，一爲既領之矣。敢請益。」予曰：「千丈之木，起於膚寸之萌芽。子謂膚寸之外無所益歟，則何以至於千丈？子謂膚寸之外有所益歟，則膚寸之外，子將何以益之？」一爲躍然起拜曰：「聞教矣。」又三月，思其母老於家，告歸省視，因書以與之。

書朱守諧卷甲申

守諧問爲學，予曰：「立志而已。」問立志，予曰：「爲學而已。」守諧未達。予曰：「人之學爲聖人也，非有必爲聖人之志，雖欲爲學，誰爲學？有其志矣，而不日用其力以爲之，雖欲立志，亦烏在其爲志乎！故立志者，爲學之心也；爲學者，立志之事也。譬之弈焉，弈者，其事也；『專心致志』者，其心一也；『以爲鴻鵠將至』者，其心二也；『惟弈秋之爲聽』，其事專也；『思援弓繳而射之』，其事分也。」守諧曰：「人之言曰：『知之未至，行之不力。』予未有知也，何以能行乎？」予曰：「是非之心，知也，人皆有之。子無患其無知，惟患不肯知耳；無患其知之未至，惟患不致其知耳。故曰：『知之非艱，行之惟艱。』今執途之人而告之以凡爲仁義之事，彼皆能知其爲善也；告之以凡爲不仁不義之事，彼皆能知其爲不善也。途之人皆能知之，而子有弗知乎？如知其爲善也，致其知爲善之知而必爲之，則知至矣；如知其爲不善也，致其知爲不善之知而必不爲之，則知至矣。知猶水也，人心之無不知，猶水之無不就下也，決而行之，無有不就下者。決而行之者，致知之謂也。此吾所謂知行合一者也。吾子疑吾言乎？夫道，一而已矣。」

書諸陽伯卷❶甲申

妻姪諸陽伯復請學，既告之以格物致知之説矣。他日，復請曰：「致知者，致吾心之良知也，是既聞教矣。然天下事物之理無窮，果惟致吾之良知而可盡乎？抑尚有所求於其外也乎？」復告之曰：「心之體，性也，性即理也。天下寧有心外之性？寧有性外之理乎？寧有理外之心乎？外心以求理，此告子『義外』之説也。理也者，心之條理也。是理也，發之於親則爲孝，發之於君則爲忠，發之於朋友則爲信。千變萬化，至不可窮竭，而莫非發於吾之一心。故謂端莊静一爲養心，而以學問思辯爲窮理者，析心與理而爲二矣。若吾之説，則端莊静一亦所以窮理，而學問思辯亦所以養心，非謂養心之時無有所謂理，而窮理之時無有所謂心也。此古人之學所以知行並進而收合一之功，後世之學所以分知行爲先後，而不免於支離之病者也。」曰：「然則朱

❶「伯」，原脱，今據内文及卷二十四同題内文補。

子所謂如何而爲『温凊之節』，如何而爲『奉養之宜』者，非致知之功乎？」曰：「是所謂知矣，而未可以爲致知也。知其如何而爲温凊之節，則必實致其温凊之功，而後吾之知始至；知其如何而爲奉養之宜，則必實致其奉養之力，而後吾之知始至。如是乃可以爲致知耳。若但空然知之爲如何温凊奉養，而遂謂之致知，則孰非致知者耶？《易》曰：『知至，至之。』知至者，知也；至之者，致知也。此孔門不易之教，百世以俟聖人而不惑者也。」

書張思欽卷乙酉

三原張思欽元相將葬其親，卜有日矣，南走數千里而來請銘於予。予之不爲文也久矣，辭之固，而請弗已，則與之坐而問曰：「子之乞銘於我也，將以圖不朽於其親也，則亦寧非孝子之心乎！雖然，子以爲孝子之圖不朽於其親也，盡於是而已乎？將猶有進於是者也？夫圖之於人也，則曷若圖之於子乎？傳之於其人之口也，則曷若傳之於其子之身乎？故子爲賢人也，則其父爲賢人之父矣；子爲聖人也，則其父爲聖人之父矣。其與托之於人之言也，孰愈？夫叔梁紇之名，至今爲不朽矣，則亦以仲尼之爲子耶？抑亦以他人爲之銘耶？」思欽蹙然而起，稽顙而後拜曰：「元相非至於夫子之門，則幾失所以圖不朽於其親者矣。」明日，入而問聖人之學，則語以格致之説焉；求格致之要，則語之以良知之説焉。思欽躍然而起，拜而復稽曰：「元相苟非至於夫子之門，則尚未知有其心，又何以圖不朽於其親乎！請歸葬吾親，而來卒業於夫子之門，則庶幾其不朽之圖矣。」

書中天閣勉諸生 乙酉

「雖有天下易生之物，一日暴之，十日寒之，未有能生者也。」承諸君之不鄙，每予來歸，咸集於此，以問學爲事，甚盛意也。然不能旬日之留，而旬日之間，又不過三四會。一別之後，輒復離群索居，不相見者動經年歲。然則豈惟十日之寒而已乎？若是而求萌蘖之暢茂條達，不可得矣。故予切望諸君勿以予之去留爲聚散。或五六日、八九日，雖有俗事相妨，亦須破冗一會於此。務在誘掖獎勸，砥礪切磋，使道德仁義之習日親日近，則世利紛華之染亦日遠日疎，所謂「相觀而善，百工居肆以成其事」者也。相會之時，尤須虛心遜志，相親相敬。大抵朋友之交，以相下爲益。或議論未合，要在從容涵育，相感以誠，不得動氣求勝，長傲遂非。務在默而成之，不言而信。其或矜己之長，攻人之短，粗心浮氣，矯以沽名，訐以爲直，挾勝心而行憤嫉，以圮族敗群爲志，則雖日講時習於此，亦無益矣。諸君念之念之！

書朱守乾卷 乙酉

黄州朱生守乾請學而歸，爲書「致良知」三字。夫良知者，即所謂「是非之心，人皆有之」，不待學而有，不待慮而得者也。人孰無是良知乎？獨有不能致之耳。自聖人以至於愚人，自一人之心以達於四海之遠，自千古之前以至於萬代之後，無有不同。是良知也者，是所謂「天下之大本」也。致是良知而行，則所謂「天下之達道」也。天地以位，萬物以育，將富貴貧賤，患難夷狄，無所入而弗自得也矣。

書正憲扇 乙酉

今人病痛，大段只是傲。千罪百惡，皆從傲上來。傲則自高自是，不肯屈下人。故爲子而傲，必不能孝；爲弟而傲，必不能弟；爲臣而傲，必不能忠。象之不仁，丹朱之不肖，皆只是一「傲」字，便結果了一生，做箇極惡大罪的人，更無解救得處。汝曹爲學，先要除此病根，方纔有地步可進。「傲」之反爲「謙」。「謙」字便是對症之藥。非但是外貌卑遜，須是中心恭敬，撙節退讓，常見自己不是，真能虛己受人。故爲子而謙，斯能孝；爲弟而謙，斯能弟；爲臣而謙，斯能忠。堯舜之聖，只是謙到至誠處，便是允恭克讓，温恭允塞也。汝曹勉之敬之，其毋若伯魯之簡哉！

書魏師孟卷 乙酉

心之良知是謂聖。聖人之學，惟是致此良知而已。自然而致之者，聖人也；勉然而致之者，賢人也；自蔽自昧而不肯致之者，愚不肖者也。愚不肖者，雖其蔽昧之極，良知又未嘗不存也。苟能致之，即與聖人無異矣。此良知所以爲聖愚之同具，而人皆可以爲堯舜者，以此也。是故致良知之外無學矣。自孔孟既没，此學失傳幾千百年。賴天之靈，偶復有見，誠千古之一快，百世以俟聖人而不惑者也。每以啓夫同志，無不躍然以喜者，此亦可以驗夫良知之同然矣。間有聽之而疑者，則是支離之習没溺既久，先横不信之心而然。使能姑置其舊見，而平氣以繹吾説，蓋亦未有不憣然而悔悟者也。

南昌魏氏兄弟舊學於予，既皆有得於良知之説矣。其季良貴師孟，因其諸兄而來請。其資稟甚潁，而意向甚篤，然以偕計北上，不得久從於此。吾雖略以言之而未能悉也，故特書此以遺之。

書朱子禮卷 甲申

子禮爲諸暨宰，問政，陽明子與之言學而不及政。子禮退而省其身，懲己之忿，而因以得民之所惡也；窒己之慾，而因以得民之所好也；舍己之利，而因以得民之所趨也；惕己之易，而因以得民之所忽也；去己之蠹，而因以得民之所患也；明己之性，而因以得民之所同也。三月而政舉。嘆曰：「吾乃今知學之可以爲政也已！」

他日，又見而問學，陽明子與之言政而不及學。子禮退而脩其職，平民之所惡，而因以懲己之忿也；從民之所好，而因以窒己之慾也；順民之所趨，而因以舍己之利也；警民之所忽，而因以惕己之易也；拯民之所患，而因以去己之蠹也；復民之所同，而因以明己之性也。期年而化行。嘆曰：「吾乃今知政之可以爲學也已！」

他日，又見而問政與學之要。陽明子曰：「明德、親民，一也。古之人明明德以親其民，親民所以明其明德也。是故明明德，體也；親民，用也。而止至善，其要矣。」子禮退而求至善之説，炯然見其良知焉，曰：「吾乃今知學所以爲政，而政所以爲學，皆不外乎良知焉。信乎，止至善其要也矣！」

書林司訓卷丙戌

林司訓年七十九矣，走數千里，謁予於越。予憫其既老且貧，媿無以爲濟也。嗟乎！昔王道之大行也，分田制禄，四民皆有定制。壯者脩其孝弟忠信，老者衣帛食肉，不負戴於道路，死徙無出鄉，出入相友，疾病相扶持，烏有耄耋之年而猶走衣食於道路者乎！周衰而王迹熄，民始有無恒産者。然其時聖學尚明，士雖貧困，猶有固窮之節，里閭族黨，猶知有相恤之義。逮其後世，功利之説日浸以盛，不復知有明德親民之實。士皆巧文博詞以飾詐，相規以僞，相軋以利，外冠裳而内禽獸，而猶或自以爲從事於聖賢之學。如是而欲挽而復之三代，嗚呼，其難哉！吾爲此懼，揭知行合一之説，訂致知格物之謬，思有以正人心，息邪説，以求明先聖之學，庶幾君子聞大道之要，小人蒙至治之澤。而嘵嘵者皆視以爲狂惑喪心，詆笑訾怒。予亦不自知其力之不足，日擠於顛危莫之救，以死而不顧也，不亦悲夫！

予過彭澤時，嘗憫林之窮，使邑令延爲社學師。至是又失其業。於歸也，不能有所資給，聊書此以遺之。

書黄夢星卷丁亥

潮有處士黄翁保號坦夫者，其子夢星來越從予學。越去潮數千里，夢星居數月，輒一告歸省其父，去二三月輒復來。如是者屢屢。夢星質性温然，善人也，而甚孝。然禀氣差弱，若不任於勞者。竊怪其乃不憚道途之阻遠，而勤苦無已也，因謂之曰：「生既聞吾説，可以家居養親而從事矣。奚必往來跋涉若是乎？」夢星跽而言曰：「吾父生長海濱，知慕聖賢之道，而無所從求入。既乃獲見吾鄉之薛、楊諸子者，得夫子之學，與聞其説而樂之，乃以責夢星曰：『吾衰矣，吾不希汝業舉以干禄。汝但能若數子者，一聞夫子之道焉，吾雖啜粥飲水，死填溝壑，無不足也矣。』夢星是以不遠數千里而來從。每歸省，求爲三月之留以奉菽水，不許，則求爲踰月之留，亦不許。居未旬日，即已具資糧，戒童僕，促之啓行。夢星涕泣以請，則責之曰：『唉！兒女子欲以是爲孝我乎？不能黄鵠千里，而思爲翼下之雛，徒使吾心益自苦。』故亟遊夫子之門者，固夢星之本心。然不能久留於親側，而倏往倏來，吾父之命，不敢違也。」予曰：「賢哉，處士之爲父！孝哉，夢星之爲子也！勉之哉！卒成乃父之志，斯可矣。」

今年四月上旬，其家忽使人來訃云，處士没矣。嗚呼惜哉！嗚呼惜哉！聖賢之學，其久見棄於世也，不啻如土苴。苟有言論及之，則衆共非笑詆斥，以爲怪物。惟世之號稱賢士大夫者，乃始或有以之而相講究，然至考其立身行己之實，與其平日家庭之間所以訓督期望其子孫者，則又未嘗不汲汲焉惟功利之爲務，而所謂聖賢之學者，則徒以資其談論、粉飾文具於其外，如是者常十而八九矣。求其誠心一志，實以聖賢之學督教其子如處士者，可多得乎！而今亡矣，豈不惜哉！豈不惜哉！

阻遠無由往哭，遥寄一奠，以致吾傷悼

之懷。而叙其遺子來學之故若此，以風勵夫世之爲父兄者，亦因以益勵夢星，使之務底於有成，以無忘乃父之志。

王文成公全書卷之九

别録一　奏疏一

陳言邊務疏 弘治十二年，時進士。

邇者竊見皇上以彗星之變，警戒脩省，又以虜寇猖獗，命將出師，宵旰憂勤，不遑寧處。此誠聖主遇災能警，臨事而懼之盛心也。當兹多故，主憂臣辱，孰敢愛其死！況有一二之見而忍不以上聞耶？

臣愚以爲今之大患，在於爲大臣者外託慎重老成之名，而内爲固禄希寵之計；爲左右者内挾交蟠蔽壅之資，而外肆招權納賄之惡。習以成俗，互相爲奸。憂世者謂之迂狂，進言者目以浮躁，沮抑正大剛直之氣，而養成怯懦因循之風。故其衰耗頹塌，將至於不可支持而不自覺。今幸上天仁愛，適有邊陲之患，是憂慮警省，易轅改轍之機也。此在陛下必宜自有所以痛革弊源，懲艾而振作之者矣。新進小臣，何敢僭聞其事，以干出位之誅？至於軍情之利害，事機之得失，苟有所見，是固芻蕘之所可進，卒伍之所得言者也，臣亦何爲而不可之有？雖其所陳未必盡合時論，然私心竊以爲必宜如此，則又不可以苟避乖剌而遂已於言也。謹陳便宜八事以備採擇。一曰蓄材以備急，二曰舍短以用長，三曰簡師以省費，四曰屯田以足食，五曰行法以振威，六曰敷恩以激怒，七曰捐小以全大，八曰嚴守以乘弊。

何謂蓄材以備急？臣惟將者，三軍之所恃以動，得其人則克以勝，非其人則敗以亡，其可以不豫蓄哉？今者邊方小寇，曾未足以辱偏裨，而朝廷會議推舉，固已倉皇失措，不得已而思其次，一二人之外，曾無可以繼之者矣。如是而求其克敵致勝，其將何恃而能乎！夫以南宋之偏安，猶且宗澤、岳飛、韓世忠、劉錡之徒以爲之將，李綱之徒以爲之相，尚不能止金人之衝突；今以一統之大，求其任事如數子者，曾未見有一人。萬如虜寇長驅而入，不知陛下之臣，孰可使以禦之？若之何其猶不寒心而早圖之也！臣愚以爲，今之武舉僅可以得騎射搏擊之士，而不足以收韜略統馭之才。今公侯之家雖有教讀之設，不過虛應故事，而實無所裨益。誠使公侯之子皆聚之一所，擇文武兼濟之才，如今之提學之職者一人以教育之，習之以書史騎射，授之以韜略謀猷；又於武學生之內，歲升其超異者於此，使之相與磨礲砥礪，日稽月考，別其才否，比年而校試，三年而選舉。至於兵部，自尚書以下，其兩侍郎使之每歲更迭巡邊，於科道部屬之内擇其通變特達者二三人以從，因使之得以周知道里之遠近，邊關之要害，虜情之虛實，事勢之緩急，無不深諳熟察於平日，則一旦有急，所以遥度而往莅之者，不慮無其人矣。孟軻有云：「苟爲不畜，終身不得。」臣願自今畜之也。

何謂舍短以用長？臣惟人之才能，自非聖賢，有所長必有所短，有所明必有所蔽。而人之常情，亦必有所懲於前，而後有所警於後。吴起殺妻，忍人也，而稱名將；陳平受金，貪夫也，而稱謀臣；管仲被囚而建霸，孟明三北而成功，顧上之所以駕馭而鼓動之者何如耳。故曰：「用人之仁，去其貪；用人之智，去其詐；用人之勇，去其怒。」夫求才於倉卒艱難之際，而必欲拘於規矩繩墨之中，吾知其必不克矣。臣嘗聞諸道路之言，曩者邊關將士以驍勇强悍稱者，多以過失罪名擯棄於閑散之地。夫有過失罪名，其在平居無事，誠不可使處於人上；至於今日之多事，則彼之驍勇强悍，亦誠有足用也。且被擯棄之久，必且悔艾前非，以思奮勵；今誠委以數千之衆，使得立功自贖，彼又素熟於邊事，加之以積慣之餘，其與不習地利、志圖保守者，功宜相遠矣。古人有言：「使功不如使過。」是所謂「使過」也。

何謂簡師以省費？臣聞之兵法曰：「日費千金，然後十萬之師舉。」夫古之善用兵者，取用於國，因糧於敵，猶且「日費千金」；今以中國而禦夷虜，非漕輓則無粟，非征輸則無財，是故固不可以言「因糧於敵」矣。然則今日之師可以輕出乎？臣以公差在外，甫歸旬日，遥聞出師，竊以爲不必然者。何則？北地多寒，今炎暑漸熾，虜性不耐，我得其時，一也；虜恃弓矢，今大雨時行，觔膠解弛，二也；虜逐水草以爲居，射生畜以爲食，今已蜂屯兩月，邊草殆盡，野無所獵，三也。以臣料之，官軍甫至，虜迹遁矣。夫兵固有先聲而後實者，今師旅既行，言已無及，惟有簡師一事，猶可以省虛費而得實用。夫兵貴精不貴多，今速詔諸將，密於萬人之内取精健足用者三分之一，而餘皆歸之京師。萬人之聲既揚矣，今密歸京師，邊關固不知也，是萬人之威猶在也，而其實又可以省無窮之費。豈不爲兩便哉？況今官軍之出，戰則退後，功則争先，亦非邊將之所喜。彼之請兵，徒以事之不濟，則責有所分焉耳。今誠於邊塞之卒，以其所以養京軍者而養之，以其所以賞京軍者而賞之，旬日之間，數萬之衆可立募於帳下，奚必自京而出哉？

何謂屯田以給食？臣惟兵以食爲主，無食，是無兵也。邊關轉輸，水陸千里，踣頓捐棄，十而致一。故兵法曰：「國之貧於師者遠輸，遠輸則百姓貧；近師貴賣，貴賣則百姓財竭。」此之謂也。今之軍官既不堪戰陣，又使無事坐食以益邊困，是與敵爲謀也。三邊之戍，方以戰守，不暇耕農。誠使京軍分屯其地，給種授器，待其秋成，使之各食其力。寇至則授甲歸屯，遥爲聲勢，以相掎角；寇去仍復其業，因以其暇，繕完虜所拆毁邊墻、亭堡，以遏衝突。如此，雖未能盡給塞下之食，亦可以少息輸餽矣。此誠持久俟時之道，王師出於萬全之長策也。

何謂行法以振威？臣聞李光弼之代子儀也，張用濟斬於轅門；狄青之至廣南也，陳曙戮於戲下。是以皆能振疲散之卒，而摧方强之虜。今邊臣之失機者，往往以計倖脱。朝喪師於東陲，暮調守於西鄙，罰無所加，兵因縱弛。如此，則是陛下不惟不寘之罪，而復爲曲全之地也，彼亦何憚而致其死力哉？夫法之不行，自上犯之也。今總兵官之頭目，動以一二百計，彼其誠以武勇而收録之也，則亦何不可之有！然而此輩非勢家之子弟，即豪門之夤緣，皆以權力而强委之也。彼且需求刻剥，騷擾道路，仗勢以奪功，無勞而冒賞，懈戰士之心，興邊戎之怨。爲總兵者且復資其權力以相後先，其委之也，敢以不受乎？其受之也，其肯以不庇乎？苟戾於法，又敢斬之以殉乎？是將軍之威，固已因此輩而索然矣，其又何以臨師服衆哉！臣願陛下手勑提督等官，發令之日，即以先所喪師者斬於轅門，以正軍法。而所謂頭目之屬，悉皆禁令發回，毋使瀆擾侵冒，以撓將權，則士卒奮勵，軍威振肅。克敵制勝，皆原於此。不然，雖有百萬之衆，徒以虛國勞民，而亦無所用之也。

何謂敷恩以激怒？臣聞殺敵者，怒也。今師方失利，士氣消沮。三邊之戍，其死亡者非其父母子弟，則其宗族親戚也。今誠撫其瘡痍，問其疾苦，恤其孤寡，振其空乏，其死者皆無怨尤，則生者自宜感動。然後簡其强壯，宣以國恩，喻以虜讎，明以天倫，激以大義，懸賞以鼓其勇，暴惡以深其怒。痛心疾首，日夜淬礪，務與之俱殺父兄之讎，以報朝廷之德。則我之兵勢日張，士氣日奮，而區區醜虜，有不足破者矣。

何謂捐小以全大？臣聞之兵法曰：「將欲取之，必固與之。」又曰：「佯北勿從，餌兵勿食。」皆捐小全大之謂也。今虜勢方張，我若按兵不動，彼必出鋭以挑戰；挑戰不已，則必設詐以致師，或捐棄牛馬而僞逃，或掩匿精悍以示弱，或詐潰而埋伏，或潛軍而請和，是皆誘我以利也。信而從之，則墮其計矣。然今邊關守帥，人各有心，敵情虛實，事難卒辦。當其挑誘之時，畜而不應，未免小有摽掠之虞。一以爲當救，一以爲可邀，從之則必陷於危亡之地，不從則又懼於坐視之誅，此王師之所以奔逐疲勞，損失威重，而敵人之所以得志也。今若恣其操縱，許以便宜，其縱之也，不以其坐視，其捐之也，不以爲失機，養威畜憤，惟欲責以大成，而小小挫失，皆置不問，則我師常逸而兵威無損，此誠勝敗存亡之機也。

何謂嚴守以乘弊？臣聞古之善戰者，先爲不可勝以待敵之可勝。蓋中國工於自守，而北人長於野戰。今邊卒新破，敵勢方劇，若復與之交戰，是投其所長而以勝予敵也。爲今之計，惟宜嬰城固守，遠斥堠以防奸，勤間諜以謀敵，熟訓練以用長，嚴號令以肅惰。而又頻加犒賞，使皆畜力養鋭。譬之積水，俟其盈滿充溢，而後乘怒急決之，則其勢并力驟，至於崩山漂石而未已。昔李牧備邊，日以牛酒享士，士皆樂爲一戰，而牧屢抑止之；至其不可禁遏，而始奮威并出，若不得已而後從之，是以一戰而破强胡。今我食既足，我威既盛，我怒既深，我師既逸，我守既堅，我氣既鋭，則是周悉萬全，而所謂不可勝者，既在於我矣。由是，我足，則虜日以匱；我盛，則虜日以衰；我怒，則虜日以曲；我逸，則虜日以勞；我堅，則虜日以虚；我鋭，則虜日以鈍。索情較計，必將疲罷奔逃；然後用奇設伏，悉師振旅，出其所不趨，趨其所不意，迎邀夾攻，首尾横擊。是乃以足當匱，以盛敵衰，以怒加曲，以逸擊勞，以堅破虚，以鋭攻鈍，所謂勝於萬全，立於不敗之地，而不失敵之敗者也。

右臣所陳，非有奇特出人之見，固皆兵家之常談，今之爲將者之所共見也。但今邊關將帥，雖或知之而不能行，類皆視爲常談，漫不加省。勢有所軼，則委於無可奈何；事憚煩難，則爲因循苟且。是以玩習弛廢，一至於此。陛下不忽其微，乞勑兵部將臣所奏熟議可否，轉行提督等官，即爲斟酌施行。毋使視爲虚文，務欲責以實效，庶於軍機必有少補。臣不勝爲國惓惓之至！

乞養病疏

十五年八月，時官刑部主事。

臣原籍浙江紹興府餘姚縣人，由弘治十二年二甲進士，弘治十三年六月除授前職，弘治十四年八月奉命前往直隸、淮安等府會同各該巡按、御史審決重囚，已行遵奉奏報外，切緣臣自去歲三月，忽患虛弱咳嗽之疾，劑灸交攻，入秋稍愈。遽欲謝去藥石，醫師不可，以爲病根既植，當復萌芽，勉强服飲，頗亦臻效。及奉命南行，漸益平復。遂以爲無復他慮，竟廢醫言，捐棄藥餌。衝冒風寒，恬無顧忌，内耗外侵，舊患仍作。及事竣北上，❶行至揚州，轉增煩熱，遷延三月，尫羸日甚。心雖戀闕，勢不能前，追誦醫言，則既晚矣。先民有云：「忠言逆耳利於行，良藥苦口利於病。」臣之致此，則是不信醫者逆耳之言，而畏難苦口之藥之過也。今雖悔之，其可能乎！

臣自惟田野豎儒，粗通章句；遭遇聖明，竊禄部署。未效答於涓埃，懼遂填於溝壑。螻蟻之私，期得暫離職任，投養幽閒，苟全餘生，庶申初志。伏望聖恩垂憫，乞勑吏部，容臣暫歸原籍就醫調治。病痊之日，仍赴前項衙門辦事，以圖補報。臣不勝迫切願望之至！

乞宥言官去權姦以章聖德疏

正德元年，時官兵部主事。

臣聞君仁則臣直。大舜之所以聖，以

❶「竣」，原作「峻」，據康熙十二年俞嶙重編《王陽明先生全集》卷十一改。

能隱惡而揚善也。臣邇者竊見陛下以南京户科給事中戴銑等上言時事，特敕錦衣衛差官校拿解赴京。❶臣不知所言之當理與否，意其間必有觸冒忌諱，上干雷霆之怒者。但以銑等職居諫司，以言爲責；其言而善，自宜嘉納施行；如其未善，亦宜包容隱覆，以開忠讜之路。乃今赫然下令，遠事拘囚，在陛下之心，不過少示懲創，使其後日不敢輕率妄有論列，非果有意怒絶之也。下民無知，妄生疑懼，臣切惜之！今在廷之臣，莫不以此舉爲非宜，然而莫敢爲陛下言者，豈其無憂國愛君之心哉？懼陛下復以罪銑等者罪之，則非惟無補於國事，而徒足以增陛下之過舉耳。然則自是而後，雖有上關宗社危疑不制之事，陛下孰從而聞之？陛下聰明超絶，苟念及此，寧不寒心！況今天時凍沍，萬一差去官校督束過嚴，銑等在道或致失所，遂填溝壑，使陛下有殺諫臣之名，興群臣紛紛之議，其時陛下必將追咎左右莫有言者，則既晚矣。伏願陛下追收前旨，使銑等仍舊供職，擴太公無我之仁，明改過不吝之勇。聖德昭布遠邇，人民胥悦，豈不休哉！

臣又惟君者，元首也；臣者，耳目手足也。陛下思耳目之不可使壅塞，手足之不可使痿痺，必將惻然而有所不忍。臣承乏下僚，僭言實罪。伏覩陛下明旨有「政事得失，許諸人直言無隱」之條，故敢昧死爲陛下一言。伏惟俯垂宥察，不勝干冒戰慄之至！

❶「特」，原作「持」，據康熙十二年俞嶙重編《王陽明先生全集》卷十一改。

自劾乞休疏十年，時官鴻臚寺卿。

臣由弘治十二年進士，歷任今職，蓋叨位竊禄十有六年，中間鰥曠之罪多矣。邇者朝廷舉考察之典，揀汰群僚。臣反顧内省，點檢其平日，正合擯廢之列。雖以階資稍崇，偶幸漏網，然其不職之罪，臣自知之，不敢重以欺陛下。況其氣體素弱，近年以來，疾病交攻，非獨才之不堪，亦且力有不任。夫幸人之不知，而鼠竄苟免，臣之所甚耻也；淑慝混淆，使勸懲之典不明，臣之所甚懼也。伏惟陛下明燭其罪，以之爲顯罰，使天下曉然知不肖者之不得以倖免，臣之願，死且不朽。若從末減，罷歸田里，使得自附於乞休之末，臣之大幸，亦死且不朽。臣不勝惶恐待罪之至！

乞養病疏十年八月

頃者臣以朝廷舉行考察，自陳不職之狀，席藳待罪。其時臣疾已作，然不敢以疾請者，人臣鰥曠廢職，自宜擯逐以彰國法，疾非所言矣。陛下寬恩曲成，留使供職，臣雖冥頑，亦寧不知感激自奮！及其壯齒，陳力就列，少效犬馬。然臣病侵氣弱，力不能從其心。臣自往歲投竄荒夷，往來道路，前後五載。蒙犯瘴霧，魑魅之與游，蠱毒之與處。其時雖未即死，而病勢因仍，漸肌入骨，日以深積。後值聖恩汪濊，掩瑕納垢，復玷清班；收斂精魂，旋回光澤，其實内病潛滋，外强中槁。頃來南都，寒暑失節，病遂大作。且臣自幼失母，鞠於祖母岑，今年九十有六，耄甚不可迎侍，日夜望臣一歸爲訣。臣之疾痛，抱此苦懷，萬無生理。陛下至仁天覆，惟恐一物不遂其生。伏乞放臣暫回田里，就醫調治，使得目見祖母之終，臣雖殞越下土，永銜犬馬帷蓋之恩！❶倘得因是苟延殘喘，復爲完人，臣齒未甚衰暮，猶有圖效之日。臣不勝懇切願望之至！

諫迎佛疏 稿具未上

臣自七月以來，切見道路流傳之言，以爲陛下遣使外夷，遠迎佛教，郡臣紛紛進諫，皆斥而不納。臣始聞不信，既知其實，然獨竊喜幸，以爲此乃陛下聖智之開明，善端之萌蘖。郡臣之諫，雖亦出於忠愛至情，然而未能推原陛下此念之所從起，是乃爲善之端，作聖之本，正當將順擴充，遡流求原。而乃狃於世儒崇正之説，徒爾紛爭力沮，宜乎陛下之有所拂而不受，忽而不省矣。愚臣之見獨異於是，乃惟恐陛下好佛之心有所未至耳。誠使陛下好佛之心果已真切懇至，不徒好其名而必務得其實，不但好其末而必務求其本，則堯舜之聖可至，三代之盛可復矣。豈非天下之幸，宗社之福哉！臣請爲陛下言其好佛之實。

陛下聰明聖知，昔者青宮，固已播傳四海。即位以來，偶值多故，未暇講求五帝、三王神聖之道。雖或時御經筵，儒臣進説，不過日襲故事，就文敷衍。立談之間，豈能遽有所開發？陛下聽之，以爲聖賢之道不過如此，則亦有何可樂？故漸移志於騎射

❶「帷」，原作「惟」，據康熙十二年俞嶙重編《王陽明先生全集》卷十一改。

之能，縱觀於遊心之樂。蓋亦無所用其聰明，施其才力，而偶託寄於此。陛下聰明，豈固遂安於是，而不知此等皆無益有損之事也哉？馳逐困憊之餘，夜氣清明之際，固將厭倦日生，悔悟日切。而左右前後又莫有以神聖之道爲陛下言者，故遂遠思西方佛氏之教，以爲其道能使人清心絶欲，求全性命，以出離生死；又能慈悲普愛，濟度群生，去其苦惱而躋之快樂。今災害日興，盜賊日熾，財力日竭，天下之民困苦已極。使誠身得佛氏之道而拯救之，豈徒息精養氣，保全性命？豈徒一身之樂？將天下萬民之困苦，亦可因是而蘇息！故遂特降綸音，發幣遣使，不憚數萬里之遥，不愛數萬金之費，不惜數萬生靈之困斃，不厭數年往返之遲久，遠迎學佛之徒。是蓋陛下思欲一洗舊習之非，而幡然於高明光大之業也。陛下試以臣言反而思之，陛下之心，豈不如此乎？然則聖知之開明，善端之萌蘖者，亦豈過爲諛言以佞陛下哉！陛下好佛之心誠至，則臣請毋好其名而務得其實，毋好其末而務求其本。陛下誠欲得其實而求其本，則請毋求諸佛而求諸聖人，毋求諸外夷而求諸中國。此又非臣之苟爲遊説之談以誑陛下，臣又請得而備言之。

夫佛者，夷狄之聖人；聖人者，中國之佛也。在彼夷狄，則可用佛氏之教以化導愚頑；在我中國，自當用聖人之道以參贊化育。猶行陸者必用車馬，渡海者必以舟航。今居中國而師佛教，是猶以車馬渡海，雖使造父爲御，王良爲右，非但不能利涉，必且有沉溺之患。夫車馬本致遠之具，豈不利器乎？然而用非其地，則技無所施。陛下若謂佛氏之道雖不可以平治天下，或亦可以脱離一身之生死；雖不可以參贊化育，而時亦可以導群品之囂頑。就此二説，亦復不過得吾聖人之餘緒。陛下不信，則臣請比而論之。臣亦切嘗學佛，最所尊信，自謂悟得其藴奥。後乃窺見聖道之大，始遂棄置其説。臣請毋言其短，言其長者。夫西方之佛，以釋迦爲最；中國之聖人，以堯舜爲最。臣請以釋迦與堯舜比而論之。夫世之最所崇慕釋迦者，莫尚於脱離生死，超然獨存於世。今佛氏之書具載始末，謂釋迦住世説法四十餘年，壽八十二歲而没，則其壽亦誠可謂高矣；然舜年百有十歲，堯年一百二十歲，其壽比之釋迦則又高也。佛能慈悲施捨，不惜頭目腦髓以救人之急難，則其仁愛及物，亦誠可謂至矣，然必苦行於雪山，奔走於道路，而後能有所濟。若堯舜則端拱無爲，而天下各得其所。惟「克明峻德，以親九族」，則「九族既睦」；「平章百姓」，則「百姓昭明」；「協和萬邦」，則「黎民於變時雍」，極而至於上下草木鳥獸，無不咸若。其仁愛及物，比之釋迦則又至也。佛能方便説法，開悟群迷，戒人之酒，止人之殺，去人之貪，絶人之嗔，其神通妙用，亦誠可謂大矣，然必耳提面誨而後能。若在堯舜，則「光被四表，格於上下」，其至誠所運，自然不言而信，不動而變，無爲而成。蓋「與天地合其德，與日月合其明，與四時合其序，與鬼神合其吉凶」，其神化無方而妙用無體，比之釋迦則又大也。若乃詛咒變幻，眩怪捏妖，以欺惑愚冥，是故佛氏之所深排極詆，謂之外道邪魔，正與佛道相反者。不應好佛而乃好其所相反，求佛而乃求其所排詆者也。陛下若以堯舜既没，必欲求之於彼，則釋迦之亡亦已久矣；若謂彼中學佛之徒能傳釋迦之道，則吾中國之大，顧豈無人能傳堯舜之道者乎？陛下未之求耳。陛下試求大臣之中，苟其能明堯舜之道者，日日與之推求講究，乃必有能明神聖之道，致陛下於堯舜之域者矣。故臣以爲陛下好佛之心誠至，則請毋好其名而務得其實，毋好其末而務求其本；務得其實而求其本，則請毋求諸佛而求諸聖人，毋求諸夷狄而求諸中國者，果非妄爲遊説之談以誑陛下者矣。

陛下果能以好佛之心而好聖人，以求釋迦之誠而求諸堯舜之道，則不必涉數萬里之遥，而西方極樂，只在目前；則不必縻數萬之費，斃數萬之命，歷數年之久，而一塵不動，彈指之間，可以立躋聖地；神通妙用，隨形隨足。此又非臣之繆爲大言以欺陛下，必欲討究其説，則皆鑿鑿可證之言。孔子云：「我欲仁，斯仁至矣。」「一日克己復禮，而天下歸仁。」孟軻云：「人皆可以爲堯舜。」豈欺我哉？陛下反而思之，又試以詢之大臣，詢之群臣。果臣言出於虚繆，則甘受欺妄之戮。

臣不知諱忌，伏見陛下善心之萌，不覺踊躍喜幸，輒進其將順擴充之説。惟陛下垂察，則宗社幸甚！天下幸甚！萬世幸甚！臣不勝祝望懇切殞越之至！專差舍人某具疏奏上以聞。

辭新任乞以舊職致仕疏十一年十月，時陞南贛僉都御史。

臣原任南京鴻臚寺卿，去歲四月嘗以不職自劾求退，後至八月，又以舊疾交作，復乞天恩赦回調理，皆未蒙准允。黽勉尸素，因循日月，至今年九月十四日，忽接吏部咨文，蒙恩陞授前職。聞命驚惶感泣之餘，莫知攸措。竊念臣才本庸劣，性復迂踈，兼以疾病多端，氣體羸弱，待罪鴻臚閒散之地，猶懼不稱；況茲巡撫重任，其將何才以堪！夫因才器使，朝廷之大政也；量力受任，人臣之大分也。臕仕顯官，臣心豈獨不願？一時貪倖苟受，後至潰政僨事，臣一身戮辱，亦奚足惜，其如陛下之事何！況臣疾病未已，精力益衰，平居無事，尚爾奄奄，軍旅驅馳，豈復堪任！臣在少年，粗心浮氣，狂誕自居；自後涉歷漸久，稍知慚沮；逮今思之，悔創靡及。人或未考其實，臣之自知，則既審矣，又何敢祟飾舊惡，以誤國事？伏願陛下念朝廷之大政不可輕，地方之重寄不可苟，體物情之有短長，憫凡愚之所不逮，別選賢能，委以茲任。憫臣之愚，不加謫逐，容令仍以鴻臚寺卿退歸田里，以免負乘之誅。臣雖顛殞，敢忘銜結！

臣自幼失慈，鞠於祖母岑，今年九十有七，旦暮思臣一見爲訣。去歲乞休，雖迫疾病，實亦因此。臣敢輒以螻螘苦切之情控於陛下，冀得便道先歸省視岑疾，少伸反哺之私，以俟矜允之命。臣衷情迫切，不自知其觸昧條憲。臣不勝受恩感激，瀆冒戰懼，哀懇祈望之至！

謝恩疏十二年正月二十六日

臣原任南京鴻臚寺卿，正德十一年九月十四日，准吏部咨，爲缺官事，該部題：「奉聖旨：王守仁陞都察院左僉都御史，巡撫南、贛、汀、漳等處地方，寫勑與他。欽此。欽遵。」臣自以菲才多病，懼不勝任，以致債事，當具本乞恩辭免，容令原職致仕。隨於十月二十四日節該欽奉勑諭：「爾前去巡撫江西南安、贛州，福建汀州、漳州，廣東南雄、韶州、惠州、潮州各府及湖廣郴州地方。撫安軍民，修理城池，禁革奸弊。一應地方賊情、軍馬、錢糧事宜，小則徑自區畫，大則奏請定奪。」欽此。欽遵外，十一月十四日續准兵部咨，爲緊急賊情事，内開都御史文森遷延誤事，見奉勑書切責：「乃敢託疾避難，奏回養病。見今盜賊劫掠，民遭荼毒。萬一王守仁因見地方有事，假託辭免，不無愈加誤事？」該本部題：「奉聖旨：既地方有事，王守仁着上緊去，不許辭避遲誤。欽此。」聞報憂惴，不遑寧處。一面扶疾候旨，至浙江杭州府地方，於十二月初二日復准吏部咨：「該臣奏爲乞恩辭免新任仍照舊職致仕事，奏奉聖旨：王守仁不准休致。南、贛地方見今多事，着上緊前去，用心巡撫。欽此。」備咨到臣。感恩懼罪之餘，不敢冒昧復請。隨於本月初三日起程，至次年正月十六日，已抵贛州接管巡撫外，伏念臣氣體羸弱，質性迂踈，聊爲口耳之學，本非折衝之才。鴻臚閒散，尚以疾病而不堪；巡撫繁難，豈其精力之可任！但前官以辭疾招議，適踵效尤之嫌；而聖旨以多事爲言，恐蹈避難之罪。遂爾冒於負乘，不暇虞於覆餗。黽勉莅事，忽已踰旬。受恩思效，每廢寢食。顧兵糧耗竭之餘，加之以師旅，而盜賊殘破之後，方苦於瘡痍。尚爾一籌之未展，敢云期月而可觀？況炎毒舊侵，懼復中於瘴癘；尫衰日積，憂不任於驅馳。心有餘而才不逮，足欲進而力不前，徒切感恩之報，莫申效死之誠。臣敢不勉其智之所不足，竭砥礪於己；盡其力之所可爲，付利鈍於天。亮無補於河嶽，亦少致其涓埃。稍俟狐鼠巢穴之平，終遂麋鹿山林之請。臣不勝受恩感激！

給由疏 十二年二月二十五日

臣見年四十六歲，係浙江紹興府餘姚縣民籍。由進士，弘治十三年二月内除授刑部雲南清吏司主事。弘治十五年八月内告回原籍養病。弘治十七年七月内病痊赴部，改除兵部武選清吏司主事。正德元年十二月内，爲宥言官去權奸以彰聖德事，蒙恩降授貴州龍場驛驛丞。正德五年三月内蒙陞江西吉安府廬陵縣知縣，本年十月内陞南京刑部四川清吏司主事。正德六年正月内調吏部驗封清吏司主事，本年十月内陞本部文選清吏司員外郎。正德七年三月内陞本部考功清吏司郎中，本年十二月初八日，蒙陞南京太僕寺少卿。正德八年十月二十二日到任，至正德九年四月二十一日止，歷俸六箇月。本日到任吏部劄付，蒙陞南京鴻臚寺卿，本月二十五日到任，至正德十一年九月十四日止，連閏歷俸二十九箇月零十二日。本日准吏部咨，蒙恩陞都察院右僉都御史，巡撫南、贛、汀、漳等府，於正德十二年正月十六日前到地方行事，支俸起扣，至本月二十五日止，又歷俸十日。連前共輳歷俸三十六箇月。三年考滿，例應給由。緣臣係巡撫官員，見在福建漳州等府地方督調官軍，夾勦漳、浦等處流賊，未敢擅離。緣係三年給由事理，爲此具本奏聞。

參失事官員疏 十二年三月十五日

據江西按察司整飭兵備帶管分巡嶺北道副使楊璋呈「據贛州府信豐縣及信豐守禦千户所各報稱，正德十二年二月初七日，有龍南强賊突來地名崇僊屯劄。已經差委興國縣義民蕭承會同信豐、龍南官兵相機勦捕。續據申報，强賊突來本縣小河住劄，離縣約有四十餘里，乞要發兵策應。又據申報，本月初九日，有龍南流賊六百餘人突至城下，除嚴督軍兵固守城池，緣本所縣無兵禦敵，誠恐前賊攻城，卒難止遏，乞調峰山弩手并該縣兵夫救護。❶ 又經差委南安府經歷王祚、南康縣縣丞舒富統領弩手、殺手，前去約會二縣掌印官并領官兵相機攻圍去後。續據縣丞舒富呈，本月初十日，蒙委統領殺手陳禮舫、打手吴尚能等共五百名，經歷王祚、義民蕭承統領峰山、加善、雙秀弩手各三百名，先後到於信豐縣會剿。至十一日，止有該所管屯千户林節帶兵四十餘名出城。據鄉導、馬客等報稱，止有强賊六百餘人在地名花園屯劄。當同各官將兵分布劄定，只見前賊一陣，止有百十餘徒先出。有前哨義民蕭承領兵就與敵殺，斬獲賊級四顆，奪獲白旗一面。頃刻，衆賊出營，分爲三哨，約有二千餘徒。瞰知龍南反招賊首黄秀魁，糾合廣東龍川縣浰頭賊首池大鬢、賊首池大安、新總并池大昇，共爲一陣，賊首楊金巢自爲一陣，勢甚猖獗。卑職督統本哨兵快，奮勇交鋒，殺死賊徒二十餘人。不意賊衆一湧前衝，殺手陳禮舫、百

❶「弩」，原作「拏」，據四庫本改。

長鍾德昇等見勢難當，俱各不聽約束，先行漫散。有南康縣報效義士楊習舉等仍與前賊死敵不退，俱被戳傷身死。及有經歷王祚上馬不便，亦被執去。賊勢得勝，仍要攻城，隨與蕭承、林節等收集衆兵，退至南營山把截。遇蒙本道親臨該縣督勦，各賊聞知，退至牛州，離城少遠。至十二日，前賊差人告招。十三日，蒙本道差蕭承前去招撫，就將經歷王祚放回。賊往原巢去訖」等因到道，備呈到臣。隨據龍南縣知縣盧鳳呈稱：「本縣捕盗主簿周政，會同鎮撫劉鏜、千户洪恩，統領機兵旗軍，於本月十八日前去信豐縣截捕，探得强賊池大鬢、黄秀魁等從鴉鶻隘越過安遠縣住劄。本職督兵追截，前賊已往廣東龍川縣，復回原巢浰頭去訖。」據安遠縣知縣劉瑀稟稱，於本月十九日統領水元、大石等保民兵弩手，前去龍泉等保截勦，各賊遯回原巢去訖，難以窮追，以此掣兵回縣緣由。

查得先據該道及信豐縣所各稟報前事，已經批仰該道兵備等官急調招撫義官葉芳協同石背兵夫斷賊歸路，及調峰山弩手與南康打手人等，責委縣丞舒富統領前後夾擊。又看得此賊既離巢穴，利在速戰，仍仰該府急行所屬隣近官司，俱要乘險設伏，厚集以待，及於各鄉村往來路徑多張疑兵，使賊不敢輕易奔突。仍調安遠縣知縣劉瑀星夜起集水元、大石等保民兵一千，横接龍南，邀其不備。若賊猶屯信豐，急自龍南直趨浰頭，擣其巢穴。賊進無所獲，退無所處，不過旬日，可以坐擒。仰各遵照施行去後。今據前因，參看得縣丞舒富，承委督勦，不能相度機宜，輕率驟進，以致殺傷兵快。原其心雖出奮勇，責以師律，均爲敗事。經歷王祚，臨陣潰奔，爲賊所執，後雖倖免，終係失機。信豐所縣知縣黃天爵、千户鄭鐸、巡捕副千户朱誠，惟知固城自守，不肯發兵應援。龍南知縣盧鳳、捕盗主簿周政、隄備鎮撫劉鎧、千户洪恩，地當關隘，正可防遏，坐視前賊往來，略不出兵邀擊。千户林節，即其兵力之寡，似難全責，究其失律之罪，亦宜分受。安遠縣知縣劉瑀，承調追襲，緩不及事，俱屬違法。南康縣百長鍾德昇等，臨陣不前，故違約束，先行潰散，失誤軍機，應合處以軍法。該道兵備副使楊璋、守備都指揮同知王泰，俱屬提督欠嚴，但楊璋往來調度，卒能招撫前賊，計其功勞，可以贖罪。及照廣東龍川縣掌印、捕盗等官，明知首賊池大鬢等在彼地方爲巢，却亦不行時嘗巡邏，縱其過境劫掠，又各不行乘機追捕，俱屬故違。

所據前項失事官員，俱屬遵奉勑諭事理，即行提問。但前項賊徒，擁衆數千，變詐百出，命雖陽受招撫，其實陰懷異圖。況其黨與根連三省，萬一乘間復出，爲患必大。正係緊關用人隄備之際，除將百長鍾德昇等查勘的確，處以軍法，及方面軍職另行參究外，其餘前項各官，且量加督責，姑令戴罪隄備，各自相機行事，勉圖後功，以贖前罪。仍一面委官前去信豐縣地方，查勘前項殺死兵快數目，及有無隱匿別項事情，另行參奏。緣係地方緊急賊情及參失事官員事理，未敢擅便，爲此具本請旨。

閩廣捷音疏 十二年五月初八日

據福建按察司整飭兵備兼管分巡漳南

道僉事胡璉呈：「會同分守右參政艾洪、經理軍務左參政陳策、副使唐澤、將領都指揮僉事李胤、督據河頭等哨委官指揮徐麒、知縣施祥、知事曾瑶等呈稱，各職統領軍兵五千餘人進至長富村等處，見得賊衆地險，巢穴數多，兼且四路裝伏，勢甚猖獗。尅期於正德十二年正月十八日等各分哨路，從長富村至闊竹洋、新洋、大豐、五雷、大小峰等處與賊交鋒。前後大戰數合，擒斬首從賊犯黄燁等，共計四百三十二名顆，俘獲賊屬一百四十六名口，燒燬房屋四百餘間，奪獲馬牛等項。被賊殺死老人許六、打手黄富璘等六名。餘賊俱各奔聚象湖山拒守，各職又統官兵追至蓮花石與賊對劄。誠恐賊衆我寡，呈乞添兵策應等因到道。行據大溪哨指揮高偉呈報，統兵約會蓮花石官兵攻打象湖山，適遇廣東委官指揮王春等領兵亦至彼境大傘地方。卑職與指揮覃桓、縣丞紀鏞，領兵前去會剿。不意大傘賊徒突出，卑職等奮勇抵戰。覃桓、紀鏞馬陷深泥，與軍人易成等七名、兵快李崇静等八名，俱被賊傷身死，卑職亦被戳二鎗。勢難抵敵，只得收兵暫回聽候。緣象湖山係極高絶險，自來官兵所不能攻，今賊勢日盛，若不添調狼兵，稍俟秋冬會舉夾攻，恐生他變。通行呈稟間，續奉本院紙牌，爲進兵方略事，備行各職遵奉密諭，佯言犒衆退師，俟秋再舉。密切部勒諸軍，乘懈奮擊。依蒙密差義官曾崇秀爪探虚實，乘賊怠弛，會選精兵一千五百名當先，重兵四千二百名繼後，分作三路。各職統領俱於二月十九日夜銜枚直趨，三路並進，直搗象湖山，奪其隘口。各賊雖已失險，但其間賊徒類皆驍勇精悍，猶能凌塹絶谷，超躍如飛。復據上層峻險，四面飛打衮木礧石，以死拒敵。我兵奮勇鏖戰，自辰至午，呼聲震天，撼摇山谷。三司所發奇兵，復從間道鼓噪突登，賊始驚潰大敗。我兵乘勝追殺，擒斬大賊首黄猫狸、游四并廣東大賊首蕭細弟、郭虎等二百九十一名顆，俘獲賊屬一百三十三名口；其間墜崖墮壑死者不可勝計。奪回水黄牛、贓銀、鎗刀等物，燒燬房屋五百餘間。餘賊潰散，復入流恩、山岡等巢，與諸賊合勢，亦被各賊殺死頭目賴頤、打手楊緣等一十四名。次早，各職分兵追勦，指揮高偉、推官胡寧道亦由大豐領兵來會。仍與前賊交鋒大戰，擒斬首從賊犯巫姐旺等一百六十三名顆，俘獲賊屬一百六名口。餘賊敗走，各又遯入廣東交界黄蠟溪、上下漳溪大山去訖。」❶又據金豐三團哨委官指揮王鎧、李誠，通判龔震等各呈稱：「賊首詹師富等恃居可塘洞山寨，聚糧守險，勢甚强固。各職依奉會議，分兵五路，連日攻打，生擒大賊首詹師富、江嵩、范克起、羅招賢等四名，餘賊敗走，復入竹子洞等處大山嘯聚。隨又分兵追襲，與賊連戰，擒首從賊犯范興長等二百三十五名顆，俘獲賊屬八十二名口，奪回被虜男婦五名口，奪獲馬牛等物。亦被各賊殺死老人胡文政一名，戳傷鄉夫葉永旺等五名。」又據指揮徐麒等呈稱：「黄蠟溪、上下漳溪與廣東饒平縣并本省永定縣，山界相連。遵依約會，廣東官兵并金豐哨指揮韋鑑、大溪哨推官胡寧道等，於三月二十一日子時發兵，齊至黄蠟；廣東義民饒四等領兵亦至，會合我兵三路進攻。賊出，拒戰甚鋭，我兵奮勇大噪而前，

❶ 「漳」，諸本皆作「樟」，據後文統一作「漳」。

擒斬首從賊犯温宗富等九十一名顆，俘獲賊屬一十三名口，餘賊敗走。各兵乘勝追至赤石巖，仍與大戰良久，賊復大敗；又擒斬首從賊犯游宗成等一百四十六名顆，俘獲賊屬九十名口。」又據中營委官指揮張鉞、百户吕希良等呈稱：「領兵追趕黄蠟溪等處逃賊，至地名陳吕村遇賊拒戰，當陣擒斬首從賊犯朱老叔等六十六名顆，俘獲賊屬八名口。」各另呈解到道，轉解審驗紀功外，續據委官知府鍾湘呈稱「蒙調官兵，先後兩月之間，攻破長富村等處巢穴三十餘處，擒斬首從賊犯一千四百二十餘名顆，俘獲賊屬五百七十餘名口，奪回被虜男婦五名口，燒燬房屋二千餘間，奪獲牛馬贓仗無算。即今脅從餘黨，悉願携帶家口出官投首，聽撫安插。本職遵照兵部奏行勘合并巡撫都察院節行案牌事理，出給告示，發委知縣施祥、縣丞余道招撫脅從賊人朱宗玉、翁景璘等一千二百三十五名，家口二千八百二十八名口，俱經審驗安插復業」緣由呈報到道，轉呈到臣。及據廣東按察司分巡嶺東道兵備僉事等官顧應祥等會呈「遵依本院案驗，委官統領軍兵，會同福建尅期進剿。隨奉本院進兵方略，當即遵依，揚言班師，一面出其不意，從牛皮石、嶺脚隘等處分爲三哨，鼓噪並進。賊瞻顧不暇，望風瓦解。節據指揮楊昂、王春，通判徐璣、陳策，義官余黄孟等各報稱，於本年正月二十四等日尅破古村、未窖、禾村、大水山、柘林等巢，生擒大賊首張大背、劉烏嘴、蕭乾爻、范端、蕭玉即蕭五顯、❶蓟釗、蘇瑺、賴隆等，并

❶「玉」，原作「王」，據康熙十二年俞嶙重編《王陽明先生全集》改。

擒斬首從賊犯。乘勝前進，會同福建官軍尅期夾攻。間探知大傘賊徒潰圍，殺死指揮覃桓、❶縣丞紀鏞等情，當即進兵策應。各賊畏我兵勢，燒巢奔走。生擒賊首羅聖欽，餘賊退入箭灌大寨，合勢乘險，併力拒敵。蒙委知縣張戩督同指揮張天杰，分哨由別路進兵，攻破白土村、赤口巖等巢，直搗箭灌大寨。諸賊迎戰，我兵奮勇合擊，遂破箭灌。當陣斬獲首從賊犯共計二百二十四名顆，俘獲賊屬八十四名口及牛馬贓仗等物。各寨賊黨聞風奔竄，已散復聚，愈相連結，各設機險，以死拒守。各職統兵分兵並進，於三月二十等日攻破水竹、大重坑、苦宅溪、靖泉溪、白羅、南山等巢，直搗洋竹洞、三角湖等處。前後大戰十餘，生擒賊首溫火燒、張大背、雷振、蔡晟、賴英等，并擒斬賊犯共一千四十八名顆，俘獲賊屬八百三十八名口，奪獲馬牛、贓銀、銅錢、衣帛、器仗、蕉紗等物。前後共計生擒大賊首一十四名，擒斬賊犯一千二百五十八名顆，俘獲賊屬九百二十二名口，奪獲水黃牛、馬一百三十九頭匹，贓仗、衣布等物共二千一百五十七件疋，葛蕉紗九十六斤一兩，贓銀三十二兩四錢八分，銅錢一百四十二文，各開報到道收審」緣由，呈報前來。卷查先爲急報賊情事，准兵部咨，該本部題：「已經福建、廣東總鎮巡按等衙門都御史陳金、御史胡文静等會議區畫，各該守巡兵備等官欽遵。」整備糧餉，起調軍兵，約會進剿間，臣於本年正月十六日始抵贛州地方行事。先於本月初三日於南昌地方據兩省各官呈稟，師期不同，事體參錯，誠恐彼此推調，致

❶「桓」，原作「相」，據前後文改。

誤軍機。當臣備遵該部咨來事理，具開進兵方略，行仰各官協同，上緊密切施行去後，續據福建右參政等官艾洪等會呈：「指揮覃桓、縣丞紀鏞被大傘賊衆突出，馬陷深泥，被傷身死。」及據各哨呈稱：「賊寨險惡，天氣漸暄，我兵遭挫，賊勢日甚，乞要奏添狼兵，候秋再舉。」備呈到臣。參看得各官頓兵不進，致此敗衄，顯是不奉節制，故違方略。及照奏調狼兵，非惟日久路遥，緩不及事，兼恐師老財費，别生他虞。且勝敗由人，兵貴善用。當此挫折，各官正宜協憤同奮，因敗求勝，豈可輒自退阻，倚調狼兵，坐失機會？臣當日即自贛州起程，親率諸軍進屯長汀、上杭等處。一面督令各官密照方略，火速進勦，立功自贖，敢有支吾推調，定以軍法論處；一面查勘失事緣由，另行參奏間，隨據各呈捷音到臣。參照閩廣賊首詹師富、温火燒等，恃險從逆，已將十年，黨惡聚徒，動以萬計。鼠狐得肆跳梁，蛇豕漸無紀極；刼剽焚驅，數郡遭其荼毒；轉輸征調，三省爲之騷然。臣等奉行誅勦，三月之内，遂克殲取渠魁，掃蕩巢穴，百姓解倒懸之苦，列郡獲再生之安。此非朝廷威德，廟堂成算，何以及此！及照福建領兵各官，始雖踈於警備，稍損軍威，終能戮力協謀，大致克捷。論過雖有，計功亦多。其間福建如僉事胡璉、參政陳策、副使唐澤、知府鍾湘，廣東如僉事顧應祥、都指揮僉事楊懋、知縣張戩，才調俱優，勞勩尤著。伏乞俯從惟重之典，以作敢戰之風。除將二省兵快量留防守，其餘悉令歸農。及將功次另行勘報外，原係捷音事理，爲此具本題奏。

申明賞罰以厲人心疏 十二年五月初八日

據江西按察司整飭兵備帶管分巡嶺北道副使楊璋呈：「伏覩《大明律》内該載『失誤軍事』條：『領兵官已承調遣，不依期進兵策應，若承差告報軍期而違限，因而失誤軍機者，並斬。』『從軍違期』條：『若軍臨敵境，託故違期三日不至者，斬。』『主將不固守』條：❶『官軍臨陣先退，及圍困越城而逃者，斬。』此皆罰典也。及查得原擬直隸、山東、江西等處征勦流賊陞賞事例，一人并二人爲首，就陣擒斬以次劇賊一名者，五兩；二名者，十兩；三名者，賞實授一級，不願者，賞十兩；陣亡者陞一級，俱世襲，不願者，賞十兩。擒斬從賊六名以上至九名者止，陞實授二級，餘功加賞；不及六名，除陞一級之外，扣算賞銀；三人四人五人以上共擒斬以次劇賊一名者，賞銀十兩均分；從賊一名者，賞五兩均分。領軍把總等官自斬賊級，不准陞賞；部下獲功七十名以上者，陞署一級；五百名者，陞實授一級；不及數者，量賞；一人捕獲從賊一名者，賞銀四兩；二名者，賞八兩；三名者，陞一級；以次劇賊一名者，陞署一級。俱不准世襲，不願者，賞五兩。此皆賞格也。賞罰如此，宜乎人心激勸，功無不立；然而有未能者，蓋以賞罰之典雖備，然罰典止行於參提之後，而不行於臨陣對敵之時；賞格止行於大軍征勦之日，而不行於尋常用兵之際故也。且以嶺北一道言之，四省連絡，盜賊淵藪。近年以來，如賊首謝志珊、高快

❶「條」，原作「調」，據備要本改。

馬、黄秀魁、池大鬢之屬，不時攻城掠鄉，動輒數千餘徒。每每督兵追勦，不過遥爲聲勢，俟其解圍退散，卒不能取決一戰者，以無賞罰爲之激勸耳。合無申明賞罰之典，今後但遇前項賊情，領兵官不拘軍衛有司，所領兵衆有退縮不用命者，許領兵官軍前以軍法從事；領兵官不用命者，許總統兵官軍前以軍法從事；所統兵衆，有能對敵擒斬功次，或赴敵陣亡，從實開報，覆勘是實，轉達奏聞，一體陞賞。至若生擒賊徒，鞫問明白，即時押赴市曹，斬首示衆。庶使人知警畏，亦與見行事例決不待時，無相悖戾。如此則賞罰既明，人心激勵，盗賊生發得以即時撲滅。糧餉可省，事功可見矣。」具呈到臣。

卷查三省賊盗，二三年前，總計不過三千有餘。今據各府州縣兵備守備等官所報，已將數萬，蓋已不啻十倍於前。臣嘗深求其故。詢諸官僚，訪諸父老，采諸道路，驗諸田野，皆以爲盗賊之日滋，由於招撫之太濫；招撫之太濫，由於兵力之不足；兵力之不足，由於賞罰之不行。誠有如副使楊璋所議者。臣請因是爲陛下略言其故。

盗賊之性雖皆兇頑，固亦未嘗不畏誅討。夫惟爲之而誅討不及，又從而招撫之，然後肆無所忌。蓋招撫之議，但可偶行於無辜脅從之民，而不可常行於長惡怙終之寇；可一施於回心向化之徒，而不可屢施於隨招隨叛之黨。南、贛之盗，其始也，被害之民恃官府之威令，猶或聚衆而與之角。鳴之於官，而有司者以爲既招撫之，則皆置之不問。盗賊習知官府之不彼與也，益從而讐脅之。民不任其苦，知官府之不足恃，亦遂靡然而從賊。由是，盗賊益無所畏，而出劫日頻，知官府之必將己招也；百姓益無所待，而從賊日衆，知官府之必不能爲己地也。夫平良有寃苦無伸，而盜賊乃無求不遂；爲民者困征輸之劇，而爲盜者獲犒賞之勤，則亦何苦而不彼從乎？是故近賊者爲之戰守，遠賊者爲之鄉導；處城郭者爲之交援，在官府者爲之間諜；其始出於避禍，其卒也從而利之。故曰「盜賊之日滋，由於招撫之太濫」者，此也。

夫盜賊之害，神怒人怨，孰不痛心！而獨有司者必欲招撫之，亦豈得已哉？誠使强兵悍卒，足以殲渠魁而蕩巢穴，則百姓之憤雪，地方之患除，功成名立，豈非其所欲哉？然而南、贛之兵素不練養，類皆脆弱驕惰。每遇征發，追呼拒攝，旬日而始集。約束齎遣，又旬日而始至，則賊已稇載歸巢矣。或猶遇其未退，望賊塵而先奔，不及交鋒而已敗。以是禦寇，猶驅群羊而攻猛虎也，安得不以招撫爲事乎？故凡南、贛之用兵，不過文移調遣，以苟免坐視之罰；應名剿捕，聊爲招撫之媒。求之實用，斷有不敢。何則？兵力不足，則剿捕未必能克；剿捕不克，則必有失律之咎，則必征調日繁，督責日至；糾舉論劾者四面而起，往往坐視而至於落職敗名者有之。招撫之策行，則可以安居而無事，可以無調發之勞，可以無戴罪殺賊之責，無地方多事不得遷轉之滯。夫如是，孰不以招撫爲得計！是故寧使百姓之荼毒，而不敢出一卒以抗方張之虜；寧使孤兒寡婦之號哭，顛連疾苦之無告，而不敢提一旅以忤反招之賊。蓋招撫之議，其始也，出於不得已；其卒也，遂守以爲常策。故曰「招撫之太濫，由於兵力之不足」者，此也。

古之善用兵者，驅市人而使戰，收散亡之卒以抗强虜。今南、贛之兵尚足以及數千，豈盡無可用乎？然而金之不止，鼓之不進，未見敵而亡，不待戰而北。何者？進而效死，無爵賞之勸；退而奔逃，無誅戮之及；則進有必死而退有幸生也，何苦而求必死乎？吴起有云：「法令不明，賞罰不信，雖有百萬，何益於用？凡兵之情，畏我則不畏敵，畏敵則不畏我。」今南、贛之兵皆「畏敵而不畏我」，欲求其用，安可得乎！故曰「兵力之不足，由於賞罰之不行」者，此也。

今朝廷賞罰之典固未嘗不具，但未申明而舉行耳。古者賞不踰時，罰不後事。過時而賞，與無賞同；後事而罰，與不罰同。況過時而不賞，後事而不罰，其亦何以齊一人心而作興士氣？是雖使韓、白爲將，亦不能有所成，況如臣等腐儒小生，才識昧劣而素不知兵者，亦復何所冀乎？議者以南、贛諸處之賊，連絡數郡，蟠據四省，非奏調狼兵，大舉夾攻，恐不足以掃蕩巢穴。是固一説也。然臣以爲狼兵之調，非獨所費不貲，兼其所過殘掠，不下於盜。大兵之興，曠日持久，聲勢彰聞，比及舉事，諸賊渠魁，悉已逃遯，所可得者，不過老弱脅從無知之氓。於是乎有横罹之慘，於是乎有妄殺之弊。班師未幾，而山林之間復已呼嘯成群。此皆往事之已驗者。臣亦近揀南、贛之精鋭，得二千有餘，部勒操演，❶略有可觀。誠使得以大軍誅討之賞罰而行之平時，假臣等以便宜行事，不限以時而惟成

❶「勒」，原作「勤」，據康熙十二年俞嶙重編《王陽明先生全集》改。

功是責，則比於大軍之舉，臣竊以爲可省半費而收倍功。臣請以近事證之。臣於本年正月十五日抵贛，卷查兵部所咨申明律例：今後地方但有草賊生發，事情緊急，該管官司即便依律調撥官軍乘機勦捕；應合會捕者，亦就調發策應；但係軍情，火速差人申奏。敢有遲延隱匿，巡撫巡按三司官即便參問，依律罷職充軍等項發落。雖不係聚衆草賊，但係有名强盗肆行劫掠，賊勢兇惡，或白晝攔截，或明火持杖，不拘人數多少，一面設法緝捕，即時差人申報合干上司，并具申本部知會處置。如有仍前朦朧隱蔽，不即申報，以致聚衆滋蔓，貽患地方，從重參究，決不輕貸等因，題奉欽依，備行前來。時以前官久缺，未及施行，臣即刊印數千百紙，通行所屬，布告遠近。未及一月，而大小衙門以賊情來報者接踵，亦遂屢有斬獲一二人或五六人、七八人者。何者？兵得隨時調用，而官無觀望掣肘，❶則自然無可推託逃避，思效其力。由此言之，律例具存，前此惟不申明而舉行耳。今使賞罰之典悉從而申明之，其獲效亦未必不如是之速也。伏望皇上念盗賊之日熾，哀民生之日蹙；憫地方荼毒之愈甚，痛百姓冤憤之莫伸；特勑兵部俯采下議，特假臣等令旗令牌，使得便宜行事。如是而兵有不精，賊有不滅，臣等亦無以逃其死。夫任不專，權不重，賞罰不行，以致於僨軍敗事，然後選重臣，假以總制之權而往拯之，縱善其後，已無救於其所失矣。

臣才識淺昧，且體弱多病，自度不足以

❶ 「掣」，原作「執」，據康熙十二年俞嶙重編《王陽明先生全集》改。

辦此，行從陛下乞骸骨，苟全餘喘於林下。但今方待罪於此，心知其弊，不敢不爲陛下盡言。陛下從臣之請，使後來者得效其分寸，收討賊之功，臣亦得以少逭死罪於萬一。緣係申明賞罰以勵人心事理，爲此具本請旨。

攻治盗賊二策疏十二年五月二十八日

據江西按察司整飭兵備帶管分巡嶺北道副使楊璋呈，奉臣批「據南安府申大庾縣報，正德十二年四月内，被輋賊四百餘人前來打破下南等寨，續被上猶、横水等賊七百餘徒截路打寨，劫殺居民。又據南康縣報，輋賊一夥突來龍句保虜劫居民；續被輋賊三百餘徒突來坊民郭加瓊等家，擄捉男婦八十餘口，耕牛一百餘頭。又有輋賊一陣虜劫上長龍鄉耕牛三百餘頭，男婦子女不知其數。又據上猶縣申，被横水等村輋賊糾同逃民，四散虜劫人財。續據三門總甲蕭俊報，輋賊與逃民約有數百，在於地名梁灘虜牽人牛。本月十六日，准本縣捕盗主簿利昱牒報，輋賊劫打頭里、茶坑等處，駐劄未散，已關統兵官縣丞舒富等前去追剿，賊已退回横水等巢」去訖。各申本院批兵備道議處回報。案照四月初五日，據南康府呈同前事，彼時本院見在福建漳州督兵未回，未知前賊向往，行查未報。續據龍南縣稟，被廣東浰頭等處强賊池大鬢等三千餘徒，突來攻圍總甲王受寨所，又經會委義官蕭承調兵前去會剿。隨據本縣呈，前賊退去訖等因。又查得先據南康縣申呈，上猶賊首謝志珊糾合廣東賊首高快馬，統衆二千餘徒，攻圍南康縣治，殺損官兵。已經議委知府邢珣等查勘失事緣由呈報外，續該兵部題咨：「巡撫都御史孫燧會同南、贛都御史王守仁，將前項賊犯謝志珊等，量調官軍，設法剿捕，務期盡絶。應該會同兩廣鎮巡官行事，照例約會施行。題奉欽依。」轉行查勘前賊見今有無出没及曾否集有兵糧，相度機宜，即今可否勦捕。惟復應會兩廣調集軍馬，待時而動，務要查議明白，處置停當，具由呈報。仍督各該地方牢固把截，用心防守，以備不虞等因。隨奉本院案驗，議照前賊連絡三省，盤據千里，必須三省之兵尅期並進，庶可成功。但今湖、廣已有偏橋苗賊之征，廣東又有府江瑶僮之伐，雖欲約會夾攻，目今已是春深，雨水連綿，草木茂盛，非惟緩不及事，抑且虚糜糧餉。合無一面募兵練武，防守愈嚴，積穀貯糧，軍需大備；告招者撫順其情，暫且招安；肆惡者乘其間隙，量搗其穴。候三省約會停當，然後大舉，庶有備無患，事出萬全。通行呈詳去後，今奉前因，隨會同分守左參議黄宏、守備都指揮同知王泰，查勘得南安府所屬大庾、南康、上猶三縣，除賊巢小者未計，其大者總計三十餘處，有名大賊首有謝志珊、志海、志全、楊積榮、賴文英、藍瑶、陳曰能、蔡積昌、賴文聰、劉通、劉受、蕭居謨、陳尹誠、簡永廣、蔡積慶、蔡西、薛文高、洪祥、徐華、張祥、劉清才、譚曰真、蘇景祥、藍清奇、朱積厚、黄金瑞、藍天鳳、藍文亨、鍾鳴、鍾法官、王行、雷明聰、唐洪、劉元滿，所統賊衆約有八千餘徒，且與湖廣之桂陽、桂東、魚黄、聶水、老虎、神仙、秀才等巢，廣東之樂昌，巢穴相聯盤據，流劫三省，爲害多年。贛州之龍南，因與廣東之龍川、浰頭賊巢接境，被賊首池大鬢、大安、大升糾合龍南賊首黄秀魁、賴振禄、鍾萬光、王金巢、鍾萬貴、古興鳳、陳倫、鍾萬璇、杜思碧、孫福榮、黄萬珊、黄秀珏、羅積善、王金、曾子柰、王金柰、王洪、羅鳳璇、黎用璇、黄本瑞、鄭文鉞、陳秀玹、陳珪、劉經、藍斌、黄積秀等，所統賊衆約有五千餘徒，不時越境流劫信豐、龍南、安遠等縣。已經夾攻三次，俱被漏網。所據前賊，占據居民田土數千萬頃，殺虜人民，尤難數計。攻圍城池，敵殺官兵，焚燒屋廬，姦汙妻女。其爲荼毒，有不忍言。神人之所共怒，天討所當必加者也。今聞廣、湖二省用兵將畢，夾攻之舉，亦惟其時，但深山茂林，東奔西竄，兼之本道兵糧寡弱，必須那借京庫折銀三萬餘兩，動調狼兵數千前來協力，約會三省並進夾攻，庶可噍類無遺等因。又據廣東樂昌縣知縣李增稟稱：「本年二月内，有東山賊首高快馬等八百餘徒，在地名櫃頭村行劫。」又據乳源縣稟報：「賊徒千餘在洲頭街等處打劫。」備申照詳。及據湖廣整飭郴桂等處兵備副使陳璧呈稱：「本年二月内，據黄砂保走報，廣東强賊三百餘徒突出攻劫。」又據宜章所飛報：「樂昌縣山峒苗賊二千餘衆出到九陽等處搜山捉人，未散，又報東西二山首賊發票會集四千餘徒，聲言要出桂陽等處攻城。又報江西長流等峒輋賊六百餘徒，又一起四百餘徒，各出劫掠。」及據桂東縣申報：「强賊一起七百餘徒，前到本縣殺人祭旗，捉擄男婦，未散。」又據桂陽縣報，「强賊六百餘徒，聲言要來攻寨」等因，各稟報到道。看得前項苗賊四山會集，報到之數將及萬餘。我兵寡弱，防守尚且不足，敵戰將何以支！況郴、桂所屬永興等縣，原無城池，防守地方重計，實難爲處。伏望軫念荼毒，請軍追捕等因。又據郴州桂陽縣申「本縣四面俱係賊巢。正德三年以來，賊首龔福全等作耗，殺死守備都指揮鄧旻；雖蒙征剿，惡黨猶存。正德七年，兵備衙門計將賊首龔福全招撫，給與冠帶，設爲瑶官；賊首高仲仁、李賓、黎穩、梁景聰、扶道全、劉付興、李玉景、陳賓、李聰、曹永通、謝志珊，給與衣巾，設爲老人。未及兩月，已出要路劫殺軍民。動輒百千餘徒，號稱『高快馬』、『遊山虎』、『金錢豹』、『過天星』、『密地蜂』、『總兵』等名目，隨處流劫。正德十一年七月内，龔福全張打旗號，僭稱『延溪王』，李賓、黎穩、梁景聰僭稱『總兵』、『都督』、『將軍』名目，各穿大紅，虜民擡轎，展打凉傘，擺列頭踏響器，其餘瑶賊，俱乘馬匹。千數餘徒，出劫樂昌及江西南康等縣，拒敵官軍。後蒙撫諭，將賊首高仲仁、李賓給與冠帶，重設瑶官。未寧半月，仍前出劫。本年正月十六日，一起八百餘徒出劫樂昌縣，虜捉知縣韓宗堯，劫庫劫獄；又一起七百餘徒，打劫生員譚明浩家；一起六百餘徒，從老虎等峒出劫；一起五百餘徒，從興寧等縣出劫。切思前賊陽從陰背，隨撫隨叛。目今瑶賊萬餘，聚集山峒，聲言要造吕公大車，攻打州縣城池。官民徬徨，呈乞轉達，請調三省官軍夾剿」等情，各備申到臣。除備行江西、廣東、湖廣三省該道守巡、兵備、守備等官，嚴督各該府州縣所掌印、巡捕、巡司、把隘、隄備等官，起集兵快人等，加謹防禦，相機截捕去後，查得先因地方盗賊日熾，民被荼毒，竊計兵力寡弱，既不足以防遏賊勢，事權輕撓，復不足以齊一人心，乞要申明賞罰，假臣等令旗令牌，使得便宜行事，庶幾舉動如意，而事功可成。已經具題間，今復據各呈申前因，臣等參看得前項賊徒，惡貫已盈，神怒人怨。譬之疽癰之在人身，若不速加攻治，必至潰肺決腸。

然而攻治之方亦有二説。若陛下假臣等以賞罰重權，使得便宜行事，期於成功，不限以時，則兵衆既練，號令既明，人知激勵，事無掣肘，可以伸縮自由，相機而動，一寨可攻則攻一寨，一巢可撲則撲一巢。量其罪惡之淺深而爲撫剿，度其事勢之緩急以爲後先。如此亦可以省供饋之費，無征調之擾，日剪月削，使之漸盡灰滅。此則如昔人拔齒之喻，日漸動摇，齒拔而兒不覺者也。然而今此下民之情，莫不欲大舉夾攻，以快一朝之忿，蓋其怨恨所激，不復計慮其他。必須南調兩廣之狼達，西調湖湘之土兵，四路並進，一鼓成擒，庶幾數十年之大患可除，千萬人之積冤可雪。然此以兵法「十圍五攻」之例，計賊二萬，須兵十萬，日費千金。殆於道路不得操事者七十萬家，積粟料財，數月而事始集；刻期舉謀，又數月而兵始交；聲迹彰聞，賊强者設險以拒敵，黠者挾類而深逃，迨於鋒刃所加，不過老弱脅從。且狼兵所過，不減於盗；轉輸之苦，重困於民。近年以來，江西有姚源之役，瘡痍甫起；福建有汀漳之寇，軍旅未旋；府江之師方集於兩廣，偏橋之討未息於湖湘。兼之杼柚已輕，種不入土；而營建所輸，四征未已；誅求之刻，百出方新。若復加以大兵，民將何以堪命？此則一拔去齒而兒亦隨斃者也。夫由前之説，則如臣之昧劣，實懼不足以堪事，必擇能者任之而後可。若大舉夾攻，誠可以分咎而薄責，然臣不敢以身謀而廢國議。惟陛下擇其可否，斷而行之。緣係地方緊急賊情事理，爲此具本請旨。

類奏擒斬功次疏 十二年五月二十八日

據江西按察司整飭兵備帶管分巡嶺北道副使楊璋呈「正德十二年二月二十等日，據贛州府龍南縣申、總甲王受等呈，蒙差各役領兵與同已招大賊首黃秀璣等前往安遠截捕流賊賴振禄等，行至地名湖江背，不料黃秀璣反招，主令伊弟黃大滿、黃細滿等沿途打搶民財，放火燒燬民人劉必甫等房屋，仍與賊首賴振禄等連謀行劫。本役督率兵快人等前到地名黎坑際下與賊對敵，當陣殺獲賊首黃秀璣、黃大滿、黃細滿、黃積瑜首級四顆，奪獲黃黑旗二面，殺死賊徒三十餘名。本年四月初九日，又有廣東浰頭老賊首池大鬢串同反招賊首黃秀魁、陳秀顯等，糾衆四百餘徒，打劫千長何甫等家。本役又率兵夫至地名陳坑水，與賊交鋒，殺獲首從賊人陳秀顯等一十二顆，奪獲紅旗一面，大小黃牛五頭，餘賊歸巢去訖。及據南安府申，據大庾縣隘長張德報稱，湖廣桂陽縣魚黃峒峯賊首唐飛劍、總兵嚴宗清、千總賴必等糾衆劫虜，當起兵夫追至界首南流拗與賊對敵，殺獲唐飛劍、嚴宗清首級二顆。及南安縣申，准縣丞舒富關，峯賊三百餘人出劫，當有保長王萬湖等帶領鄉兵擒捕，殺獲賊級一顆，生擒賊二名，奪回被虜人口三名口，奪獲黃牛二頭，各解報到道，審驗明白」等因。又據廣東按察司分巡嶺南道僉事黃昭呈「韶州府乳源縣知縣沈淵申稱，本年二月十八日，有東山瑶賊首高快馬等衆，突來城外并附近鄉村打劫，欲行攻陷南城。當即起集鄉兵及打手民壯固守城池及相機與敵，射傷賊徒三名，各賊退在北城外劄營。隨調深峒等處土兵協力，奮勇與賊交鋒，射傷賊徒二十餘名，射死賊徒一十六名，奪回被虜人口三十二名口。又據捕盜老人梁真等殺獲賊級二顆，生擒賊徒一名。及據樂昌縣知縣李增申，强賊六百餘徒出劫，當集打手兵壯前去截捕，到地名雲門寺與賊交鋒，斬獲賊級二十四顆，生擒賊徒二名，奪獲馬七匹。又據曲江縣瑶總盤宗興等擒獲賊徒一名，奪獲馬一匹。各呈解到道，審驗是實」等因。并據潮州府揭陽縣申「流賊劫長樂、海豐等縣黄義官等家，隨調兵快，行至地名長門徑，與賊對敵，擒獲賊徒張宏福、王本四等一十六名，俘獲賊婦二口。及據惠州府申准捕盜通判徐璣牒稱，流賊一夥約有八十餘徒，圍劫新地屯徐百户等家，當督兵快打手追殺至地名馬騣逕，擒獲賊徒杜棟等四名，殺獲賊級一顆；又督總甲鄭全等在地名葵頭障擒獲賊徒張仔等一十二名；及千長彭伯瓚等率兵擒獲賊徒黄貴等一十五名，殺獲賊級一顆，俘獲賊婦一口。又有總甲黄廷珠追獲賊徒雷進保等八名。俱解赴嶺東道審驗」等因。及據湖廣郴桂等處兵備副使陳璧、守備指揮同知李璋各呈，廣東苗賊一千餘徒出劫興寧等處，當起郴州殺手，令閑住千户孔世傑等管領，追襲至地名大田橋遇賊，當陣擒斬首從賊人龐廣等三十二名顆，奪獲贓仗四十七件，馬騾五匹，奪回被虜人口二百五十名口；并據老人劉宣等捕獲賊徒雷克恕等六名，俘獲婦女三口。申報到道，審驗明白。各備由呈申開報到臣。

先爲巡撫地方事，節該欽奉敕：「命爾

巡撫江西南安、贛州，福建汀州、漳州，廣東南雄、韶州、惠州、潮州各府及湖廣郴州地方，但有賊盗生發，即便設法剿捕。」欽此。欽遵。已經備行各道守巡、兵備、守備等官，嚴督府、衛、所、州、縣掌印、捕盗等官，集起父子鄉兵及顧募打手、殺手、弩手人等，各於賊行要路去處加謹防禦，遇有盗賊出没，就便相機截捕，獲功呈報，以靖地方。今據各呈，除行各該兵備等官將斬獲賊級閱驗明白，發仰梟首、生擒賊犯，問招回報，俘獲賊屬并牛馬贓物俱變賣價銀入官，與器械俱貯庫，被虜人口給親完聚，獲功人員照例量行給賞外，緣係擒獲功次事理，爲此具本題知。

添設清平縣治疏 十二年五月二十八日

據福建按察司兵備僉事胡璉呈、奉本院批，據漳州府呈，准知府鍾湘關，據南靖縣儒學生員張浩然等連名呈稱：南靖縣治僻在一隅，相離盧溪、平和、長樂等處地里遥遠，政教不及，小民罔知法度，不時劫掠鄉村，肆無忌憚，釀成大禍。今日動三軍之衆，合二省之威，雖曰殲厥渠魁，掃除黨類，此特一時之計，未爲久遠之規。乞於河頭、中營處所添設縣治，引帶汀、潮，喉襟清、寧。人煙輳集，道路適均；政教既敷，盗賊自息。考之近日，龍巖添設漳平而寇盗以靖，上杭添設永定而地方以寧，此皆明驗。今若添設縣治，可以永保無虞等情。又據南靖縣義民鄉老曾敦立、林大俊等呈稱：

河頭地方北與盧溪、流恩、山岡接境，西南與平和象湖山接境，而平和等鄉又與廣東饒平縣大傘、箭灌等鄉接境，皆係窮險賊巢。兩省民居，相距所屬縣治各有五日之程，名雖分設都圖，實則不聞政教。往往相誘出劫，一呼數千，所過荼毒，有不忍言。正德二年，雖蒙統兵剿捕，未曾設有縣治；不過數月，遺黨復興。今蒙調兵勦撫，雖少寧息，誠恐漏網之徒復踵前弊，呈乞添設縣治，以控制賊巢；建立學校，以移易風俗，庶得久安長治等因。蒙漳南道督同本職，與南靖縣知縣施祥帶領耆民曾敦立等，并山人洪欽順等，親詣河頭地方，踏得大洋陂背山面水，地勢寬平，周圍量度可六百餘丈，西接廣東饒平，北聯三團、盧溪，堪以建設縣治。合將南靖縣清寧、新安等里，漳浦縣二三等都，分割管攝，隨地糧差。及看得盧溪枋頭坂地勢頗雄，宜立巡檢司以爲防禦，就將小溪巡檢司移建，仍量加編弓兵，點選鄉夫，協同巡邏。遇有盜賊，隨即撲捕。再三審據通都民人合詞，執稱南靖地方極臨邊境，盜賊易生，上策莫如設縣。況今奏凱之後，軍餉錢糧尚有餘剩，各人亦願鑿山採石，挑土築城，砍伐樹木，燒造甎瓦，數月之内，工可告成。爲照南靖縣相離盧溪等處委的寫遠，難以隄防管束，今欲於河頭添設縣治，枋頭坂移設巡檢司，外足以控制饒平隣境，内足以壓服盧溪諸巢。又且民皆樂從，不煩官府督責，誠亦一勞永逸，事頗相應。具呈到道，呈乞照詳等因。奉批「看得開建縣治，控制兩省瑤寨，以奠數邑民居，實亦一勞永逸之圖。但未經查勘奏請，仍仰該道會同始議各官，再行該府拘集父老子弟及地方新舊居民，審度事體，斟酌利害。如果遠近無不稱便，軍民又皆樂從，事已舉興，勢難中輟。即便具由呈來，以憑奏請定奪。仍一面俯順民情，相度地勢，就於建縣地内預行區畫街衢井巷，務要均適端方，可以永久無弊；聽從願徙新舊人民，各先占地建屋，任便居住；其縣治、學校、倉場及一應該設衙門，姑且規留空址，待奏准命下之日，以次建立。仍一面通行鎮巡等衙門，公同會議。此係設縣安民地方重事，各官務要計處周悉，經畫審當，毋得苟且雷同，致貽後悔。批呈作急勘報」等因。依蒙拘集坊郭父老及河頭新舊居民再三詢訪，各交口稱便。有地者願歸官丈量，以建城池；有山者願聽上砍伐，以助木石；有人力者又皆忻然相聚，挑築土基，業已垂成。惟恐上議中止，下情難遂等情，具呈到臣。

爲照建立縣治，固係禦盗安民之長策，但當大兵之後，繼以重役，竊恐民或不堪。臣時督兵其地，親行訪詢父老，輒咨道路，衆口一詞，莫不舉首願望，仰心樂從，旦夕皇皇，惟恐或阻。臣隨遣人私視其地，官府未有教令，先已伐木畚土，雜然並作，裹糧趨事，相望於道。究其所以，皆緣數邑之民積苦盗賊，設縣控禦之議，父老相沿已久，人心冀望甚渴，皆以爲必須如此，而後百年之盗可散，數邑之民可安，故其樂事勸工，不令而速。臣觀河頭形勢，實係兩省賊寨咽喉。今象湖、可塘、大傘、箭灌諸巢雖已破蕩，而遺孽殘黨，亦寧無有逃遯山谷者？舊因縣治不立，征剿之後，浸復歸據舊巢，亂亂相承，皆原於此。今誠於其地開設縣治，正所謂撫其背而扼其喉，盗將不解自散，行且化爲善良。不然，不過年餘，必將復起。其時再聚兩省之兵，又糜數萬之費，圖之，已無及矣。臣竊以爲開縣治於河頭，以控制群巢，於勢爲便。雖使民甚不欲，猶將强而從之，況其視望欣趨若此，亦何憚而不爲！至於移巡司於枋頭坂，亦於事勢有不容已。蓋河頭者，諸巢之咽喉；枋頭者，河頭之唇齒，勢必相須。兼其事體已有成規，不過遷移之勞，所費無幾。臣等皆已經畫區處，大略已備，不過數月，可無督促而成。民之所未敢擅爲者，惟縣治、學校，須命下之日，乃舉行耳。伏願陛下俯念一方荼毒之久，深惟百姓永遠之圖，下臣等所議於該部，採而行之。設縣之後，有不如議，臣無所逃其責。今新撫之民，群聚於河頭者二千有餘，皆待此以息其反側。若失今不圖，衆心一散，不可以復合；事機一去，不可以復追。後有噬臍之悔，徒使臣等得以爲辭，然已無救於事矣。緣係添設縣治永保地方事理，爲此具本請旨。

疏通鹽法疏 十二年六月十五日

據江西按察司整飭兵備帶管分巡嶺北道副使楊璋呈，奉巡撫江西右副都御史孫燧案驗，准兵部咨「行移各該巡撫官員，今歲俱免赴京議事，各要在彼修舉職業。若有重大軍務，應議事件，益於政體，便於軍民者，明白條陳，聽會官計議奏請」等因，已經行仰所屬查訪去後。隨據吉安、臨江、袁州等府，萬安、泰和、清江、宜春等縣商民彭拱、劉常、郭閏、彭秀連名狀告「正德六年，蒙上司明文行令贛州府起立抽分鹽廠，告示商民，但有販到閩、廣鹽課，由南雄府曾經折梅亭納過勸借銀兩，止在贛州府發賣者，免其抽税；願裝至袁、臨、吉三府賣者，每十引抽一引。閩鹽自汀州過會昌羊角水，廣鹽自黄田江、九渡水來者，未經折梅亭，在贛州府發賣，每十引抽一引；願裝至袁、臨、吉三府發賣，每十引又抽一引。疏通四年，官商兩便。正德九年十月内，又蒙贛州府告示，該奉勘合開稱，廣鹽止許南、贛二府發賣，其袁、臨、吉不係舊例行鹽地方，不許越境。以致數年廣鹽禁绝，淮鹽因怯河道逆流，灘石險阻，止於省城。三府居民受其高價之苦，客商阻塞買賣之源。乞賜俯念吉、臨等府與贛州地里相連，自昔至今，惟食廣鹽，一向未經禁革。况廣鹽許于南、贛二府發賣，原亦不係洪武舊制，乃是正統年間爲建言民情事，奏總督兩廣衙門奏行新例。如蒙將廣鹽查照南、贛事例，照舊疏通下流發賣，萬民幸甚」等因。又據贛州府抽分廠委官照磨汪德進呈「近奉勘合禁止廣鹽，止許南、贛發賣，不許下流。但贛州、吉安地理相連，水路不過一日之程。今年夏驟雨泛漲，雖有橋船阻隔，水勢洶惡，衝斷橋索，以致奸商計乘水勢，聚積百船，執持兇器，用强越過。後雖拏獲數起，問罪不過十之一二。又有投託勢要官豪，夾帶下流發賣者；又有挑擔馱載，從興國、贛縣、南康等處小路越過發賣者。其弊多端，不禁則違事例，禁止則勢所難行，呈乞議處」等因。卷查正德六年奉總制江西等處地方軍務左都御史陳金批，據江西布政司呈，准本司右布政使任漢咨稱：「查得江西十三府俱係兩淮行鹽地方，湖西、嶺北二道灘石險惡，淮鹽因而不到。商人往往越境私販廣鹽，射利肥己。先蒙總督衙門奏准廣鹽許行南、贛二府發賣，仰令南雄照引追米納價，類解梧州軍門，官商兩便，軍餉充足。當時止是奏行南、贛，不曾開載袁、臨、吉三府。合無遵照勑諭，便宜處置，暫許廣鹽得下袁、臨、吉三府地方發賣，立廠盤掣，以助軍餉。」及據江西按察司兵備副使王秩亦呈前事。隨該三司布政等官劉杲等議得「委果於事有益，於法無礙，呈詳批允，前來遵照立廠，照例抽税」外，正德九年十月内，准户部咨，該巡撫都御史周南題，該本部覆議，内開廣東鹽課，仍照正德三年題奉欽依事理。有引官鹽，許於南、贛二府發賣，不許再行抽税。袁、臨、吉不係舊例行鹽地方，不許到彼。如有犯者，不分有引無引，俱照律例問罪没官。又經行仰禁革去後，今據前因，隨查得正德六年十一月二十七日設立抽分廠起，至正德九年五月終止，共抽過税銀四萬八百四十餘兩。陸續奉撫鎮衙門明文支發三省夾攻大帽山等處賞功軍餉，并犒勞過狼兵、官軍、土兵口糧，并取赴饒州征剿姚源軍前應用，及起造抽分廠廳浮橋，脩理城池，買穀上倉，預備賑濟，及遵巡撫軍門批申，借支贛州衛官軍月糧等項，支過税銀三萬八千二百九十餘兩。由此觀之，則地方糧餉之用，歲費不貲，而仰給於商税獨重。前項商税所入，諸貨雖有，而取足於鹽利獨多。及查得近爲緊急賊情事，該兵部題奉欽依，轉行議處停當，具由呈報。該本道會同分守守備衙門議得賊首謝志珊有名大寨三十餘處，擁衆數萬，盤據三省，窮兇極惡，神怒人怨，已經呈詳轉達奏聞，動調三省官兵會剿去後。及議得本省動調官兵以三萬爲率，半年爲期，糧餉等費，約用數萬。查得贛州府庫收貯前項税銀，除支用外，止餘二千九百餘兩。又是節催起解赴部之數，續收銀兩止有一千六百餘兩。但恐不日命下，尅期進剿，軍行糧食，所當預處。及查得廣東所奏前項鹽法，准行南、贛二府販賣，果係一時權宜，不係洪武年間舊例，合無查照先年總制都御史陳金便宜事例，一面行令前商，許於袁、臨、吉三府販賣，所收銀兩，少爲助給；一面別行議處，以備軍餉。庶使有備無患，不致臨期缺乏。候事少寧，另行具題禁止。庶袁、臨、吉三府居民無乏鹽之苦，南、贛二府軍門得軍餉之利，而關津把截去處免阻隔意外之變，誠爲一舉而三得矣等因。已經備由呈奉巡撫都御史孫燧批：「看得所議鹽税，既不重累商人，抑且有裨軍餉，輿情允協，事體頗宜。但其至贛州府十取其一，吉、臨等府十而取二，似乎過重。仰行再加詳議，斟酌適中回報。」依奉訪得商民販鹽，下至三府發賣者，倍取其利，既許越境販賣，乃其心悦誠服，並無税重之辭。又經呈詳，奉批：「看得所議鹽税事情，商賈疏通，軍餉有賴，一舉兩得，合遵照欽奉勑諭便宜處置事理，仰行各道并該府縣遵奉。仍禁革奸徒，不許乘機作弊，因而瞞官射利，擾害地方。」具由繳申。今照本院撫臨，理合再行呈請照詳等因。據呈到臣。

看得贛、南二府，閩、廣喉襟，盗賊淵藪。即今具題夾攻，不日且將命下。糧餉之費，委果缺乏。計無所措，必須仰給他省。但聞廣東以府江之師，庫藏漸竭；湖廣以偏橋之討，稱貸既多；亦皆自給不贍，恐無羡餘可推。若不請發内帑，未免重科貧民。然内帑以營建方新，力或不逮；貧民則窮困已極，勢難復征。及照前項鹽税，商人既已心服，公私又皆兩便，庶亦所謂不加賦而財足，不擾民而事辦。臣除遵照勑諭，徑自區畫事理，批行該道，暫且照議施行。候地方平定之日，將抽過税銀、支用過數目，另行具奏。抽分事宜，照例仍舊停止外，緣係地方事理，爲此具本題知。

王文成公全書卷之十

別録二　奏疏二❶

議夾剿兵糧疏 正德十二年七月初五日

准兵部咨，該本部題，職方清吏司案呈奉本部送兵科抄出，巡撫湖廣地方兼贊理軍務都察院右副都御史秦金題稱：「會同巡按御史王度督同都、布、按三司掌印署都指揮僉事文恭、左布政使周季鳳、副使惲巍等，議照湖廣郴、桂等處所屬地方，與廣東樂昌、江西上猶等處縣瑤賊密爾聯絡。彼處有名賊首龔福全、高仲仁、李斌、龐文亮、藍友貴等，素恃巢穴險固，聚衆行劫。先年用兵征剿，各賊漏殄未除，遂致禍延今日。臣等仰體皇上好生之心，設法撫處，冀圖靖安，以成止戈之武。奈犬羊之性，變詐不同；豺狼之心，貪噬無厭；陽雖聽招，陰實肆毒。今乃攻打縣堡，虜官殺人，窮兇極惡，神人共憤。雖經各官兵擒斬數輩，稍懼歸巢，緣其種類繁多，出没尚未可料。若非三省合兵，大彰天討，惡孽終不殄除，疆宇何由寧謐！所據各官會呈，乞要大舉。臣等再三籌議，非敢輕啓兵端，但審時度勢，誠有不容已者。況彼巢峒既多，賊黨亦衆，東追西竄，此出彼藏。必須調發本省土漢官軍民兵殺手人等，共三萬員名，分立哨

❶「二」，原無，據本書卷端題名體例補。卷十二同。

道，刻期進剿。其兩廣、南、贛，仍須各調官軍狼兵把截夾攻，協濟大事。臣等計算兵糧重大，區處艱難，抑且本省兵荒相繼，財力匱乏，前項合用錢糧，預須計處。今將應調土漢官軍數目，供給糧餉事宜，及戰攻方略，開坐具奏。」該本部覆稱：「閫外兵權，貴在專委；征伐事宜，切忌遥制。今郴、桂瑶賊爲害日熾，既該湖廣鎮巡三司官會議兵不可已，要行剋期進剿，朝廷若復猶預不決，往返會議，必致誤事。但七月進兵，天氣尚炎；況今五月將中，三省約會，期限太迫。再請勑兩廣總督等官左都御史陳金等，及請勑巡撫南贛左僉都御史王守仁，各照議定事理，欽遵會合行事，不許違期失誤。及改擬九月中取齊進兵，庶三省路遠，不誤約會。」本年五月十一日，少保兼太子太保本部尚書王瓊等具題奉欽依。備咨到臣。除欽遵外，卷查先據江西嶺北道副使楊璋及湖廣郴、桂兵備副使陳璧，并廣東韶州府各呈申前事。臣參看得前賊惡貫已盈，神怒人怨，天討在所必加。但近年以來，江西有桃源之役，瘡痍甫起；福建有汀、漳之寇，軍旅未旋。府江之師方集於兩廣，偏橋之討未息於湖、湘；若復繼以大兵，惟恐民不堪命。合無申明賞罰，容臣等徐爲之圖。惟復約會三省，並舉夾攻，已經開陳兩端，具本上請去後。今准前因，則巡撫湖廣右副都御史秦金所題夾攻事理，既奉有成命矣。臣謹將南、贛二府議處兵糧事宜開坐。緣係地方緊急賊情事理，爲此具本請旨。

計開：

一，南安府所屬大庾、南康、上猶三縣，各有賊巢，聯絡盤據，有衆數千，西接湖廣桂陽等縣，南接廣東韶州府樂昌等縣。三省夾攻，必須湖廣自桂陽、桂東等處進，廣東自樂昌縣進；在南安者，必須三縣地方並進。贛州府所屬，惟龍南縣賊巢與廣東惠州府龍川縣浰頭接境。浰頭係大賊池大鬢等巢穴，有衆數千，比之他賊，勢尤猖獗。前此二次夾攻，俱被漏網。龍南雖有賊徒數夥，除之稍易。但其倚籍浰頭兵力以爲聲援，攻之則奔入浰頭，兵退則復出爲害。必須廣東兵自龍川進，贛州兵自龍南進，庶可使無奔潰。

一，上猶去龍南幾四百里，兩處進兵，必須一時並舉，庶無驚潰之患。大約計之，亦須用兵一萬二千名。今擬調南康、上猶二縣機兵、打手一千二百名，大庾縣機兵、打手一千二百名。贛州府所屬，除石城縣外，寧都、信豐二縣機兵、打手各一千名，其餘七縣，機兵、打手三千名，龍泉縣機兵、打手一千名，安遠縣招安義民葉芳、老人梅南春等，龍南縣招安新民王受、謝鉞等兵共二千名。汀州府上杭縣打手一千名，潮州府程鄉縣打手一千名。共輳一萬二千之數。但廣、湖兩省之兵，皆狼土精悍，賊所素畏，勢必偏奔江西；江西之兵，最爲怯懦，望賊而潰，乃其素習。今所擬調，皆新習未練。若使嚴以軍法處治，庶幾人心齊一，事功可成。

一，兵一萬二千餘名，每名日給米三升，一日該米三百七十餘石；間日折支銀一分五釐，一日該銀一百八十餘兩。以六箇月爲率，約用米三萬三千餘石，用銀二萬餘兩。領哨、統兵、旗牌等官并使客合用廩給及賞功犒勞牛酒、銀牌、花紅、魚、鹽、火藥等費，約用銀二萬餘兩。通前二項，約共用銀五萬兩。二府商税銀兩，集兵以來，日有所費，見存銀止有四千餘兩。二府并贛縣、大庾、南康、上猶四縣積穀，約計有七八萬石，但貯積年久，恐舂米不及其數。見在前銀不足支用，就欲别項區處，但恐緩不及事。查得江西布政司并各府縣别無蓄積，止有該解南京折糧銀兩貯庫未解，并一應紙米贓罰銀兩，合無行巡撫江西都御史孫燧轉行布政司并行各府照數借給應用。候事寧之日，或將以後抽掣商税，或開中鹽引，另爲計處，奏請補還，庶克有濟。

一，合用本省巡按御史隨軍紀功，管理錢糧。及統兵、領哨官員，除本省三司分守、分巡、兵備、守備并南、贛二府官員臨時定委外，訪得九江府知府汪賴、吉安府知府伍文定、汀州府知府唐淳、惠州府知府陳祥，俱各才識練達；程鄉縣知縣張戩、撫州府東鄉縣知縣黄堂、建昌府新城縣知縣黄文鸑、袁州府萍鄉縣知縣高桂、吉安府龍泉縣知縣陳允諧，俱有才名，俱各堪以領兵。候命下之日，聽臣等取用。

臣等竊照師期已迫，自今七月上旬至九月中旬，僅餘兩月，中間合用前項錢糧器仗及擬調兵快、應委官員之類，悉皆百未有措。又事干各省，道途相去近者半月，遠者月餘，萬一各官之中違抗推託，不肯遵依約束，臨期誤事，罪將安歸！乞照湖廣巡撫都御史秦金所奏該部題准事理，各官之中敢有抗違失誤者，許臣等即以軍法從事，庶幾警懼，事可易集。

南贛擒斬功次疏 十二年七月初五日

據江西按察司整飭兵備帶管分巡嶺北道副使楊璋呈「據統兵等官南安府知府季斆呈：解生擒大賊首一名陳曰能、從賊林杲等二十七名，斬獲首級十六顆，俘獲賊屬男女十三口，及馬牛等物。并開稱：搗過禾沙坑、船坑、石圳、上龍、狐狸、朱雀、黄石等賊巢七處，燒死賊徒不計其數，并房屋禾倉三百餘間。南康縣縣丞舒富呈：解生擒大賊首一名鍾明貴、從賊曾能志等二十一名，斬獲首級四十五顆，殺死未取首賊一百一十七名，俘獲賊屬男女一十六名口，及牛、馬、驢等物。并開稱：搗過石路坑、白水峒、杞州坑、旱坑、茶潭、竹壩、皮袍、樟木坑等賊巢八處，燒死賊徒三百四十六名，并燒毁房屋禾倉四百七十餘間。贛縣義官蕭庾呈：解生擒大賊首一名唐洪、從賊蒲仁祥等六名，斬獲首級并射死賊從一百三十八名，燒毁賊巢房屋禾倉一百二十間，及俘獲牛羊、器械等物。并開稱：搗過長龍、鷄湖、楊梅、新溪等處賊巢四處。各緣由到道。隨據統兵官員并鄉導人等各呈稱：自本年正月蒙本院撫臨以來，募兵練卒，各賊探知消息，將家屬婦女什物俱各寄屯山寨林木茂密之處，其各精壯賊徒，晝則下山耕作，夜則各遯山寨。依奉本院方略，於六月二十日子時，各哨剋期進剿。每巢止有二三十人或四五十人看守巢穴，見兵舉火奮擊，俱各驚潰，間有射傷藥弩，即時身死，墜於深巖。及據縣丞舒富、義官蕭庾各回呈：止有上猶縣白水峒、石路坑二巢，南康縣鷄湖一巢險峻，巢内賊屬頗多，被兵四面放火進攻，賊無出路，燒死數多。天明看視，止存骸骨，頭面燒毁莫辨，以此難取首級等因。案照先爲緊急賊情事，據上猶縣申稱，四月間被畬巢賊徒不時虜掠耕牛人口，請兵追剿，鄉民稍得蒔插。今早穀將登，又聞各巢修整戰具出劫，乞爲防遏，庶得收割聊生等因。并據縣丞舒富及南安府呈，大庾縣申同前事。該本道查得上猶縣隣近巢穴，則有旱坑、茶潭、杞州坑、樟木坑、石路坑、白水峒、竹潭、川坳、陰木潭等巢，南安縣則有長龍、鷄湖、楊梅、新溪等巢，大庾縣則有狐狸坑、船坑、禾沙坑、石圳、上龍、朱雀、黄石坑等巢，多則三五百名，少則七八十名。合無將本院選集之兵，委官統領，分投剿遏等因。已經呈奉本院批『看得各賊名號日漸僭擬，惡毒日加縱肆，若果遂其奸謀，得以乘虚入廣，其爲患害，關繫匪輕。除密行南、韶等府分兵防截外，仰該道即便部勒諸軍，定哨分委。仍密召各巢附近被害知因之人堪爲鄉導者，前來分引各兵，出城之時，不得張揚。今正當换班之月，就令俱以下班爲名，晝伏夜行，尅期各至分地，掩賊不備，同時舉事。分領各官，務要嚴密奮勇，竭忠以副委託。如或推奸誤事，及軍士之中敢有後期退縮者，悉以軍法從事，決不輕貸。該道亦要親帥重兵，隨後繼進，密屯賊巢要害處所，相機接應，以防不測。一應機宜，務須慎密周悉。仍要嚴緝各兵所獲真正賊徒，不許濫加良善』等因。遵奉統領各兵刻期進剿及加謹防遏。今據復呈前因，通查得各哨共計生擒大賊首三名，首從賊徒五十四名，斬獲首級六十八顆，殺死射死賊徒二百四十餘名，燒死賊徒二百餘名，搗過巢穴一十九處，燒毀房屋禾倉八百九十餘間，俘獲賊屬男女二十九名口，水黄牛、馬、騾、羊一百四十四頭匹隻。所據各該領兵等官所報擒斬之賊，數固不多，而巢穴已空，無可棲身；積聚已焚，無可仰給。就使屯集横水、桶岡大巢，將來人多食少，大舉夾攻，爲力已易」等因，轉呈到臣。

卷查先據副使楊璋呈稱「據南安府并上猶等縣及縣丞舒富各呈申：訪得大賊首謝志珊號『征南王』，糾率大賊首鍾明貴、蕭規模、陳曰能、唐洪、劉允昌等約會樂昌高快馬等，大修戰具，并造呂公車，欲先將南康縣打破。聞知廣東官兵盡調征勦府江，就行乘虚入廣」等因，已經批仰該道部勒諸軍，酌量賊巢强弱，派定哨分，選委謀勇屬官統兵，密召知因向導引領，晝伏夜行，刻定於六月二十日子時，入各賊巢，同時舉火，併力奮擊，務使噍類無遺去後。今據前因，覆勘得前項賊巢委果蕩平殆盡，蓄積委果焚燬無遺。獲功解報雖少，殺傷燒死實多；猖熾之勢少摧，不軌之謀暫阻；居民得以秋獲，地方亦爲一寧。此皆遵依兵部申明律例事理，仰仗天威，官兵用命之所致，非臣之知謀所能及也。

臣惟南、贛之兵，素不練養，見賊而奔，則其常態。今各官乃能夜入賊巢，奮勇追擊，在他所未爲可異之功，於南、贛則實創見之事。及照副使楊璋，區畫贊理，比於各官，勞勩尤多。今夾攻在邇，伏乞皇上特加勸賞，以作興勇敢之風。庶幾日後大舉，臣等得以激勵人心。除將獲功人員量加犒賞，生擒賊徒監候審決，首級梟示，俘獲賊屬領養，牛馬賞兵，有功人員查審的確，造册奏繳外，緣係斬獲功次事理，爲此具本題知。

議夾剿方略疏 十二年九月十五日

據江西嶺北道副使楊璋呈，奉臣案驗，准兵部咨，該巡撫湖廣都御史秦金題：爲緊急賊情事，備行計處兵糧，約會三省，將上猶縣等處賊巢尅期九月中進剿等因，遵依。隨將本道兵糧事宜計呈本院轉達奏聞定奪外，隨據南安府上猶、大庾等縣申稱：各縣鄉民早穀將登，各巢峚賊修整戰具，要行出劫。并據南康縣縣丞舒富呈：訪得大賊首謝志珊號「征南王」，糾率桶岡等巢賊首鍾明貴等，約會廣東大賊首高快馬等，大修戰具并吕公車，欲要先將南康縣打破。聞知廣東官兵盡調府江，就行乘虛入廣流劫，乞要早爲撲剿等因。已經呈蒙本院密受方略，行委知府季斆、縣丞舒富等領兵分剿。共生擒大賊首陳曰能等三名，首從賊徒五十四名，斬獲賊首級六十八顆，殺死射死賊徒二百四十餘名，燒死賊徒二百餘名，搗過巢穴一十九處，燒燬房屋禾倉八百九十餘間，俘獲賊屬二十九名口，水黄牛、馬、羊、騾一百四十四頭匹，通經呈報。又蒙本院慮賊必將乘間復出，行委知府季斆、指揮來春等統兵屯南安，指揮姚璽、縣丞舒富統兵屯上猶，指揮謝昶、千户林節統兵屯南康，各於要害去處往來防剿。至七月二十五日，賊首謝志珊果復統衆一千五百餘徒，攻打南安府城。各官督兵迎敵，生擒賊犯楊鑾等七名，斬獲首級四十五顆，賊衆大敗而去。八月二十五日，賊首謝志珊又統領二千餘徒，復來攻打南安府城。各官督兵迎敵，生擒賊犯龍正等四十二名，斬獲首級一百五十七顆，賊又大敗而去。即今賊勢少挫，若乘此機會直搗其巢，旬月之間，可期掃蕩。但聞湖廣之兵既已齊集，而廣東因府江班師未久，復調狼兵，未有定期。謹按地圖，江西之南安有上猶、大庾、桶岡等處賊巢，與湖廣桂東、桂陽接境。夾攻之舉，止該江西與湖廣會合，而廣東止于仁化縣要害把截，夾攻不與焉。贛州之龍南有浰頭賊巢，與廣東龍川接境。夾攻之舉，止該江西與廣東會合，而湖廣不與焉。廣東樂昌乳源賊巢，與湖廣宜章縣接境；惠州賊巢，與湖廣臨武縣接境；仁化縣賊巢，與湖廣桂陽縣接境。夾攻之舉，止該湖廣、廣東二省會合，而江西止於大庾縣要害把截，夾攻不與焉。名雖三省大舉，其實自有先後，舉動次第，不相妨礙。若不此之察，必欲通待三省之兵齊集，然後進剿，則老師廢財，爲害匪細。合將前項事宜約會三省，以次漸舉，庶兵力不竭，糧餉可省等因，據呈到臣。

看得三省夾攻，必須彼此尅期定日，同時並舉，斯乃事體之常。然兵無定勢，謀貴從時，苟勢或因地而異便，則事宜量力以乘機。三省賊巢，連絡千里，雖聲勢相因，而其間亦自有種類之分、界限之隔。利則爭趨，患不相顧，乃其性習。誠使三省之兵皆已齊備，會約並進，夫豈不善？但今廣東狼兵方自府江班師而歸，欲復調集，恐非旬月所能。兩省之兵既集，久頓而不進，賊必驚疑，愈生其奸，悍者奔突，黠者潛逃。老師費財，意外之虞乘間而起，雖有智者，難善其後。誠使先合湖廣、江西之兵，併力而舉上猶諸賊；逮事之畢，廣東之兵亦且集矣，則又合湖廣、廣東之兵，併力而舉樂昌諸處；逮事之畢，江西之兵又得以少息矣，則又合廣東、江西之兵，併力而舉龍川。方其併力於上猶，則姑遣人佯撫樂昌諸賊，以安其心。彼見廣東既未有備，而湖廣之兵又不及已，苟幸旦夕之生，必不敢越界以援上猶。及夫上猶既舉，而湖廣移兵以合廣東，則樂昌諸賊，其勢已孤，二省兵力益專，其舉之益易。當是之時，龍川賊巢相去遼絶，自以爲風馬牛不相及，彼見江西之兵又撤，意必不疑。班師之日，出其不意，回軍合擊，蔑有不濟者矣。臣竊以爲因地之宜，先後合擊之便，除臣遵照兵部咨來題奉欽依，會兵征勦，亦聽隨宜會議施行事理，已將前項事宜移咨廣東、湖廣總督、巡撫等官知會，一面相機行事外，緣係地方緊急賊情事理，爲此具本題知。

换勑謝恩疏十二年九月十五日

近准兵部咨，爲申明賞罰以勵人心事，該臣奏該本部覆題，節奉聖旨：「是，王守仁着提督南、贑、汀、漳等處軍務，换勑與他。」欽此。備咨到臣。本年九月十一日，節該欽奉敕諭：「江西南安、贑州地方，與福建汀、漳二府，廣東南、韶、潮、惠四府及湖廣郴州桂陽縣，壤地相接，山嶺相連，其間盗賊不時生發，東追則西竄，南捕則北奔。蓋因地分各省，事無統屬，彼此推調，難爲處置。先年嘗設有都御史一員，巡撫前項地方，就令督勦盗賊。但責任不專，類多因循苟且，不能申明賞罰以勵人心，致令盗賊滋多，地方受禍。今因所奏及該部覆奏事理，特改命爾提督軍務，撫安軍民，修理城池，禁革奸弊。一應軍馬錢糧事宜，俱聽便宜區畫，以足軍餉。但有盜賊生發，即便設法調兵剿殺，不許踵襲舊弊。招撫蒙蔽，重爲民患。其管領兵快人等官員，不問文職武職，若在軍前違期并逗遛退縮者，俱聽軍法從事。生擒盜賊，鞫問明白，亦聽就行斬首示衆。斬獲賊級，行令各該兵備守巡官即時紀驗明白，備行江西按察司造册奏繳，查照陞賞激勸。」欽此。俱欽遵外，竊念臣以凡庸，繆膺重寄。思逃罪責，深求禍源，始知盜賊之日熾，由於招撫之太濫；招撫之太濫，由於兵力之不足；兵力之不足，由於賞罰之不明。輒敢忘其僭妄，爲陛下一陳其梗概。其實言不量力，請非其分，方虞戮辱之及，陛下特採該部之議，不惟不加咎謫，而又悉與施行；不惟悉與施行，而又隆以新命。是蓋曲從試可之請，不忍以人廢言也。

勑諭宣布之日，百姓填衢塞道，悚然改觀易慮，以爲聖天子明見萬里，動察幽微；占群策之畢舉，知國議之有人。莫不警懼振發，强息其暴，僞息其奸；怯者思奮而勇，後者思效而前；三軍之氣自倍，群盜之謀自阻。所謂舞干格苗，運於廟堂之上，而震乎蠻貊之中者也。

夫過其言而不酬，有志者之所耻也；冒寵榮而不顧，自好者不爲也。臣固譾劣，亦寧草木無知，不思鞭策以報知遇！雖其才力有所難强，而螻蟻之誠決能自盡；雖於利鈍不可逆睹，而狐兔之穴斷期掃平。臣不勝感恩激切之至！

交收旗牌疏 十二年九月二十五日

准工部咨，該本部題稱：「看得兵部咨開都御史王守仁奏勑提督軍務，應合照例給與旗牌以振軍威一節，既查有例，又奉欽依，合無於本部收有內給與旗牌八面副，就令原來百户尹麟前去交與本官督軍應用，務加愛惜，不得輕意損壞。候到，先將收領過日期號數，徑自奏報查考等因，具題。奉聖旨：是。欽此。欽遵。」備咨到臣。隨於本年九月十六日，據百户尹麟領齎令旗令牌八副面前來，除照數收領，調度軍馬應用，務加愛惜，不敢輕意損壞外，緣係交收旗牌事理，爲此今將收領過日期、緣由并號數開坐，具本題知。

議南贛商税疏 十二年九月二十五日

據江西按察司分巡嶺北道兵備副使楊璋呈，奉巡撫江西地方右副都御史孫燧案驗，備行各道兵備等官：有地方重大軍務，益於政體，便於軍民，果係應議事件，即便條列呈報，以憑施行等因。隨據南安府呈繳本年春季分折梅亭抽分商税循環文簿，看得該府造報册內，某日共抽税銀若干，不見開有某商人某貨若干、抽銀若干，中間不無任意抽報情弊，及看得一季總數，倍少于前。原其所自，蓋因抽分官員止是典史、倉官、義民等項，不惜名節，惟嗜貪污，兼以官職卑微，人心玩視，以致過往客商或假稱權要而挾放，或買求官吏而帶過。及被店牙通同客商，買求書算，以多作少，以有作無，奸弊百端。卷查前項抽分，創於巡撫都御史金澤，一則甦大庾過山之夫，一則濟南、贛軍餉之用。題奉欽依，遵行年久。及查贛州龜角尾設立抽分廠，建白于總制都御史陳金，自正德六年十一月二十七日起，至九年七月終止，共抽過商税銀四萬二千六百八十六兩六錢三分七毫五忽。本省大帽山、姚源、華林盜賊四起，大舉夾攻，一應軍餉，俱仰給於此，並未奏動内帑之積，亦未科派小民之財。以此而觀，則商税之有益地方多矣。緣贛州之税，正德十一年該給事中黄重奏稱，廣貨自南雄經南安折梅亭，已兩税矣，贛州之税，不無重復，已經勘明停止贛河之税。近復大舉夾攻，軍餉仰給，全在折梅亭之税。今所入如此，非惟軍餉無益，實惟奸宄是資。隨會同分守左參議黄宏議照，合將南安之税移於龜角尾抽分，既有分巡道之監臨，又有巡撫之統馭，訪察數多，奸弊自少。其大庾縣顧夫銀兩，合令該縣每季具印信領狀赴道，批行贛州府支領；支盡查算，准令復支。如此，非惟大庾過嶺之夫不缺，而軍餉之用大增。合就會案呈詳等因，據呈到臣。

看得南、贛二府商税，皆因給軍餉、裕民力而設。折梅亭之税，名雖爲夫役，而實以給軍餉；龜角尾之税，事雖重軍餉，而亦以裕民力。兩税雖若二事，其實殊途同歸。但折梅亭雖已抽分，而龜角尾不復致詰，未免有脱漏之弊；若折梅亭既已抽分，而龜角尾又復致詰，未免有留滯之擾。況監司既遠，胥猾得以恣其侵漁；頭緒既多，彼此得以容其奸隙。若革去折梅亭之抽分，而總税於龜角尾，則事體歸一，奸弊自消，非但有資軍餉，抑且便利客商。蓋分合雖異，而於商稅事體無改纖毫；轉移之間，而於民商利害相去倍蓰。除臣欽遵節奉勑諭「一應軍馬錢糧事宜，俱聽便宜區畫」事理，將副使楊璋等所議行令該府，一面查照施行外，緣係地方事理，爲此具本題知。

陞賞謝恩疏 正德十二年十月初　日

節該欽奉勑：「得爾奏，該福建兵備僉事等官胡璉等統領軍兵，各分哨路，於今年正月十八等日，先後攻破長富村、象湖山、可塘洞等處巢穴，擒斬首從賊級一千四百二十九名顆；及該廣東兵備僉事等官顧應祥等統領軍兵，分哨並進，於今年正月二十四等日，克破古村、箭灌、水竹等寨，斬賊級一千二百七十二名顆；各俘獲賊屬、奪回人口、頭畜、器械等數多。賊害既除，良民安堵。蓋由爾申嚴號令，處置有方，以致各該官員奉行成算，有此成功。捷奏來聞，朕心嘉悅。除有功官軍民快人等待查勘至日陞賞外，陞爾俸一級，賞銀二十兩，紵絲二表裏。仍降勑獎勵。爾其益竭心力，大展才猷，脩明武備，多方計畫，務使四省交界之區，數年嘯聚之黨，撫剿盡絶。地方永獲安靖，斯稱朕委任之意。毋或狃于此捷，遽生怠玩，致有他虞。」欽此。欽遵。

臣惟賞及微勞，則有功者益勸；罰行親暱，則有罪者益警。近者閩、廣之師幸而成功，其方略議於該部，成算出於朝廷；用命存於諸將，戮力因於士卒。臣不過申嚴號令，敷布督促之而已，曾有何功？而乃冒蒙褒賞，增其禄秩，錫以金幣，臣實不勝慚汗惶恐之至！然臣嘗有申明賞罰之奏矣，嘗有願陛下俯從惟重之典，以作敢勇之風之請矣，臣之微勞，懼不免於罪。而陛下曲從該部之議，特賜優渥之恩者，所謂賞及微勞，將以激勸有功也。昔人有云：「死馬且買之，千里馬將至矣。」臣敢畏避冒賞之戮，苟爲遜讓，以仰辜陛下激勵作興之盛心乎？受命之餘，感懼交集，誓竭犬馬之力，以效涓埃之報。臣不勝受恩感激之至！

横水桶岡捷音疏十二年閏十二月初二日

據江西布、按二司巡守嶺北道兵備副使楊璋、左參議黄宏會呈「據一哨統兵贛州府知府邢珣呈：『督同興國縣典史區澄等官兵，於十月十二等日，攻破磨刀坑等巢；十一月初一等日，攻破桶岡洞等巢；二十三日，會兵擊賊于上新地寨，共十四處。共擒斬大賊首雷鳴聰、藍文亨、梁伯安等六名顆，賊從王禮生等二百四十一名顆，俘獲賊屬，并奪回被虜男婦二百五十七名口，燒毁賊巢房屋一百七十七間，及奪馬牛贓仗等項。』二哨統兵福建汀州府知府唐淳呈：『督同上杭縣縣丞陳秉等官兵，於十月十二等日，攻破左溪等巢；十一月初一等日，攻破十八磊等巢，共十二處。共擒斬大賊首藍天鳳、藍八、蘇景祥等四名顆，賊從廖歐保等二百六十四名顆，俘獲賊屬，并奪回被虜男婦五百四十四名口，燒毁賊巢房屋七百一十二間，及奪獲馬牛、器械、贓銀等項。』三哨統兵南安府知府季斆呈：『督同同知朱憲、推官徐文英等官兵，於十月十二等日，攻破穩下等巢；十二月初三日，擊賊於朱雀坑等巢，共八處。生擒大賊首高文輝、何文秀等五名，擒斬賊從楊禮等三百六十一名顆，俘獲賊屬，并奪回被虜男婦一百七十一名口，燒毀賊巢房屋五百七十八間，奪獲牛馬贓仗等物。及先於七月二十五等日，二次被賊擁衆攻打本府城池，統領本營官兵會同指揮來春、馮翔，與賊對敵。本職下官兵舍人共擒斬賊從龍正等一百三名顆，來春下官兵擒斬賊從王伯崇等二十五名顆，馮翔下官兵擒斬賊從劉保等一百三十五名顆。』四哨統兵江西都司都指揮僉事許清開稱：『督領千户林節等官兵，於十月十二等日，攻破鷄湖等巢，共九處。共擒斬大賊首唐洪、劉允昌、葉志亮、譚祐、李斌等共一十名顆，賊從王志成等一百四十六名顆，俘獲賊屬，并奪回被虜男婦一百三名口，燒毀賊巢房屋二百間，及奪獲牛馬贓仗等物。』五哨統兵守備南、贛二府地方以都指揮體統行事指揮使郟文呈：『督領安遠縣義官唐廷華官兵，於十月十二等日，攻破獅子寨等巢，二十三日，會兵擊賊於上新地寨。斬獲首賊藍文昭等三名顆，擒斬賊從許受仔等一百六十六名顆，俘獲賊屬，并奪回被虜男婦九十八名口，燒毀賊巢房屋四百一十二間，及奪獲牛馬器械等項。』六哨統兵贛州衛指揮余恩呈：『統領龍南縣新民王受等兵，於十月十二等日，攻破長流坑等巢，共五處。擒斬大賊首陳貴誠、薛文高、劉必深三名顆，賊從郭彦秀等一百七十七名顆，俘獲賊屬，并奪回被虜男婦九十九名口，燒毀賊巢房屋五百一十七間，及奪獲馬驢、器械、贓銀等物。』七哨統兵寧都縣知縣王天與呈：『督同典史梁儀等官兵，於十月十二等日，攻破樟木坑等巢，共三處。擒斬大賊首鄧崇泰、王孔洪等八名顆，擒斬賊從陳榮漢等一百三十九名顆，俘獲賊屬，并奪回被虜男婦二百七十五名口，燒毀賊巢房屋一百六間，及奪獲牛馬贓物等項。』八哨統兵南康縣縣丞舒富呈：『統領上猶縣義官胡述等兵，於十月十二等日，攻破箬坑等巢，共五處。擒斬賊從康仲榮等四百一十九名顆，俘獲賊屬，并奪回被虜男婦一百八十三名口，燒毀賊巢房屋九百九十三間，及奪獲牛馬贓銀等項。及先於九月二十一等日，大賊首謝志田等攻打白面寨，隨督發寨長廖惟道等，擒斬首從賊徒謝志田等三十五名顆。』九哨統兵廣東潮州府程鄉縣知縣張戩呈：『統領本縣新民等兵，於十月二十四日等，攻破杞州坑等巢；十一月初一等日，攻破西山界、桶岡等巢，共九處。擒斬大賊首蕭貴富、鍾得昌等六名顆，賊從何景聰等二百五十七名顆，俘獲賊屬，并奪回被虜男婦一百五十七名口，及奪獲牛馬、器械、贓銀等物。』十哨統兵吉安府知府伍文定呈：『統領廬陵縣等官兵劉顯等，於十月二十四等日，攻破寨下等巢；十一月初一等日，攻破上池等巢；二十日擊賊於穩下等巢，共十二處。擒斬大賊首謝志珊、葉三等二十名顆，賊從王福兒等二百三十八名顆，俘獲賊屬，并奪回被虜男婦二百八十四名口，燒毀賊巢房屋一百三十三間，及奪獲贓仗等物。』中營隨征參隨等官推官危受、指揮謝昶等各呈：『蒙提督軍門親統各職等官兵，於十月十二等日，攻破長龍、横水大巢及庵背等巢，共七處。生擒大賊首蕭貴模等一十四名，擒斬賊從蕭容等四百六十五名顆，俘獲賊屬，并奪回被虜男婦二百四十八名口，燒毀賊巢房屋二百二間，及奪獲牛馬、金銀、贓仗等項。』各呈報到道。查得先爲地方緊急賊情事，節奉提督軍門案驗備仰本道計處兵糧，約會三省官兵，將上猶等處賊巢尅期進剿。奏請定奪外，本年六月初五日，據大庾、上猶等縣申，并據南康縣縣丞舒富呈稱『大賊首謝志珊號「征南王」，糾率桶岡等巢賊首鍾明貴等，約會廣東大賊首高快馬等，大脩戰具，并造呂公車，欲要先將南康縣打破，就行乘虚入廣。乞早爲撲捕』等因，備呈本院。行委知府季斅等分兵剿捕，獲功，呈報奏聞訖。又經本院行委知府季斅，指揮來春、姚璽、謝昶、馮翔，縣丞舒富，千户林節，各於要害防遏。擒斬功次，俱發仰本道紀驗，解送本院梟示外，隨該本道會同分守參議黄宏，議照江西地方惟桶岡一處該與湖廣約會夾攻，龍川一縣該與廣東約會夾攻。其餘三縣腹心之賊，不時奔衝，難以止遏，合無以次剿捕等因，具呈本院。移文廣東、湖廣鎮巡衙門，約會以次攻剿間，隨奉本院分定哨道，指授方略。將知府邢珣等刻期進剿，備仰各道不妨職事，照舊軍前紀驗贊畫等因，依奉催督各營官兵進攻去後。今呈前因，除將擒斬賊徒首級俱類送巡按衙門會審紀驗明白，生擒仍解提督軍門處決，并賊級照例梟示，被虜人口給親完聚，賊屬男女并牛馬騾變賣銀兩，收候賞功支用，器械贓物俱發贛縣貯庫外，職等議照上猶等縣横水等巢大賊首謝志珊、謝志田、謝志富、謝志海、蕭貴模、蕭貴富、徐華、譚曰志、雷俊臣，桶岡大賊首藍天鳳、藍八蘇、藍文昭、胡觀、雷明聰、藍文亨，雞湖大賊首唐洪，新溪大賊首劉允昌，楊梅大賊首葉志亮，左溪大賊首薛文高、高誦、馮祥，朱雀坑大賊首何文秀，下關大賊首蘇景祥，義安大賊首高文輝，密溪大賊首高玉瑄、康永三，絲茅壩大賊首唐曰富、劉必深，長河壩大賊首蔡積富、葉三梅，伏坑大賊首陳貴誠，鼇坑大賊首藍通海，赤坑大賊首譚曰榮，雙壩大賊首譚祐、李斌等，冥頑兇毒，恃險爲惡，僭擬王號，僞稱總兵；聚集黨類數千，肆行流毒三省；攻圍南安、南康府縣城池，殺害千户主簿等官；流劫湖廣桂陽、酃縣、宜章，吉安府龍泉、萬安、泰和、永新等縣。良民子女，被其奴戮；房屋倉廪，被其焚燒；道路田土，被其阻荒占奪者，以千萬頃；賦税屯糧，負累軍民陪納者，以千萬石。其大賊首謝志珊、藍天鳳，各又自稱『盤皇子孫』，收有傳流寶印畫像，蠱惑群賊，悉歸約束。即其妖狐酷鼠之輩，固知決無所就；而原其封豕長蛇之心，實已有不可言。比之姚源之王浩八，華林之胡雪二，東鄉之徐仰四，建昌之徐九齡，均爲賊首，而奸雄實倍之。今則渠魁授首，巢穴蕩平，擒斬既多，俘獲亦盡。數十年之禍害已除，三省之冤憤頓釋。悉皆仰仗朝廷憐念地方之荼毒，大興征討之王師，并提督軍門指授成算，號令嚴明，親臨督陣，身先士卒，以致各哨官兵用命争先，捐軀赴敵，或臻是捷。擬合會案呈詳施行」等因，據呈到臣。

卷查先准兵部咨，爲申明賞罰以勵人心事，該本部覆議請勑：「南、贛等處都御史假以提督軍務名目，給與旗牌應用，以振軍威。一應軍馬錢糧事宜，徑自便宜區畫；文職五品以下，武職三品以下，徑自拿問發落。如遇盜賊入境，即便調兵剿殺，不許踵襲舊弊招撫，重爲民患。所部官軍，若在軍前違期逗遛退縮，俱聽以軍法從事。」題，奉聖旨：是。王守仁着提督南、贛、汀、漳等處軍務，換勑與他。其餘事宜，各依擬行。欽此。」及爲地方緊急賊情事，准兵部咨：「看得所奏攻治賊盜二説，合無行文，交與都御史王守仁，悉依前項申明賞罰事理，便宜行事，期於成功，不限以時等因。題，奉聖旨：是。這申明賞罰事宜，還行與王守仁知道。欽此。」又准兵部咨，該巡撫湖廣都御史秦金題，該本部覆題：「看得郴、桂等處與廣東、江西所轄瑶峒密邇聯絡，若非三省會兵夾攻，賊必遁散。合無請勑兩廣并南贛總督、巡撫等官會同行事，尅期進兵等因。節奉聖旨：是。都依擬行。欽此。」又該巡按江西監察御史屠僑奏，要會同湖廣、江西撫鎮等官，各量起兵，約會尅期夾剿。又該本部覆題：「奉聖旨：是。這南贛地方賊情，只照依恁部裏原擬事宜，着都御史王守仁自行量調官軍，設法剿捕。如有該與江西、兩廣巡撫、總督等官會兵征剿的，聽隨宜會議施行。欽此。」續准兵部咨：該臣題開計處南、贛二府兵糧事宜，及合用本省巡按、御史紀功緣由，該本部覆題：「奉聖旨：是，都依擬行。欽此。」俱欽遵。」陸續備咨到臣，俱經行江西、廣東、湖廣各道兵備、守巡等官一體欽遵，調取官軍兵快，尅期夾攻。及咨巡撫江西都御史孫燧，并行巡按御史屠僑各查照外，續據領兵縣丞舒富等呈稱：各峯賊首聞知湖廣土兵將到，集衆據險，四出殺掠，猖熾日甚，乞爲急處等因到臣。當將進兵機宜，督同兵備副使楊璋、分守參議黄宏、統兵知府等官邢珣等，議得桶岡、横水、左溪諸賊，荼毒三省，其患雖同，而事勢各異。以湖廣言之，則桶岡諸巢爲賊之咽喉，而横水、左溪諸巢爲之腹心；以江西言之，則横水、左溪諸巢爲賊之腹心，而桶岡諸巢爲之羽翼。今不先去横水、左溪腹心之患，而欲與湖廣夾攻桶岡，進兵兩寇之間，腹背受敵，勢必不利。今議者紛紛，皆以爲必須先攻桶岡，而湖廣尅期乃在十一月初一日，賊見我兵未集，而師期尚遠，且以爲必先桶岡，勢必觀望未備。今若出其不意，進兵速擊，可以得志。已破横水、左溪，移兵而臨桶岡，破竹之勢，篾不濟矣。於是，臣等乃決意先攻横水、左溪，密切分布哨道，使都指揮僉事許清率兵千餘，自南康縣所溪入；知府邢珣率兵千餘，自上猶縣石人坑入；知縣王天與率兵千餘，自上猶縣白面入。令其皆會横水。使守備指揮郟文率兵千餘，自大庾縣義安入；知府唐淳率兵千餘，自大庾縣聶都入；知府季斅率兵千餘，自大庾縣穩下入；縣丞舒富率兵千餘，自上猶縣金坑入。令其皆會左溪。知府伍文定、知縣張戩，候各兵齊集，令其亦從上猶、南康分入，以遏奔衝。臣亦親率兵千餘，自南康進屯至坪，期直搗横水，以與諸軍會。而使兵備副使楊璋、分守參議黄宏，監督各營官兵，往來給餉，以促其後。分布既定，乃於十月初七日夜，各哨齊發。初九日，臣兵至南康。初十日，進屯至坪。使間諜四路分探，皆以爲諸賊不虞官兵猝進，各巢皆鳴鑼聚衆，往來呼噪奔走，爲分投禦敵之狀，勢甚張皇，然已於各險隘皆設有滚木礧石。度此時賊已據險，勢未可近。臣兵乘夜遂進。十一日小餉，未至賊巢三十里止舍，使人伐木立栅，開塹設堠，示以久屯之形。夜使報效聽選官雷濟、義民蕭庚，分率鄉兵及樵竪善登山者四百人，各與一旗，齎銃砲鉤鐮，使由間道攀崖懸壁而上，分列遠近極高山頂以覘賊。張立旗幟，爇茅爲數千竈；度我兵且至險，則舉砲燃火相應。十二日早，臣兵進至十八面隘。賊方據險迎敵，驟聞遠近山頂砲聲如雷，煙焰四起，我兵復呼噪奮逼，銃箭齊發。賊皆驚潰失措，以爲我兵已盡入破其巢穴，遂棄險退走。臣預遣千户陳偉、高睿分率壯士數十，緣崖上奪賊險，盡發其滚木礧石。我兵乘勝驟進，呼聲震天地。指揮謝昶、馮廷瑞兵由間道先入，盡焚賊巢。賊退無所據，乃大敗奔潰。遂破長龍巢，破十八面隘巢，❶破先鵞頭巢，破狗脚嶺巢，破庵背巢，破白藍、横水大巢。

先是，大賊首謝志珊、蕭貴模等，皆以横水居衆險之中，倚以爲固。聞官兵四進，倉卒分衆扼險，出禦甚力。至是，見横水煙焰障天，銃砲之聲撼摇山谷，亦各失勢，棄險走。各哨官兵乘之，皆奮勇力戰而入。知府邢珣遂破磨刀坑巢，破茶坑巢，破茶潭巢；知縣王天與破樟木坑巢，破石王巢；都指揮許清破鷄湖巢，破新溪巢，破楊梅巢；俱至横水。知府唐淳破羊牯腦巢，破上關巢，破下關巢，破左溪大巢；守備指揮郟文破獅寨巢，破義安巢，破苦竹坑巢；指揮余恩破長流坑巢，破牛角窟巢，破鼈坑巢；縣丞舒富破箬坑巢，破赤坑巢，破竹壩巢；知府季斆破上西峰巢，破狐狸坑巢，破鉛廠巢；俱至左溪。守巡各官亦隨後督兵而至。是日，擒斬首從賊人、賊級并俘獲賊屬男婦，奪回被虜人口、牛馬、贓仗數多，其餘自相蹂踐，墮崖填谷而死者，不可勝計。當是時，賊路所由入，皆刊崖倒樹，設阱埋簽，不可行。我兵晝夜涉深澗，蹈叢棘。遇險

❶「十」，原作「入」，據康熙十二年俞嶙重編《王陽明先生全集》改。

絕，則掛繩崖樹，魚貫而上，猿臂而下，往往失足墮深谷。幸而不死，經數日始能出。各兵已至横水、左溪，皆困甚，不復能驅逐。會日已暮，遂令收兵屯劄。次日，大霧，雨，咫尺不辯；連數日不開。乃令各營休兵享士，而使鄉導數十人分探潰賊所往，并未破巢穴動静。十五日，得各鄉導報，謂諸賊分陣，預於各山絶險崖壁立有栅寨，爲退保之計，有復合聚於未破之巢者，俱不意我兵驟入，未及搬運糧穀。若分兵四散追擊，可以盡獲。臣等竊計，湖、廣夾攻在十一月初一，期已漸迫。此去桶岡尚百餘里，山路嶮峻，三日始能達。若此中之賊圍之不克，而移兵桶岡，勢分備多，前後顧瞻，非計之得。乃令各營皆分兵爲奇正二哨，一攻其前，一襲其後，冒霧速進，分投急擊。十六日，知府邢珣攻破旱坑巢、寫井巢，知府季斆、守備指揮郟文攻破穩下巢、李家巢。十七日，知府唐淳攻破絲茅壩巢。十八日，都指揮許清攻破朱雀坑巢、村頭坑巢、黄竹坳巢、觀音山巢。十九日，指揮余恩攻破梅伏坑巢、石頭坑巢。二十日，知府邢珣又攻破白封龍巢、芒背巢，知縣王天與攻破黄泥坑巢、大富灣巢。二十二日，縣丞舒富攻破白水洞巢。本日，知府伍文定、知縣張戩兵亦至。二十四日，知府伍文定攻破寨下巢，知縣張戩攻破杞州坑巢。二十五日，知縣張戩又破朱坑巢，知府伍文定破楊家山巢。二十六日，知府季斆又破李坑巢，都指揮許清又破川坳巢。二十七日，守備指揮郟文又破長河洞巢。連日各擒斬首從賊人、賊級并俘獲賊屬男婦，奪回被虜人口、牛馬、贓仗數多。

是日，各營官兵請乘勝進攻桶岡。臣

復議得桶岡天險，四面青壁萬仞，中盤百餘里，連峰參天，深林絶谷，不睹日月。中所產旱穀、薯蕷之類，足餉凶歲。往者亦嘗夾攻，坐困數月，不能俘其一卒，竟以招撫爲名而罷。及詢訪鄉導，其所由入，惟鎖匙龍、葫蘆洞、茶坑、十八磊、新地五處，然皆架棧梯壑，畚懸絶壁而上。賊使數人於崖巔，坐發礧石，❶可無執兵而禦我師。惟上章一路稍平，然深入湖廣，迂回取道，半月始至。湖兵既從彼入，而我師復往，事皆非便。今横水、左溪餘賊皆已奔入其中，同難合勢，爲守必力。善戰者，其勢險，其節短。今我欲乘全勝之鋒，兼三日之程，長驅百餘里而争利，彼若拒而不前，頓兵幽谷之底，所謂强弩之末，不能穿魯縞矣。今若移屯近地，休兵養鋭，振揚威聲，先使人諭以禍福，彼必懼而請服。其或有不從者，乘其猶豫，襲而擊之，乃可以逞。乃使素與賊通戴罪義官李正巖、醫官劉福泰，釋其罪，并縱所獲桶岡賊鍾景，於二十八日夜懸壁而入，期以初一日早，使人於鎖匙龍受降。賊方甚恐，見三人至，皆喜，乃集衆會議。而横水、左溪奔入之賊，果堅持不可，往復遲疑，不暇爲備。臣遣縣丞舒富率數百人屯鎖匙龍，促使出降；而使知府邢珣入茶坑，知府伍文定入西山界，知府唐淳入十八磊，知縣張戩入葫蘆洞，皆於三十日乘夜各至分地。大遇大雨，不得進；初一日早，冒雨疾登。大賊首藍天鳳方就鎖匙龍聚議，聞各兵已入險，皆驚愕散亂，猶驅其衆男婦千餘人，據内隘絶壁，隔水爲陣以拒。知府邢珣之兵

❶「礧」，原作「鐳」，據康熙十二年俞嶙重編《王陽明先生全集》改。

渡水前擊，張戩之兵衝其右，伍文定之兵自張戩右懸崖而下，遶賊傍擊。賊不能支，且戰且却。及午，雨霽；各兵鼓奮而前，乃敗走。縣丞舒富、知縣王天與所領兵，聞前山兵已入，亦從鎖匙龍並登。各軍乘勝擒斬，賊悉奔十八磊。知府唐淳之兵復嚴陣迎賊，又敗。然會日晚，猶扼險相持。次早，諸軍復合勢併擊，大戰良久，遂大敗。知府邢珣破桶岡大巢，破梅伏巢，破烏池巢；知縣張戩破西山界巢、鎖匙龍巢，破黄竹坑巢；知府唐淳破十八磊巢；知府伍文定破鐵木里巢，破土池巢，破葫蘆洞巢；知縣王天與破員分巢，破背水坑巢；縣丞舒富破太王嶺巢。擒斬首從賊人、賊級并俘獲賊屬男婦，奪回被虜人口、牛馬、贓仗數多。賊大勢雖敗，結陣分遁者尚多。是日，聞湖廣土兵將至，臣使知府邢珣屯葫蘆洞，知府唐淳屯十八磊，知府伍文定屯大水，守備指揮郟文屯下新地，知縣張戩屯磜頭，縣丞舒富屯茶坑，指揮姚璽、知縣王天與屯板嶺；而使副使楊璋巡行磜頭、茶坑諸營，監督進止，以繼其糧餉。又使知府季斅分屯聶都，以防賊之南奔；都指揮許清留屯横水，指揮余恩留屯左溪，以備腹心遺漏之賊；而使參議黄宏留劄南安，給糧餉，以爲聶都之繼。臣亦躬率帳下屯茶寮，使各營分兵，與湖兵相會，夾勦遁賊。初五日，知府邢珣又破上新地巢，破中新地巢，破下新地巢。初七日，知府唐淳又破杉木坳巢，破原陂巢，破木里巢。十一日，知縣張戩破板嶺巢，破天台庵巢；十三日，又破東桃坑巢，破龍背巢。連日各擒斬俘獲數多。其間巖谷溪壑之内，饑餓病疹顛仆死者，不可以數。於是，桶岡之賊略盡。臣以其暇，親行相視形勢，據險立隘，使卒數百，斬木棧崖，鑿山開道。又使典史梁儀領卒數百，相視横水，創築土城；周圍千餘丈，亦設隘以奪其險。議以其地請建縣治，控制三省諸瑶，斷其往來之路，事方經營。十六日，據防遏推官徐文英呈稱：廣東魚黄等巢被湖兵攻破，賊黨男婦千餘，突往鷄湖、新地、穩下、朱雀坑等處。臣復遣知府季斆分兵趨朱雀坑等處，知府伍文定趨穩下、鷄湖等處，守備指揮郟文、知府邢珣趨上新等處，各相機急勦。二十日，知府伍文定兵擊賊於穩下寨、西峰寨、苦竹坑寨、長河壩巢、黎坑巢。二十三日，守備指揮郟文、知府邢珣擊賊於上新地巢，知府伍文定又追擊于鷄湖巢。十二月初三日，知府季斆擊賊於朱雀坑寨、狐狸坑巢。擒斬首從賊徒、俘獲賊屬、奪獲贓仗數多。於是奔遁之賊始盡。然以湖、廣二省之兵方合，雖近境之賊悉以掃蕩，而四遠奔突之虞，難保必無。乃留兵二千餘，分屯茶寮、横水等隘，而以是月初九日回軍近縣，以休息疲勞；候二省夾攻盡絶，然後班師。兩月之間，通計擣過巢穴八十餘處，擒斬大賊首謝志珊、藍天鳳等八十六名顆，從賊首級三千一百六十八名顆，俘獲賊屬二千三百三十六名口，奪回被虜男婦八十三名口，牛馬騾六百八隻匹，贓仗二千一百三十一件，金銀一百一十三兩八錢一分；總計首從賊徒、賊屬、牛馬、贓仗共八千五百二十五名顆口隻件。俱經行令轉解紀功官處，審驗紀録去後，今呈前因。

參照大賊首藍天鳳、謝志珊等，盤據千里，荼毒數郡，僭擬王號，圖謀不軌，基禍種惡，且將數十餘年。而虐焰之熾盛，毒流之慘極，亦已數年于兹。前此亦嘗夾勦，曾不能損其一毛；屢加招撫，適足以長其桀驁。乃今驅卒不過萬餘，用費不滿三萬，兩月之間，俘獲六千有奇，破巢八十有四；渠魁授首，噍類無遺。此豈臣等能賢於昔人，是皆仰仗朝廷威德之被，廟堂處置得宜；既假臣以賞罰之權，復專臣以提督之任。故臣等得以伸縮自由，舉動如志，奉成算以行事，循方略而指揮，將士有用命之美，進止無掣肘之虞，則是追獲獸兔之捷，實由發縱指示之功。臣等偶叨任使，亦安敢冒非其績！夫謀定於帷幄之中，而勝決於千里之外，命出於廟堂之上，而威行於百蠻之表。臣等敢爲朝廷國議有人賀，且自幸其所遭得以苟免覆餗之戮也。及照監軍副使楊璋，參議黄宏，領兵都指揮僉事許清，都指揮使行事指揮使郟文，知府邢珣、季斆、伍文定、唐淳，知縣王天與、張戬，指揮余恩、馮翔，縣丞舒富，隨征參謀等官指揮謝昶、馮廷瑞、姚璽、明德，同知朱憲，推官危壽、徐文英，知縣陳允諧、黄文鸑、宋瑢、陸璥，千户陳偉、高睿等，以上各官，或監軍督餉，或領兵隨征，悉皆深歷危險，備嘗艱難，各效勤苦之力，共成克捷之功。俱合甄録，以勵將來。伏願皇上普彰廟堂之大賞，兼收行伍之微勞。激勸既行，功庸益集，自然賊盗寢息，百姓安生，則地方幸甚！臣等幸甚！

立崇義縣治疏 十二年閏十二月初五日

據江西巡守嶺北道兵備副使楊璋、左參議黄宏會呈「據南安府知府季斆呈『備屬致仕省祭義官監生楊仲貴等呈稱，上猶等縣横水、左溪、長流、桶岡、關田、鷄湖等處，賊巢共計八十餘處，界乎三縣之中，東西南北相去三百餘里，號令不及，人跡罕到。其初畬賊，原係廣東流來。先年奉巡撫都御史金澤行令安插於此，不過砍山耕活。年深日久，生長日蕃，羽翼漸多；居民受其殺戮，田地被其占據。又且潛引萬安、龍泉等縣避役逃民并百工技藝遊食之人雜處於內，分群聚黨，動以萬計。始漸虜掠鄉村，後乃攻劫郡縣。近年肆無忌憚，遂立總兵，僭擬王號，罪惡貫盈，神人共怒。今幸奏聞征勦，蒙本院親率諸軍，擣其巢穴，擒其首惡，妖氛爲之掃蕩，地方爲之底寧。三縣之民歡欣鼓舞，如獲更生。訪得各縣流來之賊，自聞夾攻消息，陸續逃出頗衆。但恐大兵撤後，未免復聚爲患。合無三縣適中去處，建立縣治，實爲久安長治之策』等因到道。隨取各縣鄉導，于軍營研深。查得前項賊巢，係上猶、大庾、南康三縣所屬。上猶縣崇義、上保、鴈湖三里，先年多被賊殺戮，田地被其占據。大庾縣義安三里，人户間被殺傷，田地賊占一半。南康縣至坪一里，人户皆居縣城，田地被賊阻荒。總計賊占田地六里有半。隨蒙本院委領兵知府邢珣、知縣王天與、黄文鸑親歷賊巢踏勘，三縣之中適均去處，無如横水。原係上猶縣崇義里地方，山水合抱，土地平坦，堪以設縣。隨會同分守左參議黄宏，議得合無於此建立縣治，盡將三縣賊人占據阻荒田地，通行割出。緣里分人户數少，查得南康縣上龍一里、崇德一里，亦與至坪相接，緣至坪三都雖非全里，然而地方廣闊，錢糧數多，堪以拆作一里，合割併屬新縣。其間人户數少者，田糧尚存，招人佃買，可以復全。縣治既設，東去南康尚有一百二十里，要害去處則有長龍；西去湖廣桂陽縣界二百餘里，要害去處則有上保；南去大庾縣一百二十餘里，要害去處則有鉛厰。俱該設立巡檢司。查得上猶縣過步巡檢司，路僻無用，宜改移上保，備由呈詳。奉批『看得横水開建縣治，實亦事不容已。但未經奏請，須候命下，方可決議。兼之工程浩大，一時恐未易就。今賊勢雖平，漏殄尚有，且宜遵照本院欽奉勑諭隨宜處置事理，先於横水建立隘所，以備目前不測之虞。除委典史梁儀等一面竪立木栅脩築土城，脩建營房外，查得横水附近隘所，如至坪、鴈湖、賴塘等處，盗賊既平，已爲虚設。其附近村寨，如白面、長潭、杰壩、石玉、過步、果木、烏溪、水眼等處居民，訪得多係通賊窩主，及各縣城郭村寨，亦多有通賊之人。合將各隘隘夫悉行撥守横水，其通賊人户，盡數查出，編充隘夫，永遠守把；其不係通賊者，量丁多寡，抽選編僉，輪班更替，務足一千餘名之數。責委屬官一員統領，常川守把。遇有殘黨嘯聚出没，即便相機勦捕。候縣治既立，人煙輳集，地方果已寧靖，再行議處裁損。其開建縣治，本院親行踏勘，再四籌度，固知事不可已。但舉大事，須順民情，兵革之後，尤宜存恤。仰該道會同分守等官，再行拘集地方父老子弟，多方詢訪，必須各縣人民踴躍鼓舞，争先趨事，然後興工，庶幾事舉而人有子來之美，工成而民享偕樂之休。仍呈撫按等衙門公同計議施行』等因，依奉會同參議黄宏遵照批呈事理，先於横水設立隘所，防範不虞。及行該府再行拘集詢訪外，隨據府縣各申，拘集父老到官，各交口歡欣，鼓舞趨事，别無民情不便」等因，備呈到道。覆審無異，轉呈到臣。會同巡撫江西等處地方都察院右副都御史孫燧、巡按江西監察御史屠僑，議照前項地方，大賊既已平蕩，後患所當預防。今議立縣治并巡司等衙門，懲前慮後，杜漸防微，實皆地方至計。及查得橫水議建縣治處所，原係上猶縣崇義里，因地名縣，亦爲相應。如蒙皇上憫念地方屢遭荼毒，乞勅該部俯順民情，從長議處，早賜施行，并儒學巡司等衙門一體銓選官員，鑄給印信。如此，則三省殘孽，有控制之所而不敢聚；三省奸民，無潛匿之所而不敢逃。變盗賊强梁之區爲禮義冠裳之地，久安長治，無出於此。

王文成公全書卷之十一

別録三　奏疏三

乞休致疏　正德十三年三月初四日

臣以菲才，遭逢明盛，荷蒙陛下滌垢掩瑕，曲成器使；既寬尸素之誅，復冒清顯之職；增其禄秩，假以賞罰；念其行事之難，授以提督之任，言行計聽。感激深恩，每思捐軀以效犬馬。奈何才蹇福薄，志欲前而力不逮，功未就而病已先。臣自待罪鴻臚，即嘗以病求退；後懼託疾避難之誅，輒復黽勉來此。驅馳兵革，侵染瘴癘，晝夜憂勞，疾患愈困。自去歲二月往征閩寇，五月旋師；六月至於九月，俱有地方之警；十月攻横水，十一月破桶岡，十二月旋師；未幾，今年正月又復出剿浰賊。前後一歲有餘，往來二三千里之内，上下溪澗，出入險阻，皆扶病從事。然而不敢輒以疾辭者，誠以朝廷初申賞罰之請，再下提督之命，惟恐付託不效，以辜陛下聽納之明，負大臣薦揚之舉，且其時盜賊方熾，坐視民之荼毒而以罪累後人，非仁也；己逃其難而遺人以艱，非義也；徒有其言而事之不酧，非忠也。故寧委身以待罪，忍死以效職。

今賴陛下威德，廟堂成算，上猶、南康之賊既已掃蕩，而浰寇殘黨亦復不多，旬日之間，度可底定，決不至於重遺後患；則臣之罪責，亦既可以少逭於萬一。但惟臣病月深日亟，百療罔效，潮熱咳嗽，瘡疽癰腫，手足麻痺，已成廢人。昔人所謂繇弱之才，不堪任重；福薄之人，難與成功；二者臣皆有焉。伏惟陛下覆載生成，不忍一物失所，憫臣輿病討賊所備嘗之苦，哀臣忍死待罪不得已之情，念福薄之有限，憐疾療之無期，准令旋師之日，放歸田里。豈曰保全餘息，尚圖他日之效。苟遂丘首，臣亦感恩地下，能忘銜結之報乎？臣不勝哀懇祈望之至！

移置驛傳疏 正德十三年二月二十五日

據江西按察司分巡嶺北道兵備副使楊璋呈：「奉臣批，據南安府大庾縣峰山里民朱仕玦等連名告稱『本里先因敵禦畬賊，正德十一年被賊復仇，殺害本里婦男一百餘命。各民驚惶，自願築砌城垣一座，搬移城內。告申上司，蒙給官銀修理三門。今幸完成，居民無虞。正德十二年六月十九日，奉調本里百長謝玉山等五百名前去本府剿賊，已獲功次解報，未蒙發回。今風聞畬賊又要前來復讎，但本城缺兵防守，乞賜裁革宰屋、龍華二隘人夫，前來守城。其赤口巡檢司缺官，就乞委官署掌印信，督兵防遏。及願出地，遷移小溪驛進城，城池驛舍，俱保無虞』等情。奉批嶺北道議處。依奉，會同左參議黃宏，議將宰屋、龍華二隘人夫撥付該城防守，該府照磨鄧華空閑，合委署掌印信，提督該司弓兵并該城兵衆，併力防遏。其小溪驛遷移峰山城內一節，合行該府查勘，應否遷移：過往使客，有無便益；南北水路，有無適均；移驛之費，計算幾何。緣由呈詳本院，奉批『去隘委官，俱准議行；移驛事，仰行該府作急勘報』等因，已經行。據南安府呈『蒙二隘人夫撥付峰山守城，行委照磨鄧華署掌亦石巡檢司印信。及查，議得小溪舊驛，止有人煙數家孤處河邊，且與雞湖等賊巢相近，曾被强賊來驛，執虜官吏，燒毁公廳。見今賊勢猖獗，使客輒受驚惶，不敢停歇。往年亦曾建議遷驛，奈小溪人民俱各包當該驛夫役，積年射利得慣，官吏被其鈐制，往往告稱移驛不便。況移驛處所雖在城中，離河不遠，工程所費亦不過四五十兩。如此一舉，委果水陸俱便，不惟該驛可保無虞，而往來使客宿歇，亦無驚恐』等因，回報到道，覆議相同。」據呈到臣，簿查先爲前事，已經批仰該道議處。回報去後，今據前因，看得小溪舊驛屢被賊患，移置峰山城内，委果相應。如蒙乞敕該部查議相同，俯從所請，則一勞永逸，實爲地方之幸！

浰頭捷音疏 十三年四月二十日

據江西按察司分巡嶺北道兵備副使楊璋呈「據一哨統兵守備南、贛二府地方以都指揮體統行事指揮使郟文呈稱：『統領安遠縣義民孫洪舜等兵，[1]於本年正月初七日攻破曲潭等巢，十一日攻破半逕等巢，共五處。二月二十六日，與賊戰於水源等處。擒斬大賊首吴積祥、陳秀謙、張秀鼎等七名顆，賊從陳希九等一百二十六名顆，俘獲賊屬男婦五十六名口，燒毁賊巢房屋禾倉二百五十三間，及奪獲器械等物。』二哨統兵

[1] 「安遠」，原誤倒，據康熙十二年俞嶙重編《王陽明先生全集》卷十三乙正。

贛州府知府邢珣呈稱：『督同同知夏克義、知縣黄天與、典史梁儀、老人葉秀芳等官兵，於正月初七等日，攻破方竹湖等巢；初九日，攻破黄田坳等巢。共四處。二十五等日，覆賊於白沙；二月十六日，與賊戰於芳竹湖等處。擒斬大賊首黄佐、張廷和、王鑾師、劉欽等一十名顆，賊從黄密等二百六十名顆，俘獲賊屬男婦八十三名口，燒毁賊巢房屋、禾倉貳百貳拾二間，及奪獲贓仗牛馬等項。』三哨領兵廣東惠州府知府陳祥呈稱：『督同通判徐璣、新民盧琢等官兵，於正月初七等日，攻破熱水等巢；初九等日，攻破鐵石障等巢。共五處。二十五等日，覆賊於五花障等處；二月初二等日，與賊戰於和平等處。擒斬大賊首陳活鷂、黄弘閏、張玉林等十一名顆，賊從李廷祥四百三十一名顆，俘獲賊屬男婦二百二十名口，燒毁賊巢房屋、禾倉五百七十二間，及奪獲器械、贓銀、牛馬等項。』四哨統兵南安府知府季斅呈稱：『統領訓導藍鐸、百長許洪等官兵，於正月初三等日，攻破右坑等巢，十一日攻破新田逕等巢，共四處。二十七等日，覆賊於北山，又與戰於風門奥等處。擒斬大賊首劉成珍等四名顆，賊從胡貴琢等一百三十名顆，俘獲賊屬男婦一百六十五名口，燒毁賊巢房屋禾倉七十三間，及奪獲贓銀等物。』五哨統兵贛州衛指揮僉事余恩呈稱：『統領新民百長王受、黄金巢等兵，於正月初七日，會同推官危壽、千户孟俊攻破上、中、下三浰大巢；十一日，攻破空背等巢。共四處。二十五日，覆賊於銀坑水等處。擒斬大賊首賴振禄、王貴洪、李全、鄒一惟等九名顆，賊從賴賤仔等三百五十名顆，俘獲賊屬男婦六十二名口，燒毁賊巢房屋、禾倉三百二十一間，及奪獲器械牛馬等項。』六哨統兵贛州衛指揮僉事姚璽呈稱：『統領新民梅南春等兵，於正月初七日，攻破淡方等巢；初九日，攻破岑岡等巢。共四處。二十七日，覆賊於烏虎鎮。擒斬大賊首謝鑾、曾用奇等五名顆，賊從盧任龍一百九十九名顆，俘獲賊屬男婦一百一十二名口，燒毀賊巢房屋、禾倉三百七十間，及奪獲器械牛馬等項。』七哨統兵贛州府推官危壽呈稱：『統領義官葉方等兵，於正月初七日，會同指揮余恩、千户孟俊，攻破上、中、下三浰大巢；初十等日，攻破鎮里寨等巢。共四處。二十七日，覆賊於中村等處。擒斬大賊首池仲寧、高允賢、池仲安、朱萬、林根等十二名顆，賊從黄穩等二百一十一名顆，俘獲賊屬男婦三十三名口，燒毀賊巢房屋、禾倉三百二十三間，及奪獲贓仗牛馬等項。』八哨統兵贛州衛千户孟俊呈稱：『統領義官陳英、鄭志高、新民盧珂等兵，於正月初七等日，會同指揮余恩、推官危壽，攻破上、中、下三浰大巢；初十等日，攻破大門山等巢。共六處。❶擒斬大賊首謝鳳經、吴宇、張廷與、石榮等九名顆，賊從張角子等一百九十二名顆，俘獲賊屬男婦一百四十三名口，燒毀賊巢房屋、禾倉一百七十三間，及奪獲器械、牛馬、贓銀等項。』九哨統兵南康縣縣丞舒富呈稱：『統領義民趙志標等兵，於正月十一等日，攻破旗領等巢，共二處。二月十四日，與賊戰於乾村等處。擒斬賊從劉三等一百七名顆，俘獲賊屬男婦二十一名口，燒毀賊巢房屋、禾倉五十三間，及奪獲器械等物』等因，各呈報到

❶ 共，原作「兵」，據四庫本改。

道。查得先爲地方緊急賊情事，據信豐縣所呈稱，正德十二年二月初七日，龍南縣賊首黄秀魁糾合廣東賊首池仲容等，突來本縣殺人放火。見今攻城不退，乞要發兵救援等因，該本道議，委經歷王祚、縣丞舒富領兵勦捕。斬獲賊級四顆，被賊殺死報效義士楊習舉等十名，執去經歷王祚。隨該本道親詣該縣，暫將各賊招安，撥回原巢，經歷王祚送出。參將失事知縣王天爵、盧鳳，千户鄭鐸、朱誠、洪恩，主簿周鎮，鎮撫劉鎧等，俱各有罪。及將前賊應勦緣由，呈詳轉達具奏外，正德十三年正月初三日，奉提督軍門紙牌『議照上猶等縣賊巢既平，廣東龍川縣浰頭等處賊巢，奉有成命，應該會勦。其大賊首池仲容等，本院已行計誘擒獲。見今軍勢頗振，若不乘此機會，出其不意，搗其不備，坐視以待廣兵之來，未免有失事機之會。本院除遵奉勑諭内自行量調官軍設法勦捕事理，部勒兵衆，分布哨道，行仰守備指揮并知府等官郟文、陳祥等統領，各授進止方略外，備行本職前去軍前紀驗功次，及催各哨官兵上緊依期進勦。仍行巡按衙門前來覈實施行』等因，隨呈巡按江西監察御史屠僑批行本道：『先行紀驗明白，通候覈實施行。』依奉督率各省官兵依期進勦去後。今據前因，除將前項功次俱類巡按衙門會審紀驗明白，生擒賊犯解赴提督軍門斬首梟示，賊屬男婦變賣銀兩，器械、贓仗、贓銀俱貯庫外，參照浰頭大賊首池仲容、池仲寧、池仲安、高允賢、李全等，盤據一方，歷有歲年，僭稱王號，僞設官職。廣東翁源、龍川、始興，江西龍南、信豐、安遠、會昌等縣，屢被攻圍城池，殺害官軍，焚燒村寨，虜殺男婦，歲無虚日。曾經狼兵夾攻數次，俱被漏網。是乃衆賊奸雄之巨擘，三省群盜之根源也。今幸天奪其魄，仲容束手就擒，仲寧、仲安等一時授首，各巢賊從擒斬殆盡。此皆仰仗朝廷德威遠播，廟堂成算無遺，提督軍門賞罰以信而號令嚴明，師出以律而機宜慎密，身先士卒而艱險之不辭，洞見敵情而撫勦之有道。以是數十年之巨寇，一旦削平；連四省之編氓，永期安輯。呈乞照詳轉達」等因，據呈到臣。

卷查先爲地方緊急賊情事，准兵部咨，該巡按江西監察御史屠僑奏，該本部覆題：「節奉聖旨：是，這地方賊情，着都御史王守仁自行量調官軍，設法勦捕。欽此。」及爲申明賞罰以勵人心事，准兵部覆題：「請勅南、贛等處都御史假以提督軍務名目，給與旗牌應用，以振軍威。一應軍馬錢糧事宜，徑自便宜區畫。如遇盜賊入境，即便調兵勦殺，不許踵襲舊弊招撫，重爲民患。所部官軍，若在軍前違期逗遛退縮，俱聽以軍法從事。生擒盜賊，亦聽斬首示衆。賊級聽本處兵備會同該道守巡官，即時紀驗明白，備行江西按察司造册奏繳，查照勦殺南方蠻賊見行舊例，議擬陞賞等因，具題。奉聖旨：是，王守仁着提督南、贛、汀、漳等處軍務，換勅與他。其餘事宜，各依擬行。欽此。」又爲地方緊急賊情事，准兵部覆題：「看得所奏攻治盜賊二説，就令差來人賫文，交與都御史王守仁，悉依前項申明賞罰事理便宜行事。期於功成，不限以時，相機攻勦等因，具題。節該奉聖旨：是。欽此。」陸續備咨到臣。俱經通行撫屬四省各道守巡、兵備、守備等官一體欽遵，并咨總督兩廣左都御史陳金查照外，續該臣看得南、贛盜賊，其在南安之橫水、桶岡諸巢，則接境於湖郴；在贛州之浰頭、桶岡諸巢，則連界於閩、廣。接境於湖郴者，賊衆而勢散，恃山谿之險以爲固；連界於閩、廣者，賊狡而勢聚，結黨與之助以相援。臣等遵奉勑諭，及查照兵部咨示方略，初議先攻橫水，次攻桶岡，而末乃與廣東會兵，徐圖浰頭。如攻堅木，先其易者，後其節目。自正德十二年九月，臣等議將進兵橫水，恐浰賊乘虚出擾，思有以沮離其黨。臣乃自爲告諭，具述禍福利害，使報效生員黄表、義民周祥等往諭各賊，因皆賜以銀布。一時賊黨亦多感動，各寨酋長黄金巢、劉遜、劉粗眉、温仲秀等，遂皆願從表等出投。惟大賊首池仲容即池大鬢，獨憤然謂其衆曰：「我等做賊已非一年，官府來招亦非一次，此亦何足爲憑！待金巢等到官後，果無他説，我等遣人出投，亦未爲晚。」其時臣等兵力既未能分，意且羈縻，令勿出爲患，故亦不復與較。金巢等至，臣乃釋其罪，推誠厚撫，各願出力殺賊立效。於是，藉其衆五百餘，悉以爲兵，使從征橫水。十月十二日，臣等已破橫水，仲容等聞之始懼。計臣等必且以次加兵，於是集其酋豪池仲寧、高飛甲等謀，使其弟池仲安率老弱二百餘徒，亦赴臣所投招，求隨衆立效；意在援兵，因而窺覘虛實，乘間内應。臣逆知其謀，陽許之。及臣進攻桶岡，使領其衆截路於上新地，以遠其歸途；内嚴警禦之備，以防其釁；外示寬假之形，以安其心。陰使人分召鄰賊諸縣被賊害者，皆詣軍門訐事，旬日之間，至者數十。問所以攻勦之策，皆以此賊狡詐兇悍，非比他賊，其出刼行剽，皆有深謀，人不能測。自知惡極罪大，國法難容，故其所以扞拒之備，亦極險譎。前此兩經夾勦，皆狼兵二三萬，竟亦不能大捷。後雖敗遯，所殺傷亦略相當。近年以來，奸謀愈熟，惡焰益熾。官府無可奈何，每以調狼兵恐之。彼輒謾曰：「狼兵易與耳。縱調他來，也須半年；我縱避他，只消一月。」其意謂狼兵之來不能速，其留不能久也，是以益無忌憚。今已僭號設官，奸計逆謀，尤非昔比。必欲除之，非大調狼兵，事恐難濟。臣以爲兵無常勢，在因敵變化而制勝。今各賊狃於故常，且謂必待狼兵而後敢攻，此所以不必狼兵而可以攻之也。乃爲密畫方略，使數十人者各歸部集，候我兵有期，則據隘遏賊。

十一月，賊聞臣等復破桶岡，益懼，爲戰守備。臣使人至賊所，賜各酋長牛酒，以察其變。賊度不可隱，則詐稱龍川新民盧珂、鄭志高等將掩襲之，❶是以密爲之防，非敢虞官兵也。臣亦陽信其言，因復陽怒盧珂、鄭志高等擅兵讎殺，移檄龍川，使廉其實；且趣各賊伐木開道，將回兵自浰頭取道，往討之。賊聞，以爲臣等實有爲之之意，又恐假道伐之，且喜且懼。因遣來謝，且請無勞官兵，當悉力自防禦之。盧珂、鄭志高、陳英者，皆龍川舊招新民，有衆三千餘。遠近皆爲仲容所脅，而三人者獨與之抗，故賊深讎忌之。十二月望，臣兵回至南康，盧珂、鄭志高等各來告變，謂池仲容等僭號設官，今已點集兵衆，號召遠近各巢賊首，授以「總兵」、「都督」等僞官，使候三省夾攻之兵一至，即同時並舉，行其不軌之謀。及以僞授盧珂等官爵「金龍霸王」印信

❶「新」，原作「龍」，據四庫本改。

文書一紙粘狀來首。臣先已諜知其事，及珂等來，即陽怒，以爲爾等擅兵仇殺投招之人，罪已當死；今又造此不根之言，乘機誣陷；且池仲容等方遣其弟領兵報效，誠心向化，安得有此。遂收縛珂等，將斬之。時池仲安之屬方在營，見珂等入首，大驚懼；至是皆喜，羅拜懽呼，競訴珂等罪惡。臣因亦陽令具狀，謂將并拘其黨屬，盡斬之。於是遂械繫盧珂，而使人密喻以陽怒之意，欲以誘致仲容諸賊。且使盧珂等先遣人歸，集其衆，候珂等既還，乃發。臣又使生員黄表、聽選官雷濟往喻仲容，使勿以此自疑。密購其所親信，陰説之，使自來投訴。二十日，臣兵已還贛，乃張樂大享將士。下令城中，今南安賊巢皆已掃蕩，而浰頭新民又皆誠心歸化，地方自此可以無虞。民久勞苦，亦宜暫休爲樂。遂散兵，使各歸農，示不復用。而使池仲安亦領衆歸，助其兄防守，且云盧珂等雖已繫於此，恐其黨致怨，或掩爾不虞。仲安歸，具言其放，賊衆皆喜，遂弛備。臣又使指揮余恩賫曆往賜仲容等，令毋撤備，以防盧珂諸黨，賊衆亦喜。黄表、雷濟因復説仲容：「今官府所以安輯勞來爾等甚厚，何可不親往一謝！況盧珂等日夜哀訴反狀，乞官府試拘爾等，若拘而不至者，即可以證反狀之實；今若不待拘而往，因面訴珂等罪惡，官府必益信爾無他，而謂珂等爲詐，殺之必矣。」所購親信者復從力贊，仲容然之，乃謂其衆曰：「若要伸，先用屈。贛州伎倆，亦須親往勘破。」遂定議，率其麾下四十餘人，自詣贛。臣使人探知仲容已就道，乃密遣人先行屬縣勒兵，分哨道，候報而發。又使千户孟俊先至龍川，督集盧珂、鄭志高、陳英等兵；然以道經浰巢，恐摇諸賊，則別賫一牌，以拘捕盧珂等黨屬爲名。各賊聞俊往，果遮迎問故，俊出牌視之，乃皆羅拜，相争導送出境。俊已至龍川，始發牌部勒盧珂等兵。衆賊聞之，皆以爲拘捕其屬，不復爲意。

閏十二月二十三日，仲容等至贛，見各營官兵皆已散歸，而街市多張燈設戲爲樂，信以爲不復用兵。密賂獄卒，私往覘盧珂等，又果械繫深固。仲容乃大喜，遣人歸，報其屬曰：「乃今吾事始得萬全矣！」臣乃夜釋盧珂、鄭志高等，使馳歸發兵；而令所屬官僚次設羊酒，日犒仲容等，以緩其歸。正月三日，度盧珂等已至家，所遣屬縣勒兵當已大集，臣乃設犒於庭，先伏甲士，引仲容入，并其黨悉擒之。出盧珂等所告狀，訊鞫皆伏，遂寘于獄。而夜使人趨發屬縣兵，期以初七日同時入巢。於是，知府陳祥兵從龍川縣和平都入，指揮姚璽兵從龍川縣烏虎鎮入，千户孟俊兵從龍川縣平地水入，指揮余恩兵從龍南縣高沙保入，推官危壽兵從龍南縣南平入，知府邢珣兵從龍南縣太平保入，守備指揮郟文兵從龍南縣冷水逕入，知府季斆兵從信豐縣黄田岡入，縣丞舒富兵從信豐縣烏逕入，臣自率帳下官兵，從龍南縣冷水逕直擣下浰大巢，❶而使各哨分路同時並進，會於三浰。

先是，賊徒得池仲容報，謂贛州兵已罷歸，他已弛備，散處各巢。至是，驟聞官兵四路並進，皆驚懼失措。乃分投出禦，而悉其精鋭千餘，據險設伏，併勢迎敵於龍子嶺。我兵聚爲三衝，掎角而前。指揮余恩所領百長王受兵首與賊遇，大戰良久，賊敗

❶「浰」，原作「利」，據上下文改。

却。王受等奮追里許，賊伏兵四起，奮擊王受。推官危壽所領義官葉芳兵鼓噪而前，復奮擊賊伏兵後；千户孟俊兵從傍繞出岡背，横衝賊伏，與王受合兵。於是賊乃大敗奔潰，呼聲震山谷。我兵乘勝逐北，遂克上、中、下三浰。各哨官兵遥聞三浰大巢已破，皆奮勇齊進，各賊皆潰敗。知府陳祥兵遂破熱水巢、五花障巢，指揮姚璽兵遂破淡方巢、石門山巢、上下陵巢，知府邢珣兵遂破芳竹湖、白沙巢，守備指揮郟文兵遂破曲潭巢、赤唐巢，知府季斆兵遂破布坑巢、三坑巢。是日，擒斬首從賊人、賊級，俘獲賊屬男婦、牛馬、器仗數多，其餘墮崖填谷死者不可勝計。是夜，賊復奔聚未破巢穴。次日早，乃令各哨官兵探賊所往，分投急擊。初九日，知府陳祥兵破鐵石障巢、羊角山巢，獲賊首「金龍霸王」印信旗袍；知府邢珣兵破黄田坳巢；指揮姚璽兵破岑岡巢；指揮余恩兵破塘含洞巢、溪尾巢。初十日，千户孟俊兵破大門山巢，推官危壽兵破鎮里寨巢。十一日，知府邢珣兵破中村巢，守備郟文兵破半逕巢、都坑巢、尺八嶺巢，知府季斆兵破新田逕巢、古地巢，指揮余恩兵破空背巢，縣丞舒富兵破旗嶺巢、頓岡巢。十三日，千户孟俊兵破狗脚坳巢、水晶洞巢、五湖巢、藍州巢。十六日，推官危壽兵破風盤巢、茶山巢。連日，各擒斬首從賊人、賊級并俘獲賊屬男婦、牛馬、器仗數多。然各巢奔散之賊，其精悍者尚八百餘徒，復哨聚九連大山，扼險自固。當臣看得九連山勢極高，横亘數百餘里，四面斬絶；我兵既不得進，而其内東接龍門山後諸處，賊巢若百數。以我兵進逼，賊必奔往其間，誘激諸巢，相連而起，勢亦難制。然彼中既無把截之兵，欲從傍縣潛軍，斷其後路，必須半月始達，緩不及事。止有賊所屯據崖壁之下一道可通，然賊已據險，自上發石滚木，我兵百無一全。於是，乃選精鋭七百餘人，皆衣所得賊衣，佯若奔潰者，乘暮直衝賊所據崖下澗道而過。賊以爲各巢敗散之黨，皆從崖下招呼，我兵亦佯與呼應；賊疑，不敢擊。已度險，遂扼斷其後路。次日，賊始知爲我兵，并勢衝敵。我兵已據險，從上下擊，賊不能支，乃退敗。臣度其必潰，預令各哨官兵四路設伏以待。賊果分隊潛遯。二十五日，知府陳祥兵覆賊於五花障，知府邢珣兵覆賊於白沙，指揮余恩兵覆賊於銀坑水。二十七日，指揮姚璽兵覆賊於烏虎鎮，推官危壽兵覆賊於中村，知府季斆兵覆賊於北山，又戰於風門奥。其餘奔散殘黨尚三百餘徒，分逃上下坪、黄田坳諸處，各哨官兵復黏踪會追。二月初二日，知府陳祥兵覆與賊戰於平和；初五日，復戰於上坪、下坪。初八日，推官危壽、指揮余恩兵復與賊戰於黄坳。十二日，知府陳祥兵復與賊戰於鐵障山。十四日，縣丞舒富兵復與賊戰於乾村，又戰於梨樹。十四日，知府邢珣、季斆兵復與賊戰於芳竹湖。二十三日，縣丞舒富兵復與賊戰於北順，又戰於和洞。二十六日，守備郟文兵復與賊戰於水源，戰於長吉，戰於天堂寨。連日擒斬首從賊人、賊級數多。三月初三日，據鄉導人等四路爪探，皆以爲各巢積惡兇狡之賊，皆已擒斬略盡。惟餘黨張仲全等二百餘徒，其間多係老弱，及遠近村寨一時爲賊所驅脅、從惡未久之人，今皆勢窮計迫，聚於九連谷口，呼號痛哭，誠心投招。臣遣報效生員黄表往驗虚實，果如所探。

因引其甲首張仲全等數人前來投見，訴其被脅不得已之情。臣量加責治，隨遣知府邢珣往撫其衆，籍其名數，遂安插於白沙。

初七日，據知府邢珣等呈稱：「我兵自去歲二月從征閩寇，迄今一年有餘，未獲少休。今幸各巢賊已掃蕩，餘黨不多，又蒙俯順招安；況今陰雨連綿，人多疾疫，兼之農功已動，人懷耕作，合無俯順下情，還師息衆。」及義官葉芳等并各村鄉居民亦告前情。臣因親行相視險易，督同副使楊璋、知府陳祥等經理立縣設隘，可以久安長治之策，留兵防守而歸。

蓋自本年正月初七日起，至三月初八日止，前後兩月之間，通共搗過巢穴三十八處；擒斬大賊首二十九名顆，次賊首三十八名顆，從賊二千零六名顆；俘獲賊屬男婦八百九十名口；奪獲牛馬一百二十二隻匹，器械、贓仗二千八百七十件把，贓銀七十兩六錢六分；總計擒斬、俘獲、奪獲共五千九百五十五名顆口隻匹件把。俱經行令兵備等官審驗紀録，仍行紀功御史覈實施行，具由呈報去後。今據前因，臣等會同江西巡按御史屠僑、廣東巡按御史毛鳳，參照大賊首池仲容等，荼毒萬民，騷擾三省，陰圖不軌，積有年歲，設官僭號，罪惡滔天；比之上猶諸賊，尤爲桀驁難制。蓋上猶諸賊，雖有僭竊不軌之名，而徒惟劫掠焚燒是嗜；至於浰頭諸賊，雖亦剽劫擄掠是資，而實懷僭擬割據之志。故其招致四方無藉，隱匿遠近妖邪，日夜規圖，漸成奸計。兼之賊首池仲容、池仲安等，又皆力搏猛虎，捷競飛猱；兇惡之名久已著聞，四方賊黨素所向服；是以負固恃頑，屢征益熾。前此知其無可奈何，亦惟苟且招安，以幸無事；

其實無救荼毒之慘，益養奸宄之謀。今乃臣等驅不練之兵，資缺乏之費，不踰兩月，而破奸雄不制之虜，以除三省數十年之患。此非朝廷威德，廟堂成算，何以及此！臣等切惟天下之事，成於責任之專一，而敗於職守之分撓。就今事而言，前此嘗夾攻二次，計勦數番；以兵，則前者强，而今者弱，前者數萬，而今者數千；以時，則前者期年，而今者兩月；以費，則前者再倍，而今者什一；以任事之人，則前者多知謀老練之士，而今者乃若臣之迂踈淺劣。然而計功較績，顧反有加於昔，何哉？實由朝廷之上，明見萬里，洞察往弊，處置得宜。既假臣以賞罰之權，復改臣以提督之任；既以兵忌遥制，而重各省專征之責，又慮事或牽狃，而抑守臣干預之請；授之方略而不拘以制，責其功成而不限以時。以故詔旨一頒，而賊先破膽奪氣；咨文一布，而人皆踴躍争先。效謀者知無沮撓之患，而務竟其功；希賞者知無侵削之弊，而畢致其死。是乃所謂「得先勝之算於廟堂，收折衝之功於樽俎」，實用兵之要道，制事之良法也。事每如此，天下之治有不足成者矣。

臣等偶叨任使，何幸濫竽成功！敢是獻捷之餘，拜手稽首以賀，伏願皇上推成功之所自，原發縱之有因，庶無僭賞，以旌始謀。及照兵備副使楊璋，監軍給餉，紀功督戰，備歷辛勤，宜加顯擢；守備指揮郟文，知府陳祥、邢珣、季敦，推官危壽，指揮余恩、姚璽及千户孟俊、縣丞舒富等，皆身親行陳，屢立戰功，俱合奬擢，庶示激揚，以爲後勸。

臣本凡庸，繆當重任；偶逢事機之會，

幸免覆餗之誅。然功非其才，福已踰分，遂沾痿痺之疾，既成廢棄之人。除已別行請罪乞休外，緣係捷音，及該兵部議擬期於成功，不限以時，題奉欽依事理，爲此具本題知。

添設和平縣治疏十三年五月初一日

據江西按察司分巡嶺北道兵備副使楊璋、廣東按察司分巡領東道兵備僉事朱昂會呈「據贛州府知府邢珣、惠州府知府陳祥呈，奉臣案驗，據廣東惠州龍川、河源等縣省祭監生、生員、耆老陳震、余世美、黄宸等連名呈稱『浰頭、岑岡等處叛賊池大鬢等，魁首動以百十，徒黨不下數千，始則佔耕民田，後遂攻打郡縣。謝玉璘、鄒訓等倡亂於弘治之末，而此賊已爲之先鋒；徐允富、張文昌繼亂於正德之初，而此賊復張其羽翼，荼毒三省。二十餘年以來，乃爲三省逋逃之主，遂稱羣賊桀驁之魁。捉河源縣之主簿，虜南安府之經歷，綁龍南縣之縣官，戮信豐所之千户，肆然無忌。規圖漸廣，兇惡日增，僭稱王號，僞建元帥、總兵、都督、將軍等名目。雖屢蒙上司動調官兵，多方征剿，俱被漏網爲患。今蒙提督軍門親擣賊巢，掃蕩殘黨，除數郡之荼毒，雪萬姓之冤憤。若不趁此機會，建立縣治，以控制三省賊衝之路，切恐流賊復聚，禍根又萌。切見龍川和平地方，❶山水環抱，土地坦平，人煙輳集，千有餘家。東去興寧、長樂、安遠，西抵河源，南界龍川，北際龍南，各有數日之程。其間山林阻隔，地里遼遠，人迹既稀，

❶「和平」，原作「平和」，據四庫本改。

奸宄多萃。查得父老相傳，原係循州一川，龍川、雷鄉二縣，後因地方擾亂，人民稀少，除去循州、雷鄉兩處，止存龍川一縣。洪武初間，龍川尚有五十五里，其後州縣既除，聲教不及。洪武十九等年，賊首謝士真等相繼作亂，將前項居民盡行殺戮，數百里内，人煙斷絶。自此，賊巢日多，民居日耗，始將龍川縣都圖併作七里。迄於近年，民遭荼毒，遂至此極。如蒙憐念，於和平地方設建縣治，以控制瑶洞；興起學校，以移易風俗；及將和平巡檢司改立浰頭，屯兵隄備，庶幾變盜賊之區爲冠裳之地，實爲保安至計』等因，據呈到院。看得東南地方，但係盜賊盤據，即皆深山窮谷、阻險遼絶之區，是以征剿之後，其民類皆願立縣治以控制要害，敷施政教而漸次化導之。故東南弭盜安民，則建立縣治，亦其一策。近該本院親剿浰賊，見今往軍九連大山，往來浰頭、和平等處，備閲山溪形勢，講求賊情民俗，深思善後之圖，實有如各役所呈者。但開建縣治，置立屯所，必須分割都圖，創起關隘。城池宫室之費，力役輸調之貲，未經查勘議處，難便奏聞。案『仰本道即行副使楊璋會同僉事朱昂，督同府縣掌印官拘集各該地方鄉老里甲人等，備勘和平、浰頭兩處，某處可以建築城池，某地宜以添設巡邏，某縣都圖相近可以分割，某里村寨接連堪以撥補，某所巡司可以移鎮，某鄉丁户可以編僉；其移民以就田，調兵以守隘，一應工役所需，作何區處；再行考求圖籍，諏諮耆老，必求至當歸一。具由呈來，以憑議處定奪，仍呈總督、總鎮、巡按衙門公同計議施行』等因，各職遵依，督同龍川縣署縣事主簿陳甫、河源縣署縣事縣丞朱爋，就近拘集龍川縣通縣并河源縣惠化都里老沙海、鍾秀山等，與原呈陳震等到職會勘。和平峒地方原有二千餘家，因賊首池大鬢等作耗，内有八百餘家投城居住，尚存一千餘家。本峒羊子一處，地方寬平，山環水抱，水陸俱通，可以築城立縣於此；招回投城之人，復業居住。分割龍川縣和平都、仁義都并廣三圖共三里，及割附近河源縣惠化都，與接近江西龍南縣隣界，亦折一里前來，共輳一縣。及將先年各處流來已成家業寓民，盡數查出，責令立籍，撥補絶户圖眼，一體當差。其和平巡檢司宜立浰頭，以控制險阻。仍於本縣并龍南縣量編隘夫幾百名，委官管領，兼同該司弓兵巡邏，使盜賊不得盤據。其蓋造衙門大小竹木，和平、浰頭各山産有，俱派本處人户採辦，不用官錢。其餘磚石灰瓦、匠作工食之費，須查支官庫銀兩。及差委公正府佐貳官一員，清查浰頭、岑岡等處田土，除良民産業被賊占耕者照數給主外，中間有典與新民，得受價銀者，量追價銀一半入官，其田給還管業；其餘同途上盗田土，盡數歸官賣價，以助築修城池官廨之用。其龍川縣分割三圖，止存五圖在彼，路通衝要，答應繁難。查得鄰界長樂縣所屬清化都，正與龍川連近，乞於該都分割一圖，補輳管轄，庶爲適均等因。又據龍南縣太平等保里老賴本立等呈稱『本縣東南與廣東龍川、河源二縣，西南與廣東始興縣連界，多深山窮谷，向因各處流賊過境劫掠，太平保設有横岡、角嵊二隘，上蒙、高沙二保設有牛岡、陽陂二隘，就於各保僉點隘夫鄉兵守把。後因池大鬢等不時出劫，各隘燒毁一空。今征剿既平，宜將前項隘所修築把守，可保四境無虞。及照本縣止有四里半，邑小民寡，遞年逋負追併；況與龍川縣又係隔省寫遠，乞免分割，以甦民困』等因，各職併行會議得賊平之後，經久良圖，誠無踰於添設縣治者。今龍川縣里老人等，願於和峒羊子鋪添設縣治，及分割都圖，清賣賊田，移置巡司，量僉隘夫等情，俱相應俯順。惟稱又要分拆江西贛州府龍南縣附近都圖，緣係兩省地方，相隔愈遠，未免影射差役，兩無歸著，難以准行。止該于龍南縣該管圖保，修築舊隘；其新興地方，係通始興縣要路，宜添設一隘；各於隣近地方多僉鄉夫守把。及看得修築城池、學校、倉場、鋪舍等項，中間有碍百姓田廬稅糧，亦該委官丈量，照數除豁。相距龍川縣二百里之程，該量設鋪舍十處。一應工程，除大小竹木派令人户採辦，其餘磚石、灰瓦等項物料，各色匠作工食，猝難料計，應合委官估計，通該銀若干，扣除前項田價銀兩若干，餘於惠州府庫相應官銀支給；尚有不敷，另行申請。合用人工，該起龍川縣與河源縣惠化都民夫答應。其移置涮頭巡檢司，應隸新縣管轄。該司弓兵四十名，額數寡少，合於龍川縣和平、仁義、廣三圖量編四百名，龍南縣量編二百名，俱令該縣掌印官編僉造册，分爲二班，半年一换。俱各委官管領，兼同該司官巡邏，遇有盜賊生發，即隨撲獲。隘夫限滿，亦須該班者交代方還。各府、州、縣巡捕官，俱要不時往來巡點。其清賣賊田，修築城池等項，俱各委官分投幹辦，方得集事。再照新縣里糧數少，官員應該減裁；且係偏僻之地，驛遞不必添設。遇有使客往來，總于龍川縣雷鄉驛應付。前項居民，被賊殘害，瘡痍未蘇，加以創縣勞費，困苦可矜。成縣之日，凡遇一應雜泛差役，坐派錢糧物料等項，俱各酌量減省；期待三年之後，方與各縣一體差科。庶幾輿情允愜，事體允當等因到道。會同僉事朱昂覆議相同，合就會案呈詳」等因，據呈到臣。會同欽差巡按廣東監察御史毛鳳，議照前項地方實係山林深險之所，盜賊屯聚之鄉；當四縣交界之隙，乃三省閏餘之地；是以政教不及，人迹罕到。其間接連閩、廣，反覆賊巢，動以百數。據而守之，真足以控諸賊之往來，杜奸宄之潛匿；棄而不守，斷爲狐鼠之窟穴，終萃逋逃之淵藪。況前此本亦州縣舊區，始以縣存，而民猶恃爲保障；後因縣廢，而賊遂據以陸梁，是又往事之明驗矣。當賊猖獗之日，地方父老屢有取復縣治之議，然其時賊方盤據，勢有不能。今賴朝廷威德，巢穴蕩平，若不乘此機會，復建縣治以扼其要害，將來之事，斷未可知。臣等班師之日，脅從投招者尚不滿百，今未兩月，遠近牽引而至且二百矣。若縣治不立，制馭闊疎，不過一年，汎然投招之人必皆復化爲盜；其時又復興師征剿，剿而復聚，長此不已，亂將安窮！夫盜賊之患，譬如病人，興師征剿者，針藥攻治之方；建縣撫輯者，飲食調養之道。徒恃針藥之攻治，而無飲食以調養之，豈徒病不旋踵，將元氣遏絶，症患愈深，後雖扁鵲、倉公，無所施其術矣。臣等竊以設縣移司，實爲久安長治之策。伏願皇上鑒往事之明驗，爲將來之永圖；念事機之不可失，哀民困之不可再；俯采臣等所議，特勑該部早賜施行。及照建縣之所，地名和平；以地名縣，以爲得宜。乞從所奏，并將該設職官印信即與銓選鑄給。簡員以省費，均地以平徭；移巡司以據險要，寬賦役以蘇窮民。如此，則夷險爲易，化盜爲良，可計日而效。不惟臣等得以幸逃日後之譴責，朝廷亦免再役之勤，百姓永享太平之樂矣。

三省夾剿捷音疏 十三年六月十五日

具廣東按察司等衙門整飭兵備監統僉事等官王大用等呈「正德十二年九月内，具樂昌縣知縣李增稟稱『賊首龔福全、高快馬等不時出没爲患。近蒙軍門案驗，内開三省會兵進剿，緣照官兵未到，誠恐各賊探知，自分必死，羣合四出攻劫，不惟居民受害，抑恐患及城池。議要從宜設法，以緩其勢；待軍兵到日，另行遵奉號令』等因。本職看得各賊俱係先前大征漏網，招亡納叛，踪跡詭秘。爲今之計，必先誘其腹心以爲我用，然後以次剪其羽翼，庶以賊攻賊，彼勢可孤而我患可保。已經呈奉軍門議處，設法誘致去後。續據知縣李增報稱『岐田山賊犯龍貴等十二名、天塘賊犯陳滿等十名，各挈家赴縣首，願擒獲同伴解官。於本年十一月二十八日，督同龍貴等，計誘賊犯蕭緣等六十名；十二月初二日，陳滿等計誘賊犯李廷茂等二十三名』等因，及據通判鄒級、仁化縣知縣李蕚呈稱：『大賊首高快馬帶從賊一十五名、賊婦二口，潛住地名癲痢寨深坑，結巢藏住。隨統民壯兵夫譚志澤等，於閏十二月初一日戌時，進兵圍寨。至初二日早擒捕，本賊突出山頭迎敵，追至始興縣界，各兵奮勇同前，生擒大賊首高快馬即高仲仁、從賊三名、賊婦賊女各一口，及行兇器械并被傷兵夫劉廷珍等。』開報到道。節據知府姚鵬等呈稱：『督率軍兵夫快抵巢與賊交鋒，陸續擒斬首從賊犯李萬山、賴永達等一千三百二十名顆，俘獲賊屬男婦七十六名口，奪回被虜男婦一十三名口，及贓仗、牛馬等物。』又據知縣李增呈：『緝得賊首李斌，亡命在湖廣烏春山躲住。飛報到職，當就發遣捕盜老人李攻瓚等，星夜潛至地名姜陽峒，藏踪緝探，始擒本賊，餘黨俱各奔遯。』緣由各開到道，參稱賊首李斌節與高快馬、龔福全等，糾衆流毒三省，屢勞征討；各遵奉軍門號令，窮追深入，一旦就擒，各照懸示重賞。而知縣李增，督兵設策，屢有奇功，亦合奬勞，以勵將來」等因，備呈轉報到臣。

亦據整飭兵備兼分巡嶺東道監統僉事等官顧應祥等呈「據領哨通判莫相等呈稱：『統領漢達、官軍、民壯、打手人等，照依刻期進剿上下横溪、闞峒、深峒等巢。賊黨堅立排柵，統衆迎敵，殺傷兵夫。彼時軍兵協謀，奮勇鬬戰，當將各巢攻破。陸續擒斬賊犯吴瑄、鄧仲玉等共六百九十名顆，俘獲賊屬男婦三百九十五名口，奪回被虜男婦七口，及牛馬、器械等物，解送前來會審。又發兵搜斬賊級一十二顆，生擒賊人三名，并俘獲賊屬等項。』隨據本官稟稱：『横溪大賊首吴玑，招集亡命，遯住地名東田村深山結巢。即稟蒙監督僉事顧應祥出給重賞，指示方略，密切發兵，抵吴玑巢穴，四面圍攻。被玑等亂用藥弩射出拒敵，我兵冒傷奮勇進剿，先用銃箭將吴玑打倒，賊勢少却。我兵呼噪大進，將吴玑等首從并賊屬盡數擒斬，共十三名顆，俘獲賊屬六口，奪回被虜婦女二口。陣亡兵夫六口。』緣由呈解到道。看得賊首吴玑，係是稔惡巨寇，流劫兩省，拒敵官軍。而通判莫相，設法防捕，致縛前兇，應合獎勞」等因，備呈開報到臣。

查得先准兵部咨，爲地方緊急賊情事，該巡撫湖廣都御史秦金奏，該本部覆題：「看得郴、桂等處與廣東、江西諸峒聯絡，若非三省會兵夾攻，賊必遯散他處。合無請勑兩廣并南贛總督、巡撫等官，會同尅期進兵等因，具題。節奉聖旨：是，都依擬行。欽此。」續爲申明賞罰以勵人心事，臣節該欽奉勑諭：「但有盜賊生發，即便嚴督各該兵備、守備、守巡并軍衛有司，設法勦殺。其領兵官員，不問文職武職，若在軍前違期并逗遛退縮者，俱聽以軍法從事。仍要選委廉能屬官，密切體訪，或僉所在大户，量加糧賞，或購令賊徒自相斬捕，皆聽爾隨宜處置。」欽此。又准兵部咨，爲地方緊急賊情事，内開「節據樂昌縣知縣李增稟稱，賊首高快馬等八百餘徒，在地名櫃頭村行劫。又據乳源縣稟稱，賊徒千餘人在洲頭街流劫。及據湖廣郴州申，賊首龔福全、高仲仁等，雖蒙征勦，黨惡猶存。正德七年，兵備衙門招撫龔福全，給與冠帶，設爲瑶官；高仲仁等給與衣巾，設爲老人。未及兩月，已出要路，劫殺軍民，號稱『高快馬』、『遊山虎』、『金錢豹』、『過天星』、『密地蜂』、『總兵』等官名目。正德十一年七月内，流劫樂昌及江西南康等縣。後蒙撫諭，將高仲仁、李斌給與冠帶，重設瑶官。未寧半月，一起八百餘徒出劫樂昌，虜捉知縣韓宗堯；一起七百餘徒出劫生員譚明浩等家；一起六百餘徒，從老虎峒等處出劫；一起五百餘徒，從興寧縣出劫。呈乞轉達，請軍夾勦」等因，各報到臣。看得前項盜賊，惡貫已盈，神怒人怨。譬之疽癰之在身，若不速加攻治，必至潰肺決腸。而攻治之方，亦有二説等因，該本部覆題：「看得所奏攻治盜賊二説，大意謂事權隆重，若無意於近功，而實足爲攻取之幾；征調四集，雖可以分咎，而不免爲地方之累。窮究根本，辯析詳明，言雖兩端，意實有在。合無本部行文，就令差來人賫回，交與都御史王守仁，悉依前項申明賞罰事理，便宜行事。期於成功，不限以時，相機攻勦等因，具題。節該奉聖旨：是。欽此。欽遵。」節經通行各省及各該道守巡、兵備等官一體欽遵，勘處調集兵糧，尅期攻勦，以靖地方。續據廣東布政司等衙門左布政使等官吴廷舉等會呈，奉臣并總督兩廣軍務兼理巡撫、太子太保、都察院左都御史陳金案驗，各准兵部咨，備行欽遵，查勘計處呈報等因，遵依。會同都、布、按三司等官歐儒等并嶺東道兵備僉事等官王大用等，議將應勦賊巢，起調漢達官軍上兵員名，分定哨道，監統把截。進攻道路及合用糧餉等項，備開呈詳。隨據監督兵備僉事王大用等，各將進兵機宜呈詳到臣。

參看得兩廣總督、總兵等官，雖已奉命行取回京，然軍馬錢糧調度方略，悉經區畫，會有成案。本院見督官兵征勦浰頭等賊，未能親往督戰。除分兵設策，督令副使楊璋等四面防截外，仰各官查照原議，上緊依期進勦，毋得遲疑參錯，致誤事機。一應臨敵制度，俱在各官相機順應。若賊勢難爲，兵力不逮，或先離散其黨與，或陰誘致其腹心；聲東擊西，陽背陰襲，勿拒一議，惟求萬全。軍門遙遠，不必一一呈禀，反成牽滯。又經牌仰上緊相機督勦去後，今據前因，除將各道呈報前項擒斬首從賊人賊級共二千八百九名顆，俘獲賊屬并奪回被虜男婦五百四名口，奪獲器械贓物一百三十二件把、牛馬八十三隻匹：總計二千八百八名顆口隻匹件把。行仰各道徑送巡按紀功御史審驗紀録，造册奏繳外，參照大賊首高仲仁、李斌、吴玑等，荼毒三省，稔惡多年，敵殺官兵，攻劫郡縣。即其奸計，雖亦不過妖狐黠鼠之謀；就其虐焰，乃已漸成封豕長蛇之勢。今其罪貫既盈，神怒人怨；數月之間，克遂殲殄；雪百姓之冤憤，解地方之倒懸。此皆仰仗天威，廟堂有先勝之算，帷幄授折衝之謀，賊徒破膽，將士用命之所致也。臣等獲睹成功，豈勝慶幸！及照巡按紀功御史毛鳳，振揚風紀，作勵將士，既盡紀驗之職，復多調度之方，比於常格，勞績尤異。僉事王大用、顧應祥等，監統督調，備效勤勞，懋著經營之略，共收克捷之功。其都指揮王英、歐儒，知府姚鵬，通判鄒級、莫相，知縣李增、李萼，或領兵督哨，或追剿防截，類皆身親行陣，且歷艱難，均合甄收，普加旌擢。伏望皇上既行大賞於朝，復沛覃恩於下，庶示激奬，以勸後功。

臣以凡庸，兼復多病，繆膺地方之責，屬征調四出，不能身親督戰；然賴總督諸臣先已布授方略，領哨諸將得以遵照奉行；戮力效死，竟收完績。真所謂碌碌因人成事，雖無共濟之功，實切同舟之幸。除先已具本請罪告病乞休外，緣係捷音事理，爲此具本題知。

辭免陞廕乞以原職致仕疏十三年六月十八日

臣於六月初六日准兵部咨，爲捷音事，該臣題，該本部覆題：「節該奉聖旨：王守仁陞右副都御史，廕子一人做錦衣衛，世襲百户，寫勑奬勵。欽此。欽遵。」臣聞命驚惶，莫知攸措；感極而懼，若墜冰淵。切念臣以章句腐儒，過蒙朝廷滌瑕掩垢，收録於擯棄之餘；既又求長於短，拔之閒散之中，授以巡撫之寄。其時，臣以抱病在告，兩疏乞休。偶值前官有託疾避難之嫌，該部論奏之義甚嚴，朝廷督責之旨又切，遂不遑他計，狼狽就途。蒞事之後，兵耗財匱，盗熾民窮；縮手四顧，莫措一籌。朝廷憫念地方之顛危，慮臣才微力弱，必致傾僨，謂其責任之不專，無以連屬人心；賞罰之不重，無以作興士氣；號令之不肅，無以督調遠近。於是，該部議假臣以賞罰，朝廷從而假之以賞罰；議給臣以旗牌，朝廷從而給之以旗牌；議改臣以提督之任，朝廷從而改之以提督之任；授之方略而不拘以制，責其成功而不限以時。由是，臣以賞罰之柄，而激勵三軍之氣；以旗牌之重，而號召遠近之兵；以提督之權，而紀綱八府一州之官吏；伸縮如志，舉動自由。於是兵威漸振，賊氣先奪，成軍而出，一鼓而破横水，再鼓而滅桶岡；全師克捷，振旅復舉，又一鼓而破三浰，再鼓而下九連。皆役不再藉，兵無挫刃。分巡官屬賫執旗牌以麾督兩廣夾剿之師，亦莫不畏威用命，咸奏成功。由是言之，其始捉臣之來蒞事者，該部之議，朝廷之斷也；旗牌之能號召者，該部之議，朝廷之斷也；提督之能紀綱者，該部之議，朝廷之斷也；方略之所分布，舉動之得展舒者，該部之議，朝廷之斷也。臣亦何功之有，而敢冒承其賞乎？譬之駑駘之馬而得良御，齊輯乎轡銜之際，而緩急乎唇吻之和，内得於人心，外合於馬志，故雖駑下，亦能盡日之力而至百里。人見其駑而百里，因謂之能；不知其能致此，皆御馬者驅策之力；不然，將數里而踣，或十數里而止矣。馬之疲勞，或誠有之，而遂以歸功於馬，其可乎？況臣驅逐之餘，疾病交作，手足麻痺，漸成廢人。前在賊巢，已嘗具本請罪，告病乞休；日夜伏候允報，庶幾生還畎畝。乃今求退而獲進，請咎而蒙賞，雖臣貪冒垂涎，忍恥苟得，其如朝廷賞功之典何！伏望皇上推原功之所始，無使賞有濫及，收回成命。臣苟有微勞，不加罪戮，容令仍以原職致仕，延餘喘於田野。如此，則上無濫恩，下無奸賞，宣力受任者，得免於覆餗之誅，量能度分者，獲遂其知止之願。臣無任感恩懼罪，懇切祈望之至！

再議崇義縣治 十三年十月十一日

據江西按察司分巡嶺北道兵備副使楊璋呈，奉臣案驗，准戶部咨，覆題「建立縣治以期久安事」。卷查先該本道議橫水地方應行事宜，開列條欵，備呈提督軍門，議委南康縣縣丞舒富，將大庾、南康、上猶三縣機快，各點集三百名，分作三班，專委本官統領，來往巡視。如有餘黨復集，即便擒拏。有功一體轉達陞賞。及於三縣起人夫各一百名，分作三班，就委本官不妨往來巡邏，兼督採辦木植，燒造磚瓦等役。俱經備行本官，將開去事宜查照施行外，隨奉提督軍門批「據縣丞舒富呈稱，依奉前去橫水建立縣治處所，將縣治公廨，儒學殿廡堂齋，布按分司及府館、旌善、申明等亭，倉廒、牢獄、養濟、倉場等房，并城中街道，帶同地理陰陽曾成倫等，定立向止，分處停當，已經畫圖貼説呈報外，合用木植，督令義官李玉璽前去地名左溪、關田等處採運。隨拘各項木作，於正德十三年四月初六日起手興工。即今先將縣治并儒學起造將完，各分司等衙門料物皆備，亦皆陸續起造。但甎瓦灰泥等匠工食，應該估計，不若包工論價，庶使工程易完。已經督同備估，共該銀一千零七十一兩七錢九分四釐。請給錢糧支用」等因，批行本道，再與詳審。看得所呈修理次第，已是停當；所議包工論價，亦爲有見。合行贛州府將大征支剩銀兩照數支給應用。及照衙門既已建立，必須城池保障，合無仍行通行計處城墻周圍高闊丈尺、工食，或先築土城，待後包砌，或應一時兼舉，就行本官會同各縣掌印官，查照里分糧數多寡，均派修築，與夫城門城樓之費，一併估修。已經備由通行呈奉撫按衙門依擬施行，俱行贛州府照數查發，及行縣丞舒富遵照支散估修外，續據縣丞舒富呈稱「量計新縣城墻周圍五百丈，即今新築土城，高一丈七尺，面闊七尺五寸，脚闊一丈。若令三縣里甲自行修築，不無延捱，必須顧倩泰和縣上工數百，先築土城。自七月十一日起工，扣至八月終，土城可以通完；然後用甎包砌，庶得堅久。其三縣徵收工價解給，庶得實用。并將城門、城樓、城墻築砌甎石工食，共計估該銀八千四十五兩六錢七分二釐，備由開呈」等因。奉批：「仰分巡道再加議看施行。」查得大庾等縣，共計僅五十二里，而估計銀兩頗多，疲弊之民，誠所不堪。及照大征變賣賊屬牛馬贓銀二千六百七十一兩四錢九分，及本道問過贓罰紙米價銀一千餘兩，見在合查商税銀輳補三百七十四兩八分二釐，共四千四十五兩六錢之數，先行給發，止餘四千兩。查將三縣丁糧通融分派，責委公正官員徵收監督，禁革侵漁騷擾等因，備由呈奉提督軍門，批：「役三縣而建横水，似亦動衆勞民；建横水而屏三縣，實乃一勞永逸。但當疲困之餘，務以節省爲貴。議該并縣最合事宜，非獨民減科擾，抑且財獲實用。仰悉照議施行，仍行各縣，痛禁里胥，不得侵漁騷擾；曉諭居民，各宜樂事勸工；毋忘既往之患，共爲久安之圖。」呈繳依奉遵照查支分派修理去後，今照前項縣治、學校、分司各該衙門，蓋造將完，而土城扣至八月終亦可完，官民住坐，可保無虞。燒甎包砌，計亦不難；其街道市廛，俱有次第；商賈往來，漸將貿易。緣縣名未立，官員未除，所轄里分之民心，罔知趨向；所安新民之版籍，尚未歸著。及照縣治既建，凡百草創，爲縣官者若非熟知地方與凡捕盗安民之術，民情土俗之宜，皆能洞曉，舉而用之，鮮不敗事。隨會同江西布政司分守嶺北道左參政吴大有，議得縣丞舒富，先因前賊攻圖該縣，戮力拒賊，得以保全；後因大征領哨，獲功居多，賊首謝志山獨爲所獲；續委巡視三縣，招安新民六百餘名，帖然安堵；復委督修前項縣治衙門城池，半年俱各就緒；今委署掌上猶縣事，百廢俱興。及訪本官存心剛直，行事公平，歷官已及四年，未有公私過犯；雖未出身學校，經義亦能通曉。合無念新縣草創之功，百務鼎新之始，轉達具奏，陞以新縣知縣職事。然而陞授正官，或于事例有礙，合無量授府州佐貳之職，令其署掌新縣縣事；候數年後地方安妥，另行改選，庶官得其人，事得其理，而地方可保無虞等因，據呈到臣。

卷查先據副使楊璋、參議黄宏會呈「上猶等縣羣賊猖獗爲害，幸蒙提督軍門躬督諸軍蕩平巢穴，三縣之民懽欣鼓舞，如獲更生。但恐大兵撤後，餘黨未免嘯聚，要於横水等處建立縣治，併巡司等衙門，以絶後患。實爲久安長治之策」等因，已經批仰該道重覆查勘無異，會同江西巡撫都御史孫燧、巡按江西監察御史屠僑，處議明白，各具本奏請定奪去後，隨准户部咨，該本部覆題：「看得添設縣治，既該府按官員會議，相應依擬，合咨提督南、贛、汀、漳軍務左僉都御史王守仁同撫按官會委該道守巡官，選委府縣佐貳能幹官員，先將添設縣治合用一應材木甎瓦等物料先爲措置收買，并顧覓人夫工匠價銀逐一估計輳處，就便興修，務使工日就而民力不勞，物咸備而財用不乏。候城池、公宇、縣治、學校、倉厫、街道、民居吏舍等項，粗有規制，另爲會奏，以憑上請定擬縣名，及咨吏、禮二部選官鑄印施行等因，具題。奉聖旨：是。欽此。」及准兵部覆題：「議得勘亂於已發，固爲有功；弭亂於未然，尤爲有見。今都御史王守仁與巡撫、巡按及守巡官深謀遠慮，議建縣治、巡司以控制無統之民，事體民情，俱各順當。及先編僉隘夫，委官守把，事在必行，不可猶豫。合無本部將開設縣治一節移咨户部，奏請定立縣名，速行遵守。仍依所奏，添設長龍、鉛厰二巡檢司，及將過步巡檢司行移吏、禮二部，選調官員，鑄换印信、條記，并行江西布政司查撥吏役，編僉弓兵。中間一應事宜，悉聽都御史王守仁會同巡撫都御史孫燧查照原擬，從宜處置。

務在事體穩當，賊害絶除，期副委任等因，具題。奉聖旨：是。欽此。欽遵。」備行守巡該道一體欽遵施行。仍呈撫按衙門知會外，今呈前因。臣會同巡撫江西等處地方都察院右副都御史孫燧、巡按江西監察御史屠僑，議照該道所呈前項縣治、學校、分司等衙門，蓋造不日通完；而城池砌築，亦已將備。惟稱新縣草創之初，百務鼎新，必須熟知民情土俗之宜者以爲縣官。及會訪縣丞舒富才力堪任，乞要量陞府州佐貳之職，令其署掌新縣一節，實亦酌量時宜，保土安民之意。伏望皇上憫念遠土凋敝之餘，小邑草創之始，乞勑該部俯採會議原由，再加審察，將縣丞舒富量爲陞職，管理新縣；或别行諮訪諳曉夷情，熟知土俗，剛果有爲者，前來開創整理。庶幾瘡痍之民可以漸起，而反覆之地得以永寧矣。

再議平和縣治疏 十三年十月十五日

據福建布政司呈稱：「漳州府知府鍾湘關稱：正德十二年四月撤兵之時，蒙福建參政陳策、副使唐澤批，據南靖縣儒學生員張浩然等，及據本縣清寧、河頭社義民鄉老曾敦五、林大俊等各呈，要於河頭地方添設縣治，以控制賊巢；建立學校，以易風俗；改移小溪巡檢司，以防禦緩急。行仰本職踏勘。隨即呈蒙漳南道兵備僉事胡璉督同本職并南靖縣知縣施祥等踏勘，河頭大洋陂一處堪設縣治，枋頭板一處堪設巡檢司；委果人心樂從，一勞永逸。議將南靖縣清河、寧里二圖，新安里三圖，漳浦縣二都二圖、三都十圖，計一十二圖，十班人户，查揭册籍，割屬新設縣治管攝。其南靖縣止有一十八圖，應當里役，邑小事繁，辦納不前。又查龍溪縣原有一百五十二圖，內有二十一都并二十五圖，地方與南靖密邇相應，撥補管轄，截長補短，里甲便於應當，錢糧易於催辦，事頗相應。轉呈鎮巡撫按等衙門，各具本題，奉欽依，准於前項地方添設縣治，及改移巡司衙門。其縣名并該設官吏印信，行令布政司徑自奏請，給賜銓撥鑄降。合用木石灰瓦等料，先儘本府并所屬縣分在庫贓罰銀兩支給買辦；若有不敷，從宜處置；不許動支軍餉錢糧及科取小民等因。隨即呈委南靖縣知縣施祥、漳平縣知縣徐鳳岐，董工興作。於正德十二年十二月初九日，本職督同各官親到河頭，告祀社土，伐木興工；至次年五月內，據知縣徐鳳岐呈報，外築城垛俱已完備，惟表城因風雨阻滯，期在九月工完。及據知縣施祥呈報，縣堂、衙宇、幕廳、儀門、六房，及明倫堂俱各堅完；惟殿廡、分司、府館、倉庫、城隍、社稷壇，亦因風雨阻滯，次第修舉，期在仲冬工完。又據南靖縣縣丞余道呈稱，帶同木石匠陳恩欽等，前到漳汀枋頭板地方丈量土城，周圍一百一十丈，顧募鄉夫舂築完固；給發官銀，砍辦木植，督造巡司公館前廳各一座、儀門一座、鼓樓一座、後堂各一座，各蓋完備。惟土城公館、巡司廂房欠瓦，暫將茅覆，候秋成農隙修舉等因。隨於正德十三年三月初六日，行令小溪巡檢郭森前去到任前去地方。今據各委官員呈報，功已垂成，勢不容緩。照得縣名須因土俗，本職奉委親歷諸巢，詢知南靖縣河頭等鄉，俱屬平河社，以此議名平和縣。及割南靖縣清寧里七圖、新安里五圖，共計糧三千九百九石六斗七升四合七勺五抄，計一十二里，合爲裁減縣分，一知一典治之。原議漳浦縣二都二圖、三都十圖，地方隔遠，民不樂從，今議不必分割。再照新縣所屬多係新民，須得廉能官員，庶幾開新創始，事不煩而民不擾。其學校教官，合無止選一員署印，先行提學道，將清寧、新安二里見在府縣儒學生員，就便撥補廩增之數；其有不足，於府縣學年深增附内，量撥充補；又或不足，於新民之家選取俊秀子弟入學，使其改心易慮，用圖自新。及照南靖縣邑小事繁，分割一十二里，添設新縣，辦納愈見不堪。合無亦作裁減縣分，以一知一典治之。又查得龍溪縣一百五十二圖内，將二十一都七圖、二十五圖，共計一十二圖，計糧一千六百八十一石七斗七升三勺八勺三抄，撥輳南靖縣抵納糧科。又照南靖小溪巡檢司既已改立漳汀，合改漳汀巡檢司印信，奏請改鑄；并新縣儒學、醫、陰陽等衙門，俱例該鑄印信。」緣由備申到司，轉呈到臣。

卷查先據福建漳南道兵備僉事胡璉呈，前事已經查勘無異，具由奏請定奪去後。續據該道呈，備知府鍾湘呈，將分割南靖等縣都圖隨近新設縣治管攝，以辦糧差；并估計過城垣、城樓、窩鋪等項工料銀兩數目。及查府庫各項官銀，實有一萬餘兩，堪以支用，要行委官擇日興工築砌。緣由備呈到臣。

看得開設縣治，既以事體相應，已行具奏，及令該府一面俯順民情，動支銀兩興工外，其間分割都圖、議估工價一應事務，軍門路遠，難以遥斷；皆須該道及該府親民各官自行查勘的確，果已宜於民情，便於事體，無他私弊，即便就行定議，以次舉行。候奏准命下之日，應奏聞者。若更繁文往復，徒爾遲誤日月，無益於事。又經批仰着實幹理，仍行鎮守巡按衙門知會間，隨准户部覆題：「内開前項情節，既該本官勘處停當，具奏前來，相應依擬。合無本部仍行左僉都御史王守仁再查無異，准於前項地方添設縣治及改移巡檢司衙門等因，具題。奉聖旨：是。這添設縣治事宜，各依擬行。欽此。欽遵。」備咨前來，節經行仰福建布政司及分巡漳南道轉行該府一體欽依施行去後。今據前因，參看得所呈新設縣治，既已議名平和，小溪巡檢司改名漳汀巡檢司，及學校例該一正二副，今稱草創之初，止乞選官一員掌管，并撥補廩增生員等項，俱於事體相應。除行該司徑自具奏外，爲照南靖縣原係全設衙門，今既分割都圖添補新縣，委係邑小費繁，似應裁減。止用一知一典，已足敷治。又龍溪縣一百五十二圖，將二十一都七圖、二十五都五圖，共計一十二圖撥輳南靖抵納糧差，揆於事體，頗亦均平。伏望皇上俯順下情，乞敕該部議處裁撥，庶幾量地制邑，得繁簡之宜；而興事任功，從遠近之便。緣係裁減官員及撥都圖事理，爲此具本請旨。

再請疏通鹽法疏 十三年十月二十二日

據江西按察司分巡嶺北道兵備副使楊璋呈「備贛州府呈『蒙備仰本府即將正德十二年正月起，至九月終止，抽過税銀及上猶、龍川兩次用兵支過軍餉并今餘剩銀兩查報等因。依蒙查得正德十一年十二月終止，舊管銀三千五百七十四兩三錢一釐二絲一忽九微；并新收正德十二年正月起至正德十三年九月終止，共抽過商税銀一萬六千七百八十八兩五錢八分七釐七毫五絲。兩次用兵共用過銀四萬七千二百八十七兩二錢二分八釐四毫三絲八忽六微，米九千九百四十九石五斗六升九合四勺四抄，穀五百三十九石四斗；内除提督南、贛、汀、漳等處軍務都察院左僉都御史王守仁查發紙米價銀八十九兩六錢，巡撫江西等處地方都察院右副都御史孫燧查發紙米價銀二千兩，本道查發紙米價銀七千八百二十兩二錢七分八釐六毫，南、贛二府查出在庫贓罰缺官柴薪等項銀一萬九千五十九兩四分六釐六毫八忽三微外，實支用過商税銀一萬八千三百一十八兩三錢三釐三毫三絲三微；見今餘剩銀二千四十四兩五錢八分五釐七毫五絲一忽六微』等因，開報到道。案查先爲比例請官專管抽分以杜奸弊事，准户部咨，該巡撫右副都御史周南題『備仰本道照奉欽依事理，即將所收商税再行參酌，從輕定議則例，仍嚴加稽考，務使税課所入，隨多寡以爲數，而不以多取爲能。其廣東鹽課，許於南、贛二府發賣，不許再行抽税。袁、臨、吉三府不係舊例行鹽地方，不許到彼發賣。所抽分商税，除軍餉聽巡撫都御史動支外，其餘不許擅動。年終差人解部，轃支光禄寺賒欠鋪行厨料果品支用，以省加派小民。仍將再議過緣由，呈報施行』等因，行據贛州府呈稱：依奉將貢水該抽諸貨從輕定擬則例，及開稱廣東鹽引不許放過袁、臨、吉三府發賣等因，備呈本院詳允，出給禁約。及將餘剩銀二千九百六十七兩一錢八分二釐二毫三絲一忽九微，行令起解間，隨據該府呈，奉巡撫江西等處地方都察院右副都御史陳金批『看得該府連年用兵之費，所積不多，近又定擬除減，所入亦少。況地方盜賊不時竊發，別無堪動錢糧，將餘剩税銀暫且存留在庫，以備軍餉』等因，已該前兵備副使陳良珊，將自正德六年十一月二十七日立廠抽分起至正德十二年終止，造册，差舍人王鼎，續該本職將正德十一年正月起至本年十二月終止，造册，差舍人屠賢，各奏繳訖。本年九月二十六日，抄奉提督軍門案驗：『准户部咨，備行本道照奉欽依事理，將廣東官鹽暫許袁、臨、吉三府發賣，自今爲始，至正德十三年終止。仍將先次未解并今次抽税過銀兩、支用過數目緣由造册，徑自奏繳，及造清册賫送該部并本院查考。』除遵奉外，查得正德十三年將終，及上猶、龍川兩處征勦事畢，所據商税收支，應該造册解繳。備行該府查報去後。今據前因，查得南、贛地方兩次用兵，中間商税實爲軍餉少助；然而商税之中，鹽税實有三分之二。爲照南、贛二府與廣東翁源等縣壤地接連，近該兩廣具奏征勦，前賊乘虚越境，難保必無。見今府庫空虚，民窮財盡，將來糧餉絶無仰給。況此鹽利一止，私販復生，雖有禁約，勢所難遏。與其利歸於奸人，孰若有助于軍國！合無轉達，將前項鹽税著爲定例，許於袁、臨、吉三府地方發賣；照舊抽税，以供軍餉；每年終依期造報，餘剩之數解部，轉發光禄寺支用，以省加派小民。如此，則奸弊可革，軍餉有賴，光禄寺供用亦得少資，誠所謂一舉而數得矣。呈乞照詳轉達」等因，具呈到臣。

查得接管卷内，先爲處置鹽鐵以充軍餉事，江西布政司呈，奉總制江西左都御史陳金批：「查得廣西、嶺北二道灘石險惡，淮鹽不到，商人往往私販廣鹽，射利肥己。

先蒙總督衙門奏准，廣鹽許行南、贛三府發賣，仰令南雄照引追納米價，類解梧州軍門，官商兩便，軍餉充足。當時止是奏行南、贛，不曾開載袁、臨、吉三府，合無遵照勑諭，便宜處置，暫將廣鹽許下三府發賣，立廠盤掣，以助軍餉。」隨該布政司管官劉果等議稱「委果于事有益，于法無礙，具呈詳允批行遵照立廠抽税」等因，續該户部覆議，内開「廣東鹽課，許令南、贛二府發賣，不許到於袁、臨、吉三府，備行禁革」外，正德十二年正月十五日，臣撫臨贛州，隨據副使楊璋呈稱「奏調三省官兵夾剿上猶等巢，糧餉所費，約用數萬石，若不早行計處，必致有誤軍機。查得前項鹽法，准行南、贛二府販賣，果係一時權宜，不係洪武年間舊例。合無查照先年便宜事例，行令前商，許令袁、臨、吉三府販賣；所收銀兩，少備軍餉，候事少寧，另行具題禁止」等因，呈詳到臣。看得即今調兵夾勦，糧餉缺乏，遵照勑諭徑自區畫事理，批行該道暫且照議施行，候平定之日照舊停止。具題去後，隨准户部覆議：「將廣東官鹽暫於袁、臨、吉三府發賣，至正德十三年終止。行該道官照前抽分，將税課供給軍餉，不許多取妄用，至期照舊停止等因，具題。奉聖旨：是。欽此。欽遵。」已經轉行該道一體欽遵去後。

今呈前因，爲照袁、吉等地方，溪流湍悍，灘石峻險。淮鹽逆水而上，動經旬月之久；廣鹽順流而下，不過信宿之程。故民苦淮鹽之難，而惟以廣鹽爲便。自頃奉例停止，官府但有禁革之名，其實私鹽無日不行。何者？因地勢之便，從民心之欲，非但不能禁之於私，每遇水發，商舟動以百數，公然蔽河而下，如發機之弩。官府邏卒寡不敵衆，袖手岸傍，立視其過，孰得而沮遏之！故廣鹽行則商税集，而用資於軍餉，賦省於貧民；廣鹽止則私販興，而弊滋於奸宂，利歸於豪右，此近事之既驗者。今南、贛盜賊，雖已仰仗天威，克平巢穴，然漏殄殘黨，難保必無。且地連三省，千數百里之内，連峰参天，深林蔽日；其間已招之新民，尚懷反覆；未平之賊壘，多相勾聯；乘間窺竊，不時而有。方圖保戍之策，未有撤兵之期。況後山、從化等處，見在調兵征剿，臣亦繆承方略之命，師行糧食，勢所必然。今府庫空虚，民窮財盡，若鹽税一革，軍餉之費，苟非科取於貧民，必須仰給於内帑。夫民已貧而斂不休，是驅之從盜也；外已竭而殫其内，是復殘其本也。矧内帑之發，非徒緩不及事，抑恐力有未敷。臣切以爲宜開復廣鹽，著爲定例；籍其税課，以預備軍餉不時之急；積其羨餘，以少助内府缺乏之需；實亦公私兩便，内外兼資。夫聚斂以爲功，臣之所素耻也；掊克以招怨，臣之所不忍也。況臣廢疾日深，決於求退，已可苟避地方之責，但其事勢，不得不然。若已革而復舉，是遺後人以所難，而於職守爲不忠矣。願皇上憫地方之瘡痍，哀民貧之已甚，慮軍資之乏絶，察臣心之無他，特勑該部俯采所議，酌量裁處，早賜施行，則地方幸甚！

陞廕謝恩疏 十四年正月初二日

正德十三年六月初六日，准兵部咨：「爲捷音事，該臣題，該本部覆題：『節該奉聖旨：王守仁陞右副都御史，廕子一人做錦衣衛，世襲百户，寫勑獎勵。欽此。備咨欽遵。』」臣竊自念，功微賞重，深懼冒濫之誅，已於本月十八日具本乞恩，辭免陞廕，容照原職致仕。復蒙聖旨：「王守仁才望素著，屢次剿賊成功，陞官廕子，宜勉遵成命，不准休致。該部知道。」欽此。備咨欽遵。臣聞命自天，跼身無地。竊惟因勞而進秩者，朝廷賞功之典，量能而受禄者，人臣自守之節，故功宜惟重。雖聖帝之寬仁，而食浮於行，尤君子所深耻。陛下之賜，行其賞功之典也；臣之不敢當者，亦惟伸其自守之節而已。軍志有之：「該罰而請不罰者，有誅。該賞而請不賞者，有誅。」古之人君執其賞罰，堅如金石，信如四時，是以令之所播如轟霆，兵之所加無堅敵，而功之所成無愆期。今日之事，兵事也。漢臣趙充國云：「兵事，當爲後法。」臣誠自知貪冒之耻，然亦安敢狥一己之小節，以亂陛下之軍政乎！但廕子實非常典，私心終有所未安。黽勉受命，憂慚交集。自恨疾病之已纏，深懼圖報之無日；感激洪恩，莫知攸措。除別行具本請罪乞休外，爲此具本稱謝！

乞放歸田里疏 十四年正月十四日

正德十三年十月初二日，准吏部咨：「該臣奏爲久病待罪，乞恩休致事。奉聖旨：『王守仁帥師討賊，賢勞懋著，偶有微疾，着善調理，以副委任。所辭不允。該部知道。』欽此。備咨欽遵。」又於本年十二月二十九日，准吏部咨：「該臣奏爲乞恩辭免陞廕容照原職致仕事。奉聖旨：『王守仁才望素著，累次剿賊成功，陞官廕子，宜勉遵成命，不准休致。該部知道。』欽此。備咨欽遵。」除已具本謝恩外，竊惟聖主之任官也，因才而器使，不强人以其所不能，是以上無廢令，而下無棄才；人臣之受職也，量力而承事，不强圖其所不任，是以言有可底之績，而身無鰥曠之誅。歷攷往昔，蓋未有不如此而可以免於愆譴者也。臣以狂愚，收録擯廢，繆蒙推拔，授寄軍旅。當時極知叨非其分，不敢冒膺，辭避未伸，而迫於公議，倉卒就道。既已抵任，則復黽勉從事，私計迂怯，終將僨敗。遭際聖明，德威震赫；扶病策駑，仰遵成算，不意偶能集事。苟免顛覆，實皆出於臆料之外。然此僥倖之事，豈可恃以爲常者哉？廟堂之上，不暇深察其所以，增其禄秩，將遂舉而委之。人苦不自知耳。臣之自量，則既審且熟，深懼戮亡之無日也。譬之懦夫，駕破敗之舟以涉險，偶遇順風安流，幸而獲濟。舟中之人既已狼狽失措，而岸傍觀者尚未之知，以爲是或有能焉，且將使之積重載，衝冒風濤而試洪河大江之中，幾何其不淪溺也已！

今四方多故，鑾輿遠出，大小臣工，惶惶旦暮。臣雖鄙劣，竭忠效命，以死國事，亦其素所刻心。安忍託故，苟求退遯！顧力纖負巨，如以蒿支棟，據非其任，遂使殞身，徒以敗事，亦何益矣！且臣比年以來，百病交攻；近因驅馳賊壘，瘴毒侵陵，嘔吐潮熱，飢骨羸削；或時昏眩，偃几仆地，竟日不惺，手足麻痺，已成廢人；又以百歲祖母卧病牀褥，切思一念爲訣。悲苦積鬱，神志耗眊，視聽恍惚，隔宿之事，不復記憶。以是求延旦夕之生，亦已難矣，而況使之當職承務，從征討之後，其將能乎！夫豢畜牛羊，細事耳，亦且求良牧而付之，況於軍務重任，生靈休戚之所關，乃以疾廢瞶眊之人，覆敗之戮，臣無足論，其如陛下一方之寄何！伏願陛下念四省關係之大，不可委於匪人；察病廢枯朽之才，不宜付以重任。憐桑榆之短景，而使得少遂其烏鳥之私；録犬馬之微勞，而使得苟延其螻蟻之息。別選賢能，委以兹任。放臣暫歸田里，就醫調治。倘存餘喘，尚有報國之日。臣不勝感恩待罪懇切哀望之至！

王文成公全書卷之十二

别録四　奏疏四

飛報寧王謀反疏 十四年六月十九日

正德十四年六月初五日，節該欽奉勑：「福州三衛軍人進貴等脅衆謀反，特命爾暫去彼處地方會同查議處置，參奏定奪。」欽此。欽遵。臣於本月初九日，自贛州啓行，至本月十五日行至豐城縣，地名黄土腦。據該縣知縣等官顧佖等禀稱，本月十四日寧府稱亂，將孫都御史、許副使并都司等官殺死；巡按及三司、府、縣大小官員不從者俱被執縛，不知存亡；各衙門印信盡數收去，庫藏搬搶一空；見監重囚俱行釋放；舟楫蔽江而下，聲言直取南京，一面分兵北上。各官皆來沮臣不宜輕進。其時臣尚未信，然逃亂之民果已四散奔潰，人情洶洶，臣亦自顧單旅危途，勢難復進。方爾回程，隨有兵卒千餘已夾江並進，前來追臣。偶遇北風大作，臣亦張疑設計，整舟安行；兵不敢逼，幸而獲免。

本月十八日，回至吉安府，據知府伍文定等禀稱，地方無主，乞留暫回區畫。遠近軍民亦皆遮擁呼號。隨據臨江府并新淦、豐城、奉新等縣各差人飛報，寧府遣兵四出攻掠，拘收印信，及拿掌印官員，調取兵快，水兑糧船盡被驅脅而去等因。臣奉前旨，欲遂徑往福建。但天下之事莫急於君父之難，若彼順流東下，萬一南都失備，爲彼所襲，彼將乘勝北趨，旬月之間，必且動摇京輔。如此，則勝負之算未有所歸，此誠天下安危之大機。慮念及此，痛心寒骨，義不忍舍之而去。故遂入城撫慰軍民，督同知府等官伍文定等調集兵糧，❶號召義勇。又約會致仕鄉官右副都御史王懋中、養病評事羅僑等，與之定謀設策，收合涣散之心，作起忠義之氣；相機乘間，務爲躡後之圖，共成掎角之勢，牽其舉動，而使進不得前，搗其巢穴，而使退無所據。日望天兵之速至，庶解東南之倒懸。伏望皇上省愆咎己，命將出師。因難興邦，未必非此。

臣以弱劣多病，屢疏乞休，況此地方之責，本亦非臣之任。今兹扶疾赴闕，實亦意圖便道歸省。臨發之前，已具哀懇。齎奏之人去纔數日，適當君父之急，不忍失此事機，姑復暫留，期紓國難。候區畫少定，各官略可展布，朝廷命師一臨，亦遂遵照前旨，入闕了事，就彼歸省父疾。進不避嫌，退不避罪，惟民是保，而利於主，臣之心也。直行其報國之誠而忘其緩命之罪，求伸其哀痛之情而甘冒棄職之誅，臣之罪也。

竊照都御史王懋中、評事羅僑，忠義自許，才識練達；知府伍文定，果捷能斷，忠勇有謀。累立戰功，皆抑而不賞，久淹外郡，實屈而未伸。今江西闔省見無一官，若待他求，緩無所及；乞遂將各官授以緊要職任，庶可責之拯溺救焚。其餘若裁革兵備副使羅循，養病副使羅欽德，郎中曾直，御史周魯，同知郭祥鵬，省親進士郭持平，驛丞李中、王思等，雖皆本土之人，咸秉忠

❶「伍」，原作「武」，據四庫本及下文改。

貞之節，況亦見在同事，當多難之日，事宜從權，庶克有濟。再照寧府逆謀既著，彼若北趨不遂，必將還取兩浙，南擾湖、湘，窺留都以斷南北，收閩、廣以益軍資。若不即爲控制，急遣重兵，必將噬臍無及。

又照撫州府知府陳槐，❶臨江府知府戴德孺，贛州府知府邢珣，袁州府知府徐璉，寧都縣知縣王天與，豐城縣知縣顧佖，新淦縣知縣李美，奉新縣知縣劉守緒，泰和縣知縣李楫，南安府同知朱憲，贛州府同知夏克義，龍泉縣知縣陳允諧，及闔省各官今見在者，乞勑吏部就於其中推補本省方面知府兵備等官，庶可速令供職。其有城守之責者，亦各量陞職銜，重其權勢，使可展布。

又照南、贛軍餉，惟資鹽商諸税。近因户部奏革，顧募之兵無所仰給，悉已散遣。今未兩月，即遇此變，復欲召募，將倚何資？輒復遵依勑旨，便宜事理，仍舊舉行。然亦緩不及濟，必須先於兩廣積儲軍餉數内量借一十餘萬，庶幾軍衆可集，地方有賴，國難可平。

緣係飛報地方謀反重情事理，爲此具本專差舍人來儀親齎，謹題請旨。

再報謀反疏 十四年六月二十一日

節該欽奉勑福州三衛云云，緣係飛報地方謀反重情事理，爲此具本，先於本月十九日專差舍人來儀奏報外，但叛黨方盛，恐中途爲所攔截，合再具本專差舍人任光親齎，謹題請旨。

❶「又」，原作「及」，今據備要本改。

乞便道省葬疏 十四年六月二十一日

臣以父老祖喪，屢疏乞休，未蒙憐准。近者奉命扶疾赴閩，意圖了事，即從此地冒罪逃歸。旬日之前，亦已具奏。不意行至中途，遭值寧府反叛。此係國家大變，臣子之義不容舍之而去。又閩省撫巡方面等官，無一人見在者。天下事機間不容髮，故復忍死暫留於此，爲牽制攻討之圖。俟命師之至，即從初心，死無所避。臣思祖母自幼鞠育之恩，不及一面爲訣，每一號慟，割裂昏殞，日加尫瘠，僅存殘喘。母喪權厝祖墓之側，今葬祖母，亦欲因此改葬。臣父衰老日甚，近因祖喪，哭泣過節，見亦病卧苫廬。臣今扶病，驅馳兵革，往來於廣信、南昌之間。廣信去家不數日，欲從其地不時乘間抵家一哭，略爲經畫葬事，一省父病。臣區區報國血誠上通於天，不辭滅宗之禍，不避形迹之嫌，冒非其任以勤國難，亦望朝廷鑒臣之心，不以法例繩縛，使臣得少伸烏鳥之痛。臣之感恩，死且圖報。搶攘哀控，不知所云。緣係懇乞天恩便道省葬事理，爲此具本奏聞。

奏聞宸濠僞造檄榜疏 十四年七月初五日

正德十四年七月初一日，據吉安府知府伍文定申准領哨通判楊昉、千户蕭英在於墨潭地方捉獲寧府齎檄榜官趙承芳等二十員名解送到臣。看得檄榜妄言惑衆，譏訕主上，當即毁裂。又以事合聞奏，隨即固封以進，審據趙承芳供係南昌府學教授。六月十三日寧府生日，次日各官謝宴，突起反謀，殺死孫都御史、許副使，因死黄參議、馬主事，其餘大小職官脅從不遂者俱被監禁，追奪印信，放囚劫庫，邀截兑米，分遣逋寇四散摽掠。聲言要取南京，就往北京。十六日親出城外迎取安福縣舉人劉養正，十七日迎取致仕都御史李士實，該入府内，號稱軍師、太師名目。二十一日將原禁各官放回各司，差人看守。二十二日令承芳并參政季斆代齎僞檄榜文，赴豐城、吉安、贛州、南安并王都御史及廣東、南雄等處，俱各不寫正德年號，止稱大明己卯歲。比承芳等不合怕死，及因妻子被拘，旗校管押，只得依聽，齎至墨池地方。蒙本院防哨官兵將承芳等拿獲。

隨審季斆，供係先任南安府知府，近陞廣西參政，裝帶家小由水路赴任，行至省城，適遇寧王生日，傳令慶賀。次日隨衆謝宴，變起倉卒，俱被監禁。比斆自分死國，因妻女在船，寫書令妻要死夫、女俱死母。後因看守愈嚴，求死不遂。至二十一日放回本船，懵死良久方甦。二十二日，又將妻女拘執，急呼斆進府，將前僞檄榜差旗校十二人督押斆與承芳代齎。斆計欲投赴軍門，脱身報效，不期官兵執送前來等因。

案照先爲飛報地方謀反重情事，已經二次差人具奏去後，今審據前因，參照寧王不守藩服，敢此稱亂，睥睨神器，指斥乘輿，擅殺大臣，放囚劫庫，稔不韙之罪，犯無將之誅。致仕都御史李士實恩遇四朝，實託心膂，舉人劉養正舊假恬退之名，新叨録用之典，今皆反面事讎，爲之出謀發慮，既同狗彘之行，難逭斧鉞之誅。參政季斆、教授趙承芳，義未決於舍生，令已承於捧檄，但暴虐之威恐動於中，鷹犬之徒鈐制於外，在法固所當罪，據情亦有可憫。除將趙承芳、季敩監禁，一面檄召兵民，隨機應變，竭力討賊，一應事宜，陸續奏聞處置外。臣聞多難興邦，殷憂啓聖。陛下在位一十四年，屢經變難，民心騷動，尚爾巡遊不已，致宗室謀動干戈，冀竊大寶。且今天下之覬覦，豈特一寧王；天下之奸雄，豈特在宗室。言念及此，懔骨寒心。昔漢武帝有輪臺之悔，而天下向治；唐德宗下奉天之詔，而士民感泣。伏望皇上痛自刻責，易轍改絃，罷出奸諛以回天下豪傑之心，絶迹巡遊以杜天下奸雄之望，定立國本，勵精求治，則太平尚有可圖，羣臣不勝幸甚。爲此具本，并將僞檄一紙封固，專差舍人秦沛親齎，謹題請旨。

留用官員疏 十四年七月初五日

照得江西寧府謀反，據城練兵，分兵攻劫，囚禁方面官員，有操戈向闕之勢。此君父之大難，臣子憤心之日也。臣在吉安地方調兵討賊，四路阻絶，並無堪用官員。適遇欽差兩廣清軍御史謝源、刷卷御史伍希儒各赴京復命，道經該府，不能前進。各官奮激，思效力討賊以報朝廷，臣亦思軍務緊急，各官俱有印敕，方便行事，遂留軍前，同心戮力，經濟大難。待事寧之日，赴京復命。緣係留用官員事理，未敢擅便，爲此具本請旨。

江西捷音疏 十四年七月三十日

照得先因寧王圖危宗社，興兵作亂，已經具奏，請兵征勦外，隨看得寧王陰謀不軌，已將十年，畜養死士二萬餘人，招誘四方盜賊渠魁亦以萬數。舉事之日，復驅其護衛黨與并脅從之徒又六七萬人，虐焰張熾。臣以百數疲弱之卒，勢不敢輕舉驟進，乃退保吉安。姑爲牽制之圖。

時遠近軍民劫於寧王之積威，道路以目，莫敢出聲。臣一面督率吉安府知府伍文定等調集軍民兵快，召募四方報效義勇之士，會計一應解留錢糧，支給糧賞，造作軍器戰船，奏留公差回任監察御史謝源、伍希儒分職任事。一面約會該府鄉官先任右副都御史致仕王懋中，養病痊可編修鄒守益，刑部郎中曾直，評事羅僑，丁憂監察御史張鰲山，先任浙江僉事今赴部調用劉藍，省親進士郭持平，軍門參謀驛丞王思、李中，先任福建按察使致仕劉遜，先任參政致仕黄繡，先任嘉興府知府閒住劉昭等，相與激發忠義，譬諭禍福，移檄遠近，布朝廷之深仁，暴寧王之罪惡。於是豪傑響應，人始思奮。區畫旬日，官兵稍稍四集。

時寧王聲言先取南京。臣慮南京尚未有備，恐一時爲彼所襲，乃先張疑兵於豐城，示以欲攻之勢。故寧王先遣兵出攻南康、九江諸處，而自留居省城以禦臣。至是七月初二日，探知臣等兵尚未集，乃留兵萬餘，屬其心腹、宗支、郡王、儀賓、内官并僞授都督、都指揮等官使守江西省城，而自引兵向闕。

臣晝夜促各郡兵，期以本月十五日會

臨江之樟樹，而身督知府伍文定等兵徑下。於是知府戴德孺引兵自臨江來，知府徐璉引兵自袁州來，知府邢珣引兵自贛州來，通判胡堯元、童琦引兵自瑞州來，通判談儲，推官王暐、徐文英，新淦知縣李美，泰和知縣李楫，寧都知縣王天與，萬安知縣王冕，亦各以其兵來赴。

十八日遂至豐城，分布哨道：使知府伍文定爲一哨，攻廣潤門入；知府邢珣爲二哨，攻順化門入；知府徐璉攻惠民門入；知府戴德孺攻永和門入；通判胡堯元、童琦攻章江門入；知縣李美攻德勝門入；都指揮余恩攻進賢門入；通判談儲，推官王暐，知縣李楫、王天與、王冕等各以其兵乘七門之釁，傍夾攻擊，以佐其勢。是日得諜報寧王伏兵千餘於新舊墳廠，以備省城之援。臣乃遣奉新知縣劉守緒、典史徐誠領兵四百，從間道夜襲破之，以搖城中。

十九日發市汊。臣乃大誓各軍，申布朝廷之威，再暴寧王之惡，約諸將一鼓而附城，再鼓而登，三鼓而不克誅伍，四鼓而不克斬將。已誓，莫不切齒痛心，踴躍激憤。薄暮齊發。二十日黎明，各至信地。

先是城中爲備甚嚴，滚木、灰瓶、火炮、石弩、機毒之械無不畢具。及臣所遣兵已破新舊墳廠，敗潰乏卒皆奔告城中，城中已驚懼。至是復聞我師四面驟集，皆震駭奪氣。我師乘其動摇，呼譟並進，梯絙而登。城中之兵土崩瓦解，皆倒戈退奔。城遂破。擒其居守宜春王栱樤及僞太監萬鋭等千有餘人。寧王宫中眷屬聞變，縱火自焚，延及居民房屋。臣當令各官分道救火，撫定居民，散釋脅從，封府庫，謹關防，搜獲原被劫收大小衙門印信九十六顆，三司脅從官布政使胡濂、參政劉斐、參議許效廉、副使唐錦、僉事賴鳳、都指揮王玘等，皆自首投罪。除將擒斬功次發御史謝源、伍希儒權令審驗紀録，一應事宜，查審明白，陸續具奏；及一面分兵四路，追躡寧王向往，相機擒勦，另行奏報外。竊照寧王逆焰熏天，衆號一十八萬，屠城破郡，遠近震懾。今其猖獗已一月有餘，而四方赴難之師尚未有一人應者。前項領哨各官及監軍御史，本主養病，丁憂、致仕等官，皆從臣起於顛沛危急之際，并心協謀，倡率義勇，陷陣先登，以克破此堅城，據其巢穴。此雖臣子職分當然，亦其激切痛憤之本心。但當此物情睽貳動摇之日，非賞罰無以鼓士氣。今逆賊殺人如草芥，又挾其厚貨，賞賚所及，一人動以千萬。伏願皇上處變從權，速將前項各官量加陞賞，以勵遠近。事勢難爲之日，覆宗滅族之禍，臣且不避，況敢避邀賞之嫌乎？緣係捷音事理，爲此具本，專差千户詹明親齎，謹具題知。

擒獲宸濠捷音疏 十四年七月三十日

照得先因寧王圖危宗社，興兵作亂，已經具奏。請兵征勦外，隨看得寧王虐焰張熾，臣以百數疲弱之卒，未敢輕舉驟進，乃退保吉安，姑爲牽制之圖。時遠近軍民劫於寧王之積威，道路以目，莫敢出聲。臣一面督率吉安府知府伍文定等調集軍民兵快，召募四方報效義勇之士，奏留監察御史謝源、伍希儒分職任事，一面約會該府鄉官都御史王懋中，編脩鄒守益，郎中曾直，評事羅僑，監察御史張鰲山，僉事劉藍，進士郭持平，參謀驛丞王思、李中，按察使劉遜，參政黃繡，知府劉昭等，相與激發忠義，移檄遠近，布朝廷之深仁，暴寧王之罪惡。於是豪傑響應，人始思奮。時寧王聲言先取南京。臣慮南京尚未有備，恐爲所襲，乃先張疑兵於豐城，示以欲攻之勢。故寧王先遣兵出攻南康、九江，而自留居省城以禦臣。至七月初二日，探知臣等兵尚未集，乃留兵萬餘，使守江西省城，而自引兵向闕。臣晝夜促兵，期以本月十五日會臨江之樟樹，而身督知府伍文定等兵徑下。於是知府戴德孺、徐璉、邢珣，通判胡堯元、童琦、談儲，推官王暐、徐文英，知縣李美、李楫、王天與、王冕各以其兵來赴。十八日遂至豐城，分哨道，使知府伍文定等進攻廣潤等七門。是日得諜報，寧王伏兵千餘於新舊墳廠，以援省城。臣乃遣奉新知縣劉守緒等從間道夜襲破之，以搖城中。十九日，發市汊。大誓各軍，申布朝廷之威，再暴寧王之惡，莫不切齒痛心，踴躍激憤；薄暮齊發。二十日黎明，各至信地。先是城中爲備甚嚴，滚木、灰瓶、火炮、機械無不畢具。臣所遣兵已破新舊墳廠，敗潰之卒皆奔告城中，城中皆已驚懼。至是復聞我師四面驟集，益震駭奪氣。我師乘其動摇，呼譟並進，梯絙而登。城中之兵皆倒戈退奔，城遂破；擒其居首宜春王拱樤及僞太監萬鋭等千有餘人。寧王宮中眷屬聞變，縱火自焚，延及居民房屋。臣當令各官分道救火，散釋脅從，封府庫，謹關防，以撫軍民。除將擒斬功次發御史謝源、伍希儒權令審驗紀録，及一面分兵四路追躡寧王向往，相機擒勦，於本月二十二日已經具題外，當於本日據諜報及據安慶逃回被虜船户十餘人報稱，寧王於十六日攻圍安慶未下，自督兵夫運土填塹，期在必尅。是日有守城軍門官差人來報，贛州王都堂已引兵至豐城，城中軍民震駭，乞作急分兵歸援。寧王聞之大恐，即欲回舟。因太師李士實等阻勸，以爲必須徑往南京，既登大寶，則江西自服。寧王不應。次日，遂解安慶之圍，移兵泊阮子江，會議先遣兵二萬歸援江西，寧王亦自後督兵隨來等因。

先是臣等駐兵豐城，衆議安慶被圍，宜引兵直趨安慶。臣以九江、南康皆已爲賊所據，而南昌城中數萬之衆，精悍亦且萬餘，食貨充積，我兵若抵安慶，賊必回軍死鬬，安慶之兵僅僅自守，必不能援我於湖中，南昌之兵絶我糧道，而九江、南康之賊合勢撓躡，四方之援又不可望，事難圖矣。今我師驟集，先聲所加，城中必已震慴；因而并力急攻，其勢必下。已破南昌，賊先破膽奪氣，失其根本，勢必歸救。如此則安慶之圍自解，而寧王亦可以坐擒矣。至是得報，果如臣等所料。

當臣督同領兵知府會集監軍及倡義各鄉官等官議所以禦之之策，衆多以寧王兵勢衆盛，氣焰所及有如燎毛。今四方之援尚未有一人至者，彼憑其憤怒，悉衆并力而萃於我，勢必不支。且宜歛兵入城，堅壁自守，以待四鄰之援，然後徐圖進止。臣以寧王兵力雖强，軍鋒雖鋭，然其所過，徒恃焚掠屠戮之慘，以威刧遠近，未嘗逢大敵，與之奇正相角，所以鼓動扇惑其下者，全以進取封爵之利爲説。今出未旬月，而輒退歸，士心既已携沮，我若先出鋭卒，乘其惰歸，要迎掩擊，一挫其鋒，衆將不戰自潰，所謂「先人有奪人之氣」、「攻瑕則堅者瑕」也。是日撫州府知府陳槐兵亦至。

於是遣知府伍文定、邢珣、徐璉、戴德孺合領精兵伍百，分道並進，擊其不意。又遣都指揮余恩以兵四百往來湖上，以誘致賊兵。知府陳槐，通判胡堯元、童琦、談儲，推官王暐、徐文英，知縣李美、李楫、王冕、王軾、劉守緒、劉源清等，使各領兵百餘，四面張疑設伏，候伍文定等兵交，然後四起合擊。分布既定，臣乃大賑城中軍民。慮宗室郡王將軍或爲内應生變，親慰諭之，以安其心。又出給告示，凡脅從皆不問，雖嘗受賊官爵，能逃歸者，皆免死。斬賊徒歸降者給賞。使内外居民及鄉道人等四路傳播，以解散其黨。

二十三日，復得諜報，寧王先鋒已至樵舍，風帆蔽江，前後數十里，不能計其數。臣乃分督各兵乘夜趨進，使伍文定以正兵當其前，余恩繼其後，邢珣引兵繞出賊背，徐璉、戴德孺張兩翼以分其勢。二十四日早，賊兵鼓譟乘風而前，逼黄家渡，其氣驕甚。伍文定、余恩之兵佯北以致之。賊争進趨利，前後不相及。邢珣之兵前後横擊，直貫其中，賊敗走。文定、恩督兵乘之，璉、德孺合勢夾攻，四面伏兵亦呼譟並起，賊不知所爲，遂大潰。追奔十餘里，擒斬二千餘級，落水死者以萬數。賊氣大沮，引兵退保八字腦，賊衆稍稍遁散。寧王震懼，乃身自激勵將士，賞其當先者以千金，被傷者人百兩。使人盡發九江、南康守城之兵以益師。

是日建昌知府曾璵引兵亦至。臣以九江不破則湖兵終不敢越九江以援我，南康不復則我兵亦不能踰南康以躡賊。乃遣知府陳槐領兵四百，合饒州知府林城之兵乘間以攻九江，知府曾璵領兵四百，合廣信知府周朝佐之兵乘間以取南康。

二十五日，賊復并力盛氣挑戰。時風勢不便，我兵少却，死者數十人。臣急令人斬取先却者頭。知府伍文定等立於銃砲之間，火燎其鬚，不敢退，奮督各兵，殊死並進。砲及寧王舟。寧王退走，遂大敗。擒斬二千餘級，溺水死者不計其數。賊復退保樵舍，連舟爲方陣，盡出其金銀以賞士。臣乃夜督伍文定等爲火攻之具，邢珣擊其左，徐璉、戴德孺出其右，余恩等各官分兵四伏，期火發而合。

二十六日，寧王方朝群臣，拘集所執三司各官，責其間以不致死力，坐觀成敗者，將引出斬之；争論未決，而我兵已奮擊，四面而集，火及寧王副舟，衆遂奔散。寧王與妃嬪泣别。妃嬪宫人皆赴水死。我兵遂執寧王，并其世子、郡王、將軍、儀賓及僞太師、國師、元帥、參贊、尚書、都督、都指揮、千百户等官李士實、劉養正、劉吉、屠欽、王綸、熊瓊、盧珩、羅璜、丁饋、王春、吴十三、凌十一、秦榮、葛江、劉勳、何鏜、王信、吴國七、火信等數百餘人。被執脅從宫大監王宏，御史王金，主事金山，按察使楊璋，僉事王疇、潘鵬，參政程杲，❶布政梁辰，都指揮郟文、馬驥、白昂等。擒斬賊黨三千餘級，落水死者約三萬餘。棄其衣甲器仗財物，與浮尸積聚，横亘若洲焉。於是餘賊數百艘四散逃潰，臣復遣各官分路追勦，毋令逸入他境爲患。二十七日，及之於樵舍，大破之。又破之於吴城，擒斬復千餘級，落水死者殆盡。二十八日，得知府陳槐等報，亦各與賊戰於沿湖諸處，擒斬各千餘級。

❶「杲」，原作「果」，據明萬曆本《國朝列卿紀》卷五十及本書後文改。

臣等既擒寧王而入，闔城内外軍民聚觀者以數萬，歡呼之聲震動天地，莫不舉首加額，真若解倒懸之苦而出於水火之中也。除將寧王并其世子、郡王、將軍、儀賓、僞授太師、國師、元帥、都督、都指揮等官各另監羈候解，被執脅從等官并各宗室別行議奏，及將擒斬俘獲功次一萬一千有奇，發御史謝源、伍希儒暫令審驗紀録，另行造册繳報外。照得臣節該欽奉勑諭：「但有盜賊生發，即便嚴督各該兵備、守備、守巡并各軍衛有司設法調兵勦殺。其管領兵快人等官員，不問文職武職，若在軍前違期并逗遛退縮者，俱聽以軍法從事。生擒盜賊，鞫問明白，亦聽就行斬首示衆。斬獲賊級，行令各該兵備、守巡、守備官即時紀驗明白，備行江西按察司造册繳報，查照事例陞賞激勸。」欽此。及准兵部題稱「今後但草賊生發，事情緊急，該管官司即便依律調撥官軍乘機勦捕，應合會捕者，亦即調發策應」等因。節奉欽依備咨前來。又節該奉勑：「如或江西別府報有賊情緊急，移文至日，爾亦要及時遣兵策應，毋得違誤。」欽此。俱經欽遵外。竊照寧王烝淫奸暴，腥穢彰聞，賊殺善類，剥害細民，數其罪惡，世所未有。不軌之謀，已踰一紀；積威所劫，遠被四方。士夫雖在千里之外，皆蔽目摇手，莫敢論其是非。小人雖在幽僻之中，且吞聲飲恨，不敢訴其冤抑。兼又招納叛亡，誘致劇賊渠魁如吴十三、凌十一之屬，牽引數千餘衆，召募四方武藝驍勇，力能拔樹排闗者亦萬有餘徒。又使其黨王春等分賫金銀數萬，陰置奸徒於滄州、淮揚、山東、河南之間，亦各數十。比其起事之日，從其護衛姻族，連其黨與朋私，驅脅商旅軍民，分遣其官屬親暱，使各募兵從行，多者數千，少者數百，帆檣蔽江，衆號一十八萬。其從之東下者，實亦不下八九萬餘。且又矯稱密旨，以脅制遠近；僞傳檄諭，以揺惑人心。故其舉兵倡亂一月有餘，而四方震懾畏避，皆謂其大事已定，莫敢抗義出身，與之争衡從事。抱節者僅堅城而自守，忠憤者惟集兵以俟時，非知謀忠義之不足，其氣焰使然也。

臣以孱弱多病之質，才不逮於凡庸，知每失之迂繆，當兹大變，輒敢冒非其任，以行旅百數之卒，起事於顛沛危疑之中。旬月之間，遂能克復堅城，俘擒元惡。以萬餘烏合之兵，而破强寇十萬之衆，是固上天之陰隲，宗社之默佑，陛下之威靈。而廟廊謀議諸臣消禍於將萌而預爲之處，見幾於未動而潛爲之制；改臣提督，使得扼制上流，而凛然有虎豹在山之威；申明律例，使人自爲戰，而翕然有臂指相使之形；勅臣以及時策應，不限以地，而隱然有常山首尾之勢；故臣得以不俟詔旨之下，而調集數郡之兵，數郡之民，亦不待詔旨之督，而自有以赴國家之難，長驅越境，直搗窮追，不以非任爲嫌，是乃伏至險於無形之中，藏不測於常制之外，人徒見擘奚之多獲，而不知王良之善御有以致之也。

然則今日之舉，廟廊諸臣預謀早計之功，其又孰得而先之乎？及照御史謝源、伍希儒監軍督哨，謀畫居多，倡勇宣威，勞苦備嘗。領哨知府伍文定、邢珣、徐璉、戴德孺、陳槐、曾璵、林城、周朝佐，署都指揮僉事余恩，分哨通判胡堯元、童琦、談儲，推官王暐、徐文英，知縣李楫、李美、王冕、王軾、劉源清、劉守緒、傅南喬，隨哨通判楊昉、陳旦，指揮麻璽、高睿、孟俊，知縣張淮、應恩、王庭、顧佖、萬士賢、馬津等，雖效績輸能亦有等列，然皆首從義師，争赴國難，協謀并力，共收全功。其間若伍文定、邢珣、徐璉、戴德孺等冒險衝鋒，功烈尤懋。鄉官都御史王懋中，編脩鄒守益，御史張鰲山，郎中曾直，評事羅僑，僉事劉藍，進士郭持平，驛丞王思、李中，按察使劉遜，參政黄繡，知府劉昭等，仗義興兵，協張威武，運籌贊畫，夾輔折衝，以上各官功勞，雖在尋常征勦，亦已甚爲難得，況當震恐摇惑，四方知勇莫敢一膺其鋒，而各官激烈忠憤，捐身殉國，乃能若此。

伏願皇上論功朝錫之餘，普加爵賞旌擢，以勸天下之忠義，以勵將來之懦怯。仍詔示天下，使知奸雄若寧王者，蓄其不軌之謀已十有餘年，而發之旬月，輒就擒滅；于以見天命之有在，神器之不可窺，以定天下之志。尤願皇上罷息巡幸，建立國本，端拱勵精，以承宗社之洪休，以絶奸雄之覬覦，則天下幸甚，臣等幸甚。緣係捷音事理，爲此具本，專差千户王佐親齎，謹具題知。

奏聞益王助軍餉疏十四年七月三十日

近蒙益府長史司呈：「該本司啓，案查寧藩有變，已經啓行外，今照見奉提督都御史王案驗内稱：『本院已於七月初九日領兵前往豐城縣市汊等處住劄，刻日進攻省城，牌差百户楊鋭前來建昌府守取掌印官親自統兵，毋分日夜，兼程前進，期本月十五、十六日俱赴軍門，面授約束，并勢追勦。』及照知府曾璵報稱即日領兵起程，前赴軍門聽調進攻等因。看得國家之事，莫大於戎。今寧藩不軌，驚動多方，提督都御史等官倡義，協謀進攻，憤忠思勳，上以紓朝廷南顧之憂，下以解生民荼毒之苦。況我殿下國朝分封至親，理宜助餉軍門，共紓國難。具本啓奉令旨：發銀一千兩，差官胡敬儀，衛副陸澄，書辦官并旗校官等，前去提督軍務王都御史處犒賞，敬此。」敬遵，除將銀兩差官管送前來外，合行備由呈乞施行等因到臣。

爲照寧王謀叛，稔釁多年，積威所劫，無不萎靡。況其舉事之初，擅殺重臣，衆號一十八萬，肆然東下；雖平日士夫號稱忠義，莫敢指斥。今益王殿下迺心宗社，出私帑以給軍餉，非忠義奮發，急於討賊，豈能倡言助正，以作興軍士之氣如此。伏望皇上特勑獎勵，以激宗室之義，以永益王殿下爲善之心，以夾輔帝室，天下臣民不勝幸甚。除將原發白銀一千兩唱名給散軍士外，緣係宗室出私帑以給軍餉事理，爲此具本請旨。

旱災疏 十四年七月三十日

據吉安等一十三府所屬廬陵等縣各申稱「本年自三月至於秋七月不雨，禾苗未及生發，盡行枯死。夏稅秋糧無從辦納，人民愁嘆，將及流離。理合申乞轉達寬免」等因到臣。節差官吏、老人踏勘。委自三月以來，雨澤不降，禾苗枯死。續該寧王謀反，乘釁鼓亂，傳布僞命，優免租稅。小人惟利是趨，洶洶思亂。臣因通行告示，許以奏聞優免稅糧，諭以臣子大義，申祖宗休養之德澤，暴寧王誅求無厭之惡。由是人心稍稍安集，背逆趨順，老弱居守，丁壯出征，團保饋餉，邑無遺户，家無遺夫。就使雨暘時若，江西之民亦已廢耕耘之業，事征戰之苦；況軍旅乾旱，一時併作，雖富室大户不免饑饉，下户小民得無轉死溝壑，流散四方乎？設或饑寒所迫，徵輸所苦，人自爲亂，將若之何？如蒙乞勑該部，暫將江西正德十四年分税糧通行優免，以救殘傷之民，以防變亂之階。伏望皇上罷冗員之俸，損不急之賞，止無名之徵，節用省費，以足軍國之需，天下幸甚。

請止親征疏 十四年八月十七日

正德十四年八月十六日，准兵部咨：該本部等衙門題，内開南京守備參贊官連奏十分緊急軍情，相應急爲議處，合無請命將官一員，掛平賊將軍印，充總兵官，關領符驗旗牌，挑選各營精鋭官軍三千餘名，各給賞賜銀兩布疋，交兑正馱馬匹，關給軍火器械，上緊前去南京，相機戰守；再有的報，就便會合各路人馬征進；再請勑都御史王守仁選調堪用官軍民快，親自督領，於江西東南要路住劄把截，相機行事；仍委浙江布政司左參政閔楷選募處州民兵，統領定擬住劄地方，聽調策應勦捕；再請勑一道，齎付都御史王守仁，不妨提督軍務原任，兼巡撫江西地方。前項所報軍情，如果南京守備差人體勘，再有的報，聽前項領軍官出給榜文告示，徧發江西地方張掛，傳説曉諭，但有能聚集義兵，擒殺反逆賊犯者，量其功蹟大小，封拜侯伯，及陞授都指揮千百户等官世襲，賊夥内有能自相擒斬首官者，與免本罪。具奏定奪等因具題。節該奉聖旨：「這江西寧王謀爲不法，事情重大，你部裏既會官議處停當，朕當親率六師，奉天征討，不必命將；王守仁暫且准行。」欽此。欽遵，備咨到臣。

案查先爲飛報地方謀反重情事，屬者寧王宸濠殺害守臣，舉兵謀逆，臣於六月十九日具本奏聞之後，調集軍兵，擇委官屬，激勵士氣，振揚武勇。七月二十日，先攻省城，墟其巢穴。本月二十四等日，兵至鄱陽湖，與賊連日大戰。至二十六日，宸濠遂已就擒。謀黨李士實等，賊首凌十一等，俱已擒獲。賊從俱已掃蕩，閩、廣赴調兵士俱已散還，地方驚擾之民俱已撫帖。臣一念忠憤，誓不與賊俱生；而迂踈薄劣之才，實亦何能辦此：是皆祖宗在天之靈，我皇上聖武之懋昭，本兵謀略之素定，官屬協力，士卒用命所致。臣已節次具本奏報外，竊惟宸濠擅作辟威，虐焰已張于遠，睥睨神器，陰謀久蓄於中。招納叛亡，輦轂之動靜，探無遺迹；廣致姦細，臣下之奏白，百無一通。發謀之始，逆料大駕必將親征，先於沿途伏有姦黨，期爲博浪、荆軻之謀。今逆不旋踵，遂已成擒，法宜解赴闕門，式昭天討。然欲付之部下各官押解，誠恐舊所潛布之徒，尚有存者，乘隙竊發，或致意外之虞，臣死且有遺憾。况平賊獻俘，固國家之常典，亦臣子之職分。臣謹於九月十一日親自量帶官軍，將宸濠并逆賊情重人犯督解赴闕外，緣係獻俘馘以昭聖武事理，爲此具本，專差舍人金昇親齎，謹具題知。

奏留朝覲官疏 十四年八月十七日

正德十四年八月十六日，臣駐軍江西省城，據各領哨知府吉安府伍文定、贛州府邢珣、袁州府徐璉、臨江府戴德孺、撫州府陳槐、饒州府林瑊、廣信府周朝佐、建昌府曾璵連名呈稱：正德十五年正月初一日例應朝覲。近因寧王謀反，蒙臣督委各職并各縣掌印正官領兵征討，今雖掃平，尚留在省防禦及安輯地方，未得回任。其各縣掌印官，雖未曾領兵，緣各在任防禦城池，措辦糧餉。況布、按二司及南昌府知府鄭瓛、瑞州府宋以方，俱自本年六月内先被拘執，未經復職管事。南康、九江二府亦被殘破，近方收復。前項文册，多未成造，緣查舊規，行期在即，恐致遲誤，合行呈乞奏知，及通行各府、州、縣將册造完，行委佐貳首領官員齎繳應朝，及布、按二司，亦乞裁處施行等因到臣。據此爲照三年述職係朝廷大典，例該掌印正官赴京應朝。但今叛亂雖平，地方未輯，徵調尚存，瘡痍之民須撫；旱荒猶熾，意外之患當防。況各官在省，方圖防守之規，未有還任之日。若不查例奏留，未免顧此失彼，後悔無及。合准所呈，欲候奏請命下之日，行令各府、州、縣佐貳首領官齎册應朝，復恐遲誤。除一面通行各府、州、縣造册完備，行委佐貳首領官依期啓行，其布、按二司候有新任官員及南昌府行見在通判陳旦，各造册赴朝，其九江、南康府縣并南康、新建二縣，委係官俱戴罪，聽候吏部徑自裁處外，緣係朝覲事理，未敢擅便，爲此具本請旨。

奏聞淮王助軍餉疏 十四年八月十七日

近該淮府長史司呈：「該本司啓，案查寧藩有變，已經啓行外，今照見奉提督都御史王案驗内稱：『本院已於七月初九日領兵前往豐城縣市汊等處住劄，尅日進攻省城，牌差百户任全善前來饒州府守取掌印官親自統兵，毋分雨夜，兼程前進，期本月十五、十六日俱赴軍門，面授約束，并勢追勦。』及照知府林城報稱即日領兵起程，前赴軍門聽調進攻等因。看得寧王敢爲逆謀，肆奸天紀。提督都御史王首倡忠義，作率智勇，身任國家之急，事關宗社之虞。殿下藩翰之親，憂心既切，饋餉之助，於理爲宜。具本啓奉令旨：長史司將發下銀伍百兩差官胡祥等速齎前去，少資提督軍門之用，敬此。」敬遵，除將銀兩差官管送前來外，合行備由呈乞施行等因到臣。照得先該益府出帑餉軍，助義效忠，已經具題外，今淮王殿下亦能不靳私帑，以助軍餉，良由身同休戚之情，心切門庭之寇所致。伏望皇上特勑獎勵，以彰淮王殿下助正之心，以爲宗藩爲善之勸，天下臣民不勝幸甚。

恤重刑以實軍伍疏十四年八月二十五日

據江西按察司呈：「據本司經歷司呈，蒙巡按兩廣監察御史謝源、伍希儒各紙牌前事，俱奉本院送發犯人裘良輔等二百六十六名，轉送本司問報等因。依蒙問得犯人裘良輔招係南昌府新建縣三十二都民，納粟監生，給假在家。正德九等年月日不等，與同在官南昌前左二衛舍餘楊滋、楊富，軍餘董俞、周大貴及指揮何鏜等家人何祥、曹成等，各不合出入王府，生事害人，向未事發。正德十四年六月十四日，寧王謀反，良輔與楊滋等各因畏懼寧王威惡，各不合知情，從逆做兵，領受盤費銀二兩，米一石，跟同前去安慶等處攻打城池，各將銀米費用訖。於七月十二等日行至湖口等縣，思係叛逆，懼怕官兵，就行四散逃回。各被南昌等府縣統兵知府等官并地方人等陸續拿獲，解赴提督王都御史處。蒙將良輔等一百八十四名轉送謝御史，將夏景、周大貴、熊受等八十二名轉送伍御史，俱發按察司審問。蒙將良輔等研審前情明白。取問罪犯楊滋等二百六十五名，各招與裘良輔、楊滋、楊富、王偉、夏景、黄俞、周大貴、何祥、曹成、丁進受、楊慶童、楊貴、萬徐七、萬羊七、徐四保、孫住保、周江、胡勝福、朱潑養、宋貴、王明、熊明、秦蘭、王仲鑑、張雄、朱其、添喜、蕭崇真、朱祥、彭隆保、徐仕貴、郭宣、舒鑾、萬岳、蕭述、羅俊、江潮漢、魏鳳、萬三、羅秀、熊福、蕭曰貴、蕭勝、雷天富、蕭文、尹天受、胡進保、李鑾、鄭鳳、黄信、劉勝、殷醮仔、甘奇、余福童、郭進福、沈仕英、李洪珊、許鳳、李景良、江鑾、江仁、李欽、鄧倫、胡福受、譚黑仔、趙正七、朱環二、鄒秋狗、陳良二、聶景祥、魏仲華、王福、李壽、余珏、王貫、劉松、牛才、陳珂、陳興、陳釗、劉添鳳、余似虎、甘朴、謝天鳳、鄭貴、沈昌容、萬清、向楚秀、郭鑾、丁勝福、萬全、龔受、熊六保、陳諫、何晚仔、王杰一、王琪、胡宣、楊正、曾受、王鳳、王明、雷清、皮志淵、鄒奎高、馮軒四、毛守松、熊天祥、李伯錦、楊子秀、陳天一、廖進禄、魏紹、魏天孫、吴富、陳昭弟、李伯奇、姜福、廖奇四、夏莧奇、陳善五、羅勝七、郭謹、羅璽、朱長子、陳瑞、竹漢、王寬、江天友、陳良善、召一、陳子政、廬蕭勝、馬龍、陳大倫、陳子倫、李錢、陳九信、徐義、徐釗、劉儀、熊孟華、王尚文、王天爵、傅十二、徐受、萬奇、趙仕奇、鄭朴、馮軒二、馮進禄、周孟貞、周江、劉朋、唐朝賢、歐陽南、馬興、周興、王毛子、泰進興、羅興、李保一、萬元、林三十八、馬爵、張進孫、高四、譚受、吴俊、萬鏜、熊守貴、錢龍、胡通、金萬春、曹太、喻欽、劉後濟、胡二、王世通、魏友子、楊章、熊禄、熊剋名、童保子、余景、陳四保、許虎保、熊受、蕭文榮、楊廷貴、羅富、丁闞保、江仕言、劉貴、丁朋、歐陽正、王引弟、熊富、唐天禄、王貴、周受、邱松、胡秀、李福、洪江、曾興、邱桂、劉鎮、鄧山、蕭清、夏勝四、夏由、孫甘繼、張錦、謝魯仙、熊華、謝鳳、夏龍、婁奇、陸仲英、余勝虎、李進、胡勝、阮天祥、張全、彭天祥、洪經仔、徐受、樂福、張奇、馮進隆、馮詔、馮喜子、楊煒、揭文興、萬孔湖、易忠、黄延、曹天右、徐大貴、蕭曰高、蕭曰廣、李鑾、吴顯二、李貴、陳英、陳昇、李勝祖、蕭天佐、陸九成、郭欽、楊順、丁祖、李萬杜、楊鑾、袁富、楊黄子、吴文、張鑾、方燦、萬天鑾、胡進童、黄勝德、涂祖、唐歷所犯除不應輕罪外，合依謀反知情故縱者律，斬决不待時。但寧王平昔威惡慘毒，上下人心罔不震懾，各犯從逆，雖是可惡，原情終非得已。及照南昌前衛軍餘多係脅從被殺，見今軍伍缺人，合無將各犯免其前罪，俱編發本衛永遠充軍，庶使情法交申，衛所填實。」呈詳到臣，參看得裘良輔等俱曾從逆，應該處斬。但該司參稱寧王平昔威惡慘毒，上下人心罔不震懾；據法在所難容，原情亦非得已。宥之則失於輕，處斬似傷于重，合無俯順輿情，乞勑該部查照酌量，或將各犯免其死罪，令其永遠充軍。不惟情法得以兩盡，抑且軍伍不致缺人。緣係恤重刑以實軍伍事理，爲此具本請旨。

處置官員署印疏十四年八月二十五日

照得先因寧王圖危宗社，興兵作亂，劫奪江西都、布、按三司并南昌府縣大小衙門印信。臣隨調集各府官軍民快於本年七月二十日攻復省城，當於府内搜獲前項印信，共計一百六顆到臣收候，已經捷報外，今照寧王已擒，餘黨誅戮，地方幸已稍寧，所有三司府縣衙門，俱係錢糧刑名軍馬城池等項重務，關涉匪輕。況今兵亂之後，人民困苦，不可一日缺官幹辦撫輯。但三司等官俱係被脅有罪人數，若待別除官員到日，非惟人心惶惑，抑且事無統紀。臣遵照欽奉勅諭便宜事理，將三司印信，布政司暫令布政使胡濂，按察司暫令按察使楊璋，各戴罪護管，隨該新任參議周文光，按察使伍文定先後到任，各已替管外，其都司暫令都指揮馬驥，提學道關防令副使唐錦，南昌道印信令僉事王疇，南昌府印信令知府鄭瓛，南、新二縣印信令知縣陳大道、鄭公奇，各戴罪暫且管理外，及照南昌前、左二衛并各撫所衙門印信，俱各無官管理。除用木匣收盛，封發按察司，仍候事寧有官之日，該司徑發掌管外，緣係處置官員署印以安地方事理，爲此具本題知。

二乞便道省葬疏十四年八月二十五日

照得先准吏部咨：「該臣奏稱『以父老祖喪，屢疏乞休，未蒙憐准。近者奉命扶疾赴閩，意圖了事，即從彼地冒罪逃歸。旬日之前，亦已具奏。不意行至中途，遭值寧府反叛，係國家大變，臣子之義，不容舍之而去。又閩省撫巡方面等官,無一人見在者,天下事機,間不容髮,故復忍死,暫留於此,而爲牽制攻討之圖;俟命帥之至,即從初心,死無所避。臣思祖母自幼鞠育之恩,不及一面爲訣,每一號慟,割裂昏殞,日加尫瘠,僅存殘喘。母喪權厝祖墓之側,今葬祖母,亦欲因此改葬。臣父衰老日甚,近因祖喪,哭泣過節,見亦病卧苫廬。臣今扶病,驅馳兵革,往來於廣信、南昌之間。廣信去家不數日,欲從其地不時乘間抵家一哭,略爲經畫葬事,一省父病。臣區區報國血誠上通於天,不辭滅宗之禍,不避形迹之嫌,冒非其任,以勤國難,亦望朝廷鑒臣此心,不以法例繩縛。使臣得少伸烏鳥之痛,臣之感恩,死且圖報,搶攘哀控,不知所云』等因。具本奏。奉聖旨:『王守仁奉命巡視福建,行至豐城,一聞宸濠反叛,忠憤激烈,即便倡率所在官司起集義兵,合謀勦殺,氣節可嘉,已有旨着督兵討賊,兼巡撫江西地方。所奏省親事情,待賊平之日來説。該部知道。』欽此。」備咨到臣。除欽遵外,近照寧王逆黨皆已仰賴皇上神武,廟堂神算,悉就擒獲。地方亦已平靖,百姓室家相慶,得免徵調之苦,復有更生之樂,莫不感激洪恩,沾被德澤。

獨臣以父病日深,母喪未葬之故,日夜哀苦,憂疾轉劇。犬馬驅馳之勞,不足齒録,而烏鳥迫切之情,實可矜憫。已蒙前旨,許「待賊平之日來説」,故敢不避斧鉞,復伸前請。伏望皇上仁覆曲成,容臣暫歸田里,一省父病,經紀葬事,臣不勝哀懇苦切祈望之至!

處置從逆官員疏 十四年八月二十五日

正德十四年七月二十三日，據南昌府知府鄭瓛自寧王賊中逃出投到；本月二十六日，又據領兵官臨江府知府戴德孺等臨陣奪獲先被寧王脅去巡按監察御史王金，户部公差主事金山，左布政使梁宸，參政程杲，按察使楊璋，副使賀鋭，僉事王疇、潘鵬，都指揮同知馬驥、許清，都指揮僉事白昂，守備南贛都指揮僉事郟文并脅從用事參政王綸，及據先被脅從令赴九江用事僉事師夔，先被脅從賊敗脱走鎮守太監王宏，各投送到臣。

照得先因寧王宸濠於六月十四日殺害巡撫右副都御史孫燧，副使許逵，將各官綁縛迫脅。時臣奉命福建勘事，行至豐城聞變。顧惟地方之責，雖職各有專，而亂賊之討，實義不容避。遂連夜奔還吉安，督同知府伍文定等調集南、贛等府軍兵，捐軀進勦。至七月二十日，攻破省城，搗其巢穴。隨有被脅在城右布政使胡濂，參政劉斐，參議許效廉，副使唐錦，僉事賴鳳，都指揮僉事王紀，各投首到臣。彼時軍務方殷，暫將各官省候，督兵擒獲宸濠，并逆黨李士實、劉吉、凌十一等，臣已先後具本奏報去後。

本年八月二十三日，會集知府伍文定等將各事情逐一研審，得布政梁宸等各執稱本年六月十三日，寧王生日，延待各官酒席，次日進府謝酒，不期寧王謀逆，喝令官校多人將前各官并先存後監。故户部公差主事馬思聰，參議黄宏，原任參議今陞陝西參政楊學禮等，俱各背綁要殺。當將孫都御史、許副使押出斬首，其餘各官俱杻鐐發儀衛司等處監禁。王綸留府用事，知府鄭瓛先被寧王誣奏見監，按察司瑞州府知府宋以方緣事在省，本日俱拏監儀衛司，差人將各衙門印信搜奪入府。後參議黄宏、主事馬思聰各不食，相繼在監身故。寧王差人入監踈放各官杻鐐，王疇、鄭瓛二人不放。本月二十一日，將梁宸、胡濂、劉斐、賀鋭各放回本司。本日寧王傳檄各處，令人寫成布政司咨呈備云檄文，轉呈府部，自將搜去印信印使付與梁宸僉押。梁宸不合畏死聽從僉押訖。本月二十三日，寧王告廟出師祭旗，加授王綸贊理軍務，與劉吉等一同領兵。王綸不合畏死聽從。本日又差柴内官等帶領人衆，將兩司庫内官銀强搬入府，梁宸、賀鋭在司署印，不合畏死，不行阻當。本日將楊璋仍拘儀衛司，各官改監湖東道。本月二十六、七等日，寧王差儀賓李琳等將伊收積米穀給散省城軍民以邀人心，着令程杲、潘鵬監放。各不合畏死，到彼看放。二十七日，寧王因先遣承奉屠欽等帶領賊兵往攻南京，各賊屯劄鄱陽湖上，久候寧王不出，自行攻破南康、九江，掠取財物，二府人民走散，寧王要得招撫以收人心，押令師夔前去曉諭。不合畏死，往彼安撫。本月二十八日，寧王因要起程往取南京，恐省城變動，欲結人心，又差僞千户朱真送銀五百兩與布政司梁宸、胡濂、劉斐、程杲、許效廉。各不合畏死，暫收入己。又將銀七百兩送按察司楊璋、唐錦、賀鋭、王疇、師夔、潘鵬、賴鳳。亦不合畏死，暫收入己。又押令劉斐、王玘替伊巡守，并押令許效廉、賴鳳替伊接管放糧。各不合畏死，守城放米。七月初一日，差人將胡濂、唐錦送還本司，楊學禮放令之任，將梁宸、程杲、楊璋、賀鋭、王疇、潘鵬、馬驥、許清、白昂、郟文、鄭瓛、宋以方脅拘上船，隨行分投差撥儀賓等官張嵩等帶領舍校看守，又將銀二百兩差僞千户吴景賢分送梁宸、胡濂、劉棐、許效廉等，及差萬鋭送銀三百兩分送楊璋、唐錦、賀鋭、師夔、潘鵬、賴鳳。各又不合畏死，暫收入己。本月初八日，至安慶，見攻城不克，因潘鵬係安慶人，差令逃引禮、白泓押同。潘鵬不合畏死聽從，賫捧檄文，到彼招降。本月十五日，寧王因聞提督王都御史兵將至省，回兵歸救省城。行至鄱陽湖地方，屢戰屢敗。至二十六日早，蒙大兵突至，寧王被擒，各官因得脱走前來。知府宋以方不知存亡等因。

隨據布、按二司呈開布政司梁宸、胡濂、劉棐、程棐、許效廉，按察使楊璋、唐錦、賀鋭、王疇、師夔、潘鵬、賴鳳，各令家人首送前銀，各在本司貯庫等因。尤恐不的，吊取見監擒獲逆黨劉吉、屠欽、凌十一等，各供稱相同。爲照參政王綸脅受贊理，僉事潘鵬、師夔被脅招降撫民，情罪尤重，王綸、師夔又該直隸、湖廣撫按等衙門各具本參奏，知府鄭瓛已經别案問結奏請，俱合候命下之日遵奉另行外，參照布政梁宸，參政劉棐、程杲，參議許效廉，副使賀鋭，僉事賴鳳，都指揮王玘，或行咨撫守，或盤庫放糧，勢雖由於迫脅，事已涉於順從。鎮守太監王宏，御史王金，主事金山，布政胡濂，按察使楊璋，副使唐錦，僉事王疇，都指揮馬驥、許清、白昂、郟文，或被拘於城内，或脅隨於舟中，事雖涉於順從，勢實由於迫脅，以上各官甘被囚虜而不能死，忍受賊賄而不敢拒，責以人臣守身之節，皆已不能無虧；就其情罪輕重而言，尚亦不能無等。伏願皇上大奮乾剛，取其罪犯之顯暴者，明正典刑，以爲臣子不忠之戒；酌其心迹之堪憫者，量加黜謫，以存罪疑惟輕之仁。庶幾奸諛知警，國憲可明。

處置府縣從逆官員疏 十四年八月二十五日

正德十四年七月二十日，該臣興舉義兵，勦除逆賊，攻開省城。本日進城之後，隨據都、布、按三司首領等官邢清等，南昌府等衙門同知等官何維周等，各投首到臣。于時逆賊未獲，軍務方殷，暫將各官省候。本月二十六日，宸濠就縛，逆黨盡擒，除已奏報去後，隨拘邢清等到官。審得各供稱「本年六月十四日寧王謀反，將鎮巡三司等官俱各被綁脅，當將孫都御史、許副使殺害。隨差人將南昌府同知何維周、通判張元澄、檢校曹楫，南昌縣知縣陳大道，縣丞王儒，新建縣知縣鄭公奇，南浦驛驛丞王洪，南浦遞運所大使張秀，俱拿紐鐐發監儀衛司。隨將各官行李并各掌印俱搜檢入府。彼有邢清與本司都事翟瓚，檢校董俊，理問張裕，案牘陳學，司獄張達廣，濟庫大使胡玉，副使姚麟，織染局大使秦尚夔，副使戴瓛，按察司經歷尹鵾，知事張澍，照磨雷爕，都指揮使司斷事章璠，吏目周鶴，司獄沈海，南昌前衛署指揮僉事夏繼春，經歷周孟禮，鎮撫忻偉，吕昇，正副千户徐賢、鄭春、張斌、傅英、唐榮、杜昂、李瀚、陳偉、姚鉞、吴耀，百户徐隆、陳韜、張綱、王春、龔昇、陳詔、馮淮、黄鑑、李欽、梅樗、茆富、陳瓚、王昇、吕輔、趙昂、董鈺、姚芳、劉璘、李琇、李祥、陸奇，南昌府儒學訓導張桓、瞿雲、汪潭，税課司大使楊純廣，濟倉大使左儀副使王大本、李譜，守支大使卓文正、陳琳，副使鄧謌、李彬，南昌縣主簿張譽，典史方汝賓，儒學訓導達賓，新建縣縣丞劉萬鍾，主簿熊辟，典史楊儒，儒學訓導區賓、金清，俱各聞風逃躲，不曾被拿。後寧王臨行，將何維周等釋放，又將知事張澍拘拿上船，至今未知存亡。本年七月二十日，蒙大兵征勦，攻入省城，邢清等方得奔走軍門投首」等因。

據此，除將各官羈候，其鎮巡并三司堂上官南昌府知府另已參奏外，參照邢清等被執不死，全無伏節之忠；聞變即逃，莫知討賊之義，俱合重罪。但責任既輕，賊勢復盛，力難設施，情可矜憫。合無行撫按衙門依律問擬，以爲將來之戒，惟復別有定奪。

收復九江南康參失事官員疏 十四年九月初十日

據委官江西撫州府知府陳槐、饒州府知府林城、❶建昌府知府曾璵、廣信府知府周朝佐，各呈先因寧王謀反，奉臣案驗備行各府起兵擒勦，各遵依先後會集市汊等處。刻期破城之後，又奉臣牌照得九江、南康二府，先被寧王攻破，分留逆黨據守城池，西扼湖兵之應援，南遏我師之追躡。仰賴宗社威靈，幸已克復省城。除遣知府伍文定、邢珣、徐璉、戴德孺分布哨道，邀擊寧賊，務在得獲所據，逆黨占據府縣，應合分兵勦復。牌仰知府陳槐、林城前去九江，曾璵、周朝佐前去南康，相機行事，務要攻復城

❶「城」，原作「城」，據四庫本改。

池，以扼賊人之咽喉，平靖反側，以剪逆黨之羽翼。居民人等不幸被脅，或因而逃竄者，就行出給告示，分投撫諭，使各回生理。務將人民加意賑恤，激以忠義，撫以寬仁，權舉有司之職以理庶事，查處倉庫之積以足軍資。一面分兵邀誘寧賊，毋令東下。仍備查各官棄城逃走，致賊焚掠屠戮之故，具由回報，以憑參拿究治等因。

依奉陳槐選帶知縣傅南喬、陶諤等，林瑊選帶知縣馬津、趙榮顯等，曾璵選帶檢校典節知縣余瑩、縣丞陳全等，周朝佐選帶知縣譚縉、杜民表等各兵快一千餘名，由水路分哨勦賊。七月二十四等日，❶寧賊回援省城，舟至鄱陽湖等處，與吉、贛等官兵相遇大戰。職等各行領兵，連日在湖策應，與賊對敵。撫州府官兵擒斬賊犯共二百九十餘名顆，饒州府擒斬賊犯共五百餘名顆，建昌府擒斬賊犯共四百八十餘名顆，廣信府擒斬賊犯共五百餘名顆，陸續各解本院，轉送監察御史謝源、伍希儒處覈實處決審發訖，各官隨各統兵直至九江、南康府地方，照臣牌內行事。

知府陳槐、林瑊呈稱，先該九江兵備副使曹雷同該府知府汪穎等亦行督發瑞昌等縣兵快，與同九江衛掌印指揮劉勳等收召操軍前來，聲復城池。被賊探知官兵齊集，先行望風逃遁。九江軍兵至城守劄，仍又分兵追至湖口等處勦殺賊黨。職等入城，撫回逃竄男婦萬餘名口，復業生理。會案行拘九江府衛里老旗軍，查訪得副使曹雷先於六月初二日，帶同通判張雲鵬前往彭澤縣水次兑糧；知府汪穎先因瘧痢兼以母

❶「七」，原作「十」，據四庫本改。

病不能視事，於十五日暫將印信牒行推官陳深署掌，庫藏未經交盤。至十七日丑時，德化縣老人羅倫口報寧王謀反，殺害巡撫等官，彼有汪穎會同陳深并劉勳等點集城内官軍機兵火夫上城，照依原分南門迤東由盤石門、福星門城上朵子軍衛把守，南門迤西由湓浦門至望京門城上朵子有司把守，東門把守官指揮丁睿等三十四員，南門把守官指揮蕭綱等二十一員，西門把守官指揮孫璋等二十員，九江門把守官指揮董方等十二員，福星北門把守官指揮李泮等十八員，共一百零五員。該衛軍人先因放操回屯數多，一時不能齊集。十八日卯時，逆黨凃承奉等領船二百餘隻，裝載兵至福星北門外劄營，就臨城下喝叫開門。指揮李泮等不從，各賊忿怒，分兵燒毀西門外軍民房屋潯陽驛官廳等處；殺死虜來四人，臨門祭旗；隨用銃砲火槍火箭等器併力攻打，至辰時，賊遂梯援上城。泮等俱各逃散，被賊將鎖鑰打脱，擁入。口稱省城、南康等府俱已收服，巡撫等官俱各被害，官民不必逃散，只將印信來降。時汪穎、陳深、劉勳等俱在各把門守，因見力不能支，同德化縣知縣徐志道并前各門把守指揮千户鎮撫及府縣儒學訓導倉場局務大小官員各懷印信從南門逃避去訖。内九江衛左千户所百户白昇、馬貴各遺失本所銅印一顆。隨被各賊將大盈庫銀九千一百七十兩零，德化縣寄庫銀二百六十三兩零，湖口縣寄庫銀四百五十九兩零，鈔廠寄庫銀三千餘兩，司獄司囚重犯十二名，輕犯二十九名，廣盈倉糧米二千四百四十石零，盡行劫取釋放。又將軍器庫盔甲刀鎗劫去，共一十一萬九千二百二十四件。九江衛被賊劫去軍器二千六百三十九件，演武廳軍器一萬六百三十件，并響器八十餘件，鎮撫監賊犯蔡日奇等七名，盡行劫取釋放。及燒毀大哨船五隻，軍舍房屋七十六間，駕去大哨船二隻、小哨船十一隻。德化縣被賊將縣庫銀共三百二兩零，預備倉稻穀一萬七千二百石零，縣監輕重囚犯二十名，盡行劫放。及燒毀官民房屋七百五十九間，殺死男婦一十五名。潯陽驛被賊燒毀官廳一座，耳房二間，及站船鋪陳等物。惟指揮劉勳將兵備衙門賞功支剩銀三十兩六錢及贓罰銀三十二兩并運軍行糧折銀二十九兩六錢收貯私家，捏開在衛被劫，事涉侵欺。

及查九江府鈔廠寄庫銀兩行，拘庫子皮廷貴等審供侵分料銀一千一百零六兩四錢，情由在官，將各犯送府監候，拘齊未到人犯追問回報。及查得僉事師夔持奉僞檄，前至九江安撫。因見府衛等官不從僞命，駕船去訖。續查得該府所屬湖口縣於六月十七日酉時，被逆黨熊内官等押兵到縣，因無城池，知縣章玄梅等帶印暫避縣後嶺背集兵。次日對敵，殺死逆黨魏清等，被賊殺死民快壯丁共一百二十名，殺死居民一十一名，放出縣監重囚三名，輕犯一十一名，燒毀房屋二十間，民房一千八百三十五間。本縣官庫銀兩先已窖藏，及各衙門印信，俱各見在，止被劫去在倉米一百五十九石，在庫皮盔鐵銃弓弩三百件，鐵彈子三十二斤，及衣服靴鈔等物，并將遠近年分卷册，俱各毀壞。

彭澤縣於六月十八日卯時被賊蜂擁上街，延燒房屋吏舍一百餘間，並無擄掠男婦。當有知縣潘琨督同巡捕官兵守保，印信倉庫錢糧文卷俱全。德化縣於六月十七日被從逆護衛指揮丁綱等統帶旗校到屯，點取軍丁，致被驚散鄉村男婦。該縣嚴督兵快人等保守城池，俱各無虞。除重復查勘明白，將湖口、彭澤二縣被害人民行令該府，斟酌被害重輕，將見在錢糧加意賑恤。其德化縣被害之家，緣無錢可支，已行該府徑申本院，請發錢糧賑恤，使被害殘民得以存濟。職等仍行多方撫諭，激以忠義，戒以勤儉，人皆感服遵聽，遂有更生之樂等因。

又據知府曾璵、周朝佐呈稱，查勘得南康府六月十六日夜，被賊船一千餘隻衝入本府。彼有該府通判俞椿、推官王詡公出未回，知府陳霖、同知張禄、通判蔡讓因見城池新築未完，民兵寡少，同附郭星子縣掌印佐貳并府縣儒學倉場局務等官各帶印信潛避廬山，賊遂入城，殺死官舍民快劉大等一十二名，被搬劫府庫金一兩五錢零，紫陽遺惠倉原貯穀一千七石零，劫放府獄重輕囚犯一百一十一名，燒毁六房卷宗黄册，及掠劫居民房屋家財。知府陳霖等潛住各鄉集兵，陸續擒斬賊犯共二百三十餘名顆。至二十七日，餘賊五百餘人奔來河下。知府陳霖同州縣各官督兵擒斬賊犯一百餘名顆。適遇委官知府曾璵、周朝佐各帶官兵自王家渡一路追賊到府，協力勦殺各起餘賊，又擒殺賊共三百三十餘名顆，各解審訖。

查得星子縣知縣王淵之被賊追跌致死，署印縣丞曹時中當將印信付與吏熊正背負，同主簿楊本禄俱入廬山，曹時中逃躲不知去向，兵快胡碧玉等五名被賊殺死，及劫虜居民男婦徐仲德等五十八名口，焚燒房屋并劫掠居民共五百三十六人家。劫放獄囚弓正道等四十四名，縣廊庫銀九十七兩零，及贓物鈔貫俱被劫去，止有銀二百一十三兩四錢八分係庫子戴汶泗收藏回家，首出還官。陸續擒獲賊犯顔濟等二十名。又查得都昌縣原無城池，聞賊入境，署印主簿王鼎、典史王仲祥率兵迎敵，保守倉庫，俱不曾被劫。被賊殺死、渰死兵快居民段容等三十一名，焚燒劫掠居民共一千二百一十六家。又查建昌縣原無城池，逆黨儀賓李世英等帶領賊兵三百餘名來縣，知縣方鐸、縣丞錢惠、主簿王鉞同儒學教諭唐汶等見勢不敵，各帶印信潛避集兵。當被李世英將獄禁囚犯熊澄等八十四名盡行劫放，並無劫掠焚燒倉庫錢糧官民房屋。隨被方鐸陸續擒獲李世英等一百七十五名口，解報訖。又查訪勘得安義縣新創，城池未完，被逆黨旗校火信等領兵到縣，將官廳燒毁三間，六房文卷俱被棄毁。知縣王軾因見賊勢衆多，退避集兵。主簿董國宣因男董茂隆投入寧府，懼罪逃走。儒學訓導陳仕端等亦隨縣官避出。其倉庫獄禁居民房屋俱不曾被焚劫。王軾同各官前後領兵擒斬賊共一千餘名顆，轉解訖。撫回南康府各屬縣復業逃民一萬二千四百餘家。遵奉通行各屬暫令管事及賑恤事宜另行申請等因，各呈到臣，會同各官訪勘相同。

臣等議得九江、南康府衛所縣大小官員均有守土之寄，俱犯失事之律。欲將各官通革管事待罪，緣地方殘破之餘，又係朝覲年分，無官可委更代，姑從權宜，暫行管事。其各府縣被害人民，并缺乏軍資，已於先取見在錢糧内量數查發，前去賑給外，參照九江地方當水陸之衝，據湖、湘之要，朝廷以其控帶南圻，屏蔽江右，實爲要地，故既有府衛之守，又特爲兵備之設。其城池三面臨水，地勢四圍險固，平時守備若嚴，臨變必難驟破。各該守備官員安於承平，寬縱軍士，雖預知賊報，而倉惶無備，及一聞賊至，而望風奔走。指揮劉勳除監守自盗官錢外，與李泮等棄城先遁，致賊殘破。知府汪穎、推官陳深、知縣徐志道等，因見守戰無兵，亦各懷印逃難。百户白昇等一印不保，安望守城。副使曹雷職專兵備，防守不嚴，雖城破之日，偶幸不與，而失事之責，終爲有因。再照南康地方固稱土瘠民稀，然亦負山阻水，雖新創之城尚爾脩築未完，而守土之職惟當效死勿去。該府知府陳霖、同知陳禄、通判蔡讓，星子縣主簿楊永禄等，畏縮無備，逃難棄城。湖口、建昌二縣知縣章玄梅、方鐸聞賊先遁，致殘縣治。安義縣知縣王軾，賊黨在境，不知先事之圖，後雖有功，無救地方之變。彭澤縣知縣潘琨、都昌縣主簿王鼎等，印信倉庫雖獲無虞，而都昌被賊殺死兵快，彭澤被賊燒劫居民，失事之責，亦有攸歸。星子縣縣丞曹時中，安義縣主簿董國宣，一則脱逃不首，一則縱子投賊。至於各該府縣首領儒學倉場局務等官，雖無守土之責，俱有棄職之罪。

以上各官，求情固有輕重，揆義俱犯憲條；雖有後獲之功，難掩先失之罪。及照近年以來，士氣不振，兵律欠嚴，蓋由姑息屢行，激勵之方不立，規利避害者獲免，委身效職者難容，是以偷靡成習，節義鮮彰。伏望皇上大奮乾剛，肅清綱紀，乞勑法司參詳情罪輕重，通將各官究治如律。雖或量功末減，亦必各示懲創，庶有作新之機，足爲將來之警。

王文成公全書卷之十三

别録五　奏疏五

乞寬免税糧急救民困以弭災變疏 十五年三月二十五日

照得正德十四年七月内，節據吉安等一十三府所屬廬陵等縣，各申爲旱災事，開稱本年自三月至于秋七月不雨，禾苗未及發生，盡行枯死，夏税秋糧，無從辦納，人民愁嘆，將及流離，申乞轉達寬免等因到臣。節差官吏、老人踏勘前項地方，委自三月以來，雨澤不降，禾苗枯死。續該寧王謀反，乘釁鼓亂，傳播僞命，優免租税。小人惟利是趨，洶洶思亂。臣因通行告示，許以奏聞優免税糧，諭以臣子大義，申祖宗休養生息之澤，暴寧王誅求無厭之惡，由是人心稍稍安集，背逆趨順，老弱居守，丁壯出征，團保饋餉，邑無遺户，家無遺夫。就使雨暘時若，江西之民亦已廢耕耘之業，事征戰之苦；況軍旅旱乾，一時併作，雖富室大户，不免饑饉，下户小民，得無轉死溝壑，流散四方乎？設或饑寒所迫，徵輸所苦，人自爲亂，將若之何？如蒙乞勑該部暫將正德十四年分税糧通行優免，以救殘傷之民，以防變亂之階。伏望皇上罷冗員之俸，損不急之賞，止無名之徵，節用省費，以足軍國之需，天下幸甚。緣由於本年七月三十日具題請旨，未奉明降。

隨蒙大駕親征，京邊官軍前後萬數，沓至并臨，填城塞郭。百姓戍守鋒鏑之餘，未及息肩弛擔，又復救死扶傷，呻吟奔走，以給斯養一應誅求；妻孥鬻於草料，骨髓竭於徵輸。當是之時，鳥驚魚散，貧民老弱流離棄委溝壑；狡健者逃竄山澤，群聚爲盜；獨遺其稍有家業與良善守死者十之二三，又皆顛頓號呼於挺刃捶撻之下。郡縣官吏，咸赴省城與兵馬住屯之所奔命聽役，不復得親民事。上下洶洶，如駕漏船於風濤顛沛之中，惟懼覆溺之不暇，豈遑復顧其他，爲日後之慮，憂及税賦之不免，征科之未完乎！當是之時，雖臣等亦皆奔走道路，危疑倉皇，恐不能爲小民請一旦之命，豈遑爲歲月之慮，憂及賦税之不免，征課之未完，而暇爲之復請乎！

若是者又數月，京邊官軍始將有旅歸之期，而户部歲額之徵已下，漕運交兑之文已促，督催之使，切責之檄，已交馳四集矣。流移之民聞官軍之將去，稍稍脇息延望，歸尋其故業。足未入境，而頸已繫於追求者之手矣！夫荒旱極矣，而又因之以變亂；變亂極矣，而又加之以師旅；師旅極矣，而又竭之以供饋，益之以誅求，亟之以征斂。當是之時，有目者不忍睹，有耳者不忍聞，又從而刻其膏血，有人心者而尚忍爲之乎！今遠近軍民號呼匍匐，訴告喧騰，求朝廷出帑藏以賑濟，久而未獲，反有追征之令。鬨然興怨，謂臣等昔日蠲賦之言爲詒己。竊相傷嗟，謂宸濠叛逆，獨知優免租税以要人心。我輩朝廷赤子，皆嘗竭骨髓、出死力以勤國難，今困窮已極，獨不蒙少加優恤，又從而追征之，將何以自全。是以令之而益不信，撫之而益憤憤，諭之而益呶呶，甫懷收復之望，又爲流徙之圖。計窮勢迫，匿而爲奸，肆而爲寇，兩月以來，有司之以鼠竊警報者，月無虚日。無怪也，彼無家業衣食之資，無父母妻子之戀，而又旁有追呼之苦，上有捶剥之災，自非禮義之士，孰肯閉口枵腹，坐以待死乎？

今朝廷亦嘗有寬恤之令矣，亦嘗有賑濟之典矣，然寬恤賑濟，内無帑藏之發，外無官府之儲，而徒使有司措置。措置者豈能神輸而鬼運？必將取諸富民。今富民則又皆貧民矣！削貧以濟貧，猶割心臠肉以啖口，口未飽而身先斃。且又有侵尅之弊，又有漁獵之奸，民之賴以生者，不能什一，民之坐而死者，常十九矣。故寬恤之虚文，不若蠲租之實惠；賑濟之難及，不若免租之易行。今不免租税，不息誅求，而徒曰寬恤賑濟，是奪其口中之食，而曰「吾將療汝之饑」；刳其腹腎之肉，而曰「吾將救汝之死」。凡有血氣，皆將不信之矣。

夫户部以國計爲官，漕運以轉輸爲任，今歲額之催，交兑之促，皆其職之使然。但民者邦之本，邦本一摇，雖有粟，吾得而食諸？伏望皇上軫念地方塗炭之餘，小民困苦已極，思邦本之當固，慮禍變之可憂，乞勑該部速將正德十四、十五年該省錢糧悉行寬免；其南昌、南康、九江等府殘破尤甚者，重加寬貸，使得漸回喘息，脩復生理。非但解江西一省之倒懸，臣等無地方變亂之禍，得免於誅戮，實天下之幸，宗社之福也。

夫免江西一省之糧税，不過四十萬石，今吝四十萬石而不肯蠲，異時禍變卒起，即出數百萬石，既已無救於難矣。此其形迹已見，事理甚明者。臣等上不能會計征斂以足國用，下不能建謀設策以濟民窮，徒痛哭流涕，一言小民疾苦之狀，惟陛下速將臣等黜歸田里，早賜施行，以紓禍變。緣係寬免税糧，急救民困，以弭災變事理，爲此具本請旨。

計處地方疏十五年五月十五日

臣惟財者民之心也，財散則民聚；民者邦之本也，本固則邦寧。故文帝以賜租致富樂之效，太宗以裕民成給足之風。君民一體，古今同符。臣會同巡按江西監察御史唐龍議照寧賊宸濠志窮荒度，謀肆併吞，其於民間田地山塘房屋等項，或用勢强占，或減價賤買，或因官本准折，或摭別事抄收。有中人之家者，一遭其毒，即無棲身之所。有上農之田者，一中其奸，即無用鋤之地。尤且虚填契書，以杜人言，私置簿籍，以增租額。利歸一己，害及萬家。故先有副使胡世寧直言指陳，續該科道等官交章舉發，言皆有據，事非無徵。近奉詔書曰：「宸濠天性兇惡，自作不靖，强奪官民田産，動以萬計。」則陛下明以燭姦，深知宸濠田産皆奪諸百姓者也。又曰：「占奪田産悉還本主。」則陛下仁以憫下，盡欲舉百姓之田産而給還之也。聖言猶在，昭如日星，國信不移，堅如金石。

始者，宸濠既敗，該臣等已行守巡等官，將該府及各賊黨田地房屋，許令府縣等官俱抄没在官，造報在册矣。但委官查勘之時，正事變搶攘之際，業主驚散，俱未寧家，上司督責，急欲了事，依契溷查，憑人浪報，多寡是較，占買未分。明詔雖有給主之條，小民猶抱失業之恨，昔之居，不得而居也，昔之田，不得而食也。澤未下究，怨徒上歸。況屋無主則毁，地不耕則荒。故兵馬之後，瓦柱僅存，田野之間，草萊漸長。兼以勢室豪强，恣行包侵之計，奸徒私竊，動開埋没之端。及今審處不早，將來遺失益多。

再照前項田産，多在南昌、新建二縣，受害獨深，人人被其誅求，家家被其檢括；且賊師起事，抄掠尤慘，官兵破圍，傷殘未蘇；財盡已極，民困莫加。查得二縣額派兑軍淮安京庫三項糧米共十一萬九千石有零，淮、益二府禄米共四千二石，節奏寬免，未奉停徵。運官守催，旗校逼取，勢急若火，案積如山，民納不前，官宜爲處。及照一方之統會在於省城，各府之錢糧併於司庫。查得本布政司官庫，先被賊兵劫搶，繼因軍餉動支，官吏徒守乎空櫃，紙筆亦賒于鋪家。大兵必有荒年，民窮必有盜賊，萬一變生無常，釁起不測，則寸兵尺鐵皆無所需，束芻斗糧亦不能辦，公私失恃，緩急可憂。再照省城各門城樓窩鋪及諸司衙門，先是王府占據，多屬踈隘，近因兵火蔓延，半遭蕩焚。夫城樓者，一方防禦之所關，衙門者，諸司政令之所出，託始創新，固無民力，因陋就簡，見有官房。

如蒙乞勑該部查議，將前項抄没過寧府及各賊黨下田地山塘房屋等項，行令布政司會同按察司各掌印官及分守分巡官并府縣官從實覆行查勘明白，委係占奪百姓者，遵照詔書内事理，給還本主管業。及將於内官房酌量移改城樓窩鋪衙門，餘外無碍田地山塘房屋，仍令各官公同照依時估變，價銀入官，先儘撥補南、新二縣兑軍淮安京庫折銀糧米及王府禄米，外有羨餘，收貯布政司官庫，用備緩急。仍禁約勢豪之家，不得用强占買，各委官亦不得畏勢市恩，致招物議。凡撥給變賣事情，若有勢豪强占强買及委官畏勢市恩各情弊，許撫按衙門指實糾劾懲究。施行事完，該司將各項數目徑自造册奏報，并呈該部查考。是蓋以百姓之業，納百姓之糧，以地方之財，還地方之用。民沾惠而國不費，事就緒而財不傷。《書》曰「守邦在衆」，《易》曰「聚人曰財」，惟陛下留意焉。緣係計處地方事理，未敢擅便，爲此具本請旨。

水災自劾疏 十五年五月十五日

臣惟有官守者，不得其職則去。受人之牛羊而爲之牧者，求牧與蒭而不得，則反諸其人。臣以匪才，繆膺江西巡撫之寄，今且數月，曾未能有分毫及民之政。而地方日以多故，民日益困，財日益匱，災變日興，禍患日促。自春入夏，雨水連綿，江湖漲溢，經月不退。自贛、吉、臨、瑞、廣、撫、南昌、九江、南康沿江諸郡，無不被害，黍苗淪没，室廬漂蕩，魚鱉之民聚棲於木杪，商旅之舟經行於閭巷，潰城決隄，千里爲壑，煙火斷絶，惟聞哭聲。詢諸父老，皆謂數十年來所未有也。除行各該司府州縣脩省踏勘具奏外，夫變不虚生，緣政而起，政不自弊，因官而作。官之失職，臣實其端，何所逃罪？

夫以江西之民，遭歷宸濠之亂，脂膏已竭。而又因之以旱荒，繼之以師旅，遂使豐稔連年，曲加賑恤，尚恐生理未易完復，今又重以非常之災，危亟若此，當是之時，雖使稷、契爲牧，周、召作監，亦恐計未有措。

況病廢昏劣如臣之尤者，而畀之倀然坐尸其間，譬使盲夫駕敗舟於顛風巨海中，而責之以濟險，不待智者，知其覆溺無所矣。又況部使之催徵益急，意外之誅求未已。在昔，一方被災，鄰省尚有接濟之望，今湖、湘連歲兵荒，閩、浙頻年旱潦，兩廣之征剿未息，南畿之供餽日窮，淮、徐以北，山東、河南之間，聞亦饑饉相屬。由此言之，自全之策既無所施，而四鄰之濟又已絶望，悠悠蒼天，誰任其咎！

靜言思究，臣罪實多！何者？宸濠之變，臣在接境，不能圖於未形，致令猖突，震驚遠邇，乃勞聖駕親征，師徒暴於原野，百姓殆於道路。朝廷之政令因而閼隔，四方之困憊由是日深。臣之大罪一也。徒避形迹之嫌，苟爲自全之計，隱忍觀望，幸而脱禍。不能直言極諫以悟主聽，臣之大罪二也。徒以逢迎附和爲忠，而不知日陷於有過；徒以變更遷就爲權，而不知日紊於舊章；徒以掇拾羅織爲能，而不知日離天下之心；徒以聚斂征索爲計，而不知日積小民之怨。此臣之大罪三也。上不能有裨於國，下不能有濟於民，坐視困窮，淪胥以溺，臣之大罪四也。且臣憂悸之餘，百病交作，尫羸衰眊，視息僅存。以前四者之罪，人臣有一於此，亦足以召災而致變，況備而有之，其所以速天神之怒，深下民之憤，而致災沴之集，又何疑乎！

伏惟皇上軫災恤變，別選賢能，代臣巡撫。即以臣爲顯戮，彰大罰於天下，臣雖隕首，亦云幸也。即不以之爲顯戮，削其禄秩，黜還田里，以爲人臣不職之戒，庶亦有位知警，民困可息，人怒可泄，天變可弭，而臣亦死無所憾。

重上江西捷音疏十五年七月十七日遵奉大將軍鈞帖

照得先因宸濠圖危宗社，興兵作亂，已經具奏請兵征勦。間蒙欽差總督軍務威武大將軍總兵官後軍都督府太師鎮國公朱鈞帖，欽奉制勅，内開：「一遇有警，務要互相傳報，彼此通知，設伏勦捕，務俾地方寧靖，軍民按堵。」

蒙此，臣看得宸濠虐焰張熾，臣以百數疲弱之卒，未敢輕舉驟進，乃退保吉安。一面督率吉安府知府伍文定等調集軍民兵快，召募四方報效義勇之士，會計一應解留錢糧，支給糧餉，造作軍器戰船，奏留回任監察御史謝源、伍希儒分職任事；一面約會該府鄉官致仕都御史王懋中，養病痊可編脩鄒守益，刑部郎中曾直，評事羅僑，丁憂御史張鰲山，先任浙江僉事、今赴部調用劉藍，依親進士郭持平，軍門參謀驛丞王思、李中，致仕按察使劉遜，參政黄繡，閑住知府劉昭等，相與激發忠義。

七月初二日，宸濠探知臣等兵尚未集，乃留兵萬餘，屬其心腹、宗支、郡王、儀賓、内官并僞授都督、都指揮等官使守江西省城，而自引兵向闕。臣晝夜促各郡兵，期以本月十五日會臨江之樟樹；而嚴督知府等官伍文定等各領兵，於十八日遂至豐城。分布伍文定等攻廣閏等七門。是日得報，宸濠伏兵千餘於新舊墳廠，以備省城之援。臣遣知縣劉守緒等領兵從間道夜襲破之。十九日，申布朝廷之威，再暴宸濠之惡，約諸將二十日黎明各至信地。我兵四面驟集，遂破江西，擒其居守宜春王拱樤及僞太監萬鋭等千有餘人。宸濠宮中眷屬聞變，縱火自焚，延及居民房屋。臣當令各官分道救火，撫定居民，散釋脅從，搜獲原被劫收大小衙門印信九十六顆，三司脅從布政使胡濂、參政劉斐、參議許效廉、副使唐錦、僉事賴鳳、都指揮王玘等皆自首投罪。除將擒斬功次，發御史謝源、伍希儒權令審驗紀録，及一面分兵四路追躡宸濠向往，相機擒剿。二十二日，臣等駐兵省城，督同知府伍文定等各領兵分道並進，擊其不意；都指揮余恩領兵往來湖上，誘致賊兵。知府等官陳槐等各領兵四面設伏。二十三日，復得諜報宸濠先鋒已至樵舍，風帆蔽江，前後數十里，不能計其數。二十四日早，賊兵鼓噪乘風而前，逼黄家渡。臣督各兵四面擊賊，遂大潰，擒斬二千餘級，落水死者萬數。二十五日，又督各兵殊死並進，砲及宸濠舟。宸濠退走，遂大敗。擒斬二千餘級，溺水死者不計其數。二十六日，臣夜督伍文定等爲火攻之具，四面而集，火及宸濠副舟，衆遂奔敗。❶宸濠與其妃嬪泣别，妃嬪宫人皆赴水死。我兵遂執宸濠，并其世子、郡王、將軍、儀賓及僞太師、國師、元帥、參贊、尚書、都督、都指揮、指揮、千百户等官李士實、劉養正、劉吉、屠欽、王綸、熊瓊、盧珩、羅璜、丁饋、王春、吴十三、秦榮、葛江、劉勳、何鏜、王信、吴國七、火信等數百餘人，被執脅從太監王宏，御史王金，主事金山，按察使楊璋，僉事王疇、潘鵬，參政程杲，布政梁宸，都指揮郟文、馬驥、白昂等，擒斬賊黨三千餘，落水死者萬餘，棄其衣甲器仗財物，與浮尸積聚，横亘十餘里。餘賊

❶「遂」，原作「逐」，據四庫本改。

數百艘，四散逃潰。二十七日，戰樵舍等處，又復擒斬千餘，落水死者殆盡。二十八日，知府陳槐等各與賊戰於沿湖諸處，擒斬各千餘級。除將宸濠并其世子、郡王、將軍、儀賓，僞授太師、國師、元帥、參贊、尚書、都督、都指揮、指揮等官各另監羈候解，被執脅從等官并各宗室別行議奏，及將擒斬俘獲功次一萬一千有奇發御史謝源、伍希儒暫令審驗紀録，另行造册繳報外。

照得臣節該欽奉勑諭：「但有盜賊生發，即便嚴督各該兵備、守備、守巡各軍衛有司設法調兵勦殺，其管領兵快人等官員，不問文職武職，若在軍前違期，并逗遛退縮，俱聽以軍法從事。生擒盜賊，鞫問明白，亦聽就行斬首示衆。斬獲賊級，行令各該兵備、守巡官即時紀驗明白，備行江西按察司造册奏繳，查照陞賞激勸。」欽此。及准兵部咨「爲飛報賊情事，該本部題稱合無本部通行申明：今後但有草賊生發，事情緊急，該管官司即便依律調撥官軍，乘機勦捕；應合會捕者，亦就調發策應。如有仍前朦朧隱蔽，不即申報，以致聚衆滋蔓，貽害地方，從重參究，決不輕貸」等因，題奉欽依，備咨前來。

又蒙欽差總督軍門發遣太監張永前到江西查勘宸濠反叛事情，安邊伯朱泰、太監張忠、左都督朱暉各領兵亦到南京、江西征勦。續蒙欽差總督軍務威武大將軍總兵官後軍都督府太師鎮國公朱統率六師，奉天征討，及統提督等官司禮監太監魏彬、平虜伯朱彬等，并督理糧餉兵部左侍郎等官王憲等，亦各繼至南京。

臣續又節該奉勑：「如或江西別府報有賊情緊急，移文至日，爾要及時遣兵策應，毋得違誤。」欽此。俱經欽遵外，臣竊照宸濠烝淫姦暴，腥穢彰聞，數其罪惡，世所未有。不軌之謀，已踰一紀，積威所劫，遠被四方。而旬月之間，遂克堅城，俘擒元惡，是皆欽差總督威德、指示、方略之所致也。及照御史謝源、伍希儒監軍督哨，謀畫居多；知府伍文定、邢珣、徐璉、戴德孺、陳槐，曾璵、林城、周朝佐，署都指揮僉事余恩，通判胡堯元、童琦、談儲，推官王暐、徐文英，知縣李楫、李美、王冕、王軾、劉源清、劉守緒、傅南喬，通判楊昉、陳旦，指揮麻璽、高睿、孟俊，知縣張淮、應恩、王庭、顧佖、萬士賢、馬津等，雖效績輸能亦有等列，然皆首從義師，共收全功。其伍文定、邢珣、徐璉、戴德孺等，冒險衝鋒，功烈尤懋。鄉官都御史王懋中，編脩鄒守益，御史張鰲山，郎中曾直，評事羅僑，僉事劉藍，進士郭持平，驛丞王思、李中，按察使劉遜，參政黃繡，知府劉昭等，仗義興兵，協張威武。以上各官功勞雖在尋常，征勦亦已難得。伏望皇上論功朝錫之餘，普加爵賞旌擢，以勸天下之忠義，以勵將來之懦怯。緣係捷音事理，爲此具本請旨。

四乞省葬疏 十五年閏八月二十日

照得先准吏部咨：「該臣奏稱『以父老祖喪，屢疏乞休，未蒙憐准。近者奉命扶疾赴閩，意圖了事，即從彼地冒罪逃歸。旬月之前，亦已具奏。不意行至中途，遭值寧府反叛。此係國家大變，臣子之義，不容舍之而去。又閩省巡撫方面等官，無一人見在者，天下事機，間不容髮，故復忍死，暫留於此，爲牽制攻討之圖；俟命帥之至，即從初心，死無所避。臣思祖母自幼鞠育之恩，不及一面爲訣，每一號痛，割裂昏殞，日加尫瘠，僅存殘喘。母喪權厝祖母之側，今葬祖母，亦欲因此改葬。臣父衰老日甚，近因祖喪，哭泣過節，見亦病卧苦廬。臣今扶病，驅馳兵革，往來於廣信、南昌之間。廣信去家不數日，欲從其地不時乘間抵家一哭，略爲經畫葬事，一省父病。臣區區報國血誠，上通於天，不辭滅宗之禍，不避形迹之嫌，冒非其任，以勤國難，亦望朝廷鑒臣此心，不以法例繩縛，使臣得少伸烏鳥之痛，臣之感恩，死且圖報，搶攘哀控，不知所云』等因。具本奏。奉聖旨：『王守仁奉命巡視福建，行至豐城，一聞宸濠反叛，忠憤激烈，即便倡率所在官司起集義兵，合謀勦殺，氣節可嘉。已有旨著督兵討賊兼巡撫江西地方。所奏省親事情，待賊平之日來説。該部知道。』欽此。」

備咨到臣，除欽遵外，近照寧王逆黨皆已仰賴皇上神武，廟堂成算，悉就擒獲；地方亦已平靖；百姓室家相慶，得免徵調之苦，復有更生之樂，莫不感激洪恩，沾被德澤。獨臣以父病日深，母喪未葬之故，日夜哀苦，憂疾轉劇。犬馬驅馳之勞，不足齒録，而烏鳥迫切之情，實可矜憫。已蒙前旨，許「待賊平之日來説」，故敢不避斧鉞，復申前請。伏望皇上仁覆曲成，容臣暫歸田里，一省父病，經紀葬事，臣不勝苦切祈望之至等因，又經具本，於正德十四年八月二十五日，差舍人來儀齎奏去後，迄今已踰八月，未奉明旨。

臣旦暮惶惶，延頸以待，内積悲痛之鬱，外遭窘局之苦，新患交乘，舊病彌篤，方寸既亂，神氣益昏，目眩耳聵，一切世事皆如夢寐。今雖抑情强處，不過閉門伏枕，呻吟喘息而已。豈能供職盡分，爲陛下巡撫一方乎？夫人臣竭忠委命以赴國事，及事之定，乃故使之不得一省其親之疾，是沮義士之志，而傷孝子之心也。且陛下既以許之，又復拘之，亦何以信於後？臣素貪戀官爵，志在進取，亦非高潔獨行，甘心寂寞者。徒以疾患纏體，哀苦切心，不得已而爲此。今亦未敢便求休退，惟乞暫回田里，一省父疾，經營母葬，臣亦因得就醫調理，少延喘息。苟情事稍伸，病不至甚，即當奔走赴闕，終效犬馬，昔人所謂報劉之日短，盡忠於陛下之日長也。臣不勝哀痛號呼、懇切控籲之至。具本又於正德十五年三月二十五日差舍人王鼐齎奏去後，迄今復六月，未奉明旨。

臣之痛苦，刻骨剜心，憂病纏結，與死爲鄰，已無足論；而臣父衰疾日亟，呻吟牀蓐，思臣一見，晝夜涕洟，每得家書，號慟顛殞，蘇而復絶。夫虎狼惡獸，尚知父子；烏鳥微禽，猶懷反哺。今臣父病狼狽至此，惟欲望臣一歸，而臣乃依依貪戀官爵，未能決然逃去，是禽獸之不若，何以立身於天地乎！夫人之大倫，内則父子，外則君臣，事君以忠，事父以孝；不忠不孝，爲天下之大戮。縱復幸免國憲，然既辱於禽獸，則生不如死。臣之歸省父疾，在朝廷視之，則一人之私情，自臣身言之，則一生之大節。往者寧藩之變，臣時欲歸省父疾。然宗社危急，呼吸之間，存亡攸係，故臣捐九族之誅，委身以死國難。時則君臣之義爲重。今國難已平，兵戈已息，臣待罪巡撫，不過素餐尸位，以苟歲月。而臣父又衰老病篤若此，尚爾貪戀禄位而不去，此尚可以爲子乎！不可以爲子者，尚可以爲臣乎！臣今待罪巡撫，若不請而逃，竊恐傳聞遠邇，驚駭視聽。夫人臣死君之難，則捐其九族之誅而不恤，至其急父之危，則亦捐其一身之戮而不顧。今復候命不至，臣必冒死逃歸。若朝廷憫其前後懇迫之請，赦而不戮，臣死且圖銜結。若遂正以國典，臣獲一見老父而死，亦瞑目於地下矣。臣不勝痛隕苦切，號控哀祈之至，除冒死一面，移疾舟次，沿途問醫，待罪候命外，緣係四乞天恩，歸省父疾，回籍待罪事理，爲此具本奏聞。

開豁軍前用過錢糧疏十五年九月初四日

照得先因寧王變亂，該臣備行南、贛等府，起調各項官軍兵快人等追勦，合用糧餉等項，就仰聽將在官錢糧支給問。隨據吉安府申爲處置軍餉事，開稱動調兵快數萬，本府錢糧數少，乞爲急處等情。已經通行各府，速將見貯不拘何項錢糧，以三分爲率，内將二分解赴軍前接濟外。續爲地方事，臣又看得各處軍兵雖已起調，但前項事情係國家大難，存亡所關，誠恐兵力不敷，未免誤事，又行牌仰各該官司即選父子鄉兵在官操練，聽將官錢支作口糧，候臣另有明文一至，隨即啓行去後，續照前項首惡并其謀黨，俱已擒斬。原調各處軍兵，久已散歸。就經備行江西布政司通將各府州縣自用兵日起，至於掣兵日止，用過一應在官錢糧等項，逐一查明造報，以憑施行，未報查催間。又據江西按察司呈，爲緊急軍情事，開稱先准江西布政司照會，正德十四年十月初一日該蒙户部員外郎黄著案驗，内開蒙本部題奉欽依，差在軍前整理糧草。今照各哨官軍俱集江西省城，又聞聖駕亦將征討，跟隨官軍未知數目，駐劄月日未知久近，所有糧料草束，合仰備行本司掌印等官從長設法處置，或支動在官銀兩，選委能幹官員趁早多買糧草，預備支應，庶無失誤等因到司。

彼時，巡按御史唐龍未到，本院押解逆犯宸濠等在途，查得江西省城司府及南、新二縣并南、康二府庫藏，俱被寧賊搶劫空虚，無從措置。誠恐臨期失誤，就經會同江西布政司一面議借軍門發候解京贓銀，及南昌府縣追到官本等銀給發，委官汪憲等各領買辦糧草供應；一面議將各府派銀接濟，緣由會呈本院奉批俱准議，造册繳報查考等因。依奉除南康、九江、南昌三府縣殘破未派，備行撫州等十府，動支在官銀兩接濟。續因起解首惡宸濠等并逆黨宫眷等項，及補還原借解京贓銀官本等銀緊急，又經會呈議行各該府縣，暫借在官銀兩，前來應濟，共計用過銀九千七百七十一兩四錢，其餘見存銀兩，俱係該解之數，悉行各府差人領回，聽其收解外，呈乞施行等因到臣。

看得所呈前項供應糧料、買辦草料，及自臣起兵以來費用過錢糧，中間多係京庫折銀及兑准糧米等項，俱係支給賞勞兵快人等，及供應北來官軍并犒賑軍民緊急支用，計出無聊，事非得已，别無浪費分文，據法似應措補。但今兵荒殘破之餘，庫藏無不空虚，小民無不凋敝，遠近人情洶洶，方求公帑賑濟，若復派補，必致變生不測。其聽解賊贓官本等銀，實係寧賊搶劫官庫積蓄，刻剥小民脂膏，相應存留，以救困竭。今又盡數解京，地方空匱，委果已極。查得各處用兵請給内帑，或借别省錢糧接濟。

邇者寧賊非常之變，事起倉卒，雖欲請給內帑，勢有不及。後蒙該部議准，許於廣東軍餉銀內支取十萬。隨幸賊勢平定，前項准借銀兩亦遂停止，分毫不曾取用。

伏望皇上憫念地方師旅饑饉之餘，民窮財盡，困苦已極。近又加以水災爲患，流離益甚。乞勑該部查照，轉行江西布、按二司，將自用兵以來支取用費過各該府縣京庫折銀及兑准糧米等項，通行查明，各計若干，照數開豁，免行追補。仍仰備造文册，繳部查考。庶軍民得以少蘇，而地方可免於意外之虞矣。

徵收秋糧稽遲待罪疏 十五年十二月初十日

據江西布政司呈「准布政使陳策等咨，照得正德十四年稅糧，先准參議周文光奉户部勘合派屬徵解，隨因聖駕南巡，各府州縣官俱集省城聽用，前項錢糧不暇追徵。正德十五年正月初二日，蒙巡按江西監察御史唐龍案驗，爲乞救兵燹窮民以固邦本事，該巡撫蘇松、都御史李充嗣題稱：江西變亂，南昌、南康、九江等府首被燒劫，其餘府縣，大軍臨省，供應浩繁，要將該年稅糧盡行停免等因，備行分守南昌五道，勘議得：南昌府南、新二縣被害深重，應免糧差三年；其餘州縣，并瑞州等一十二府屬縣，俱應免糧差二年。回報到司，即轉呈本院具題外。本年二月內，續蒙欽差户部員外郎龍誥案驗，爲儹運糧儲事，備行本司督催該年兑准錢糧交兑，遵依節行催徵間。本年三月初五日，隨准漕運衙門照劄坐到兑軍本色米八萬石，折色米三十二萬石，改兑米一十七萬石，每石連耗折銀七錢，備行作急徵完起運。本月二十八日，又蒙撫按衙門案驗，爲地方極疲，速賜恩恤以安邦本事，該南京工科給事中王紀等奏奉欽依，自正德十四年以前，一應錢糧果係小民拖欠未完的，俱准暫且停徵，還着各該官司設法賑濟，毋視虛文。欽遵通行外，又蒙員外郎龍誥案牌將糧里嚴加杖併，急如星火。小民紛紛援例，赴司告豁。呈蒙撫按衙門批行本司給示曉諭，納糧人户先將兑軍徵解，小民方肯完納。轉行參議魏彦昭督運。續因本官去任，又經呈批參政邢珣暫管督兑。本官於五月二十日徧歷催儹，通將徵完本色米八萬石兑完起運訖。其折色銀兩，催據廣信等府屬縣陸續徵解。近於十一月十三等日抄奉漕運衙門照劄備行本司，將兑運折色銀三十四萬三千兩務要徵完足數，差官協同運官解部等因。依奉通行外，今照該年税糧，委因事變兵荒經理不前，及專管提督官員更代不常，況奉部院明文徵免不一，小民不服輸納，官府掣肘難行，因而稽延。若不預將前情轉達，誠恐查究罪及未便」等因，備呈到臣。

竊照江西錢糧，小民所以不肯輸納，與有司所以難於追徵者，其故各有三，而究其罪歸則責實在臣。何者？宸濠之叛，首以僞檄除租要結人心。臣時起兵旁郡，恐其扇惑，即時移文遠近，宣布朝廷恩德，蠲其租賦，許以奏免，諭以君臣之分，激其忠義之心，百姓丁壯出戰，老弱居守。既而旱災益熾，民困益迫，然而小民不即離散者，以臣既爲奏請，雖明旨未下，皆謂朝廷必能免其租税，尚可忍死以待也。夫危急之際，則啗之免租以竭其死力，事平之後，又罔民而刻取之，人懷怨忿不平，此其不肯輸納之故一也。

及宸濠之亂稍定，而大軍隨至，供饋愈煩，誅求愈急，其顛連困踣之狀，臣於前奏已略言之。百姓不任其苦，强者竄而爲寇，弱者匿而爲奸。繼而水災助禍，千里之民皆爲魚鼈，號哭載途，喧騰求賑。其時臣等既無帑藏之儲，又無倉廩可發，所以綏勞撫定之者，更無別計，惟以奏免租税爲言。百姓睊睊胥讒，謂命在旦夕，不能救我而徒曰免税免税，豈可待邪？蓋其心以爲免税已不待言，尚恨其無以賑之也。已而既不能賑，又從而追納之，人怨益深，不平愈甚，此其不肯輸納之故二也。

當大軍之駐省，臣等趨走奔命，日不暇給，亦以爲既有前奏，則賦税必在所免，不復申請。其時巡撫蘇松等處都御史李充嗣奏稱江西首被宸濠之害，乞將該年税糧軍需等項俱行停免。該户部覆題：「奉聖旨：『是，各被害地方，着撫按官嚴督所屬用心設法賑濟。』欽此。」又該給事中王紀奏本部覆題：「奉聖旨：『是，這地方委的疲困已極，自正德十四年以前一應錢糧，果係小民拖欠未完的，俱准暫且停徵，還着各該官司設法賑濟，毋視虚文。』欽此。」俱欽遵。該部備咨前來，臣等正苦百姓呶呶，咨文一至，如解倒懸，即時宣布。百姓聞之，歡聲雷動，遞相傳告，旦夕之間，深山窮谷，無不畢達。自是而後，堅守蠲免之説，雖部使督臨，或遣人下鄉催促，小民悉以爲詐妄，群起而驅縛之。催徵之令不復可行，此其不肯輸納之故三也。

郡縣之官，親見百姓之困苦，又當震蕩顛危之日，懼其爲變，其始惟恐百姓不信免租之説，指天畫地，誓以必不食言。既而時事稍平，則盡反其說而徵之，固已不能出諸其口矣，況從而鞭笞捶撻之，其遽忍乎！此其難於追徵之故一也。

三司各官，舊者既被驅脅，新者陸續而至，至則正當擾攘，分投供應，四出送迎，官離其職，吏失其守，糾結紛拏，事無專責，如羣手雜繰於亂絲之中，東牽西絆，莫知端緒。既而部使驟臨，欲於旬月之間督併完集，神輸鬼運，有不能矣。此其難於追徵之故二也。

夫背信而行，勢已不順，若使民間尚有可徵之粟，必不得已，剜剥而取之，忍心者尚或能辦也。而民之瘡痍已極矣，實無可輸之物矣，別夫離婦，棄子鬻女，有耳者不忍聞，有目者不忍睹也。如是而必欲驅之死地，其將可行乎！此其難於追徵之故三也。

夫小民之不肯輸納既如彼，而有司之難於追徵又如此，後值部使身臨坐併，急於風火，百姓怨謗紛騰，洶洶思亂，復如將潰之隄。臣於其時慮恐變生不測，謂各官與其激成地方之禍，無益國事，身膏草野，以貽朝廷之憂，孰若姑靖地方，寧以一身當遲慢之戮乎。因諭各官追徵毋急，以紓民怨。各官内迫於部使，外窘於窮民，上調下輯，如居顛屋之下，東撑則西頽，前支則後圮，强顔陵詬之辱，掩耳怨懟之言，身營閭閻之下，口說田野之間，曉以京儲之不可缺，諭以國計之不得已，或轉爲借貸，或教之典拆，忍心於捶骨剥脂之痛而浚其血，閉目於析骸食子之慘而責其逋。共計江西十四年分兑軍本色米八萬石，折色米三十二萬石，改兑米一十七萬石。臣始度其勢，以爲決無可完之理，其後數月之間，亦復陸續起解完納，是皆出於意料之外，在各官誠窘局艱苦，疲瘁已極，亦可謂之勞而有功矣。今聞部使參奏，且將不免於罪，臣竊冤之。

昔之人固有催科政拙，而自署下考者，亦有矯制發廩，而願受其辜者。各官之以此獲罪，固亦其所甘心。但始之因叛亂旱荒而爲之奏免者臣也；繼之因水災兵困而復爲申奏者臣也；又繼之因朝廷兩有停徵賑貸之旨，而爲之宣布於衆者，亦臣也；又繼之慮恐激成禍變，而諭令各官從權緩徵者，又臣也；是各官之罪，皆臣之罪也。今使各官當遲慢之責，而臣獨幸免，臣竊恥之。

夫司國計者，慮京儲之空匱，欲重徵收後期者之罪，而有罰俸降級之議，此蓋切於謀國，忠於事君者之不得已也。亦豈不念江西小民之困苦，與各官之難爲哉？顧欲警衆集事，創前而戒後，固有不得不然者，正所謂救焚身之患，不遑恤毛髮之焦，攻心腹之疾，不得避針灼之苦耳。

伏望皇上憫各官之罪，出於事勢之無已，特從青災肆赦之典，寬而宥之，則法雖若屈，而理亦未枉。必謂行令之始，不欲苟撓，則各官之罪實由於臣，即請貶削臣之禄秩，放還田里，以伸國議。如此，則不惟情法兩得，而臣亦可以藉口江西之民免於欺上罔下之耻矣。臣不勝惶懼待罪之至！緣係徵收秋糧，稽遲待罪事理，爲此具本請旨。

巡撫地方疏十五年四月二十五日

據江西布政司呈：奉臣案驗，照得本院前任巡撫衙門近遭兵火廢毀，兼以地址僻隘低窪，每遇淋雨，潢潦浸灌。見今本院在於都司貢院諸處衙門寄駐，遷徙不常，居無定止，人無定向。妨政失體，深爲未便，合行議取，爲此仰抄案回司，即便會同都、按二司官從長議查省城官民没官房屋及革毁一應衙門可以拆脩改造者。會議停當，呈來定奪，毋得違錯等因。依奉會同都指揮僉事王繼善、按察使伍文定，議得前項衙門，先年建於永和門内，僻在一隅，地勢低窪，切近東湖，一遇淫雨，輒遭浸漫。近因大軍駐劄，人馬作踐，俱各倒塌。及查巡按衙門亦皆年久朽爛，偪側俱難居住。欲擇地蓋造，緣今地方兵荒之後，取之於官則官庫空竭，斂之於民則民窮財盡，反覆思惟，無從措置。查得承奉司并織造機房各一所，係是没官之數，俱各空閒，地勢頗高，規模頗廣。合無呈請將呈奉司暫改爲都察院衙門，機房改爲巡按衙門，委官相度，趁時脩理。如此則工費不繁，民力少節，實爲兩便。緣由呈詳到臣。

查得先爲計處地方事，該臣會同巡按御史唐龍議奏，乞將抄没寧府及各賊黨田地房屋，令布、按二司掌印及守巡并府縣官員從實覆查，委係占奪百姓，遵照詔書内事理，各給還本主管業。及將於内官房酌量移改城樓窩鋪衙門，餘外田地山塘房屋，仍令各官公同照依時估變賣，價銀入官。先儘撥補南、新二縣兑軍淮安京庫折銀糧米，及王府禄米外，有餘羡收貯布政司官庫，用備緩急。緣由會本具題去後，未奉明旨。今呈前來，爲照各項衙門果已廢毁，當兹兵火之餘，民窮財盡，改創實難。今該司議將前項没官房屋暫改，不費於官，不勞於民，工省事易，誠亦兩便，似應准議。除行該司，一面委官趁時脩改，暫且移駐，以便聽理。候民困既蘇，財用充給之日，力可改創，再行議處。

勦平安義叛黨疏 十六年五月十五日

據江西按察司按察使伍文定關稱「奉臣批，據南康府通判林寬、安義縣知縣熊价，奉新縣典史徐誠呈開，俱奉本院紙牌及巡按御史唐龍、朱節等計委追勦逆賊楊本榮等。依奉前後誘捕，及於沿湖各處敵戰，擒斬共一百二十六名顆，并於楊子橋巢内搜獲伊原助逆領授南昌護衛中千户所印信一顆，合就解呈。奉批仰按察司會同都、布二司官將解到賊級紀驗，賊犯鞫審明白，解赴軍門，以憑遵照欽奉勑諭事理，就行斬首示衆；有功員役分别等第，呈來給賞施行。并蒙巡按江西監察御史唐龍批：『按察司會同各掌印官審究，及將有功官役并陣亡之人查明，具招呈報。』又蒙巡按江西監察御史朱節批：『看得各犯罪惡貫盈，致勤提督衙門調兵擒勦，事情重大。按察司會勘明白，中間如有事出脅從，情可矜疑者，通具呈報。』」等因。

依奉會同都指揮僉事高厚、左布政使陳策等，議得賊犯楊正賢等累世窮兇，鄱湖劇患，近復從逆，幸而漏網，嘯聚劫囚，敵殺官兵，滔天之罪，遠近播聞。通判林寬等克承方略，首事緝捕，雖有小衄，竟收成功。知縣熊价到任甫及半月，倉卒偶當其衝，終能有備，多所擒獲。典史徐誠奉調領兵破賊，適中機會。署都指揮僉事馮勳鼓勇而前，賊遂奔潰。其典史周祐陰謀散黨，隱然之蹟，未可泯棄。合無呈乞鈞裁，將署都指揮僉事馮勳、通判林寬、知縣熊价、典史徐誠，俱優加犒獎；林寬、熊价仍旌其除暴安民之勞；典史周祐另行賞賚；隨征南昌前衛千户馬喜、新建縣縣丞黄仲仁、南昌縣主簿陳紀、安義縣主簿崔錠、建昌縣税課局大使江象、安義縣領哨義官楊震七、協守縣治安義縣縣丞何全、典史陳恒昭、把截九里三渡南昌前衛指揮梁端、千户周鎮，俱量行犒勞；其餘獲賊吏兵哨長保長總小甲人等，查照近日告示事理，分别等第，一一給賞；陣亡陣傷義兵程碧、程魁七等，俱各優恤其家，給賞湯藥之費。如此，庶使有功者録而人知所勸，死事者酬而人無所憾矣。仍行該府縣將逆賊楊正賢等妻男財産估變價銀，脩築縣城，尤爲便益。緣由同查過功次文册關繳到司，備由轉呈到臣。

簿查正德十五年十一月初十日，據江西按察司副使陳槐關稱：原問犯人胡順并楊子橋等家屬財産通該查抄解報呈詳，已批該司查照施行，務得的實，毋致虧枉外。續據安義縣申稱：依奉拏獲楊子橋妻周氏，男楊華五、華七、華八、月保并伊同居親弟楊子樓收監，起解間，十二月二十二日辰時，不期子樓未獲男楊本榮統集百十餘徒，各持鎗刀衝縣。當同巡捕主簿崔錠督領機兵防禦。彼賊勢勇，打入獄門，劫去楊華五等，并原監楊正江、楊紹鑑及别犯胡清等一十八名，燒燬總甲張惟勝房屋，劫掠鋪户傅甫七等貨物。隨即起集哨長陳魁四等屯兵設法擒獲楊華五等，仍舊收監。一面追獲餘賊楊子樓等，合行申報等情。又據通判林寬呈稱首惡楊子榮、楊華二等照舊立寨嘯聚，批仰按察司會同各官議處。隨據該司呈稱：依奉會同署都指揮僉事王繼善、左布政使陳策、副使顧應祥等議得楊本榮等罪惡，據法即當督兵擒捕；但訪得楊姓一族，稔惡從亂者有數，若使兵刃一加，未免玉石未辨。合行該縣再諭楊本榮作急投首，庶幾楊紹鑑等之罪可辨，楊本榮之情可原。若使負固不服，即將稔惡賊黨指實，申來議處。呈詳到臣。

照得本院前年駐兵省城，擒勦叛賊之後，即欲移兵撲滅逆黨楊子橋等。彼因訪得各犯親族亦多良善連居，若大兵一臨，未免玉石俱焚，方爾遲疑。當據楊子橋等自行投赴軍門，本院仰體朝廷好生之德，正欲保全一方之生靈，當即遵照詔書黄榜事理，將子橋等量加杖責，釋放回家，諭令改惡遷善，其餘黨惡，悉不根究外。後因解京逆黨劉吉、陳賢等供攀不已，朝廷之意，將復發兵加誅，則恐失信於下；將遂置而不問，則一般從逆之人乃至極刑抄没，而子橋等獨不略加懲創，亦何以警戒將來。故照舊釋其黨從以示信，獨行拘子橋以明罰。其遷徙抄没，亦止及於子橋一身。朝廷之處，可謂仁至義盡矣。爲之親族黨與者，正宜感激朝廷浩蕩再生之恩，皆宜争出到官，輸誠效欵，自相分别，洗滌其既往之愆，而顯明其維新之善。却乃略不改創，輒敢抗逆官府，衝縣劫囚，自求誅滅。據法論情，已在必誅無赦。但念中間良善尚多，止因楊子橋同居稔惡之徒，繆以危言激誘，族黨扇惑鼓動，以至於此，恐亦非其本心。今據三司各官呈議，亦與所訪略同。准依所議，姑且未即加兵，就經批行該道守巡官先行分别善惡，令其親族素非同惡者自行告明官司，各另屯住。其被脅之人，若能投首到官，亦准免罪。有能并力擒捕首惡送官者，仍一體給賞。俱限一月之内投首輸服。若過期不出，即將各犯背叛情由備細呈來，以憑發兵勦滅。一面行仰該縣及各附近官司整集兵快義勇，固守把截，聽候本院進止。仍備出告示，曉諭遠近外。續據通判林寬呈稱：遵照明文，密喚楊姓良善户丁楊庸、楊邦、十五等七名到職，示以禍福，給以犒賞。着令分别良善，止捕衝縣逆賊送官。隨該楊庸等誘擒逆賊九名到縣，又獲賊犯一十七名。隨給牌面，令通縣老人分投撫諭。而各賊仍前立寨不服。續又擒獲賊犯四名。後聞官司要搗巢穴，連夜鼓挾鄰族，約有百十餘徒，擄船奔入鄱陽湖。欲即率兵追勦，緣該縣空虚，誠恐賊計中途回鋒衝突，未可輕出。除差人飛報沿河保長，立寨防勦，一面牒府督率星子、建昌、都昌兵沿湖巡捕外，呈乞施行等因。

據呈，臣會同巡按御史等官看得賊既入湖，良善已分，正可四面合兵追勦，除行南昌守巡兵備點選兵快，就行都司馮勳統領，星夜前去跟躡賊踪，設法勦捕，就經批仰按察司，即便通行該道守巡官及沿湖各該官司地方保甲人等一體集兵防勦追捕，毋令遠竄貽患。臣等又慮安義縣治單弱，恐各賊乘虚歸劫，另行牌調奉新縣典史徐誠選兵四百，密從間道星夜前去該縣，會同知縣熊价協力防勦。又行牌仰各官於九姓良善之中，挑選義勇武藝，及於沿湖諸處，起集習水壯健慣戰之人，各官身自督領，密取知因鄉導，四路爪探，或躡賊踪，或截要路，或歸防縣治，張疑設伏，聲東擊西。一應事機，俱聽從宜施行；合用糧賞，就於司府庫内原貯軍餉銀内支給。及差官齎執令旗、令牌前去督押行事。軍兵人等但有軍前不聽號令，及退縮逗遛，侵擾良善者，遵照勑諭事理，就以軍法從事。各官俱要竭忠盡力，慎重勇果，殺賊立功，以靖地方。若畏避輕忽，致賊滋蔓，貽患地方，軍令具存，決難輕貸。完日通將擒斬功次獲功人員等項一併開報，以憑施行去後。

今呈前因，照得臣先節該欽奉勑諭：「但有盜賊生發，即便設法調兵勦殺，聽爾隨宜處置。」欽此。欽遵，除將前項有功官員支兵人等及陣亡被傷等項，俱准議於南昌府動支本院貯庫支剩軍餉銀兩，除已犒獎給賞優恤外，其未經獎犒給賞優恤者，批仰該司查照等第，逐一補給。賊屬男婦估價變賣銀兩，亦准脩築該縣城垣支用。擒獲賊犯，鞫問明白，仍解軍門斬首示衆。斬獲賊級，行令造册繳報，并行巡按衙門知會外，臣等議照叛黨楊正賢等肆其兇獷之習，恃其族類之繁，稔惡一方，流劫遠近。既積有世代，比復興兵助逆，脱漏誅殄，略無悔創，乃敢攻縣劫獄，聚衆稱亂。惡貫滿盈，天怒人怨，遂爾一旦掃滅。在朝廷固猶疥癬之搔爬，在江西實亦疽癰之潰決。巡按御史唐龍、朱節運謀監督，而按察使伍文定、布政使陳策等相與協議贊畫，都指揮馮勳及通判林寬、知縣熊价等又各趨事效命，并力于下。論各勞績，皆宜旌録。臣守仁卧病待罪之餘，僅存喘息，幸賴諸臣，苟免咎愆。緣係勦平叛黨事理，爲此具本題知。

乞便道歸省疏

臣於正德十六年六月十六日欽奉勑旨：「以爾昔能勦平亂賊，安靖地方，朝廷新政之初，特兹召用。勑至，爾可馳驛來京，毋或稽遲。」欽此。

欽遵，已於本月二十日馳驛起程外，竊念臣自兩年以來，四上歸省之奏，皆以親老多病，懇乞暫歸省視，實皆出於人子迫切之至情。而其時復以權姦當事，讒嫉交興，非獨臣之愚悃無由自明，且慮變起不測，身罹曖昧之禍，冀得因事退歸，父子苟全首領於牖下，故其時雖以暫歸爲請，而實有終身丘壑之念矣。既而宗社有靈，天啓神聖，入承大統，革故鼎新，親賢任舊，向之爲讒嫉者皆已誅斥略盡，陽德興而公道顯。臣於斯時，固已欣然改易其退遁之心矣。當明良之會，聖人作而萬物睹，天下之士孰不顒然有觀光之願，而況臣之方在憂危，驟獲申雪者，若出陷穽而登之春臺，其爲喜幸感激何啻百倍，豈不欲朝發夕至，以一快其拜舞踴躍之私，歸戴向往之誠乎。顧臣父既老且病，頃遭讒搆之厄，危疑震恐，洶洶朝夕，常有父子不及相見之痛。今幸脱洗殃咎，復睹天日，父子之情，固思一見顔面，以叙其悲慘離隔之懷，以盡菽水懽欣之樂。況臣取道錢塘，迂程鄉土止有一日。此在親交之厚，將不能已於情，而況父子天性之愛，重以連年苦切之思乎。故臣之此行，其冒罪歸省，亦情理之所必不容已者。然不以之明請於朝而私竊行之，是欺君也；懼稽延之戮，而忍割情於所生，是忘父也。欺君者不忠，忘父者不孝。世固未有不孝於父而能忠於其君者也，故臣敢冒罪以請。伏望皇上以孝爲治，範圍曲成，特寬稽命之誅，使臣得以少伸烏鳥之私，臣死且圖銜結。臣不勝惶懼懇切之至！

辭封爵普恩賞以彰國典疏 嘉靖元年正月初十日

南京兵部尚書王守仁謹奏，爲辭免封爵普恩賞以彰國典事：臣於正德十六年十二月十九等日，節准兵部、吏部咨，俱爲捷音事，節該題奉聖旨：「江西反賊勦平，地方安定，各該官員功績顯著，你部裏既會官集議，分別等第明白，王守仁封伯爵，給與誥券，子孫世世承襲，照舊參贊機務。」欽此。「王守仁封新建伯，奉天翊衛推誠宣力守正文臣，特進光禄大夫柱國，還兼南京兵部尚書，照舊參贊機務，歲支禄米一千石，三代并妻一體追封。」欽此。前後備咨到臣，俱欽遵外，臣聞命驚惶，莫知攸措。

竊念臣以凡庸，誤受國恩，在正德初年，以狂言被譴。先帝察其無他，隨加收録，荐陟清顯。繆膺軍旅之寄，猥承巡撫之令。後值寧藩肇變，臣時適嬰禍鋒，義當死難，不量勢力，與之犄角。賴朝廷威靈，幸無覆敗。既而讒言朋興，幾陷不測，臣之心事，未及自明。先帝登遐，無階控籲。乃幸天啓神聖，陛下龍飛，開臣於覆盆之下，而照之以日月。憫惻慰勞，至勤詔旨，憐其烏鳥之情，使得歸省，推大孝之仁，優之以存問。超歷常資，授以留都本兵之任。懇疏辭免，慰旨益勤。在昔名臣碩輔，鮮有獲是於其君者，而況於臣之卑鄙淺劣，亦將何以堪此乎？今又加以封爵之崇，臣懼功微賞重，無其實而冒其名，憂禍敗之將及也。夫人主於嚬笑之微，不以假於匪人，而況爵賞之重乎？人臣之事君也，先其事而後其食，食且不可，而況於封爵乎？且臣之所以不敢受爵，其説有四，然亦不敢不爲陛下一陳其實矣。

寧藩不軌之謀，積之十數年矣，持滿應機而發，不旬月而敗，此非人力所及也。上天之意，厭亂思治，將啓陛下之神聖，以中興太平之業，故蹶其謀而奪之魄，斯固上天之爲之也，而臣欲冒之，是叨天之功矣。其不敢受者一也。

先寧藩之未變，朝廷固已陰覺其謀，故改臣以提督之任，假臣以便宜之權，使據上游以制其勢。故臣雖倉卒遇難，而得以從宜調兵，與之從事。當時帷幄謀議之臣，則有若大學士楊廷和等，該部調度之臣，則有若尚書王瓊等，是皆有先事禦備之謀，所謂發縱指示之功也。今諸臣未蒙顯褒，而臣獨冒膺重賞，是掩人之善矣。其不敢受者二也。

變之初起，勢焰焻熾，人心疑懼退沮，當時首從義師，自伍文定、邢珣、徐璉、戴德孺諸人之外，又有知府陳槐、曾璵、胡堯元等，知縣劉源清、馬津、傅南喬、李美、李楫及楊材、王冕、顧佖、劉守緒、王軾等，鄉官都御史王懋中，編脩鄒守益，御史張鰲山、伍希儒、謝源等，諸人臣今不能悉數，其間或摧鋒陷陣，或遮邀伏擊，或贊畫謀議，監録經紀。雖其平日人品，或有清濁高下，然就茲一事而言，固亦咸有捐軀效死之忠，戮力勤王之績，所謂同功一體者也。今賞當其功者固已有之，然施不酬勞之人尚多也。其帳下之士，若聽選官雷濟、已故義官蕭禹、致仕縣丞龍光、指揮高睿、千户王佐等，或詐爲兵檄以撓其進止，壞其事機，或僞書反間以離其心腹，散其黨與，陰謀秘計，蓋有諸將士所不與知，而辛苦艱難，亦有諸部領所未嘗歷者。臣於捷奏本內，既不敢瑣瑣煩瀆，今聞紀功文册，復爲改造者多所删削。其餘或力戰而死於鋒鏑，或犯難而委於溝渠，陳力效能者尤不可以枚舉。是皆一時號召之人，臣於顛沛搶攘之際，今已多不能記憶其姓名籍貫。復有舉人冀元亨者，爲臣勸説寧濠，反爲奸黨搆陷，竟死獄中。以忠受禍，爲賊報讎。抱冤齎恨，實由於臣。雖盡削臣職，移報元亨，亦無以贖此痛。此尤傷心慘目，負之於冥冥之中者。夫倡義調兵，雖起於臣，然猶有先事者爲之指措。而戮力成功，必賴於衆，則非臣一人之所能獨濟也。乃今諸將士之賞尚多未稱，而臣獨蒙冒重爵，是襲下之能矣。其不敢受者三也。

夫周公之功大矣，亦臣子之分所當爲。況區區犬馬之微勞，又皆偶逢機會，幸而集事者，奚足以爲功乎？臣世受國恩，虀身粉骨，亦無以報。繆當提督重任，承乏戎行，苟免鰥曠，況又超擢本兵，既已叨冒踰分。且臣近年以來，憂病相仍，神昏志散，目眩耳聾，無復可用於世。兼之親族顛危，命在朝夕。又不度德量分，自知止足，乃冒昧貪進，據非其有，是忘己之耻矣。其不敢受者四也。

夫殃莫大於叨天之功，罪莫甚於掩人之善，惡莫深於襲下之能，辱莫重於忘己之耻。四者備而禍全，故臣之不敢受爵，非敢以辭榮也，避禍焉爾已。

伏願陛下鑒臣之辭出於誠懇，收還成命，容臣以今職終養老親，苟全餘喘於林下，以所以濫施於臣者普於衆，以明賞罰之典，以彰大小之功，以慰不均之望，以勵將來效忠赴義之臣，臣死且不朽矣。不勝受恩感激，懇切願望之至！緣係辭免封爵，普恩賞以彰國典事理，謹具本題。

再辭封爵普恩賞以彰國典疏 嘉靖元年

臣於正德十六年十二月節准兵部、吏部咨，節該題奉聖旨：「江西反賊剿平，地方安静，各該官員功績顯著，你部裏既會官集議，分別等第明白，王守仁封伯爵，給與誥券，子孫世世承襲，照舊參贊機務。」欽此。「王守仁封新建伯，奉天翊衛推誠宣力守正文臣，特進光禄大夫柱國，還兼南京兵部尚書，照舊參贊機務，歲支禄米一千石，三代并妻一體追封。」欽此。臣聞命驚惶，竊懼功微賞重，禍敗將及，已經具本辭免去後。隨於嘉靖元年七月十九日准吏部咨，該臣奏前事，節奉聖旨：「論功行賞，古今令典，詩書所載，具可考見。卿倡義督兵，剿除大患，盡忠報國，勞績可嘉，特加封爵，以昭公義。宜勉承恩命，所辭不允。該部知道。」欽此。欽遵。臣以積惡深重，禍延先人，臣方煢然瘠疚，僅未殞絶。聞命悸慄，魂魄散亂。已而伏塊沉思，臣以微勞，冒膺重賞，所謂叨天之功，掩人之善，襲下之能，忘己之耻者，臣於前奏已具陳之矣。然而聖旨殷優，獨加於臣，餘皆未蒙採録者，豈以江西之功果臣一人之所能獨辦乎？

朝廷爵賞，本以公於天下，而臣以一身掠衆美而獨承之，是臣擁閼朝廷之大澤，而使天下有不均之望也，罪不滋重已乎？夫廟堂之賞，朝廷之議也，臣不敢僭及。至於臣所相與協力同事之人，則有不得不爲一申白者。古者賞不踰時，欲人速得爲善之報也。今效忠赴義之士延頸而待，已三年矣。此而更不一言，事日已遠，而意日已衰，誰復有爲之論列者。故臣輒敢割痛忍哀，冒斧鉞而控籲，氣息奄奄之中，忽不自覺其言之躁妄，亦其事有所感於昔，而情有所激於其中也。竊惟宸濠之變，實起倉卒，其氣勢張皇，積威凌劫，雖在數千里外，無不震駭失措，而況江西諸郡縣近切剥牀，觸目皆賊兵，隨處有賊黨。當此之時，臣以逆旅孤身，舉事其間，雖仰仗威靈以號召遠近，然而未受巡撫之命，則各官非統屬也；未奉討賊之旨，其事乃義倡也；若使其時郡縣各官果懷畏死偷生之心，但以未有成命，各保土地爲辭，則臣亦可何如哉。然而聞臣之調即皆感激奮勵，或提兵而至，或挺身而來，是非真有捐軀赴難之義，戮力報主之忠，孰肯甘粉虀之禍，從赤族之誅，蹈必死之地，以希萬一難冀之功乎？然則凡在與臣共事者，皆有忠義之誠者也。夫均秉忠義之誠以同赴國難，而功成行賞，臣獨當之，人將不食其餘矣。此臣所爲不敢受也。

且宸濠之變，天實陰奪其魄而摧敗之速，是以功成之後，不復以此同事諸人者爲庸。使其時不幸而一蹶塗地，則粉身滅族之慘，亦同事諸人者自當之乎？將猶可以藉衆議之解救而除免之乎？夫下之人犯必死之難以赴義，則上之人有必行之賞以報功。今臣獨崇爵，而此同事諸人者乃或賞或否，或不行其賞而并削其績，或賞未及播而罰已先行，或虛受陞職之名而因使退閒，或冒蒙不忠之號而隨以廢斥。由此言之，亦何苦捐身赴義，以來此呶呶之口，而自求無實之殃乎？乃不若退縮引避，反可以全身遠害，安處富貴，而逭於衆口之誹也。夫披堅執銳，身親行伍，以及期赴難，而猶不免於不忠之罰，則容有托故推奸，坐而觀望者，又將何以加之？今不彼之議，而獨此之察，則已過矣。昔人有蹊田而奪牛者，君子以爲蹊田固有責，而奪牛則已甚。今人驅牛以耕我之田，既種且獲矣，而追究其耕之未盡善也，復從而奪之牛，無乃太遠於人情乎？方今議者，或以某也素貪而鄙，某也素躁而狂，故雖有功而當抑其賞，雖有勞而不贖其罪。噫！是亦過矣。

當宸濠之變，撫按三司等官咸被驅縛，或死或從；其餘大小之職，近者就縻，遠者逃潰矣。當此之時，苟知有從我者，皆可以爲忠義之士，尚得追論其平時邪！況所謂若貪與鄙者，或出於讒嫉之口而未皆真邪？若居常處易，選擇而使，猶不免於失人，況一時烏合之衆；而顧以此概之，其責於人終無已乎？夫考素行，别賢否，以激揚士風者，考課之常典；較功力，信賞罰，以振作士氣者，軍旅之大權。故鄙猥之行，平時不耻於士列，而使貪使詐，軍事有所不廢也。急難呼吸之際，要在摧鋒克敵而已，而暇逆計其他乎？當此之時，雖有禦人國門之寇，苟能效其智力以協濟吾事，亦將用之；用之而事果有成，亦必賞之。況乎均在士人之列，同有勤事之忠者乎？人於平居無事，扼腕抵掌而談，孰不曰我能臨大節，死大難。及當小小利害，未必至於死也，而或有倉皇失措者有矣。又況矢石之下，劒刃之間，前有必死之形，而後有夷滅之禍，人亦何不設以身處其地而少亮之乎？

夫考課之典，軍旅之政，固並行而不相悖；然亦不可以混而施之。今人方有可録之功，吾且遂行其賞可矣。縱有既往之愆，亦得以今而贖。但據其顯然可見者，毋深求其隱然不可見者賞行矣。而其人之過猶未改也，則從而行其黜謫。人將曰：昔以功而賞，今以罪而黜，功罪顯而勸懲彰矣。今也將明軍旅之賞，而陰以考課之意行於其間，人但見其賞未施而罰已及，功不録而罪有加，不能創奸警惡，而徒以阻忠義之氣，快讒嫉之心。譬之投杯醪於河水，而曰：「是有醪焉，亦可飲而醉也。」非易牙之口將不能辯之矣，而求飲者之醉可得乎？

人臣於國家之難，凡其心之可望，力之可爲，塗肝腦而膏髓骨，皆其職分所當。然則此同事諸臣者，遂敢以此自爲之功而邀賞於其上乎？顧臣與之同事同功，今賞積於臣，而彼有未逮，臣復抗顔直受而不以一言，是使朝廷之上果以其功獨歸於臣，而此諸人者之績因臣之爲蔽而卒無以自顯於世也。且自平難以來，此同事諸人者，非獨爲已斥諸權奸之所誣搆挫辱而已也，群憎衆嫉，惟事指摘搜羅以爲快，曾未見有鳴其不平而伸其屈抑者。幸而陛下龍飛，赫然開日月之光，英賢輔翼，廓清風而鼓震霆，於是陰氣始散而魍魎潛消。然而覆盆之下，尚或有未能自露者也。故臣敢不避矜誇僭妄之戮，而輒爲諸臣者一訴其艱難抑鬱之情。昔漢臣趙充國破羌而歸，人有諷之謙讓功能者。充國曰：「吾老矣，爵位已極，豈嫌伐一時事以欺明主哉？兵政國之大事，當爲後法，老臣不以餘命，一爲主上明言其利害，卒使，誰當復言之者？」卒以實對。夫人之忠於國也，殺身夷族有不避，而乃避其自矜功伐之嫌乎？

臣始遇變於豐城也，蓋舉事於倉卒茫昧之中，其時豈能逆睹其功之必就，謂有今日爵賞之榮而爲哉？徒以事關宗社，是以不計成敗利鈍，捐身家，棄九族，但以輸忠憤而死節，是臣之初心也。至於號告三軍，則雖激之以忠義，而實歆之以爵禄延世之榮；勵之以名節，而復動之以恩賞絢耀之美。是非敢以虚言誘之也，以爲功而克成，則此爵禄恩賞亦有國之常典，理所必有也。今臣受殊賞而衆有未逮，是臣以虚言罔誘其下，竭衆人之死而共成之，掩衆人之美而獨取之，見利忘信，始之以忠信，終之以貪鄙，外以欺其下，而内失其初心，亦何顔面以視其人乎？故臣之不敢獨當殊賞者，非不知封爵之爲榮也，所謂有重於封爵者，故不爲苟得耳。

伏願陛下鑒臣之言，不以爲誇也，而因以察諸臣之隱；允臣之辭，不以爲僞也，而因以普諸臣之施。果以其賞在所薄與，則臣亦不得而獨厚；果以其賞或可厚與，則諸臣亦不得而遂薄也。江西同事諸臣，臣於前奏亦已略舉；且該部具有成册可查，不敢復有所塵瀆。臣在衰絰憂苦之中，非可有言之日，事不容已而有是舉，不勝受恩感激，含哀冒死，戰慄惶懼，懇切祈禱之至！

王文成公全書卷之十四

别録六　奏疏六

辭免重任乞恩養病疏 嘉靖六年六月

臣自正德十四年江西事平之後，身罹讒構，危疑洶洶，不保朝夕。幸遇聖上龍飛，天開日朗，鑒臣螻蟻之忠，下詔褒揚洗滌，出臣於覆盆之下；進官封爵，召還京師。因乞便道歸省，隨蒙賜勑遣官獎勞慰諭，錫以銀幣，犒以羊酒。臣感激天恩，雖粉骨碎身，云何能報。不幸遭繼父喪，未獲赴闕陳謝。服滿之後，又連年病卧，喘息奄奄，苟避形迹。皇上天高地厚之恩，迄今六年於此矣，尚未能一覩天顔，稽首闕廷之下，臣實瞻戴戀慕，晝夜熱中，若身在芒刺。邇者曾蒙謝恩之召，臣之至願，惟不能即時就道，顧迺病卧呻吟，徒北望感泣，神魂飛馳而已。

今年六月初六日，兵部差官齎文前到臣家，内開奏奉欽依，以兩廣未靖，命臣總制軍務，督同都御史姚鏌等勘處者。臣聞命驚惶，莫知攸措。伏自思惟，臣於君命之召，當不俟駕而行，矧兹軍旅，何敢言辭？顧臣病患久積，潮熱痰嗽，日甚月深，每一發咳，必至頓絶，久始漸甦。乃者謝恩之行，輕舟安卧，尚未敢强，又況兵甲驅勞，豈復堪任。夫委身以圖報，臣之本心也。若冒病輕出，至於僨事，死無及矣。

臣又伏思兩廣之役，起於土官讐殺，比之寇賊之攻劫郡縣、荼毒生靈者，勢尚差緩。若處置得宜，事亦可集。姚鏌平日素稱老成慎重，一時利鈍前却斯亦兵家之常，要在責成，難拘速效。御史石金據事論奏，是蓋忠於陛下，將爲國家弘仁覆久遠之圖，所以激勵鏌等，使之集謀決策，收之桑榆也。

臣本書生，不習軍旅，往歲江西之役，皆偶會機宜，幸而成事。臣之才識，自視未及姚鏌，且近年以來，又已多病。況兹用兵舉事，鏌等必嘗深思熟慮，得其始末條貫，中事少沮，輒以臣之庸劣參與其間，行事之際，所見或有同異，鏌等益難展布。夫軍旅之任，在號令嚴一，賞罰信果而已。慎擇主帥，授鉞分梱，當聽其所爲。臣以爲兩廣今日之事，宜專責鏌等，隆其委任，重其威權，略其小過，假以歲月，而要其成功。至於終無底績，然後别選才能，兼於民情土俗素相諳悉，如南京工部尚書胡世寧、刑部尚書李承勛者往代其任。

夫朝廷用人，不貴其有過人之才，而貴其有事君之忠，苟無事君之忠，而徒有過人之才，則其所謂才者，僅足以濟其一己之功利，全軀保妻子而已耳。如臣之迂踈多病，徒持文墨議論，未必能濟實用者，誠宜哀其不逮，容令養疾田野。俟病痊之後，不終棄廢，或可量置閑散之地，使自得效其涓埃。則朝廷於任賢御將之體，因物曲成之仁，道並行而不相背矣。臣不敢苟冒任使以欺國事，不勝感恩激義，懇切祈望之至！

赴任謝恩遂陳膚見疏六年十二月初一日

臣於病廢之餘，特蒙恩旨起用，授以兩廣軍旅重寄。臣自惟朽才病質，深懼不任驅使，以誤國事，具本辭免。過蒙聖旨：「卿識敏才高，忠誠體國，今兩廣多事，方藉卿威望撫定地方，用紓朕南顧之懷。姚鏌已致仕了，卿宜星夜前去，節制諸司，調度軍馬，撫勦賊寇，安戢兵民，勿再遲疑推諉，以負朕望。還差官鋪馬裏賚文前去敦趣赴任行事，該部知道。」欽此。欽遵。兵部移咨到臣，捧讀感泣，莫知攸措。伏念世受國恩，粉骨虀骸，亦無能報。又況遭逢明聖，温旨勤拳若是，何能復顧其他。已於九月初八日扶病起程，沿途就醫，服藥調理，晝夜前進。奈秋暑旱澀，舟行甚難，至十一月二十日，始抵梧州。思恩、田州之事，尚未及會同各官查審區處，然臣沿途涉歷，訪諸士夫之論，詢諸行旅之口，頗有所聞，不敢不爲陛下一言其略。

臣惟岑猛父子固有可誅之罪，然所以致彼若是者，則前此當事諸人亦宜分受其責。蓋兩廣軍門專爲諸瑶、僮及諸流賊而設，朝廷付之軍馬錢糧事權，亦已不爲不專且重，若使振其軍威，自足以制服諸蠻。然而因循怠弛，軍政日壞，上無可任之將，下無可用之兵，一有驚急，必須倚調土官狼兵若猛之屬者而後行事。故此輩得以憑恃兵力，日增其桀驁。今夫父兄之於子弟，苟役使頻勞，亦且不能無倦；況於此輩夷獷之性，歲歲調發，奔走道途，不得顧其家室，其能以無倦且怨乎？及事之平，則又功歸於上，而彼無所與。兼有不才有司，因而需索引誘，與之爲姦，其能以無怒且慢乎？既倦且怨，又怒以慢；始而徵發愆期，既而調遣不至。上嫉下憤，日深月積，劫之以勢而威益褻，籠之以詐而術愈窮；由是諭之而益梗，撫之而益疑，遂至於有今日，加以叛逆之罪而欲征之。夫即其已暴之惡征之，誠亦非過，然所以致彼若是，已非一朝一夕之故。且當反思其咎，姑務自責自勵，修我軍政，布我威德，撫我人民，使内治外攘而我有餘力，則近悦遠懷而彼將自服。顧不復自反而一意憤怒之。夫所可憤怒者，不過岑猛父子及其黨惡數人而已，其下萬餘之衆，固皆無罪之人也。今岑猛父子及其黨惡數人既云誅戮，已足暴揚，所遺二酋，原非有名惡目，自可寬宥者也。又不勝二酋之憤，遂不顧萬餘之命，竭兩省之財，動三省之兵，使民男不得耕，女不得織，數千里内騷然塗炭者兩年于兹。然而二酋之憤，至今尚未能雪也。徒爾兵連禍結，徵發益多，財饋益殫，民困益深，無罪之民死者十已六七。山瑶海賊乘釁揺動，窮迫必死之寇既從而煽誘之，貧苦流亡之民又從而逃歸之，其可憂危何啻十百於二酋者之爲患。其事已兆而變已形，顧猶不此之慮，而汲汲於二酋，則當事者之過計矣。今當事者之於是役，其悴心憔思亦可謂勤且至矣。特發於憤激而狃爲其難，是以勞而未效。夫二酋者之沮兵拒險，亦不過畏罪逃死，苟爲自全之計；非如四方流劫之賊攻城堡，掠鄉村，虜財物，殺良民，日爲百姓之患，人人欲得而誅之者。今驅困憊之民，使裹糧荷戈，以征不爲民患、素無讐怨之虜，此人心之所以不奮，而事之所以難濟也。

又今狼達土漢官兵亦不下數萬，與萬

餘畏罪逋誅之虜相持已三月有餘，而未能一決者，蓋以我兵發機太早，而四面防守太密，是乃投之無所往，而示之以必不活，益使彼先慮預備，并心協力，堅其必死之志以抗我師。就使我師將勇卒奮，決能取勝，亦必多殺士衆，非全軍之道，又況人無戰志，而徒欲合圍待斃，坐收成功，此我兵之所以雖衆而勢日以懈，賊雖寡而日志以合，備日密而氣日以鋭者也。夫當事者之意，固無非欲計出萬全，然以用兵而言，亦已失之巧遲，所謂强弩之末，不能穿魯縞矣。

臣愚以爲且宜釋此二酋者之罪，開其自新之路。而彼猶頑梗自如，然後從而殺之，我亦可以無憾。苟可曲全，則且姑務息兵罷餉，以休養瘡痍之民，以絶覬覦之姦，以弭不測之變。迨於區處既定，德威既洽，蠻夷悦服之後，此二酋者遂能改惡自新，則我亦豈必固求其罪。若其尚不知悛，執而殺之，不過一獄吏之事，何至兵甲之煩哉？或者以爲征之不克，而遽釋之，則紀綱疑於不振。臣竊以爲不然。夫天子於天下之民物，如天覆地載，無不欲愛養而生全之，寧有撮爾小醜，乃與之争憤求勝，而謂之振紀綱者？ 惟後世貪暴諸侯，强凌弱，衆吞寡，則必務於求勝而後已，斯固五霸之罪人也。昔苗頑不即工，舜使禹、益徂征，三旬，苗民逆命，禹乃班師振旅。夫以三聖人者爲之君帥，以征一頑苗，謂宜終朝而克捷。顧歷三旬之久，而復至於班師以歸，自今言之，其不振甚矣；然終致有苗之格，而萬世稱聖；古之所謂振紀綱者，固若是耳。

臣以匪才，繆膺重命，得總制四省軍務，以從事於偏隅之小醜，非不知乘此機會，可以僥倖成功，苟免於怯懦退避。然此必多調軍兵，多傷士卒，多殺無罪，多費糧餉，又不足以振揚威武，信服諸夷，僅能取快於二酋之憤，而忘其遺患於兩省之民，但知徼功於目前，而不知投艱於日後。此人臣喜事者之利，非國家之福，生民之庇，臣所不忍也。

臣又聞兩廣主計之吏，謂自用兵以來，所費銀兩已不下數十萬，梧州庫藏所遺，不滿五萬之數矣；所食糧米已不下數十萬，梧州倉廩所存，不滿一萬之數矣。由是言之，尚可用兵不息，而不思所以善後之圖乎？臣又聞諸兩省士民之言，皆謂流官之設，亦徒有虛名而反受實禍。詰其所以，皆云思恩未設流官之前，土人歲出土兵三千以聽官府之調遣；既設流官之後，官府歲發民兵數千以防土人之反覆。即此一事，利害可知。且思恩自設流官以來，十八九年之間，反者五六起，前後征勦曾無休息，不知調集軍兵若干，費用糧餉若干，殺傷良民若干。朝廷曾不能得其分寸之益，而反爲之憂勞徵發。浚良民之膏血而塗諸無用之地，此流官之無益，亦斷然可睹矣。但論者皆以爲既設流官而復去之，則有更改之嫌，恐啓人言而招物議，是以寧使一方之民久罹塗炭，而不敢明爲朝廷一言，寧負朝廷而不敢犯衆議。甚哉！人臣之不忠也。苟利於國而庇於民，死且爲之矣，而何人言物議之足計乎！

臣始至地方，雖未能周知備歷，然形勢大略亦可概見。田州切鄰交趾，其間深山絶谷，皆瑶、僮之所盤據，動以千百。必須仍存土官，則可藉其兵力，以爲中土屏蔽。若盡殺其人，改土爲流，則邊鄙之患，我自當之，自撤藩籬，非久安之計，後必有悔。

思恩、田州處置事宜，俟事平之日，遵照勑旨，公同各官另行議奏。但臣既有所聞見，不敢不先爲陛下 一言，使朝廷之上早有定處，臣等得 一意奉行，不致往復查議，失誤事機，可以速安反側，實地方之幸，臣等之幸，臣不勝受恩感激，竭忠願效之至。

辭巡撫兼任舉能自代疏 七年正月初二日

嘉靖六年十二月初二日，准本院咨節該吏部題奉聖旨：「王守仁暫令兼理巡撫兩廣等處地方，寫勑與他。」欽此。欽遵外，臣聞命之餘，愈增惶懼。竊念臣以迂疎多病之軀，繆承總制四省軍務之命，既已有不勝其任之憂矣。方爾晝夜驅馳，圖其所以仰副朝廷之重委者，而尚未知所措。今又加以巡撫之責，豈其所能堪乎。況兩廣地方，比於他處，尤繁且難：蠻夷瑶僮之巢穴，處處而是，攻劫搶擄之警報，日日而有；近年以來，加之以師旅，因之以饑饉，郡縣之凋敝日甚，小民之困苦益深。巡撫之任，非得才力精强者，重其事權，漸其官階，而久其職任，殆未可求效於歲月之間也。蓋非重其事權則不可以漸其官階，非漸其官階則不可以久其職任，非久其職任則凡所舉動，多苟且目前之計，而不爲日後久長之謀，邀一時之虚名，而或遺百年之實禍。膏澤未洽於下，而小民無愛戴感戀之誠，德威未敷於遠，而蠻夷無信服歸向之志。此巡撫兩廣之任，雖才能相繼，而治效之所以未究也。

切見致仕副都御史伍文定質性勇果，識見明達，往歲寧藩之變，嘗從臣起兵討逆，臣備知其能。今年力未衰，置之閑散，誠有可惜。若起而用之，以爲巡撫，其於經略之方，撫綏之術，必能不負所委。及照刑部左侍郎梁材、新陞南贛副都御史汪鋐，亦皆才能素著，抑且舊在兩廣，備諳土俗民情，皆足以堪斯任。乞勑吏部於三人之中選擇而使之。臣之駑劣多病，俾得專意思、田之役，幸而了事，容令照舊回還原籍調理。非獨巡撫得人，地方有所倚賴，而臣之不肖，亦苟免於覆餗之謀矣。

奏報田州思恩平復疏 七年二月十三日

嘉靖七年正月二十七日，據廣西田州府目民盧蘇、陸豹、黄笋、胡喜、邢相、盧保、羅黄、王陳、羅寛、戴慶等連名具狀，爲悔罪投降，陳情乞恩事，投稱：先因本府土官岑猛與泗城州屢年互相讐殺，獲罪上司，於嘉靖五年六月内，致蒙奏請官兵征勦臨境。岑猛自思原無反叛情由，意得招撫，先自同道士錢一真及親信家人逃躲歸順州界，蘇等俱各畏避，四散逃入山林；止有各處寄住客户千餘，躲避不及，冒犯官軍，俱蒙殺勦，目民人等俱不敢抵抗官軍；惟有陸綏不曾遠遯，當被擒斬；其餘韋好、羅河等俱蒙官軍陸續搜山殺死。蘇於當年九月内，歸順土官岑璋書報岑猛見在該州，前月已將道士錢一真功次假作岑猛解報軍門，爾可作急平定地方，來迎爾主。蘇等聽信，遣人節送衣服檳榔等件。岑璋一一收受，言説岑猛不可輕易見人，官府得知累我。續於十月内，岑猛又差人促令邀同王受招復鄉村，因見府治空虚，乘便入城休息。又遣迎岑猛，岑璋回説，爾今地方未定，姑候來春，我當發兵三十餘營送爾主來，且替爾防守。蘇等因此逃命屯聚，以候岑猛，並無叛心。嘉靖六年正月，有人傳説岑猛於天泉邑內急病身死，屍骨被岑璋燒燬，金銀盡被收獲。隨遣人去歸順探問，又被岑璋殺死。蘇等痛悔無由，竊思官男岑邦彥先已齊村病故，今聞岑猛又死，無主可靠，欲出投訴。切見四方軍馬充斥，聲言務要盡勦，又恐飛虫附火，必損其身；又蒙上司陰使王受圖殺盧蘇，又使盧蘇圖殺王受，反覆難信，投降無路，日切苦痛。今幸朝廷寬赦，欽命總制天星體天行道，按臨在此，神鬼信服，蘇等方敢捨命求生，率領闔府目民男子大小人等共計四萬餘名口盡數投降。伏乞憫念生靈草命，赦死立功，以贖前罪。哀乞憐憫岑猛原無反叛情罪，存其一脉，俯順夷情，辦納糧差，實爲萬幸等情。

并據思恩府頭目王受、盧蘇、黃容、盧平、韋文明、侶馬、黃留、黃石、陸宗、覃鑑、潘成等，亦連名具狀，告同前事，投稱：本府原係土官，自改立流官，開圖立里，土俗不便，奈緣小人冥頑，不諳漢法，屢次擾亂不定。受等同辭懇乞上司仍立目甲，不意反致官府嗔怪。近又蒙官兵征勦田州，要將受等一概誅滅，必要窮追逐捕，只得逃遯山林。兼以八寨蠻子原以剽掠爲生，乘機假受姓名，每每攻圖城邑，劫虜鄉村，虛名受禍。受等即欲挺身投訴，見得四方軍馬把截，兼聞陰使盧蘇圖殺王受，又使王受圖殺盧蘇，反覆難信，以此連年抱苦，控訴無由。且受等頗知利害，豈敢自速滅亡。今幸朝廷寬恩，命總制天星按臨在此，神鬼信服，受等方敢率領所部目民男女大小人等共計三萬餘名口捨命投降，伏乞詳情赦死，以全草命。更望俯順夷情，仍復目甲，使得辦納糧差，實爲萬幸等因。各投訴到臣。

據此照得先於嘉靖六年七月初七日，爲地方事，節奉勑諭：「先該廣西田州地方逆賊岑猛爲亂，已令提督兩廣等官都御史姚鏌等督兵進勦。隨該各官奏稱岑猛父子悉已擒斬，巢穴蕩平，捷音上聞，已經降勑奬勵，論功行賞。續該各官復奏惡目盧蘇倡亂復叛，王受攻陷思恩。及節據石金所奏，前項地方盧蘇、王受結爲死黨，互相依倚，禍孽日深，將來不可收拾。又參稱先後撫臣舉措失當，姚鏌等攘夷無策，輕信寡謀，圖田州已不可得，并思恩胥復失之，要得通行查究追奪。兵部議奏，以各官先後所論事宜，意見不同，且兵連兩廣調遣，事干鄰境地方，必得重臣前去總制，督同議處，方得停當。今特命爾提督兩廣及江西、湖廣等處地方軍務，星馳前去彼處，即查前項夷情，田州因何復叛，思恩因何失守。督同姚鏌等斟酌事勢，將各夷叛亂未形者可撫則撫，反形已露者當勦即勦，一應主客官軍，從宜調遣，主副將官及三司等官，悉聽節制。公同計議應設土官、流官，何者經久利便。并先今撫鎮等官，有功有過分別大小輕重，明白奏聞區處。事體十分重大者，具奏定奪。朕以爾勳蹟久著，才望素隆，特兹簡任。爾務以體國爲心，聞命就道，竭忠盡力，大展謀猷，俾夷患殄除，地方安靖，以紓朕西南之憂。仍須深慮却顧，事出萬全，一勞永逸，以爲廣人久遠之休。毋得循例辭避，以孤衆望。」欽此。

欽遵，隨於九月内節該兵部咨，爲辭免重任乞恩養病事，臣奏奉聖旨：「卿識敏才高，忠誠體國，今兩廣多事，方藉卿威望撫定地方，用紓朕南顧之懷，姚鏌已致仕了，卿宜星夜前去，節制諸司，調度軍馬，撫勦賊寇，安戢兵民，勿再遲疑推諉，以負朕望。該還差官鋪馬裹齎文前去敦趣赴任行事。該部知道。」欽此。欽遵，當即啓行，至十一月二十一日抵梧州莅任。

十二月内，續准兵部咨，爲地方大計緊急用人事，該禮部右侍郎方獻夫奏，節奉聖旨：「方獻夫所奏關係地方大計，鄭潤、朱麟與姚鏌事同一體，姚鏌已着致仕，鄭潤等因賊情未寧，暫且留用。今既這等説，鄭潤取回，代替的朕自簡用。朱麟應否去留着兵部會議，并堪任更代的，推舉相應官兩員來看。田州應否設都御史在彼住劄，還着王守仁議處，具奏定奪。」欽此。備咨前來知會，俱經欽遵外，本月初五日進至平南縣地方，與都御史姚鏌交代。二十二等日，太監鄭潤、總兵官朱麟陸續各回梧州、廣州等處，聽候新任。

總兵、太監交代去訖，當臣公同巡按紀功御史石金，右布政林富，參政汪必東、鄒輗，副使祝品、林大輅，僉事汪溱、張邦信、申惠、吴天挺，參將李璋、沈希儀、張經及舊任副總兵今閑住都指揮同知張祐，并各見在軍前用事等官，會議得思恩、田州之役，兵連禍結兩省，荼毒已踰二年，兵力盡於哨守，民脂竭於轉輸，官吏罷於奔走。即今地方已如破壞之舟，漂泊於顛風巨浪中，覆溺之患，洶洶在目，不待智者而知之矣。今若必欲窮兵雪憤，以收前功，未論其不克，縱復克之，亦有十患。何者？

今皇上方推至孝以治天下，惻怛之仁，覆被海宇，惟恐一物不得其所，雖一夫之獄，猶慮有所虧枉，親臨斷決，況兹數萬無辜之赤子，而必欲窮搜極捕，使之噍類不遺，傷伐天地之和，虧損好生之德，其患一也。屯兵十萬，日費千金，自始事以來，所費銀米各已數十餘萬。前歲之冬，二酋復亂，至今且餘二年。未嘗與賊交一矢，接一戰，而其費已若此；今若復欲進兵，以近計之，亦須數月，省約其費，亦須銀米各十餘萬。計今梧州倉庫所餘銀不滿五萬，米不滿一萬矣，兵連不息，而財匱糧絶，其患二也。調集之兵，遠近數萬，屯戍日久，人懷歸思。兼之水土不服，而前歲之疫死者一二萬人，衆情憂惑。自頃以來，疾病死者不可以數，無日無之。潰散逃亡，追捕斬殺而不能禁。其未見敵而已若此，今復驅之鋒鏑之下，必有土崩瓦解之勢，其患三也。用兵以來，兩省之民，男不得耕，女不得織，已餘二年；衣食之道日窮，老稚轉乎溝壑。今春若復進兵，又將廢一年之耕，百姓饑寒切身，群起而爲盜，不逞之徒，因而號召之，其禍殆有甚於思、田之亂者，其患四也。論者皆以不誅二酋則無以威服土官，是殆不然。今所賴以誅二酋者，乃皆土官之兵，而在我曾無一旅可恃之卒。又不能宣布主上威德，明示賞罰，而徒以市井狙獪之謀相欺相誘，計窮詐見，益爲彼所輕侮。每一調發旗牌之官，十餘往反，而彼猶驁然不出，反挾此以肆其貪求，縱其吞噬。我方有賴於彼，縱之而不敢問。彼亦知我之不能彼禁也，益狂誕而無所忌。岑猛之僭妄，亦由此等積漸成之。是欲誅一二逃死之遺孽，而養成十數岑猛，其患五也。兩廣盜賊，瑶、僮之巢穴動以數千百計，軍衛有司營堡關隘之兵，時嘗召募增補，然且不敷。今復盡取而聚之思、田之一隅，山瑶海寇，乘間竊發，遂至無可捍禦。近益窺我空虚，出掠愈頻，爲患愈肆。今若復聞進兵，彼知事未易息，遠近相煽蠭起，我兵勢難中輟，救之不能，棄之不可，其爲慘毒可憂，尤有甚於饑寒之民，其患六也。軍旅一動，饋運之夫，騎征之馬，各以千計。每夫一名，顧直一兩；馬一匹，四兩；馬之死者則又追償其主之直；是皆取辦於南寧諸屬縣。百姓連年兵疲，困苦已極，而復重之以此，其不亡而爲盜者，則亦溝中之瘠矣，其患七也。兩省土官於岑猛之滅，已各懷脣齒之疑，其各州土目於蘇、受之討，又皆有狐兔之憾，是以遲疑觀望，莫肯效力。所憑恃者，獨湖兵耳。然前歲之疫，湖兵死者過半，其間固多借倩而來，兵回之日，死者之家例有償命銀兩，總其所費，亦以萬數。今茲復調，賠頓道途。不得顧其家室，亦已三年，勞苦怨讟，潛逃而歸者，相望於道，誅之不能，止因一隅之小憤，而重失三省士人之心，其間伏憂隱禍，殆難盡言，其患八也。田州外捍交阯，内屏各郡，其間深山絶谷，又皆瑶、僮之所盤據。若必盡誅其人，異時雖欲改土設流，亦已無民可守。非獨自撤藩籬，勢有不可，抑亦藉膏腴之田以資瑶、僮，而爲邊夷拓土開疆，其患九也。既以兵克，必以兵守，歲歲調發，勞費無已。秦時勝、廣之亂，實興於閭左之戍。且一夫制馭，變亂隨生，反覆相尋，禍將焉極，其患十也。

故爲今日之舉，莫善於罷兵而行撫；撫之有十善。活數萬無辜之死命，以明昭皇上好生之仁，同符虞舜有苗之征，使遠夷荒服無不感恩懷德，培國家元氣以貽燕翼之謀，其善一也。息財省費，得節縮贏餘以備他虞，百姓無椎脂刻髓之苦，其善二也。久戍之兵得遂其思歸之願，而免於疾病死亡，脱鋒鏑之慘，無土崩瓦解之患，其善三也。又得及時耕種，不費農作，雖在困窮之際，然皆獲顧其家室，亦各漸有回生之望，不致轉徙自棄而爲盗，其善四也。罷散土官之兵，各歸守其境土，使知朝廷自有神武不殺之威，而無所恃頼於彼，陰消其桀驁之氣，而沮懾其僭妄之心，反側之姦自息，其善五也。遠近之兵，各歸舊守，窮邊沿海，咸得修復其備禦，盗賊有所憚而不敢肆，城廓鄉村免於驚擾劫掠，無虚内事外、顧此失彼之患，其善六也。息餽運之勞，省夫馬之役，貧民解於倒懸，得以稍稍甦復，起呻吟於溝壑之中，其善七也。土民釋兔死狐悲之憾，土官無唇亡齒寒之危，湖兵遂全師早歸之願，莫不安心定志，涵育深仁而感慕德化，其善八也。思、田遺民得還舊土，招集散亡復其家室，因其土俗，仍置酋長，彼將各保其境土而人自爲守，内制瑶、僮，外防邊夷，中土得以安枕無事，其善九也。土民既皆誠心悦服，不須復以兵守，省調發之費，歲以數千，官軍免踣頓道途之苦，居民無往來騷屑之患，商旅通行，農安其業，近悦遠來，德威覃被，其善十也。

夫進兵行勦之患既如彼，罷兵行撫之善復如此，然而當事之人乃猶往往利於進兵者，其間又有二幸四毁焉。下之人幸有數級之獲，以要將來之賞；上之人幸成一時之捷，以蓋日前之愆：是謂二幸。始謀請兵而終鮮成效，則有輕舉妄動之毁；頓兵竭餉而得不償失，則有浪費財力之毁；聚數萬之衆，而竟無一戰之克，則有退縮畏避之毁；循土夷之情，而拂士夫之議，則有形迹嫌疑之毁：是謂四毁。二幸蔽於其中，而四毁惕於其外，是以寧犯十患而不顧，棄十善而不爲。夫人臣之事君也，殺其身而苟利於國，滅其族而有裨於上，皆甘心焉；豈以僥倖之私，毁譽之末，而足以撓亂其志者！今日之撫，利害較然，事在必行，斷無可疑者矣。於是衆皆以爲然。

二十六日，臣至南寧府，乃下令盡撤調集防守之兵，數日之内，解散而歸者數萬有餘。湖兵數千，道阻且遠，不易即歸，仍使分留南寧、賓州，解甲休養，待間而發。

初，盧蘇、王受等聞臣奉命前來查勘，始知朝廷亦無必殺之意，皆有投生之念，日夜懸望，惟恐臣至之不速。已而聞太監、總兵等官復皆相繼召還，至是又見防守之兵盡撤，其投生之念益堅，乃遣其頭目黄富等十餘人於正月初七日先付軍門訴告，願得掃境投生，惟乞宥免一死。臣等諭以朝廷之意正恐爾等有所虧枉，故特遣大臣前來查勘，開爾等更生之路，爾等果能誠心投順，決當貸爾之死。因復開陳朝廷威德，備寫紙牌，使各持歸省諭盧蘇、王受等。大意以爲：岑猛父子縱無叛逆之謀，即其兇殘酷暴，慢上虐下，自有可誅之罪。今其父子黨與俱已伏其辜，爾等原非有名惡目，本無大罪，至於部下數萬之衆，尤爲無辜。今因爾等阻兵負險，致令數萬無辜之民破家失業，父母死亡，妻子離散，奔逃困苦，已將兩年；又上煩朝廷興師命將，勞擾三省之民，爾等之罪固已日深。但念爾等所以阻兵負險者亦無他意，不過畏罪逃死，苟爲自全之計，其情亦有可憫。方今聖上推至孝之仁，以子愛黎元，惟恐一物不得其所，雖一夫之獄，尚恐或有虧枉，親臨斷決，何況爾等數萬之命，豈肯輕意勦殺。故今特遣大臣前來查勘，開爾更生之路，非獨救此數萬無辜之民，亦使爾等得以改惡從善，捨死投生。牌至，爾等部下兵夫即可解散，各歸復業安生。爾等即時出來投到，決當宥爾之死，全爾身家。若遲疑觀望，則天討遂行，後悔無及。限爾二十日内；爾若不至，是朝廷必欲開爾生路，而爾必欲自求死路，進兵殺爾，亦可以無憾矣。蘇、受等得牌，皆羅拜踴躍，歡聲雷動。當即撤守備、具衣糧，盡率其衆掃境來歸，本月二十六日，俱至南寧府城下，分屯爲四營。明日，蘇、受等皆囚首自縛，各與其頭目數百人赴軍門投見。號哀控訴，各具投狀，告稱前情，乞免一死，願得竭力報效。

臣等看得蘇、受等所訴情節，亦與臣等前後所聞所訪大略相同，其間雖有飾説，亦多真情，良可哀憫，因復照前牌諭所稱，諭以朝廷恩德。以爲朝廷既已赦爾等之死，許爾投降，寧肯誘爾至此，又復殺爾，虧失信義；爾之一死，決當宥爾矣，爾可勿復憂疑。但爾蘇、受二人擁衆負險，雖由畏死，然此一方爲爾之故，騷擾二年有餘，至上煩九重之慮，下疲三省之民，若不略示責罰，亦何以舒泄軍民之憤。於是下盧蘇、王受於軍門，各杖之一百。衆皆合辭扣首，爲之請命，乃解其縛，諭以：「今日宥爾一死者，是朝廷天地好生之仁；杖爾一百者，乃我等人臣執法之義。」於是衆皆扣首悦服。臣亦隨至其營，撫定餘衆，皆莫不感泣歡呼，皆謂朝廷如此再生之恩，我等誓以死報。

及據狀末告「乞憐憫岑猛原無反叛情罪，存其一脉，俯順夷情，辦納糧差」一節，自臣奉命而來，沿途詢諸商賈行旅，訪諸士夫軍民，莫不以爲宜從夷俗，仍立土官，庶可永久無變；不然，反覆之患終恐不免。

及臣至此，又公同大小各官審度事勢，屢經酌量議處，亦皆以爲治夷之道，宜順其情。臣於先次謝恩本内，已經略具奏聞，至是因其控告哀切，當即遵照勑諭便宜事理，許以其情奏請。且諭以朝廷之意無非欲生全爾等，爾等但要誠心向化，改惡從善，竭忠報國，勿慮朝廷不能順爾之情，於是又皆感泣歡呼，皆謂朝廷如此再生之恩，我等誓以死報，且乞即願殺賊立功以贖前罪。臣因諭以朝廷之意惟願生全爾等，今爾方來投生，豈忍又驅之兵刃之下。爾等逃竄日久，家業破蕩，且宜速歸，完爾家室，及時耕種，修復生理。至於各處盜賊，軍門自有區處，不須爾等勦除；待爾家事稍定，徐當調發爾等。於是又皆感泣歡呼，皆謂朝廷如此再生之恩，我等誓以死報。臣於是遂委右布政林富、舊任總兵官張祐分投省諭，安插其衆，俱於二月初八日督令各歸復業去訖。

地方之事幸遂平定。皆皇上至孝達順之德，感格上下，神武不殺之威，震懾鬼神，風行於廟堂之上，而草偃於百蠻之表，是以班師不待七旬，而頑夷即爾來格，不折一矢，不戮一卒，而全活數萬生靈，是所謂「綏之斯來，動之斯和」者也。臣以蹇劣，繆承任使，仰賴鴻休，得免罪責，快覩盛明，豈勝慶幸。除將設立土官及地方一應經久事宜，遵照勑旨，公同各官再行議處，另行具奏外，緣係奏報平復地方事理，爲此具本，專差冠帶舍人王洪親齎，謹具題知。

地方緊急用人疏 七年二月十五日

先該禮部右侍郎方獻夫奏前事，節奉
聖旨：「田州應否設都御史在彼住劄，還着

王守仁議處，具奏定奪。」欽此。兵部備咨前來知會，除欽遵外，隨於今年正月二十七日該思恩、田州二府土目盧蘇、王受等各率衆數萬自縛歸降，該臣遵照勑諭事理，悉已撫定。當遣廣西右布政林富、舊任副總兵張祐，分投督領各夷，各歸原土復業安生。已經具本奏報外。照得思恩、田州連年兵火殺戮之餘，官府民居悉已燒燬破蕩，雖蔀屋尋丈之廬，亦遭翻空發掘，曾無完土，荒村僻塢，不遺片瓦尺椽，傷心慘目，誠不忍見。各夷近已誠心投服，毁棄兵戈，賣刀買牛，見已各事田作；自後反側之患，以臣料之，或已可免。但其風景凄戚，生意蕭條，憂惶困苦之餘，無以自存，必得老成寬厚之人撫恤綏柔之，臣等見其悲慘無聊之狀，誠亦未忍一旦棄去而不顧。況思、田去梧州軍門水路一月之程，一時照料，有所不及。近又與各官議，欲於田州建立流官府治，以制御土官；修復城池廨宇等項，必須勞民動衆，自非素得夷情者爲之經理區畫，各夷彫弊之餘，豈復堪此騷屑；況議設知府等官皆未曾到，一應事務，莫有任其責者。

看得右布政林富慈祥愷悌，識達行堅，素立信義，見在思、田地方安插各夷。合無准如方獻夫所奏，將林富量改憲職，仍聽臣等節制，暫於思、田地方往來住劄，撫循緝理，其於事理，亦甚相應。臣又看得思、田地方原係蠻夷瑶僮之區，不可治以中土禮法，雖流官之設，尚且不可，又況常設重臣，住劄其地，豈其所堪；則其供饋之費，送迎之勞，必且重貽地方異日之擾，斯亦不可不預言之者。合無將本官廩給口糧一應合用之費，及往來夫馬一應合用之人，俱於南寧府衛取辦，銀兩於庫貯軍餉内支給，一不以干思、田之人；俟一年之後，各夷生理漸復，府治城郭廨宇漸以完備，則將林富量移別處任用；而思、田止存知府理治，或設兵備官一員於賓州住劄，或就以南寧兵備兼理，不時往來撫循。如此則目前既可以得撫定綏柔之益，而日後又可以免困頓煩勞之擾。臣之愚見，所議如此，惟復別有定奪，均乞聖明裁處。

地方急缺官員疏 七年二月十八日

先據廣西副總兵李璋呈前事，看得柳、慶地方新任參將王繼善近因病故，地方盜賊生發，不可一日缺官，乞暫委相應官一員前去代理等因到臣。該臣看得柳、慶地方，近因思、田用兵不息，瑶賊乘間出掠；參將王繼善既已病故，而該道守巡兵備等官又以思、田之役皆在軍門督餉督哨，地方重寄，委無一官之托。爲照參將沈希儀雖係專設田州住劄官員，然田州之事，臣與各官見駐南寧，自可分理。本官舊在柳、慶，夷情土俗，備能諳悉，而謀勇才能，足當一面，求可委用，無踰本官者。該臣遵照欽奉勑諭便宜事理，就行暫委本官前去管理參將行事，聽候奏請外。

近該思恩、田州土目盧蘇、王受等率衆歸降，該臣行委右布政林富、閑住副總兵張祐，分投督領各夷各歸原土復業安生，今各夷見已賣刀買牛，爭事農作，度其事勢，將來或可以無反側之患；則前項駐劄參將，似亦可以無設。但今議於田州修復流官府治以控制土官，則城郭廨宇之役，未免勞民動衆；瘡痍大病之後，各夷豈復堪此。臣等議調腹裏安靖地方官軍、打手之屬約二千名，隱然有屯戍之形，而實以備修建之役，庶幾工可速就而又得免於起夫之擾。然非統馭得人，則於各夷或亦未免有所驚疑。除布政林富已另行議奏外，看得閑住總兵張祐才識通敏，計慮周悉，將略堪折衝之任，文事兼撫綏之長，今又見在思、田地方安插各夷，皆能得其歡心。乞勑兵部俯從臣議，將張祐復其舊職，暫委督令前項各兵，經理修建之役。仍令與布政林富更互往來於思、田之間，省諭安撫諸夷。其合用廩給夫馬之類，悉照議處林富事例，於南寧府衛取辦。俟一二年後，各夷生理盡復，府治城廓廨宇悉已完備，則將張祐量改他處任用，而田州止存知府理治，仍乞將沈希儀或就改註柳、慶地方守備。惟復別有定奪，均乞聖明裁處。

處置平復地方以圖久安疏七年四月初六日

臣聞傅説之告高宗曰：「明王奉若天道，建邦設都，樹后王君公，承以大夫師長，不惟逸豫，惟以亂民。」今天下郡縣之設，乃有大小繁簡之別，中土邊方之殊，流官土襲之不同者，豈故爲是多端哉？蓋亦因其廣谷大川風土之異氣，人生其間，剛柔緩急之異稟，服食器用，好惡習尚之異類，是以順其情不違其俗，循其故不易其宜，要在使人各得其所，固亦惟以亂民而已矣。

臣以迂庸，繆膺重命，勘處兵事於兹土，節該欽奉勑諭，謂「可撫則撫，當勦即勦」。是陛下之心，惟在於除患安民，未嘗有所意必也。又節該欽奉勑諭，謂「賊平之後，公同議處，應設土官流官，何者經久利便」。是陛下之心，惟在於安民息亂，未嘗有所意必也。始者思、田梗化，既舉兵而加誅矣，因其悔罪來投，遂復宥而釋之。固亦莫非仰體陛下不嗜殺人之心，惓惓憂憫赤子之無辜也。然而今之議者，或以爲流官之設，中土之制也，已設流官而復去之，則嫌於失中土之制；土官之設，蠻夷之俗也，已去土官而復設之，則嫌於從蠻夷之俗。二者將不能逃於物議，其何以能建事而底績乎！是皆不然。夫流官設而夷民服，何苦而不設流官乎？夫惟流官一設，而夷民因以騷亂，仁人君子亦安忍寧使斯民之騷亂，而必於流官之設者？土官去而夷民服，何苦而必土官乎？夫惟土官一去而夷民因以背叛，仁人君子亦安忍寧使斯民之背叛，而必於土官之去者。是皆虞目前之毁譽，避日後之形迹，苟爲周身之慮，而不爲國家思久長之圖者也。其亦安能仰窺陛下如天之仁，固平平蕩蕩，無偏無黨，惟以亂民爲心乎！

臣於思恩、田州平復之後，即已仰遵聖諭，公同總鎮、鎮巡、副參、三司等官太監張賜、御史石金等議應設流官、土官，何者經久利便，不得苟有嫌疑避忌，而心有不盡，謀有不忠。乃皆以爲宜仍土官以順其情，分土目以散其黨，設流官以制其勢。蓋蠻夷之性，譬猶禽獸麋鹿，必欲制以中土之郡縣，而繩之以流官之法，是群麋鹿於堂室之中，而欲其馴擾帖服，終必觸樽俎，翻几席，狂跳而駭擲矣。故必放之閒曠之區，以順適其獷野之性；今所以仍土官之舊者，是順適其獷野之性也。然一惟土官之爲，而不思有以散其黨與制其猖獗，是縱麋鹿於田野之中，而無有乎墻墉之限，豶牙童梏之道，終必長奔直竄而無以維縶之矣。今所以分立土目者，是墻墉之限，豶牙童梏之道也。然分立土目而終無連屬綱維於其間，是畜麋鹿於苑囿，而無守視之人以時守其墻墉，禁其群觸，終將踰垣遠逝而不知，踐禾稼，決藩籬，而莫之省矣。今所以特設流官者，是守視苑囿之人也。

議既僉同，臣猶以爲土夷之心未必盡得，而窮山僻壤或有隱情也，則亦安能保其必行乎。則又備歷田州、思恩之境，按行其村落而輕理其城堡，因而以其所以處之之道詢諸其目長，率皆以爲善。又以詢諸其父老子弟，又皆以爲善。又以詢諸其頑鈍無恥，厮役下賤之徒，則又亦皆以爲善。然後信其可以久行，而庶或幸免於他日之戮也矣，夫然後敢具本以請。亦恃聖明在上，洞見萬里，而無微不燭，故臣得以信其愚忠，不復有所顧忌。然猶反覆其辭而更互其説者，非敢有虞於陛下不能亮臣之愚，良以今之士人，率多執己見而倡臆説，亦足以摇衆心而僨成事，故臣不避頰舌之騰者，亦欲因是以曉之也。煩瀆聖聽，臣不勝戰慄惶懼之至！

緣係處置平復地方以圖久安長治事理，未敢擅便，爲此開坐具本請旨。計開：

一，特設流官知府以制土官之勢。臣等議得：思田初服，朝廷威德方新，今雖仍設土官，數年之間，決知可無反側之慮。但十餘年後，其衆日聚，其力日强，則其志日廣，亦將漸有縱肆并兼之患。故必特設流官知府以節制之。其御之之道，則雖不治以中土之經界，而納其歲辦租税之入，使之知有所歸效；雖不蒞以中土之等威，而操其襲授調發之權，使之知有所統攝；雖不繩以中土之禮教，而制其朝會貢獻之期，使之知有所尊奉；雖不嚴以中土之法禁，而申其冤抑不平之鳴，使之知有所赴訴；因其歲時伏臘之請，慶賀參謁之來，而宣其間隔之情，通其上下之義；矜其不能，教其不逮，寓警戒於溫恤之中，消倔强於涵濡之内，使之日馴月習，忽不自知其爲善良之歸。蓋含洪坦易以順其俗，而委曲調停以制其亂，此今日知府之設，所以異於昔日之流官，而爲久安長治之策也。臣等看得田州故地寬衍平曠，堪以建設流官衙門。但其衝射凶惡，居民弗寧。今擬因其城垣略加改創修理，備立應設衙門。地僻事簡，官不必備。環府之田一甲，皆以屬之府官。府官既無民事案牘之擾，終歲可以專力於農，爲之闢其荒蕪，備其旱潦，通其溝洫，丁力不足，則聽其募人耕種，官給牛具種子，歲收其入三分之一以廪官吏，而其餘以食佃人，城之内外，漸置佃人廬舍，而歲益增募招徠以充實之。田州舊有商課，仍許設於河下薄取其税，以資祭祀賓旅柴薪馬夫之給。凡流官之所須者，一不以及於土夷。如此，則雖草創之地，而三四年後，亦可以漸爲富庶之鄉。若其經營之始，則且須仰給於南寧府庫。逮其城郭府治完備，事體大定，然後總會其土夷之所輸，公田之所入，商税之所積，每歲若干，而官吏之所需者每歲若干，斟酌通融，立爲經久之計。又必上同之制用者務從寬假，無太苛削，官吏其土者得以優裕展布，無局促牽制之繁，此又體悉遠臣綏柔荒服之道也。至於思恩舊已設有流官，但因開圖立里，繩以郡縣之法，是以其民遂亂。今宜照舊仍設流官知府，聽其土目各以土俗自治；而其連屬制御之道，悉如臣等前之所議，庶可經久無患。均乞聖明裁處。

一，仍立土官知州以順土夷之情。臣等議得：岑氏世有田州，其繫戀之私恩久結於人心。今岑猛雖誅，各夷無賢愚老少，莫不悲愴懷思，願得復立其後。故蘇、受之變，翕然蠭起，不約而同。自官府論之，則皆以爲苗頑逆命之徒；在各夷言之，則皆自以爲嬰、臼存孤之義。故自兵興以來，遠近軍民往往亦有哀憐其志，而反不直官府之爲者。況各夷告稱其先世岑伯顔者，嘗欽奉太祖高皇帝勑旨：「岑黄二姓五百年忠孝之家，禮部好生看他，着江夏侯護送岑伯顔爲田州府土官知府，職事傳授子孫，代代相繼承襲。」欽此。欽遵。其後如岑永通、岑祥、岑紹、岑鑑、岑鏞、岑溥皆嘗著征討之績，有保障之功。猛之暴虐騷縱，罪雖可戮，而往歲姚源之役，近年劉召之勦，亦皆間關奔走，勤勞在人。各夷告稱官兵未進之先，猛尚遣人奉表朝賀貢獻，又遣人賫本赴京控訴；官兵將進之時，猛遂率衆遠遯，未嘗敢有抗拒。以此言之，其無反叛之謀，踪跡頗明。今欲仍設土官以順各夷之情，而若非岑氏之後，彼亦終有未服。故今日土官之立，必須岑氏子孫而後可。臣等看得田州府城之外，西北一隅，地形平坦，堪以居民。議以其地降爲田州，而於舊屬四十八甲之内，割其八甲以屬之，聽以其土俗自治。立岑猛之子一人，始授以署州事吏目；三年之後，地方寧靖，效有勤勞，則授以判官；六年之後，地方寧靖，效有勤勞，則授以爲同知；九年之後，地方寧靖，效有勤勞，則授以爲知州，使承岑氏之祀而隸之流官知府。其制御之道，則悉如臣等前之所議。如此，則朝廷於討猛之罪，記猛之勞，追録其先世之忠，俯順其下民之望者，兼得之矣。昔文武之政，罪人不孥，興滅繼絶，而天下之民歸心。遠近蠻夷見朝廷之所以處岑氏者若此，莫不曰猛肆其惡而舉兵加誅，法之正也；明其非叛而不及其孥，仁之至也；録其先忠而不絶其祀，德之厚也；不利其土而復與其民，義之盡也；矜其冥頑而曲加生全，恩之極也。即此一舉，而四方之土官莫不畏威懷德，心悦誠服，信義昭布，而蠻夷自此大定矣。此今日知州之設，所以異於昔日之土官，而爲久安長治之策也。臣等又看得岑猛之子，存者二人，其長者爲岑邦佐，其幼者爲岑邦相。邦佐自幼出繼武靖州爲知州；前者徒以誅猛之故，有司奏請安置於漳州。然彼實無可革之罪，今日田州之立，無有宜於邦佐者。但武靖當瑶賊之衝，而邦佐素得其民心，其才足能制御；邇者武靖之民以盗賊猖熾，州民無主之故，往往來告，願得復還邦佐爲知州，以保障地方。臣等方欲爲之上請，如欲更一人，諸夷未必肯服，莫若仍以邦佐歸之武靖，而立邦相於田州。用其强立有能者於折衝捍禦之所，而存其幼弱未立者於安守宗祀之區，庶爲兩得其宜。至於思恩，則岑濬之後已絶，自不必復有土官之設矣。均乞聖明裁處。

一，分設土官巡檢以散各夷之黨。臣等議

得：土官知州既立，若仍以各土目之兵盡屬於知州，則其勢并力衆，驕恣易生，數年之後，必有報讐復怨，吞弱暴寡之事，則土官之患，猶如故也。且土目既屬於上官，而操其生殺予奪之權，則彼但惟土官之是從，寧復知有流官知府者！則流官知府雖欲行其控御節制之道，施其綏懷撫恤之仁，亦無因而與各土目者相接矣。故臣等議以舊屬八甲割以立州之外，其餘四十甲者，每三甲或二甲立以爲一巡檢司，而屬之流官知府；每司立土巡檢一員，以土目之素爲衆所信服者爲之，而聽其各以土俗自治；其始授以署巡檢司事土目，三年之後，而地方寧靖，效有勤勞，則授以冠帶；六年之後，而地方寧靖，效有勤勞，則授以爲土巡檢；其糧税之入，則徑納於流官知府，而不必轉輸於州之土官，以省其費；其軍馬之出，亦徑調於流官知府，而不必轉發於州之土官，以重其勞。其官職土地，各得以傳諸子孫，則人人知自愛惜，而不敢輕犯法；其襲授予奪，皆必經由於知府，則人人知所依附，而不敢輒携貳。勢分難合，息朋奸濟虐之謀；地小易制，絶恃衆跋扈之患。如此，則土官既無羽翼爪牙之助，而不敢縱肆於爲惡；土目各有土地人民之保，而不敢黨比以爲亂。此今日巡檢之設，所以異於昔日之土目，而爲久安長治之策也。至於思恩事體，悉與田州無異，亦宜割其目甲，分立以爲土巡檢司，聽其以土俗自治，而屬之流官知府；其辦納兵糧與連屬制御之道，一如田州。則流官之設，既不失朝廷之舊，巡司之立，又足以散土夷之黨，而土俗之治，復可以順遠人之情，一舉而兩得矣。均乞聖明裁處。

一，田州既改流官，亦宜更其府名。初，岑猛之將變，忽有石自田州江心浮出，傾卧岸側。其時民間有「田石傾，田州兵。田石平，田州寧」之謡。猛甚惡之，禁人勿言，密起百餘人夜平其石。旦即復傾。如是者屢屢，已而果有兵變。今年二月，盧蘇等既有投順，歸視其石，則已平矣。皆共喜異，傳以爲祥。臣至田州，親視其石，聞士人之言如此。民間多取「田寧」二字私擬其名。臣等欲乞朝廷遂以此意命之；雖非大義所關，亦足以新耳目而定人心之一端也。其該府所設官員，臣等擬於知府之外，佐貳則同知或通判一員，首領則經歷知事各一員，吏胥略具而已。今見在者，已有通判張華，知事林光甫，照磨李世亨；其知府亦已選有一員陳能，然至今尚未到任。臣嘗訪詢其故，咸謂陳能原奉朝旨，陞廣西布政司右參政，管田州府事，又賜之勑旨，以重其權。吏部奏有欽依令其先赴該司到任，然後往蒞田州。該司左布政嚴紘謂其既掌府事，即係屬官，不得於該司到任。陳能遂竟還原籍，至今亦不復來。參照嚴紘妄自尊大，但知立上司之體勢，而輒敢慢視勑旨，蔑廢部移，固已深爲可罪。陳能則褊狹使氣，徒欲申一己之小憤，而遂爾委朝命於草莽，棄職任如敝屣；使爲人臣者而皆若是，則地方之責焉所寄託，而朝廷威令何以復行乎！臣等所訪如此，但未委虛的。乞將二人通行提究，重加懲戒，以警將來。臣觀陳能氣性悻悻若此，亦非可使以綏柔新附之民者。看得廣東化州知州林寬，舊任南康通判，翦緝安義諸賊，甚得調理；且其才識通敏，幹辦勤勵，臣時巡撫江西，深知其有可用；近因田州改建府治，脩復城垣，地方無官可任，已經行文委令經理其事。即若陞以該府同知，而使之久於其職，其所建立，必有可觀。迨其累有成績，遂擢以爲知府，使終身其地，彼亦欣然過望，必且樂爲不倦，爲益地方，決知不少矣。大抵田州之亂起於搜剔太甚，今其歸附，皆出誠心，原非以兵力强取而得者。故不必過爲振厲駕抑，急其機防，反足生變；但與之休養生息，略施控御其間可矣。夫走狗逐兔，而捕鼠以狸，人之才器，各有所宜也。伏乞聖明采擇。

一，思恩府設立流官，亦宜如田州之數。其知府一員吳期英見在，但已屢有奔逃之辱，難以復臨其下。然未有可去之罪，且宜改用於他所，姑使之自效可矣。看得柳州府同知桂鏊，督餉賓州，思恩之人聞其行事，頗知信向；近以脩復思恩府治，委之經理，其所謀猷，雖未見有大過於人，然皆平實詳審，不爲浮飾，似於思恩之人爲宜。苟未能灼知超然卓異之才，舉而用之，以一新政化，則得如鏊者器而使之，姑且修弊補罅，休勞息困，以與久疲之民相安於無事，當亦能有所濟也。乞敕吏部再加裁酌而改用之。

一，田州各甲，今擬分設爲九土巡檢司；其思恩各城頭，今擬分設爲九土巡檢司；各立土目之素爲衆所信服者管之。其連屬之制，陞授之差，俱已備有前議。但各甲、城頭既已分析，若無人管理，復恐或生弊端。臣等遵照敕諭便宜事理，已先行牌仰各頭目暫且各照分掌管，辨納兵糧，候奏請命下，然後欽遵施行。

一，田州淩時甲、完冠砦陶甲、腮水源坤官位甲、舊朔勒甲兼州子半甲共四甲半，擬立爲淩時土巡檢司，擬以土目龍寄管之；緣龍寄先來投順，故分甲比衆獨多。

一，田州砦馬甲、略羅慱、温甲共三甲，擬立爲砦馬土巡檢司，擬以土目盧蘇管之。

一，田州大田子甲、那帶甲、錦養甲共三甲，擬立爲大田土巡檢司，擬以土目黄富管之。

一，田州萬洞甲、周甲共二甲，擬立爲萬洞土巡檢司，擬以土目陸豹管之。

一，田州陽院右鄧甲、控講水册槐並畔甲共二甲，擬立爲陽院土巡檢司，擬以土目林盛管之。

一，田州思郎那召甲、舍甲共二甲，擬立爲思郎土巡檢司，擬以土目胡喜管之。

一，田州累彩甲、子軒憂甲、篤忻下甲共三甲，擬立爲累彩土巡檢司，擬以土目盧鳳管之。

一，田州怕何甲、速甲共二甲，擬爲怕何土巡檢司，擬以土目羅玉管之。

一，田州武龍甲、里定甲共二甲，擬立爲武龍巡檢司，擬以土目黄笋管之。

一，田州栱甲、白石甲共二甲，擬立爲栱甲土巡檢司，擬以土目邢相管之。

一，田州牀甲、砦例甲共二甲，擬立爲牀甲土巡檢司，擬以土目盧保管之。

一，田州婪鳳甲、工堯降甲共二甲，擬立爲婪鳳土巡檢司，擬以土目黄陳管之。

一，田州下隆甲、周甲共二甲，擬立爲下隆土巡檢司，擬以土目黄對管之。

一，田州縣甲、環甫蛙可甲共二甲，擬立爲

縣甲土巡檢司，擬以土目羅寬管之。

一，田州篆甲、煉甲共二甲，擬立爲篆甲土巡檢司，擬以土目王萊管之。

一，田州砦桑甲、義寧江那半甲共一甲半，擬立爲砦桑土巡檢司，擬以土目戴德管之。

一，田州思幼東平夫棒甲、盡甲子半甲共一甲半，擬立爲思幼土巡檢司，擬以土目楊趙管之。

一，田州侯周怕豐甲一甲，擬立爲侯周土巡檢司，擬以土目戴慶管之。

一，思恩興隆七城頭兼都陽十城頭，擬立爲土巡檢司，擬以土目韋貴管之；緣韋貴先來向官，故授地比衆獨多。

一，思恩白山七城頭兼丹良十城頭，擬立爲白山土巡檢司，擬以土目王受管之。

一，思恩定羅十二城頭，擬立爲定羅土巡檢司，擬以土目徐五管之。

一，思恩安定六城頭，擬立爲安定土巡檢司，擬以土目潘良管之。

一，思恩古零、通感、那學、下半四堡四城頭，擬立爲古零土巡檢司，擬以土目覃益管之。

一，思恩舊城十一城頭，擬立舊城土巡檢司，擬以土目黄石管之。

一，思恩那馬十六城頭，擬立爲那馬土巡檢司，擬以土目蘇關管之。

一，思恩下旺一城頭，擬立爲下旺土巡檢司，擬以土目韋文明管之。

一，思恩都陽中團一城頭，擬立爲都陽土巡檢司，擬以土目王留管之。

右各目之内，惟田州之龍寄，思恩之韋貴、徐五，事體於各目不同，而韋貴又與徐五、龍寄稍異。蓋韋貴於事變之始即來投順官府，又嘗效有勤勞，宜不待三年，而即與之以實授土巡檢以旌其功；徐五亦隨韋貴投順，而效勞不及，龍寄雖無功勞，而投順在一年之前，二人者宜次韋貴，不待三年而即與之以冠帶，三年而即與之以實授土巡檢。如此則功罪之大小，投順之先後，皆有差等，而勸懲之道著矣。或又以盧蘇、王受不當與各土目並立者。臣等又以爲不然。方其率衆爲亂，則蘇、受者固所謂罪之魁矣；及其率衆來降，則蘇、受者，又所謂功之首也。況二府目民又皆素服二人，今若立各土目，而二人不與，非但二人者未能帖然於衆目之下，衆目固亦未敢安然而處其上，非所以爲定亂息争之道也。故臣等仍議以盧蘇、王受爲衆目之首，庶幾事體穩帖，而人心允服矣。

一，田州、思恩各官目人等見監家屬男婦，初擬解京，今各目人等既已投順，則其家屬男婦相應給還領養。均乞聖明裁允。

一，田州新服，用夏變夷，宜有學校。但瘡痍逃竄之餘，尚無受廛之民，焉有入學之士。況齋膳廩餼，俱無所出，即欲建學，亦爲徒勞。然風化之原，終不可緩。臣等議欲於附近府州縣學教官之内，令提學官選委一員，暫領田州學事。聽各學生徒之願改田州府學及各處儒生之願來田州附籍入學者，皆令寄名其間。所委教官，時至其地相與講肄游息，或於民間興起孝弟，或倡遠近舉行鄉約，隨事開引，漸爲之兆。俟休養生息一二年後，流移盡歸，商旅湊集，民居已覺既庶，財力漸有可爲，則如學校及陰陽醫學之類，典制之所宜備者，皆聽該府官以次舉行上請，然後爲之設官定制。如此則施爲有漸而民不知擾，似亦招徠填實之道，鼓舞作新之機也。均乞聖明裁處。

一，思、田去梧州水陸一月之程，軍門隔遠，難於控馭調度；兼之府治雖立，而規制未成，流官雖設，而職守未定；且瘡痍未復，人心憂惶，須得重臣撫理。臣等已經具題，乞將右布政林富量陞憲職，存留舊任；副總兵張祐，使之更迭往來於二府地方，綏緝經理；仍乞賜以便宜敕書，將南寧、賓州等府衛州縣及東蘭、南丹、泗城、那地、都康、向武等土官衙門俱聽林富等節制。臣等所議地方經久事宜，候奏請命下之日，悉以委之林富等，使之欽遵，以次施行，庶幾事無隳墮，而功可責成矣。

王文成公全書卷之十五

別録七　奏疏七

征剿稔惡瑶賊疏七年四月十五日

據留撫田州、思恩等處地方，廣西布政司右布政林富，原任副總兵都指揮同知張祐等會呈前事，開稱「田州、思恩平復，居民悉已各安生理，土夷亦皆各事農耕，地方實已萬幸。但惟八寨瑶賊，積年千百成徒，流劫州縣鄉村，殺害良民，虜掠子女生口財物，歲無虚月，月無虚旬。民遭荼毒冤苦，屢經奏告，乞要分兵剿滅者，已不知幾百十番。爲因地方多事，若要進兵，未免重爲民困，是以官府隱忍撫諭，冀其悔罪改過。而彼乃悍然不顧，愈加兇横，出劫益頻。蓋緣此賊有衆數萬，盤據山谷，憑恃險阻，南通交趾等夷，西接雲、貴諸蠻，東北與斷藤、牛腸、仙臺、花相、風門、佛子及柳、慶、府江、古田諸處瑶賊回旋連絡，延袤周遭二千餘里，東掠西竄，南摽北突。近因思、田擾攘，各賊乘機出攻州縣鄉村，遠近相煽，幾爲地方大變。仰賴朝廷威令傳播，苟幸未動。緣此瑶賊之與居民，勢不兩立，若瑶賊不除，則居民決無安生之理。乞要乘此軍威，速加征剿，庶不貽患地方。緣由呈乞照詳施行」等因。

據此行間，隨據左江道守巡守備等官，左參議汪必東，僉事吴天挺，參將張經等會呈，爲請兵征剿積年窮兇極惡瑤賊，以除民患事，開稱「斷藤峽、牛腸、六寺、磨刀等處瑤賊，上連八寨諸蠻，下通白竹、古陶、羅鳳、仙臺、花相、風門、佛子等峒各賊，累年攻劫郡縣鄉村，殺人放火，虜掠子女財畜，民遭荼毒，逃竄死亡，抛棄田業，居民日少，村落日空，延袤千百里内，皆已變爲盜賊之區。各處被害軍民，累奏請兵誅剿，爲因地方多事，兵力不敷，官府隱忍招撫，期暫少息，而各賊愈肆猖獗。近因思、田用兵，遂與八寨及白竹、古陶、羅鳳等賊乘勢朋比連結，殺虜搶，月無虛旬；扇惑摇動，將成大變。仰賴神武傳播，幸未舉發。近幸思、田之諸夷感慕聖化，悉已自縛歸降，遠近向服；各山瑤、獞亦皆出來投撫，請給告示，願求自新，從此不敢爲惡。雖其誠僞未可逆料，然皆尚有畏懼之心。獨此斷藤各巢逆賊，自知罪在不赦，恃險如故，截路劫村，略無忌憚。若不乘此軍威，進兵剿滅，將來禍患，焉有紀極」緣由會案呈詳到臣。

照得臣近因思、田之役，奉命前來，駐軍南寧府地方，與八寨瑤賊相去六日之程。❶朝廷德威宣布，雖外國遠夷皆知震慴向慕，輸情納欵；而此瑤賊獨敢擁衆千百，四出劫掠武緣等處鄉材，殺人放火，略無忌憚，此臣所親知，即此焻熾桀驁，平時抑又可知。及照牛腸、六寺、磨刀、古竹、古陶、羅鳳、仙臺、花相、風門、佛子等巢稔惡各賊，自弘治、正德以來，至於今日，二三十年之間，節該桂平等縣被害人户李子太等前後控奏，乞行剿除民害，不下數十餘次，皆有部咨行令勘議計剿；若不及今討伐，其爲

❶「寨」，原作「塞」，據四庫本改。

地方之患，終無底極，誠有如各官所呈者。況臣駐劄南寧，小民紛然訴告，請兵急救荼毒，皆爲朝不謀夕。各賊之惡，委已數窮貫滿，神怒人怨，難復逋誅。即欲會案奏請，俟命下之日行事，切恐聲迹昭彰，反致衝突奔竄，則雖調十數萬之衆，以一二年爲期，亦未易平蕩了事。照得臣節該欽奉勑諭：「但遇賊寇生發，即便相機，可撫則撫，可捕則捕。」欽此。欽遵。爲照思、田變亂之時，該前都御史等官姚鏌等奏調湖廣永、保二司土兵前來南寧等處聽用，近幸地方悉已平靖，各兵正在班師放回之際，歸途所經，正與各賊巢穴相去不遠；況思、田二府新附，土目盧蘇、王受等感激朝廷生全之恩，屢乞殺賊報效。俱各遵奉勑諭事理，除一面量調官軍，協同前項各兵，行委左江道守巡參將等官監統永、保二司宣慰官男領各頭目土兵人等分道進剿牛腸、六寺、仙臺、花相等賊，并行留撫思、田布政及右江分巡兵備守備等官監統思、田土目兵夫分道進剿八寨等賊，所獲功次，俱仰該道分巡兵備官收解，紀功御史紀驗，造册奏報，及行總鎮太監張賜密切公同行事，并密行鎮巡等官知會外，緣係征剿積年稔惡瑶賊，以除民患，以安地方事理，爲此具本題知。

舉能撫治疏七年正月二十五日

案照先該禮部右侍郎方獻夫奏前事，節奉聖旨：「田州應否設都御史在彼住劄，還着王守仁議處具奏定奪。」欽此。兵部備咨前來知會，隨欽遵外，隨於今年正月二十七日，該思恩、田州二府土目盧蘇、王受等各率衆數萬，自縛歸降，該臣遵照勑諭事理，悉已撫定。當遣廣東右布政林富，舊任副總兵張祐，分投督領各夷，各歸原土復業安生。已經具本奏報外，爲照思恩、田州連年兵火殺戮之餘，官府民居，悉已燒毁破蕩，雖蔀屋尋丈之廬，亦遭翻乞發掘，曾無完土，荒村僻塢，不遺片瓦尺椽，傷心慘目，誠不忍見。各夷近已誠心投服，毁棄兵戈，賣刀買牛，見已各事田作，自後反側之患，以臣料之，或已可免。但其風景淒戚，生意蕭條，憂惶困苦之餘，無以自存，非得老成寬厚之人撫恤綏柔之，臣等見其悲慘無聊之狀，誠亦未忍一旦棄去而不顧。況思、田去梧州軍門水路一月之程，一時照料，有所不及。近又與各官議欲於田州建立流官府治，以制御土官；脩復城池廨宇等項，必須勞民動衆，自非素得夷情者爲之經理區畫，各夷彫弊之餘，豈復堪此騷屑；況議設知府等官，皆未曾到，一應事務，莫有任其責者。該臣看得右布政林富，慈祥愷悌，識達行堅，素立信義，見在思、田地方安插，各夷皆能得其歡心。合無准如方獻夫所奏，將林富量陞憲職，仍聽臣等節制，暫於思、田地方往來住劄，撫循緝理，其於事理，亦甚相應。俟一二年後，各夷生理漸復，府治城郭廨宇漸已完備，則將林富量移別處任用，而思、田止存知府理治，或設兵備官一員於賓州住劄，或就以南寧兵備兼理，不時往來撫循。如此，則目前既可以得撫定綏柔之益，而日後又可以免困頓勞煩之擾。已經具本於本年二月十五日差舍人湯祥賫奏請旨。

續爲處置平復地方，以圖久安長治事，節該臣看得思恩、田州二府地方，府治雖立而規制未成，流官雖設而職守未定，且瘡痍未服，人心憂惶，乞將右布政林富量陞憲職，及存留舊任；副總兵張祐，使之更迭往來於二府地方綏緝經理；仍乞賜以便宜勅書，將南寧、賓州等府衛州縣及東蘭、南丹、泗城、那地、都康、向武等土官衙門俱聽林富等節制。臣等所議地方經久事宜，候奏請命下之日，悉以委之林富等，使之欽遵，以次施行，庶幾事無隳惰而功可責成。又經條陳具本於本年四月初六日差承差楊宗賫奏請旨，俱未奉明示。

本年五月二十二日，本官已蒙欽陞都察院右副都御史，撫治湖廣鄖陽等處地方去訖，所有思、田二府撫循緝理官員，尚未奉有成命。如蒙皇上軫念邊方，俯從臣等所請，乞於兩廣及鄰省附近地方各官内選用，庶可令其作速到任，不致久曠職業。臣本昧於知人，不敢泛然僭舉。切照廣東右布政使王大用，湖廣按察使周期雍，皆才識過人，可以任重致遠。臣往年巡撫南贛，二臣皆在屬司，爲兵備僉事，與之周旋兵革之間，知其皆肯實心幹事。江西未叛一年之前，臣嘗與周期雍密論宸濠之惡，不可不爲之備，期雍歸去汀、漳，即爲養兵蓄鋭以待。及臣遇變豐城，傳檄各省，獨期雍與布政席書聞變即發。當是時，四方援兵皆莫敢動，迄宸濠就擒，竟無一人至者，獨席書行至中途，復受臣檄，歸調海滄打手，又行至中途，聞事平而止。其先後引領至江西省城者，惟周期雍、王大用兩人而已。當時以捷奏既上，隨復讒言朋興，各臣之忠勤，遂不及一白，臣爲之每懷歉然。即是而觀，其能竭忠赴義，不肯上負國家，亦可知矣。乞勅吏部酌臣所議，於二臣之内選用其一，非惟地方付託得人，永有所賴，而臣等亦可以免於身後之戮，地方幸甚。

邊方缺官薦才贊理疏 七年七月初六日

邇者思恩、田州之變，諸夷感慕聖化，悔罪求生。已蒙浩蕩之仁，宥納而撫全之，地方亦既寧定矣。但凋弊之餘，必須得人以時綏緝。況兩府設立流官衙門及脩築城池營堡等項，百務並舉，若無專官夙夜經理催督，則事無統紀，功難責成。已經臣等具題，乞將右布政林富等陞職留撫；隨蒙將林富陞任去訖。又經臣等仍乞推選相應官員替任，俱未奉明旨。

臣看得今歲例當朝覲，各該掌印官員不久皆將赴京，而廣西布、按二司等官適多遷轉去任者，右布政林富陞鄖陽副都御史，參政黃芳陞江西布政副使，李如圭陞陝西按察使，參政龍誥、參議汪必東、僉事吳天挺等督押湖兵出境，往復之間，即須半年，參議鄒輗、僉事申惠皆賫捧表箋進京，其餘雖有一二新任官員，皆未到任，止存左布政嚴紘，按察使錢宏各掌司印，僉事張邦信分巡桂林，李傑分巡蒼梧，而臣在南寧、思、田等處輿疾往來調度，再無一官隨從贊理者。近日止有兵備副使翁素來管右江道事，緣其才性乃慈祥愷悌之人，用之中土，分理司事，足爲循良；而置之邊方瘴癘多事之鄉，則其禀質稍弱，不耐崎險，易生疾病，似於風土亦非所宜。臣看得爲民副使陳槐，平生奮志忠節，才既有爲，而又能不避艱險。致仕知府朱衮，年力壯健，才識通敏。去任副使施儒，學明氣充，忠信果斷。閑住副使楊必進，曉練軍務，識達事機。此四人者皆堪右江兵備之任。施儒舊爲兵備於潮、惠，揚必進舊爲兵備於府江，皆嘗著有成績，兩地夷民至今思念不忘。若於四人之中選用其一，其餘地方之事必有所濟。

及照田州新附之地，知府陳能尚未到任。該臣看得化州知州林寬，舊在江西，知其才能足充任使，已經具奏行委，見在該府管事。但其禀質乃亦不禁炎瘴，於風土非宜，涖事以來，終月卧病，呻吟牀席，軀命且不能保，又何能經理地方之事乎？臣又訪得潮州府推官李喬木者，才力足以有爲，而又熟知土俗夷情，服於水土；但係梧州籍貫，稍有鄉里之嫌。臣看得廣西軍衛有司衙門所屬官員及各學教職，亦皆多用本省士人，今田州雖設流官知府，而其所屬乃皆土夷，自無鄉里之嫌可避，亦與各教職無異者。乞勑吏部改用林寬於别地，俯採臣議，將李喬木改陞田州同知；庶可使之久於其任，以責成功，則地方之幸，臣之幸也。

臣惟任賢圖治，得人實難，其在邊夷絶域反覆多事之地，則其難尤甚。何者？反覆邊夷之地，非得忠實勇果通達坦易之才，固未易以定其亂。有其才矣，使不諳其土俗而悉其情性，或過剛使氣，率意徑行，則亦未易以得其心。得其心矣，使不耐其水土，而多生疾病，亦不能以久居於其地，以收積累之效，而成可底之績。故用人於邊方，必兼是三者而後可。即如右江一兵備，此臣之所最切心者，臣竊爲吏部私計其人，終夜不寢，而思之竟未見有快心如意者，蓋兼是三者而求之也。如前所舉四人者，固皆可用之才，今乃皆爲時例所拘，棄置不用，而更勞心遠索，則亦過矣。

臣近於南寧、思、田諸處，因無可用之才，調取其發身科第以遷謫而至者三四人，其志向才識果自不羣，足可任用。但到未旬日而輒以患病告歸，皆相繼狼狽扶携而去矣。不得已，就其見在者而使之，則皆庸劣陋下，素不可齒於士類者。然無可奈何，則略其全體之惡而用其一肢之能，既其終事，所就不能以尺寸，而破壞則尋丈矣。用是觀之，亦何怪乎斯土之民愈困，亂愈積，而禍日以深也哉！是固相沿積習之弊，不及今一洗而改革之，邊患未見其能有瘳也。

夫今之以朝覲考察而去者，固多貪暴不才之人矣；其間乃有雖無過人之才，而亦無顯著之惡，尚在可用不可用之間者，皆未暇論；至其平生磊落自負，卓然思有所建立，而其學識才能果足以有爲者，乃爲一時愛憎毁譽之所亂，亦遂忞然就抑而去，斯固天下之所共爲不平，公論弭彰者，孰得而終掩之。陛下何不使在位大臣一時各舉十餘人之可用者，陛下合而考之：若一人舉之而九人不舉，未可也；三人舉之而七人不舉，已在所察矣；五人舉之而五人不舉，其察又宜詳矣；或七人八人舉之而一二人不舉，則其人之可用亦斷在不疑者矣。若此者，亦在朝覲二次三次之後，或七年、或十年而後一舉，夫身退十年之後，則是非已明，公論已定，雖有黨比，自不能容。今邊方絶域，無可用之人，至取其庸劣陋下者而使之，以滋益地方之苦弊。其豪傑可用之才，乃爲時例所拘，棄置而不用。夫所謂時例者，固朝廷爲之也，可拘而拘，不可拘而不拘，無不可者。陛下何忍一方之禍患日深月積，乃惜破例，而用一人以救之乎？夫考察而去者，果皆貪惡庸陋之徒，則固營營苟苟，無時而不僥倖以求進，若磊落自負，有過人之見者，則雖屈抑而退，自放於山水田野之間，亦足以自樂。今若用之於邊夷困弊之地，殆亦未必其所欲。但爲朝廷愛惜人才，則當此宵旰側席，遑遑求賢之日，而使有用之才廢棄終身，乃不得已至取其庸劣陋下者而用之，以益民困，豈不大可惜乎？臣因地方缺人，心切其事，不覺其言之煩瀆。伏望陛下恕其愚妄，下臣議於吏部，採擇而去取之。臣不勝瀆冒恐懼之至！

八寨斷藤峽捷音疏 七年七月初十日

據湖廣按察司分巡上湖南道監軍僉事汪溱、廣西按察司分巡左江道監軍僉事吴天挺、分巡右江道監軍副使翁素等會呈，節據廣西領哨潯州衛指揮馬文瑞、王勳、唐宏、卞琚、張縉，千户劉宗本，永順統兵宣慰彭明輔，官男彭宗舜，保靖統兵宣慰彭九霄，及辰州等衛部押指揮彭飛、張恩等，各呈前事，職等遵奉統領各該軍兵，依期於本年四月初二日密到龍村埠登岸。當蒙統督參將張經，都指揮謝珮，督同宣慰彭明輔，分布官男彭宗舜，頭目彭明弼、彭杰，領土兵一千六百名；隨同領哨指揮馬文瑞，頭目向永壽、嚴謹，領土兵一千二百名；隨同領哨指揮王勳，又督同宣慰彭九霄等，分布官男彭藎臣，下報效頭目彭志明，領土兵六百名；隨同領哨指揮唐宏，頭目彭九臯，領土兵六百名；隨同領哨指揮卞琚，頭目彭輔，領土兵六百名；隨同領哨指揮張縉，頭目賈英，領土兵六百名；隨同領哨千户劉宗本，并各哨官員，領潯州等衛所及武靖州漢土官兵鄉導人等，共一千餘名；永順進剿牛腸，保靖進剿六寺等賊巢，刻定初三日寅時一齊抵巢。

各賊先防湖兵經過，各將家屬生畜驅入巢後大山潛伏；賊首胡緣二等各率徒黨團結防拒。然訪知本院住札南寧，寂無征剿消息，又不見調兵集糧，而湖兵之歸，又皆偃旗息鼓，略無警備，遂皆怠弛，不以爲意。至是突遇官兵，四面攻圍，各賊倉惶失措，然猶恃其驍悍，蜂擁來敵。當有彭明輔、彭九霄、彭宗舜并頭目田大有、彭輔等督率目兵，奮不顧身，衝突矢石，敵殺數合，賊鋒摧敗。當陣生擒斬獲首賊并次從賊徒賊級六十九名顆，俘獲男婦及奪回被虜人口、牛隻、器械等項數多。餘賊退敗，復據仙女大山，憑險結寨。各兵追圍，攀木緣崖，設策仰攻，至初四日，復破賊寨，當陣生擒斬獲首賊并次從賊徒賊級六十二名顆。初五日，復攻破油硃、石壁、大陂等巢，生擒斬獲首賊及次從賊徒賊級七十九名顆，俘獲男婦、牛隻、器械等項數多。餘賊奔至斷藤峽、橫石江邊，因追兵緊急，争渡覆溺死者，約有六百餘徒。官兵復從後奮勇追殺，當陣生擒獲斬首賊及次從賊徒賊級六十五名顆，俘獲男婦、牛畜、器械等項數多。各賊間有一二漏網，亦皆奔竄他境。官兵追殺，至於本月初十日，遍搜山峒無遺。稟蒙收兵，回至潯州府住劄間。隨蒙本院密切牌諭，復令職等移兵進勦仙臺等賊。

就於本月十一日夤夜仍前分布各哨官兵，遵照牌內方略，永順於盤石、大黄江登岸，進剿仙臺、花相等處；保靖於烏江口、丹竹埠登岸，進剿白竹、古陶、羅鳳等處。刻定於十三日寅時一齊抵巢。各賊聞知牛腸等巢破滅，方懷疑懼，謀欲據險自固。賊首黄公豹、廖公田等各率徒黨，沿途設伏埋簽，合勢出拒。官兵驟進，翕如風雨。各賊雖已奪氣，然猶舍死衝敵，比之牛腸等賊兇惡尤甚。各該官兵奮勇夾擊，争先陷陣，生擒斬獲首賊及次從賊徒賊級四百九十名顆，俘獲賊屬男婦、牛畜、器械等項數多。各賊奔入永安邊界，地名立山，恃險結寨。當蒙摘調指揮王良輔并目兵彭愷等於本月二十四日亦各分路並進，奮勇争先，四面仰攻。賊乃敗散，當陣生擒斬獲首賊及次從賊徒、賊級一百七十二名顆，俘獲男婦、牛畜、器械數多。餘賊遠竄，追殺無遺。

又據把截邀擊參將沈希儀解報擒斬首從賊徒賊級八十六名顆。把截頭目鄧宗七、撫瑶老人陳嘉猷、旗軍洪狗驢等，及貴縣典史蘇桂芳、把隘指揮孫龍、官舍覃鋙，潯州府捕盗通判徐俊，平南知縣劉喬等，亦各呈解擒斬首從賊徒賊級八十一名顆，俘獲男婦、器械等項數多。

又該督兵右布政林富、舊任副總兵張祐等，遵奉本院方略，分督田州府報效頭目盧蘇等目兵及官軍人等三千名，思恩府報效頭目王受等目兵及官軍人等二千名，韋貴等目兵及官軍鄉款人等一千一百名，照依分定哨道，進剿八寨稔惡瑶賊，刻期於本年四月二十三日卯時一齊抵巢。先於二十二日晚，於新墟地方集各土目人等申布本院密授方略，乘夜銜枚速進，所過村寨，寂然不知有兵。黎明各抵賊寨，遂突破石門天險，我兵盡入。賊方驚覺，皆以爲兵從天降，震駭潰竄，莫知所爲。我兵乘勝追斬，各賊且奔且戰。薄午，四遠各寨驍賊聚衆二千餘徒，各執長標毒弩，并勢呼擁來拒，極其猛悍。我兵鼓噪奮擊而前，聲震巖谷，無不一當十。賊既失險奪氣，而我兵愈戰益奮，賊不能支，遂大奔潰。當陣生擒斬獲首賊及次從賊徒賊級二百九十一名顆，俘獲男婦、畜産、器械數多。賊皆分陣聚黨，奔入極高大山，據險立寨。我兵亦分道追躡圍勦，然巖壁峻絶，我兵自下仰攻，戰勢不便；賊從巔崖發石滚木，多爲所傷。於是多方設策，夜發精鋭，掩其不備。二十四日，我兵復攻破古蓬等寨，生擒斬獲首賊及次從賊徒賊級共一百三名顆，俘獲數多。二十八日復攻破周安等寨，生擒斬獲首賊及次從賊徒賊級共一百四十六名顆，俘獲數多。五月初一日，復攻破古鉢等寨，生擒斬獲首從賊徒賊級一百二十七名顆，俘獲數多。初十日，復攻破都者峒等寨，斬獲首從賊徒賊級一百四名顆，俘獲數多。

本月十二等日，復據參將沈希儀解到督領指揮孫繼武等官軍及遷江土目兵夫人等於高徑、洛春、大潘等處追勦邀擊各寨奔賊，斬獲首從賊徒賊級九十八名顆；都指揮高崧解到督領指揮程萬全等官軍及土目兵夫人等於思盧、北山等處搜勦截捕各寨奔賊，斬獲首從賊徒賊級九十一名顆；又據同知桂鏊監督思恩土目韋貴、徐五等目兵分勦銅盆等寨，斬獲首從賊徒賊級一百九十二名顆，俘獲數多；又據通判陳志敬督領武緣、應虚等處鄉兵搜勦大鳴等山奔賊，斬獲首從賊徒賊級八十六名顆。

又於本月十七等日，盧蘇、王受等復攻破黄田等寨，斬首從賊徒賊級三百六十二名顆，俘獲數多。六月初七等日，復攻破鐵坑等寨，斬獲首從賊徒賊級二百五十三名顆，俘獲數多。又據指揮康壽松、千贇、王俊等督領官兵於緑茅等處把隘搜截，斬獲首從賊徒賊級四十八名顆。

各賊始雖敗潰，然猶或散或合，至是見其渠魁驍悍，悉就擒斬，遂各深逃遠竄。其稍有强力者尚一千餘徒，將奔往柳、慶諸處賊巢。我兵四路夾追，及之於横水江。各賊皆已入舟離岸，兵不能及。然賊衆船小，皆層疊而載，舟不可運；復因争渡，自相格鬬，適遇颶風大作，各船盡覆，浮迫登岸得不死者，僅二十餘徒而已。我兵既無舟渡，又風雨益甚，遂各歸營。既晴，我兵仍分路入山搜勦，各賊茫無踪跡。又復深入，見崖谷之間，顛墮而死者不可勝計，臭惡薰蒸，不可復前。遠近巖峒之中，林木之下，堆疊死者男婦老少大約且四千有餘。蓋各賊皆倉卒奔逃，不曾賫有禾米，大雨之中，飢餓經旬，而既晴之後，烈日焚炙，瘴毒蒸熾，又且半月有餘，故皆糜爛而死。八寨之賊略已蕩盡，雖有脱網，亦不能滿數十餘徒矣。本院議於八寨之中，據其要害，移設衛，所以控制諸蠻，復於三里設縣，以迭相引帶。親臨相視思恩府基，景定衛縣規則。其時暑毒日甚，山溪水漲，皆惡流臭穢，飲者皆成疫痢。本院因見各賊既已掃蕩，而我兵又多疾疫死亡，乃遂班師而出。

照得各職於本年三月二十三等日，先奉本院鈞牌：「據左江道守巡、守備等官呈稱斷藤峽等處猺賊，上連八寨，下通仙臺、花相等峒，累年攻劫郡縣鄉村，被害軍民累奏請兵誅剿，乞要乘此兵威勦滅等因，行仰各職監統各該官兵進勦各賊。諭令未至信地三日之前，停軍中途，候約參將張經，與同守巡各官集議，先將進兵道路之險夷遠近，各巢賊徒之多寡强弱，及所過良民村分之經由往復，面同各鄉導人等逐一備細講究明白，務要彼此習熟，若出一人；然後刻定日時，偃旗息鼓，寂若無人，密至信地，乘夜速發，務使迅雷不及掩耳，將各稔惡賊魁盡數擒勦，以除民害，以靖地方。除臨陣斬獲外，其餘脅從老弱，一切皆可宥免。今玆之舉，惟以定亂安民爲事，不以多獲首級爲功。各官務要仰體朝廷憂憫困窮之心，俯念地方久罹荼毒之苦，仍要禁約軍兵人等，所過良民村分，毋得侵擾一草一木，有犯令者，當依軍法斬首示衆。各官既有地方責任，兼復素懷忠義，當玆委任，務竭心力以祛患安民。事完之日，通將獲過功次開報紀功御史紀驗，以憑奏報。」奉此各職會同參議汪必東，僉事汪溱、吴天挺，參將張經，都指揮謝珮，遵照軍門成算，分布各哨官兵，申明紀律，嚴督依期進勦前項各賊巢穴，獲功解報間。

隨準參將張經手本密奉本院鈞牌：「仰候牛腸事畢，即便移兵進勦古陶諸賊。就使各賊先已聞風逃遯，亦須整兵深入，掃其巢穴，以宣聲罪致討之威。若其遂能悔罪效順，亦宜姑與招安。如其仍前憑險縱恣，兩征不已至於三，三征不已至於四，務在殄滅，以絶禍根。各官就彼分定哨道，永順進勦仙臺諸處，保靖進勦白竹諸處，各分鄉導人等引路進兵，務在計慮周悉，相機而行，各毋偏執己見，致有誤事。彼中事勢，參將張經久於其地，必能知悉，仍要本官勇當力任，斷決而行，不得含糊兩可，終難辭責。」又經遵照方略，依期進勦，獲功解報間。

又於四月初五等日，各職先奉本院密切鈞牌：「據右布政林富、副總兵張祐等呈稱八寨瑶賊，毒害萬民，千百里内，塗炭已極。乞要乘此軍威，急除一方大患等因，本院看得八寨之賊，既極驍猛，而石門天險，自來兵不能入，此可以計取，未易以兵力圖者。邇者思、田既附，湖兵尚留，彼賊心懷疑懼，必已設有備禦。今各州狼兵悉已罷散，而思、田新附之民方各歸事農耕，湖兵又已撤回，彼必以我爲無復有意於彼，是以近日稍稍復出剽掠，是殆以此探望官府舉動。今我若罔聞知，且聽其出没，彼亦放縱懈弛，謂我不復能爲。此正天亡之時，機不可失。前者思、田各目感激朝廷再生之恩，求欲立功報效。當時許其休息三月，然後調用。今已及期，仰右布政林富、副總兵張祐照牌事理，即便分投密切起調各目兵夫，迂路前到南寧面聽約束行事。」各職遵奉起調，行至新墟地方，又密奉進兵方略，刻定日期。當即遵奉連夜分哨速進，遂克攻破巢穴，連戰皆捷，斬獲功次解報間。

職等各蒙巡按廣西監察御史石金案驗「爲紀獲功次事，案行該道，各不妨監督，如遇參將張經，舊任副總兵張祐等官各解到擒斬賊人賊級并俘獲賊屬男婦牛馬，俱要就彼審驗真的，事完通查獲功員役，分别首從功次多寡，緣由造册賫報，以憑覆審奏報」等因，除遵奉外，今劄進剿斷藤峽谷，各哨土目官兵解到生擒斬獲首從賊徒、賊級一千一百四名顆，俘獲賊屬五百六十八名口；進剿八寨，各哨土目官兵解到生擒斬獲首從賊徒、賊級一千九百一名顆，俘獲賊屬五百八十七名口。兩處共計擒斬獲三千五名顆，俘獲賊屬一千一百五十五名口。除遵照案驗事理，再行驗實造册另報外，其各哨解到生擒、斬獲、俘獲等項功次數目，合先開報。

職等會同參照斷藤峽諸賊連絡數十餘

巢，盤亘三百餘里，彼此犄角結聚，憑險稔惡，流劫郡縣鄉村。自國初以來，屢征不服；至天順年間，該都御史韓雍統兵二十餘萬來平兩廣，然後破其巢穴。兵退未久，各賊復攻陷潯州，據城大亂。後復合兵攻勦，兼行招撫，然後退還巢穴。自是而後，官府曲加撫處，或時暫有數月之安，而稍不如意，輒復猖獗，殺掠愈毒。蓋其祖父以來，狠戾相承，兇惡成性，不可改化。近年以來，官府勦撫之計益窮，各賊殘毒之害日甚，蓋已至於不可支持矣。至於八寨諸賊，尤爲兇悍猛惡，利鏢毒弩，莫當其鋒；且其寨壁天險，進兵無路。自國初韓都督嘗以數萬之衆圍困其地，亦不能破，竟從招撫；其後屢次合勦，一無所獲，反多撓喪；惟成化年間，上官岑瑛素能懾服諸瑤，嘗合各州狼兵一入其巢穴，斬獲二百餘級；已而賊勢大湧，力不能支，當遂退兵，亦以招安而罷。自是而後，莫可誰何，流劫遠近，歲無虛月，民遭荼毒，寃苦無所控籲。自思、田多事，兩地之賊相連煽動，將有不可明言之變，千里之間，方爾洶洶朝夕。今幸朝廷威德宣揚，軍門方略密授，因湖廣之回兵而利導其順便之勢，作思、田之新附而善用其報效之機，翕若雷霆，疾如風雨，事舉而遠近不知有兵興之役，敵破而士卒莫測其舉動之端。兩地進兵，各不滿八千之衆，而三月報績。共已踰三千之功，蓋其勞費未及大征十之一，而其斬獲加於大征三之二，遠近室家相慶，道路懽騰，皆以爲數十年來未見其斯舉也。

職等承乏任使，雖衝冒炎毒，攀援險阻，不敢不竭力效命；但僅遵奉方略，安能仰贊一籌。照得宣慰彭明輔、彭九霄，官男彭宗舜等扶病冒暑，督兵勦賊，顛頓崖谷，仆而益奮，遂能掃蕩巢穴，殄滅渠黨。即其忠義激發，誠亦人所難能。其思、田報效頭目盧蘇、王受等，感激再生之恩，共竭效死之報，自備資糧，争先首敵，遂破賊險，搗自昔不到之巢，斬自來難敵之寇。蓋有仰攻險寨墮崖而碎首者，猶曰「我死不憾」；亦有仰受賊弩掛樹而裂肢者，猶曰「我死甘心」。民間傳誦，以爲盧蘇、王受昔未招撫，惟恐其爲地方之患，今既招撫，乃復爲地方除患，嘖嘖稱嘆，謂其竭忠報德之誠，雖子弟之於父兄，亦不能是過矣。再照督兵、督哨、防截、給餉等項，凡有事於軍前各官，雖其職有崇卑，功有大小，然皆衝冒矢石炎瘴，備歷險阻艱難，比之往來大征，合圍守困，坐待成功，其爲利害勞逸，相去倍蓰。均乞録奏，以勸將來等因到臣。

照得先該各官呈稱前項各巢各賊積年窮兇稔惡，千百里内，被其慘毒，萬姓冤苦，朝不保夕，乞要乘此軍威，急救一方塗炭等因。其時臣方駐劄南寧，目覩其害，誠不忍坐視斯民之苦，一至此極。及查兵部屢次咨來題奉欽依事理，要將前項各賊即行發兵計勦，以除民患，正亦臣等職所當盡之責。但慮賊衆勢大，連絡千里，可以計破，難以力攻。欲俟再行奏請，命下然後舉行，必致形迹昭聞，雖用十萬之師，圖以歲年，亦未可克。故遂仰遵欽奉勅諭「但有賊盗生發，當撫則撫，可勦則勦」及「便宜行事」事理，一面密切相機行事，及密行總鎮太監張賜知會，隨該鎮守兩廣豐城侯李旻亦相繼到任，又經轉行知會外，今據各呈前因，該臣會同總鎮太監張賜、總兵李旻及鎮巡三司等官，看得八寨、斷藤、牛腸、六寺、磨刀、古陶、白竹、羅鳳、龍尾、仙臺、花相等賊巢穴連絡，盤據千百餘里，兇悍驍猛，酷虐萬姓，流毒一方，自來征勦所不能克，果已貫盈罪極，神怒人怨，委有如各官所呈者。是誠兩廣盜賊之淵藪根柢，此而不去，兩廣盜賊終未有衰息之漸也。乃今於三月之内，止因湖廣便道之歸師，及用思、田報效之新附，兩地進兵，不滿八千，而斬獲三千有奇，巢穴掃蕩，一洗萬民之冤，以除百年之患。此豈臣等知謀才略之所能及，皆是皇上除患救民之誠心，默贊於天地鬼神，而神武不殺之威，任人不疑之斷，震慴遠邇，感動上下；且廟廊諸臣咸能推誠舉任，公同協贊，惟國是謀，與人爲善。故臣等得以展布四體，無復顧慮，信其力之所能爲，竭其心之所可盡，動無不宜，舉無弗振，諸將用命，軍士效力，以克致此。雖未足爲可稱之功，而朝廷之上所以能使臣等獲成是功者，實可以爲後世行事之法矣。不然，則兵耗財竭，凋弊困苦之餘，僅僅自守，尚恐未克，而況敢望此意外之事哉？

照得宣慰彭明輔、彭九霄，官男彭宗舜等，皆衝犯暑毒，身親陷陣，事竣之後，狼狽扶病而歸，生死皆未可必。其官男彭蓋臣者，亦遣家丁遠來報效。兩年之間顛頓道途，疾疫死亡，誠有人情所不能堪者。而彭明輔等忠義奮發，略無悔怠，即其一念報國之誠，殊有所不可泯者。至於思、田報效頭目盧蘇、王受等，感激朝廷再生之恩，自備資糧，力辭軍餉，實能舍死破敵，争先陷陣，惟恐功效不立，無以自白其本心。謂子弟之於父兄，亦不過是，誠非虚言。此皆臣所親見者也。

及照留撫思、田右布政林富，已聞都御

史之擢，而忠義激發，猶且不計體面，必欲督兵入巢，破賊而後出。是尤人所難能。舊任副總兵張祐，參將張經、沈希儀，湖廣督兵僉事汪溱，廣西督兵僉事吴天挺，參議汪必東，副使汪素，湖廣督兵都指揮謝珮，廣西都指揮高崧，及各督哨，督押，指揮等官馬文瑞、王勳、唐宏、卞琚、張縉、彭飛、張恩、周徹宗、趙璇、林節、劉鎧、武鑾，千户劉宗本等，督勦縣丞林應聰，主簿季本，并防截、搜捕、調度、給餉等項官員知府程雲鵬、蔣山卿，同知桂鏊、史立誠、舒栢，通判陳志敬、徐俊，知州林寛、李東，諭召知縣劉喬，縣丞杜桐、蕭尚賢，經歷周奎等，雖其才猷功績各有大小等級之殊，而利害勤苦亦有緩急久暫之異，然當兹炎毒暑雨之中，瘴疫薰蒸，經冒鋒鏑之場，出入崎險之地，固皆同效捍患勤事之績，均有百死一生之危者也。

伏望皇上明昭軍旅之政，既行廟堂協贊舉任之上賞，亦録諸臣分職供事之微勞，及將宣慰彭明輔等特加陞獎，官男彭宗舜、彭藎臣免其赴京，就彼襲替，以旌其報國之義。土目盧蘇、王受等，亦曲賜恩典，或不待三年而遂錫之冠帶，以勵其報效之忠。如此，庶幾功無不賞，而益興忠義之心，賞當其功，而自息僥倖之望矣。臣以懦劣迂踈，繆蒙不世之知遇，授以軍旅重任，言無不録，計無不行，且又慰以温旨，使之不必顧忌。臣伏讀感泣，自誓此生鞠躬盡死以報深恩。今兹之役，本無足言，然亦自幸苟無覆敗，以免戮辱。但恨身嬰危疾，自後任勞頗難，已具本告回養病，乞賜俯允，俾得全復餘生，尚有圖報之日，臣不勝願望！

處置八寨斷藤峽以圖永安疏 嘉靖七年七月十二日

照得臣於去歲奉命勘處思、田兩府，皆蒙皇上天地好生之仁，悉從寬宥。兩府人民今皆復業安居，化爲無事寧靖之地，自此可以永無反覆之患，而免於防守屯息之勞矣。惟是八寨及斷藤峽諸賊，積年痛毒生民，千百里内，塗炭已極。臣既目覩其害，不忍坐視而不救，遂遵奉勑諭事理，乘機舉兵征勦。仰賴神武威德，幸已剪滅蕩平；一方倒懸之苦，略已爲之一解。但將來之患，不可以不預防，而事機之會，亦不可以輕失。臣因督兵，親歷諸巢，見其形勢要害，各有宜改立衛所，開設縣治，以斷其脉絡而扼其咽喉者。若失今不爲，則數年之間，賊以漸復，歸聚生息，不過十年，又有地方之患矣。臣以多病之故，自度精神力量斷已不能了此；但已心知其事勢不得不然，不敢仰負陛下之託，俯貽地方之憂，輒已遵奉勑諭，便宜事理，一面相度舉行，不避煩瀆之誅，開陳上請，乞賜採擇施行，實地方之幸，臣等之幸。

計開：

一，移築南丹衛城於八寨。臣等看得八寨之賊實爲柳、慶諸賊之根柢。蓋其東連柳州隴蛤、三都嶺、三北四等處賊峒以數十，北連慶遠忻城、東歐、莫往、八仙等處賊峒亦以數十，西連東蘭等州及夷江、土者等處賊峒以十數，南接思恩及賓州上林縣諸處賊村亦以十數。各處賊巢雖多，其小者僅百數人，大者不過數百人及千人而止。各賊巢穴皆有山谿之限，險扼之守，不相通和。至期有急，或欲有所攻劫，糾合會聚，然後有一二千之衆，多至數千者。惟八寨之賊每寨有衆千餘，四山環合，同據一險；無事則分路出劫，有警急奔入其巢；數千之衆皆不糾而聚，不約而同，不謀而合。故名雖爲「八」，實則一寨，此八寨之賊所以勢衆力大，而自來攻之有不能克者也。各巢之賊皆倚恃八寨爲逋逃主，每有緩急，一投八寨，即無所致其窮詰。八寨爲之一呼，則羣賊皆應聲而聚。故羣賊之於八寨，猶車輪之有軸，樹木之有本。若八寨不除，則羣賊決無衰息之期也。今幸八寨悉已破蕩，正宜乘此平靖之時，據其要害，建置衛所，以控馭羣賊。臣等看得周安堡正當八寨之中，四方賊巢道路之所，會議於其地創築一城，度可以居數千之衆者，而移設南丹一衛於其間。蓋南丹衛舊在南丹州地方，爲廣西極邊窮苦之地，非中土之人所可居者。故自先年屢求内徙，今已三遷而至賓州，遂爲中土富樂之鄉。賓州既有守禦千户一所官軍，而又益以南丹一衛，自遠來徙，無片田尺土之籍，但惟安居坐食，取給於賓州。州城之内，皆職官旗舍之居；州民反避處於四遠村寨；每遇糧差徭役，然後入城。故州官號令不行於城中，而政事牽沮，地方益弊。今計一衛之官軍雖不滿五百之數，蓋盡移其家衆則亦不下二千。以二千之衆，而屯聚於一城，其氣勢亦已漸盛，足充守禦。遂清理屯田之在八寨者，使之屯種，又分撥各賊占據之田，使各官軍得以爲業，以稍省俸給月糧之費，彼亦無所樂從。且賓州之城既空，又可以還聚居民，修復有司之治，亦事之兩便者也。臣等又看得遷江八所皆土官、指揮、千百户等職，舊有狼兵數千，以分制八寨猺賊之勢。後因賊勢日盛，各官皆不敢復入，反遂與之交通結契，及爲之居停指引，分其劫掠之所得，共爲地方之害，已非一日。官府察知其奸，欲加懲究，則又倚賊爲重，不可根極。近臣督兵其地，悉將各官遵照勑諭事理，綁赴軍門，議欲斬首示衆，以警遠近。而各官哀求免死，願得殺賊立功自贖。然其時賊勢已平，遂許其各率土兵入屯八寨，就與該衛官軍分工效力，助築城垣。待城完之日，就與城外別築營堡，與南丹衛官軍犄角而守。亦各分撥賊田，使之耕種，以資衣糧。今八所土兵雖已比舊衰耗，然亦尚有四千餘衆；若留其微弱者四所於外，以分屯其所遺之田，而調其强盛者四所於内，合南丹一衛之衆以守，亦且四千有餘，隱然足爲柳、慶之間一巨鎮矣。此鎮一立，則各賊之脉絡斷，咽喉絶，自將沮喪震懾，其勢莫敢輕動；稍有反側者，據險出兵而撲之，夕發而旦至，各賊之交，自不能合，如取机上之肉，下箭無弗得者；此真破車輪之軸，而諸輻自解，伐樹木之本，而衆幹自枯。不過十年，柳、慶諸賊不必征勦，皆將效順而服化矣。伏乞聖明裁允。

一，改築思恩府城於荒田。臣等看得思恩舊治，原在寨城山内，尚歷高山數十餘里。其後土官岑濬始移出，地名喬利，就巖險壘石爲城而居，四面皆斬山絶壁，府治亦在礫确之上，芒利硋砑之石衝射牴觸，如處戈矛劒戟之中。自岑濬被誅，繼是二十餘年，反者數起，曾不能有一歲之安。人皆以爲風氣所使，雖未可盡信，然頑石之上，不生嘉禾，而陰崖之下，必有狐鼠，要亦事理之有然者。況其地瘴霧昏塞，薄午始開，中土之人來居，輒生疾疫。自春初思、田歸附之後，臣時即已經營料理其事，竟未能有相應之地。近因督勦八寨，復親往相度，乃於未至橋利六十里外地名荒田者，其地四野寬衍，皆膏腴之田，而後山起伏蜿蜒，敷爲平原，環抱涵畜，兩水夾繞後山而出，合流於前，屈曲數十里，入武緣江水達於南寧，四面山勢重疊盤迴，皆軒豁秀麗，真可以建立府治。臣因信宿其地，爲之景定方向，創設規則。諸夷來集，莫不踊躍歡喜，爭先趨事赴工。遂令署府事同知桂鏊督令各役擇日興工。蓋思恩舊治皆在萬山之中，水道不通，故各夷所須魚鹽諸貨，類皆遠出展轉鬻買，往反旬月，十不致一，常多匱絶。舊府既地險氣惡，又無所資食，故各夷終歲不一至府治，情益疎離，易生嫌隙。今府治既通江水，商貨自集，諸夷所須，皆仰給於府，朝夕絡繹，自然日加親附歸向。而武緣都里，舊嘗割屬思恩者，其始多因路險地隔，不供糧差；今荒田就係武緣止戈鄉一圖二圖之地，四望平野，坦然大道，朝往夕反，無復阻隔；則該府之官自可因城頭巡檢之制，循土俗以順各夷之情，又可開圖立里，用漢法以治武緣之衆，夷夏交和，公私兩便，則改築思恩府城於荒田者，是亦保治安民，勢不容已之事。伏乞聖明裁允。

一，改鳳化縣治於三里。臣等勘得思恩舊有鳳化一縣，然無城郭縣治廨宇，選來知縣等官，多借居民村，或寄其家眷於賓州諸處，而遷徙無常，如流寓者然。上司憐其無所依泊，則委之管理別印，或以公務差遣，往來於外，以苟歲月。故鳳化之在思恩，徒寄虚名，而實無縣治。臣近督勦八寨，看得上林縣地名三里者，乃在八寨之間。其地平廣博衍，東西數里外，石山周圍，如城自後極高；石山之間，獨抽土山一脉，起頓昂伏，分爲兩股，環抱而前，遂有兩水夾流上山之外，當心交合，出水之口，石山十餘重，錯互回盤，轉折二三十里，極外，石山合爲城門，水從此出，是爲外隘。其間多良田茂林，村落相望，前此居民十餘家，皆極饒富，後爲寨賊所驅殺占據，遂各四散逃亡，不敢歸視其土者，已二十餘年。今各賊既滅，遂空其地。不及今創設縣治以據其險，或有漏殄之賊潛回其間，日漸生息結聚，後阻石門之險，前守外隘之塞，不過數年，又將漸爲地方之梗矣。故臣以爲宜割上林上、下無虞鄉三里之地屬之思恩，而移設鳳化縣治於其内。量爲築立城垣廨宇，選委才能之官興督其役。遠近聞之，不過三四月，而逃亡之民將盡來歸，各修復其田業，供其糧差，蔚然遂可以成一方之保障。且其南通南丹新衛五六十里，南丹在石門之内，鳳化當石門之外，内外聲勢連合，而石門之險亡。西至思恩一百餘里，取道於那學，沿途村寨，荒塞日久，因此兩地之人往來絡繹，而道途益通。又上林舊在大鳴山與八寨各賊之間，勢極孤懸，今得鳳化爲之唇齒，氣勢日盛，雖割三里之地以與鳳化，而緑茅、緑篠等村寨舊所亡失土田，皆將以次歸復，則亦失之於東而收於西矣。及照思恩雖已設立流官知府，然其所屬皆土目巡檢，而舊屬鳳化一縣亦皆徒寄空名，實未嘗有，今割武緣止戈一圖二圖之地改築思恩府城，而又割上林上、下無虞三里之地改設鳳化縣治，固於思恩亦已稍有資輔。但自鳳化三里至於思恩一百五六十里，中間尚隔上林一縣。臣以爲并割上林一縣而通以屬之思恩，似於事勢爲便，而於體統尤宜。何者？柳州一府所屬二州十縣，賓州蓋柳州所屬者，且有上林遷江兩縣，今思恩既設流官知府，固亦一府之尊，而反不若柳州所屬之一州也，其於體統亦有所未稱矣。況賓州自有十五里，而又有遷江一縣，雖割上林以與思恩，其地猶倍於思恩，未爲遽損也。上林之屬賓州與屬思恩，均之爲一屬邑，亦未有所加損也。然以之屬於思恩，則思恩始可以成一府之規模，而其間有無相須，緩急相援，氣勢相倚，流官之體統益尊，則土俗之歸向益謹，郡縣之政化日新，則夷民之感發日易，固有不可盡言之益也。夫立新縣以扼據地險，改屬縣以輔成府治，是皆所以乂安地方者也。伏乞聖明裁允。

一，添設流官縣治於思龍。照得南寧自宣化縣至於田寧，逆流十日之程。宣化所屬如思龍十圖等處，相去尚有五日、六日，其間錯以土夷村寨，地既隔越，而窮鄉小民，畏見官府，故其糧差多在縣之宿奸老蠹與之包團，因而以一科十，小民不勝迫脅，往往逃入夷寨，土夷又從而侵暴之，地日凋殘，盜賊日起。近年以來思龍之圖鄉民屢次奏乞添設縣治以便糧差。蓋亦內迫於縣民之奸，外苦於土夷之暴，不得已而然。臣因入撫田寧，親歷其所。民之擁道控告者以千數，因停舟其地，爲之經理相度。得村名那久者，其地亦寬平深厚，江水縈迴環匝；傍有一江來會，亦正於此合流。沿江居民千餘家，竹樹森翳，煙火相接，且向武各州道路皆經由其傍，亦爲四通之地。若於此分割宣化縣思龍一、五、六、七、八、九、十、十二及西鄉之六、八圖共十里之地而設立一縣治，則非獨以便窮鄉小民之糧差賦役，亦足以鎮據要害，消沮盜賊。其間小民村居，如那茄、馬坳、三顔、那排之類，未可悉數，皆久已淪入於夷，今若縣治一立，則此等村寨諸夷自不得而隱占，皆將漸次歸復流官，而其地遂接比於田寧，固可以所設之縣而遂以屬之田寧矣。夫南寧一府所屬一州三縣。而宣化一縣自有五十二里，今雖分割十里之地以與田寧，而宣化尚有四十二里，一縣之地，猶四倍於一府也。況田寧又係新創流官府治，所統皆土目巡檢，今得此一屬縣爲之傍輔，又自不同。臣於前割上林以屬思恩之議，已略言之矣。且左江一帶，自蒼梧以達南寧，皆在流官腹裏之地；自南寧以達於田寧，自田寧以通於雲、貴、交趾，則皆夷村土寨。稍有疑傳，易成闕隔。今田寧、思恩二府既皆改設流官，與南寧鼎峙而立，而又得此新創一縣以疏附交連於其間，平居無事，商貨流通，厚生利用，一旦或有境外之役，道路所經，皆流官衙門，從門庭中度兵，更無阻隔之患。此亦安民利國之事，勢所當爲者也。伏乞聖明裁允，仍定賜縣名，選官給印，地方幸甚。

一，增築守鎮城堡於五屯。照得斷藤峽諸賊既平，守巡各官議調土、漢官兵數千於潯州，以防不測。該臣看得各職既滅，縱有一二漏網，其勢非三四年亦未能復聚。爲今之計，正宜勦撫並行。蓋破滅窮兇各賊者，所以懲惡，而撫恤向化諸瑶者，所以勸善。今懲惡之餘，即宜急爲勸善之政，使軍衛有司各官分投遍歷向化村寨，慰勞而存恤之，給以告示，賜以魚鹽，因而爲之選立酋長；諭以朝廷所以征勦各巢者，爲其稔惡也，今爾等向化村寨，自宜安心樂業，益堅爲善之志；但有反側悖亂者，即宜擒送官府，自當重賞，以酬爾勞；其漏殄諸賊，果能誠心悔惡，亦皆許其歸附，待以良民。夫使向化者益勸於爲善而日加親附，則惡黨自孤，賊勢自散，不復能合；縱遺一二，終將屈而順服矣。乃今則不然，賊既破勦而猶屯兵不散，使漏殄之徒得以藉口摇惑遠近；其向化村分又略不加恤，奸惡之民復乘機而驅脇虐害之。彼見賊已破滅而復聚兵，已心懷驚疑矣，而又外惑於賊黨之扇摇，内激於奸民之驅脅，遂勾結相連而起也；近年以來所以亂始平而變復作，皆迷誤於相沿之弊而不察也。今各賊新破，勢決未敢輕出，雖屯數千之衆，不過困頓坐食，徒穢擾民居，耗竭糧餉，而實無益於事。吾民久被賊苦，今始一解其倒懸，又復自聚無用之兵以重困之，此豈計之得者哉？惟於各寨之中，相其要害之地，創立一鎮以控制之，此則事理之所當行，亦正宜乘此掃蕩之餘而速圖之者。其在斷藤、牛腸諸處，則既切近潯州府衛，不必更有所設。至於四方各寨，遍歷其要害險阻，則惟五屯正當風門、佛子諸巢穴，而西通府江，北接荔浦各處瑶賊，最爲緊要之區，宜設一鎮，以控御遠邇。而舊已有千户所統率官兵，亦幾及一千之數，困於差徭，日漸躲避於附近土目村寨，官司失於清理，止有五百，其後上司不聞地方之艱難，又於五百之中分調哨守於他所，而所餘遂不滿二百。既而賊亂四起，守禦缺乏，則又取調潮州之兵數百以來協守五屯。事既紛亂，人無所遵，兼以統馭非人，故地方遂致大壞；且其屯堡墻垣亦甚卑隘，不足以壯威設險。今宜開拓其地，增築高城，度可以居二千之衆，而設守備衙門於其内；取回五百之中分調哨守於他所之兵，其自潮州調來協守者，則盡數發還原衛，以免兩地各兵背離鄉土之苦，往復道途之費；仍於附近土寨目兵之中，清查揀補其原避差役者，務足原數一千；選委智略忠勇之官一員重任而專責之，使之訓練撫摩，敷之以威信，而懷之以仁恩；務在地險既設而士心益和，自然動無不克而行無不利。參將兵備各官，又不時親至其地經理而振作之，或案行其村寨，或勸督其農耕，或召其頑梗而曲示訓懲，或進其善良而優加獎賜，或救恤其灾患，或聽斷其是非，如農夫之去稂莠而養嘉禾，漸次耕耨而耘鋤之。無事之時，隨意取調附近土官兵款或百人或七八十人，以協同哨守爲名，使之兩月一更班，而絡繹往來於道路，以慣習遠近各巢之耳目。自後我兵出入，自將無所驚疑。果有兇梗，當事舉動，然後密調精悍可用土目一二千名，如尋常哨守然，以次潛集城中，畜力養鋭，相機而發。夫無事而屯數千之兵，則一月糧餉費踰千金，若每一年無屯軍之費，用之以築城設險，犒賞兵士，招來遠人，亦何事不行，何工不就？此增築城堡以據要害，所謂謀成而敵自敗，城完而寇自解，險設而賊自摧，威震而奸自伏，正宜及今爲之，而亦事勢之不可已焉者也。伏乞聖明裁允。

查明岑邦相疏 七年七月十九日

准兵部咨，該本部題節奉欽依：「岑邦佐仍武靖知州，岑邦相着王守仁再查明白具奏。」欽此。欽遵。照得先該臣等具題前事，內一件「仍立土官知州以順土夷之情」。臣等議得岑氏世有田州，久結於人心，岑猛雖没，諸夷莫不願得復立其後；議於開設流官知府之外，就於該府四十八甲之內，割其八甲，降設田州，立岑猛之子一人，始授以署州事吏目；三年之後，地方寧靖，效有勤勞，則授以爲判官；六年之後，地方寧靖，效有勤勞，則授以爲同知；九年之後，地方寧靖，效有勤勞，則授以爲知州。使承岑氏之祀而隸之流官知府。當時臣等通拘該府大小土目及鄉老人等審問，岑猛之子應該承立者何人。乃衆口一詞，以爲岑猛四子，長子岑邦佐係正妻張氏所出，次子岑邦彦係庶妾林氏所出，三子岑邦輔係外婢所生，四子岑邦相係次妾韋氏所出。猛嬖溺林氏，而張氏失愛，故邦佐自幼出繼武靖，而以邦彦承襲官職。今邦彦既死，應該承立者莫宜於邦佐。

臣等當看得武靖地方正當瑶賊之衝，而邦佐自幼出繼，該州之民信服歸戴已久；況其才力，足能制禦各瑶，近日該州土目人等又相繼懇懇來告，願得復還邦佐；今欲改立一人，亦未有可以代邦佐者。臣恐一失武靖各目之心，則於地方又多生一事；莫若仍還邦佐於武靖，一以禦地方之患，一以順各夷之情。至於田州新立，不過苟以無絶岑氏之祀，此其才否優劣，固有不必深論者。因諭以邦佐出繼武靖既久，朝廷事體已定，不可復還，宜立其次者，岑邦輔則可。於是各目人等又衆口一詞，以爲邦輔名雖岑猛外婢所生，其實來歷不明，闔府之民，皆不欲立。惟邦相則次妾所生，實係岑猛的親骨血；況其質貌厚重謹實，衆心歸服；立繼岑氏，庶不絶其真正一脉。臣等議得仍立土官者，專爲不絶岑氏之後，以順諸夷之情也。今衆心若此，亦合俯順。故當時直斷邦輔謂非岑猛之子，而止謂岑猛之子存者二人，亦所以正名慎始，杜日後之紛争也。但具奏之時，因本内事體多端，文以繁瑣，若再加詳説，誠恐有瀆聖聽，故遂簡略其詞。

今蒙朝廷明見萬里，洞徹細微，復命臣等查奏；聞命惶懼，無所措躬。因思岑邦輔尚存，當時奏内不曾詳開所以不立邦輔之故，而直言岑猛之子存者二人，果係情節脱落，事體欠明；臣等踈漏之罪，萬死有不容赦者矣。臣等近復通拘該府土目鄉老人等再加審問，而衆口一詞，執説如前，陳請益篤。臣等反覆思惟，其事誠亦必須如此，而後穩帖無弊；故仍照原議上請。蓋此等關係地方之事，臣等言雖或有所不敢盡，而心已無所不用其極，必求事出萬全，永久無患，然後乃敢具奏。伏乞聖明宥其踈漏萬死之誅，仍勑該部俯從原議，立岑邦相於田州，以曲順各夷之情。其岑邦輔者，聽其以官族名目隨住。如此則名正事成，而人心允服，實地方之幸，臣等之幸。

獎勵賞賚謝恩疏 七年九月二十日

准兵部咨爲奏報平復地方事，該臣題該本部覆題，節奉聖旨：「王守仁受命提督軍務，涖任未久，乃能開誠布恩，處置得宜，致令叛夷畏服，率衆歸降，罷兵息民，其功可嘉。寫勑差行人賚去獎勵，還賞銀五十兩，紵絲四表裏，布政司買辦羊酒送用。」欽此。隨於本年九月初八日，該行人馮恩賚捧勑書并前項綵幣銀兩等項到，於廣州府地方奉迎入城，當除望闕謝恩，欽遵收領外，臣時卧病牀褥，已餘一月，扶疾興伏，感激惶懼，顛頓昏眩，莫知攸措。已而漸復甦息，伏自念思恩、田州數萬赤子，皆畏死逃生，本無可誅之罪。而前此當事者議欲勦滅，故皆洶洶思亂，既已陷之必死之地，而無復生全之心矣。仰賴皇上好生之仁，軫念遠夷，惟恐一物不得其所，特遣臣來勘處。臣亦何能少效一籌，不過宣揚深仁，敷昭神武，而旬月之間，遂皆回心向化，舍死投生，面縛來歸。是皆皇上聖德格天，至誠所感，不疾而速，是以綏之斯來，動之斯和，有莫知其所以然而然者，此豈臣等知謀才力能致毫髮於其間哉？今乃誤蒙洪恩，重頒大賞，且又特遣行人賚敕遠臨，事尤出於常格之外。臣亦何功，而敢當此；臣亦何人，而敢望此。祗受之餘，戰悚惶惑，徒有感泣，惟誓此生鞠躬盡瘁，竭犬馬之勞，以圖報稱而已。臣病日亟，自度此生恐不復能奔走闕廷，一覩天顔，以少罄其螻蟻葵藿之誠，臣不勝刻心鏤骨，感激戀慕之至！

乞恩暫容回籍就醫養病疏七年十月初十日

臣以憂病，跧伏田野，六年有餘。蒙陛下賜之再生之恩，錫之分外之福，每思稽首闕廷，一覩天顔，以申其螻蟻感激之誠，遂其葵藿傾戴之願。既困疾病，復畏讒譏，六年之間，瞻望太息，竟未敢一出門庭。夫蒙人一顧之恩，尚必思其所以爲酬，受人一言之知，亦必圖其所以爲報，何況君臣大義，天高地厚之恩！上之所以施於其下者，如雨露之霑濡，無時或息，而下之所以承乎其上者，乃如頑石朽株，略無生動，此雖禽獸異類，稍有知覺者，亦不能忍於其心。是以每一念及，則哽咽涕下，徒日夜痛心惕骨，行吁坐嘆而已。

邇者繆蒙陛下過採大臣之議，授以軍旅重寄。自知才不勝任，病不任勞，輒乃觸冒上陳辭謝。又蒙温旨眷覆，慰諭有加。伏讀感泣，不復能顧其他，即日矢死就道。既而沿途備訪其所以致此變亂之由，熟思其所以經理幹旋之計，乃甚有牴牾矛盾者。而其事勢既已顛覆破漏，如將傾之屋，半溺之舟，莫知所措。其惟恐付託不效，以孤陛下生成之德，以累大臣薦舉之明，於是始益日夜危懼，而病亦愈甚。乃不意到任以來，旬月之間，不折一矢，不戮一卒，而兩頑民帖然來服；千里之内，去荆棘而成坦途。其間雖有數處强大賊巢，素爲廣西衆賊之淵藪根株，屢嘗征討而不克者，亦就湖廣撤回之兵而乘其取道之便，用兩廣新附之民而鼓其報效之勇，財力不致於大費，小民不及於疲勞，遂皆殲厥渠魁，蕩平巢穴，而遠近略已寧靖。是皆陛下好生之至德昭格於上下，不殺之神武幽贊於神明，是以不言而信，不怒而威，陰祐默相，以克有此；固非愚臣意望之所敢及，豈其知謀才力爲能辦此哉？竊自喜幸，以爲庶得藉此以免於覆敗之戮，不爲諸臣薦揚之累，足矣。而臣之病勢乃日益增劇，百療無施。臣又思之，是殆功過其事，名浮其實，福踰其分，所謂小人而有非望之獲，必有意外之灾者也。

臣自往年承乏南贛，爲炎毒所中，遂患咳痢之疾，歲益滋甚。其後退伏林野，雖得稍就清凉，親近醫藥，而病亦終不能止，但遇暑熱，輒復大作。去歲奉命入廣，與舊醫偕行，未及中途，而醫者先以水土不服，辭疾歸去。是後，既不敢輕用醫藥，而風氣益南，炎毒益甚。今又加以遍身腫毒，喘嗽晝夜不息，心惡飲食，每日强吞稀粥數匙，稍多輒又嘔吐。當思恩、田州之役，其時既已力疾從事，近者八寨既平，議於其中移衛設所，以控制諸蠻，必須身親相度，方敢具奏；則又冒暑輿疾，上下巖谷，出入茅葦之中，竣事而出，遂爾不復能興。今已輿至南寧，移卧舟次，將遂自梧道廣，待命於韶、雄之間。新任太監、總兵亦皆相繼蒞任，各能守法奉公，無地方騷擾之患，兩省巡按等官，又皆安靖行事，創滌往時煩苛搜刻之弊，方務安民。今日之兩廣，比之異時，庶可謂無事矣。臣雖病發而歸，亦可以無去後之憂者。

夫竭忠以報國，臣之素志也；受陛下之深恩，思得粉身虀骨以自效，又臣近歲之所日夜切心者也。病日就危，尚求苟全以圖後報，而爲養病之舉，此臣之所大不得已也。惟陛下鑒臣一念報主之誠，固非苟爲避難以自偷安，而憫其瀕危垂絶不得已之至情，容臣得暫回原籍就醫調治，幸存餘息，鞠躬盡瘁，以報陛下，尚有日也。臣不勝懇切哀求之至！

王文成公全書卷之十五終

王文成公全書卷之十六

别録八　公移

巡撫南贛欽奉敕諭通行各屬正德十二年正月

節該欽奉敕諭：「江西、福建、廣東、湖廣各布政司地方交界去處，累有盜賊生發。因地連各境，事無統屬，特命爾前去巡撫江西南安、贛州，福建汀州、漳州，廣東南雄、韶州、惠州、潮州各府，及湖廣郴州地方；安撫軍民，修理城池，禁革奸弊，一應地方賊情，軍馬錢糧事宜，小則徑自區畫，大則奏請定奪。但有盜賊生發，即便嚴督各該兵備守禦守巡，并各軍衛有司設法勦捕，選委廉能屬官，密切體訪，及簽所在大户并被害之家有智力人丁，多方追襲，量加犒賞；或募知因之人，陰爲鄉導；或購賊徒，自相斬捕；或聽脅從并亡命窩主人等，自首免罪。其軍衛有司官員中政務修舉者，量加旌奬；其有貪殘畏縮誤事者，徑自拏問發落。爾風憲大臣，須廉正剛果，肅清奸弊，以副朝廷之委任。」欽此。欽遵。

照得撫屬地方，界連四省；山谿峻險，林木茂深，盜賊潛處其間，不時出没剽劫；東追則西竄，南捕則北奔，各省巡捕等官，彼此推調觀望，不肯協力追勦；遂至延蔓日多。當職猥以菲才，濫膺重寄，大懼職業鰥廢，仰負朝廷委託。爲照前項地方，延袤廣遠，未能遍歴其間；綏撫之方，隨時殊制；攻守之策，因地異宜；若非的確詢訪，難以臆見裁度。爲此仰抄案回司，著落當該官吏，照依案驗内事理，即行本司該道分巡、分守、兵備、守備等官，并所屬大小衙門各該官吏，公同逐一會議：要見即今各處城堡關隘，有無堅完；軍兵民快，曾否操練；某處賊方猖獗，作何擒勦；某處賊已退散，作何撫緝；某賊怙終，必須撲滅；某賊被誘，尚可招徠；何等人役，堪爲鄉導；何等大户，可令追襲；軍不足恃，或須别募精强；財不足用，或可别爲經畫；某處或有閒田，可興屯以足食；某處或多浮費，可節省以供軍；何地須添寨堡，以斷賊之往來；何地堪建城邑，以扼賊之要害；姑息隱忍，固非久安之圖；會舉夾攻，果得萬全之策；一應足財養兵弭寇安民之術，皆宜悉心計慮，折衷惟求。❶ 山川道路之險易，必須親切畫圖；賊壘民居之錯雜，皆可按實開注；近者一月以裏，遠者一月以外，凡有所見，備寫揭帖，各另呈來，以憑採擇。非獨以匡當職之不逮，亦將以驗各官之所存，務求實用，毋事虛言。各該官吏俱要守法奉公，長廉遠恥，袪患衛民，竭誠報國。毋以各省而分彼此，務須協力以濟艱難，果有忠勇清勤績行顯著者，旌勸自有常典，當職不敢蔽賢；其或奸貪畏縮志行卑污者，黜罰亦有明條，當職亦不敢同惡。深惟昧劣，庶賴匡襄，凡我有官，各宜知悉。

選揀民兵

照得府屬地方，界連四省；山谷險隘，

❶「惟」，四庫本作「推」。

林木茂深，盜賊所盤，三居其一；乘間劫掠，大爲民患。本院繆當巡撫，專以弭盜安民爲職。欽奉敕諭，一應軍馬錢糧事宜，得以徑自區畫。莅任以來，甫及旬日，雖未遍歷各屬，且就贛州一府觀之，財用耗竭，兵力脆寡；衛所軍丁，止存故籍；府縣機快，半應虚文；禦寇之方，百無足恃；以此例彼，餘亦可知。夫以羸卒而當强寇，猶驅羣羊而攻猛虎，必有所不敢矣。是以每遇盜賊猖獗，輒復會奏請兵；非調土軍，即倩狼達，往返之際，輒已經年；糜費所須，動逾數萬；逮至集兵舉事，即已魍魎潛形，曾無可勦之賊；稍俟班師旋旅，則又鼠狐聚黨，復皆不軌之羣。良由素不練兵，倚人成事；是以機宜屢失，備禦益弛，徵發無救於瘡痍，供饋適增其荼毒，羣盜習知其然，愈肆無憚。百姓謂莫可恃，競亦從非。

夫事緩則坐縱烏合，勢急迺動調狼兵，一皆苟且之謀，此豈可常之策？古之善用兵者，驅市人而使戰，假閭戍以興師。豈以一州八府之地，遂無奮勇敢戰之夫？事豫則立，人存政舉。近據江西分巡嶺北道兵備副使楊璋呈，將所屬各縣機快，通行揀選，委官統領操練，即其處分，當亦漸勝於前。但此等機快，止可護守城郭，隄備關隘；至於擣巢深入，摧鋒陷陣，恐亦未堪。爲此案仰四省各兵備官，於各屬弩手、打手、機快等項，挑選驍勇絶羣、膽力出衆之士，每縣多或十餘人，少或八九輩；務求魁傑異材，缺則懸賞召募。大約江西、福建二兵備，各以五六百名爲率；廣東、湖廣二兵備，各以四五百名爲率。中間若有力能扛鼎、勇敵千人者，優其廩餼，署爲將領。召募犒賞等費，皆查各屬商稅贓罰等銀支給。

各縣機快，除南贛兵備已行編選外，餘四兵備仍於每縣原額數内揀選精壯可用者，量留三分之二；就委該縣能官統練，專以守城防隘爲事；其餘一分揀退疲弱不堪者，免其著役，止出工食，追解該道，以益召募犒賞之費。所募精兵，專隨各兵備官屯劄，别選素有膽略屬官員分隊統押。教習之方，隨材異技；器械之備，因地異宜；日逐操演，聽候徵調。各官常加考校，以核其進止金鼓之節。本院間一調遣，以習其往來道途之勤。資裝素具，遇警即發，聲東擊西，舉動由己；運機設伏，呼吸從心。如此則各縣屯戍之兵，既足以護防守截；而兵備募召之士，又可以應變出奇。盜賊漸知所畏而格心，平良益有所恃而無恐，然後聲罪之義克振，撫綏之仁可施，弭盜之方，斯惟其要。本院所見如此，其間尚有知慮未周，措置猶缺者，又在各官酌量潤色，務在盡善，期於可久；亮愛民憂國之心既無不同，則拯溺救焚之圖自不容緩。案至，即便舉行，或有政務相妨，未能一一親詣，先行各屬，精爲選發。先將召募所得姓名，及措置支費銀糧，陸續呈報。事完之日，通造文册，以憑查考。

十家牌法告諭各府父老子弟

本院奉命巡撫是方，惟欲剪除盜賊，安養小民。所限才力短淺，智慮不及；雖挾愛民之心，未有愛民之政。父老子弟，凡可以匡我之不逮，苟有益於民者，皆有以告我，我當商度其可，以次舉行。今爲此牌，似亦煩勞。爾衆中間固多詩書禮義之家，吾亦豈忍以狡詐待爾良民。便欲防奸革弊，以保安爾良善，則又不得不然，父老子弟，其體此意。自今各家務要父慈子孝，兄愛弟敬，夫和婦隨，長惠幼順，小心以奉官法，勤謹以辦國課，恭儉以守家業，謙和以處鄉里，心要平恕，毋得輕意忿争，事要含忍，毋得輒興詞訟，見善互相勸勉，有惡互相懲戒，務興禮讓之風，以成敦厚之俗。吾愧德政未敷，而徒以言教，父老子弟，其勉體吾意，毋忽！

輪牌人每日仍將告諭省曉各家一番。

十家牌式

某縣某坊

某人某籍

某人某籍

某人某籍

某人某籍

某人某籍

某人某籍

某人某籍

某人某籍

某人某籍

某人某籍

右甲尾某人

右甲頭某人

此牌就仰同牌十家輪日收掌，每日酉牌時分，持牌到各家，照粉牌查審：某家今夜少某人，往某處，幹某事，某日當回；某家今夜多某人，是某姓名，從某處來，幹某事；務要審問的確，仍通報各家知會。若事有可疑，即行報官。如或隱蔽，事發，十家同罪。各家牌式：

某縣某坊民户某人。

某坊都里長某下，甲首軍户則云，某所總旗小旗某下。匠户則云，某里甲下，某色匠。客户則云，原籍某處，某里甲下，某色人，見作何生理，當某處差役，有寄莊田在本縣某都，原買某人田，親徵保住人某某。若官户則云，某衙門，某官下，舍人，舍餘。

若客户不報寫莊田在牌者，日後來告有莊田，皆不准。不報寫原籍里甲，即係來歷不明，即須查究。

男子幾丁

某某項官，見任，致仕，在京聽選，或在家。

某某處生員，吏典。

某治何生業，成丁，未成丁，或往何處經營。

某見當某差役。

某有何技能，或患廢疾。

某

某

某

見在家幾丁。若人丁多者，牌許增闊，量添行格填寫。

一婦女幾口

一門面屋幾間係自己屋，或典賃某人屋。

一寄歇客人某人係某處人，到此作何生理，一名名開寫浮票寫帖，客去則揭票；無則云無。

案行各分巡道督編十家牌

照得本院巡撫地方，盜賊充斥；因念禦外之策，必以治内爲先。顧蒞事未久，尚昧土俗；永惟撫緝之宜，懵然未有所措。訪得所屬軍民之家，多有規圖小利，寄住來歷不明之人，同爲狡僞欺竊之事；甚者私通畬賊，而與之傳遞消息；窩藏奸宄，而爲之盤據夤緣；盜賊不靖，職此其由。合就行令所屬府縣，在城居民，每家各置一牌；

備寫門户籍貫，及人丁多寡之數，有無寄住暫宿之人，揭於各家門首，以憑官府查考。仍編十家爲一牌，開列各户姓名，背寫本院告諭，日輪一家，沿門按牌審察動静；但有面目生踈之人，踪跡可疑之事，即行報官究理。或有隱慝，十家連罪，如此庶居民不敢縱惡，而奸僞無所潛形。爲此，仰抄案回道，即行各屬府縣，着落各掌印官，照依頒去牌式，沿街逐巷，挨次編排，務在一月之内了事。該道亦要嚴加督察，期於着實施行，毋使虚應故事。仍令各將編置過人户姓名造册繳院，以憑查考；非但因事以别勤惰，且將旌罰以示勸懲。

告諭各府父老子弟

告諭父老子弟，今兵荒之餘，困苦良甚，其各休養生息，相勉於善。父慈子孝，兄友弟恭，夫和婦從，長惠幼順，勤儉以守家業，謙和以處鄉里，心要平恕，毋懷險譎，事貴含忍，毋輕鬬争。父老子弟曾見有温良遜讓，卑己尊人而人不敬愛者乎？曾見有凶狠貪暴，利己侵人而人不疾怨者乎？夫嚚訟之人争利而未必得利，求伸而未必能伸，外見疾於官府，内破敗其家業，上辱父祖，下累兒孫，何苦而爲此乎？此邦之俗，争利健訟，故吾言懇懇於此。吾愧無德政，而徒以言教，父老其勉聽吾言，各訓戒其子弟，毋忽！

勦捕漳寇方略牌 正月

據福建、廣東布、按二司，參議等官張簡等各呈勦捕事宜，已經行仰遵照案驗施行。所有方略，恐致泄露，不欲備開案内。爲此另行牌仰廣東嶺東、福建汀漳等處兵備僉事顧應祥、胡璉，密切會同守巡紀功贊畫等官，於公文至日，便可揚言。

本院新有明文，謂：天氣向煖，農務方新，兼之山路崎險，林木蓊翳，若雨水洊至，瘴霧驟興，軍馬深入，實亦非便。莫若於要緊地方，量留打手機兵，操練隄備。其餘軍馬，逐漸抽回；待秋收之後，風氣凉冷，然後三省會兵齊進。或宣示遠近，或曉諭下人，此聲既揚，却乃大饗軍士，陽若犒勞給賞，爲散軍之狀；實則感激衆心，作興士氣；一面亦將不甚緊關人馬抽放一處兩處，以信其事；其實所散人馬，亦可不遠，而復預遣間諜，探賊虛實；有間可乘，即便齎糗，銜枚連夜速發，當此之時，却須捨却身家，有死無生，有進無退，若一念轉動，便成大害；勁卒當前，重兵繼後，伺至其地，鼓噪而入。仍戒當先之士，惟在摧鋒破陣，不許斬取首級；後繼重兵，止許另分五六十騎，沿途收斬；其餘亦不得輒亂行次，違者就便以軍法斬首。重兵之後，紀功贊畫等官各率數隊，相繼而進，嚴整行伍，務令鼓噪之聲連亘不絶，使諸賊逃遯山谷者聞之，不得復聚。若賊首未盡，探其所如，分兵速躡，不得稍緩，使賊復得爲計。已獲渠魁，其餘解散黨與，平日罪惡不大，可招納者，還與招納；不得貪功，一概屠戮。乘勝之餘，尤要振兵肅旅如初；遇敵不得恃勝懈弛，恐生他虞。歸途仍將已破賊巢，悉與掃蕩，經過寨堡村落，務禁摽掠。宜撫恤者，即加撫恤；宜處分者，即與處分；毋速一時之歸，復遺他日之悔。本院奉命而來，專以節制四省沿邊軍職爲務。即今進兵，一應機宜，悉宜稟聽本院，庶幾事有總領，舉動齊一。授去方略，敢有故違，悉以軍法論處。各官知會之後，即連名開具遵依揭帖，密切回報。

案行廣東福建領兵官進勦事宜

據福建、廣東按察司等衙門備呈到院。看得兩省勦捕事宜，設施布置，頗已詳備；誠使諸將齊心，軍士用命，並舉夾攻，已有必克之勢。但事干各省，舉動難一，頓兵既久，變故旋生，則謀算機宜，旬日頓異，亦難各守初議，執爲定說。

照得福建軍務，整緝既久；兼有海滄、演城、政和諸處打手，足可濟事；諸將咸有以功贖罪之心，意氣頗鋭，當道亦皆協謀并力，期收克捷之功，利在速戰；若當集謀之始，掩賊不備，奮擊而前，成功可必。今既曠日持久，聲勢彰聞，各巢賊黨，必有連絡糾合，阻阱設械以禦我師；其爲奸黨，當亦日加險密，至於今日，已爲持久之師，且宜示以寬懈，待間而發。而猶執其乘機之説，張皇於外，以堅賊志，是謂知吾卒之可擊，而不知敵之未可擊也。廣東之兵，集謀稍緩，聲威未震，意在倚重狼達土軍，然後舉事，利於持久，是亦慎重周悉之謀；諸賊聞之，雖相結聚，尚候土兵之集，以卜戰期，其備必猶懈弛。若因而形之以緩，乘此機候，正可奮怯爲勇，變弱爲强。而猶執其持重之説，必候土軍之至，以坐失事機，是徒知吾卒之未可擊，而不知敵之正可擊也。

善用兵者，因形而借勝於敵；故其戰勝不復，而應形於無窮；勝負之算，間不容髮，烏可執滯。除江西南贛地方，凡通賊關隘，已行兵備副使楊璋委官隄備截殺，及將進剿方略，各另差人封付福建僉事胡璉，廣東僉事顧應祥，會同守巡等官，密切遵依行事外，仰抄案回司，即行各官，務要同心協德，乘間而動，毋得各守一見，糜軍債事；一應進止，不必呈禀，以致誤事。領軍等官，隨機應變，就便施行，一面呈報。如復彼此偏執，失誤軍機，定行從重參拏，決不輕貸。其軍馬錢糧，紀功給賞等項，已行有成規，不再更定。

案行漳南道守巡官戴罪督兵剿賊

據福建漳南道右參政艾洪等呈「准左參政陳策、副使唐澤手本，該三司遵依議委各職，隨軍紀功，運謀經略，依蒙前詣南靖縣小溪中營住扎，查理軍情，審驗功次。大約賊衆以四分爲率：一分就擒，一分聽撫，俱已審驗查處明白；一分遠遁廣東境界，一分深藏本處山谷。狼子野心，絶巖峻嶺，易以計破，難以兵碎，必須通將調募見在官軍二萬二千餘名，再加議處，減冗兵以省費，留精兵以守險，待賊饑疲，隨加撫勦，庶幾軍餉不缺，農業不廢。節據各哨委官連日禀報，各賊恃居險阻，公然拒敵官軍，不聽招撫，合無繼處本省錢糧，以堅自守之謀，催請廣東狼兵，以助夾攻之計」等因，隨據參政陳策等呈「據鎮海衛指揮高偉呈，指揮覃桓，縣丞紀鏞，被大傘賊衆突出，馬陷深泥，被傷身死」等因到院。簿查先據參政陳策等呈，已經批各官酌量事機，公同會議如是：賊雖據險而守，尚可出其不趨，掩其不備，則用鄧艾破蜀之策，從間道以出奇。若果賊已盤據得地，可以計困，難以兵克，則用充國破羌之謀，減冗兵以省費。務在防隱禍於顯利之中，絶深奸於意料之外，萬全無失，僉謀皆同，然後呈來定奪去後。

今據前因，參照指揮高偉既奉差委督哨，自合與覃桓等相度機宜，協謀並進；却乃孤軍輕率，中賊奸計，雖稱督兵救援，先亦頗有斬獲，終是功微罪大，難以贖準。廣東通判陳策，指揮黄春，千百户陳洪、鄭芳等，既與覃桓等面議夾攻，眼見摧敗，略不應援，挫損軍威，壞事匪細，俱屬違法。各該領兵守備、兵備、守巡等官，督提欠嚴，亦屬有違，合就通行參究；但在緊急用人之際，姑且記罪，查勘督勦。

及查添調狼兵一節，案查該省節呈：兵糧預備已久，惟俟尅日進攻。今始成軍而出，一遇小挫，輒求濟師；況動調狼兵，往返數月；非但臨渴掘井，緩不及事，兼據見在官兵二千有餘，數已不少；兵貴善用，豈在徒多；況稱糧餉缺乏，正宜減兵省費，安可益軍匱財。除廣東坐視官員及應否動調狼兵另行查議外，仰抄案回道，查勘指揮覃桓，縣丞紀鏞，是否領兵夾攻，被傷身死；各官原領軍兵若干，見在若干，其指揮仲欽，推官胡寧，道知事曾瑶，知縣施祥等緣何不行策應，是否畏避退縮。俱要備查明白，從實開報。其覃桓等所統軍兵，就仰高偉管領，戴罪殺賊，立功自贖。仍仰福建布政司作急查處，堪以動支銀兩，就呈鎮巡衙門知會，差官領解軍前接濟，一面備數呈來，以憑查考，不許稽遲，致誤軍機。各該官員俱要奮勇協心，乘機進勦，毋頓兵遥制，以失機宜；毋坐待狼兵，以自懈弛；務須連營犄角，以壯我軍之威，更休迭出，以蓄我軍之鋭；多方以誤賊人之謀，分攻以疲賊人之守，掃蕩巢穴，靖安地方，則東隅可收於桑榆。大捷不計其小挫，事完之日，通查功罪呈來，以憑酌量參奏。

案行領兵官搜勦餘賊

據福建左參政陳策、副使唐澤會案呈「准漳南道參政艾洪、僉事胡璉手本，督據委官指揮徐麒等呈稱，督領軍兵，粘踪追賊，至象湖山賊寨，連營拒守，遵奉本院密諭，佯言犒衆退兵，俟秋再舉，密切部勒諸軍，乘懈奮擊云云。除將擒斬功次，審驗監候梟掛外，呈乞照詳」等因到院。卷查先准兵部咨前事，已經備行福建、廣東二省，漳南、嶺東二道守巡、兵備、守備等官，欽遵調兵上緊相機勦撫，并將進兵方略，行仰各官密切遵照施行，敢有故違，悉以軍法論處去後。續據福建布、按二司守巡、漳南道右參政等官艾洪等呈：「據委指揮高偉呈稱，督同指揮等官覃桓等領兵剋期夾攻，不意大賊衆突出，陷入深泥，被傷身死；廣東官兵在彼坐視，不行策救。」呈詳到院。參看得各官頓兵日久，老師費財，致此敗衂；顯是不奉節制，故違方略，正行查勘參提間。隨據廣東按察司等衙門僉事顧應祥等官會呈前事，開稱「約會福建官兵剋期進攻間，爪探福建官軍被大傘賊徒殺死指揮覃桓等情，各職隨即統兵策應，當獲賊人一名，審係賊首羅聖欽，執稱餘賊潛入箭灌巢內，率領官兵直抵地名白上村，遇賊交戰，斬獲賊級，俘獲賊屬」等因，呈報前來。

看得象湖、箭灌最爲峻絶，諸巢賊首，悉遁其間；賊之精悍，盡聚於此。自來兵卒所不能攻，今各官雖有前挫，隨能密遵方略，奮勇協力，竟破難克之寨，以收桑榆之功，計其大捷，足蓋小挫，但象湖雖破，而可塘猶存，賊首頗已就擒，而餘猾尚多逃遁；若不乘此機會速行剿撲，薙草存根，恐復滋蔓，狡兔入穴，獲之益難。除將功次另行查奏外，爲此仰抄案回道，查照先行方略，乘此勝鋒，急攻可塘；破竹之勢，不可復緩。仍一面分兵搜斬餘猾，毋令復聚爲奸；罪惡未稔，可招納者，還與招納，毋縱貪功，一概屠戮；務收一簣之功，勿爲九仞之棄。本院即日自漳州起程前來各營督戰，仍與各官備歷已破諸賊巢壘，共議經久之策。抄案。

獎勵福建官巡漳南道廣東守巡嶺東道領兵官

據福建參政陳策、艾洪，副使唐澤，僉事胡璉，都指揮僉事李胤，廣東參議張簡，僉事顧應祥，都指揮僉事楊懋各呈稱「據委官知府通判等官鍾湘、徐璣等，率領軍兵夾攻象湖、可塘、箭灌、大傘等處賊巢，前後擒斬賊首詹師富、羅宗旺等共計一千五百餘名顆，及俘獲賊屬牛馬器械等數」到院。看得象湖、箭灌諸寨，皆係極險最深賊巢，自來官兵所不能下，今各官乃能運謀設策，協力夾攻，旬月之間，擒斬賊首，掃蕩巢穴，謀勇顯著，功勞可嘉。除將功次查奏外，通合先行獎勵。爲此牌仰汀州府上杭縣，即便動支商稅銀兩，買辦綵段銀花羊酒，委官分投領齎，備用鼓樂，迎送各官處，用旌勤勞，以明獎勵之典。其餘領哨有功官員知府鍾湘等，就行該道照依定去賞格，酌量輕重，徑自支給官錢，買辦花紅等項，一體賞勞。仍具由回報，以憑查考。

告諭新民

爾等各安生理，父老教訓子弟，頭目人等撫緝下人，俱要勤爾農業，守爾門户，愛爾身命，保爾室家，孝順爾父母，撫養爾子孫，無有爲善而不蒙福，無有爲惡而不受殃，毋以衆暴寡，毋以强凌弱，爾等務興禮義之習，永爲良善之民。子弟羣小中或有不遵教誨，出外生事爲非者，父老頭目即與執送官府，明正典刑，一則彰明爾等爲善去惡之誠，一則剪除莨莠，免致延蔓，貽累爾等良善。吾今奉命巡撫是方，惟欲爾等小民安居樂業，共享太平。所恨才識短淺，雖懷愛民之心，未有愛民之政。近因督征象湖、可塘諸處賊巢，悉已擒斬掃蕩，住軍於此，當兹春耕，甚欲親至爾等所居鄉村，面問疾苦；又恐跟隨人衆，或至勞擾爾民，特遣官耆諭告，及以布疋頒賜父老頭目人等，見吾勤勤撫恤之心。餘人衆多，不能遍及，各宜體悉此意。

欽奉敕諭切責失機官員通行各屬

照得本院於本年六月十五日節該欽奉敕：「近該巡按福建監察御史程昌奏，今年正月内，被漳州南靖地方流賊殺死領軍指揮覃桓、縣丞紀鏞，射死軍人打手一十五名。參稱指揮高偉，參政陳策、艾洪，副使唐澤，僉事胡璉，都指揮李胤失機誤事，俱各有罪。及稱爾膺兹重寄，責亦難辭等因，下兵部議謂：前項賊情，自去年七月已敕彼處撫巡等官，相機撫勦，日久未見成功；今反墮賊計，喪師失事；欲將高偉、陳策等姑免提問，各令住俸，戴罪殺賊；并降敕切責，令爾立效贖罪。朕皆從之。敕至，爾宜親詣潮、漳二府地方，申嚴號令，詳審機宜，督同守巡領軍等官，調集官軍民快打手人役，儹運糧餉，指授方略，隨賊向往，設法勦捕。其福建、廣東、江西官員，悉聽爾節制，有急督令互相策應，約會夾攻，不許自分彼此，執拗誤事；如有不用命，及遲誤供軍者，宜照原奉敕内事理，徑自拏問施行。事有應與兩廣并江西巡撫等官議處者，公同計議而行；務要處置得宜，賊徒殄滅，以靖地方。」欽此。欽遵外。照得本院於本年正月十六日抵贛涖事，當據福建參政陳策、僉事胡璉等呈「爲急報賊情事，已經密具方略，行各官遵照，約會廣東官兵，剋期夾攻；隨據各官呈稱，指揮覃桓、縣丞紀鏞，在廣東大傘地方，遇賊突出，抵戰身死；又稱象湖、可塘等寨，係極高絶險，自來官兵所不能攻，乞添調狼兵俟秋再舉」等因到院。參看各官頓兵不進，致此敗衄，顯是不奉節制，故違方略，正宜協憤同奮，因敗求勝，豈可輒自退阻，倚調狼兵，坐失機會。本院即於當日選兵二千，自贛起程，進屯汀州，一面督令各官密照方略，火速進勦，立功自贖，一面查勘失事緣由，另行參奏間。

隨據各官續呈，遵奉本院紙牌密諭，佯言犒衆班師，乘賊怠弛，銜枚直擣，攻破象湖等寨。又經行令各官，乘此勝鋒，速攻可塘，破竹之勢，不可復緩，仍一面分兵搜擒餘猾，毋令復聚爲奸。本院亦自汀州進軍上杭，期至賊寨，親自督戰。隨據各官復呈，爲捷音事，開稱「攻破賊巢三十餘處，擒斬首從賊人一千四百二十餘名顆，俘獲賊屬五百七十餘名口，燒毁房屋二千餘間，奪獲牛馬贓仗無算；即今餘黨，悉願聽撫，出給告示，招撫得脇從賊人一千二百三十五名，家口二千八百二十八名口；乞要班師」等因。已經具本奏報去後。

今奉敕諭切責，不勝惶恐待罪，然猶幸其因人成事，偶獲收功，愧雖難當，罪或可免。隨又訪得，各賊徒黨，尚多逃遁諸巢，餘蘖又復萌芽，果爾則憂患方興，罪累日重，深思其故，恐是各官急於成功，不能掃蕩，或是憚於久役，爲此隱瞞。本院聞此，實切慚懼，即欲遵奉敕諭事理，親至漳州體勘查處。但今南贛盜賊猖獗，方奉欽依來勦，師期緊迫，軍馬錢糧，必須調度，勢難遠出。又前項事情，出於傳聞，未委虛的，合行查勘。爲此仰抄捧回司，照依備奉敕諭，及查照先今案驗内事理，即委本司公正堂上官一員，會同守巡該道官，親詣漳州地方，督同知府等官，將已破賊巢，逐一查勘，前項强賊，曾否盡絶，所獲賊首，是否真正，徒黨有無逃遁，餘蘖有無萌芽，是否各官苟且隱瞞，惟復別賊，各另生發，若賊首果已擒獲，巢穴果已掃蕩是實，取具各官不致遺患重甘結狀，具由呈來，如或有所規避欺蔽，俱要明白聲説，以憑參究施行。若有脱漏殘黨，或是別項流賊，乘間嘯聚，事出意外，亦要從實開報，就將防勦機宜，作急議處停當；相機行事，一面呈來定奪。無得畏難推咎，以致貽患地方，國典具存，取罪愈大，俱無違錯遲延。

兵符節制 五月

先據該道具呈，計處武備，以便經久事。議將原選聽調人役，如寧都殺手廖仲器之屬，盡行查出，頂補各縣選退機兵，通拘贛城操演，以備征調，已經批仰施行去後。看得習戰之方，莫要於行伍；治衆之法，莫先於分數；所據各兵既集，部曲行伍，合先預定。爲此仰抄案回道，照依定去分數，將調集各兵，每二十五人編爲一伍，伍有小甲；五十人爲一隊，隊有總甲；二百人爲一哨，哨有長、協哨二人；四百人爲一營，營有官、有參謀二人；一千二百人爲一陣，陣有偏將；二千四百人爲一軍，軍有副將，偏將無定員，臨陣而設。小甲於各伍之中選材力優者爲之，總甲於小甲之中選材力優者爲之，哨長於千百户義官之中選材識優者爲之。副將得以罰偏將，偏將得以罰營官，營官得以罰哨長，哨長得以罰總甲，總甲得以罰小甲，小甲得以罰伍衆。務使上下相維，大小相承，如身之使臂，臂之使指，自然舉動齊一，治衆如寡，庶幾有制之兵矣。編選既定，仍每五人給一牌，備列同伍二十五人姓名，使之連絡習熟，謂之伍符。每隊各置兩牌，編立字號，一付總甲，一藏本院。謂之隊符。每哨各置兩牌，編立字號，一付哨長，一藏本院，謂之哨符。每營各置兩牌，編立字號，一付營官，一藏本院，謂之營符。凡遇征調，發符比號而行，以防奸僞。其諸緝養訓練之方，旗鼓進退之節，要皆逐一講求，務濟實用，以收成績。事完，備造花名手册送院，以憑查考發遣。

預整操練

案照先經批仰將聽調人役，查拘操演，以備征調。即今兵威士氣，以覺漸有可觀；但諸色人内尚有遺才，亦合通拘操演。

看得龍南等縣捕盗老人葉秀芳等部下兵衆，亦多經戰陣；況各役向化日久，皆有竭忠報效之心。但其勇力雖有，而節制未諳；向慕雖誠，而情意未洽；一時調用，亦恐兵違將意，將拂士情，信義既未交孚，心志豈能齊一。爲此仰抄案回道，通將所屬向化義民人等，悉行查出，照依先行定去分數，行令各選部下驍勇之士，多者二三百人，少者一百人，或五十人，順從其便，分定班次。各役若無别故，自行統領，或有事故相妨，許令推選親屬爲衆所服者代領，前來贛城，皆於教場内操演。除耕種之月，放令歸農，其餘農隙，俱要輪班上操。仍於教場起蓋營房，使各有棲息之地；人給口糧，使皆無供饋之勞；效有功勤者，厚加犒賞；違犯約束者，時與懲戒。如此則號令素習，自然如身、臂、手指之便；恩義素行，自然與父兄子弟之愛；居則有禮，動則有威，以是征誅，將無不可矣。

選募將領牌

看得所屬地方，盗賊充斥，一應撫剿事宜，各該兵備等官，既以地方責任，勢難頻來面議；若專以公文往來，非惟事情不能該悉，兼恐機宜多致瀉漏。爲此牌仰郴州兵備道即於所屬軍衛有司官，或義官耆老，推選素有膽略，才堪將領，熟知賊寨險夷，備曉盗情向背，忠慎周密，可相信任者一二人前來軍門，凡遇地方機務，即與密切商度，往來計議，庶幾事可周悉，機無踈虞。

批留嶺北道楊璋給由呈

據副使楊璋呈給由事。看得朝廷設官，本因保障；臣子盡職，匪專給由。副使楊璋才力精敏，識見練達，久在軍中，習知戎務。見今盜賊猖熾，方爾請兵會勦，一應軍馬錢糧，皆倚贊畫，方有次第。若因給由，遽爾輕動，更代之人，豈免事多生踈，交承之際，必至弊乘間隙，遂有出柙之虞，何益噬臍之悔。仰本官勿以循例給由爲急，惟以效忠盡職爲先，益展謀猷，仍舊供職。地方安靖，足申體國之勤；懋績彰聞，豈俟天曹之考。仍行撫按衙門知會。呈繳。

批廣東韶州府留兵防守申

看得本院募兵選士，欲弭盜安民，正恐地利不能齊一，措置或有未周，故期各官酌量潤色，務求盡善可久。今據該府各縣所呈，非惟不能弭盜，而適以啓盜；非徒不能安民，而又以擾民；此豈本院立法之初意哉？行仰各縣掌印官，務體本院立法不得已之意，各要酌量事勢，通融審處，苟無不盡之心，自無難處之事，兵法謂：「守則不足，攻則有餘。」今各縣所留之兵，止於防守；而兵備所選之士，將以勦襲。防守之兵，雖老弱皆可以備數；而張威勦襲之士，非精鋭不可以摧鋒而陷陣。况各縣所留尚有三分之二，而兵備所取止得三分之一，其於大勢未便虧損。今取三分之一，而遂以爲地方不復可守，假使原數止此，亦將别無措置之方耶？又況剿襲之兵既集，則兵威日振，聲東擊西，倏來忽往，賊將瞻前顧後，自然不敢輕出，各縣防守愈易爲力，此於事理亦皆明白易見。各官類皆狃於因循，憚於振作，惟知取私便之爲利，而不知妨大計之爲害。宜各除去偏小之見，共爲公溥之謀。若復推調遲延，夾攻在邇，已經奏有成命，苟誤軍機，定以軍法從事。

咨報湖廣巡撫右副都御史秦防賊奔竄 八月

准巡撫湖廣都御史秦咨云云，❶已經一體欽遵施行。續據江西嶺北道副使楊璋看得朱廣寨等處，係桂陽、樂平二縣界内賊奔要路，今夾攻在邇，要行各道預發精兵把截。又經備行廣東、湖廣各官，起集驍勇機快，父子鄉兵，選委素有能幹官員統領，各於賊行要路，晝夜嚴加把截，或遇前賊奔逃，就便詳察險易，相機截捕。或先於朱廣、魚黄賊所潛逃諸山寨，多張疑兵，使賊不敢奔往。務要慮出萬全，不得墮賊奸計。各道仍須分投爪探，出奇設伏，先事預防，但得賊中虚實，差人飛報軍門。大抵防寇如水，四面隄防既固，但有一處滲漏，必致併力潰決。賊所奔逃，尚恐不止前項諸處，仍行各道，再加詢訪，但有罅隙，即便行文知會，互相關防，必使皆無蟻穴之漏，庶可全收草薙之功。今准前因，爲照前項各賊，屢經夾攻，狡猾有素，今聞大舉，預將妻子搬寄，此亦勢所必有。照得咨開，龔福全、李斌皆已搬送妻子，近往桶岡親識人家。

❶「秦」，原作「奏」，據四庫本改。

除行領北道密行擒拏，一面行文湖廣各官，將前項窩户姓名，密切知會，或住近桂陽，或住近上猶，就仰各該守把官兵，相機剿捕外，擬合咨報云云。

欽奉敕諭提督軍務新命通行各屬九月

正德十二年九月十一日節該欽奉敕諭：「江西南安、贛州地方，與福建汀、漳二府，廣東南、韶、潮、惠四府，及湖廣郴州、桂陽縣壤地相接，山嶺相連，其間盜賊不時生發，東追則西竄，南捕則北奔，蓋因地分各省，事無統屬，彼此推調，難爲處置。先年以此之故，嘗設有都御史一員，巡撫前項地方，就令督剿盜賊。但責任不專，類多因循苟且；不能申明賞罰，以勵人心；致令盜賊滋多，地方受禍。今因爾所奏，及該部覆奏事理，特改命爾提督軍務，常在贛州或汀州住劄，仍往前各處撫安軍民，修理城池，禁革奸弊，一應軍馬錢糧事宜，俱聽便宜區畫，以足軍餉，但有盜賊生發，即便嚴督各該兵備、守備、守巡、并各軍衛有司，設法調兵剿殺，不許踵襲舊弊，招撫蒙蔽，重爲民患。其管領兵快人等官員，不拘文職武職，若在軍前違期，并逗遛退縮者，俱聽以軍法從事。生擒盜賊，鞫問明白，亦聽就行斬首示衆。斬獲賊級，行令各該兵備、守備官即時紀驗明白，備行江西按察司造册奏繳，查照南方剿殺蠻賊事例，陞賞激勸。仍要選委廉能官員，密切體訪。或僉所在大户，并被害之家，及素有智力人丁，多方追襲，量加糧賞；或募知因之人，陰爲鄉導；或購令賊徒，自相斬捕；或許令脅從并亡命窩主人等，自行出首免罪；皆聽爾隨宜處置，不必執定一說。其應捕人員，尤要嚴加戒約，不許妄拏平人，及容賊挾讐攀引，因而嚇詐財物，擾害良善。軍衛有司官員中政務修舉者，量加獎勸；其有貪殘畏縮誤事者，文職五品以下，武職三品以下，徑自拏問發落。事有應與各該鎮巡官計議者，亦須計議而行。爾爲風憲大臣，受兹新命，尤宜廉能剛果，肅清積弊，以副朝廷委任之意，如違，責亦有所歸焉。爾其欽承之，毋忽故敕。」欽此。欽遵，擬合通行。爲此仰抄捧回司，照依案驗備奉敕諭内事理，并行該道守巡、兵備、守備等官，及府衛等官，及府、衛、所、縣大小衙門一體欽遵施行。都司呈鎮守、布政司呈巡撫、按察司呈巡按衙門，各查照施行。

咨報湖廣巡撫右副都御史秦夾攻事宜

准巡撫湖廣都御史秦咨内開：「夾攻江西，該分哨道，并把截之路，及各該官軍，不無追勦往來過境，必須各給旗號識別，以防錯誤；凡遇賊勢縱横，及攻堅去處，各領哨官即便發兵策應，同舟共濟。」又稱「各省窩賊之家，今既各有指實，必須從長計處，絶其禍本，以收全功。煩爲參酌行止，并將合行事宜咨報，以憑轉行各該領兵等官遵守」等因，准此。

先該本院訪得大庾、南康、上猶三縣近附，賊巢良民村寨甚多，往年大征，不曾分別善惡，給與良民旗號，及撥兵護守；以致狼、土、官兵貪功妄殺，玉石不分。亦有一二良民村寨，給與旗號，撥兵護守；又被不才領兵官員并良民寨主，受賊重賄，及將有名賊首隱藏其家，事定仍復還巢，至今貽患。及有吉安府龍泉、萬安、泰和三縣，并南安府所屬大庾等三縣居民，無籍者往往携帶妻女，入峯爲盗；行劫則指引道路，征剿則通報消息，尤爲可惡。即今聞有大兵夾攻，俱各潛行回家，遇有盤詰，輒稱被虜逃歸，因而得脱誅戮。若不通行挨究，將來事定，仍復入巢，地方之患，何時可已？就預行上猶等三縣，着落當該掌印官員，查出附近賊巢居民村寨通計若干，圖畫申報，以憑每寨給與良善旗號，臨期撥兵護守，仍取各寨主并地方總甲甘結在官。如有應剿賊徒來投，希圖隱匿者，許其擒斬送官，照例重賞；容隱者，事發，一寨之人通行坐以奸細重罪。其大庾、龍泉等六鄉，各給告示曉諭鄉村里老人等，但有平昔入峯爲盗，即今潛出，許其舉首，亦行照例給賞；容隱事發，本家并四鄰一體坐罪。如此庶良善免於玉石俱焚，而盗賊得以根株悉拔。俱經牌仰該道遵照施行外。

又據委官知府等官季敩等呈稱，依奉本院方略，分兵於上猶、南康等處防遏，被賊兩次糾衆出攻南安，俱幸我兵克捷。即今賊勢略已衰敗，若乘此機會，直擣其巢，旬月之間，可期掃蕩云云。本院看得三省夾攻事宜，集兵有先後，期約有遲速，如上猶、大庾之賊，江西先與湖廣夾攻，止令廣東之兵于仁化把截。候廣東兵力已齊，聽湖廣、廣東約會夾攻，江西之兵止于大庾把截。通候廣東、湖廣夾攻已畢，廣東之兵移于惠州，江西之兵移于龍南，又行約會夾攻。如此庶先後有序，事機不失，兵力不竭，糧餉可省。又經移咨貴院查照施行外。

今准前因，看得官軍過境，必須各給旗號識別，以防錯誤。攻堅去處，必須各領哨官即便發兵策應，庶得成功。持論既極公平，所處又甚詳悉。除行領哨等官遵照施行外，惟守備指揮李璋所呈窩賊之家，傳聞之言，未必皆實，已行該道再行查訪，務求的實，拔絶禍源。其進攻次第，惟桶岡一處，該與湖廣之兵會合；若長流坑、左溪等處，皆深入南安府所屬三縣腹心之内，見今不次擁衆奔衝，勢難止遏。本院欲將前項賊巢，以次相機勦撲；候貴治之兵齊集，會合夾攻桶岡。如此則江西腹心之害已除，而二省夾攻之舉，得以併力從事。擬合移咨前去，煩爲查照定處，咨報施行。

征勦橫水桶岡分委統哨牌

據守把金坑等處領兵縣丞舒富等申稱「探得各峯賊首聞知湖廣土兵將到，集衆劫掠，猖熾日甚，鑿山開塹，爲備益堅。又聞於桶岡後山，陡絶崖壁，結構飛梯，自此直入范陽大山，延袤千里，自來人迹所不能到，今皆搬運糧穀，設有機隘，意在悉力拒戰，戰而不勝，即奔入此中，截斷飛梯，雖有十萬之衆，亦無所施其力，乞要急爲區處」等因到院。隨將各峯擒獲賊徒，備細研審，亦與所呈略同。

照得先經具題，及備行兩省，將各處賊巢以次攻勦；先約湖廣官兵，會攻上猶諸賊，未報。但南贛兵力，自來疲弱，爲賊所輕，必資湖廣土兵，然後行事。賊見土兵未至，必以爲夾攻尚遠。雖若出其不意，奮兵合擊，先以一哨急趋其後，奪其隘口，賊既失勢，殆可盡殪。若必俟土兵之至，果如各官所呈，陷賊計中，老師費財，復爲他日之患，追悔何及。本院節准兵部咨，題奉欽依「南贛地方賊情，着都御史王守仁自行量調官軍，設法勦捕」；及近奉敕諭云云，「俱聽以軍法從事」。欽此。欽遵。除監督守巡官員外，令分投先往上猶、大庾等處調度催督外，本院身督中軍，直搗横水大巢。所據各哨官兵，合就分委督發，依期進勦。

一，仰贛州府知府邢珣，統領後開官兵，自上猶石坑進，由上稍、石溪入磨刀坑，過白封龍，一面分兵搜茶潭、鴐井、杞州坑，正兵經過朱坑、早坑入楊梅村，攻白藍、横水，與都司許清，指揮謝昶、姚壐，知縣王天與等兵會合，共結爲一大營；及各選精鋭，用鄉導兵引，齎乾糧三日，四搜附近各山寨，如茶潭、鴐井、杞州坑、寨下等處：多方爪探，務期盡絶，互相援應，毋致疎虞。左溪諸賊既盡，然後分哨起營過背烏坑、穿牛角窟，踰梅伏坑，過長流坑，涉果木口，搜芒背、上思順，過烏地，入上新地、中新地、下新地，攻桶岡峒諸賊，與知府唐淳，指揮余恩、謝昶等兵合勢夾擊，賊既敗散，遂會各營連絡掎角，爲一大營；各營精鋭，開合縱横，分布搜扒，必噍類無遺，候有班師期日，方許回兵。領哨各官及兵快人等，敢有臨陣退縮，違犯號令者，仰遵照本院欽奉敕諭内事理，聽以軍法從事。本官務要竭忠效命，益展才猷，嚴督諸軍，奮勇前進，蕩除羣醜，以靖地方。如或怠忽乖繆，致有疎虞，國典具存，罪難輕貸。本院即日進屯南康，親臨督戰，一應進止機宜，密切差人俱赴營所禀白。牌候事完日繳。

計開：安遠縣新民義官某某等名下打手八百名。乾字營哨長趙某某等名下機兵四百名，弓箭手一隊，銃手八名，鄉導二十名。火藥八十斤。地圖一張，軍令八十張。號色布一千五百件。兵旗大小九十面。令字藍絹大旗一面。奇兵搜扒用爲先導，尋常皆捲，遇各營兵始開。令字黃絹大旗一面。正兵行動用爲先導，尋常皆捲，遇各營兵始開。

軍令：失誤軍機者斬。臨陣退縮者斬。違犯號令者斬。經過宿歇去處，敢有攪擾居民，及取人一草一木者斬。劄營起隊，取火作食，後時遲慢者照軍法治；因而誤事者斬。安營住隊，常如對敵，不許私相往來，及輒去衣甲器仗，違者照軍法治；因而誤事者斬。凡安營訖，非給有各隊信牌，及非營門而輒出入者皆斬。守門人不舉告者同罪。其出營樵牧汲水方便，而擅過營門外者杖一百。軍中呼號奔走驚衆者斬。雖遇賊乘暗攻營，將士輒呼動者斬。軍中卒遇火起，除奉軍令救火人外，敢有喧呼，及擅離本隊者斬。軍中守夜巡夜之人每夜各有號色，號色不應者，即便收縛。軍中不許私議軍機，及妄言禍福休咎，惑亂衆心，違者皆斬。凡入賊境哨探，可往而畏難不往，托故推調，及回報不實者斬。軍行遇敵人往衝，及有埋伏在傍者，不許輒動，即便整隊向賊牢把，相機殺剿，違者斬。軍行遇賊衆乞降，❶恐有奸謀，即要駐軍嚴備，一面飛禀中軍，令其遠退，自縛來投，

❶「衆乞」，原作「乞衆」，今據四庫本改。

不許輒與相近；遇有自稱官吏，及地方里老來迎接者，亦不許輒與相近，即便駐軍嚴備，一面飛禀中軍，審實發落，違者皆斬。賊使入營，及來降之人，將士敢與私語，及問賊中事宜，凡漏泄軍情者斬。凡臨陣對敵，一隊失，全伍皆斬。鄰隊不救，鄰隊皆斬。賊敗追奔，不得太遠，一聽號令：聞鼓方進，聞金即止，違者斬。賊巢財物，並聽殺賊已畢，差官勘驗給賞，敢有臨陣擅取者斬。乘勝逐賊，不許争取首給；路有遺下金銀寶物，不許低頭拾取，違者皆斬。

一，仰統兵官汀州府知府唐淳，統領後開官兵，前往南安府，自百步橋、浮江、合村等處進屯聶都；會同把隘推官徐文英將點集守把鄉夫，於内選取堪爲鄉導者一百名，分引哨路，進襲上關，破下關，乃分兵爲三哨：中一大哨踰相見嶺，撲密溪，徑攻左溪。右一小哨從下關分道搜絲茅壩，復從中大哨於密溪進攻左溪。左一小哨自密溪搜羊牯腦山，復自密溪從中大哨進攻左溪。三哨復合爲一，與本院會於横水，遂會同守備郟文、知府季敦、指揮余恩、縣丞舒富等兵五營犄角合爲一大營；乃各選精鋭，用鄉導分引，齎乾糧二三日，四搜山寨，多方爪探，務期盡絶，互相援應，毋致疎虞。左溪諸賊既盡，聽候本院再授方略，然後分哨起營，復自密溪回關田，推官徐文英仍於關田厚集營陣，以待奔竄遺賊，勿輕散動。本官自關田率兵由古亭進屯上保，復自上保歷茶坑，由十八磊依期進於木坳，攻桶岡諸賊，與知府邢珣、指揮余恩等兵合勢夾擊。賊既敗散，遂會各營連絡犄角爲一大營；各選精鋭，開合縱横，分布搜扒，必使噍類無遺，候有班師之日，方許回兵。領哨各官及兵快人等敢有臨陣退縮違犯號令者，仰即遵照本院云云。

計開云云下同。

一，仰南安府知府季斆，統領後開官兵，自南安府石人背進破義安，分兵搜朱雀坑，入西峰；分兵搜狐狸坑，進船廠；分兵搜李家坑，屯穩下；分兵搜李坑，遂踰狗脚嶺，搜陰木坑，攻左溪；與本院會於横水，遂與守備郟文，知府邢珣、唐淳，指揮余恩，縣丞舒富等兵合連爲一大營；乃各選精鋭，齎乾糧三日，用鄉導分引，四搜附近山寨，多方爪探，務期盡絶，互相援應，毋致疎虞。左溪諸賊既盡，然後分哨起營，過密溪，搜羊牯腦，踰相見嶺，歷上關、下關、關田，經古亭，分屯上保、茶坑，斷胡蘆洞等處賊路，四面設伏，以待桶岡奔賊，爲都指揮許清之繼，探候緩急，相機應援，必使根株悉拔，噍類無遺，候有班師期日，方許回兵。領兵各官及兵快人等，敢有臨陣退縮違犯號令者，仰即遵照本院云云。

一，仰江西都司都指揮僉事許清，統領後開官兵，自南康進破雞湖，撲新地，襲楊梅坑，攻白藍；與本院會於横水，遂與知府邢珣等兵會合共結爲一大營；乃各選精鋭，用鄉導分引，齎乾糧二三日，四搜附近各山寨，多方爪探，務期盡絶，互相援應，毋致疎虞。横水諸賊既盡，聽候本院再授方略，然後分哨起營，自横水穿牛角窟，搜川拗、陰木潭會左溪，入密溪，過相見嶺，歷下關、上關、關田，上華山，過鱗潭，屯左泉，分斷西山界、胡蘆洞等賊路，四面設伏，以待桶岡奔賊。仍歸屯横水，控制諸巢，遥與知府季斆相機應援。必使根株悉拔，噍類無遺，候有班師日期，方許回兵。領哨各官及兵快人等敢有臨陣退縮違犯號令者，仰即遵照本院云云。

一，仰守備南、贛二府地方，以都指揮體統行事，指揮使郟文，統領後開官兵，前往南安府，自石人坑度湯瓶嶺破義安上西峰，過鉛廠破苦竹坑，剿長河洞，搜狐狸坑攻左溪，與本院會於横水，遂與知府唐淳、季斆，指揮余恩，縣丞舒富等兵營營連絡爲一大營；乃各選精鋭，用鄉導分引，齎乾糧二三日，四搜附近山寨，如天台庵、獅子山、絲茅壩等處，多方爪探，務期盡絶，互相援應，毋致踈虞。左溪附近諸賊既盡，聽候本院再授方略，然後分哨起營，自左溪過密溪，分兵搜絲茅壩，會下關，入關田，過古亭，踰上保，搜茶坑，屯於十八磊，分兵斷下章，設伏以待桶岡奔賊，爲知府唐淳之繼。使人探候消息，相機應援，必使遠近各賊噍類無遺，候有班師期日，方許回兵。領兵各官及兵快人等敢有臨陣退縮違犯號令者，仰即遵照本院云云。

一，仰贛州衛指揮余恩，統領後開官兵，自上猶、官隘踰獨孤嶺，至營前，進金坑，屯過步，破長流坑，分兵入梅伏坑，破牛角窟，撲川拗、陰木潭，與正兵合攻左溪，與本院會於横水，遂與縣丞舒富，知府唐淳、季斆，守備郟文等兵連絡爲一大營；乃各選精鋭，齎乾糧二三日，用鄉導分引，四搜附近各山寨，多方爪探，務期盡絶，互相援應，毋致踈虞。左溪諸賊既盡，聽候本院再授方略，然後分哨起營，過密溪，搜羊牯腦，踰相見嶺，歷下關、上關、關田，經華山、鱗潭、網夾裏，從左溪入西山界，攻桶岡諸賊，與知府邢珣、唐淳，指揮謝昶等兵合勢夾擊。賊既敗散，遂會各營連絡掎角爲一大營，各選精鋭，開合縱横，分布搜扒，必使噍類無遺，候有班師期日，方許回兵。領兵各官及兵快人等敢有臨陣退縮違犯號令者，仰即遵照本院云云。

一，仰寧都縣知縣王天與，督同典史梁儀，統領後開官兵，自上猶、官隘、員坑過琴江口，由白面寨至長潭，經杰壩屯石玉，分兵搜樟木坑。正兵自黄泥坑過大灣入員分與本院會於横水，遂與知府邢珣、都司許清等兵會合，四營共結爲一大營；乃各選精鋭，用鄉導分引，齎乾糧二三日，四搜附近各山寨，多方爪探，務期盡絶，互相援應，毋致踈虞。横水等處諸賊既盡，聽候本院再授方略，然後分哨起營，過背烏坑、牛角窟、梅伏坑，涉長流渡、果木口，搜芒背、上思順，入烏地，經上新地、中新地，分屯下新地，分兵搜扒，斷絶要路，四面設伏，以待桶岡之賊，爲知府邢珣之繼，使人探候緩急，乃與縣丞舒富聲息相接應援，必使噍類無遺，候有班師期日，方許回兵。領兵各官及兵快人等敢有臨陣退縮違犯號令者，仰即遵照本院云云。

一，仰南康縣縣丞舒富，統領後開官兵，自上猶、營前、金坑進屯過步，破長流坑，徑攻左溪，與本院會於横水，遂與知府邢珣、唐淳、季斆，守備郟文等兵合，四營共結爲一大營；乃分選精鋭，齎乾糧，用鄉導分引，四搜附近賊巢，如鱉坑、箬坑、赤坑、觀音山、奄場、仙鶴頭、源陂、左溪等處。諸賊既盡，聽候本院再授方略，然後分哨起營，復自長流坑過果木口，搜芒背，搜鐵木里，狗上池，遍搜東桃坑、山源、竹壩泉、大王嶺、板嶺諸巢，遂屯鎖匙龍外，四面埋伏，以待桶岡奔賊。仍與知縣王天與聲息相接，彼此相機應援，必使噍類無遺，候有班師期日，方許回兵。領兵各官及兵快人等敢有臨陣退縮違犯號令者，仰即遵照本院云云。

一，仰吉安府知府伍文定，統領後開官兵，前去屯劄穩下，會同守備郟文併謀協力，搜剿稽蕪等處賊巢，進屯横水，聽候本院再授方略，然後進攻桶岡諸峒。本官仍須詳察地理險易，相度機宜，協和行事，毋得爾先我後，力散勢分，致失事機。國典具存，決不輕貸。其領哨各官及兵快人等敢有臨陣退縮違犯號令者，許即以軍法從事。軍中一應事宜，亦聽隨宜應變，應呈報者，仍呈軍門施行。

一，仰廣東潮州府程鄉縣知縣張戩，統領部下新民、打手、鄉夫人等，搜剿稽蕪、黄雀坳、新地等處賊巢，進屯横水，聽候本院再授方略，然後進攻桶岡諸峒。本官仍須詳察云云。

一，仰中軍營參隨官。

案行分守嶺北道官兵戴罪剿賊

參看稽蕪、大山不係進兵隘路，若使郁文、季斆等遵依本院方略，直趨左溪，與諸軍連營合勢，兵威既振，然後分兵四剿，則稽蕪等巢自然聞風而靡。今乃不遵約束，頓兵僻路，以攻險絶堅小之寇，反致損威挫銳，非但有乖節制，抑且違誤師期；若使各哨官兵皆若季敎等後期不進，則左溪、橫水賊巢根本腹心之地何由攻破，諸軍何由得有今日之勝！論情定罪，俱合處以軍法。但今各營皆已乘勝追逐，賊徒四散奔潰，正係緊關搜節之際，姑令戴罪剿絶，以贖前辜。爲此仰抄案回道，速督各官，分投把截搜剿；俱要勵志奮勇，毋徒退縮以自全，毋以小挫而自餒，務奮澠池之翼，以收桑榆之功。如復仍前畏縮違誤，軍令具存，難再容恕。仍將陣亡千户劉彪，及被傷兵夫人等，查驗紀録，量加優恤。

搜剿餘黨牌

照得本院於本月十二日親督諸軍進破橫水等巢，諸軍皆奮勇敢死，奪險陷陣，賊乃大敗，擒斬功次數多，良已可嘉。但聞餘黨往往復相嘯聚，千百爲羣，設栅阻險，復爲抗拒官兵之備，所據各兵進攻之日，攀崖緣壁，下上險阻，疲困已極，兼之陰雨，連日瘴霧，咫尺不辨，故且容令各兵暫爾休息。今天氣漸開，兵力已蘇，若不乘此破竹之勢，疾速急擊，使諸賊聲勢復得連絡，用力益難。爲此牌仰該道官吏，嚴督各營官兵，星夜速進，務在三日之内掃蕩餘孽，必使噍類無遺。敢有狃於一勝，怠忽因循，逗遛不進，致誤軍機者，仰即遵照敕諭事理，當時以軍法從事。該道亦要身督各官，奮勇前進，毋虧一簣，務在萬全。

奬勵湖廣統兵參將史春牌

據副使楊璋呈稱：遵奉本院牌案，監

督各營官兵，照依二省刻定日期，於十一月初十日午時攻破桶岡大峒，賊徒皆已擒斬，巢穴悉已掃蕩。但湖廣官兵未知，恐仍復前來，非但無賊可剿，抑且徒勞遠涉，乞將湖廣官兵留屯彼地，免其過境，實爲彼此兩便等因到院。看得桶岡天險，先經夾剿，圍困半年，終不能下；乃今一鼓而破，斯固諸將用命，軍士效力；實亦湖廣兵威大震，有以懾服其心，故破巢之日，不敢四散奔潰，以克收茲全功。訪得湖廣統兵參將史春，紀律嚴明，行陣肅整，故能遠揚威武，致茲克捷，雖兵不接刃而先聲以張，相應差官獎勵。爲此牌差千户高睿齎領後開花紅禮物，前去湖廣郴州親送本官營內，傳布本院獎勵之意，以彰本官不顯之功。

設立茶寮隘所

照得撫屬上猶等縣所轄桶岡天險，四面青壁萬仞，中盤二百餘里，連峰參天，深林絶谷，不睹日月，賊衆屯據其間，東出西没，遊劫殆遍，人民遭其荼毒，地方受其擾害，先年亦嘗用兵夾剿，坐困數月，不能俘其一卒，竟以招撫爲名而罷。近該本院奉命征剿，仗賴天威，悉已掃蕩。但恐官兵撤後，四方流賊，乘間復聚；必須於緊關去處，設立隘所，分撥軍兵，委官防禦，庶使地方得以永寧。

本院見屯茶寮，親督知府邢珣、唐淳等徧歷各處險要，相視得茶寮正當桶岡之中，自來盜賊據以爲險，西通桂東、桂陽，南連仁化、樂昌，北接龍泉、永新，東入萬安、興國，堪以設隘保障。當因湖廣官兵未至，各營屯兵坐候，因以其暇，責委千户孟俊等督領兵夫，先行開填基址，伐木立柵，起蓋營房。見今規模草創已具，本院即欲移營上猶，必須委官督工，庶幾垂成之功不致廢弛。及照茶寮既設隘所，就合摘撥官兵防禦，查得皮袍洞隘兵，原非緊要，合改移茶寮，及於鄰近上保、古亭、赤水、鮮潭、金坑編選隘夫，兼同防守，庶一勞永逸，事可經久。爲此仰抄案回道，坐委能幹縣官一員，前去茶寮督工完造，務要堅固永久，不得因循遲延。一面查照本院欽奉敕諭「隨宜處置事理」，即將原撥守把皮袍洞隘官兵，盡數移就茶寮住劄；一面於上保、赤水、古亭、鮮潭、金坑等寨，量丁多寡，每寨抽選精壯者一二百名，兼同防禦。其合用匠作工食等項，行令上猶、南康、大庾三縣量支官錢給用，完日具數及起撥官兵數目，一併回報查考。仍呈撫鎮巡按衙門知會。

牌行招撫官 正德十三年二月

據縣丞舒富稟稱「橫水等處新民廖成、廖滿、廖斌等前來投招；隨又招出別山餘黨唐貴安等一百四十二名口，俱稱原係被脅無辜，乞要安插，照例糧差」等因到院。照得橫水、桶岡諸賊，已經本院親調官兵，將賊首藍天鳳等悉已擒勦，奏捷去後。近准兵部咨，奏奉勑旨：「橫水、桶岡等處賊首謝志山、藍天鳳、蕭貴模等，既已擒勦，地方寧靖。有功官兵俱陞一級，不願陞者，照例給賞。此後但有未盡餘黨，務要曲加招撫，毋得再行勦戮，有傷天地之和。其橫水建立縣治，俱依所奏施行。」備咨准此。除查照通行外。看得新民廖成等誠心投撫，意已可嘉；又能招出餘黨，非但洗其既往之罪，亦當録其圖新之功。況今奉有敕旨，方欲大普弘仁，而廖成等投順，適當其時，相應量加陞賞，一以見朝廷之寬仁，一以勵將來之向化。爲此牌仰縣丞舒富，即將新民廖成授以領哨義官，廖滿、廖斌等各與巡捕老人名目，令其分統招出新民，編立牌甲，聽候調遣殺賊，更立新效，以贖舊愆；就於横水新建縣城内立屋居住，分撥田土，令其照例納糧當差。本官務加撫恤，毋令失所，有虧信義。仍仰諭各新民俱要洗心滌慮，永爲良善，毋得聽信讐家恐嚇；妄生驚疑，自取罪累。及照見今農時已逼，新民人等牛具田種，尚未能備，今特發去商税銀一百兩，就仰本官置買耕牛農器，分給各民，督令上緊趁時布種。其有見缺食用者，亦與量給鹽米。一應撫安綏來之策，有可施行，俱仰本官悉心議處呈來。

批留兵搜捕呈

看得樂昌等處賊徒，搆怨連年，流毒三省；今兵備僉事王大用等，乃能身歷險阻，設謀調度，數月之内，致此克平，論厥功勞，良可嘉尚。除具本奏報，及一面先行犒獎外，所據各哨賊徒穴巢，雖已底定，而漏殄難保必無；況聞湖兵撤後，各該巢穴，多復嘯聚；河源、龍川諸處殘賊，亦復招群集黨，連結漸多；逆其將來，必復熾盛。今雖役久兵疲，且宜班師息衆，但留兵搜捕，亦不可苟。毋謂斬木之不蘖，死灰之不然，苟涓涓之不塞，將江河之莫禦。其狼兵既已罷散，難復追留。若機快鄉兵之屬，暫令歸休，即可起集爲輪番迭出之計，務使搜剿之兵，若農夫之耘耨，庶幾盜賊之種，如稂莠之可除。該道仍備行搜捕各官，務體此意，悉拔根苗，無遺後患。批。呈繳。

批將士争功呈

據兵備僉事王大用呈，樂昌縣知縣李增緝獲大賊首李斌等，審驗明白。續據湖廣永州府推官王瑞之呈稱，廣東差人邀奪等情，已拘知縣見在人役，追出原得獲李斌金簪銀兩荷包見在，顯是湖廣兵快計擒，不得妄報掩飾。看得邇者大征之舉，湖廣實首其謀，江、廣亦協其力，既名夾攻，事同一體，湖兵有失，是亦廣兵之罪，廣人有獲，斯亦湖人之功。況今賊首既擒，則湖廣領哨之官亦復何咎；雖云因虞得鹿，而廣東計誘之人亦非無功；但求共成厥事，何必己專其伐，矧各呈詞，亦無相遠；就如湖廣各官所呈，即廣人乘機捕獲之功居然自見；就如廣東各官所呈，則湖官運謀驅逐之勞亦自不掩；獲級者匹夫之所能，争功者君子之大耻。仰該道備行湖、廣守巡等官，彼此同心易氣，各自據實造册。

告諭淛頭巢賊 正德十二年五月

本院巡撫是方，專以弭盜安民爲職。莅任之始，即聞爾等積年流劫鄉村，殺害良善，民之被害來告者，月無虚日。本欲即調大兵勦除爾等，隨往福建督征漳寇，意待回軍之日勦蕩巢穴。後因漳寇既平，紀驗斬獲功次七千六百有餘，審知當時倡惡之賊不過四五十人，黨惡之徒不過四千餘衆，其餘多係一時被脅，不覺慘然興哀。因念爾等巢穴之内，亦豈無脅從之人？況聞爾等亦多大家子弟，其間固有識達事勢，頗知義理者。自吾至此，未嘗遣一人撫諭爾等，豈可遽爾興師翦滅；是亦近於不教而殺，異日吾終有憾於心。故今特遣人告諭爾等，勿自謂兵力之强，更有兵力强者，勿自謂巢穴之險，更有巢穴險者，今皆悉已誅滅無存。爾等豈不聞見？

夫人情之所共耻者，莫過於身被爲盜賊之名；人心之所共憤者，莫甚於身遭劫掠之苦。今使有人罵爾等爲盜，爾必怫然而怒。爾等豈可心惡其名而身蹈其實？又使有人焚爾室廬，劫爾財貨，掠爾妻女，爾必懷恨切骨，寧死必報。爾等以是加人，人其有不怨者乎？人同此心，爾寧獨不知？乃必欲爲此，其間想亦有不得已者。或是爲官府所迫，或是爲大户所侵，一時錯起念頭，誤入其中，後遂不敢出。此等苦情，亦甚可憫。然亦皆由爾等悔悟不切。爾等當初去從賊時，乃是生人尋死路，尚且要去便去；今欲改行從善，乃是死人求生路，乃反不敢，何也？若爾等肯如當初去從賊時，拚死出來，求要改行從善，我官府豈有必要殺汝之理？爾等久習惡毒，忍於殺人，心多猜疑。豈知我上人之心，無故殺一鷄犬，尚且不忍；況於人命關天，若輕易殺之，冥冥之中，斷有還報，殃禍及於子孫，何苦而必欲爲此。我每爲爾等思念及此，輒至於終夜不能安寢，亦無非欲爲爾等尋一生路。惟是爾等冥頑不化，然後不得已而興兵，此則非我殺之，乃天殺之也。今謂我全無殺爾之心，亦是誑爾；若謂我必欲殺爾，又非吾之本心。爾等今雖從惡，其始同是朝廷赤子；譬如一父母同生十子，八人爲善，二人背逆，要害八人；父母之心須除去二人，然後八人得以安生；均之爲子，父母之心何故必欲偏殺二子，不得已也；吾於爾等，亦正如此。若此二子者一旦悔惡遷善，號泣投誠，爲父母者亦必哀憫而收之。何者？不忍殺其子者，乃父母之本心也；今得遂其本心，何喜何幸如之；吾於爾等，亦正如此。

聞爾等辛苦爲賊，所得苦亦不多，其間尚有衣食不充者。何不以爾爲賊之勤苦精力，而用之於耕農，運之於商賈，可以坐致饒富而安享逸樂，放心縱意，遊觀城市之中，優游田野之内。豈如今日，擔驚受怕，出則畏官避讐，入則防誅懼勦，潛形遁迹，憂苦終身；卒之身滅家破，妻子戮辱，亦有何好？爾等好自思量，若能聽吾言改行從善，吾即視爾爲良民，撫爾如赤子，更不追咎爾等既往之罪。如葉芳、梅南春、王受、謝鉞輩，吾今只與良民一概看待，爾等豈不聞知？爾等若習性已成，難更改動，亦由爾等任意爲之；吾南調兩廣之狼達，西調湖湘之土兵，親率大軍圍爾巢穴，一年不盡至於兩年，兩年不盡至於三年。爾之財力有限，吾之兵糧無窮，縱爾等皆爲有翼之虎，諒亦不能逃於天地之外。

嗚呼！吾豈好殺爾等哉？爾等若必欲害吾良民，使吾民寒無衣，饑無食，居無廬，耕無牛，父母死亡，妻子離散；吾欲使吾民避爾，則田業被爾等所侵奪，已無可避之地；欲使吾民賄爾，則家資爲爾等所擄掠，已無可賄之財；就使爾等今爲我謀，亦必須盡殺爾等而後可。吾今特遣人撫諭爾等，賜爾等牛酒銀錢布疋，與爾妻子，其餘人多不能通及，各與曉諭一道。爾等好自爲謀，吾言已無不盡，吾心已無不盡。如此而爾等不聽，非我負爾，乃爾負我，我則可以無憾矣。嗚呼！民吾同胞，爾等皆吾赤子，吾終不能撫恤爾等而至於殺爾，痛哉痛哉！興言至此，不覺淚下。

進剿浰賊方略

照得撫屬龍川縣地名浰頭積年老賊池大鬢等，不時糾衆突出河源、翁源、安遠、龍南、信豐等處，攻打城池，殺擄人口。先年亦嘗征剿，皆因預失防禦，以致漏網。後雖陽爲聽招，其實陰圖不軌，班師未幾，肆出劫掠，數年以來，民受荼毒，控告紛紜，有不忍言。若不趁時計剿，地方何以寧謐？爲此仰抄案回道，會同分守守備等官，即行該府知府陳祥，速將合用糧餉等項，一面從長議處，一面即於所屬選集精壯驍勇曾經戰陣機快兵壯人等三千名，少或二千名，各備鋒利器械，編成隊伍，坐委素能謀勇官員統領。一面密行龍川、河源等附近賊巢等縣，亦各選募慣戰殺賊兵快二千名，委官分押督同近巢、知因、被害、義官、新民、頭目人等，分截要路；就仰知府陳祥總督諸軍，親至賊巢去處，指畫方略，剋期進剿。仍行先取知因鄉導數十人，令其備將賊巢道路險易，畫圖貼説：要見某處平坦，人馬可以直擣；某處險阻，可以把截；某處係賊必遁之路，可以設伏邀擊；某處賊所不備，可以間道撲掩。各要一一詳察停當，務盡機宜，具由連圖差人馬上齎報。以憑差官齎執令旗令牌，剋期併力進攻，必使根株悉拔，噍類無遺，以靖地方。

剋期進剿牌 正德十三年正月

案照浰頭老賊池大鬢等，不時糾衆攻打城池，殺擄人口，屢征屢叛，近年以來，陰圖不軌，惡焰益熾。除將賊首池仲容設計擒獲外，其餘在巢賊黨，若不趁機速剿，不無禍變愈大，地方何由安息。本院已先密切分布哨道，行仰知府陳祥統領典史姚思衡，驛丞何春，巡檢張行，報效生員陳經世、新民盧琢等官軍，從何平入攻熱水巢、五花障巢、鐵石障巢，直搗中浰大巢。知府邢珣統領知縣王天與、典史梁儀并老人葉秀芳、黄啓濟，義官吴明等官兵，從太平入攻芳竹湖巢、白沙巢、黄田坳巢、中村巢，直搗上浰大巢。指揮姚璽統領新民梅南春等兵，從烏虎鎮入攻淡方巢、石門由巢，直搗岑岡大巢。指揮余恩統領百長王受、黄金巢等兵，從龍子嶺入攻溪尾巢、塘涵洞巢、古地巢、空背巢，直搗下浰大巢。千户孟俊統領義官陳英、鄭志高，新民盧琢等官兵，從和平入攻平地水巢、大門山巢、黄狗坳巢，直搗中浰大巢。推官危壽統領義民葉芳、百長孫洪舜等官兵，從南步入攻脱頭石巢、鎮里寨巢、羊角山巢，直搗中浰大巢。知府季斆兵，從信豐縣黄田岡入攻新山逕巢、古地巢。縣丞舒富兵，從信豐縣烏逕入攻旗嶺巢、頓岡巢。及行仰守備指揮郟文，監督指揮姚璽、余恩，千户孟俊等三哨官兵，分路進剿。本院亦自行督領帳下隨征官屬兵快人等，從冷水逕直搗下浰大巢，親自督戰，刻期俱於本年正月初七日寅時四路並進外，牌仰兵備副使楊璋，不妨本道事務，遵照本院欽奉勑諭事理，前去軍前紀驗功次，處置糧餉，及行催督各哨官兵，依期進剿，所獲功次，務要審驗明白，從實紀録。仍候巡按紀功御史至日覆實，照例造册奏繳。及造青册一本，送院查考。❶其軍中一應進止機宜，俱仰密切呈來定奪。

批汀州知府唐淳乞休申

據知府唐淳申稱：「患病乞賜放歸。」看得知府唐淳，沉勇多智，精敏有爲，兼之持守能謹，制事以勤。近因本院調委領兵征剿南安諸賊，效勞備至，斬獲居多，雖克捷之奏已舉，而賞功之典未頒。況汀州所屬，多係新民，投招未久，反側無常，正賴本官威懷緝撫，以爲保障；縱有微疾，不便起居，即其才能，豈妨卧治。仰該府即行本官，不妨養疾照舊管事，安心職務，善求藥餌，務竭委身之忠，勿動乞休之念。申繳。

告　諭

告諭百姓，風俗不美，亂所由興。今民窮苦已甚，而又競爲淫侈，豈不重自困乏。夫民習染既久，亦難一旦盡變，吾姑就其易改者，漸次誨爾：

吾民居喪不得用鼓樂，爲佛事，竭貲分帛，費財於無用之地，而儉於其親之身，投之水火，亦獨何心！病者宜求醫藥，不得聽信邪術，專事巫禱。嫁娶之家，豐儉稱貲，不得計論聘財裝奩，不得大會賓客，酒食連朝。親戚隨時相問，惟貴誠心實禮，不

❶「院」，原作「完」，據四庫本改。

得徒飾虛文，爲送節等名目，奢靡相尚。街市村坊，不得迎神賽會，百千成群。凡此皆靡費無益。有不率教者，十家牌鄰互相糾察；容隱不舉正者，十家均罪。

爾民之中豈無忠信循理之人，顧一齊衆楚，寡不勝衆，不知違棄禮法之可耻，而惟慮市井小人之非笑，此亦豈獨爾民之罪，有司者教導之不明與有責焉。至於孝親敬長、守身奉法、講信修睦、息訟罷争之類，已嘗屢有告示，懇切開諭，爾民其聽吾誨爾，益敦毋怠！

仰南安贛州府印行告諭牌

照得有司之政，風俗爲首，習俗侈靡，亂是用生。本院近因地方多盜，民遭荼毒，驅馳兵革，朝夕不遑，所謂救死不贍，奚暇責民以禮義哉？今幸盜賊稍平，民困漸息，一應移風易俗之事，雖亦未能盡舉，姑先就其淺近易行者開道訓誨。爲此牌仰本府官吏，即將發去告諭，照式翻刊，多用紙張，印發所屬各縣，查照十家牌甲，每家給與一道。其鄉村山落，亦照屯堡里甲分散，務遵依告諭，互相戒勉，共興恭儉之風，以成淳厚之俗。該府仍行各縣，於城郭鄉村推選素行端方、人所信服者幾人，不時巡行曉諭，各要以禮優待，作興良善，以勵末俗，毋得違錯。

禁約榷商官吏

照得商人比諸農夫固爲逐末，然其終歲棄離家室，辛苦道途，以營什一之利，良亦可憫！但因南贛軍資無所措備，未免加賦於民，不得已而爲此，本亦寬恤貧民之意。奈何奉行官吏，不能防禁奸弊，以致牙行橋子之屬，騷擾客商，求以寬民，反以困商，商獨非吾民乎？除另行訪拏禁約外，仰抄案回道，即便備行收税官吏，今後商税，遵照奏行事例抽收，不許多取毫釐；其餘雜貨，俱照舊例三分抽一，若資本微細，柴炭雞鴨之類，一概免抽。橋子人等止許關口把守開放，不得擅登商船，假以查盤爲名，侵凌騷擾，違者許赴軍門口告，照依軍法拏問。其客商人等亦要從實開報，不得聽信哄誘，隱匿規避，因小失大，事發照例問罪，客貨入官。及照船税一事，亦被總甲侵擾，今後官府合行船隻，俱要實價給顧，就行抽分廠查給票帖，以防詐僞。該道仍將應抽、免抽逐一查議則例呈來。

批贛州府賑濟石城縣申

看得所申賑濟，既該府議許中户糶買，下户給散，准如所議施行。今出糶之數止及二千，而坐濟之民不知幾許，附郭者得遂先獲之圖，遠鄉者必有不霑之惠，近日贛縣發倉，其弊可見。仰行知縣林順會同先委縣丞雷仁先選該縣殷實忠信可托者十數輩，不拘生員耆老義民，各給斗斛，候遠鄉之民一至，即便分曹給散。仍選公直廉明之人數輩在傍糾察，如有夤緣頂冒，即時擒拏，照議罰治，庶幾小民得蒙救急之惠，而遠鄉可免久候之難。

議處河源餘賊

看得河源等處賊情，本院屢經批仰該道會同守巡等官，從長計議，相機剿捕。今復據呈，看得賊勢漸盛，民患日深，該道既以兵力勞憊，勢未能克，即須會同守巡守備等官，或親至賊巢，或於附近賊巢處所屯劄，選差知因通賊曉事人役，齎執告示榜文，權且撫諭各賊，委曲開譬。或姑賜以牛酒、銀布、耕具、種子之類，令其收衆入巢，趁時耕作，因使吾民亦得暫免防截之役，及時盡力農畝；一面選兵勵士，密切分布哨道，候收斂已畢，各巢亦積有糧米，然後的探虛實，剋期並舉，出其不趨，掩其不備，是乃籍兵於民，因糧於賊，非獨可以稍紓日前之急，亦因得以永除日後之患矣。今若兵力不足，既未能剿，又不從權撫插，任其出没往來，則非惟民不安生，窮困愈甚；抑且賊亦失其農業，衣食不給，若非擄掠，何以爲生？是所謂益重吾民之苦，而愈長群賊之奸，兵糧日耗，後欲圖之，功愈難矣。仰該道會同守巡守備等官，上緊議處施行回報，毋得徒事往復，致釀後艱。其各該官司兵快人等，不論或撫或剿，俱要時時操練整束，密切隄備，不得縱弛，致有疎虞。

告諭父老子弟 正德十四年二月

頃者頑卒倡亂，震驚遠邇，父老子弟甚憂苦騷動。彼冥頑無知，逆天叛倫，自求誅戮，究言思之，實足憫悼！然亦豈獨此冥頑之罪，有司者撫養之有缺，訓迪之無方，均有責焉。雖然，父老之所以倡率飭勵於平日，無乃亦有所未至歟？今倡亂渠魁，皆就擒滅；脅從無辜，悉已寬貸；地方雖已寧復，然創今圖後，父老所以教約其子弟者，自此不可以不預。故今特爲保甲之法，以相警戒聯屬，父老其率子弟慎行之！務和爾鄰里，齊爾姻族，德義相勸，過失相規，敦禮讓之風，成淳厚之俗。本院奉命撫巡茲土，屬有哀疚，未遑匍匐來問父老疾苦，廉有司之不職，究民之利弊而興除之；故先遣諭父老子弟，使各知悉。方春，父老善相保愛，督子弟，及時農作，毋惰！

行龍川縣撫諭新民

先據推官危壽并龍川縣各申：依奉本院鈞牌，將新民盧源、陳秀堅、謝鳳勝等安插和平，及撥田地耕種；并拘仇家當面開釋，各安生理，毋相搆害緣由。近訪得各民因聞廣東征剿從化等賊，自生疑惑，東逃西竄，致令和平居民因而驚擾，似此互相扇惑，地方何時寧靖！本當拏究爲首之人，綁赴軍門，斬首示衆；但念各民意亦無他，姑且記罪曉諭。爲此牌仰龍川縣掌印官，即將投城居民，諭以前項聽撫新民，俱已改惡從善；止因廣東調兵征剿，居民素懷仇隙者，因而假此恐嚇，致令東奔西竄；各民意在避兵，本非叛招出劫，爾等毋得妄生驚疑。及差人拘集新民盧珂、陳秀堅等，諭以廣東官兵征剿，各有界限，爾等緣何輕信恐嚇，妄自驚竄，俱各着令回原村寨，❶安居樂業，趁此春和，各務農作。仍諭盧源、陳秀堅、謝鳳勝等，各要嚴束手下甲衆，各念死

❶「着」，原作「省」，今據備要本改。

中得生之幸，悔罪畏法，保爾首領。如或面從心異，外托驚懼之名，内懷反覆之計，自求誅戮，悔後何及。

優獎致仕縣丞龍韜牌

訪得贛縣致仕縣丞龍韜，平素居官清謹，迨其老年歸休，遂致貧乏不能自存，薄俗愚鄙，反相譏笑。夫貪污者乘肥衣輕，揚揚自以爲得志，而愚民競相歆羨；清謹之士，至無以爲生，鄉黨鄰里，不知以爲周恤，又從而笑之；風俗薄惡如此，有司者豈獨不能辭其責。孟子云：「使饑餓於我土地，吾恥之！」是亦有司者之恥也。爲此牌仰贛州府官吏，即便措置無礙官銀十兩，米二石，羊酒一付，掌印官親送本官家内，以見本院優恤獎待之意。仍仰贛縣官吏，歲時常加存問，量資柴米，毋令困乏。

嗚呼！養老周貧，王政首務，況清謹之士，既貧且老，有司坐視而不顧，其可乎？遠近父老子弟，仍各曉諭，務洗貪鄙之俗，共敦廉讓之風。具依准，并措送過繳牌。

王文成公全書卷之十七

别録九　公移二 巡撫江西征寧藩

牌行贛州府集兵策應 正德十四年六月十八日

照得本院奉勑前往福建公幹，於六月初九日自贛州啓行，由水路十五日至豐城縣地名黄土腦，節據知縣顧佖等并沿途地方總甲等稟報，江西省城突然變亂，撫巡三司等官俱遭拘執殺害，遠近軍民甚是驚惶，再三阻遏本院且勿前進。本院原未帶有官軍，勢難輕進，欲馳還贛州起兵，則地里相去益遠，已暫回吉安府就近住劄。一面調集兵糧，號召義勇，一面差人分投爪探的確另行外，爲此牌仰本府官吏，照牌事理，并行附近衛所，各行所屬，起集父子鄉兵軍餘人等，晝夜加謹固守城池，以保不測。仍仰知府邢珣查將貯庫錢糧盡數開具印信手本，先行呈報，毋得隱匿。一面行取安遠等縣原操不論上下班次官兵，各備鋒利器械，通到教場，日逐操練，重加犒餉，選委謀勇官員管領，聽候本院公文一至，即刻就便發行。敢有違誤，定以軍法處治，決不輕貸。

咨兩廣總制都御史楊共勤國難

節該欽奉勑：「福州三衛軍人進貴等脅衆謀反，特命爾暫去彼處地方，會同查議處置，參奏定奪。」欽此。欽遵。於六月初九日自贛啓行，於本月十五日行至豐城縣地名黄土腦，據知縣顧佖等稟稱：「本月十四日，寧府將巡撫孫都御史、許副使等官殺死，巡按及三司府縣大小官員不從者俱被執縛，各衙門印信盡數收去，庫藏搬搶一空，聲言直取南京，一面分兵北上。」各官競阻本職，不宜輕進。本職自顧單旅危途，勢難復進，方爾回程，隨有兵卒千餘已夾江並進來追，偶遇北風大作，本職亦張疑設計，整舟安行，兵不敢逼，幸而獲免。本月十八日回至吉安府。

據知府伍文定等稟稱：「地方無主，乞留暫爲區畫。」遠近居民，亦皆遮擁呼號。隨又據臨江府并新淦、豐城、奉新等縣各差人飛報寧府遣兵四出攻掠，拘收印信等因。本職奉有前旨，欲遂徑往福建，但天下之事，莫急於君父之難；若彼順流東下，萬一南都失備，爲彼所襲，彼將乘勝北趨，動摇京輔，如此則勝負之算，未有所歸；此誠天下安危之大機。慮念及此，痛心寒骨，義不忍舍之而去，故遂入城，撫慰軍民，督同知府伍文定等調集兵糧，號召義勇，定謀設策，收合涣散之心，作起忠義之氣，牽其舉動而使進不得前，搗其巢穴而使退無所據，庶幾叛逆可擒，大難可靖。

本職自惟弱劣多病，屢疏乞休；况地方之責，亦非本職原任；今兹扶疾赴閩，實亦意圖便道歸省，適當君父之急，不忍失此事機，姑復暫留，期紓國難。除具奏外，爲照前項事情，係國家大難，存亡所關；雖經起調吉安等府兵快，非惟武藝無素，尤恐兵力不敷，必須添調兵馬，方克濟事。

照得南、韶、惠、潮等府，各有慣戰精兵，堪以調用，擬合移咨督發，爲此合咨貴院，煩爲選取驍勇精壯兵快夫欵打手人等大約四五千名，各備鋒利器械，選委謀勇膽略官員，或就委嶺南道兵備僉事王大用監統，給與各兵行糧，不分雨夜，兼程前來，共勤國難。諒貴院素秉忠孝之節，久負剛大之氣，聞此必將奮袂而起，秉鉞長驅，當在郭汾陽之先，肯居祖士遠之後哉。紛擾之中，莫罄懇切，惟高明速圖之！

案行南安等十二府及奉新等縣募兵策應六月二十六日

切照叛逆天下之大惡，討賊天下之大義。國家優禮藩封，恩德隆重；乃敢輒萌異圖，以干憲辟，上逆天道，下犯衆怒，滅亡之期，計日可待。本院職任雖非專責，危難安忍坐視，仗順伐逆，鼓率忠義，豪傑四起，發謀協力。除行吉安等府縣，起調兵快，防守地方，及行廣東、福建、湖廣等處各調兵策應外，照得本省所屬各府、州、縣、衛、所，見今巡、撫、都、布、按等衙門俱各缺官，事無統束，擬合通行。爲此仰抄案回府，即行所屬縣分并衛所衙門，各起調官軍鄉兵，固守城池，保障地方。仍一面分調兵快，散布關隘，嚴加把截；一面選募驍勇精兵，大縣約四五千名，小縣約二三千名以上，各備鋒利器械，供給糧草，擇委能幹勇力官員管領操練，其各項錢糧費用，聽將在官錢糧動支，隨申本院查考。其濱江去處，多備船隻，聽候本院差官齎捧旗牌至日，即刻依期啓行進攻。仍選差慣便人役，多方探聽消息，不時飛報，以憑區畫。此係守土官員切責，而臣子效忠致身正在今日，各宜奮發義氣，鼓動軍民，共成滅賊之功，以輸報國之念，毋得遲違觀望，失誤軍機，自取罪戾。

寬恤禁約

照得江西省城，近遭變亂，各府州縣，兵戈騷動，供億勞費。兼值天時亢旱，秋成無望，人民窘迫，言之痛心。中間恐有無賴之徒，乘機竊發，驚擾地方，理合寬恤禁約。但巡撫衙門見今缺官，本院駐軍境内，不容坐視，合就權宜處置通行。爲此除一面奏聞外，仰抄案回府，照依案驗内事理，并行所屬各縣官員，務須軫念地方，痛恤民隱，凡一應不急詞訟工役，俱各停止。其軍前合用兵夫糧草，各官俱要持廉秉公，親自編派，毋得因而科擾，及聽信下人受財作弊。仍嚴加曉諭軍民人等，務要各守本分，安居田里，不許扇惑搬移安生事端。大户毋逼債負，小民毋激仇嫌。鄉落居民各自會推家道殷實、行止端莊一人，充爲約長，二人副之，將各人户編定排甲，自相巡警保守，各勉忠義，共勤國難。敢有抗違生事驚擾地方者，就便拏解赴官，治以軍法。約長若有乘機侵害衆户，及受財不舉，許被害之人告發重治。仍仰各縣將前項寬恤禁約事宜，翻刻告示，發仰鄉村張掛曉諭，俟巡撫官員到日，再行議處，俱無違錯。

獎瑞州府通判胡堯元擒斬叛黨 六月二十七日

據瑞州府通判胡堯元報稱「擒獲從叛儀賓李蕃，斬獲叛黨九十四名」等因。看得逆賊稱亂，天怒人怨，誅滅非久，然今勢焰正張，本官乃能獨奮忠勇，首挫賊鋒，遠近聞之，義氣自倍，合行獎勞，以勵人心。爲此牌仰瑞州府官吏，即行動支官錢，買辦花紅羊酒，委官率領官吏師生送至本官，用見本院奬勸之意。其餘有功人員，分别等第，量加犒賞，被傷兵夫，給與湯藥，陣亡者厚恤其家；候功成之日，通行造册申報陞賞。仍一面起調驍勇精兵，固守城池，聽候本院調發，毋得違誤。

策應豐城牌

據豐城縣知縣顧佖稟稱「本縣起調鄉兵，固守城池，惟恐兵力不敷，必須請兵策應，庶保無虞」等因。看係地方重務，已經調發龍泉、安福、永新等縣，并吉安千户所機快軍兵，陸續前去策應。照得發去官兵，必須選委謀勇膽略官員統領，庶幾調度得宜。爲此仰通判楊昉，即將後開軍兵名數，督同千户蕭英監統，協同知縣顧佖等，計議攻守方略，相度險夷要害，遠斥堠以防奸，勤訓練以齊衆，探知賊人入境，即便設奇布伏，以逸待勞，擊其不意，務在先發制人，毋令乘間抵隙。軍兵人等務要嚴爲約束，毋令侵擾，敢有違犯退縮，許以軍法從事，各官尤要同心并力，協和行事，共效忠貞之節，以紓國家之難，如或執拗參錯，觀望逗遛，違犯節制，致有疎虞，軍令具存，決難輕貸。

調取吉水縣八九等都民兵牌

訪得吉水縣八九等都民人王益題、曾思温、易弘爵、王昭隆等各户下人丁，素習武勇，人多尚義，前任知縣周廣曾經起調征進，皆係驍勇慣戰之人，今兹逆黨倡亂，民遭荼毒，應合調取，以赴國難。爲此訪差致仕縣丞龍光齎牌前去吉水縣，着落當該官吏，即將各户義兵，照數調集，各備鋒利器械，編成行伍，僉選百長總小甲管領，就仰該縣查支官錢，給與口糧，暫且就屯本縣操演武藝，聽候本院指日東下，隨軍進勦。

照得江西一省人民，久被寧府毒害，侵肌削骨，破家蕩産，冤困已極，控訴無門；今其惡貫滿盈，天假義兵，爲民除暴，尚聞愚昧之徒，阻避寧府威勢，不敢舉動。殊不知寧府未叛之前，尚爲親王，人不敢犯；今逆謀既著，即係反賊，人人得而誅之，復何所憚！爾等義民，正宜感激忠義，振揚威武，爲百姓報讐泄憤，共立不世之勳，以收勤王之績，毋得稽遲觀望，自取軍法重究。差去官員不許假此擾害，妄生事端，體訪得出，罪不輕貸。

預備水戰牌

案照已經行仰起調軍馬前來策應，日久尚未見到。近據探報，逆黨南下，將攻南都。計此時南都必已有備，各逆黨進無所獲，必退保九江，如此則水戰之具爲急，不可不備。爲此牌仰福建布政司即行選募海滄打手一萬名，動支官庫不拘何項銀兩，從厚給與衣裝行糧，各備鋒利器械；就仰左布政使席書、兵備僉事周期雍自行統領，星夜前赴軍門，相機前進，并力擒勦。仍行巡撫等衙門，同心協力，後先監督應援。此係叛逆，謀危宗社，天下荼毒，所關呼吸存亡，旦暮成敗，間不容髮，非比尋常賊情，不得遲違觀望，有虧臣節。嗚呼！主憂臣辱，主辱臣死，凡有血氣，孰無是心；況各官忠義自任，剛大素聞，必將奮臂疾驅，有不容已。兵快及領兵人等敢有違犯節制有誤軍機者，仰即遵照本院欽奉勑諭事理，許以軍法從事，無得姑息。

咨都察院都御史顏權宜進剿 七月初五日

節該欽奉云云。除具題及咨南京兵部知會外，爲照前項事情，係國家大難，安危所關；已經起調吉安等府兵快前去征剿，并備行湖廣、廣東、福建各調兵策應外，照得南畿係朝廷根本重地，今寧王謀逆搆亂，舉兵北行，圖據南都，必得四面合攻，庶克有濟。及照貴院奉命行勘前事，即今逆跡已露，别無可勘事情，合咨前去，煩爲隨處行令所屬，選取驍勇精兵，及民間忠義約二三萬名，選委謀勇官員分領，會約鄰近省郡，合勢刻期進討，仍煩貴院親督兼程前來，共勤國難。諒貴院平日忠義存心，剛直自許，況今奉命查勘寧藩，正可權宜行事，號召遠邇，主憂臣辱，主辱臣死，他復何言。紛擾之中，莫罄懇切，惟高明速圖之！

權處行糧牌

據撫州府申稱：「建昌、撫州、廣信、饒州四府，正德十三年兑軍糧米不下十餘萬石，原蒙撥在龍窟，聽與撫州、建安、鉛山、廣信、饒州五所軍旗交兑。因運船阻凍，回遲於今年六月始行較斛開兑，其已兑者裝載軍船，未兑者仍在民艘。不意十五日省城有變，遂行停兑，至十八日逆黨乘機劫奪，各船順流放至饒州河下，得無驚擾。但今江河梗塞，難以兑運，節奏明文，❶動調大軍，征討叛逆；要將兑軍淮糧，暫留以備軍餉。」申詳到院。

查得先據吉安等府申稱，爲各府官軍將臨，欲將官庫紙米贓罰等銀，并京庫等銀，及將兑淮糧米，從權給支借用等情，已經批仰依擬查取去後。今申前因，擬合准行。爲此仰府官吏即行掌印官查將見在饒州灣泊兑軍淮糧，准從權宜，坐委能幹官員無分雨夜督運江西省城，聽候支給各兵行糧，毋違時刻，候事平之日，備造印信文册繳報查照。仍令委官前去查照，免致下人因而侵欺，未便。

牌行吉安府敦請鄉士夫共守城池 七月初八日

照得寧府反叛，本院調兵進剿，即日啓行，各府縣掌印正官既該統兵前進，所據各該府縣城池，雖已行委各佐貳官防守，但艱危之際事變不測，必須歷練老成之人，相與維持鎮定，庶幾人心不致驚疑，政務有所倚賴。爲此案行吉安府官吏，通行各縣署印官員，徑自以禮敦請老成鄉宦，衆所推服者一二員，在城以備緊急，協同行事。該府城池，關係尤重。查得致仕按察使劉遜素有才望，忠義奮激，就仰該府請至公館，仍仰署印官待以賓師之禮，托以咨決之事，一應軍機事宜，咨禀計議而行，以安人心，以濟大事。仍行本官務以國家大難爲心，盡心竭力，共圖殄賊，毋以休致自嫌。諒朝廷報功之典，當亦自不相負；如誤大事，咎亦有歸，通無違錯。

❶「奏」，四庫本作「奉」。

牌行各哨統兵官進攻屯守七月十七日

仰一哨統兵官吉安府知府伍文定，即統部下官軍兵快四千四百二十一員名，進攻廣潤門；就留兵防守本門，直入布政司屯兵，分兵把守王府内門。

仰二哨統兵官贛州府知府邢珣，即統部下官軍兵快三千一百三十餘員名，進攻順化門；就留兵防守本門，直入鎮守府屯兵。

仰三哨統兵官袁州府知府徐璉，即統部下官軍兵快三千五百三十員名，進攻惠民門；就留兵防守本門，直入按察司察院屯兵。

仰四哨統兵臨江府知府戴德孺，即統部下官軍兵快，新、喻二縣三千六百七十五員名，進攻永和門；就留兵防守本門，直入都察院提學分司屯兵。

仰五哨統兵官瑞州府通判胡堯元、童琦，即統部下官軍兵快四千員名，進攻章江門；就留兵防守本門，直入南昌前衛屯兵。

仰六哨統兵官泰和縣知縣李楫，即統部下官軍兵快一千四百九十二員名，夾攻廣潤門；直入王府西門屯兵守把。

仰七哨統兵官新淦縣知縣李美，即統部下官軍兵快二千員名，進攻德勝門；就留兵防守本門，直入王府東門屯兵守把。

仰中軍營統兵官贛州衛都指揮余恩，即統部下官軍兵快四千六百七十員名，進攻進賢門；直入都司屯兵。

仰八哨統兵官寧都知縣王天與，即統部下官軍兵快一千餘員名，夾攻進賢門；留兵防守本門，直入鍾樓下屯兵。

仰九哨統兵官吉安府通判談儲，即統部下官軍兵快一千五百七十六員名，夾攻德勝門；直入南昌左衛屯兵。

仰十哨統兵官萬安縣知縣王冕，即統部下官軍兵快一千二百五十七員名，夾攻進賢門；就守把本門，直入陽春書院屯兵。

仰十一哨統兵官吉安府推官王暐，即統部下官軍兵快一千餘員名，夾攻順化門；直入南、新二縣儒學屯兵。

仰十二哨統兵官撫州通判鄒琥、知縣傅南喬，即統部下官兵三千餘員名，夾攻德勝門；就留兵防守本門，隨於城外天寧寺屯兵。

承委官員務要竭忠奮勇，擒剿叛逆，以靖國難；如或退縮觀望，違犯節制，定以軍法論處。軍兵人等敢有臨陣退縮者，就仰本官遵照本院欽奉勑諭事理，就於軍前斬首示衆。牌候事完日繳。

告示在城官七月十八日

照得寧王造謀作亂，神人共憤，法所必誅，在城宗支郡王儀賓皆被逼脅，如鍾寧王無罪削爵，建安王父子俱死，軍民人等或覆宗滅族，或蕩家傾産，或勒取子女，皆恨入骨髓，敢怒而不敢言，今日之事，豈其本心。本院仰仗朝廷威靈，調集兩廣并本省狼達漢土官兵二十餘萬，即日臨城，亦無非因民之怨，惟首惡是問。告示至日，宗支郡王儀賓各閉門自保，商賈買賣如故，軍民棄甲投戈，各歸生理，無得驚疑。該府内臣校尉把守人員開門出首，或反兵助順，擒斬首惡，一體奏聞陞賞。其有懷奸稔惡從逆不悛者，必殺不赦。凡我良善軍民，即便去惡從善，毋陷族滅，故示。

示諭江西布按三司從逆官員

照得寧王悖逆天道，造謀作亂，殺戮大臣，都、布、按三司官員各悚於暴虐，保其妻子，以致臨難之際不能自擇。或俛首幽囚，或甘心降伏，貪生畏死，反面事仇，《春秋》之義雖嚴於無將之誅，而志圖興復者尚不忍於峻絶。探得各官見今在城閉門自訟者有之，臨城巡閘者有之，出入府庫運籌畫策者有之，此皆大義未分，孤立無助，揆之法理，固不容誅，推之人情，實爲可憫。即今本院統集狼達漢土官軍二十餘萬，後先臨城，各官果能去逆歸順，尚可轉禍爲福。故今特遣牌諭，兵臨之日，仰各開門出首，仍一面將本院發去告示給散張掛，撫諭良善百姓；宗支儀賓人等各閉門自保，毋輕出街市，横遭殺戮，該府把守内臣校尉人等亦各諭以大義，俾知背逆向順，尚可免死；投甲釋戈，蓬頭面縛，候本院臨審定奪。敢有從惡不悛，執迷不誤，拒敵官兵者，必殺無赦。仍具改正緣由，親齎投首，以憑施行，毋得遲違，自取族滅。牌具依准繳來。

告示七門從逆軍民七月二十一日

督府示諭省城七門内外軍民雜役人等，除身犯黨逆不赦另議外，其原被寧府迫脅，僞授指揮，千、百户，校尉，護衛及南昌前衛一應從亂雜色人役家屬在省城者，仰各安居樂業，毋得逃竄。有能寄聲父兄子弟改過遷善，擒獲首惡，詣軍門報捷者，一體論功給賞。逃回報首者，免其本罪。仍仰各地方將前項人役一名名赴合該管門官處開報，令各親屬一名，每五日一次打卯，其有收藏軍器，許盡數送官，各宜悔過，毋取流亡。

牌行江西二司安葬寧府宫眷

照得寧王造反，稱兵向闕，行委僞官萬鋭等把守省城，音信不通，本院所行告示，負固不納，以致討賊安民之義，俱未知悉。及至統兵攻城，該府宫眷，一聞銃砲震響，閉門縊死，燒焚宫室。雖寧王背逆，罪在不赦，而朝廷惇睦之仁，何所不至。本院已同宗支，并原任布、按二司，及吉安等府知府等官伍文定等親赴該府驗看，未焚庫藏，已封號訖；所據各宫眷身屍，相應埋葬。爲此合行案仰布、按二司，即便啓知建安王選委各郡王府老成内使火者三四員，會同南昌府南、新二縣官，措置棺木，以禮安葬，毋得違錯，不便。

手本南京内外守備追襲叛首七月二十三日

本年七月二十日准欽差南京内外守備揭帖，内開「煩念南京根本重地，宗廟陵寢所在，作急整點精鋭軍兵數萬名，擇將統領，星夜兼程前來，粘踪追襲，攻擊其後，保固根本重地。所統官軍，煩沿途經過去處，應付廩給口糧馬匹草料，事寧之日，獲功官軍，具奏陞賞，請勿遲延」等因。

卷查，先爲飛報地方謀反重情事，照得本院奉勑前往福建地方公幹，行至豐城縣，聞寧府謀反，遂返吉安住劄；看係謀危宗社重情，隨即具題，并行吉安、贛州等府起調官兵，俟釁而發；及咨南京兵部，并巡撫應天都御史李，煩爲通行在京大小衙門，會謀集議，作急繕完城守，簡練舟師，設伏沿江；旁檄列郡，先發操江之兵，聲義而西，約會湖、湘互爲掎角；本院亦砥鈍策駑，牽躡其後，以義取暴，以直加曲，不過兩月之間，斷然一鼓可縛去後。續據本院爪探人役回報，寧王已下南京，留有逆黨内官，驅脅官民人等一萬餘員名，固守城池，虐焰昌熾，阻絶往來等因。又經節催府縣兵快，分布哨道，親自統領，刻期於七月二十日寅時直抵省城進攻；仍被逆黨砌塞城門，分兵拒固；當幸官兵用命，奮勇攻破城門，各賊遂皆奔潰，當即分兵擒搜，及差人分投爪探叛首向往的確，并發官兵前去追襲外，今准前因，合用手本前去，煩爲查照施行。

咨兩廣總督都御史楊停止調集狼兵

案照本院看得前項事情係國家大難，存亡所關，雖調各府兵快，非惟武藝無素，尤恐兵力不敷，即隨備咨欽差總督右都御史楊，煩爲選取驍勇兵快大約三五千名，就委嶺南道兵備僉事王大用監統，給與各兵行糧，兼程前來，共勤國難；及行廣東布政司，轉行各道，并呈鎮守撫按等衙門一體查照知會去後。節據知縣顧佖等報寧王已下南京，留有逆黨内官，驅脅官民人等一萬餘員名，固守城池，阻絶往來等情。隨該本院催督所調兵快，分布哨道，親自統領，刻期於七月二十日寅時直抵省城進攻；仍被逆黨砌塞城門，分兵固拒；當幸官兵用命，奮勇攻破城門，各賊遂皆奔潰，隨即分兵搜擒外,今照前項事情,見該欽命京邊官軍二十餘萬前來會剿,及本院見統官兵五萬餘員名,俱在江西省城,即今分遣委官監督前去約會,併勢追襲。所據原調廣東土漢狼兵人等未審曾否齊集? 但今南贛、吉安、南昌等處沿江人民,俱各畏懼狼兵,悉皆驚惶。及又訪得狼達土兵,曾受寧王贓物,私許助謀效力。今調各兵,本以爲國除害,惟恐返爲民害,不無有誤大事,擬合停止。爲此合行移咨貴院,煩爲查照,希將起調兵快停留本省應用施行。

牌行撫州知府陳槐等收復南康九江七月二十四日

照得寧王謀反,興兵向闕,南康、九江見被攻破,分留逆黨,據守二府城池,意圖西扼湖兵之應援,南遏我師之追躡。仰賴宗社威靈,克復省城,除遣知府伍文定等分布哨道,邀擊寧賊,務在得獲外,所據逆黨占據府縣,應合分兵勦復。爲此牌仰知府陳槐等各選精兵,身自統領,星夜前去南康、九江地方,相機行事,務要攻復城池,平靖反側。仍將地方人民加意賑恤,激以忠義,撫以寬仁。權舉有司之職,以理庶事;查處倉庫之積,以足軍資。一面分兵邀誘寧賊,毋令東下,并差人爪探飛報軍門。各官務要同心併力,協和行事,毋得人懷一心,彼此參錯,致誤事機;兵快人等敢有違犯節制者,仰照本院欽奉勑諭事理,以軍法從事。一應事機,呈禀往復,慮有稽緩,俱聽一面從宜區畫,一面呈報軍門。仍備查各官棄城逃走,致賊焚掠屠戮之故,具由申報,以憑參挐究治。

犒賞福建官軍

據福建按察司整飭兵備兼管分巡漳南道僉事周期雍呈稱「依奉本院案驗起取上杭等處軍兵，共五千餘名，分委指揮劉欽、知縣邢暄等，及起取漳州府海滄打手三千餘名，行委通判李一寧等管領，本道躬親統督，先後啓行前來」等因到院。案照先爲飛報地方謀反重情事，看係國家大難，存亡所關，隨即備咨南京兵部，及巡撫兩廣、湖廣等衙門，并福建三司等官選取驍勇兵快，選委謀勇官員監統，兼程前來，共勤國難去後。

今據前因，看得逆賊已經成擒，餘黨悉漸殄滅。除將各該官兵先行發回外，切照福建漳南相距江西省城，約計程途有一千七八百里之遥，該道乃能不滿旬月，調集官軍兵快八千員名之衆，首先各省而至，足見本官勇略多謀，預備有素，忠義之誠，足以感激人心，敏捷之才，足以綜理庶務，故一呼而集，兼程赴難。除另行旌奬外，及照調來官兵，衝冒炎暑，遠赴國難，忠義既有可嘉，勞苦尤爲足憫，合加犒賞，以勵將來。爲此除將支出官銀，差官領齎該道，仰抄案回司，即將原調領兵官員，并軍兵鄉夫人等酌量犒賞，用見本院奬勞之心，以爲將來忠勤之勸。仍仰該道備查各兵原係操練者，照舊在班操練，以備緊急調用。添募者，省令回還田里，各安生業，務爲良善之民，共嚮太平之福，毋得分外爲非，致招身家之累。備行巡按衙門知會。

釋放投首牌

據吴國七、林十一等口稱：「閔念四等落水身死。」今訪得閔念四等見在寧州界上，告要投招。前者已曾發有告示，許令脅從新民，俱准投首免死，給照復業生理；近日朝廷降有黄榜，亦准投首免死。今聞各地方居民，不體朝廷及本院好生之意，輒便起兵勦殺，激使不敢出身投首，反使朝廷及本院失信於人，本當綁拿重究，姑且再行誡諭。爲此牌仰寧州知州汪憲探訪前項一起投首之人，是否閔念四等正身，若果有投首真情，即便帶領前赴軍門發落，准與楊子橋等一例釋放，給與執照，各自復業當差。如或聚衆不散，星夜飛報軍門，以憑發軍勦滅，俱毋違錯。

牌仰沿途各府州縣衛所驛遞巡司衙門慰諭軍民

照得先因寧王謀反，請兵征勦。續該本院親督各哨於七月二十日攻復省城，二十四等日在鄱陽湖連日與賊大戰，至二十六日遂將寧王俘執，及其謀黨李士實等，賊首林十一等，俱已前後擒獲，餘黨蕩平，地方稍靖，已於本月三十日具本奏捷訖。近因傳報京軍復來，愚民妄相逃竄，往往溺水自縊，本院親行撫諭，尚未能息。殊不知朝廷出兵，專爲誅勦寧賊，救民水火之中，況統兵將帥，皆係素有威望，老臣宿將，紀律嚴明，遠近素所稱服，縱使復來，亦必自無擾害。況今寧賊已擒，地方已靖，京軍豈有無事遠涉之理，愚民無知，轉相驚惑，深爲可憫。誠恐沿途一帶居民，亦多聽信傳聞不實之言，而北來京軍，尚或未知寧王已就擒獲，合行差官沿途曉諭軍民，及一面迎候北來官兵，煩請就彼回轉。除將寧王反逆黨與，本院親自量帶官兵，徑從水路解赴京師外，仰沿途軍衛有司驛遞等衙門，照牌事理，即行抄牌備出告示，曉諭遠近鄉村軍民人等，使知寧賊已擒，京軍已轉，免致驚疑，釀成他變。差去官員，仍仰程程護送，同與迎候京軍，堅請就彼回轉，以免沿途百姓供給之苦。仍諭以本院押解賊犯，量帶官兵，皆自備行糧廩給，沿途經過有司等衙門，止備人夫牽拽船隻，及略供柴草，給付各兵燒用；其他一無所擾，不得因此科害里甲軍民。差去官員，晝夜前進，毋得在途遲滯。抄牌官吏，各俱依准，候本院經過日繳。

案行江西按察司停止獻俘呈

據江西按察司呈「奉欽差提督軍務御馬監太監張劄付内開『會同欽差提督軍務平賊將軍充總兵官左都督朱，議得止兵息民，❶不爲無見，但照奔潰黨惡，見該各屬日報嘯聚流劫，亦非已靖；黨惡閔念四等，又係職等行文之後，拿獲之數，亦或尚多；撫按守臣，當此新亂之餘，正宜留心撫綏地方，聽候勘明解京，良由不知前因，固執一見，輒要自行獲解，私請回師。再照妃嬢係宗藩眷屬，外官押解恐有妨礙，設或越分擅爲，咎歸何人？職等體念民力不堪供給軍餉，責令將官將所領官兵分布各府住劄聽

❶「議」，原爲墨丁，今據四庫本補。

掣，當職止帶合用參隨執打旗號等項人員，徑趨江西，公同巡撫等官查驗巢穴，及遍給告示曉諭，撫安地方；一面具請定示另行。除差委錦衣衛都指揮僉事馬驥前來外，劄仰本司各該官吏照依劄付内事理，即便遵照鈞帖内事理，備行巡撫都御史王等將已獲賊犯留彼，聽候明旨欽遵施行』」等因備呈到院。

卷查先爲飛報地方謀反重情事云云，本職將寧王并其逆黨，親自量帶官兵，徑赴水路，照依原擬日期啓行，解赴京師，已至廣信地方。今准前因，爲照前項逆黨，俱已擒獲；其餘脅從，遵照欽降黄榜事例，俱已許令投首解散；宗藩眷屬，俱係取到各將軍府内使管伴監守，保無他嫌。今欽差提督贊畫機密軍務御用監太監張，及欽差提督軍務御馬監太監張，欽差提督軍務平賊將軍充領兵官左都督朱，憂國愛民之心，素聞遠近，況號令嚴明，秋毫無犯，今來體勘逆賊巢穴果已破平，百姓貧困顛連，必能大加撫諭安輯，以仰布朝廷懷惠小民之仁。本職縱使復回省城，亦安能少效一籌，不過往返道途，違誤奏過程期，有損無益，爲此仰抄案回司，着落當該官吏，照依案驗内事理，即便備呈前去，煩請徑自查照施行。

咨兵部查驗文移

照得本職已將寧王宸濠并其黨與及宫眷人等，照依原擬具奏日期起程親自解赴闕下間。隨據南康府申，并江西按察司呈各「奉欽差提督軍務御馬監太監張劄付内開『訪得宸濠已該本職擒獲，克復省城等語，未曾親到江西，又無堪信文移，止是見人傳説，遽難憑據；況係宗藩人衆，中間恐有撥置同謀，逆黨未盡』」等因。及節准欽差提督贊畫機密軍務御用監太監張揭帖開稱「將各犯委的當人員，用心防守，調攝飲食，獻俘闕下，會官封記庫藏，俱候按臨地方區畫」等因。又准欽差提督軍務充總兵官安邊伯朱手本開稱「即查節次共擒斬叛賊級若干內各處原奏報有名若干，無名若干，有名未獲漏網并自首及得獲馬騾器械等項各若干，連獲官軍衛所職役姓名，備查明白，俱各存留江西省城，聽候審驗；仍查餘黨有無奔潰，及曾否殄滅盡絶緣由，通行開報，以憑回報」等因各到職。

爲照宸濠并其同謀黨與，俱已擒獲，餘孽亦就誅戮，雖有脇從，數亦不多，皆非得已，隨即遵奉欽降黄榜，曉諭俱赴所在官司投首解散。其庫藏等項，該本職會同多官，於未准揭帖之先，眼同封貯在官，聽候命下定奪。官軍兵快，擒斬功次，見該原經奏留兩廣監察御史謝源、伍希儒查造奏繳。及照宸濠并各重犯宫眷人等，見解廣信地方，設若往返，恐致疎虞，及違誤本職奏報原擬日期。除照舊督解前赴闕下獻俘，以昭聖武，及具揭帖各另回覆外，今照前因，照得本職繆當軍旅重寄，地方安危所關，三軍死生攸係，一應事機，若非奉有御寶勑旨，及兵部印信咨文，安敢輕易憑信。今前項各官文移，既非祖宗舊章成憲，就使果皆出於上意，亦須貴部行有知會公文，萬一奸人假托各官名目，乘間作弊，致有不測變亂，本職雖死，亦何所及？除奉欽差總督軍務威武大將軍總兵官後軍都督府太師鎮國公朱鈞帖，曾奉朝旨，相應遵奉，其餘悉遵舊章施行外，緣前項各官文移，未委虚的，俱合備行咨報貴部。爲此備抄揭帖，粘連咨請查驗施行。

案行浙江按察司交割逆犯暫留養病十月初九日

照得當職先因患病，具本乞休間，奉勑扶病前往福建公幹。六月十五日行至江西豐城地方，適遇寧王興兵作亂，看係君父大難，義不忍去，復回吉安府督同知府伍文定等起調兵夫，招集義勇，扶病親行統領，於七月二十日攻復省城，本月二十四、五、六等日於鄱陽湖連日大戰，擒獲寧王宸濠及逆黨李士實、劉養正、王春等，賊首吴十三、凌十一、閔念四、吴國七、閔念八等，先後具本奏報外，隨聞大駕南征，禮當解赴軍門。又因宸濠連日不食，慮恐物故，無以獻俘奏凱，彰朝廷討賊之義，兼之合省内外，人情洶洶，或生他變，當具本題知，於九月十一日啓行，將宸濠及逆黨宫眷解赴軍門。當職力疾，沿途醫藥，親行押解，行至廣信地方，又奉欽差總督軍務鈞帖「備仰照依制諭内事理，即便轉行所屬司、府、衛、所、州、縣驛遞等衙門欽遵施行」等因，遵依通行間，續准欽差提督軍務御馬太監張照會，及准欽差總督軍務充總兵官安邊伯朱手本，各遣官邀回本職，并將所解宸濠等逆犯回省聽候會審。

本職看得，既奉總督軍門鈞帖，自合解赴面受節制，若復退還省城，坐待駕臨，恐涉遲謾，且誤奏過程期。又復扶病日夜前進，行至浙江杭州府地方，前病愈加沉重，不能支持，請醫調治間，適遇欽差提督贊畫機密軍務御用監太監張奉命前來江西體勘宸濠等反逆事情，及查理庫藏、宫眷等事，當准鈞帖開稱「宸濠等待親臨地方，覆審明白，具奏軍門定奪」等因。

爲照本職先因父老祖喪，累疏乞休，未蒙俞允，隨扶病赴闕，意圖了事，即從彼地冒罪逃歸，旬日之前，亦已具奏。不意行至中途，遭值寧王反叛，此係國家大變，臣子之義，不容舍之而去；又閩省巡撫地方等官無一人見在，天下事機，間不容髮，故復忍死暫留，爲牽制攻討之圖，候命師既至，地方稍靖，即從初心，死無所避。臣區區報國血誠，上通於天，不辭滅宗之禍，不避形迹之嫌，冒非其任，以勤國難，亦望朝廷鑒臣此心，不以法例繩縛，使得少申烏鳥之私等情具奏外，今照前事，本職自度病勢日重，猝未易愈，前進既有不能，退回愈有不可，若再遲延，必成兩誤。除本職暫留當地，請醫調治，俟稍痊可，一面仍回省城，或仍前進，沿途迎駕，一面具本乞恩養病另行外，所據原解逆犯，合就查明交割，帶回省城，聽候駕臨審處通行。爲此仰抄案回司，着落官吏備呈欽差提督軍務贊畫機密軍務御用監太監張，煩請會同監軍御史，公同當省都、布、按三司等官，將見解逆首宸濠及逆黨劉吉等各犯，并宫眷馬匹等項，逐一交查明白，仍請徑自另委相應官員兵快人等管押，帶回省城，從宜審處施行。仍備呈兵部查照知會，抄案依准，并行過日期，先行呈來。

告諭軍民 十二月十五日

告諭軍民人等，爾等困苦已極，本院才短知窮，坐視而不能救，徒含羞負愧，言之實切痛心。今京邊官軍，驅馳道路，萬里遠來，皆無非爲朝廷之事，抛父母，棄妻子，被風霜，冒寒暑，顛頓道路，經年不得一顧其家，其爲疾苦殆有不忍言者，豈其心之樂居於此哉。況南方卑濕之地，尤非北人所宜，今春氣漸動，瘴疫將興，久客思歸，情懷益有不堪。爾等居民，念自己不得安寧之苦，即須念諸官軍久離鄉土，抛棄家室之苦，務敦主客之情，勿懷怨恨之意，亮事寧之後，凡遭兵困之民，朝廷必有優恤。今軍馬塞城，有司供應，日不暇給；一應争鬭等項詞訟，俱宜含忍止息；勿輒告擾，各安受爾命，寧奈爾心。本院心有餘而力不足，聊布此苦切之情於爾百姓，其各體悉無怨。

欽奉詔書寬宥脅從

節該伏覩詔書：「朕親統六師，正名討罪，除首惡宸濠，并同謀有名逆賊不赦外，其餘脅從之徒，盡行寬宥釋放。」欽此。欽遵。照得先因寧府作亂，該本院出給告示，官兵臨城之日，惟首惡是問，宗支郡王儀賓人等，各閉門自保，商賈買賣如故，軍民棄甲投戈，各歸生理，毋得驚疑；其有懷奸稔惡不悛者，必殺無赦，脅從人等，但能赴官投首，即與釋放免罪等情，已經發仰遠近張掛曉諭外，後宸濠既擒，被脅之徒，前後赴官投首，不下千餘，皆經查審釋放。其間尚有欲赴首官司，多被地方攔阻；本院隨又督解逆犯出外，以是一向遲疑，未即出投。續該欽差提督軍務各衙門臨省，前項被脅之人，始各赴官投首，就與本院事體一同，即是去惡從善之民。近訪得有等無籍之徒，用言扇惑，乘機詐害，致使驚疑，未安生理。除訪挐究問外，仰按察司抄捧回司，即便大書出給告示，發仰人煙輳集去處，常川張掛曉諭。自破城以後，但有被脅旗校軍民人等，改惡遷善，已經赴官投首，驗有執照者，皆係良善，俱仰遵照前項詔書內事理，盡行寬宥釋放，各安生理，毋得信人恐嚇，自生猜疑。地方里鄰總甲人等敢有懷挾私讐，羅織擾害，誑言扇惑，詐騙財物者，仰即赴院告理，以憑拏問發遣。仍取各首到官姓名，并給過告示曉諭緣由呈報。

批追徵錢糧呈

據江西布政司呈，看得江西一省，重遭大患，民困已極，屢經奏免糧稅，日久未奉明旨；近因南科奏停，隨復部使催督，一以爲蠲免，一以爲追徵，非惟下民無所遵守，亦且官府難於施行。今該司議謂兑淮起運，係京儲額數；而王府禄米，亦歲月難缺。要行所屬，先納兑淮，次及京庫折銀，次及南京倉米，次及王府禄米，其餘俱候明降等因。此亦深覩民患，欲濟不能，委曲調停，計出無奈，仰司即如所議，備行各該府州縣查照施行。後有恩旨，當亦止免十五年以後錢糧，其十四年以前拖欠，必須帶徵，終有不免，莫若速了爲便，各府州縣宜以此意備曉下民，姑忍割肉之痛，以救燃眉之急。

嗚呼！目擊貧民之疾苦而不能救，坐視徵求之急迫而不能止，徒切痛楚之懷，曾無拯援之術，傷心慘目，汗背赧顔，此皆本院之罪，其亦將誰歸咎！各府州縣官務體此意，雖在催科，恒存撫字，仍備出告示，使各知悉。此繳。

再批追徵錢糧呈

據江西布政司呈，看得本省十四年以前，一應錢糧，已經給事等官奉奏明旨：「果係小民拖欠，俱准暫且停徵，還着各該官司設法賑濟，毋視虚文。」此朝廷之深仁厚德，憫念窮民，誠愛惻怛之所發，小民莫不歡欣鼓舞，臣子所當遵守奉行。乃今停徵之令甫下，而催併之檄復行，賑濟之仁未布，而箠楗之苦已加，法令如此，有司何以奉行，下民何所取信？ 夫爲人臣者，上有益於國，下有益於民，雖死亦甘爲之。今日所行，上使朝廷失信於民，下使百姓歸怨於上，重貧民之困，益地方之災。縱使錢糧果可立辦，忍心害理，亦不能爲；況旬月之間，而欲追併了絶，就使神輸鬼運，亦於事勢不能，徒使斂怨殃民，何益於事。除本院身爲巡撫，不能爲國爲民，自行住俸待罪外，仰布政司行各該府縣官，以理勸化小民。且諭以今日之舉，非關朝廷失信，實由京儲缺乏，司國計者勢不得已，興起其忠君親上之心，勉令漸次刻期完納，果克濟事，兩月之後，亦未爲遲。其各該官員，本非其罪，不必住俸，革去冠帶；行令照舊盡心職業，勿因事變之難，有灰愛民之志。後有違慢之戮，本院自當其罪。仍呈提督漕運行督糧官及巡按衙門知會。此繳。

批南昌府追徵錢糧呈

據南昌府所申凋弊徵求之苦，本院繆當斯任，實切憂慚！ 部堂諸公，非無恤民之念，但身司國計，不得不以空乏爲虞；在外有司，非無國計之憂，但目擊民痍，不能不以撫恤爲重。若使平民尚堪朘削，一時忍痛并徵，以輸國用，豈非臣子之心；但恐徒爾虐民，無濟國事，非徒無濟，兼恐生虞，斟酌調停，事在善處。仰布政司會同二司各官將該府所申事理，即加酌議：或先徵新糧，將舊糧減半帶徵；或儘其力量可及，分作幾限，令民依期逐漸辦納。但可通融調攝，皆須悉心議處，務使窮民不致重傷，而國用終亦無損。一面備行各該府縣查照施行，一面具由呈來，以憑咨奏。此繳。

褒崇陸氏子孫 正德十五年正月

據撫州府金谿縣三十六都儒籍陸時慶告，看得宋儒陸象山先生兄弟，得孔孟之正傳，爲吾道之宗派，學術久晦，致使湮而未顯，廟堂尚缺配享之典，子孫未沾褒崇之澤，仰該縣官吏將陸氏嫡派子孫差役，查照各處聖賢子孫事例，俱與優免。其間有聰明俊秀堪以入學者，具名送提學官處選送學肄業。務加崇重之義，以扶正學之衰，具依准繳。

告諭安義等縣漁户

告諭安義縣等漁户，及遠近軍民人等，地方不幸，近遭大變，加以師旅征輸，人民困苦已極，府官思欲休養賑恤而無其由。近聞漁户人等曾被寧王驅脅者，慮恐官府追論舊惡，心不自安，往往廢棄生業。詢其所以，皆由讐家煽動，意在激使爲惡，因而陷之死地，以快其憤。不知朝廷已屢有榜文，凡被寧賊驅脅者，一概釋而不問。況訪得安義等處漁户，各係詩禮大家，素敦良善，雖或間有染於非僻，及爲王府所脅誘者，然鄉里遠近，自有公論，善惡終不可混。

近據通判林寬稟稱：「各户痛懲既往，已將漁船拆卸，似此誠心改行，亦復何所憂懼。」爲此特仰南康府通判林寬，將本院告諭，真寫翻刊，親齎各户，逐一頒諭，務使舍舊圖新，各安生理，不得輕信人言，妄有疑猜，自求罪累。其素敦詩禮良善者，愈加勸勉，務益興行禮讓，講信修睦，以爲改惡從善者之倡。族黨之中，果有長惡不悛，不聽勸諭者，衆共拘執送官，明正典刑，以安善類，毋容稂莠，致害嘉禾。若舊雖爲顯惡，今能誠心改化者，亦不得懷記舊讐，搜求羅織，激使爲非，事發究竟，責有所歸。

嗚呼！吾民同胞，不幸陷於罪戮，惻然尚不忍見，豈有追尋舊惡，必欲置之死地之理。本院舊在南贛，曾行十家牌式，軍民頗安，盜賊頗息。除各該地方行分巡分守官編置外，前項漁户人等，就仰通判林寬照式逐一編置，務在着實舉行，以收成效，特兹告諭，各宜知悉。

批按察使伍文定患病呈

據江西按察司呈，看得按察使伍文定茂著戎功，新膺憲命，當其衆難交攻，尚以一身獨任，偶兹微恙，豈妨供職；諒本官自切百姓瘡痍之憂，豈遑一身痛痒之顧。仰該司即行本官照舊管事，果有疾患，一面調理，毋得再呈辭，致曠職業。繳。

批臨江府耆民建立生祠呈

據臨江府清江縣耆民董惟謙等呈立知府戴德孺生祠，看得知府戴德孺素堅清白之守，久著循良之政，今其去任，而郡民建祠報德，此亦可見天理之在人心，自不容已。仰該府縣官俯順民情，量行撥人看守。非徒激勵後人，俾有所興；且以成就民德，使歸於厚。繳。

批吉安府救荒申

據吉安府申，備廬陵縣申，看得所申要將陳腐倉穀，賑給貧民。此本有司之事，當茲災患，正宜舉行。但誠於愛民者，不徒虛文之舉，忠於謀國者，必有深長之思，故目前之災，雖所宜恤，而日後之患，尤所當防，以今事勢而觀後患，決有難測。近據崇仁縣知縣祝鰲申，要將預備倉穀，凶荒之時則倍數借給，以濟貧民；收成之日則減半還官，以實儲蓄；頗有官民兩便，已經本院批准照議施行。看得各縣事體，不甚相遠，此議或可通行，仰布政司再加裁酌議處施行。各屬遇災地方，凡積有稻穀者，俱查照此議而行。仍仰各該掌印官務要身親給散，使貧民得實惠之沾，官府無虛出之弊乃可。其一應科派物料等項，當茲兵亂之餘，加以水災，民不聊生，豈堪追併，仰布政司酌量緩急，分別重輕，略定徵收先後之次，備行各屬，以漸而行，庶幾用一緩二之意，少免醫瘡剜肉之苦，通仰該司定議施行回報。

批撫州府同知汪嵩乞休呈

據撫州府同知汪嵩呈，看得同知汪嵩久存恬退，遇難復留，以盡報國之忠，仍堅歸田之請，出處得宜，誠可嘉尚。但本官政素獲民，年未甚老，已經勉留照舊供職，而本官稱疾愈篤，求退益懇。仰府再行查看，如果病勢難留，准令就彼致仕，該府以禮起送還鄉，仍備行原籍官司，歲時以禮優待，務獎恬退，以勵鄙薄。此繳。

批提學僉事邵鋭乞休呈

據江西按察司呈，看得提學僉事邵鋭求歸誠切，堅守《考槃》之操；而按察使伍文定挽留懇至，曲盡《緇衣》之情；是亦人各有志，可謂兩盡其美。然求歸者雖亦明哲保身，使皆潔身而去，則君臣之義或幾乎息；挽留者雖以爲國惜賢，使皆靦顏在位，則高尚之風亦日以微；況本院自欲求退而未能，安可沮人之求退。仰該司備行本官，再加酌量，於去就之間，務求盡合於天理之至，必欲全身遠害，則掛冠東門，亦遂聽行所志。若猶眷顧宗國，未忍割情獨往，且可見危受命，同舟共艱，稍須弘濟，却遂初心，則臨難之義，既無苟免於搶攘之日；而恬退之節，自可求伸於事定之餘。興言及此，中心愴切！

禮取副提舉舒芬牌

照得當職奉命提督軍務，兼理巡撫，深慮才微責重，無以仰稱任使；合求賢能，以資贊翼。訪得福建市舶提舉司副提舉舒芬志行高古，學問深醇，直道不能趨時，長才足以濟用，合就延引，以匡不及。爲此牌仰福建布政司官吏，即行泉州府措辦羊酒禮幣，賫送本官，用見本院優禮之意。仍照例起關應付，前赴軍門，以憑諮訪。本官職任，就委別官暫替。

南贛鄉約

咨爾民，昔人有言：「蓬生蔴中，不扶而直；白沙在泥，不染而黑。」民俗之善惡，豈不由於積習使然哉！往者新民蓋常棄其宗族，畔其鄉里，四出而爲暴，豈獨其性之異，其人之罪哉？亦由我有司治之無道，教之無方。爾父老子弟所以訓誨戒飭於家庭者不早，薰陶漸染於里閈者無素，誘掖獎勸之不行，連屬叶和之無具，又或憤怨相激，狡僞相殘，故遂使之靡然日流於惡，則我有司與爾父老子弟皆宜分受其責。嗚呼！往者不可及，來者猶可追。故今特爲鄉約，以協和爾民，自今凡爾同約之民，皆宜孝爾父母，敬爾兄長，教訓爾子孫，和順爾鄉里，死喪相助，患難相恤，善相勸勉，惡相告戒，息訟罷争，講信修睦，務爲良善之民，共成仁厚之俗。嗚呼！人雖至愚，責人則明；雖有聰明，責己則昏。爾等父老子弟毋念新民之舊惡而不與其善，彼一念而善，即善人矣；毋自恃爲良民而不修其身，爾一念而惡，即惡人矣。人之善惡，由於一念之間，爾等慎思吾言，毋忽！

一，同約中推年高有德爲衆所敬服者一人爲約長，二人爲約副，又推公直果斷者四人爲約正，通達明察者四人爲約史，精健廉幹者四人爲知約，禮儀習熟者二人爲約贊。置文簿三扇：其一扇備寫同約姓名，及日逐出入所爲，知約司之；其二扇一書彰善，一書糾過，約長司之。

一，同約之人每一會，人出銀三分，送知約，具飲食，毋大奢，取免饑渴而已。

一，會期以月之望，若有疾病事故不及赴者，許先期遣人告知約；無故不赴者，以過惡書，仍罰銀一兩公用。

一，立約所於道里均平之處，擇寺觀寬大者爲之。

一，彰善者，其辭顯而決；糾過者，其辭隱而婉：亦忠厚之道也。如有人不弟，毋直曰不弟，但云聞某於事兄敬長之禮，頗有未盡，某未敢以爲信，姑書之以俟，凡糾過惡皆例此。若有難改之惡，且勿糾，使無所容，或激而遂肆其惡矣。約長副等，須先期陰與之言，使當自首，衆共誘掖獎勸之，以興其善念，姑使書之，使其可改；若不能改，然後糾而書之；又不能改，然後白之官；又不能改，同約之人執送之官，明正其罪；勢不能執，戮力協謀官府請兵滅之。

一，通約之人，凡有危疑難處之事，皆須約長會同約之人與之裁處區畫，必當於理濟於事而後已；不得坐視推託，陷人於惡，罪坐約長約正諸人。

一，寄莊人户，多於納糧當差之時躲回原籍，往往負累同甲；今後約長等勸令及期完納應承，如蹈前弊，告官懲治，削去寄莊。

一，本地大户，異境客商，放債收息，合依常例，毋得磊算；或有貧難不能償者，亦宜以理量寬；有等不仁之徒，輒便捉鎖磊取，挾寫田地，致令窮民無告，去而爲之盜。今後有此告，諸約長等與之明白，償不及數者，勸令寬捨；取已過數者，力與追還；如或恃强不聽，率同約之人鳴之官司。

一，親族鄉鄰往往有因小忿投賊復讐，殘害良善，釀成大患；今後一應鬭毆不平之事，鳴之約長等公論是非；或約長聞之，即與曉諭解釋；敢有仍前妄爲者，率諸同約呈官誅殄。

一，軍民人等若有陽爲良善，陰通賊情，販買牛馬，走傳消息，歸利一己，殃及萬民者，約長等率同約諸人指實勸戒，不悛，呈官究治。

一，吏書、義民、總甲、里老、百長、弓兵、機快人等若攬差下鄉，索求賫發者，約長率同呈官追究。

一，各寨居民，昔被新民之害，誠不忍言；但今既許其自新，所占田産，已令退還，毋得再懷前讐，致擾地方，約長等常宜曉諭，令各守本分，有不聽者，呈官治罪。

一，投招新民，因爾一念之善，貸爾之罪；當痛自克責，改過自新，勤耕勤織，平買平賣，思同良民，無以前日名目，甘心下流，自取滅絶；約長等各宜時時提撕曉諭，如踵前非者，呈官懲治。

一，男女長成，各宜及時嫁娶；往往女家責聘禮不充，男家責嫁裝不豐，遂致愆期；約長等其各省諭諸人，自今其稱家之有無，隨時婚嫁。

一，父母喪葬，衣衾棺槨，但盡誠孝，稱家有無而行；此外或大作佛事，或盛設宴樂，傾家費財，俱於死者無益；約長等其各省諭約內之人，一遵禮制；有仍蹈前非者，即與糾惡簿内書以不孝。

一，當會前一日，知約預於約所灑掃張具於堂，設告諭牌及香案南向。當會日，同約畢至，約贊鳴鼓三，衆皆詣香案前序立，北面跪聽約正讀告諭畢；約長合衆揚言曰：「自今以後，凡我同約之人，祗奉戒諭，齊心合德，同歸於善；若有二三其心，陽善陰惡者，神明誅殛。」衆皆曰：「若有二三其心，陽善陰惡者，神明誅殛。」皆再拜，興，以次出會所，分東西立，約正讀鄉約畢，大聲曰：「凡我同盟，務遵鄉約。」衆皆曰：「是。」乃東西交拜。興，各以次就位，少者各酌酒於長者三行。知約起，設彰善位於堂上，南向置筆硯，陳彰善簿；約贊鳴鼓三，衆皆起，約贊唱：「請舉善！」衆曰：「是在約史。」約史出就彰善位，揚言曰：「某有某善，某能改某過，請書之，以爲同約勸。」約正遍質於衆曰：「如何？」衆曰：「約史舉甚當！」約正乃揖善者進彰善位，東西立，約史復謂衆曰：「某所舉止是，請各舉所知！」衆有所知即舉，無則曰：「約史所舉是矣！」約長副正皆出就彰善位，約史書簿畢，約長舉杯揚言曰：「某能爲某善，某能改某過，是能修其身也；某能使某族人爲某善，改某過，是能齊其家也；使人人若此，風俗焉有不厚？凡我同約，當取以爲法！」遂屬於其善者。善者亦酌酒酬約長曰：「此豈足爲善，乃勞長者過獎，某誠惶怍，敢不益加砥礪，期無負長者之教。」皆飲畢，再拜謝約長，約長答拜，興，各就位，知約撤彰善之席。酒復三行，知約起，設糾過位於階下，北向置筆硯，陳糾過簿；約贊鳴鼓三，衆皆起，約贊唱：「請糾過！」衆曰：「是在約史。」約史就糾過位，揚言曰：「聞某有某過，未敢以爲然，姑書之，以俟後圖，如何？」約正遍質於衆曰：「如何？」衆皆曰：「約史必有見。」約正乃揖過者出就糾過位，北向立，約史復遍謂衆曰：「某所聞止是，請各言所聞！」衆有所聞即言，無則曰：「約史所聞是矣！」於是約長副正皆出糾過位，東西立，約史書簿畢，約長謂過者曰：「雖然姑無行罰，惟速改！」過者跪請曰：「某敢不服罪！」自起酌酒跪而飲曰：「敢不速改，重爲長者憂！」約正、副史皆曰：「某等不能早勸諭，使子陷於此，亦安得無罪！」皆酌自罰。過者復跪而請曰：「某既知罪，長者又自以爲罰，某敢不即就戮，若許其得以自改，則請長者無飲，某之幸也！」趨後酌酒自罰。約正副咸曰：「子能勇於受責如此，是能遷於善也，某等亦可免於罪矣！」乃釋爵。過者再拜，約長揖之，興，各就位，知約撤糾過席，酒復二行，遂飯。飯畢，約贊起，鳴鼓三，唱：「申戒！」衆起，約正中堂立，揚言曰：「嗚呼！凡我同約之人，明聽申戒。人孰無善，亦孰無惡。爲善雖人不知，積之既久，自然善積而不可掩；爲惡若不知改，積之既久，必至惡極而不可赦。今有善而爲人所彰，固可喜；苟遂以爲善而自恃，將日入於惡矣！有惡而爲人所糾，固可愧；苟能悔其惡而自改，將日進於善矣！然則今日之善者，未可自恃以爲善；而今日之惡者，亦豈遂終於惡哉？凡我同約之人，盍共勉之！」衆皆曰：「敢不勉。」乃出席，以次東西序立，交拜，興，遂退。

旌獎節婦牌

訪得吉水縣民人陳文繼妻黃氏，廬陵縣生員胡究妻曾氏，俱各少年守制，節操堅厲，遠近傳揚，士夫稱嘆，當茲風俗頹靡之時，合行旌獎，以勵澆薄。爲此仰府官吏即行吉水、廬陵二縣掌印官，支給無礙官錢，買辦禮儀，前去各家，盛集鄉鄰老幼之人，宣揚本婦志節之美。務使姻族知所崇重，里巷知所表式，用獎貞節，以激偷鄙。仍備述各婦節操志行始末，及將獎勵過緣由，同依准隨牌繳報，以憑施行。

興舉社學牌

看得贛州社學鄉館，教讀賢否，尚多淆雜。是以詩禮之教，久已施行；而淳厚之俗，未見興起。爲此牌仰嶺北道督同府縣官吏，即將各館教讀，通行訪擇；務學述明正，行止端方者，乃與茲選；官府仍籍記姓名，量行支給薪米，以資勤苦；優其禮待，以示崇勸。以各童生之家，亦各通行戒飭，務在隆師重道，教訓子弟，毋得因仍舊染，習爲偷薄，自取愆咎。

頒定里甲雜辦

據龍南縣申稱「先年里甲使用，俱係丁糧分派，照日應當，以致多寡不均。要將正德十六年里甲通行查審，除逃絶人丁外，將一年使用，春秋祭祀，軍需歲報，使客夫馬等項，俱於丁糧議處，每石出銀若干，陸續稱收貯庫。推舉老人，公同里長，使用註簿，儻有餘剩，照多寡給還」等因到院。簿查，先該贛州府知府盛茂、同知夏克義議過贛縣里長額辦雜辦，已經批仰嶺北道再加酌議。

續據副使王度呈稱：「查算本縣額辦使用，該銀三千七百三十一兩七分二釐四毫九絲。原轄里長一百一十里内除十里逃絶，止有一百里。十六年分每糧一石算一分，人丁二丁算一分，一年丁糧共該一千一百二十六分半，每分該出銀三兩三錢一分二釐一毫一絲一忽。合行該縣印鈐收銀文簿一扇，將各都該辦銀兩，分爲二次查追貯庫。又置文簿二扇，一寫本縣支出數目，一發支用人役註附；每月選有行止老人二名，公同直日里長，赴縣支領。每月備具用過揭帖三本，一送都察院，一分巡道，一本府，各不時稽察，年終羨餘，並聽上司查處，以補無名徵需，府縣不得擅支。仍將各里該納分數，刷印告諭，遍張鄉村曉諭；如有官吏額外科派，及收銀人役多取火耗秤頭，并里甲恃頑不辦，許各呈告，以憑拏問，呈乞照詳。又經批仰照議即行該縣，永永查照，仍備刻告示，遍行曉諭；及多行刷印，頒給各里收照，以防後奸。」

今申前因，看與本院新定則例相同，及照寧都等九縣，及南安所屬大庾等縣事體民情，當不相遠，合就通行查編。爲此仰抄案回道，即便速行各縣，俱查本院近定規則，各照丁糧多寡，派編銀兩，追收貯庫，選委行止端實老人，公同該日里長支用，置簿稽察，刊榜曉諭，禁約事宜，悉照原議施行。敢有違犯者，就便拏問呈詳。通取各縣派定過緣由，類報查考。

批江西布政司設縣呈

據江西布政司呈將新淦縣知縣田邦傑建言設縣緣由。看得近來各處設縣，皆因窮山絶谷，盜賊盤據，人迹罕通，聲教不及，不得已而爲權宜之計；若腹裏平衍，四通五達之區，止宜減并，不貴增添。蓋增一縣，即增一縣之事，官吏供給，學校倉庫，囹獄差徭，一應煩費，未易悉舉；且又有彼此推避之奸，互相牽制之患，計其爲利，不償所害。古人謂省吏不如省官，省官不如省事，凡今作事，貴在謀始。仰布政司再行會同二司各官從長計議，設縣之外，果無別策，可以致理，具議呈奪。繳。

議處官吏廪俸

照得近來所屬各州、縣、衛、所、倉、場等衙門，大小官吏以贓問革者相望，而冒犯接踵。究詢其由，皆云家口衆多，日給不足；俸資所限，本以凉薄，而近例減削，又復日甚；加有上下接應之費，出入供送之繁，窮窘困迫，計出無聊。中間亦有甘貧食苦刻勵自守者，往往狼狽藍縷，至於任滿職革，債負纏結，不得去歸其鄉。夫貪墨不才，法律誠所難貸，而其情亦可矜憫！夫忠信重禄，所以勸士，在昔任人，既富方穀，庶民在官，禄足代耕，此古今之通義也。朝廷賦禄百司，厚薄既有等級，要皆使各裕其資養，免其内顧，然後可望以盡心職業，責以廉恥節義。今定制所限，既不可得而擅增，至於例所應得，又從而裁削之，使之仰事俯育，且不能遂，是陷之於必貪之地，而責之以必廉之守，中人之資，將有不能，而況其下者之衆乎？ 所據前項事理，非獨人情有所未堪，其於政體，亦有所損，合行會議查處，參酌事理輕重，及查在外官員，自二品至九品，并雜職吏胥等俸米，除本色外，其折色原例，每石作銀若干，於何年月裁減，作銀若干，應否復舊，或量行加增，務要議處停當，呈來定奪施行。

咨六部伸理冀元亨

照得湖廣常德府武陵縣舉人冀元亨，忠信之行，孚於遠邇；孝友之德，化於鄉閭。本職往年謫官貴州，本生曾從講學，近來南贛，延之教子。時因寧藩宸濠潛謀不軌，虐焰日張，本職封疆連屬，欲爲曲突徙薪之舉，則既無其由；將爲發奸摘伏之圖，則又無其實。偶值宸濠飾詐要名，禮賢求學，本職因使本生乘機往見宸濠，冀得因事納規，開陳大義，沮其邪謀；如其不可勸喻，亦因得以審察動静，知其叛逆遲速之機，庶可密爲禦備。本生既與相見，議論大相矛盾，宸濠以本職所遣，一時雖亦含忍遣發，而毒怒不已，陰使惡黨，四出訪緝，欲加陷害。本生素性愿恪，初不之知，而本職風聞其説，當遣密從間道潛回常德，以避其禍。後宸濠既敗，痛恨本職起兵攻剿，雖反噬之心無所不至，而天理公道所在，無因得遂其奸，乃以本生係本職素所愛厚之人，輒肆詆誣，謂與同謀，將以泄其讐憤。且本生既與同謀，則宸濠舉叛之日，本生何故不與共事，却乃反回常德，聚徒講學？宸濠素所同謀之人如李士實、劉養正、王春之流，宸濠曾不一及，而獨口稱本生與之造始，此其挾讐妄指，蓋有不待辦説，行道之人皆能知者。但當事之人，不加詳察，輒爾聽信，遂陷本生一至於此。

本生篤事師之義，懷報國之忠，蹈不測之虎口，將以轉化凶惡，潛消奸宄，論心原迹，尤當顯蒙賞録；乃今身陷俘囚，妻子奴虜，家業蕩盡，宗族遭殃。信奸人之口，爲叛賊泄憤報讐，此本職之所爲痛心刻骨，日夜冤憤而不能自已者也。本職義當與之同死，幾欲爲之具奏伸理，而本生雖在拘囚，傳聞不一，或以爲既釋，或以爲候旨，兼慮當事之人，或不見諒，反致激成其罪，故復隱忍到今。又恐多事紛紜之日，萬一玉石不分，竟使忠邪倒置，徒以沮義士之志，而快叛賊之心，則本職後雖繼之以死，將亦無以贖其痛恨！爲此合行具咨貴部，煩請咨詢鑒察，特賜扶持分辯施行。

獎勵主簿于旺

看得近來所屬下僚，鮮能持廉守法；訪得興國縣主簿于旺，獨能操持清白，處事詳審。近委管理抽分，纖毫無玷，奸弊剗革，撫屬小官之内，誠不多見，相應獎勵，以勸其餘。爲此牌仰官吏即便支給商税銀兩，買辦花紅、彩段、羊酒各一事；并將本院發去官馬一匹，帶鞍一付，備用鼓樂，差官以禮送付本官，用見本院獎勵之意。

申諭十家牌法

本院所行十家牌諭，近來訪得各處官吏類多視爲虛文，不肯着實奉行查考，據法即當究治，尚恐未悉本院立法之意，故今特述所以，再行申諭：

凡置十家牌，須先將各家門面小牌挨審的實。如人丁若干，必查某丁爲某官吏，或生員，或當某差役，習某技藝，作某生理，或過某房出贅，或有某殘疾，及户籍田糧等項，俱要逐一查審的實。十家編排既定，照式造册一本留縣，以備查考。及遇勾攝及差調等項，按册處分，更無躲閃脱漏，一縣之事，如視諸掌。每十家各令挨報甲内平日習爲偷竊，及喇唬教唆等項不良之人，同具不致隱漏重甘結狀，官府爲置舍舊圖新簿，記其姓名；姑勿追論舊惡，令其自今改行遷善；果能改化者，爲除其名；境内或有盗竊，即令此輩自相挨緝；若係甲内漏報，仍并治同甲之罪。又每日各家照依牌式，輪流沿門曉諭覺察；如此即奸僞無所容，而盗賊亦可息矣。十家之内，但有争訟等事，同甲即時勸解和釋，如有不聽勸解，恃强凌弱，及誣告他人者，同甲相率禀官，官府當時量加責治省發，不必收監淹滯；凡遇問理詞狀，但涉誣告者，仍要查究同甲不行勸禀之罪。又每日各家照牌互相勸諭，務令講信修睦，息訟罷争，日漸開導，如此則小民益知争鬬之非，而詞訟亦可簡矣。

凡十家牌式，其法甚約，其治甚廣。有司果能着實舉行，不但盗賊可息，詞訟可簡，因是而修之，補其偏而救其弊，則賦役可均；因是而修之，連其伍而制其什，則外侮可禦；因是而修之，警其薄而勸其厚，則風俗可淳；因是而修之，導以德而訓以學，則禮樂可興。凡有司之有高才遠識者，亦不必更立法制，其於民情土俗，或有未備，但循此而潤色修舉之，則一邑之治真可以不勞而致。今特略述所以立法之意，再行申告。言之所不能盡者，其各爲我精思熟究而力行之；毋徒紙上空言搪塞，竟成掛壁之虚文，則庶乎其可矣！

申諭十家牌法增立保長

先該本院通行撫屬，編置十家牌式，爲照各甲不立牌頭者，所以防脅制侵擾之弊；然在鄉村遇有盜賊之警，不可以無統紀，合立保長督領，庶衆志齊一。爲此仰抄案回司，即行各道守巡兵備等官，備行所屬各府州縣，於各鄉村推選才行爲衆信服者一人爲保長，專一防禦盜賊。平時各甲詞訟，悉照牌諭，不許保長干與，因而武斷鄉曲；但遇盜警，即仰保長統率各甲設謀截捕。其城郭坊巷鄉村，各於要地置鼓一面，若鄉村相去稍遠者，仍起高樓，置鼓其上，遇警即登樓擊鼓。一巷擊鼓，各巷應之，一村擊鼓，各村應之，但聞鼓聲，各甲各執器械齊出應援，俱聽保長調度。或設伏把隘，或并力夾擊，但有後期不出者，保長公同各甲舉告官司，重加罰治。若鄉村各家皆置鼓一面，一家有警擊鼓，各家應之，尤爲快便。此則各隨才力爲之，不在牌例之内，俱仰督令各縣即行推選增置，仍告諭遠近，使各知悉。各府仍要不時稽察，務臻實效，毋得虚文搪塞，查訪得出，定行究治不貸。

頒行社學教條

先該本院據嶺北道選送教讀劉伯頌等，頗已得人；但多係客寓，日給爲難。今欲望以開導訓誨，亦須量資勤苦，已經案仰該道通加禮貌優待，給薪米紙筆之資。各官仍要不時勸勵敦勉，令各教讀務遵本院原定教條盡心訓導，視童蒙如己子，以啓迪爲家事。不但訓飭其子弟，亦復化喻其父兄；不但勤勞於詩禮章句之間，尤在致力於德行心術之本。務使禮讓日新，風俗日美，庶不負有司作興之意，與士民趨向之心，而凡教授於兹土者，亦永有光矣。仍行該縣備寫案驗事理，揭置各學，永遠遵照去後。今照前項教條，因本院出巡忙迫，失於頒給，合就查發，爲此牌仰本道府即將發去教條，每學教讀給與二張，揭置座右，每日務要遵照訓誨諸生。該道該府官員亦要不時親臨激勵稽考，毋得苟應文具，遂令日就廢弛。

清理永新田糧

據參議周文光呈，看得江西田糧之弊，極於永新，相傳已非一日；今欲清理丈量，實亦救時切務，但恐奉行不至，未免反滋弊端，依議定委通判談儲、推官陳相、指揮高睿，會同該縣知縣翁璣設法丈量。該道仍要再加區畫，曲盡物情，務仰各官秉公任事，正己格物，殫知竭慮，削弊除奸，必能一勞永逸，方可發謀舉事。如其虚文塞責，則莫若熟思審處，以俟能者。事完之日，悉照該道所議造册，永永遵守施行。繳。

批寧都縣祠祀知縣王天與申

據寧都縣申，看得知縣王天與舊隨本院征勦横水、桶岡諸賊，屢立戰功；後隨本院討平寧藩，竟死勤事；況其平日居官，政務修舉，威愛兼行。仰該縣即從士民之請，建祠報祀，用伸士夫之公論，以慰小民之遺思。

曉諭安仁餘干頑民牌正德十五年二月

照得安仁、餘干各有梗化頑民數千餘，家近住東鄉，逃避山澤，沮逆王化，已將數年，即其罪惡，俱合誅夷無赦；但本院撫臨未及，況查本院新行十家牌諭，各官因各民頑梗，尚未編查，若遽行擒勦，似亦不教而殺。爲此牌仰撫州府同知陸俸，督同東鄉縣知縣黄堂，及安仁縣知縣汪濟民、餘干縣知縣馬津親詣各民村都，沿門挨編，推選父老子弟知禮法者曉諭教飭，令各革心向化，自求生路。限在一月之内，仇者釋其怨，憤者平其心，逋者歸其負，罪者伏其辜，具由呈來，仍舊待以良善。若過限不改，不必再加隱忍姑息，徒益長奸縱惡，即便密切指實申來，以憑别有區處施行。

告諭頑民十二月十五日

告諭安仁、餘干、東鄉等縣父老子弟，自本院始至江西，即聞三縣間有頑梗背化之民數千家，其時本院方事勦平閩、廣、湖、郴諸蠻寇，且所治止於南贛，政教有所未及。自去歲征討逆藩，朝廷復有兼撫是方之命，隨因聖駕南巡，奔走道路，故亦未遑經理。今復還省城，備詢三司府縣各官，及遠近士夫軍民，皆謂爾民梗化日久，積惡深重，已在必誅無赦。夫朝廷威令，雷厲風行於九夷八蠻之外，而中土郡縣之民，乃敢悖抗若此，不有誅滅，以示懲戒，亦將何以爲國？欲即發兵勦捕，顧其間尚多良善，恐致玉石無辨；且前此有司所以處之，亦有未善。何者？

安仁、餘干里分，本少於東鄉，而地勢又限以山谷，顧乃割小益大，以啓爾民規避之端。其失一矣。既而兩邑之民徭賦不平，爭訟競起，其時若盡改復舊，亦有何説，顧又使其近東鄉者歸安仁，近安仁者附東鄉，以益爾民紛爭之謗。其失二矣。及爾等抗拒之迹既成，尚當體悉爾等中間或有難忍之怨，屈抑不平之情，亦須爲之申泄斷理，或懲或戒，使兩得其平；若終難化諭者，即宜斷然正以國法。顧乃憚於身任其勞，一切惟事姑息，外逃租賦，❶遂從而免其租賦；欲逃逋債，遂從而貸其逋債；於彼則務隱忍之政，而聽其外附；於此又信一偏之詞，而責其來歸；紀綱不立，冠履倒置，長奸縱惡，日增月熾，以成爾民背叛之罪，而陷之必死之地。其失三矣。

然爾等罪惡，皆在本院未臨之前；自本院撫臨以來，尚未曾有一言開諭爾等。況查本院新行十家牌諭，以弭盜息訟勸善糾惡，而各該縣官又因爾等恃頑梗化，皆未曾編查曉諭，爾等皆未知悉，其間或有悔創自新之願，亦未可知；若遽行擒勦，是亦不教而殺，雖爾等在前之惡，受此亦不爲過，

❶「外」，四庫本作「欲」。

然於吾心終有所未盡也。近日撫州同知陸俸來稟,爾等尚有可憫之情,各懷求生之願,故特委同知陸俸親齎本院告諭,往諭爾等父老子弟,因而查照本院十家牌式,通行編排曉諭,使各民互相勸戒糾察,痛懲已往之惡,共爲維新之民。

爾等父老子弟,其間知識明達者盍亦深思熟慮之:世豈有不納糧,不當差,與官府相對背抗,而可以長久無事終免於誅戮者乎? 世豈有恃頑樹黨,結怨搆仇,劫衆拒捕,不伏其辜,而可以長久無事終免於誅戮者乎? 就使爾等各有子弟奴僕,與爾抗拒背逆若此,爾等當何以處之? 夫寧王宸濠挾奸雄之資,藉宗室之勢,謀爲不軌,積十餘年誘聚海内巨寇猾賊,動以萬計,奮其財力甲兵之强,自以爲無敵於天下矣,一旦稱亂舉事,本院奉朝廷威令,興一旅之師,不旬日而破滅之,如虜疋雛。爾輩縱頑梗兇悍,自視以爲孰與宸濠? 吾若聲汝之罪,不過令一偏裨,領衆數百,立虀粉爾輩如機上肉耳。顧念爾等皆吾赤子,其始本無背叛之謀,止因規利争忿,肆惡長奸,日迷日陷,遂至於此。夫父母之於子,豈有必欲殺之之心;惟其悖逆亂常之甚,將至於覆宗滅户,不得已而後置之法,苟有改化之機,父母之心,又未嘗不欲生全之也。前此官府免爾租税,蠲爾債負,除爾罪名,而遂謂爾可以安居復業,是終非所以生汝。吾今則不然,不免爾租賦,不蠲爾債負,不除爾罪名,爾能聽吾言,改惡從善,惟免爾一死,限爾一月之内,釋怨解仇,逃税者輸其賦,負債者償其直,有罪者伏其辜,吾則待爾如故。爾不聽吾言,任汝輩自爲之,吾心既無不盡,吾可以無憾矣! 爾後無悔。

批江西都司掌管印信

看得三司各官推舉該衛所掌印僉書等官，頗已得宜；俱依議仰行按察司將本院原發貯庫印信，看驗明白，照議給領掌管。茲當該衛改革之初，仍行各官務在圖新更始，端本澄源，共惟同心同德之美，以立可久可大之規，不獨顯功業於當時，必欲垂模範於來裔，上不負廟堂之特選，而下可副諸司之舉任。其或庸碌浮沉，甚至欺公剥下，豈徒敗其身名，亦難免於刑憲。其餘空閒各官，觀其才識，皆可器使；但以闕少人多，未及盡用。各官惟務持身勵志，藏器待時，但恐見用而無才，勿慮有才而未用，若果囊中之錐，無不脱穎而出；❶毋謂上人不知，輒自頹靡，是乃自棄，非人棄汝矣。俱仰備行各官查照施行。

牌行崇義縣查行十家牌法

看得新開崇義縣治，雖經本院委官緝理經畫，大略規模已具，終是草創之初，經制未習。該縣官員若不假以威權，聽其從宜整理，則招徠安習之功，亦未可責效。除行守巡兵備等衙門外，牌仰知縣陳瓚上緊前去該縣，首照十家牌諭，查審編排，連屬其形勢，輯睦其鄰里。務要治官如家，愛民如子，一應詞訟、差徭、錢糧、學校等項，俱聽因時就事，從宜區處。應申請者申請，應興革者興革，務在畜衆安民，不必牽制文

❶「穎」，原作「潁」，據四庫本改。

法。大抵風土習尚雖或有異，而天理民彝則無不同。若使爲縣官者果能殫其心力，悉其聰明，致其惻怛愛民之誠，盡其撫輯教養之道，雖在蠻貊，無不可化，況此中土郡縣之區，向附新民，本多善類，我能愛之如子，彼亦焉有不愛我如父者乎？夫仁慈以惠良善，刑罰以鋤兇暴，固亦爲政之大端。若此新民之中，及各縣分割都圖人户，果有頑梗强横不服政化者，即仰遵照本院欽奉勑諭事理，具由申請，即行擒拏，治以軍法，毋容縱恣，益長刁頑。

牌諭都指揮馮勳等振旅還師

牌諭都指揮馮勳、通判林寬、典史徐誠等，本月二十一日據知縣熊价所禀，已知安義叛賊略平，所漏無幾，俟餘黨一盡，各官即行振旅而還。就將所擒叛賊，通行牢固綁縛，分領解赴軍門。各官在途，務要肅整行伍，申嚴紀律，禁緝軍兵，不得犯人一草一木。今差參隨官詹明賫執各官原領令旗令牌，監軍而回。但有違令侵擾於人者，即行斬首示衆。其奮命當先，被殺被傷義勇之士，及獲功人役，各官務要從公從實開報，以憑優恤給賞，不得互分彼此，輒有偏私輕重。但能推功讓美者，勤勞雖微，亦在褒賞；若有争功專利者，功蹟雖茂，亦從擯抑。其奉新兵快，往年從征，多犯禁令，今既效有勤勞，尤宜保全始終，毋蹈前非，自取軍法重罪。知縣熊价不必解賊，且可在縣撫安被擾軍民，令各安居樂業。既行申嚴十家牌諭，互相保障，仍量留九姓義勇，分班守縣，候事體定帖，以漸散回。

批瑞州知府告病申

看得知府胡堯元，始以忠義，興討賊之功；繼以剛果，著及民之政。雖獲上之誠，或有未孚；而守身之節，初無可議。據申告病情由，亦似意有所爲。大抵能絜矩者，必推己及人；當大任者，在動心忍性。仰布政司即行本官，照舊盡心管理府事，毋因一朝之忿，遂忘三反之功。事如過激，欲抗彌卑；理苟不渝，雖屈匪辱。此繳。

賑恤水災牌

據南康、建昌、撫州、宜黄等縣申稱：非常水災，乞賜大施賑恤，急救生靈流移等情。看得横水非常，下民昏墊，實可傷憫！但計府縣所積無多，實難溥賑，其地方被水既廣，而民困朝不謀夕，若候查實報名，造册給散，未免曠日遲久，反生冒濫。已行二府各委佐貳官，及行所屬被水各縣掌印等官，用船裝載穀米，分投親至被水鄉村，驗果貧難下户，就便量行賑給。

爲照南昌所屬水災尤劇，但居民稠雜，數多頑梗；若賑給之時，非守巡臨督於上，或致騰踴紛争。爲此仰分守巡南昌官吏，即便分督該府縣官於預備倉内米穀，用船裝運，親至被水鄉村，不必揚言賑饑，專以踏勘水災爲事，其間驗有貧難下户，就便量給升斗，暫救目前之急。給過人户，略記姓名數目，完報查考，不必造册擾害。所至之地，就督各官申嚴十家牌諭，通加撫慰開導，令各相安相恤。仍督各官俱要視民如子，務施實惠，不得虚文搪塞，徒費錢糧，無救民患，取罪不便。

仰湖廣布按二司優恤冀元亨家屬

照得湖廣常德府武陵縣舉人冀元亨，忠信之行，孚於遠邇云云，已經備咨六部院寺等衙門詳辦去後。今照冀元亨該科道等官，文章申暴；各該官司，辦無干碍，先已釋放，不期復染瘧痢身故。該部司屬官員，及京師賢士大夫莫不痛悼，相與資給衣棺。本院亦已具舟差人扶柩歸葬。但恐本生原籍官司，一時未知詳悉，仍將家屬羈監，未免枉受淹禁。除將本生節義，另行具本奏請褒録外，擬合通行，爲此牌仰抄案回司，即行常德府速將舉人冀元亨家屬，通行釋放；財産等項，亦就查明給還收管。仍將本生妻子，特加優恤，使奸人知事久論定之公，而善類無作德降殃之惑；其於民風士習，不爲無補矣。

批江西按察司故官水手呈

看得僉事李素，處心和易，居官清謹，生既無以爲家，死復無以爲殮，寡妻弱妾，旅櫬萬里，死喪之哀，實倍恒情。該司議欲加撥長夫水手護送，非獨僚友之情，實亦惇廉周急之義。准議行令各府僉撥長夫水手，照例起關，差人護送還鄉。

仰南康府勸留教授蔡宗兖

據南康府儒學申，看得教授蔡宗兖，德任師儒，心存孝義，今方奉慈母而行，正可樂英才之化。況職主白鹿，當宋儒倡道之區；勝據匡廬，又昔賢棲隱之地。偶有親疾，自可將調，輒興掛冠之請，似違奉檄之心。仰布政司備行南康府掌印官，以禮勸留，仍與脩葺學宮，供給薪水，稍厚養賢之禮，以見崇儒之意。繳。

批江西布政司禮送致仕官呈

據江西布政司呈「查勘新建知縣李時，告送僉事李素喪歸雲南，任內無礙」緣由。看得知縣李時所呈，量才能而知止，已見恬退之節，因友喪而求去，尤見交誼之敦；既經查勘明白，亦合遂其高致。仰司即行該府聽令本官以禮致仕，動支無礙官銀，置備綵帳羊酒，從厚送餞；加撥長夫水手，資送還鄉。該司仍將本官致仕緣由，行原籍官司，用彰行誼之美，以爲風俗之勸。繳。

王文成公全書卷之十七終

王文成公全書卷之十八

别録十　公移三 總督兩廣平定思田征勦八寨

欽奉勑諭通行 嘉靖六年十月初三日

嘉靖六年七月初七日，節該欽奉勑諭：「先該廣西田州地方逆賊岑猛爲亂，已令提督兩廣等官都御史姚鏌等督兵進勦。隨該各官奏稱，岑猛父子悉已擒斬，巢穴蕩平。捷音上聞，已經降勑奬勵，論功行賞。及將該設流官添設參將等事條陳，又經該部議擬覆奏施行去後，續該各官復奏，惡目盧蘇倡亂復叛，王受攻陷思恩。又經切責各官計處不審，行令將失事官員戴罪督兵勦捕，及調江西奮兵，湖廣永、保二司土兵，并力勦殺，務收全功；并勑巡按御史石金紀功外，但節據石金所奏前項地方，盧蘇、王受結爲死黨，互相依倚，禍孽日深，將來不可收拾；又參稱先後撫臣舉措失當，姚鏌等攘夷無策，輕信寡謀，圖田州已不可得，并思恩胥復失之，要得通行查究追奪。朕以事難遥度，姚鏌等前功難泯，後有踈虞，得旨切責之後，能自奮勵，平寇有功，亦未可知，難遽别議。乃下兵部議奏，以各官先後所論事宜，意見不同，且兵連兩廣，調遣事干鄰境地方，必得重臣前去，總制督同議處，方得停當。今特命爾提督兩廣及江西、湖廣等處地方軍務，星馳前去彼處，即查前項夷情，田州因何復叛，思恩因何失守，督同姚鏌等斟酌事勢，將各夷叛亂未形者，可撫則撫，反形已露者，當勦則勦，一應主客官軍，從宜調遣，主副將官及三司等官，悉聽節制，治以軍法，明示威信，務要計處合宜。仍令御史石金隨軍紀驗功次，從實開報，以憑陞賞。賊平之後，公同計處，應設土官流官，何者經久利便；并先今撫鎮等官，有功有過，分别大小輕重，明白奏聞區處。凡用兵進止機宜，及一應合行之事，勑内該載未盡者，悉聽便宜從長處置；事體十分重大者，具奏定奪。朕以爾勳績久著，才望素隆，特兹簡任。爾務以體國爲心，聞命就道，竭忠盡力，大展謀猷，俾夷患殄除，地方安靖，以紓朕西南之憂；仍須深慮却顧，事出萬全，一勞永逸，以爲廣人久遠之休，毋得循例辭避，以孤衆望。爾欽哉！故諭。」欽此。欽遵。

照得當爵猥以菲才，濫膺重寄。多病之餘，精力既已減耗；久廢之後，事體又復闊踈。大懼弗堪，有負委托。及照兩廣之與江西、湖廣，雖云相去遼遠，而壤地相連，士夫軍民，往來絡繹。傳聞既多，議論有素。況在無嫌之地，是非反得其真；且處傍觀之時，區畫宜有其當。合行諮詢，以輔不逮。除委用職官，及調遣軍馬臨時相機另行外，擬合通行。爲此仰抄捧回司，照依案驗備奉勑諭内事理，即行本司掌印佐貳及各道分巡兵備守備等官，并所屬大小衙門各該官吏，凡有所見，勿憚開陳。其間或撫或勦，孰爲得宜；設土設流，孰爲便利；與凡積弊宿蠹之宜改於目前，遠慮深謀之可行於久遠者，備寫揭帖，各另呈來，以憑採擇。各該官吏俱要守法奉公，長廉遠耻，祛患衛民，竭忠報國。毋以各省而分彼此，務在協力以濟艱難，果有忠勇清勤績行顯著者，旌勸自有常典，當爵不敢蔽賢；其或奸貪畏縮志行卑污者，黜罰亦有明條，當爵亦不敢同惡；深惟昧劣，庶賴匡襄，凡我有司，各宜知悉。仍行鎮守撫按等衙門知會，一體欽遵施行。

湖兵進止事宜十月

據廣西桂林道右參政龍誥、僉事申惠會稟「原調永、保二司宣慰官舍土兵共六千餘員名，八月自辰州府起行，九月盡可到省城，各職即目起程前去全州、興安等處接應督押。爲照大兵進止，自有機宜；今未奉節鉞撫臨，莫知適從；查得舊規，兵至即發哨徑趨賓州聽遣；如至賓州而未用，恐接境思、田二府不無致生疑變，合無將各兵前赴梧州府屯劄，聽候軍門撫臨調度」等因。照得本年八月二十四日先准兵部咨，該本爵看得先任總督巡撫都御史姚已蒙欽准致仕，而本爵又以扶病就醫，聽候辭本命下，未即起程。況湖兵未至，秋暑尚深，遥計賊情正在懈弛，機有可乘，事宜從便，已經行仰各該失事帶罪立功守巡參將，及各領兵督哨等官，務要相度機宜，若各叛目誠心投撫，中間尚有可憫之情，朝廷豈以必殺爲事，且宜從權撫插，聽候本爵督臨查處。若是陽投陰叛，譎詐反覆，度其事勢，終難曲全，則宜密切相機乘間行事，務在獲厥渠魁，不得濫加無罪。各官務要協和行事，既無參錯牴牾有乖共濟之義，亦無貪功輕率仰戾好生之仁。又經行仰各遵照施行去後，今據前因，看得湖兵既至，勢難中止；非徒無事漫行，有失遠人之信；亦且師老財費，重爲地方之憂。但聞諸道路，傳諸商旅，皆謂各目投撫之誠，今已甚切；致亂之情，尚有可原；且朝廷以好生爲德，下民無必死之讐，是以本爵尚爾遲疑，欲候督臨，乃決進止。顧傳聞未真，兵難遥度，各官身親其事，必皆的知；況原任總督雖已致政，尚在統領，老成慎重，當無隨策。若果事在不疑，即宜乘機速舉，一勞永逸，以靖地方；如其尚有可生之道，亦且毋爲必殺之謀，匪曰姑息，將圖久安。及照各處流賊，素爲民患，非止一巢，若用聲東擊西之術，則湖兵之來，未爲徒行；各官俱密切慎圖，務出萬全。本爵亦已扶病晝夜速進，軍中事宜，從便施行；一面呈禀撫鎮巡按等衙門一體通行知會，俱毋違錯。

牌諭安遠縣舊從征義官葉芳等十一月

往年本爵提督南、贛、汀、漳等處軍務，因地方盜賊未平，身親軍旅，四出勦除；爾葉芳等乃能率領兵夫，來隨帳下奮勇殺賊，效勞爲多。後遭寧藩之變，爾葉芳又能堅辭賊賄，一聞本爵起調牌到，當即統領曾德禮等及部下兵衆，晝夜前來，遠赴國難，一念忠義，誠有可嘉，備歷辛苦，立有戰功。賞未酬勞，予心慊慊。嘗欲表奏爾一官，以勵忠勤；隨因本爵守制還家，未及舉行。今兹奉命總制四省軍務，復臨是境，看得舊時從征軍士，多被忌功之徒百般屈抑，心殊爲之不平。念爾葉芳，舊勞未酬，合就先行獎勵；故特差典史張縉將帶花紅羊酒，親至爾家，用旌爾功。爾其益謹禮法，以緝下人，益殫忠勤，以報上德，省諭部下之人，務要各安生理，各守家業。人惟不爲善，未有爲善而不獲善報者；人惟不爲惡，未有爲惡而不受惡殃者。聞爾所居之地，傍近各寨新民；雖云向化，其間尚多與爾爲讐，爾宜高爾墻垣，嚴爾警備，以戒不虞。爾等嘗與杜栢、孫洪舜等不和，各宜消釋，講信脩睦，安集地方。吾所以惓惓誨諭爾等者，實念爾等辛勤從我日久，吾視爾等不啻如父子，雖欲已於言，情有所不容已也。吾今以軍機重務，即赴兩廣，不得久留贛城，爾等但體吾教戒之意，各安室家，不必遠來候見，徒勞無益。其曾德禮等，俱各諭以此意。

批南康縣生員張雲霖復學詞

看得張雲霖原係本院檄召起兵從征人數，立有功次，已經核實造報，皆本院所親知。後因忌功之徒，搜求羅織，遂令此生屈抑至此，言之誠爲痛憤。仰分巡嶺北道即與查審教官費廷芳招案有無干涉，功賞銀兩曾否收給，仍行提學道收送復學。則有功之士，不致於抱寃憤；而本生仗義勤王之節，庶亦不負其初心矣。《批贛縣生員雷瑞詞》同

放回各處官軍牌十二月二十五日

照得先因田州等處變亂，前任軍門抽撥兩省官軍及差官，取調左右兩江土官目兵前赴南寧等處駐劄，聽候征勦。今照各夷皆來告要誠心向順，已漸有平復之機，且各處城池邊隘缺人防守，往往來告盜賊乘間竊發，亦不可不爲之慮。況今春氣萌動，

東作方興，各兵屯頓日久，霜眠草宿，勞苦萬端，應合放回。爲此牌仰本官即將軍門原調各處官軍機兵打手，及各土官目兵盡數撤散，放回休息，及時農種，防守城池。惟湖廣永、保二司土兵，姑留聽候，俟沿途夫馬糧草完備，然後發回。各具由回報，毋得違錯。

犒諭都康等州官男彭一等 十二月二十八日

看得廣西某州縣官孫族某，官男頭目某等，統領土兵前來南寧賓州地方，屯哨日久，勞苦良多；即今歲暮天寒，各兵遠離鄉土，豈無室家之念，故今特加犒勞，通放歸復業安生。本族官目務要嚴整行伍，經過地方，毋得侵擾人家一草一木，有犯令者，即時照依軍法斬首。到家之後，仰本州縣官仍要愛惜下人，輯和鄰境，毋得恃强凌弱，倚衆暴寡，越理踰分，自取罪累，遵守朝廷法制，保爾土地人民。牌仰本州縣官執照遵守，到家之日，俱依准回報。

劄付永順宣慰司官舍彭宗舜冠帶聽調

據湖廣永順等處軍民宣慰使司領征官帶舍把彭明倫、田大有等呈稱「統兵土舍彭宗舜係致仕宣慰彭明輔嫡生次男，伊兄彭宗漢身故，本舍應該襲替。嘉靖五年宗漢奉征田州，蒙軍門劄付冠帶殺賊，惟本舍見統目兵聽用，又自備家丁三千報效，切恐未授官職，軍威無所瞻肅。呈乞比照故兄彭宗漢事體授職便益」等因到爵。爲照軍旅之政，非威嚴則不肅；等級之辨，非冠帶無以章。今官舍彭宗舜於常調之外，自備家丁，隨父報效，不避艱險，勤勞王事，固朝廷之所嘉與，況又勘係應襲次男，今以土舍領兵，於體統未肅，合就遵照勑諭便宜事理，給與冠帶，以便行事。除事寧另行具奏外，爲此劄仰官舍彭宗舜先行冠帶，望闕謝恩。仍須秉節持身，正己律下。申嚴約束，而使兵行所在，無犯秋毫；作興勇敢，而使兵威所加，有如破竹。務竭忠貞，以圖報稱，功成之日，具奏旌賞，國典具存。先具冠帶日期，依准繳報。仍行本省鎮巡衙門知會，毋得違錯。

批廣西布按二司請建講堂呈

據參政汪必東、僉事吴天挺呈請建講堂號舍，以便生員肄業事。看得感發奮勵，見諸生之有志；作興誘掖，實有司之盛心。不有藏修之地，難成講習之功。況境接諸蠻之界，最宜用夏變夷；而時當梗化之餘，尤當敷文來遠。雖亦俎豆之事，實關軍旅之機。准如所議，動支軍餉銀兩，即爲起蓋，務爲經久之計，毋飾目前之觀。完日，開數繳報。

批立社學師耆老名呈嘉靖七年正月

據思明府申稱：「要令土人譚勣、蘇彪加以社學師名號；鄉老黄永堅加以耆老名號。」看得教民成俗，莫先於學。然須誠愛惻怛，實有視民如子之心，乃能涵育薰陶，委曲開導，使之感發興起；不然則是未信而勞其民，反以爲厲己矣。據本縣所申，是亦良法，但須行以實心，節用愛民，施爲有漸，不致徒飾一時之名，務垂百年之澤始可。該道守巡官仍加勞來匡直，開其不逮。備行該府查照施行。

議處江古諸處瑶賊

節據各道哨守官兵呈報，照得廣西府江、古田、洛容諸處瑶賊，日來勢益猖熾，皆由近年以來，大征之舉既爲虚文，而鵰勦又復絶響，是以爲彼所窺，肆無忌憚。今思、田事體漸就平息，湖兵西歸有日，正可相機行事。爲此牌行左布政嚴紘，密切會同參政龍誥，按察使錢宏，副使李如圭、翁素，將各稔惡賊巢，務訪的確；密拘知因鄉道，備詢我兵所由道路險夷遠近，及各賊巢所在，議謀既定，即可迎約湖兵決機行事。要在聲東擊西，後發先至，但誅其罪大惡極者一處兩處，其餘且可悉行寬撫，容令改惡從善，務在去暴除殘，懲一戒百，不必廣捕多殺，致令玉石無分，驚疑遠邇，後難行事。若其事勢連絡廣遠，關係重大，亦且不宜輕動。本院尚駐南寧，彼中事機，勢難遥度，諒各官平日素有深謀沉勇，秉義奮功，一切機宜，自能周悉。近報剗平之獲，已見用心之勤，尚須後效，一并奏請。凡有申禀，密切封來。

批嶺西道立營防守呈 二月

據僉事李香呈稱「顧募打手，立營防守」緣由。看得所議既得其要略，但屯兵固不可分，而合兵又不宜頓，必須該道及統兵官時將屯聚之兵，督率於賊盜出没要害往來巡視操演；因而或修復營堡，或開通道路，或戒飭反側瑶寨，或撫安凋弊民村，巡行慣熟，遠近不疑；擇其長惡不悛者，間行鵰勦，懲一戒百。如農夫之植禾，必逐漸而耕耨；如園丁之去草，必以次而芟除。庶屯聚之兵，無坐食之患，而有日新之功矣。仰備行各官查照施行。

犒送湖兵

照得先該軍門奏調湖廣永順、保靖二宣慰司土官目兵前來征勦田州等處。今照各夷自縛歸降，地方平靖。爲照宣慰彭明輔、彭九霄雖未及衝冒矢石，摧堅破敵，然跋涉道途，間關山海，不但勞苦之備嘗，且其勤事之忠，赴義之勇，不戰而勝，全師以歸，隱然之功，亦不可掩。所據宴勞之禮，相應照舊舉行。其沿途該用廩給口糧等項，亦合計算總支，庶免阻滯，及省偏州下邑之擾。爲此牌仰本官行會左參政龍誥、僉事吴天挺、參議汪必東督行南寧府，於賞功綵段金銀花枝銀兩内照依開數支出，齎送各宣慰，并給賞各舍目收領，以慰其勞。仍將永、保二司官舍頭目人等合用廩給口糧等項，查取見在確數各有若干，亦行南寧府查自本府起，至梧州府止，計算幾縣，每驛扣算該銀若干，就於軍餉銀内支給；又自梧州起，至桂林府止，查算縣驛若干，亦就行該府支銀應付；又自桂林府起，照前計算至全州止，銀兩亦行該府查給。其各州縣止是應付人夫，再不許别項科派於民。仍通行南寧、潯州、梧州、平樂、桂林、全州各查照單内預行整辦犒勞下程，聽候各官舍目到彼，分送犒勞給賞施行。

批嶺西道撫處盜賊呈

看得各處盜賊，全在撫處得宜，綏柔有道，使之畏威懷德，歲改月化，自然不敢爲惡，乃爲善策；雖鵰勦之舉，亦不得已而後一行。至於待其猖獗肆惡，然後懸金以購首級之獲，掩襲以求斬捕之多，抑亦末矣。今後該道官務思撫處綏柔之長策，如駕舟之舵，御馬之轡，操持有要，而運動由己；若舍舵與轡而廣求駕御之術，雖極工巧習熟，終亦不免傾跌之虞。一應賞罰，量功大小以爲多寡；軍門原有舊規，軍職累功陞級，亦有見行事例；臨陣退縮，仰遵勑諭事理，當時以軍法從事。俱仰查照施行。繳。

禁革輕委職官

據廣東布政司呈參：「廣州左等四衛掌印指揮王冕、海信、杜隆、馮凝，千户陸宗等，百户劉愷等，不脩職業，委棄城池，遠出經旬，肆無忌憚，應合參問。」參看擅離職役，律有明條。今各處軍衛有司官往往輒因私事，棄職遠出；或因上司經由，過爲趨諂，越境送迎，往回動經旬月，上下相安，恬不爲異，仰布政司通行禁革究治。今後不係緊急軍機重務，其餘問候申請等項，雖亦公事，勢有輕緩者，止役吏胥差使，不許輕委職官。非但廩給夫馬，騷擾道途，勞費不少；抑且城池庫獄，一有虧失，貽累匪輕。各該衙門首領官今後俱要置立文簿，凡遇掌印佐貳及帶俸等官公事出入，俱要開記月日，因某事到某處送迎，或承何衙門到某處差委，某年月日回任，歲終繳報本院，以憑查究。

大抵天下之不治，皆由有司之失職；而有司之失職，獨非小官下吏偷惰苟安僥倖度日，亦由上司之人，不遵國憲，不恤民事，不以地方爲念，不以職業經心，既無身率之教，又無警戒之行，是以蕩弛日甚，亦宜分受其責可矣。仰布政司備行各該守巡、各兵備、守備及府、州、縣、衛、所等大小衙門，仰各查照施行。該衛掌印等官姑記未究。其陸宗、劉愷遵照本院欽奉勑諭事，先行提究，以警其將來。此繳。

分派思田土目辦納兵糧 四月

照得思恩、田州二府，各設流官知府治以土俗。其二府原舊甲分城頭，除割田州八甲分立土官知府，以存岑氏之後，其餘悉照舊規，不必開圖立里。但與酌量分析，各立土目之素爲衆所信服者以爲土官巡檢，屬之流官知府，聽其各以土俗自治，照舊辦納兵糧，效有勤勞，遞加陞授。其襲授調發，必皆經由於知府；其官職土地，皆得各傳其子孫。除具題外，爲照各甲城頭，既已分析，若不先令各目暫行分管，誠恐事無統紀，别生弊端。爲此牌仰田州府土目龍寄等遵照後開甲分，每歲應該納辦官糧，查照開數，依期完納出辦。一應供役征調等項事情，悉聽知府調度約束。本目仍要守法奉公，正己律下，愛養小民，保安境土，毋得放縱恣肆，踰分干紀，自取罪累，後悔無及，候奏請命下，仰各欽遵施行。

計開：凌時甲每年納夏税秋糧米八十

八石八斗七升七合。每調出兵三百八十四名。每年表箋用銀三錢二分。須知一本，赴廣西用銀一錢一分。須知二本，赴京用銀八錢八分。每年納官猪等例銀一十三兩。每年納官禾四十担，重一百斤。每年供皂隸禾七担。

完冠砦陶甲。

案行廣西提學道興舉思田學校

照得田州新服，用夏變夷，宜有學校；但瘡痍逃竄之餘，尚無受廛之民，即欲建學，亦爲徒勞；然風化之原，終不可緩云云。除具題外，擬合就行。爲此仰抄案回道，着落當該官吏備行所屬儒學遵照。但有生員，無拘廩增，願改田州府學，及各處儒生願附籍入學者，各赴告本道，徑自查發。選委教官一員，暫領學事，相與講肄游息，或興起孝弟，或倡行鄉約，隨事開引，漸爲之兆。俟休養生息一二年後，該府建有學校，然後將各生徒通發該學肄業，照例充補增廩，以次起貢，俱無違錯。

揭陽縣主簿季本鄉約呈 四月

據揭陽縣主簿季本呈爲鄉約事。足見愛人之誠心，親民之實學，不卑小官，克勤細務，使爲有司者，皆能以是實心脩舉，下民焉有不被其澤，風俗焉有不歸於厚者乎！但本官見留軍門聽用，該縣若無委官相繼督理，未免一暴十寒；況本院近行十家牌諭，雖經各府縣編報，然訪詢其實，類是虛文搪塞；且編寫人丁，惟在查考善惡，乃聞加以義勇之名，未免生事擾衆，已失本院息盗安民之意。訪得潮州府通判張繼芳持身端確，行事詳審，仰該府掌印官將發去牌式，再行曉諭所屬，就委張繼芳遍歷屬縣，督令各該縣官勤加操演，務要不失本院立法初意。仍先將牌諭所開事理，再四紬繹，必須明白透徹，真如出自己心，庶幾運用皆有脉絡，而施爲得其調理。該縣鄉約仰委縣丞曹森管理，毋令廢墮。

賑給思田二府 四月

照得近因思、田二府擾亂，該前總鎮等官奏調三省漢土官軍兵快人等前來南寧府屯住防守。軍民大小，男不得耕，女不得織，而湖兵安歇之家，騷擾尤甚。今雖地方平靖，湖兵已回，然瘡痍未起，困苦未蘇，況自三月已來，天道亢旱，種未入土，民多缺食，誠可憫念！已經行仰同知史立誠遍查停歇湖兵之家，開報相應量行賑給。爲此牌仰南寧府着落當該官吏，專委同知史立誠即將十名以上七十一家，各給米二石，鹽魚二十觔；五名以上三百五十六家，各給米一石三斗，鹹魚十三觔；五名以下四百五十四家，各給米一石，鹹魚十觔；就於該府軍餉米魚内支給開報。其餘大小軍民之家，諭以本院心雖無窮，而錢糧有限；各宜安心生理，勤儉立家，毋縱驕奢，毋習游惰，比之豐亨豫大之日雖不足，而方之兵戈擾攘之時則有餘矣。

牌行靈山縣延師設教 六月

看得理學不明，人心陷溺，是以士習日偷，風教不振。近該本院久駐南寧，該府及附近各學師生前來朝夕聽講，已覺漸有奮發之志；但窮鄉僻邑，本院既未暇身至其地，則諸生亦何由耳聞其説，合行委官，遍行訓告。看得原任監察御史，今降合浦縣丞陳逅，理學素明，志存及物，見在軍門，相應差委。除行本官外，爲此牌仰靈山縣當該官吏，即便具禮敦請本官於該縣學安歇，率領師生，朝夕考德問業；務去舊染卑污之習，以求聖賢身心之功。該縣諸生應該赴試者，臨期起送；不該赴試者，如常朝夕聽講。或時出與經書策論題目，量作課程；不得玩易怠忽，虛應故事，須加時敏之功，庶有日新之益。該縣仍要日逐供給薪米之類。候該縣掌印官應朝之日，本官不妨訓迪諸生，就行兼署該縣印信。

牌行委官陳逅設教靈山

看得理學不明云云。除行廉州府及所屬縣外，牌仰本官即便前去該府及所屬縣，行各掌印官召集各該縣師生，遍行開導訓告，務行立志敦本，求爲身心之學，一洗舊習之陋，度量道里，折中處所，於靈山縣儒學住歇，令各縣師生可以就近聽講。其諸生該赴試者，臨期起送；不該赴試者，如常朝夕聚會，考德問業，毋令一暴十寒，虛應文具。亦或時出經書策論題目，量作課程；就與講析文義，以無妨其舉業之功。大抵學絶道喪之餘，人皆駭於創聞，必須包蒙俯就，涵育薰陶，庶可望其改化；諒本官平日素能孜孜汲引，則此行必能循循善誘。該縣掌印官應朝之日，本官不妨訓迪諸生，就行兼署該縣印信，待後縣官應朝回日，方許交還。

牌行南寧府延師設教

看得理學不明，人心陷溺，是以士習益偷，風教不振。近該本院久住南寧，與該府縣學師生朝夕開道訓告，頗覺漸有興起向上之志；本院又以八寨進兵，前往貴州等處調度，則興起諸生，未免又有一暴十寒之患。看得原任監察御史，今降揭陽縣主簿季本，久抱温故知新之學，素有成己成物之心，即今見在軍門，相應委以師資之任。除行本官外，仰南寧府掌印官即便具禮率領府縣學師生敦請本官前去新創敷文書院，闡明正學，講析義理。各該師生務要專心致志，考德問業，毋得玩易怠忽，徒應虚文。其應該赴省考試者，扣算程期，臨時起送；不該赴試者，仍要如常朝夕質疑問難。或時出與經書題目，量作課程；務加時敏之功，以求日新之益，該府縣仍要日逐量送柴米供給。

牌行委官季本設教南寧

看得理學不明，人心云云。除行該府掌印官率屬敦請外，仰本官就於新創敷文書院内安歇。每日拘集該府縣學諸生，爲之勤勤開誨，務在興起聖賢之學，一洗習染之陋。其諸生該赴考試者，臨期起送；不該赴試者，如常朝夕聚會。考德問業之外，或時出與經書論策題目，量作課程；就與講析文義，以無妨其舉業之功。大抵學絶道喪之餘，未易解脱舊聞舊見。必須包蒙俯就，涵育薰陶，庶可望其漸次改化。諒本官平素最能孜孜汲引，則今日必能循循善誘。諸生之中有不率教者，時行檟楚，以警其惰。本院回軍之日，將該府縣官員師生查訪勤惰，以示勸懲。

批嶺東道額編民壯呈 六月

據嶺東道巡守官呈：「議將各額編民壯存留，照舊守城；并追工食，雇募打手調用。」看得本院自行十家牌式，若使有司果能着實舉行，則處處皆兵，家家皆兵，人人皆兵，防守之備既密，則追捕之兵自可以漸減省，以節民財，以寬民力。但今有司類皆視爲虛文，未曾實心脩舉；一旦遂將額設民壯三分減一，則意外不測之虞，果亦有如各官所呈者。合且姑從所議，將各民壯照舊存留，備行該道所屬查照施行。仍仰各官務要用心舉行十家牌式，不得苟且因循，惟事支吾。目前徒倚繁難自弊之術以爲上策，反視易簡久安之法以爲迂緩，噫！果有愛民之誠心，處官事如家事者，其忍言者之諄諄，而聽之乃爾其藐藐耶？凡我各官戒之敬之！此繳。

裁革文移

據布政司呈：「今後但有牌案行屬者，則於備仰語後止令奉行官吏具遵行過緣由回報。」看得近來官府文移日煩，如造册依准等項，果係徒勞徒費，虛文無補，本院欲革此弊久矣，因軍務紛劇，未及舉行；據呈前因，可謂先得我心之同然者。自今事關本院，除例該奏報及倉庫錢糧金帛贓罰紙價預備稻穀等項，仍於每歲終開項共造手册一本，送院查考外，其餘一應不大緊要文册及依准等項，通行裁革，務從簡實，以省勞費。凡我有官皆要誠心實意，一洗從前靡文粉飾之弊，各竭爲德爲民之心，共圖正大光明之治，通備行各該衙門查照施行。繳。

批右江道調和寨目呈

據副使翁素呈，湖潤寨目兵徑赴鎮安取調，准議備出印信下帖，給與該府該司；各永永執照，以杜後爭。湖潤既已自知原屬鎮安，自此必益供事大之職；鎮安既欲自求仍統湖潤，自此必益施字小之仁；須要誠心協和，庶可永絶禍患。若徒迫脇矯誣於一時，終必反覆變亂於日後，此乃自取滅亡，後悔何及。仰各知悉遵照毋違。此繳。

批南寧府表揚先哲申

據南寧府申稱：「北門外高嶺原有廟宇，以祠宋樞密使狄武襄公青，經略使余公靖，樞密直學士孫公沔，邕州太守忠壯蘇公緘，推官忠愍譚公必緣，年久傾頹，止存基址。今思、田既平，所宜脩復，以繫屬人心，以聳示諸夷。」看得表揚先哲，以激勵有位，此正風教之首；況舊基猶存，相應脩復，准支在庫無礙官銀，重建祠宇；其牌位祭物等項，照舊脩舉；完日具由回報。此繳。

批增城縣改立忠孝祠申

據增城縣申稱：「參得廣東參議王綱，

字性常，洪武年間因靖潮寇，父子貞忠大孝，合應崇祀；於城南門外天妃廟改立忠孝祠。」看得表揚忠孝，樹之風聲，以興起民俗，此最爲政之先務；而該縣知縣朱道瀾乃能因該學師生之請，振舉廢墜，若此則其平日職業之修，志向之正，從可知矣。仰行該縣悉如所議施行，其神像牌位及祭物等項，俱聽從宜酌處。完日具由回報。此繳。

批參政張懷奏留朝覲官呈

據左參政張懷所呈，憫念兵荒，欲留府縣正官，足見留心地方。但今歲應朝事體頗重，朝廷勵精圖治，必有維新之政；各該正官正宜一行，以快觀感；似難通行奏留，仰各照例依期起程。況該道守巡既得賢能官員，各肯憂勞盡心；若此各府州縣雖無正官，其各佐貳亦必警戒脩省，自堪驅策。其間果有闒冗不才，不任委寄者，該道即行別委相應官員署管。仰即通行查照施行，毋再疑滯。繳。

經理書院事宜 八月

據僉事吳天挺呈稱：「將南寧城東西二壕花利，通收府庫；支與書院師生應用，剩銀脩理，仍置教官私宅號房，以爲定規。」看得所呈事宜，足見該道官留心學校，興起士習之美意，俱准照議施行。但事無成規，難垂久遠，而管理非人，終歸廢墜。該道仍須置立文簿，將區處過事宜逐件開載，給付該府縣學及管理書院官各收一本存照，相繼查考舉行，以防日後埋沒侵漁之弊。仍於各教官内推舉學行端方、堪爲師範者呈來定委，專管書院諸務，訓勵諸生，庶幾法立事行，人存政舉，而今日書院之設爲不虛矣。仍行提督學校官知會，一體查督舉行；及備行該府縣學官吏師生查照施行，俱毋違錯。此繳。

牌行南寧府延師講禮八月

照得安上治民，莫善於禮，冠婚喪祭諸儀，固宜家諭而户曉者，今皆廢而不講，欲求風俗之美，其可得乎？況兹邊方遠郡，土夷錯雜，頑梗成風，有司徒事刑驅勢迫，是謂以火濟火，何益於治？若教之以禮，庶幾所謂小人學道則易使矣。近據福建莆田儒學生員陳大章前來南寧遊學，進見之時，每言及禮。因而扣以冠婚鄉射諸儀，果亦頗能通曉。看得近來各學諸生，類多束書高閣，飽食嬉遊，散漫度日。豈若使與此生朝夕講習於儀文節度之間，亦足以收其放心，固其肌膚之會，筋骸之束，不猶愈於博奕之爲賢乎。爲此牌仰南寧府官吏即便館穀陳生於學舍，於各學諸生之中，選取有志習禮及年少質美者，相與講解演習。自此諸生得於觀感興起，砥礪切磋，脩之於其家，而被於里巷，達於鄉村，則邊徼之地，自此遂化爲鄒魯之鄉，亦不難矣。諸生講習已有成效，該府仍要從厚措置，禮幣以申酬謝。仍備由差人送至廣西提督學校官以次送發各府州縣，一體演習。其於風教，要亦不爲無補。

劄付同知林寬經理田寧

照得思、田二府平復，議將田寧府改設

流官，見今無官管理。看得化州知州林寬才識通敏，幹辦勤勵；本爵巡撫江西，知其可用，近因改建府治，修復城垣，已經委令經理；即若陞以該府同知，而使久於其職，必有可觀；已經具題奉有明旨。

續該本院看得南寧自宣化縣至於田寧，逆流十日之程，其間錯以土夷村寨，奸弊百出，本爵近因躬撫南寧思龍諸圖，鄉民擁道控告，願立縣治，因爲經理。相度得村名那久者，寬平深厚，江水縈迴，居民千餘家，竹樹森翳，且向武各州道路皆經由其傍，亦爲四通之地，堪以設立縣治，屬之田寧；亦足以鎮據要害，消沮盜賊。又經具題外，爲照新陞知府張鉞尚未到任，合就劄仰本官即便管理府事，撫綏目民；其脩築城垣廨宇，及那久新立縣治等項事宜，公同各該委官用心督理，務在脩築堅固，工程早完，以圖經久。候知府張鉞到任，仰本官專督思龍縣治，務要清查所割圖里錢糧明白，毋令奸民飛詭影射，致貽紛爭。本官素有才識，志在建功立業，況奉新命，擢佐專城，遠近土目人等側耳注目，思有維新之政。本官務要竭心殫力，展布才猷，以仰答朝廷之恩，俯慰下民之望，中無負於軍門之委託。如其因循玩愒，隳事廢功，不但聲名毁辱，抑且罪責難逃。

劄付同知桂鏊經理思恩

照得思、田二府平復，已經具題將柳州府同知桂鏊經理思恩府事，休勞息困，當有所濟。續該本爵看得岑濬新移府治，皆斬山絶壁，如處戈矛劒戟之中，況瘴霧昏塞，薄午始開。本爵近因督勦八寨，親往相度，看得地名荒田，寬衍膏腴，可以建府治。而上林縣地名三里者，乃在八寨之間，其地多良田茂林，村落相望，堪以移設鳳化縣治，量築城垣廨宇，招撫逃亡，可以成一方之保障；仍將上林一縣，通割以屬思恩，似於事勢爲便等因，又經具題外，爲照署掌府印，遷築府城，新創縣治，及蓋廨宇等項，皆不可缺人督理，合就劄仰本官即便星馳前去思恩府署掌印信，撫綏目民。其遷築府城於荒田，移設縣治於三里，及創建廨宇等項一應事宜，公同各該委官用心督理云云。如其因循玩愒，隳事廢功，豈徒身名毀辱，兼亦罪責難逃。

牌行南昌府保昌縣禮送故官

照得保昌縣縣丞杜洞，久在軍門，管理軍賞，清介自持，賢勞茂著，郡屬之中，實爲翹然；今不幸病故，使人檢其行橐，蕭然無以爲歸殯之資，殊可傷悼！今尋常故官小吏，無洞一日之勞者，猶且有水手殯殮之例；況洞從征惡寇，跋涉險阻，衝冒瘴毒，又且平日才而且賢，所謂以死勤事者矣！焉可以不從厚待之，是賢不肖略無所辨也。爲此牌仰本府官吏，即於庫貯無礙官錢內給與水夫二名，棺殮銀十兩，就行照例起關，應付船隻脚力，查照家屬名數，給與口糧，務要從厚資送還鄉開報。及仰保昌縣官吏，即便僉撥長行水手二名，棺殮銀二十兩，及將本官應得俸糧馬夫銀兩，照數支給，交付伊男；及差的當人役，護送還鄉，毋致稽誤。

調發土兵十月

照得各州土兵，征調頻數，本非良法，非但耗費竭財，抑且頓兵剉鋭；必須各州輪年調發，一以省供饋之費，一以節各兵之勞，庶幾土人稍有休息之期，而官府亦獲精鋭之用。已經行仰該司遵照備行南丹州官族莫振亨，即就揀選勇敢精鋭目兵三千名，躬親統領，照依尅定日期前赴廣西省城聽調殺賊，果能輸忠報效，立有奇功，即與具奏准襲該州官職，自今八月初一日爲始，至下年八月初一日止，却調東蘭州土兵依期更替。自今各州目兵，軍門斷不輕易調發，致令奔疲勞苦；亦決不姑息隱忍，縱令驕惰玩弛。但有稽抗遲誤，違犯節制，輕則量行罰治，重則拏究，革去冠帶，又重則貶級削地，又重則舉兵誅討，斷不虛言。通行各土官兵目知悉，俱仰改心易慮，毋蹈前非，自貽後悔去後。

今據所呈，爲照本院軍令既出，難再輕改，失信下人。但本官呈稱鵰勦缺兵，固亦一時權宜，況稱原係本州先年自願報效，不在秋調之數，亦合姑從所請，暫准取調。爲此牌仰本官即便會同鎮守太監傅倫，行仰該州土官韋虎林，照數精選目兵，前赴省城，聽各官調遣勦賊；待三兩月間事畢，隨即撤放回州，遵照軍門批行事理，依期更班聽調，不許久留失信。其所呈鵰勦事宜，悉聽會同三司掌印守巡兵備等官依擬施行。事完之日，通將獲過功次，用過錢糧數目，開報查考，俱毋違錯。仍行總鎮總兵鎮巡等衙門知會。

犒獎儒士岑伯高

照得思、田之亂，上廑九重，命將出師，動調四省軍馬錢糧，洶洶兩年，功未告成，而變日不測。本院前來勘處，是固仰賴皇上好生之仁格於天地，至誠動物，不疾而速，是以宣布威德，而旬月之間諸夷即爾革心向化，翕然來歸。然而奔走服役，固有效勞於下者，其間乃有深謀秘計之士，潛開默導，以會合事機，其功隱而難見，此惟主將知之，功成行賞，是所謂首功者也。

照得儒士岑伯高素行端介，立心忠直，積學待時，安貧養母。一毫無所苟取，而人皆服其廉；一言不肯輕發，而人皆服其信。遊學橫州、南寧之間，遠近士夫，及各處土官土夷，莫不聞風向慕，仰其高節。本院撫臨之初，即用此生，使之深入諸夷，仰布朝廷之德，下宣本院之誠，是以諸夷孚信之速，至於如此，本生實與有力焉。當時平復奏內，即欲具列本生之功；而事變方息，深謀秘計，未欲張布於諸夷，但本生志在科第發身，不肯異途苟進，堅辭力請，本院不欲重違雅志，遂爾未及奏列。今思、田既已大定，凡有微勞於茲役者，莫不開列；而本生之功泯然未表，其於報功勵忠之典，誠有未當。抑抄案回司，即於軍餉銀内動支一百兩，及置買彩幣羊酒禮送本生，以見本院慰賞犒勞之意。仍仰遵本院欽奉勑諭便宜事理，給與軍功冠帶，以榮其身。該司仍備給劄付執照，并行原籍官司，以禮優待，免其雜泛差徭，明朝廷賞功之典，彰軍門激勵之道，既以遂其養母之願，且以遂其高尚之心。是後本生志求科第，其冠帶自不相妨。

仍行兩廣總鎮總兵鎮巡等衙門知會。

征勦八寨斷藤峽牌七年三月。以下俱征八寨。

據留撫田州、思恩等處地方右布政使林富、原任副總兵都指揮同知張祐連名呈稱：田州、思恩平復，居民悉已各安生理，土夷亦皆各事農耕，地方實已萬幸；惟八寨瑶賊云云。合就仰遵勑諭事理，量撥官兵，協同盧蘇、王受等土兵，分路進勦。除差官舍賫捧令旗令牌分投督押土兵，本院親至賓州、思恩等處相機調度，面授方略外，爲此牌仰右布政使林富、副總兵張祐即便督領官軍，督發土目盧蘇、王受等兵夫，從公堯、思恩取路進勦後開寨分，務要聲言各賊累年殺害良民，攻劫州縣鄉村之罪，殲厥渠魁及其黨與罪惡顯著者，明正天討，以絶禍根。除臨陣擒斬外，其餘脇從老弱，一切皆可宥免。今兹之舉，惟以定亂安民爲事，不以黷武多獲爲功；各官務要仰體朝廷憂憫困窮之心，俯念地方久遭盜賊屠戮之苦，督各官兵目兵人等，務殲真正惡目，一洗民冤，永除民患，以靖地方。仍禁兵馬所過鄉村，毋得侵擾民間一草一木，有犯令者，仰即遵本院欽奉勑諭事理，當即處以軍法，俱毋有違節制方略，自取罪戾。

牌行領兵官

牌行左參將署都指揮僉事張經，會同該道守巡守備官，及湖廣督兵僉事汪溱，都指揮謝珮，督永順宣慰彭明輔，統兵進勦牛腸諸賊云云。及監都保靖宣慰彭九霄，統兵進勦六寺、磨刀等寨諸賊云云。未至信地三日之前，停軍中途，候約參將張經，與同守巡各官集議，先將進兵道路之險易遠近，各巢賊徒之多寡强弱，及所過良民村分之經由往復，面同各鄉道人等逐一備細講究明白，務要彼此習熟通曉，若出一人。然後尅定日時，偃旗息鼓，寂若無人，密至信地，乘夜速發，務使迅雷不及掩耳，將各稔惡賊魁，盡數擒勦，以除民害，以靖地方。除臨陣斬獲外，其餘脅從老弱，一切皆可宥免。今兹之舉，惟以定亂安民爲事，不以多獲首級爲功；各官務要仰體朝廷憂憫困窮之心，俯念地方久罹荼毒之苦，仍要禁約軍民人等，所過良民村分，毋得侵擾一草一木，有犯令者，當以軍法斬首示衆。本官既有地方責任，兼復素懷忠義，當兹委用，務竭心力，大展才猷，以袪患安民。一應機宜，牌内該載不盡者，聽公同各官計議從便施行，一面呈報，事完之日，通將獲過功次，開報紀功御史衙門紀驗，以憑奏報。仍密行總鎮鎮巡等衙門知會，俱毋違錯。

戒諭土目 五月

案照先經行委副總兵張祐，督率官土目兵人等進勦思恩八寨瑶賊，今據頭目盧蘇、王受等禀報，皆已攻破各寨，斬獲賊級，雖未日久，苦亦無多；且又未見獲有真正首惡，中間恐有容隱脱放情弊，合行戒諭督促。爲此牌仰本官上緊親行督諭各頭目及土兵人等，俱要協力齊心，竭忠報效，務圖勦滅，以絶禍根，庶可以表明各目盡忠圖報之真心；若是少有縱容，復留遺孽，亦是徒勞一場，不足爲功，適足爲罪，非惟不能仰報朝廷再生之恩，其於本院所以勤勤懇懇，不顧利害是非，務要委曲成就爾等之意亦辜負矣。牌至，即以此意勉諭各目各兵，此舉非獨爲除地方之害，亦爲爾等建子孫久長之業，盡此一番辛苦，便可一勞永逸矣。發去良民，其榜可給則給，可止則止，一應事機，俱仰相機而行。其號色等項，已付思、田報效人役徑自帶回分俵，亦宜知悉。

追捕逋賊

據同知桂鏊稟報：「領兵土目盧蘇、王受等，各已屯兵八寨，斬獲賊首賊從數多，巢穴悉已破蕩，即今方在分兵四路搜勦。」及稱「附近上林縣一十八村，俱搬移上山躲住。又訪得鐵坑、那埋二堡賊村，界連遷江、洛春、高徑、大潘、思盧、北三、向北夷僮村分，今皆逃往潛住。又訪得八寨賊徒，我兵未進之前，陸續出劫鄉村，今皆不敢回巢，散入賓州渌里，并貴縣涼傘、疊紙等夷僮村分藏躲，合行分兵搜捕」等因。

看得八寨瑶賊，稔惡多年，攻劫鄉村，殺害人民，擄掠財畜，百姓怨恨，痛入骨髓。今惡貫滿盈，民怨神怒，巢穴破蕩，分崩離析，如失林之梟，投罝之兔，迷魄喪魂，正可蒐獮而盡，是乃上天欲亡此賊之秋，若不乘此機會，奉行天討，以雪百姓之冤，以舒神人之怒，以除地方之禍，存其遺孽，復爲他日根芽，此豈爲民父母之心乎？及訪得平日哨守八寨官兵人等，往往與賊交通者；據法俱應明正典刑，今且姑未拏究，容其殺賊報效，立功自贖。除各差官督勦外，爲此牌仰指揮程萬全，督率遷江所土官指揮黃禄、千户黃瑞、百户凌顯等，各起集管下土兵人等，前去北三、思盧等處搜捕各賊。仍行曉諭各良善向化村寨，務將逃躲各賊，盡數擒斬，以泄軍民之憤，獲功解報，一體給賞。若是與賊通謀，容留隱蔽，訪究得出，國憲難逃。如是各賊果有誠心悔罪，願來投撫立功報效者，亦准免其一死，帶來軍門撫諭安插。各官務要盡忠竭力，上報國恩，下除民患，副軍門之委託，立自己之功名。仍督平日與賊交通之人，令其向道追捕，痛加懲改，及此機會，立功自贖；果能奮不顧身，多獲真正惡賊，非但免其既往之罪，抑且同受維新之賞。若猶疑貳觀望，意圖苟免，定行斬首示衆，斷不虚言。本院數日之後，亦且親臨地方，躬行賞罰，仰各上緊立功，毋自取悔。

牌行委官林應驄督諭土目五月

看得田州、思恩領兵頭目盧蘇、王受等所領目兵，皆係驍勇慣戰之人；今又各爲身家子孫之計，自願出力報效，立功贖罪，既已攻破賊巢，分屯其地，則其搜捕潰散之賊，當如探囊取物，數日可盡。今已半月有餘，尚未見有成功，氣勢日見委靡，此必軍中收有賊巢婦女等項，貪戀女色財物，不肯割舍脱離，奮勇殺賊，苟且偷安，遂致兵氣日衰，軍威不振，若諸賊聞此消息，乘此懈怠，掩襲不備，我軍必致撓敗。如此則是各目此舉，本欲立功而反敗事，本欲贖罪而反增罪。非惟不能仰報朝廷之德，抑且有損軍門之威矣。正名定罪，後悔何及！

爲此牌仰原任户部郎中、今降徐聞縣

縣丞林應驄，齎執令旗令牌，會同總兵監軍等官，公同署田州府事知州林寬，身督領兵頭目盧蘇等，閲視各營，但有收得賊巢婦女財物者，通行搜出，俱各開紀名數，別立老營一所，選委老成頭目，另撥謹實小心兵夫，晝夜管守。將各貪戀女色財物、不肯奮勇殺賊頭目兵夫，姑且免其罰治，責令即出搜山，果能多有擒斬，旬日之内功成班師，仍將前項婦女財物，照名給還，亦不追究前罪。若有貪戀女贓，違犯軍令，仍前不肯效力者，仰即遵照軍門號令，當時斬首示衆，斷毋姑息容忍，致敗三軍大事。

蓋前日之招撫，專以慈愛惻怛爲念者，乃是本院憐憫兩府之民無罪而就死地，乃是父母愛子之心，惟恐一民不遂其生也。至於今日用兵，却須號令嚴明，有功必賞，有罪必戮者，乃是本院欲安兩府之民，使之立功贖罪，以定其身家，而因以除去地方之患，是乃帥師行軍之道，不如此不足以取勝而成功也。差去旗牌官員務要星火催督，毋事姑息，若旬日之後，再無成功，本院親臨分地，定先將監軍督軍等官明正軍法；其推託避事，不肯奮勇殺賊頭目，通行斬首，決不虚言。

牌委指揮趙璇留勦餘賊六月

牌仰指揮趙璇，前去督哨副總兵張祐處，查審各寨稔惡瑶賊，曾否勦絶；各兵見住何處，聞已出屯三里，仰就各營土兵目夫，凡有疾病老弱者，俱令在營將息調理；其精壯驍勇目兵，仍仰本官務要三四日，或五六日，督令入山巡勦一番，出意外之奇，以示不測之武，須候各山果無潛遁之奸，各巢已無復歸之賊，俟軍門牌至，方許回兵。仍諭土目盧蘇、王受等，以如此炎毒天氣，如此暑雨連綿，各兵久在山中，辛勤勞苦，本院非不惓惓憂念；但一則欲爲爾等立功，一則欲爲地方除害，心雖不忍久勞爾等，而勢有所不能已也。爾等其務體本院之意，再耐旬日之苦，以成百年之功，毋得欲速一時，致貽後悔。事完之日，通至賓州，本院親行犒賞，就領牌劄，仰各知悉。

牌行副總兵張祐搜勦餘巢七月

訪得上林相近地方如渌茅等村，皆係陽招陰叛，與八寨諸賊裏應外合，積年流毒地方，即其罪惡，尤有甚於八寨諸賊，若不勦滅，終遺禍根。爲此今差指揮趙璇，賫牌前去督哨副總兵張祐處計議，仰即密召領兵頭目盧蘇、王受等，令各挑選精兵一千，或一千五百，以搜巡八寨爲名，當日乘夜速發，分道夾勦後開各賊村分，務要殲除黨與，蕩平巢穴。若是各賊奔竄大名深山，各兵就可留屯其地，食其禾米六畜，分兵探賊向往追捕。本院先曾發有武緣鄉兵，分搜大名諸山，遥計此時，各賊正回山下各村躲住，及今往勦，正合事機。仰諭各目，務要潛機速發，不得遲留隔宿，必致透漏消息，徒勞無功。發兵進勦之後，一面差人飛報。

計開：渌茅。通親。渌小。批頭。羅煖。其餘各巢，不能盡開，須要量其罪惡大小，可勦則勦，可撫則撫，相機而應。

犒勞從征土目八月

照得思、田二府頭目盧蘇、王受等率領

部下兵夫，自備衣糧，征勦八寨瑶賊，渠魁殄滅，群黨削平，即今地方寧靖，旋師奏凱，實由各目兵夫不避炎蒸，奮勇效勞。但進兵以來，妨廢一年耕種，況今青黄不接之時，部下兵夫家屬，未免缺乏，相應量爲賑給，以慰人心。爲此牌仰同知桂鏊即便會同南寧府掌印官，將該府軍餉糧米魚鹽内照依開數支給各頭目收領。但念思恩、南寧道里相去隔遠，糧米搬運不便，合就於武緣縣見貯軍餉米内支給，與各領用，以見本院體恤之心。仍開給散過數目繳報查考，毋得違錯。

綏柔流賊五月

據左江道參議等官汪必東等呈稱：「古陶、白竹、石馬等賊，近雖誅勦，然尚有流出府江諸處者，誠恐日後爲患，乞調歸順土官岑瓛兵一千名，萬承、龍英共五百名，或韋貴兵一千名，住劄平南、桂平衝要地方。」及該府知府程雲鵬等亦申「量留湖兵，及調武靖州狼兵防守」等因。

始觀論議，似亦區畫經久之圖；徐考成功，終亦支吾目前之計。蓋用兵之法，伐謀爲先；處夷之道，攻心爲上。今各瑶征勦之後，有司即宜誠心撫恤，以安其心。若不服其心，而徒欲久留湖兵，多調狼卒，憑藉兵力以威劫把持，謂爲可久之計，則亦末矣。殊不知遠來客兵，怨憤不肯爲用一也。供饋之需，稍不滿意，求索訾詈，將無抵極二也。就居民間，騷擾濁亂，易生讐隙三也。困頓日久，資財耗竭，適以自弊四也。欲借此以衛民，而反爲民增一苦；欲借此防賊，而反爲吾招一寇。各官之意，豈不虞各賊乘間突出，故欲振揚兵威，以苟幸目前之無事，抑亦不睹其害矣。前歲湖兵之調，既已大拂其情，❶乃今復欲留之，其可行乎？

夫刑賞之用當，而後善有所勸，惡有所懲；勸懲之道明，而後政得其安。今稔惡各瑶，舉兵征勦，刑既加於有罪矣；然破敗奔竄之餘，即欲招撫，彼亦未必能信。必須先從其傍良善各巢，加厚撫恤，使爲善者益知所勸，而不肯與之相連相比，則黨惡自孤，而其勢自定。使良善各巢傳道引諭，使各賊咸有回心向化之機，然後吾之招撫可得而行，而凡綏懷御制之道，可以次而舉矣。

夫柔遠人而撫戎狄，謂之柔與撫者，豈專恃兵甲之盛，威力之强而已乎？古之人能以天地萬物爲一體，故能通天下之志。凡舉大事，必順其情而使之，因其勢而導之，乘其機而動之，及其時而興之；是以爲之但見其易，而成之不見其難，此天下之民所以陰受其庇，而莫知其功之所自也。今皆反之，豈所見若是其相遠乎？亦由無忠誠惻怛之心以愛其民，不肯身任地方利害爲久遠之圖；凡所施爲，不本於精神心術，而惟事補輳掇拾，支吾粉飾於其外，以苟幸吾身之無事，此蓋今時之通弊也。

合就通行計處，仰抄案回道，即行知府程雲鵬，公同指揮周胤宗，及各縣知縣等官，親至已破賊巢各鄰近良善村寨，以次加厚撫恤，給以告示，犒以魚鹽，待以誠信，敷以德恩。喻以朝廷所以誅勦各賊者，爲其稔惡不悛；若爾等良善守分村寨，我官府

❶「拂」，原作「彿」，今據四庫本、備要本改。

何嘗輕動爾等一草一木，爾等各宜益堅向善之心，毋爲彼所扇惑摇動。從而爲之推選衆所信服，立爲酋長，以連屬之；優其禮待，厚其犒賞，以漸綏來調習，使之日益親附。又喻以稔惡各賊，彼若不改，一征不已，至於再，再征不已，至於三，至於四五，至於六七，必使滅絶而復已。此後官府若行勦除，爾等但要安心樂業，無有驚疑。若各賊果能改惡遷善，實心向化，今日來投，今日即待以良善，即開其自新之路，决不追既往之惡；爾等即可以此意傳告開喻之，我官府亦未嘗有必欲殺彼之心。若彼賊果有相引來投者，亦就實心撫安招來之，量給鹽米，爲之經紀生業，亦就爲之選立酋長，使有統率，毋令涣散。一面清查侵占田土，開立里甲，以息日後之争；禁約良民，毋使乘機報復，以激其變。如農夫之植嘉禾而去稂莠，深耕易耨，芸菑灌溉，專心一事，勤誠無惰，必有秋穫。夫善者益知所勸，則助惡者日衰；惡者益知所懲，則向善者益衆：此撫柔之道，而非專有恃於兵甲者也。

至於本院近行十家牌諭，誠亦弭盗安民之良法，而今之有司概以虚文抵塞，莫肯實心推求舉行，雖已造册繳報，而尚不知其間所屬何意，所處地方。該道仍要用心督責整理，誠使此法一行，則不待調發，而處處皆兵；不待屯聚，而家家皆兵；不待蓄養，而人人皆兵；無餽運之勞，而糧餉足；無關隘之設，而守禦固；習之愈久，而法愈精；行之彌廣，而功彌大。其前項區處摘調之兵，有虚名而無實用，可張皇於暫時，而不可施行於永久者，勞逸煩簡，相去遠矣。惟有該府議欲散撤雇倩機快等項，調取武靖州土兵，使之就近防守一節，區畫頗當。然以三千之衆，而常在一處屯頓坐食，亦未得宜。必須分作六班，每五百名爲一班，每兩個月日而更一次；若有鵰勦等項，然後通行起調，然必須於城市別立營房，毋使與民雜處，然後可免於騷擾嫌隙。蓋以十家牌門之兵，而爲守土安民之本；以武靖起調之兵，而備追捕勦截之用；此亦經權交濟相須之意，合就准行。仰該道仍將行糧等項，再議停當，備行該州土目人等遵照奉行。自今以後，免其秋調各處哨守等役，專在潯州地方聽憑守備參將調用，凡遇緊急調取，即要星馳赴信地，不得遲違時刻。守巡各官仍要時加戒諭撫輯，毋令日久玩弛，又成虛應故事。

本院疎才多病，精力不足，不能躬親細務；獨其憂患地方，欲爲建立久安長治一念，真切自不能已，是以不覺其言之叨叨。各官務體此意，毋厭其多言，而必務爲紬繹；毋謂其迂遠，而必再與精思；務竭其忠誠，務行其切實，同心協德，共濟時艱。通行總鎮、總兵、鎮巡等衙門知會。仍行三司各道守巡守備等官，事有相類者，悉以此意推而行之。發去魚鹽，或有不足，再行計處定奪。

告諭村寨

近年牛腸等寨，積年稔惡，是以舉兵征勦。爾等良善村寨，我官府自加撫恤，決無侵擾，各宜益堅爲善之心，共享太平之樂。其間平日縱有罪犯，從今但能中心改過，官府決不追論舊惡，毋自疑沮，或爲彼所扇惑，自取滅亡，後悔無及。就使已勦餘黨，果能悔罪自新，官府亦待以良善，一體撫恤。若是長惡不悛，一勦、十勦至於百勦，必加殄滅，斷不虛言。爾等各寨，爲善爲惡，日後自見，各宜知悉。

議立縣衛

看得八寨瑤賊，稔惡爲患，巢穴連絡千里，實爲廣西衆賊之淵藪。近該本院進勦，掃蕩巢穴，若不及今設置軍屯衛縣，據其心腹要害，以阨塞各賊呼吸之咽喉，斷絶各賊牽引之脉絡，不過數年，又將屯聚生息，禍根終未剪除。本院身親督調各兵，看得周安堡正當八寨之中，而三里堡亦當八寨之隘，俱各山勢回抱，堪以築立城郭，移衛設縣；但未經廣詢博訪，詳審水土之善惡，民情之逆順，中間有無利害得失，擬合再行查訪。爲此牌仰分巡右江道兵備副使翁素，會同該道分守官，即便督同同知桂鏊，指揮孫綱等，帶領高年知識，親至其地，經營相度。若果風氣包完，水土便利，即行料理規制，景定方向，各另畫圖貼説。仍要咨訪父老子弟通曉賊情、習知民俗者，即今移立衛縣，其於四遠賊巢果否足能控制，民情有無便益妨損。務在人心樂順，足爲經長永久之計，然後備由呈來，以憑會奏。就將築立城垣合用木石、甎灰、人夫、匠作、料價、工食等項，議估停當，具揭呈來，以憑先行。一面委官分督辦理，及時興工，毋得忽意苟且，玩愒遲延，致誤事機。

撫恤來降八月

據參將張經呈稱：「武靖州耕守黃璋等一十四名，被十冬總甲黃鄧護等妄捏窩賊，乞行釋放，仍給榜諭。」看得本院屢經牌仰該道該府等官，將各向化良善村寨，加意撫恤懷柔，以收其散亡之勢，而堅其向善之心，庶使遠近知勸，而惡黨自孤。各官略不體承本院勤勤懇懇之意，肆志妄行，輕信十冬奸民之言，輒便推求往事，爲之報復舊讐，沮抑歸向之望，驚疑反側之心，聽其所爲，必成激變，後雖寸斬奸民之骨，固亦何救地方之患？所據違法各官，即合治以軍法，姑且記罪，再行飭諭。仰將見監黃璋、李舉等一十四名，即行釋放，仍加慰諭，令其復業寧家。其十冬黃鄧護等監候本院撫臨，解赴軍門發落。今後仍要備細開諭該府該縣十冬里老人等各要守法安分，務以寧靖地方爲重，不得乘機挾勢，侵剥新舊投撫之人，協取財物，泄憤報怨，及至釀成變亂，却又貽累地方，勞煩官府。今後有違犯者，體訪得出，或被人告發，決行拿送軍門，治以軍法，斷不輕恕。仍將發去告示，即行刊刻，給赴十冬里老人等遵照奉行。具遵行過緣由繳報。

批廣東市舶司提舉故官水手呈

看得廣東市舶司提舉已故錢邦用，平日果係清白自守，足稱廉能，乃今客死遠鄉，情殊可憫！仰廣州府即與量撥水手，起關資送還鄉。其原領文憑，發該衙門轉繳。此繳。

王文成公全書卷之十八終

鳴謝

《儒藏》精華編惠蒙善助，共襄斯文；謹列如左，用伸謝忱。

本焕法師　壹佰萬元

智海企業集團董事長　馮建新先生　壹佰萬元

NE・TIGER時裝有限公司董事長　張志峰先生　壹佰萬元

張貞書女士　壹佰萬元

北京大學《儒藏》編纂與研究中心

本册審稿人　秦　峰
本册責任編委　甘祥满

圖書在版編目(CIP)數據

儒藏.精華編.二五四/北京大學《儒藏》編纂與研究中心編.—北京：北京大學出版社，2018.11

ISBN 978-7-301-11972-3

Ⅰ.①儒… Ⅱ.①北… Ⅲ.①儒家 Ⅳ.①B222

中國版本圖書館CIP數據核字（2018）第239017號

書　　名　儒藏（精華編二五四）
　　　　　RUZANG
著作責任者　北京大學《儒藏》編纂與研究中心　編
責任編輯　吴冰妮
標準書號　ISBN 978-7-301-11972-3
出版發行　北京大學出版社
地　　址　北京市海淀區成府路205號　100871
網　　址　http://www.pup.cn　　新浪微博：@北京大學出版社
電子信箱　dianjiwenhua@163.com
電　　話　郵購部010-62752015　發行部010-62750672　編輯部010-62756449
印 刷 者　北京中科印刷有限公司
經 銷 者　新華書店
　　　　　787毫米×1092毫米　16開本　47印張　463千字
　　　　　2018年11月第1版　2018年11月第1次印刷
定　　價　1200.00元

ISBN 978-7-301-11972-3

定價:1200.00元